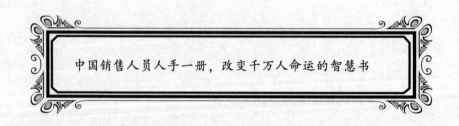

中国销售人员人手一册，改变千万人命运的智慧书

一部专为中国推销员量身打造的销售指南

冠军推销员成交技巧

大全集

一本书助你问鼎冠军宝座
一本书助你实现财富梦想

李伟业◎编著

延边大学出版社

图书在版编目（CIP）数据

冠军推销员成交技巧大全集/李伟业编著 . —延吉：延边大学出版社，2013.8
ISBN 978-7-5634-5799-1

Ⅰ.①冠… Ⅱ.①李… Ⅲ.①推销—通俗读物 Ⅳ.①F713.3-49

中国版本图书馆 CIP 数据核字（2013）第 201953 号

冠军推销员成交技巧大全集

编　　著：李伟业
责任编辑：孙淑芹
封面设计：鑫隆创意
出版发行：延边大学出版社
社　　址：吉林省延吉市公园路 977 号　　邮编：133002
网　　址：http：//www.ydcbs.com
E-mail：ydcbs@ydcbs.com
电　　话：0433-2732435　　传真：0433-2732434
发行部电话：0433-2133001　　传真：0433-2733266

印　　刷：三河市明华印装厂
开　　本：195×280 毫米　1/10
印　　张：42　　字数：500 千字
印　　数：5000 册
版　　次：2013 年 10 月第 1 版
印　　次：2013 年 10 月第 1 次
ISBN 978-7-5634-5799-1（民文）

定　　价：59.00 元

前　言

推销是一门艺术，更是成就伟大事业的开端。据统计，世界上大多数的商界领袖都曾做过推销员。IBM 的创始人做了 22 年的推销员；麦当劳公司的创始人做了 17 年的推销员；福特总裁艾科卡做了 30 年的推销员；索尼创始人从一开始就充当推销员推销公司的产品；华人富豪李嘉诚和王永庆都曾做过与推销有关的工作。

推销和做人一样，推销是推销产品，而做人是推销自己。在向顾客推销产品时，首先要学会推销自己，只有向顾客展现出超凡的人格魅力，才能获得对方的认同，只要获得对方认同，成交自然会变得更加容易。

推销是一种极具挑战且技巧性很高的职业。推销员从寻找顾客开始到达成交易，需要与顾客进行重重的心理博弈。因此，推销员必须摸透顾客的心理轨迹，审时度势，不断强化其购买动机，采取积极有效的推销技巧去激发顾客的购买欲望，敦促顾客进行实质性思考，加快其决策进程。

想要成为冠军推销员，没有流利的口才是不行的。但是，只有在推销过程中合理运用口才，才能获得成功。没有客户会喜欢那些不顾对方感受，滔滔不绝推销产品的推销员。因此，客户说话时，不要去打断他，自己说话时，要允许客户打断你。

作为一个成功的推销员，信用是最大的本钱。所以，推销员一定要遵守职业道德。提高业绩是推销员追求的目标，但为达成业绩而不择手段，置商业道德于不顾是错误的。非荣誉的成功，只会为未来种下失败的种子。

推销的最终目的是成交。要想成为冠军推销员，不仅要拥有良好的心态、坚定的信心和百折不挠的勇气，最重要的是要有娴熟的销售技巧，了解顾客的购买心理。本书从专业角度为读者一一破译冠军推销员快速成交的密码，获取成功的奥秘。以求帮助广大销售人员问鼎冠军宝座，实现财富梦想。

目录

第四章　好心态成就好业绩

第五章　养成良好的销售习惯

第六章　最高效的销售策略

第七章　最成功的销售绝招

第八章　行之有效的说服技巧

第九章　促进交易技巧

第十章　介绍产品的绝招

第十一章　给客户设计构想

第十二章　让客户说出真实需求

第十三章 巧妙应对不同顾客

第十四章 处理好客户的不同要求

第十五章 消除客户犹豫心理

第十六章　赢在谈判

第十七章　电话推销成交策略

第十八章　讨价还价的艺术

第十九章　巧妙应对客户拖延

第一章　好口才是成交的关键

推销要有好口才

推销员每天都要面对不同性格的顾客，也会遇到各种各样的销售状况，这就要求推销员必须得具备很强的口才能力。

在很多情况下，推销工作是要面对自己本身并不了解所推销商品的对象和场所。所以，缺乏必要的推销口才，就很难成为一名合格的推销员。纵使有极高的工作热情，也没有机会充分发挥，所谓成功也只是自己的梦想而已。

一个首次推销的人，挎着个小包走进办公室进行推销。进门之后，他径直走到一张办公桌前小声地问："你好先生，财会室在哪里？"

"在斜对门。"那位先生瞟了他一眼随口答道。

一会儿，斜对门的小娜走进来了："张主任，来了个推销验钞机的，要不要？"

"不要，这种小商贩不可靠。"

小娜走后，这挎包的推销员又一次走了进来，可能已经猜想到顾客不同意结果，忐忑不安地走到桌边，竟忘了客气地称呼，喘喘地说道"要不要验钞机，买个吧。"他重复道。

"我们不需要，就这样吧。"那位主任头都不抬地说。这位推销员站了一会，没人理他，便悄悄地走出去了。

可能这个推销员是值得同情的，但"市场没人相信眼泪"，因为这个推销员缺乏高水平的推销口才，他平淡的话语实在难以使人对他及他的商品产生兴趣，遭到拒绝是在情理之中的。

与之同时，要想得到别人的信任，使顾客对你的产品产生兴趣，达到成功推销的目的。不仅要使你的语言动人，并且要让你的口才产生更加诱人的魅力。不要只是以为只有风度和气质得到周围人的承认才可称之为魅力，口才的魅力也是一位推销员成功的必备要素。

口才的魅力，其实最关键的就在于能够说服顾客，使其能够购买自己的产品。在推销的过程中，只能通过短时间的接触和谈话来尽可能博得对方的好感。因此以自己的魅力征服顾客，达到自己的推销目的，推销员的口才实际上就起到了重要的作用。

小王和小李都是推销员。小李浑身上下透露着浓浓的乡土气息，是个纯朴的人，他的这种气质使顾客对他消除了戒备之心并有种真实感，并且一看到他就会想起童年的故乡，有种亲切感。尽管他的业绩也不错，但总是没有做成大生意，和小王相比，差了一大截。小王是个典型的城市青年，与小李的最大不同之处就是，他能与客户进行更加广泛话题的谈话，这就是他能征服客户的特有口才魅力。

小王说："经理，××女士说，要马上和我们签订合同了，请您去做最后的决定。"

"好呀，我这次倒要领教一下你的口才了。"经理对他说，之后便和小王一起来到××家。在顾客家中，使经理感到吃惊的是小王与主人正以飞碟射击为话题，谈论得热火朝天。经理与小王相处已经两年了，关于飞碟射击的话题议论，还是第一次看到他这么热情，他一直认为小王对飞碟射击不感兴趣。

事后，经理问他："我怎么不知道你对飞碟射击那么感兴趣？"

"这可不是开玩笑，上次我到他家时，看到枪架上挂着的枪和刻着他名字的射击纪念杯，回来后便马上着手做准备。"总之，经过一夜的不懈努力，小王准备好了这番话题。

这就是推销员成功的关键之所在——自如地与顾客就各种话题进行广泛地交谈。

口才提升业绩

口才是一个人智慧的外在反映，口才的好坏能直接影响一个人的事业成败、人际和睦、生活幸福和精神愉快，它已成为决定一个人生活品质及事业成败的重要因素。

戴尔·卡耐基在谈及口才时曾就这样强调说："好口才是所有成功者的共同特点。"

不管在什么环境中，你都不可能避免与他人交往，所以你就不能不依靠说话来做交往的媒介。一个人的说话水平高，可以显示他的才干，从而得到他人的钦佩。

在第二次世界大战时，美国人曾把"舌头（口才）、原子弹和金钱"看作赖以生存和竞争的"三大战略武器"。现在，美国人仍然把口才看得比美元和电脑重要，将其作为"三大战略武器"之首，足以证明其作用和价值之大。

口才的作用和价值十分大，它是推销事业成功的基石，决定着推销事业的成败。可是为什么这样说呢？因为推销是利用人与人之间的自然关系才建立起来的事业，因此社交往来是必不可少的，而与人交往时的表达能力就显得非常重要。

推销员的口才技巧，是成功与客户达成交易的必要工具，是贯穿整个推销过程的润滑剂。换句话说，推销员只有真正认识到口才技巧的重要性，培养优秀的口才，才能使推销工作顺利进行并进而取得成功。

试想，没有优秀的口才，怎么说服别人购买你的产品？

没有好的口才，怎么说服别人加入推销事业？

没有好的口才，如何能够把经验教训成功地传递给团队中的每一个人？

没有好的口才，怎么说服团队中的每一个人去努力开拓市场？

世界级的推销大师金克拉曾这样说："口才的确很重要，它可以使事情改变，可以使客户自己说服自己。"

　　成功的推销员绝大多数都是凭借自己优秀的口才才取得巨大成功的，所以要想成为一名优秀的推销员，必须先具备优秀的口才。

　　在整个推销活动中，从接近客户到解除疑虑，直至最后与客户成交，都离不开口才的力量。几乎一切方法的实施，都要运用语言的艺术，最后都要落实到"说"上。能否将自己的团队组建起来，能否真正使推销事业做起来，都需要运用出色的口才。所以说，口才对推销事业的发展具有非常重要的作用。

　　两位推销员同时在大街上销售洗发水。其中一位推销员一天售出去了两瓶洗发水，另一位推销员一天售出去了三十多瓶。相比之下，这位只卖了两瓶洗发水的推销员相比而言是失败的。失败在什么地方？其实就失败在口才上了。

　　前一位推销员对迎面走来的一位女孩直接说："小姐，买两瓶洗发水吧！这种洗发水的效果特别好！"女孩说声"这个……我不需要"随即就走开了。

　　另一位推销员却是完全不同的一种做法，他看到一位女士走过来，微笑着对她说："这位女士，您忙不忙？如果不忙的话，我向您简单介绍一下我们公司的最新产品——营养护发洗发水。这种产品能有效去除头屑、营养发根，让您的秀发更加乌黑亮泽，柔顺飘逸。它的清香还可以让您有一种置身于大自然绿野田园的自然感觉，使用了这种洗发水让您在家人和朋友面前更加风采迷人。这种洗发水使用起来也十分方便，您只要在使用时轻轻按一下喷头，挤出一点抹在头上，用水直接搓洗就可以了。有了精巧的喷头设计，您就省去了费力开盖的麻烦，使用起来就更加方便。另外，要是您不相信我所说的话，我们这里有试用品，您可以先免费试用几天。效果不好，我们保证退货。"

　　像这位推销员这么一说，什么人还能拒绝他所销售的产品呢？这就是口才的魅力。可以说，拥有好口才是一个事业成功人士的必备素质之一。

会说话容易取得信任

　　如果不能与客户建立信任，就无法销售。客户对销售人员的信任是极其有限的，他对于你说的每一句话都会抱着审视的态度，要是再加上不实之词，其结果就可想而知。

　　取得顾客信任是买卖成交的一个必要环节，是推销过程的第一个阶段、是整个过程的开始、是坚实的基础。能否取得顾客的信任，这就直接决定了产品的成交与否。如果顾客不信任你，不信任你的商品，那这笔交易就不会成功。

　　那么如何才能取得顾客的信任呢？

　　在洽谈生意前，应先与顾客交谈一些各自的基本情况。为了积极打消与顾客之间的隔阂，推销员应当首先介绍一下自己，谈谈自己的生活背景，生活情况，对自己职业的看法，或者再谈一些当下热门的话题。这样就可以打消顾客对你既有的防御心理，使对方与你交谈热烈，使彼此之间更为亲切，使气氛更加适合于交易的成功。

　　有时当你谈了自己的情况后，顾客会有一种自然产生看不起你的心理，觉得你只是一个可交谈的推销员。如果你从他的表情意识到这一点后，不要太担心，因为对于第一次交谈，最希望的不应该是"让顾客轻视你，而是你要重视任何一个顾客"。

不要以为推销员一定要具有把死人说活了的本领才算有口才，这其实是一种误解。人们的脾气、禀赋、性格各有差异，推销员的口才艺术在于怎么准确地使用语言，而不在于是否会夸张地吹嘘或者引用一些让人难以置信的花言巧语，例，"绝对可靠"、"绝对上乘"、"百分之百的"、"超级的"、"一流的"、"独一无二的"、"领先世界"……这样的词语不应该是一个成功的推销员的常用词，因为对于那些有经验的顾客来说，这无异于是一堆废话。相反，准确地抓住顾客的心理需求，简明扼要地介绍商品的性能、用途、质地以及维修、保养等知识，才能真正地赢得顾客的依赖。这不仅能够说明推销员自己对自己的商品的了解，也反映了推销员的素养和气质。朴实无华的语言常常胜于不切实际的浮夸，它反映了推销员可以站在顾客的一方，具有务实的品格。

在推销时要是把注意力都放在推销产品上，一心只想把自己的产品推销给对方，甚至为了达到目的而不择手段。这样，失去的可能比得到的要多得多，因为你可能推出了一件产品，但从此就意味着失去了一个客户。一天，一家高档服装店来了两位顾客，要买一套最高档西装。售货员是位小伙子，他马上把这套西装取下来，非常和气地把衣服递了过去。试衣服的顾客人高马大，西装穿上略微有点缠身，连外行看上去都觉得不合适，只见这位小伙子讲："不错！挺好的！"他的意思是你快付款吧！只见另一位顾客使了个眼色，试衣服的顾客把衣服放下扭头就走了。高档服装店的推销员怎么能够和练地摊的一样去推销呢？一心想把服装卖给人家，结果却适得其反，而且这两位顾客以后可能再也不会来这家服装店购物了。

推销实际上是在推销产品的性能和用途，是在向顾客表达一定的诚意。要说明产品能解决顾客的什么问题，从而给顾客带来哪些实质性的利益。推销的结果，使顾客产生新的理解和认识，进而获得了顾客的信任，最后让顾客自己做出购买的最终选择。

在运用口才时不要轻易地对别人做出承诺，这是初次会见顾客，在交谈中尤其应当注意的。有些推销员为了尽可能拉住顾客，为了成交，不经考虑，便轻易地向顾客许诺，然后诱导客户订货。比如，在产品质量保证上、在交货时间上、在外观包装上、在运输问题上等，满口答应的许诺有可能因外界条件变化却无法兑现，从而造成严重的后果。因为真正有心购买商品的顾客，常常也是行家里手，他们对产品的情况和规格包装等都有所了解，对于市场形势和市场环境也非常熟悉。在这样的情况下，他们提出的某些要求有可能是要求降价的手段，或者就是因初次会面对推销员提出的各种考题。作为一名推销员，如果轻率地做出什么许诺，就会给对方留下草率和经验不足的印象，甚至还可能潜藏商业欺诈的嫌疑。

有经验的顾客能够轻而易举地窥探你的内心，从而采取相应的对策。面对顾客提出的问题，应当实事求是地予以解答，不能轻易地就做出许诺。当推销员对商品和有关问题做出了客观的答复，满足了顾客的原有要求时，才有可能得到顾客的信任。曾有一位推销专家强调："任何情况下都应记住，不论摆在面前的情况如何，决定你是否得到订单的因素是顾客对你的信任。"

会说话才能实现有效沟通

沟通本意是指可理解的信息或思想在两个或两个以上人群中的传递或交换的过程。沟通普遍存在于企业管理的每个环节。有效的沟通能为组织提供工作的总体方向、了解内部成员的需要、了解管理效能的高低等，这些都是搞好企业的科学管理、实现决策科学化、效能化的重要条件。所以，有效地进行沟通对管理具有非常重要意义。但在实际工作中，因为多方面因素的影响，信息常常被丢失或曲解，使得信息无法被有效地传递，造成沟通的障碍。

影响信息有效沟通的障碍其实主要是个人因素，个人因素主要有以下几点：

首先是人们对人对事的态度、观点和信念不同导致沟通的障碍。直觉选择的偏差是指人们有选择地接受。例如，人们在接受信息时，那些符合自己利益需要又与自己切身利益有关的内容就很容易被接受，而对自己不利或可能损害自己利益的那些内容则不容易接受。

其次是个人的个性特征差异形成沟通的障碍。在组织内部的信息沟通中，个人的性格、气质、态度、情绪、兴趣等不同，都可能引起信息沟通的障碍。

再次是语言表达、交流和理解导致沟通的障碍。同样的词汇对不同的人来说含义是不一样的。在一个组织中，员工往往来自于不同的背景，有着千差万别的说话方式和风格，对同样的事物有着不尽相同的理解，这些都造成了沟通的障碍。

一项成功的推销是要首先使顾客对产品建立一定的信心，然后再对推销员建立信任。信任沟通前提下的推销才有可能最终成功。优秀的口才能够帮助推销员建立与客户之间的信任和沟通。

在弗兰克最初开始推销产品时，他便特别重视这点。弗兰克的工作是去顾客那里，推销男士高级职业套装。他的服务优势就在于他的主动上门推销，顾客无需亲自去商店采购，从而节省了很多时间。

弗兰克的推销对象大多都是有些社会地位的人，弗兰克对他们开口首先说的话是："我到这是想能成为您的服装商。我知道，如果您从我这儿买服装的话，您肯定是因为信任我，信任我的公司和我的产品。我希望您能对我有信心，首先我想先向您简单地介绍一下我自己。"

"我做这份工作有几年了，在这之前我上过大学。我的专业是时装设计，也学过纺织，我相信自己不会比别人差，尤其在帮您挑选服装时不会比别人逊色。"

"我们的公司开业已经 32 年了，我们拥有自己的商店。开业以来，公司以每年 20% 的速度扩展，70% ~80% 的销售额都是老顾客。我们愿意为顾客提供所需要的各式服装，而且一直努力希望成为本行业的佼佼者。当然我们的产品是否是最好的，就取决于您和其他顾客的判断了。我保证，只要您给我一点信心，看看我的产品，事实上你一定会认为我们确实很棒。"

"我公司生产职业套装、运动套装、休闲服饰、轻便大衣和家居服装等，只要是您需要的，我们都能生产。我们可以为您订做您所喜欢的样式，所有服装都出自于我们自己的商店。您不可能从别人那里买到像我们这样做工精细、价钱公道的服装。当然，您可以买更昂贵的服装，也可以买更便宜的服装，但是您付出同样的价格从我公司购买时，您会得到更棒的产品，这也正是本公司最具竞争实力的优势。"

"先生，您认为如何？"

弗兰克采取这种似乎形成一定套路的介绍方式已经许久了，而且效果一直很好。在推销的过程中逐渐建立信任，和在建立信任的过程中再进行推销，这与他自信、流利的口才有着不可分割的关系。

获得一定的信任同样也会帮助顾客做出更好的决策。有一次，弗兰克向一位教师推销西服，在弗兰克报出价格之前，这位教师始终盯着两件西服看。

思考了一会儿，他问弗兰克："怎么卖的？"

当弗兰克报出价钱后，那位教师就不再说话了。弗兰克明白他是觉得价格高了，知道除非他能赢得对方的信任并能找出理由让他相信，用比以前所花的多得多的钱来买这两套西服，是个很明智的选择，否则的话这笔交易就很难完成了。

突然，弗兰克发现了停车坪上的卡迪拉克车（车检牌上说明那是这位教师的车），便装出一副神秘兮兮的样子问他："我能问您一个问题吗？"

"问吧。"他回答说。

"您开的什么车？"

"我有辆卡迪拉克。"

"那在这辆卡迪拉克前，您开的什么车？"

"也是卡迪拉克。"

"在您开卡迪拉克前，您还开过什么牌子的车？"

"雪铁龙"。

"您记不记得，当您从雪铁龙换到卡迪拉克时对价钱是不是也很关心呢？"

那位教师很快就释然了，说："我明白了。"那时，价钱在他心中已经不再是个问题了。他最终买下了那两套西服。

要是一个平常在服装上花钱很少的顾客抱怨弗兰克产品的价格高时，弗兰克也会说："先生，我知道您觉得比平时多付这100美金有些不值得，我理解您的心情，但我相信，只要您穿上我们生产的西服，您必定会觉得比以前更出色。我可以向您证明一下您该信任我的产品，我愿意给您一个试穿的机会。这样好吗？在30天左右您就能够拿到西服，然后还有60天的试穿时间，要是您还觉得不值，可以随时把我喊过来，我会把您那100美金还给您。这样，您就不必比平常花的钱多了。"

这种做法给弗兰克带来了不少成功的交易，从未有人在60天后要弗兰克退回100美金，他们的反应一般是："好，我想我应该相信您……"或者其他的一样意思的话。

推销员要试图让顾客产生一种信任感，因为要是人们拥有了一种信任，就没有什么理由再犹豫了。

总之，有效的沟通在企业的管理中起着至关重要的作用。成功的企业把沟通作为一种管理的手段，通过有效的沟通手段来实现对员工的控制和激励，为员工的发展创造良好的心理环境。所以，组织成员应统一思想，提高认识，克服那些沟通障碍，实现有效沟通，为实现员工和组织的共同发展而不懈努力。

好口才激发顾客的购买欲

顾客只有真正喜欢一件商品时，才会心甘情愿地购买，而喜欢的基础便是好奇心、是兴趣、是购买的无限欲望。在激发顾客的购买欲望上，推销员的口才起到了不可忽视的作用。

例如，与顾客交谈时，给他提供一些经过适当夸张的市场信息或与商品有关的市场行情等，比如，你可以这样说："你这种商品的原材料已经准备提高价格了，所以这种商品也将会因此而价格上涨的"或说"我公司从下个季度开始可能会因人手不够而减少这种商品的供应量。"

这种方法其实就是积极主动地去刺激顾客，调动起顾客的购买欲。这在推销过程中是很重要的。假如你只是一味等待顾客来与你洽谈，让主动权掌握在顾客手中，你的推销工作将难以成功。

在这里还要强调一点，那就是你虚张声势时切不可过度夸大，只可稍微点一下，让顾客自己去琢磨。否则，顾客会以为你是在欺骗他们，这对你的推销工作是极其不利的。

20世纪60年代，美国有一位十分成功的推销员乔·格兰德尔，他有个十分有趣的绰号——"花招先生"。他拜访客户时，会把一个定成三分钟的蛋型计时器提前放在桌上，然后说："请您给我三分钟，三分钟一过，当最后一粒沙穿过玻璃瓶之后，如果您不要我继续讲下去，我就立刻离开。"

他利用蛋型计时器、闹钟、20元面额的钞票及各种各样的花招，让他有足够的时间使客户静静地坐下听他讲话，并对他所卖的产品产生了浓厚兴趣。

"先生，您知道世界上最懒的东西是什么？"

顾客当即摇摇头，表示不知道。

"最懒的东西就是您收藏起来不花的钱，它们本来可以用来购买空调，让您度过一个凉爽的夏天。"推销员这么说。

他就这么制造了悬念，引起了顾客的好奇，然后再顺水推舟地介绍产品的性能。

顾客常常会被他的那一番饶有兴趣的话语所吸引，进而他才有机会向顾客介绍产品，顾客购买欲望是从想要了解逐渐开始的。

顾客之所以愿意购买，是因为他对商品有浓厚的兴趣。兴趣是促成购买行为的原动力，而激发兴趣的重要手段在于推销员的口才。

推销员在推销产品时以此作为关键和核心词汇，才有可能以此最大限度地引起顾客的兴趣，进而促成交易的成功。

好口才能助推销员排除障碍

推销员在推销过程中面临的最大挑战就是应付怀不同心态的顾客。口才的作用就在于尽可能探知顾客心理，消除顾客对你及产品的排斥，进而使推销工作顺利完成。同时推销员必须了解该现象背后的各种深层原因，才能对症下药、排除各种推销障碍。而了解顾客心理的基本手段就是对口才的实际运用。通过各种有效的语言艺术手段，推销员可以探知顾客的心理类型及洞悉顾客的深层心理活动，了解到推销障碍的形成原因，从而使用正确的推销技巧，这样就能够促使顾客做出购买行动。

有一句名言："拒绝是推销的开始。"优秀的推销员不会因被拒绝而就此放弃，他们总是从拒绝中不断体会推销的规律，在不断承受拒绝中不断吸取经验。

太平洋保险公司有一位推销员本是下岗工人，他给自己定一条规矩：每天必须完成向10个人推销之后才能够回家。有一次，当推销完8个人之后已经是晚10点多钟了，他上了末班车，心理琢磨第9个推销给谁？他决定推销给售票员。与售票员谈了半个多小时，汽车到达终点站，他给售票员留了一张名片就下了车。这时已经近11点钟了，可给自己定的任务还差一个没有完成，就决定去推销值班的警察，又与警察海阔天空地谈了半个多小时，认为自己完成了任务，这才拖着疲惫的身子回家。

一位推销员向顾客推销煤气炉，经过做广告、宣传和解释等各种手段，顾客有了购买的意向。但在最后的关键时刻，顾客变了卦。顾客说"你卖的煤气炉520元，太贵了。"

推销员不慌不忙地说"520元也许是贵了一点儿。您的意思是说，这炉子点火不方便，火力不够大，煤气消耗多，恐怕用不长，是不是？"推销员这么说，是首先承认顾客的立场，然后把对方的抽象的立场逐渐转换成具体的有关商品本身的性能问题，作为这些都是可以实际检验的。同时，商品的实际价格高低，只有与商品的性能联系在一起，才能够有客观的标准。

顾客接着说"……点火还算方便，但我看它煤气会消耗很多。"从顾客的话里就能够看出，他的拒绝已从"价格昂贵"，逐渐缩小到"煤气消耗太多"上来了。

推销员进一步详细解释说："其实谁用煤气炉都希望省气，气就是钱嘛。我能理解，您的担心完全有道理。但是，这种煤气炉在设备上已充分考虑到顾客的要求。您看，这个开关能随意调节煤气流量，这个变化自如的开关构造特殊，使火苗大小平均；特别是喷嘴周围还装了个燃料节省器，以防热量外泄和被风吹火。因此，我看这种'炉子'比起您家现在所用的旧式煤气炉来，要节省不少煤气。您想想是不是这么个情况？"

推销员针对顾客"煤气消耗多"这一顾虑，运用口才用事实作了澄清，说得清楚、婉转。

顾客觉得推销员说的有道理，一时沉默。

推销员看出顾客已经心动了，马上接着问"您看还有没有其他的想法？"

顾客的疑虑现在已经完全被打消了，再也说不出拒绝购买的理由，于是说道"看来这种煤气炉的优越性很多，那我就要个吧！"

优秀的口才可以弥补遗憾，可能还会有更好的结果。

好口才与顾客建立和谐关系

在销售过程中，与顾客建立和谐关系是很重要的，建立和谐关系的重要目的是让顾客发自内心地喜欢你、信任你，并且相信你所作的一切是为了他们的最佳利益着想。这样做的目的就是为了建立某种层次的和谐与信任关系，让顾客能够更加敞开心胸接受你的信息。

如何才能和客户建立良好的关系？在你向客户推销之前，你首先要做的就是如何接近对方。如何才能顺利接近客户呢？一般情况下，应该注意以下两点：

首先，客户不喜欢那些看起来外表很邋遢和所属机构信誉不好的推销员。他们喜欢的是那些真诚、自然、能清晰客观口头表达的推销员。

其次，登门造访要提前预约，在电话里需要客气地询问客户自己来访是否给人家造成了不便，这样做要比一上门就直接推销更能为客户接受。

而在建立和谐关系的过程中，谈话是正常的手段。

一个推销员到客户家里进行推销，接待他的是这家的女主人，他的第一句话就应该是："哟，您就是女主人吧！真年轻，实在看不出已经有孩子了。"

女主人说：

"咳，你没看见，快把我累垮了，带孩子真累人。"

他说：

"那是，在家我妻子也老埋怨我，说我一天到晚在外面跑，一点儿也尽不到当爸爸的责任，把孩子全交给她了。"

女主人当时深有同感地说：

"就是嘛，你们男人就知道在外面打拼。"

他马上跟着说：

"孩子几岁了？真漂亮！快上幼儿园了吧？"

"是呀，今年下半年上幼儿园。"

"挺伶俐的，怪可爱的，孩子慢慢长大，他们的教育与成长就成为我们做大人最关心的事情了，谁不望子成龙，望女成凤，我每隔段时间就会买些这样的磁带放给他们听。"

说着，他就随手取出了他正在推销的产品——幼儿音乐磁带，没想到她想都没想，就问了问价钱，然后毫不犹豫就直接买了一套。

在推销员正式向女主人进行推销前，两个人就已经建立了良好的关系。推销员信任的产品，她也自然会毫不怀疑。因为，通过一进门口才建立和谐关系是很重要的。

好口才为你赢得客户

推销实际上是面谈交易，整个推销过程中，从接触顾客到解除疑虑，直到最后真正成交，都离不开口才。俗话说："良言一句三冬暖，恶语伤人六月寒。"由此可见，会不会说话的结果真是天壤之别。

比如，怎么称呼顾客也是大有学问。称呼要恰当，使对方有自然的亲切感。称呼顾客随便些还是严肃些，要根据推销交际场合的不同而区别对待。如果在办公室谈生意，称呼对方职位，如"张局长"、"李经理"就显得非常严肃正式，若是到顾客家中访问，则可根据对方的年龄、性别等选择家常点的称呼，如称呼对方"赵大哥……王大姐"等等，这样一下子就拉近了双方之间的距离。反之，要是不顾场合，在办公室也口口声声亲热地"赵大哥"、"王大姐"叫个不停，对方可能感觉难以自在、难以舒服，对你推销的产品怎能感兴趣？

会说话的推销员会让顾客觉得他是善解人意、体贴周到的。要是顾客的皮肤黑，就说"肤色较暗"；要是顾客个子矮，就是"身体小巧"；要是对方腿有残疾，就说"腿脚不便"。当着孕妇的面说"恭喜你要当妈妈了"；遇到丧事，就要说"去世了"、"不在了"等惯用语。这样将顾客比较敏感的问题用比较婉转的说法表达出来，为的是不伤害顾客的自尊心，勾起伤心往事或引起对方内心的不快。高尔基的三部曲之一《在人间》里有个两家店铺推销圣像的情节：

一家店铺的小学徒一看就没有什么经验，只是向人们说："……各种都有，请随便看看，圣像价钱贵贱都有，货色地道，颜色深暗，要订做也可以，各种圣父圣母都可以画……"虽然这个小学徒喊得声嘶力竭，但仍很少有人询问。

另一家店铺的广告则却是这样"我们的买卖不比卖羊皮靴子，我们是替上帝当差，这比金银宝贵，当然是没有任何价钱的……"结果，许多人都不自觉地被吸引过来。

同是推销圣像，为什么效果却完全不同呢？其实原因就在于前者用语冗长，平淡刻板，而后者则针对基督教徒的特殊心理，将自己说成为"为上帝当差"的，用心独到，言简意赅。

第二章　具有强烈的成交渴望

一定要成交

欲望是成功的源动力。强烈的欲望能使人发掘出所有的力量，实现自我超越，比做得好还重要。

曾经有一位年轻人，想向大哲学家苏格拉底求学。有一天，苏格拉底把他带到一条河边，突然，苏格拉底自己跳到河里去了。年轻人觉得很迷茫：难道大师想要教我游泳？看到大师在向自己招手，年轻人也迷迷糊糊跳进河里。谁知，当他一跳下来，苏格拉底马上用力将他的脑袋按进水里。年轻人拼命挣扎，刚一出水面，苏格拉底却用更大的力将他的脑袋又使劲摁进水里。年轻人再次拼命挣扎，每次只要出水面，还来不及喘气，没想到苏格拉底第三次死死地将他的脑袋摁进水里……最后年轻人本能地用尽全身力气再次拼命挣扎出来，他本能地用尽全力往岸上跑，等他爬上岸，他不解地喘着气指着还在水里的苏格拉底说："大、大师，您到底想干什么？"没想到苏格拉底不理他，爬上岸像什么事都没发生似的走了。年轻人赶紧追上苏格拉底，虔诚地说："大师，原谅我的愚昧，刚才的一切我还未明白，请您指点一二。"此时苏格拉底好像觉得年轻人并不愚钝，于是，停下来，对他讲了一句著名的话："年轻人，如果你想向我学知识的话，你就一定要有强烈的求知欲望，就像在水里你有强烈的求生欲望一样。"

有专家指出，心理学上有一个叫"期望强度"的专业概念，就是说一个人在实现自己期望达成的预定目标过程中，面对各种付出与困难所能承受的心理限度，或者叫做欲望的牢固程度。正像苏格拉底对年轻人的那番启发一样，追求成功也是一样，必须要有强烈的成功欲望，就像我们有强烈的求生欲望似的。

如果一个人的期望强度太弱，将没有办法面对残酷的现实或自身的缺点的挑战而半途而废。只有那些必须要成功的人，他们有非常牢固的期望强度，因此能排除万难，坚持到底，永不放弃，直到最终的成功。

成功学界流行一个很非常有名的观点：成功来源于你是想要，还是一定要。要是仅仅是想要，也许我们什么都得不到；但是如果是一定要，那就肯定有可行的方法可以得到。因此成功来源于我一定要！

其实，胜利与失败之间的差距没有人们想象的那么大，有时仅仅是一念之差而已。欲望让人全速前进而全无后顾之忧，欲望能够使一个人的力量甚至发挥到极致，从而可排除一切障碍。凡是能排除一切障碍的个人或团队，经常可以屡建奇功。当我们尽力施展一切时，我们一定会尽力扫除前进道路上的所有障碍，从而取得最终的成功。成功者都有非常强烈的获得成功的意愿、决心与欲望，并会全力以赴。我们可以成为获胜者，只要我们拥有获胜的欲望，我们就一定能够成功，这适用于所有人。

不管结果怎样，只要我们拥有成功的欲望并全力以赴了，我们就能带来个人的满足。假如每个到达终点的人都有奖品，大部分赛跑者都不会相信他们自己真的会赢，然而每一位跑完全程的人都是胜利者，因为认真完成一件事的真正报酬就是把这件事彻底完成。没有任何一件事比尽力而为更能满足自己的内心需求，也只有在这个时候你才能发挥最好的能力。一位世界冠军曾说："尽你最大努力做这件事，比你做得好更重要。"

不知道自己能不能做却执意去做，常常会让一个人能完成他甚至认为不可能完成的事情。有一位刚刚从事直销事业的推销员，他差不多没有任何的直销经验，但幸运的是，他努力好学，有什么不明白的就虚心请教，并且热心工作，最终半年下来，他的销售业绩最好。初生牛犊不怕虎！这就是许多新推销员比老推销员业绩好的真实原因。在我们身上发生了什么并不重要，只要决心伴随着我们一路前行，就会有积极的反应，就会大大增加你成功的可能，帮助你获得生命中最渴望的许多事物。

不说负面的话语

心态能够决定一切，心态始于内心又止于内心。心态对人的命运起到至关重要的作用。所谓心态是指销售人员将其谈吐、气势成功地完全表现在与顾客互动的过程中。销售人员不仅要掌握高超的推销技巧，还要具备必要的心理学知识。据研究，销售人员80%的成功取决于是否真正具有坚强的心理态度。

不同的人解释世界的方式也完全不同。对于不同的销售人员而言，也存在着对顾客不同的预期和想法。而在心理学上，人类的心理所创造出的结果，在很大程度上影响着外在世界的变化。将此道理运用到实际的销售之中，销售人员则可以很好地调整自己的心态，成功地进行销售。心态有以下两种：1. 正面积极的态度；2. 负面消极的态度。在拜访顾客之前，销售人员首先需要树立正面积极的态度，清楚地相信顾客必定会购买，而且顾客一定会购买很多。就这样持续地告诉自己，顾客就会购买很多东西，自我暗示最终会真的成为现实。

心想事成是心理学中的一个最基本的鼓励技巧，销售人员只有将其运用到具体的销售工作中，才能真正不断地取得一次有一次成功。具体来说，每次拜访顾客之前，销售人员应该告诉自己，顾客一定会签订单，这种潜意识的思想常常会促成目标的真正实现。在推销之前，心理态度已经完全决定了销售的成功与否。

右臂："你工作很勤奋，又很会买东西，所以凡是咱们买得起的这些值钱的家当我都很喜欢。"

左臂："可是你随随便便说我对这些家当不在意、不喜欢，当时我真的觉得很尴尬。"

右臂："你为人是很乐观的，给咱们的生活带来了很多美好的东西，我都非常喜欢。"

左臂："可是，当着朋友的面，总是说我匆忙中没有整理房间的事情，显得我总是邋里邋遢的，这可不是事实。"

右臂："我喜欢夸奖你，因为你的确应当受到夸奖，我也是一样呀，我希望你在朋友们面前夸奖我，亲爱的。"

感觉怎么样？不愉快的事情，消极的东西，被积极的肯定的东西一下就冲散了，不仅告诉了他你的不满，而且帮他承担起他应负的那一半责任，让他不再对你指责挑剔、婆婆妈妈、抱怨不满。使对方在心理上接受是尤为重要的，让肯定的话所占比例大大高于否定的话，按这种"积极的游泳"办法去实际做，就不会损害与关心你的那个人之间的既有感情，你那种消极的情绪也就因得到有效沟通而消失了。当你学会了用积极乐观的心态面对人生境遇的时候，回过头来再看看下面这些话：

"为什么你总也不能……"

"你把这件事搞得乱七八糟还觉得对吗？"

"像你现在这种速度，你不可能……"

"你怎么费了那么多时间？"

"你要是不能干得好些，我就看不起你。"

"我担心你要把这件事搞糟了。"

"像你现在这样瞎凑合，永远也干不好！"

上述这些话好像似曾相识，要注意这些消极否定的话，它们会伤害别人的感情、自尊心和主动性，就此打击别人的情绪，让人不肯提供帮助。要成为成功者，要培养自己每天多说那些积极肯定的话，不要再拒绝别人为你出力，即便给你一点点帮助也是有益的。别说那些让别人泄气的话，对别人充分加以肯定，人们就会更加喜爱你、支持你、关心你和帮助你。经常照照镜子，端正一下自己的日常行为，告诉自己我要做到这点，我能做到。

一个真正拥有积极心态的人，也是一个对成功有强烈欲望或需求的人。心态实际上就是信念——相信你自己，相信你具有成功的潜力。事实表明，只有首先让自己相信才能够让别人相信。

托马斯·爱迪生在发明电灯泡的实验过程中，尽管竭尽全力，但灯丝总是过不了几秒就烧断了。在他失败后上百次试验，有人这么问他："失败了这么多次，为什么还会继续坚持试验？"爱迪生淡淡地回答说："我并不认为我失败了上百次，实际上，我认为我已经成功地发现了上百条行不通的道路。"又经过了上百次的反复试验，爱迪生最终成功地发明了能持续燃烧数个月的灯丝。这是因为他的不懈坚持，他的积极的心态，他对成功的渴望，他才能获得这么令人赞叹的成功！

失败者和成功者之间最大的区别其实就是心态的不同。

失败者的心态一般是：我永远都不行，现在不行，将来还是不行。然而成功者的心态则是：我过去行，现在行，将来依然行！

有一个销售经理和一个名叫平的推销员之间出现了一点小磨擦。平非常有能力，他在之前的日子里证明了自己的才能，是个很讨人喜欢的小伙子，但是在最近的几个月里，他却一直是在走下坡路。

这个销售经理想方设法想把他拉起来，并认真研究了他的推销工作，对他进行鼓励，直到他听得不耐烦了。然而这些都没奏效，最后，销售经理不得不对他下了最后通牒，给他定下了一个终极目标："在十个客户中，至少要做成三笔交易，否则就要被开除。"他不想被开除，销售经理其实更不想让他走——因为他真是讨人喜欢。

销售经理当即决定给了他一下午的时间，对他说："平，今天下午我放你假，你可以回家了。回到家之后，不要做平时要做的事，到花园里去，放松一下然后一遍遍对自己说：'我明天就能做成一笔买卖，我明天……'洗澡和吃晚饭的时候，还是一遍遍对自己说：'我明天一定能做成一笔买卖，我……'不要看电视，多散一会儿步，不断地重复这句话，一直到脑子里一片空白。"

"早点上床休息，不要看书，也不要数数，一遍遍对自己说：'我明天就能做成一笔买卖……'不断地说，直到你睡着——一定要带着感情说，有信心地说。"起初，他怀疑这样做是否会真的有效，当他第一次谈业务时，他的客户依然带有几分消极和拒绝的态度。平一点也不觉得奇怪——他的疑虑得到了证实，这方法看来也并不见效。

然而，接着发生了一种奇怪的现象，尽管这个客户仍然持消极态度，但他露出了一点积极的姿态和想购买的欲望。平的潜意识被调动起来了，好像有人刺激了他一下，他下意识地对自己说："坚持一下，或许你今天就能做成一笔买卖。"他两个月以来还是第一次开始寻找和倾听积极的回应。无需怀疑，他做成了这笔生意，达到了他的目的。现在，他又成为了一名优秀的推销员了。

要是你和客户打交道时没有一种积极的心态，在客户面前你就会变成一个木头人。积极的心态可以创造执著、激情和成功。同时，需要每个销售人员都了解并切实做到的是——你还应该有自信坚定的品质。在积极的心态下而又充满信心，你才能保持战无不胜，成功超群。推销员与运动员一样，也应毫不气馁地工作，一个人的思想对他的行动有巨大影响。

永远不要对自己失去信心，即便真的没成功，也不要失望，因为这也在情理之中。自信，对于一个业务员的成功是非常重要的。当你和客户会谈时，言谈举止如果能表露出充分的自信，就会赢得客户的足够信任，客户信任了你才会信任你对产品的介绍，才会心甘情愿地购买。自信，才能使别人不断产生信任，而信任，则是客户购买你的产品的关键因素。

那么，究竟应该怎样保持自信呢？这就要看你的自信心是不是坚强了。你一定要沉住气，千万不要流露出不满的一些言行。要明白，客户只要发现你信心不足甚至丑态百出，那么他对你的商品就不会有什么好感了。就算他还是认为你的商品质地优良，很合他的需要，他也会得寸进尺；见你急于出手你的商品，他就会乘虚而入，使劲压价，这就是因为你失去了自信。

总之，自信的推销员面对失败仍然会满脸带笑："没关系，下次再来。"他们在失败面前依然会感觉相当轻松，因而能够客观地反省失败的推销过程，找出失败的根本原因，为重新赢得客户的购买而创造有利的机会。保持自信，不说负面的话语是一个推销员成功的关键因素。

说服自己一定会成交

要想说服顾客首先必须能够说服自己。对于推销员来说，成交的关键之一就是强烈的成交欲望。你必须将业务成交视为第二生命，并且在心灵深处埋下这颗种子。有一位王牌推销员就曾经这么说："我对销售有无比的热情，交易成功所带来的满足感，简直就是我的生命之泉。"这位王牌推销员其实早已名利双收，但成交对他还是具有超强的吸引力。对他来说，成交一直是世界上最具吸引力的挑战。

说服自己"一定会成交"。首先有能力真正掌握自己，才能够说服顾客成交。但是，多数人最难解的课题正是"自己"。怪不得苏格兰诗人罗伯特·彭斯要向上帝祈求："请神赐我能力，让我认识自己。"

其实掌握自己的最佳方法十分简单，只有四个字——正面思考。这种理论存在已经很久了，因为这是正确的。最近的医学研究证实，部分癌症患者"想象自己会痊愈"，竟然因此脱离了病魔的控制！著名球星吉姆·纽曼的教练曾对纽曼说："这些困难不困难呢？答案在于意志——意志是成功之钥，成功与否，存乎一心！"

纽曼后来成为汉弥尔顿公司的副总裁。他说："当时我相信教练的话，现在更深信不疑。"美国衣阿华州因边疆连续五年歉收，经济萧条，市民的购买力呈大幅下降。凡到这里做生意的推销员都抱怨生意难做，简直是四处碰壁，一事无成。但精明的克里曼特·斯通并不这样看，他认为生意是人做的，凡是有人生活的地方总是有生意可做的，问题是应该如何去做。他自己驾车前往衣阿华州的西奥斯克城开拓销售业务。在车上，他始终想象着自己一定能够成功，而不去考虑自己也同样会遭遇失败，所以始终保持着饱满的情绪和良好的心态。

克里曼特径直来到西奥斯克城的市中心，走进了当地规模最大的一家银行，找到了银行的经理，向他直接推销一种意外事故的保险单。他简要地介绍了自己已经经办的保险业务，说："我们的保险单只需收很低的费用，却能向你提供可靠的保证。"没费什么口舌，银行经理就买下了克里曼特的保险单。在场的一个出纳员和一个收款员也随后跟着买了保险单。克里曼特又跑到其他商店和单位，那里的人也纷纷购买了保险单。销售情况简直出乎意料地好。克里曼特在向公司的推销员谈到这次成功的推销时这样解释说："当社会关系极广的银行经理购买了保险单后，其他人就纷纷效仿了。因为他们那里已经歉收了五年，所以人们非常害怕再发生意外事故，我选择了保险单这个商品向他们出售，使他们觉得保险单并非可有可无，而是保障其生命财产安全的必备之物。"

同样的条件，在其他推销员眼中是不利因素，而在克里曼特的眼中却变成了有利条件，这种转换的关键其实是一种销售本身的心态问题。

人与人平时交流时，依靠一种神秘的心灵力量（多数心理学家已经肯定它的存在），我们把自己的思想、感受、期待、喜悦、恐惧以及怀疑及时地传达给对方，对方也把相同的信息传达给我们，双方的情绪就这样实现了相互交流。

美国最著名的成交高手之一、行销经理霍普金斯非常肯定成交信念的影响力。他经常告诉手下的业务人员："记住，只要你一直坚信你能成功，你一定会成功；但如果你诅咒自己会失败，你真的会失败。"霍普金斯要求推销员在正式拜访顾客之前，先不断告诉自己："我一定会成功，我知道自己一定会成功。"结果成交率比竞争对手要高出许多。

艾科斯是巴尔的摩一家跨国企业的总裁，他也非常肯定"永远期待成功"的重要性。他认为这不只是销售的要诀，还是一种人生的处世哲学。艾科斯年轻时不断努力，希望成为杰出的销售人员。就算病了，艾科斯还是保持乐观；精心准备的计划全部付诸流水，他一样保持乐观；失去了最好的顾客，他仍然能够保持乐观；无论发生什么事，艾科斯永远乐观。

今天，艾科斯已经是总裁级的业务骨干，他将成功归诸于保持乐观。不管走到哪里，艾科斯总是胸有成竹，始终充满自信。"只要深信自己会成功，你就拥有一切成功的条件，少了这种信念，恐怕就什么都没有了。"艾科斯这么说。相信自己会成功，那么自然就会让你的言谈充满自信，增加说服力；在销售过程中，顾客也会因此受影响，不知不觉地依你的意志行事。

学会调整自己的情绪

每个人都曾遭受过这样或那样的挫折，每个人都出现过沮丧的时候，但重要的是你必须懂得转化，及时将其调整过来，并将它当作一种前进的不竭动力。可以说，能够有效地调节自己的情绪，使自己随时都保持最佳精神状态，为实现下个目标而不懈努力，是一个推销员应该具有的必备素质。

例如，一个挨家挨户推销商品的推销员，要是因为被前一家拒绝，就板着脸孔继续到下一家去做推销，那么他的生意肯定还是做不成。所以在按下一家的门铃之前，一定要把那些不愉快的心情及时扫除。这时可以先深呼吸几次，然后多走一段路，让时间来平息心中的不满。回到办公室以后，还要计划下次的有效推销方法，这样将会使自己更有勇气和自信。有时找朋友出来喝喝酒，在喝酒中向朋友请教也是一种很好的方法。

一定要记住：一个开朗、乐观的推销员才能够时时刻刻受到客人的欢迎。

心情好才能把事情做好。一个推销员应该学会调节自己的情绪，要时刻以轻松、愉快的心情全身心投入推销工作。

从本质上来说，推销是做"人"的工作，也正是因为这个原因，在实际工作中，推销员常常因为对方的恶意和其他无法顺心遂愿的事情使情绪变得郁闷消极，在这种情况下是难以做好工作的。事实上，过去的早都成为过去，烦恼有什么意义，最重要是应该把握现在，计划未来。调整好心情，着眼于未来，放下包袱，轻装上阵，只有这样你才能够获得更大的成就。

李先生刚进入公司工作时，上司曾经给他讲了一个令他印象深刻的故事。故事的名字叫"不要做一只服输的狗"。

"从前有一只大狗,在它的脖子上绑上绳索,再将绳索绑在柱子上让它无法自由移动。然后拿一根棒子往狗的身上抽打。起初这条狗又咬又吠地加以反抗,然而当它知道抵抗无济于事时,就开始想逃。这时还是用棒子继续打。狗知道逃不了,于是最终只好夹着尾巴趴伏在地上。

这时再把绳子解开,让那条狗能够自由活动,可是你会发现狗仍然趴伏在那里,甚至再用棒子打它,它也不会有要逃脱的意图。因为它已经失去了斗志!它已经完全绝望了。这就是一条服输了的狗的姿态。这是绝对不行的。身为推销员无论怎样都要保持备战的态势。不管有什么困难,应该想办法去解决,继续与困难斗争下去无论何时都不应该选择放弃……"

这番话对李先生有很大的启发。自从听过上司这一番话后,每当李先生稍有挫败感的时候,就会不自觉地想起这个故事并以此激励自己振作起来,重新燃起继续拼下去的斗志。他最后终于能够获得了成功。

还有一个很有名的事例可以说明学会调节自身情绪的重要性。有一个男孩喜欢发脾气,他父亲就专门给了他一袋钉子,然后告诉他,每当他发脾气的时候就钉一根钉子在后院的围栏上。第一天,这个男孩一共钉下了37根钉子。之后,小男孩每天钉下的钉子数量都在逐渐减少,他发现控制自己的脾气要比钉下那些钉子容易的多。终于有一天,这个男孩再也不会失去耐性,不再乱发脾气了。他把这个好消息赶紧告诉了父亲。

父亲又对他说,从现在开始,每当他想发脾气又能够控制自己的时候,就拔出一根钉子。就这样日子一天天地过去了。有一天,男孩告诉他的父亲,他已经把自己以前钉上的全部钉子都拔出来了。

父亲牵着他的手,一起到后院说:"你做得很好,我的好孩子,但是看看那些围栏上的洞吧!这些围栏将永远不可能恢复到从前的样子了。你生气的时候说的话,也就会像这些钉子一样留下痕迹。如果你拿刀子捅别人一刀,不管你说了多少次对不起,那个伤口将永远存在。话语的伤痛就像真实的伤痛一样无法消失。"

一个成年人如果还是什么事情都喜怒于色,会显得很无知很浅薄。生气时口无遮拦,动辄就发脾气,伤害别人,同时也伤害了自己,伤害了那些真心关爱自己的人。

喜怒哀乐,七情六欲,是人之常情,是人的思想与行为的伴生物,而且这些都会影响到人们接下来的思想和行为。事情如果能够做得顺利,人的情绪就会好,显得分外精神,世间什么都美好,事情还没做或者刚起了个头,障碍一个接着一个,头脑转不过弯儿,情绪就会出现波动,看什么都不顺眼,即便它们和你以前所看到的丝毫没变。

要是情绪仅仅是思想与行为的终极或"排泄物",那也就算了。烦人的是,情绪常常会改变你原来既有的观念,并且对你日后的思想行为乃至处世态度都有深远的影响。情绪不是思想和行为的终极产物,而是它们中的一个过程,一个环节。

除此之外,情绪还会感染周围的其他人。你的乐观的情绪,开朗的笑容,会感染你的团队和员工,而你受挫悲观的情绪,当然同样会影响他们。所以,为了你的事业,你一定不要让受挫的悲观情绪在你的团队里出现。

更重要的是，喜怒形于色的人常常会吃小人的亏。一听到别人的奉承面有喜色的人，有心人便会近前奉承，并提出各种各样的要求；一听到某类言语，或碰到某种类型的人就会生气的人，有心人就会故意制造这类言语，或有意指使这种类型的人来激怒他，让他在盛怒之下失去理性，糊涂迷乱；一听到这类悲惨的事，或自己受到委屈，就哀感满胸，甚至伤心落泪的人，有心人就会以种种手段来博取其同情，或利用别人的脆弱感情；一个尤其喜爱某些事物的人，有心人便尽可能有意提供这样的情境，以使其迷恋深陷，而忘却其他。

一个无法控制自己情绪的人，往往会情绪激动，说话不谨慎，行动失控常常会把事情办砸。而要是事事均由一时冲动兴起，就更有可能酿成大错。《孙子兵法》云："主不可怒而兴师，将不可以愠而致战。"所以，我们一定要学会控制自己的情绪。不管周围发生了什么事情，我们都要保持乐观的精神，尽可能保持良好的心态，而不要让坏情绪控制自己。

坏情绪不仅仅是暴怒和焦虑，它还包括忧郁和颓丧。成功者绝对不会瞻前顾后，患得患失，这些都是弱者行事的外在表现。我们一生当中难免会遇到挫折，遇到挫折就丧失信心、悲观失望以及消极等待，这样只会摧残自己的意志，压抑自己的行为，削弱自己的能力，损害自己的身心健康。

林肯就是一位极富于善于掩饰自己情绪和意图的人。每当有人询问的问题他不能肯定地给予回答，他就会反问对方，或是讲一个比较合适的故事，在不知不觉中把客人打发走。

我们要经常注意这一点，不仅要避免说话过多，而且要注意，不要让情绪暴露我们的秘密。在交谈时不动声色地静静聆听对方讲话，是非常有必要的。

纽约市的一位律师也是使用这样的方法，他说："为了隐藏我的情绪，在进行会谈的时候，我就一直叼着香烟。"在待人处事方面非常有经验的孟克曾经这样总结道："听别人讲话时要选取一些东西作为注视的对象，例如，可以非常悠闲地欣赏放在桌上的一朵花，这样，你的眼神更会显得高深莫测了。"

当我们遇到一些特殊情况时，我们应当时刻保持独立、冷静的态度，甚至不作任何反应来处理。著名的意大利银行的创始人基安斯就曾这样说过："当我碰到这些特殊情况时，我会继续思考我脑海里的事情，任对方的话从我耳边飘过，它们也丝毫不会影响我的情绪。"要知道学会有效控制自己的情绪，是保存自己实力的必要手段。

让顾客感受到你的热情

热情是一种无穷的力量，它可以促使顾客更快地接受你和认同你。热情是可以传递的：你的热情可以有效地感染顾客，使其和你的热情一样，使你们的谈话氛围变得和谐。实际上，热情是交易成功的一个重要因素。不管是对为固定客户服务的推销员，卖衣服的店员，还是对拿佣金的推销员来讲，热情都能创造交易机会。

可是遗憾的是，很多推销员在进行推销时并没有表现出那么多足够的热情。可以说经验和热情很少同时并存在一个人身上，这就完全证实了："熟而轻之"这种说法。长时间地从事某一行业，可给你带来这个行业丰富的经验，同时也可能将你的热情磨灭，使你变得越来越机械。要是一个推销员出现这种情况，可以说是一种最大的不幸。因此，你一定要想办法加以克服，使自己的热情之火能够永不熄灭。

我们周边，常常会出现这样的情况：假设有一个新雇员刚刚接受完培训，经验不足，急于做生意，但却很少有机会亲自去实践。他的产品知识几乎是零，他的经验也是零。然而令人惊讶的是，他没有出门，却做成了一笔又一笔生意。原因就是，他的热情感染了客户。

大约过了 3 个月之后，这个新雇员终于成了一名老手。他学习到了越来越多的东西，他的经验也越来越丰富。他对产品的知识十分了解，他信心十足，业务精通。这时，他接受挑战的欲望开始减退，他对事情不再觉得新奇，热情的火苗渐渐熄灭。这个新雇员慢慢变成了一名庸庸碌碌、无所作为、没有棱角的推销员了。平庸之辈中又多了这样的一个人。

这样的事情在我们周围经常发生。保持持续的热情的确不是件容易的事情，这或许正是许多沦为平庸之辈的人难以成功的重要原因。热情体现在对人、对工作以及对环境的态度上，这就完全可以反映出一个人的积极向上的人生态度。你可能发现热情的人对事物都有一份亲切，对什么事物都热情，更别说对人了。热情的态度能够点燃对方的激情，如果你试着与人谈话时先用普通的表情，随后再逐渐增加热情，肯定会发现对方的热情也在被你唤醒——热情具有传染性。同样，悲伤、沮丧等消极的情绪也具有一定的传染性。有人将缺乏热情的人比做是看上去好好的，实际上却没有电的电池，热情是我们心中永远的神。一个缺乏热情的推销员是很难成功的，因为他需要感染顾客，感动他们心灵，不具有充分热情的人是不能做到的。

热情需要投放到具体的工作环节当中，在具体事务的细节中来表现其内容。在下面的例子中，我们可以参考一下。

想让别人喝水的热情表现：客人初次到你家来，一般不太能够太自如，如果你只为他斟上水就不再劝水，对方可能会觉得你不够热情。要是你一方面为对方倒茶，一边介绍茶的来历和品质；过一会儿再关切地看看茶叶是否已经泡好，水温是否合适，不合适劝对方再等一等；到适合饮用时，马上劝对方饮用，并把茶杯往客人面前再推近一点儿。你的一系列动作和表现必定能够让客人感受到你的热情。

想让客人多吃些菜的热情表现如下：我们可以多向客人介绍菜的营养价值和搭配及烹饪方法，客人从中可以真正感受到你的热情，自然会再用些餐。对于日常生活中的方方面面，作为一个合格的推销员都应当有所涉及，尽可能了解和掌握一些必要的日常知识。这样不管是在聊天时还是在正式的沟通过程中，都可以起到很好的辅助作用。

以下是增强热忱的一些步骤：

做事充满热忱。要带着爱心和热情去认真做事，让热情表体现在你的行动中。对人的热忱来源于内心的爱，只有那些内心深处对这个世界充满爱心的人才会对周围的事物总是充满着热情，并将这种热忱全身心地投放到具体的事务当中。他渴望去感染别人，影响别人，使这个世界充无限的关爱和欢悦。一个不喜欢任何人的人比谁都不喜欢的人更可悲！

强迫自己热忱，由内而外。当你的热情暂时无法调动而又需要热情的表现时，你要学会用行动去驱动自己的热情。开始你有些强打精神，但是此后，你的精神就会真的来了，这叫做"用行动去驱动精神"。热忱的产生不但受到内心深处的激情冲力与影响，更多地还可能会受到外在事物的驱使和制约，推销员因其职业的需要，应当掌握自由驾驭自我情感的能力，通过外在的调节手段来使内心的情感适应外部环境的需要。

不要把热忱和大声说话或大呼小叫相混淆。我们可以举一个可能不算非常恰当的例子，比如，说舞台上演劣质的小品，本来演员一到台上去就要调动内心的那份情感，以极有热忱的感情表现来打动和吸引现场观众的，然而劣质的表演只是在舞台上大呼小叫却毫无热情可言，这种哗众取宠实在难以吸引观众，有的只是让人不舒服。所以推销员利用外在动作的言语在调动内心情感之时，应当更加用心。

要多说鼓舞人心的话。这可以算作"精神讲话"。许多成功人士在他们脆弱和不自信的时候，都会给自己来一段精神鼓励的讲话——重复自己的目标、强调自己的优势、克服自己的自卑、激发自己的潜能和提高自己的信心。实践已经说明，"精神讲话"是相当有效的。

相信并找到自己独特的地方。要相信自己是绝无仅有的，从遗传学上讲这是肯定的，但是在实际生活中并不能给我们更多的收益。你要把自己的优势向大家表现出来，并且用你的优点去服务别人，赢得大家的一致好评，这样会进一步驱动你的热情。

启发不满，克服惰性。要往往对自己表现出不满足，克服惰性，寻求更高的目标。越是宏伟的目标，越能够激发我们潜在的更大的热情，并为之不懈地努力和奋斗。

美好目标会使你充满热忱。把你的目标进行适当的美化，这样你的热情也会增长。你甚至要想象自己成功时受到表扬的具体场景：掌声、鲜花、微笑和荣誉一齐向你涌来，你甚至已经热泪盈眶。你的热情会有一个空前的大幅度提升，而且你的热情也会更加持久。

把困难当挑战，把挫折当财富。邓亚萍在运动生涯后期取得艰难的成绩后，记者问到她的感受，她一谢教练，二谢陪练。因为陪练在不断地模仿困难，困难其实也是你的陪练，要感谢困难。有人说困难其实就是一个敌人，一个人要想不断成长与进步，没有一个敌人是不行的。敌人的存在不仅仅是保证了一个人自我不断成长的动力，也保证了成长的实在性。在每一个时期，每一个阶段，一个找不出自己的困难和敌人的人，他就会停滞不前，固步自封。

要有破釜沉舟的勇气。极端困难的环境中，当你已经预想了最坏的情况之后，也就没有什么能够真正阻挡你的热情了。

热情的本质是什么？这么说来，热情的本质是："急切地希望你的接触对象马上获得某方面的利益"。在推销活动中，热情是促成交易的一件有力武器。据研究显示，热情在推销中占的分量为95%，而对产品知识的了解却只占其中的5%。当你看到一名新雇员不知道达成交易的方法，其实他只掌握一点最基本的产品知识，然而却能不断地将产品推销出去时，你就会理解热情是多么的重要。

热情对我们推销员来讲是这么重要，那么应该用什么样的方法保持自己的热情呢？办法是这样的：专业的推销员要不断建立信心，也就是说，要对自己的产品有信心。这样，当他同客户会谈时，他的热情就会被瞬间激发，他就会用热情去推销，这种热情全部发自内心。

所以，获得并保持热情的方法首先是让自己有绝对的自信。一旦一个推销员建立了信心——真正建立了信心，他就会对自己所推销的产品产生一种热烈的信仰，如果有谁不相信这一点，他就会用尽千方百计使对方相信。

热情是能够传染的，发自内心的热情不但会赢得生意，而且可以赢得顾客的心。实际上，世界上那些最伟大的推销员都是既具有实践经验，又充满热情的出类拔萃的优秀的人。

充分展现你的个人魅力

什么是魅力？魅力其实就是吸引人的、能够使自己快速被对方认可的独特品质。魅力之所以成其为魅力就在于魅力能够获得别人的认可，而且必须得到别人的认可。推销工作是与"人"打交道的工作，这就决定的也就是推销员的魅力是重要就是要被顾客认可。

对于厂方推销员角度来讲，要与经销商业务人员打交道，与其融洽相处非常重要。经销商业务人员对厂家推销员有一定的认同和沟通后，要是相处得比较融洽，就能主动的去推广产品。此时就应该考虑怎么在经销商推销员心目中建立良好形象，只有给对方留下良好的印象，才能得到经销商业务人员更多的得力支持和帮助。所以，厂家推销员要做的第一件事是推销自己，展示个人魅力。怎么才能做到呢？

首先，形象非常重要。推销员在服饰方面要简洁，干净，最好是穿职业装，让经销商业务人员感觉到专业形象；不留长发，感觉精神；皮鞋要光亮；衣领袖口要干净等外表细节。

其次，送小礼品。与经销商推销员交往时可以适当地送一些小礼品，笼络人心。

最后，真诚赞美。因为经销商业务人员与厂家销售人员没有什么利益关系，所以在沟通中要注意度量的把握，但有一点是可以确认的，谁都喜欢被别人认可和夸奖。所以在交往中，多去发现经销商业务人员的优点和长处，平时多赞扬，将积极有能力的人强力推荐给经销商老板。

赞美别人是件好事情，但并不是一件容易的事，若在赞美别人时，不审时度势，不掌握一定的赞美技巧，反而会使好事变为坏事。正确的赞美方法是：

要真诚的赞美而不是谄媚的恭维

与谄媚的恭维有所不同，真诚的赞美是实事求是的、有根有据的，是真诚的、出自内心的，是为天下人所真正喜欢的。好的赞美就是选择对方最心爱的东西，最引以为自豪的东西加以称赞。尤其是称赞经销商业务人员成功开拓新客户的经验，是他们最自豪的事情。

借用第三者的口吻来赞美

比如说："怪不得老板很器重你，说你能力强，这次你搞定经销商，让我真的信服了。"这比说："你能力很强"这句话更好听有说服力，而且可避免有轻浮、恭维奉承之嫌。

赞美须热情具体

赞美别人时千万不要表现得漫不经心，这种缺乏热诚的空洞的称赞，并不能使对方高兴，有时甚至会因为你的敷衍而引起反感和不满。比如与其说："你的歌唱的不错"，还不如说："你的歌唱的不错，不熟悉你的人还没准以为你是专业歌手哩"。

赞美要大方得体

适度赞美要分清不同的对象，采取不同的赞美方式和口吻去适应对方。如对年轻人，语气上可稍带夸张；对德高望重的长者，语气上应带有一定的尊重；对思维机敏的人要直截了当；对有疑虑心理的人要尽可能明示，把话说透。

在推销过程中，推销员只能通过短时间的接触和谈话来尽可能获得对方的好感。在此前提下，评价一个推销员，他的语言艺术就是其中非常重要的标准。对于语言艺术，有些方面的问题是不容忽视的。主要有以下几点：

第一，客户从你对他所关心和感兴趣的事物所体现出的共鸣上，感受到你的魅力并产生一定的好感；第二，在推销员角度看来，所要争取对象的职业、兴趣、年龄、人生观和性格等，不管从什么角度来看都千差万别，因此，他们关心的和感兴趣的事物当然也千差万别；第三，推销员要与各种各样的人接触，你的魅力要是得不到他们的青睐和认同，商品自然无法出卖；第四，谈话的内容，与其求深，不如求广，所以，推销员的知识面要足够广，才能尽可能找到顾客所感兴趣的东西。

前面我们讲过这个例子。

小郭和小徐俩人都是公司业绩突出的推销员。小徐浑身上下带着乡土气息，是个朴实的人，也就是说他有一种气质，可以使顾客不抱有戒备心理而非常放心，一看到他就想起童年的故乡。与小徐不同，小郭是一个典型的城市青年，但是他也有他特有的的优势，他强有力的武器就是他能进行话题极其广泛的谈话。

有一天小郭说："经理，王先生说，马上就要签订合同了，请你去做出决定。""呀，这次我倒要领教一下你的本领了。"经理向他半开玩笑地说。他们来到王先生家中。在客户家中，使经理觉得诧异的是看到小郭与主人正以飞碟射击为话题，热火朝天地谈得起劲。小郭作为经理的部下已将近两年，在这期间，关于飞碟射击的再三讨论，一次也没听说过。经理始终认为他对飞碟射击不感兴趣，这件事使经理大吃一惊。事后，经理问他："我怎么不知道你对飞碟射击这么感兴趣？"

"这可不是开玩笑，有一次我到他家时，看到枪架上挂着的枪，还有刻上他名字的射击纪念杯，我回来就马上去准备了。"

总之，他是经过一夜充分地准备好这番话题的。虽然那些推销成绩不良的同事们背后讲小郭的坏话，说："他是耳朵上的学问，现学现卖，都是杂志上的肤浅知识……"但小郭却把小徐等人拉得远远的，继续取得超群的成绩。能够自如地就各种话题和顾客进行交谈一定是一种吸引顾客的魅力，相信每一个推销员对此都不会持有什么异议。但是要在这方面有所突破，你首先更应当注重培养自己的沟通能力。

成功源于持续不断的努力

在推销界有一句话：没有失败，只有放弃。这句话是不是对的呢？答案是肯定的，提醒你不要对它有丝毫的怀疑。生活在这个世界上，你一定相信，奇迹随时都可能发生，机会也无处不在。过去不能决定未来，无论你以前经历过多少困难与挫折，都已经成为过去，最重要的是保持积极成功的信念和态度，并且要坚持不断努力，获得成功。

也许我们从蜜蜂身上可以得到一定的启发。蜜蜂是怎样酿出蜂蜜来的呢？据统计，一只蜜蜂要酿出一公斤蜂蜜，需连续往来飞行 30 万公里，吸吮 1200 万个花朵的汁液，每次采集回来还要把汁液从胃里吐出，由另一只蜜蜂吸进自己胃里。这样吞吐 120 次到 340 次，汁液成蜜汁，然后蜜蜂还要源源不断地鼓起翅膀扇风，把水分蒸发掉，使稀蜜汁逐渐变成浓蜜糖。这样看来，蜜蜂具有锲而不舍的坚持精神，才能酿成蜂蜜。

人的成功又何尝不是来自于坚持不懈和持之以恒的努力结果呢？马克思写《资本论》花了 40 年；达尔文写《物种起源》花了 20 年；司马迁写《史记》花了 15 年；李时珍写《本草纲目》花了 27 年；徐霞客写《徐霞客游记》花了 34 年；曹雪芹写《红楼梦》花了 10 年。所以，巴尔扎克说："持续不断的劳动是人生的铁律，也是艺术的铁律。"

李阳"疯狂英语"的成功就是现在一个典型有力的例子。李阳在中学时学习状况并不理想，上高三时甚至快要读不下去，想退学不读。后来勉强才考上大学。但英语却连年不及格，一学期有五门功课补考。为了通过英语四级考试，他每天很早就去教室读书，每分每秒都在同意志作战。为了能够集中精力，他索性跑到学校烈士亭疯狂地大声喊英语，他还让班上最勤奋的同学监督自己这样坚持下去。整整 4 个月，他以顽强的毅力高声复述完 10 本英文原版书，就这样顺利通过了四级考试，并一举夺得了全校第二。坚持不懈的努力使他后来成为"万能翻译机"，并摸索总结出一套非常独特的"李阳疯狂英语"学习法。还创办了"李阳·克立兹国际英语工作室"，他经常到全国各地义务讲学，推广"疯狂英语学习法"。他用无私奉献、坚持不懈以及百折不饶的可贵精神，鼓舞了千万人，迈向人生的成功之路。

多少名人都是这样以自身传奇的经历在告诉我们：成功源于坚持。想要成功就要认准目标，坚持不懈、持之以恒地不懈努力。伟大的音乐家贝多芬说："涓滴之水终可磨损大石，不是由于它力量强大，而是由于昼夜不舍的滴坠。"我国古代著名的思想家荀子说："不积跬步，无以至千里；不积小流，无以成江海。"

史泰龙是誉满世界的电影巨星，但不为人知的是他年轻时遭遇很多挫折。史泰龙在年轻时其实极其穷困潦倒。1976 年在他 30 岁生日时，饱受生活折磨的他对着妻子用 15 美元买来的生日蛋糕坚定地发誓说："我一定要摆脱贫穷。"他当时的梦想是当演员，于是到纽约去找电影公司应聘。

因为史泰龙的英语不标准，长相也不出众，因此尽管他跑了 500 家电影公司，但是所有的公司都全部拒绝了他，他当时只有一个信念："过去不等于未来，过去失败不等于未来失败。"他又继续开始跑回去应聘做演员，又被拒绝 500 次，但他还是只有一个信念："过去不等于未来。"

他再一次跑回去向每家电影公司重新介绍自己，最终还是被拒绝。在他失败 1500 次以后还是只有一个坚定的信念："过去不等于未来。"同时，他认为应该改变策略，采取一些不同的方法。于是他用三天半的时间完成了一个剧本。他拿着剧本向各个电影公司推荐，到 1800 次的时候，终于有一家电影公司愿意使用他的剧本，但是不让史泰龙当演员出演他剧本中的角色。

但是他直接拒绝了这家电影公司的要求，他还是不放弃地坚持一直到 1855 次，史泰龙最后终于当上了演员。他演的第一部电影叫《洛基》，就是他自己编的剧本，电影放映后就一炮走红，一举成为当时全世界片酬最高的男演员之一，基本片酬 2000 万美元，创造了影坛神话。

这个真实的故事可能能够给你一定的启发。有句广为人知的名言，"失败是成功之母"这是一句真理。成功正是在多次失败中发酵、孕育成长的，它隐藏在你对失败的否定不认同并坚持不懈之中。做推销必定会碰到许多的拒绝，然而重要的不是听到多少个"NO"，而是要听到多少个"YES"。失败了多少次其实都没关系，重要的是你将要采取哪些行动和方法去帮助自己成功。一次的失败并不重要，重要的是永远不放弃成功的坚定信念，只要坚持永不放弃，就一定可以成功。从某种意义上来说，没有离开的顾客，只有离开的推销员；没有失败的推销，只有推销员的工作失败。

用乐观积极的心态去感动客户

心态是一座不休息的钟，平庸的人无意识地随着它的摆动太阳东升西落，精干的人在它的节奏里能够自然感知太阳落下又东升。一个想法，一件事情，一份工作，甚至一个人生，都仿佛是地球的两极，一端是极夜的黑暗，另一端却是极昼的光明。就此要用积极乐观的心态去对待一个事物，很轻易地在明亮的环境中发现它的价值所在，而身处同一环境的你也会被发现自身的闪光点，这不仅是一种本能的快乐，更是一种成功的满足。相反，当你自己主动走进黑暗，消极的看待周围的一切事物时，视野所及会变得一片死寂落寞，成功的机遇也不会轻易眷顾这么冰冷消极的心灵。所以，生活里不是缺少机遇，而是你缺少发现机遇的心灵和眼睛。

人生就像是一个生活的大舞台，相识的、不相识的人交织在一起，扮演着各种各样的角色。站在自己的位置上，有的时候觉得满足，有的时候觉得落魄，其实这也是一种心态的体现，位于一个平凡的岗位上，以积极的态度和浓厚的热情对待它，可以体现人生的价值。站在一个尊贵的高姿态的位置，情绪萎靡，终日无所事事，因此也只能碌碌无为地走完一生。所以你要摆正心态，心有所想，想有所为，才会在人生的行程中不断撒播亮点，做一个平凡但是不平庸的人。拥有积极乐观的心态才能真正感动顾客。

"态度决定一切"，做任何事情，心态起决定作用，应把"耐心细致，热情尊重"作为服务宗旨。让顾客可以明显地感觉到推销员本人有一颗热情而细致的心。推销员的服务不但只是表面上可以满足顾客，也可以感动了顾客。微笑是推销员面对顾客的第一表情，一声看似轻轻的问候，一个看似真诚的微笑，让每位来访的客人真诚的感受到面前的推销员充满诚意的服务。

推销员的工作可能繁琐而又枯燥，再加上顾客可能遍及全国各地，学识和素养也不尽相同，这更是对推销员工作的一个极大挑战。因此，工作人员一般都锤炼了一颗平和、细致的心，尽管大家一天要不停地讲话，不停地去聆听，看起来貌似简单，却也是压力重重，因为不管在什么领域，只有具备了相关的专业知识才能在客户服务中就能够游刃有余。

真诚的笑容是吸引顾客最好的武器。有人曾经这样调查过，在同一个行业，几个同样的店铺，货品的摆设和种类可以说都差不多，店内推销员的年龄、长相、穿着打扮也没有很大的差别，可是只有笑脸相迎的售货员所在的店面生意最好。寿险明星陈明利曾这么说过："不管我认不认识，只要我的眼睛一接触到人，我都要自己先向对方微笑。"全部的推销高手实际上都有效地运用过或正在运用着微笑去感染他人，并从中获得可观的回报。

微笑可以拉近彼此之间的距离，是获得成功的秘密武器。同时，微笑还可以使亲和力提升，进一步解除对方的抗拒心理，可以使人喜欢你，一流的推销员都经常面带微笑。在我们身边，要是仔细留心观察的话便会发现，业绩好的都是那些积极、主动、热情，并且总是微笑着和别人谈话的人，而一些消沉、面无表情的人，业绩总是相对比较惨淡。

原一平为让更多人接受他、喜欢他，曾经假设各种场合与心情，自己独自面对镜子，根据这些场景练习各式各样的笑。他买了一面能照出自己全身的特大号镜子，每天利用空闲时间，刻苦练习微笑。经过长期的练习，他发现嘴唇的开与合，眉毛的上扬与下垂，以及皱纹的一伸一缩，都会影响"笑"的实际意义，哪怕双手的起落与双腿的进退，也会影响"笑"的实际效果。

因为他练习笑练得太入迷，晚上睡觉还时常因"笑"而惊醒。经过长期的训练，他一共练就了338种笑容，这样才能够达到炉火纯青的地步，而他的笑也被赞誉为"价值百万美金的笑容"，他的微笑，令人如沐春风，难以抗拒，因此他的销售业绩一直遥遥领先。

费兰克·贝格也有着相似的经历。在他投身保险推销这行后，很快发现一张忧愁的面容注定无法成功，于是他每天坚持做30分钟的"笑容训练"，每次他在走进客户的办公室前，必会先花上几分钟的时间，回想一下生命中最值得感激的那些事，自然地展现出由衷的笑容，之后才走进办公室。

开朗的微笑可以使顾客的心情受到你的直接影响，从而也对你微笑起来。在这种情况下，推销工作成功的几率便会大大地提高。戴尔·卡耐基说："抬起头来，向人们微笑，你就已经成功了。"是的，微笑的力量是无穷无尽的。微笑传达的信息是我喜欢你，很高兴见到你，你让我快乐。

当然，微笑一定要真诚，必须去除虚伪的成分。不真诚的、虚伪造作的笑没办法骗任何人。微笑应该真正发自内心，真诚的微笑会令人感到温暖而又愉快。一位著名的企业家说："我宁愿录用一个有可爱笑容而连中学文凭都没有的女孩子，也不愿意雇一个板着冷冰冰面孔的博士。"然而，在我们周围，很多人都认为自己实在是无法笑得起来。那就做出笑的动作来！因为人们生理状态的改变同时也会影响人的情绪的变化，当你的姿势、表情和动作都进入了热情及微笑的状态时，你也就能真正找到微笑、热情的感觉了。

总之，微笑是十分重要的，是吸引顾客最有力的手段之一。让我们一起记住戴尔·卡耐基的一句话："假如你要获得别人的喜欢，请给人以真诚的微笑吧！"

没有什么是不可能的

美国当代最伟大的推销员之一吉拉德，其实原本是一家报社的职员，却为自己赢得了"世界上最伟大的推销员"的雅号。他本来是个胆小的年轻人，个性还有点内向。他曾认为，凡事最好不跟人争先，就是看戏、听讲演时，也是悄悄从后门溜进去，坐在最后一排。有一天晚上，他听了一次有关自信心的演讲，这给他留下了极其深刻的印象。他在离开演讲厅时就下定了决心，要让自己摆脱目前的困境。

吉拉德去找所在报社的业务经理，要求社方安排他当广告推销员，不支薪水，而从广告费中抽取佣金。办公室里的每个人都认为他一定会失败，因为这一类的推销工作原本就需要最积极的推销才能。

吉拉德回到自己的办公室，迅速拟出一份名单，列出他打算去拜访的客户类型。然后，他开始逐一拜访这些客户。

在第一天中，他出乎意料地和12个"不可能的"客户中的3个达成了交易。在第一个星期的剩下几天中，他又相继做成了两笔交易。到了那个月的月底，他和名单上的11个客户达成了交易，只剩最后一位了。

在第二个月里，他未做成一笔交易，因为他除了继续去拜访那最后一位坚决不登广告的客户之外，并未去拜访什么新的客户。那家商店一开门，他就进去请那位商人登广告，而每天早晨那位商人都在回答："不。"那位商人确实不准备购买广告版面，但吉拉德却一直坚持不懈。每一次当那位商人说"不"时，这位年轻人就假装没有听见，而继续前去拜访。到了那个月的最后一天，对这位努力不懈的年轻人连续说了30天"不"的那位商人终于开口说话了。他说："年轻人，你已经浪费了一个月的时间来求我买你的广告版面，我现在想要知道你为什么如此浪费你的时间？"

吉拉德回答："我并没有浪费我的时间，我等于是在上学，而您一直就是我的老师。我一直在训练自己的自信心。"

接着，这位商人直接说："我也要向你承认，我也等于是在上学，而你就是我的老师。你已教会了我坚持到底，对我来说，这比金钱更有价值。为了向你表示我的感激，我要向你订购一个广告版面，当作是我付给你的学费。"

费城《北美日报》的一个最佳的广告客户就是这样被吸引过来的。这是一位"伟大的推销员"的良好开端，最后，吉拉德终于成为了梦想的百万富翁。

他之所以能够这样成功，主要是因为他有着足够的信心。要知道，当他坐下来拟出那份有着12位客户的名单时，他所做的正是99%的人都不会去做的事。因为他相信没有什么事是不可能的。因为他选出的都是别人认为最难推销成功的对象，在向这些人推销时将遭到对方的一致抗拒，而如果征服了这些人，也就意味着征服了之前所有的困难。

推销员有五张脸谱

每个人都可能成为一名成功的业务人员，但是每个人的销售潜质和资源都是不尽相同的。你必须真正了解了你自己的实际情况，才能根据自己的资源来重新为自己定位！失去定位，就意味着没有了方向，一切也将无从谈起。

有一个小故事，将推销员分成了五张脸谱（五种类型），这样可以让推销员对号入座，找到属于自己的脸谱，也为自己在重新定位的过程找到有力的依据！

先来看一个小故事：

《你能把胸罩卖给男生吗》

有5个读营销专业的应届大学生，他们刚应聘到一家公司，便要接受一项关于业务潜能的专业测试：把公司生产的某品牌胸罩推销给一些在校的男生，并在规定的时间之内完成定量的销售任务。

第一个推销员，悄悄走访了几个自己熟悉的小师弟，但是都遭到了拒绝。后来灵机一动，自己掏钱买了10个胸罩，然后在规定的时间内回到公司报告。

第二个推销员，拜访了很多个男生宿舍，并逐一问男生买不买胸罩？他的行为被很多男生斥责为"神经病！变态！"但是他仍然天天坚持这样做，最后终于感动了一个也是读营销专业的男生，出于对校友就业艰难的万分同情，掏钱买了1个胸罩。

第三个推销员，反复思考了几套推销方案，最后决定发展周围的一些小师弟来成为销售代表，向他们的女同学间接推销这种产品。因为是给小师弟代销，而且缺乏必要的培训，虽然小师弟们都很卖力，但总共也就只卖出了30个胸罩，而且大部分是卖给自己的女朋友。

第四个推销员，回到母校后找到原来的班主任，一再强调他跟小师弟小师妹互动和交流的意义，可以拓宽在校生的社会实践视野，同时作为一个生动的推销案例，该推销员还将进行现场的推销示范。班主任觉得有道理，便默认并支持了这个小活动。因为事先安排了几个"内线"，在几个铁哥们的踊跃带领下，终于感动了在场的很多小师弟小师妹（该推销员比较灵活，不分性别），他们出于惺惺相惜的那种特殊心理，每个人掏钱买了一个。当时一共80人在场，除了5个是"自己人"，因此该推销员一共卖出了75个胸罩。

第五个推销员，他经过深入的分析之后，回到母校找到颇有商业意识的学院主任，以给在校生增加工作实践岗位为名，发起了一个这样的颇有轰动效应的活动：

"你能把胸罩卖给男生吗？——暨面对就业形势，你是前进还是后退实战训练讲座！"

活动内容是：

聘请某国际品牌中国区营销总经理来学校举行关于营销实战的培训讲座，当时每个在校生都可以自愿参加，因为受训场地所限，每个参加者需支付60元的活动组织费用。同时，作为培训讲座的最后一个环节——是一项十分有挑战性的实战演练：即每位参加者负责在一个星期之内向男生推销2个胸罩（不再收费），推销收入作为购买入场卷的现金补偿。活动之后还将在本院举行一个大型的总结交流活动。

因为就业形式严峻，对于这样一个集理论、技能以及社会实践于一体的富有创意的项目，在学院主任的运筹帷幄下，在各班级得到了得力贯彻，并引起了强烈反响。事后统计该活动一共有600人参加，这次活动一共卖出了1000多个胸罩。公司营销总经理也很重视这次可以树立公司形象的公关事件，对未来大学生的就业和销售实战技能作了非常精彩的演讲，参加的学生都对本次活动觉得非常满意！

校方领导起初对学院主任的商业目的颇有微词，后见学生反响热烈，竟也意识到这是一次必要的学生实践机会，而且实际上并不存在很强烈的商业目的，所以最后也非正式的表达了很支持的意见。

活动最终实现了一个"共赢"的局面。

故事总结：5张不同的脸

第一张脸：欺骗型

第一个推销员实际上就属于这种类型。

主要特征是缺乏吃苦耐劳精神，还自以为是，喜欢在工作中弄虚作假，就此欺骗公司和客户。果然，该推销员在实际工作中更加变本加厉，而且还逐渐总结出了一套混日子的"套路"。形成了我们这里说的第一张脸。

因为该公司推出了一个新品牌，派他去开拓云南省市场。他出差回来说昆明有个大客户非常有合作意向，差不多要签合同了，只是这个月资金周转有点紧，大概过个把月就打款进货！过段时间领导再次跟进此事，他马上给所谓的潜在客户打电话，而且煞有介事的一聊就是半个小时，然后非常坚定的回复领导：15天客户就会打款！

领导一再施压，他便说还要10天左右，尽量争取本周内叫客户打款，等等。

最后实在不能拖了，便很无奈的告诉领导，该客户突然发生了什么事情，现在暂时不接新牌子了，要到明年可能再合作了。所以只有再考虑其他的客户，我这里还有几个不错的客户，尽管实力相对小一点，但是在昆明也是有头有脸的，我接触过两次对方也很有意向，我马上联系一下看看。诸如此类，等等。眼看这种伎俩实在难以再奏效，便换个公司，工作方式如法炮制。

这种推销员喜欢用形容词，喜欢给注重业绩的领导设计"画饼充饥"的小把戏，而且在每个公司大概都是"混"3个月不超过半年的时间。属于混混业务中的典型代表，在业绩方面常常是一无是处。很多业务新人或者企业的新员工，在工作一段时间之后，一旦业务能力或者业绩无法进行有效突破时，在公司销售任务的高压态势下，也很容易沦为这种类型。刚进入销售行业的新人，一般都会要立志成为一名有抱负的年轻人，千万不要在遇到什么挫折或者困难时，便钻"牛角尖"，走上一条永远不可能有成功和成就可言的不归之路。

第二张脸：执着型

第二个推销员是一位执着型的销售人员，脚踏实地，本身有一股不屈不挠的"牛劲"。缺点是不善于讲究灵活的方法和技巧，业务效率低，也就形成了我们说的第二张脸。

公司外派他负责四川省市场。他每次出差都会脚踏实地的去走访市场和寻找客户，虽然成功比率低，但还是取得了一定的业绩。遗憾的是，因为开发市场的方式太缺乏灵活性，所以整体业绩还是远远落在人后。

要成为一名优秀的业务人员，光有毅力是不够的，还需要掌握一些业务实战方面的技巧。该推销员的劣势其实就是在这个方面，他的问题主要有如下：

谈判对象缺乏一定的针对性。事先没有根据自己产品的定位，有选择性的去寻找适合自己的经销商谈判，所以谈了很多个资源不适合的经销商，因此浪费了很多时间。

介绍产品的技巧不对，不懂得怎么去体现客户关注的核心利益（如产品销路很好，可以赚钱），一再强调产品质量好，用的材料是进口的。这些话语经销商听了都兴趣不大，最后被经销商一句话就停止了游戏："你的产品质量是好，但是价格贵，走不了多少量。所以赚不了钱！我现在没有兴趣，你去别家看看吧！"

谈判效率低。不懂得在谈判的时候怎么去消除客户接新牌子的顾虑，以及制定一个有吸引力的产品上市计划去就此煽动客户的合作激情。因为客户怕赔钱的顾虑无法消除，所以谈判一般都没有什么实质性的进展。

很多刚入行的业务新人在一段时间内因为缺乏实战经验，往往也容易呈现这种状态，不管是推销员本人还是领导者，要善于在这样几个方面加以必要的引导：

加强业务技巧方面的训练，例如，说话的技巧，与客户沟通的技巧，以及怎么拜访陌生客户，等等。

尽可能把开发市场的一些关键工作整理成"标准化"的实战教材，用来培训推销员。也就是根据以往的成功经验整理出很多标准程序和方法，甚至当客户提出质疑时如何巧妙应对的标准答案，找什么类型的经销商，陌生城市怎么去开拓市场，通过什么方式等。如此，这种类型的推销员也就能够创造出不凡的业绩！

第三张脸：普通型

第三个推销员就属于这种类型。主要的特征是思维和做事方式循规蹈矩，容易受书本的知识结构限制。就算在工作中有创意，也算不上什么创意，但是善于学习和借鉴别人的成功经验，这样就形成了我们说的第三张脸。

很多工作2~3年之后的推销员，以及业绩中流的推销员大多都属于这种类型。他们已经具有了一定的本行业业务经验，基本可以独立的进行业务工作。但是比起优秀的业务人员，不管是执行能力还是思路，还是相差甚远。

这种推销员实际上只能用于开发"粗线条"的销售网络以及客户维护，对于执行深度或者系统的营销政策是不利的。要是勉强为之的话，往往容易被执行过程出现的一些事务所困扰，甚至可能会迷失执行的方向！

第四张脸：投机型

第四个推销员就是属于这种类型。主要特征是典型的机会主义者，具有善于观察事物和把握机会的超强能力，能够大胆设想、审时度势的达成销售目的，形成了我们所说的第四张脸。

很多业绩不错的推销员都属于这种类型。他们自己有一定的思想力和执行力，工作独立性强，善于自主灵活的分析公司既有的经销政策，以利于市场的开发。但喜欢急功近利或者过于投机，这样就很容易导致市场工作遗留很多"后遗症"！经常让区域市场的接任者头痛不已！同时也喜欢钻公司管理层的这些"空子"。

他们有业绩时会很容易就自满，有时也会利用机会故意要挟自己的领导。甚至会自负的以为可以自立门户，跳槽去一些公司做营销总监。其实不然，业务能力强并不等于领导以及战略管理能力强！

假如你真是这种类型的推销员，你在一个公司取得业绩时要虚心，以免被一些缺乏远见的管理者误以为你为难、要挟领导，而找理由炒了你。这种推销员也有很多优点，是前三类推销员应该好好学习的。比如，善于琢磨谈判对象的心理特征，并能迅速调整谈判策略，因此谈判的成功率就会比较高；再比如，很多推销员没有长驻在经销商那里，对经销商的库存以及产品销售情况难以及时、准确获得第一手信息，该推销员却能善用手中的资源，给经销商的业务经理几个点的"暗扣提成"：业务经理不但能够及时给他提供第一线的市场资讯，而且会十分积极的推动公司产品在当地的销售！

再比如，该推销员来到经销商那里，也深知笼络经销商仓库管理员的关系，有效避免了产品在经销商仓库人为管理有缺失的损失，而且这种关系可以让他随时获得经销商的库存信息。

这种推销员总体来说对企业具有相对正面的效应，已经是比较难得的人才。如果能够进一步扬长避短采取措施，则容易成为企业的"明星"销售人员。主要是在制定相关的管理政策时，要避免他们过于急功近利。

第五张脸：资源整合型

第五个推销员属于这种类型。主要特征是实际上不拘一格，能够大胆创意，有效策划，并善于整合各方资源和利益，达成一种受到参与各方认同的"共赢"局面。尤其是对于竞争更加激烈的今天，这种业务人员容易为企业开创一种"长治久安"的区域市场环境。也是企业销售经理、营销总监职位的理想培养对象。形成了我们所说的第五张脸，其实相比而言这也是最精英的一张脸。

他们不但具有投机型推销员善于把握机会的优势，而且善于创造全新的需求和有利的销售环境，善于策划具有正面轰动效应的那些大型公关事件，善于把握问题的核心并制定巧妙的政策，让参与各方都成为事件的忠实执行者和真正拥护者，的确是非常难得的人才。

他在业务测验中的表现令营销总经理十分满意！事后在实际工作中果然表现不俗，从一些小事就能够体现出一种优秀的战略管理和平衡能力。

要知道现在作销售不是靠欺骗的手段去背后操作市场，那已经是很多年以前的落伍观念。也不是凭借短期手段或者投机钻营就能够获得业绩，你必须站在前所未有的高度，善于创造性地整合各方资源，从而达成相关各方都比较认同的"共赢局面"。

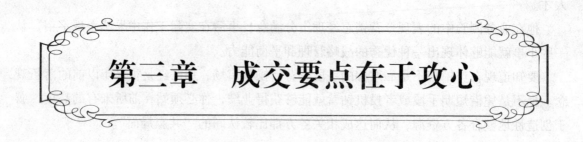

第三章　成交要点在于攻心

把话说到顾客心里

根据别人的潜在心理分情况说话。话要说到别人的心坎上，就要注意揣摩你的交际对象心里真正在想什么。如果你说的话与对方的心理比较吻合，听者就乐于接受；反之，你说的话就会使听者产生一定的排斥心理。

某丝织厂缫丝车间女工小王创造了该厂接线头操作的最高工作记录，引起了厂长的注意，因此厂长心里很高兴。此刻，生产科长根据厂长的潜在心理马上建议说："厂长，我们是否召开一个技能操作现场会，让小王现身说法介绍操作经验，这样，就能以点带面，大幅度提高生产效益。"结果，厂长马上采纳积极的建议并对生产科长的想法大加赞赏。

根据别人的兴趣爱好分情况说话。人们因职业、个性、阅历及文化素养等方面的不同，兴趣和爱好也有所不同。而且，有些人的兴趣和爱好还会因时因地而多少有所不同。比如，有的人年轻时对垂钓有兴趣，而到了晚年，却爱好养花种草。而你若了解你的交际对象的兴趣点，你与之交际时要是能够先谈些与其兴趣有关的话题，对方就容易向你打开话匣子。

有个青年向一位老医生求教针灸技术，为了博得老医生的欢心，他在登门求教前作了详细地调查。他了解到老医生平时非常爱好书法，遂浏览了一些书法方面的书籍。起初，老医生对他态度非常冷淡，于是，青年人根据老医生爱好书法的特点，采取了以下两个方法与之交谈：

伺机赞赏。当青年人看见老医生案几上放着书写过的字幅时，便拿起字幅边欣赏边说："老先生这幅墨宝写得雄浑挺拔、开阔雄伟，真是好书法啊！"对老医生的书法大加赞赏，使老医生顿时升腾起愉悦感、自豪感。

激发兴趣。接着，青年人又说："老先生，您这写的是唐代颜真卿所创的颜体吧？"这样，就进一步激发了老医生的谈话兴趣。果然，老医生的态度急剧转化了，话也多了起来。接着，青年人对所谈话题进行挖掘，环环相扣，致使老医生精神大振，谈锋甚健。终于，老医生最后欣然收下了这个弟子。

根据别人的性格特点说话。平时，我们面对的交际对象性格千差万别，有的生性内向，不仅自己说话比较讲究方式方法，而且也很希望别人说话能够有分寸、讲礼貌。因此，与这样的交际对象交谈时，一定要注意说话方式，尽可能对其表现得尊重和谦恭些。

比如，某青年与一老知识分子在火车上一路同行，青年人想借老知识分子的钢笔写字，遂说："喂，钢笔给我用一下。"然而，老知识分子是位十分讲究礼仪修养的人，他见青年如此失礼，便把头故意扭向一边，没理青年人。假如青年人知道老知识分子的性格特点，把话换成："请问老先生，把您的钢笔借我用一下行吗？"其结果可能就会大为不同。

也有的交际对象性格比较急躁、直率，讲话就像拉风箱般直来直去，同时，也不太计较别人的说话方式。因此，与这样的交际对象交谈时，一般都要开门见山，不要兜圈子。有位大学毕业刚走入社会的青年人，欲让某厂长招聘其为厂办秘书，青年人在厂长面前作自我推销时说话拐弯抹角，半天也没有点名主题。他先说："厂长，你们这儿的环境挺好。"厂长点了点头。接着，青年人又说："现在高学历的人才是越来越多了。"厂长还是点了点头。然后，青年人又说："厂办秘书一般要大学毕业，要比较能写吧？"青年人的话兜了一个大圈子，还是没有说出自己的本意。岂料，这位厂长是个急性子，他喜欢别人和他一样，说话办事能够干脆利索。正因为青年人没有摸透厂长的性格，结果话未说完，厂长便托辞离去，青年人的想法最终没有实现。

我们的心理与生理一脉相连。当我们觉得羞愧时，脸色自然会变红。担心事情时，胃自然会感觉不舒服。

心理学家威廉·詹姆斯认为：行为可以间接地控制人的感情。"不是因为悲伤而哭泣，而是因为哭泣而悲伤"。简而言之，当一个人手舞足蹈时，他就会变得快乐；当一个人垂头丧气时，他就会变得悲伤。有什么样的动作就会有相伴的什么样的情绪。要改变一个人的情绪，就要先努力改变他的动作。

所以，与人交往时，应该展现出"跟你在一起很快乐"的神态，现场气氛很快就会变得十分愉快融洽。

表达快乐的要点，形之于表情就是面带笑容，诉诸于语言就是肯定的"是"。

人在说"不是"的时候，身体很自然地会变得比较僵硬，拳头紧握，表情也会紧张，心态也同时进入拒绝状况。相反的，如果说"是"或接受的言语，身体会自然地放松，拳头自然放开，表情和心态上是从内心真正接受对方的。这种技术在辩论学上，被称为"苏格拉底"，行销学是说"YES"法则。

持续让对方说出"是"，最好的方法就是用不断提问问题的方式，懂得问一些好的问题，就可以比较全面地掌握对方的心理。"是南方人吗？""是的。""今天是六月一日，好像开始换季了？""是的。""真的只有一个女儿吗？""是的，没错。"……照此下去，被问的人只能回答简单的"是"，连续回答几次后，身体就不知不觉地自然放松，变成接受的姿态，这种状况下，心情就会自然地放松和随和。

如果是推销人员，你可以问顾客类似这样的问题："这种颜色不是很好吗？""如果打算购买，您认为什么样的送货方式更好？"话题，对方应该不会随便就说出"不"。

第二种方式就是配合对方的全部节奏、配合对方的动作、配合对方的呼吸。比如，对方点冰咖啡，当然呼吸以"吸"为主，但要是自己点了热咖啡，呼吸就变成"呼"了。那么，彼此的呼吸就难以配合，不妨你也配合对方点冰咖啡，让你和顾客彼此的呼吸能够保持一致。配合对方的话题也很重要。比如，对方说："下雨了！""是呀！""下雨做什么都没有那么方便。""我也觉得这样。"这样配合对方的话题，可以放松对方对你既有的警惕心理。塑造痛苦，成功卖出大单案例呈现：

有一位女企业家，他们夫妻二人都各办一家企业。当保险推销员小张去他们家拜访时，这家的女主人接待了他。

大姐：您好！小张，我们一家人都很认可你这个人，你确实非常优秀，不过我告诉你，经过我们一家人的研究决定，我们还是决定不买您推荐的保险了。

小张：你能告诉我为什么不买吗？

大姐：因为我买东西都有一个习惯，当我认为哪个东西可买或可不买时，会问自己一句话，问完之后，我就能够决定买与不买了。

小张：关于保险的事，你是怎么问的呢？

大姐：有一回我去国际商城看到了一串白金钻石项链，确实很漂亮，27万多一套啊！而对于这串白金钻石项链，我简直是梦寐以求很久了，也去看过好几回，当我准备付款时，我一路在问我自己，不买会死吗？我得出的结论是，当然不会死。有别的东西代替吗？当然有。这次买保险，我同样这样问自己。小张我问你，你让我买保险，要是我不买保险，难道会死吗？

小张：谢谢你，大姐。幸亏你这么提醒我。人不买保险不会死，但要是死的时候会死得很惨。当然不是你死得很惨，而是那些依靠你的人就会很惨。因为你死了以后，他们悲痛万分。你是什么都不无所谓了。但是活着的人，他们万事艰难，什么都需要。保险是唯一的以一换百的保障方法，没有任何实际的代替品！

经过这一番对话，最后大姐终于和保险推销员签了购买协议。

说话要有分量

许多销售人员在说服客户的过程中，为了尽快地达成交易的目的，往往容易把话说的过头或出格。

把话说的过头一般容易触犯两种问题的出现，一是容易得罪客户；二是容易进入客户的圈套。

XY冰箱销售代表小晋坐在刚住进S市的宾馆的沙发上，心里就像打翻五味瓶。自己几乎在每个片区都和客户难以搞好关系，被搞得灰头土脸，以致于混不下去。领导为了照顾他，又给他换了个行销区域。

小晋心想："自己说什么也要给领导挣个面子，不能在犯同样错误。"

想着想着，小晋浑身热血沸腾，索性直接先给S市最大的客户周总打个电话，一来表示尊重；二来争取给他留个好印象，这样也能够有利于以后工作的开展；三来显示自己的专业形象。

小晋拿出手机拨了出去："您好，周总，我是XY电器新调来的区域经理小晋，公司最近进行人事调整，我现在负责管理S区域的业务开展。我现在已经到达S市，能否约您下午 3 点钟见个面呢？就是想和您谈一下本月的产品订货、回款工作、库存处理以及您卖场临促问题，您看可以吗？周总！"

周总："噢，你是新来的陈经理啊，真是不好意思，我这两天有几个会议要开，事情非常多，你看改天吧！"

小晋："怎么会这样呢？那您说个具体时间吧！"

周总："这样吧，你没事就到我办公室门口来看看，要是我在你就进来和我谈谈吧！"

小晋一听这话当即就火冒三丈，心中暗骂："刚来就给我个下马威，看我以后怎么整你。"但又怕和周总因"话不投机半句多"，影响以后的共事。小晋强忍着不满说："好的，周总，谢谢你，看来得我准备三顾茅庐了，呵呵。"

小晋在随后两天在周总的卖场和办公室附近随便溜达，希望来个"瓮中捉鳖"。可是总也看不到周总的身影，心中不免有些焦躁不安。

他又给周总打个电话："周总啊，真不好意思，又打扰你了，会开得怎么样啦？"

周总："陈经理啊，估计还要有一天。"

小晋："唉呀，周总啊！您总不能让我就这么天天等您吧！周总，这怎么行呢？您得抽个时间，我刚来这里也有很多的事情要做，这已经是月中了，你的货款要是再不办出来，这个月的促销政策可能真没什么指望啦，我真的就要考虑一下你的忠诚度了！"

小晋还想再表述什么，却发现对方已经把电话挂了，不由脱口大骂："妈的，这里的客户比 R 市还贱，我也是为他们着想啊，竟然敢挂我电话！"

小晋心中憋气，就找朋友聊天解闷。朋友劝说："你初到别人的一亩三分地，就想着摆谱，可能吗？一定要和别人搞好关系，低头做人。同别人讲话，特别是电话沟通，全靠语气、语意表达你的思想、意图，如果表达不好，最容易引起别人的误会，我想可能是周总误会你的意思。"小晋一听这话也觉得确实是这么回事，也许是自己话语专业味道太重，拉开了与客户间的距离，形成沟通的障碍。小晋当时真恨自己，说改变自己的性格，总是在习惯中疏忽了自己存在的那些缺陷。

终于，在第三天下午，小晋和周总在其办公室进行一次零距离的会谈。

小晋："周总，拜会您这商业圈的老大哥真不容易啊！在公司里时常听到你的大名，一直就想着向您这位老大哥取经学习，现在终于有机会了。"

周总："哈哈，小兄弟闻其声不如见其面啊，没想到你比电话中会说话多了。"

小晋一惊，原来自己遭遇他的冷落的确是因自己的表达方式不对，双方产生误解。

小晋："真对不起，电话中太急躁，表达不清，主要想把我们这个月的促销政策告诉你，不想越急越表达不清，"

周总："是吗？小兄弟，非常感谢你们公司一来就给我们提供大力支持，有何促销政策？"

小晋："这两天，我在附近几家商场溜达，发现只有您的商场人流量最大，销量最大。"

周总："这个不用你说，搞起活动来，销量将会翻倍增加！"

小晋："您讲得对，所以，我决定给公司申请在每个双休日再增派两名促销员，还有?"

小晋故意停顿了一下。

周总不动生色地看着小晋,他一定知道小晋在故意卖关子。

小晋:"还有本月我为你做了60台冰箱进货计划!"

周总:"60台冰箱,你没搞错吧?"

小晋:"周总,先别生气,你先看下计划,其中的利润机型很有冲击力的,这是我送给你的见面礼!"

周总看着进货计划表,说:"这还差不多,凭我对你们公司的支持,这么20台独家买断型号的特价机,还能说得过去。"

小晋:"您对我们公司支持,我们公司一直感激不尽,领导还千叮嘱万嘱咐,要我一定全力配合好周总的工作。"

周总:"我明天把款子办过去,你一定要确保这款机型是我卖场独家经销。"

由本案例中我们不难看到小晋的这段拜访客户故事中,他不恰当的处事方式,而带来的结果是大不相同的。小晋在周总沟通中曾经讲了这样一句话"周总,这怎么行呢?您得抽个时间,我刚来这里也有很多的事情要做,这已经是月中了,你的货款要是再不办出来,这个月的促销政策可能真没什么指望啦,我也要考虑一下你的忠诚度了!"类似这样的话语在和客户沟通过程中一定不要讲,推销员尤其要注意的是,在与客户沟通时一定要注意说话分寸。不要被客户误解而给工作带来不便。

说话目的要明确

推销员具有优秀的口才并不是指只会说好话,只说客户爱听的话。推销员说的话首先要能达到自己的目的、表达意图、提出问题和论证是非,等等。目的先成立,然后才能称其为推销口才。像这样不敢表达自己的意思,不敢坚持自己的观点,不敢维护自己的利益,这样的推销员就算再能说会道,也只是阿谀奉承之徒,难以促成交易,怎么能够达到推销的目的呢?

推销员要真正拥有好口才,第一要能达成自己的目的,第二要有理有据,即说话要讲究原则。手段是为目的、结果服务的,推销员的口才就是为目的服务的必要手段。中国古代有"一言可以兴邦,一言也可误国"之说,此言真是一语中的,道出了口才举足轻重的作用。

据《史记·陈涉世家》记载,陈胜揭竿而起时,就是靠公开演说来发动群众的。他号召说:"公等遇雨,皆已失期,失期当斩,……而戍死者固十六七。且壮士不死即已,死即举大事耳,王侯将相宁有种乎!"在他这番话的鼓动下,中国历史上第一次农民起义拉开了帷幕。

陈胜用他的"三寸不烂之舌"成功地分析了当时起义的利弊得失。他指出,失期已是死罪,就算能逃过这一关,去成边,还是死,那样还不如起义,起义时即便是死了,身后也会留下"大名"。经过他的这一番劝说，众人肯定选择起义了。

陈胜以口才为手段达到了促使众人揭竿而起的目的。口才是人类生活中最难能可贵的艺术或技术，没有口才的人，有如发不出声音的留声机，虽然在那里转动，却使人失去了兴趣。口才是一种技术，也是一种高超的艺术。商界奇才，或艺术家、律师、演员、推销员等等，都是侧重于口才的。

口才是一种必要的手段，为即将要达成的目的服务。目的一般只有一个，但可以通过不同的话语达成。如热恋中的少女总喜欢问这样男友，"你将来会不会变心？"这时，男友一般说："亲爱的，我爱你，无论何时，你在我心中都是最美的。我永远爱你。"女友听过，自然被男友的真心所感动，进而更加爱男友，两人之间的感情也就更加深了一步。

但也有例外情况，有一个男士是这样回答的："当然会变"。女友一听当即生气，转身就走。男士急忙拉住女友，继续说："爱慕一个人的年轻和美貌是很容易的，但随着岁月的流逝，年轻会变成年老，美貌也会渐渐失去。你随着时间在变，我对你的爱当然也要变。年轻时，我爱你的青春和活力；中年时，我爱你的端庄和成熟；老年时，我爱你的庄重和慈祥。我对你的爱会越来越深。"女友听后，自然转怒为喜，随即紧紧拥抱自己的男友。

一个问题，两种回答，但都向女友表明了自己的真实心迹，表明了对爱情忠贞不渝的态度，都达到了自己原有的目的。

另外，同样的事对不同的人，用同样的表达方式未必合适。必须根据对方不同的性格来对症下药。有一则寓言：

有三个人，第一个人勇敢，第三个人胆小，第二个人有点勇敢又有点胆小。把这三个人都引到一个深谷边，让他们全部跳过去。对第一个人说："能跳过去的是勇敢的人，否则就是胆小鬼。"于是第一个人立即跳了过去。对第二个人说："你如果跳过去，就给一百个金币。"第二个也跟着跳了过去。对第三个人说："后面来了一只猛虎，只有跳过去才能活命。"第三个人也毫不犹豫地跟着跳了过去。

推销员遇到的顾客都是不确定的，要考虑他们的性格、经历、背景、知识层次后，再"对症下药"，以达到自己原有的推销目的。例如，对于性格沉稳的人，要用道理说服他；对于容易冲动的人，要用激将法刺激他，等等。

摸清顾客心理

现代社会中，趋众的心理普遍存在。趋众成交技巧正是恰当地利用了人们重视流行这一心理，并成为推销员经常使用并行之有效的常用方法。

某位推销员对一位客户这么说：

"告诉我，胡先生，您认识××公司的赵经理吧？他大约在三个月前来过我这儿，他对我们的产品非常满意，昨天他又订购了一件。用赵经理的话说，'樱桃的好坏，一尝便知'。所以，我想问您，要是××公司对我们供应的产品不满意的话，他们会继续订购吗？（客户会回答'我想不会的。'）怎么样，现在您可以考虑了吧?"

客户对未经别人试用的新产品一般都持有怀疑态度，而比较信任有人使用并有一定好处的物品。推销员应该明白，从众成交技巧普遍适用于销售日常生活用品，如服装、食品、化妆品以及家用电器等，所列举的人物必须要有一定的社会影响力，最好利用社会知名人物或权威人士，并且他们的事迹、经验等要与所销售的产品有十分密切的关系，同时也可展示真实的合同文本、照片等实物，借此增强客户对产品的信心。

推销员在向新客户介绍相关产品时，要是能有效地运用这一方法，便会大大提高效率，因为借助于已成交的那些知名客户，必定能增强论证的说服力，从而得到更多的具有从众心理的客户模仿效应。但对于极富"个性"的客户则要慎用，以免使其产生伴随的抵触心理，这就非常不利于交易的成功。

有些新客户对于推销员的常规介绍会产生犹豫心理。他们拿不定主意，买了又担心不合算，不买又怕错失良机，因而会患得患失。从心理角度来说，既然有购买需求，客户就会对不能如愿以偿地满足需求，又花了冤枉钱的情况觉得非常可惜。特别是处于成交前夕的客户，这种权衡利弊的心理将更为突出。

推销员可以充分利用客户的这种趋利心理，提醒客户要是不马上下定购买决心，就会失去一次绝好机会。推销员为客户分析了即时购买的好处后，客户便会担心失去近在眼前的种种好处与实际利益，因此客户就会随即改变犹豫的态度，迅速采取购买行动。有的客户尽管没有马上付诸行动，但一旦觉得后悔的心情之后，他们就会比其他人更加迫不及待的马上订购，在推销员下一次的推销活动中成为非常坚定的购买者。

运用利益汇总成交法，常常采用的一些常用的语言如下：

"夏天一到，这批衬衫肯定很抢手！"

"说不定下个星期就要涨价了。"（强调失去时节）

"只有这几件了（强调失去便宜），刚才还有客户打来电话要货呢！"（强调失去俏货）

"订货10件可送货上门，少于10件则需要自己来厂提货。"（强调失去服务）

每个人都担心吃亏，都有趋利心理，推销员可以利用一定的优惠条件作提示，让客户知道现在成交最实惠。

如"蒋小姐，您瞧，银行利率又下调了，保费很可能要提高。"给客户必要的成交压力和一些利益的冲突，让他们迅速做出购买决定。这种方法有效地缩短了时间，减少了费用的支出。这种成交技巧的主要特点是针对不同的客户找到一个激发其购买欲的原因，这是促成交易的关键。

再看下面这个实例，也足以说明了在推销过程中，摸清顾客的心理是很重要的，足以提高推销成果，可实现事半功倍的效果。

A公司的总经理某一天偶然地发现，有位推销员当天居然卖了30万美元，好奇之驱使他去问了个清楚。

"事情是这样的。"这位推销员开始讲述整个故事，"刚刚有一位男士进来买东西，我先卖给他一个小号的鱼钩，之后告诉他小鱼钩是钓不到大鱼的，于是他买了大号的鱼钩。我又提醒他，如果你只买大号鱼钩的话，那不大不小的鱼不就跑了吗？于是，他就又买了中号鱼钩。接着，我又给他介绍了鱼线，便顺利地卖给他小号的鱼线、中号的鱼线，最后是大号的鱼线。接下来我便问他上哪儿钓鱼，他说去海边，我建议他买条船，所以他又让我带他到卖船的专柜，买了长达20英尺有两个发动机的纵帆船。他告诉我说，像这样的大号船，他的车可能拖不动。于是我又带他去汽车销售区，卖给他一辆丰田新款豪华型'巡洋舰'。"

经理当时听得目瞪口呆，难以相信他的员工会这么轻松就卖出这么多商品，他好奇地问道："一个顾客单单只是来买鱼钩，你就顺利地卖给他这么多东西吗？"

"不是的，"这位推销员随即回答说："他是来给他妻子买针的。我就问他，'你的周末怎么能就这样虚度呢，干嘛不去钓鱼呢？'"

看似根本无法完成的销售奇迹，那位推销员到底是如何做到的呢？答案很简单：是通过反复地在客户心目中建立新的意愿图像，帮助客户发掘自己目前还没有意识到的需求，来实现自己的推销的。

这个成功案例启发我们：销售成败和人的心理有很大关系，懂得挖掘客户内心深处的需求，以及不断在客户心中建立全新的意愿图像，这样能够起到事半功倍的效果。

站在对方角度说话

说到"攻心"，当然也包括态度在内；态度可以决定一个人的具体行为，而行为的结果，不是成功那就只有失败。因此，每个人都必须明确地尽力地推销他自己，以及他对别人所应采取的实际态度。

让对方处在你所在的位置，说服对方的一种最简单方法，就是和对方交换一下你们所处的位置——换位思考。

"你假如站在我的立场将会怎么做？"这种说服方法，是说服术的起始。

让对方站在你所扮演的社会角色，从对方的话语中，获得你想要的东西。这种办法可以说是先暂时将自己交给对方随意处置，让对方站在你所处的立场说话，再在谈话中发掘对自己有利的话，以此来使你以后方便的使用。

要说服别人，就必须要让对方首先参与你自己的事情，并且投入地去关注，这是说服别人的首要条件。再从对方关心的程度，探究对方的真实意见，这是说服别人的第二个条件。"假如你站在我的立场该怎么做？"这种说服方法便满足了以上这两个条件。

这种办法也可以变成是极其普通的说法："当你遇到这种场合的时候，你会怎么处理？"一定可以从答话中找出对方站在自己的立场发言，于此同时也要找到对自己有帮助的东西。

要想将别人成功说服，就要尽可能地掌握对方的真实情况，站在对方的立场上，真诚地帮助对方深入分析利弊得失。从而让对方真切地感到你的真诚，这样能更容易地说服对方。

秦朝末年，蒯通说服范阳令徐公就是一个很好的实例。张耳在夺得赵地后，称自己为武信君。他委托蒯通到范阳去，极力说服范阳令徐公投降。蒯通到达范阳，见了徐公就说："我是一介草民蒯通。根据眼下的形势，我看徐公你可能活不了多久了。我专门来给你吊唁来了。但是，如果你听我蒯通的话，面前也有一条活路，我也是来向你表示祝贺来了。"徐公就说："你怎么知道我活不了多久了？"蒯通马上就说："你在范阳当了10年的官了。你为了把秦国的法令落实到底，杀人家的父亲，使人家的孩子成为孤儿；你断人家的手足，黥人家的面孔，这样残忍的事情你做得够多的了。他们的亲人早就对你恨之入骨了。他们为什么不用锋利的尖刀插到你的腹中把你杀死呢？那是因为他们害怕秦国的法律。如今天下大乱，秦国的法律已经没有任何作用了，那些慈父孝子正在争着用利刃把你杀死。一来要化解他们对你的怨恨，二来杀你也可以得到名利。所以我蒯通知道你活不长了，所以这才来给你吊唁。"徐公马上又问："你怎么还祝贺我有一条活路呢？"蒯通又说："武安君不嫌弃我是一介草民，愿意向我请教关于战争的问题。我对他说：'打了胜仗才能得到土地，攻取之后才能得到城池，这种战略已经很落后了。不战而得地，不攻而得城，一纸公文就能搞定千里。你们愿意听这样的谋略吗？'他们的将领都很感兴趣。我就说，'以范阳令徐公为例，他可以整顿士卒坚守城池。但是，大部分人都是怕死而贪图富贵的。战到不行的时候他要投降。那时士卒都有了怨气，很可能把范阳令也给杀了。这件事情会传出去以后。其他地方的官员知道范阳令投降后也被杀害了，必然要固守。这样，其他城池就不好攻打了。现在不如以隆重的礼仪迎接范阳令徐公，一直把他迎接到燕赵接壤的地方。使其他城池的官员都知道，范阳令一投降就得到了富贵荣华。这样，他们就会争着来投降。这就是我说的一纸公文可以搞定千里。'现在你要是听我的话投降武信君，不但可以生存，而且还可以继续享受荣华富贵。"

结果，蒯通成功地说服了范阳令徐公。可见，"攻心"真的是说服别人的妙招。

被世人公认为是"世界魔术师之一"的赫万·哲斯顿，在他曾经活跃的那个年代，他精彩的表演能让超过六千万的观众买票进场现场看他的演出。他成功的秘诀是什么？

很简单，就是从观众的角度出发，多为观众着想，深入表现人性。哲斯顿对每个观众都表现得真诚地非常感兴趣。他说："许多魔术师在看到观众时会对自己说：'坐在台下的都是一群傻子和笨蛋，我能将他们骗得团团转。'"而哲斯顿却不会这么想，他每次在上台时都会默默对自己说："我得赶紧，因为这些人来看我的表演，是我的衣食父母，是他们让我过上舒服的日子，因此，我要将最高明的手法表演给他们看。"

说话其实也一样。如果你想让自己说出的话具有价值，能引起周围人的共鸣，或者能带来价值，那么面对顾客时，我们应该说出替客户设身处地着想的实心话，这样就会引起顾客的好感和注意。这就需要你记住一条黄金法则，那就是——你想别人如何对待你，你首先就要怎么对待别人。你只有从关怀对方的角度出发，尽可能多为对方着想，才能赢得对方的信任和认可。

推销精英弗兰克·罗塞尔打电话给他的目标客户，说："您好，杰克先生，现在我将要为您提供一项服务，是其他人无法替您设想的。"

"究竟是什么服务？"顾客疑惑地问。

"我可以为您供应一货车石油。"

"我不需要。"

"为什么?"

"因为我没有地方可以放啊!"

"杰克先生,如果我是您的兄弟,我会迫不及待地告诉您一句话。"

"什么话?"

"货源就快要紧缺,那时您将无法买到所需要的油料,而且价钱也要涨,我建议您现在存放这些石油。"

"我现在用不上,而且我也真的没地方可以放。"

"为什么不现在租一个仓库呢?"

"还是算了吧,谢谢你的好意。"

不一会儿,当弗兰克·罗塞尔回到自己的办公室时,看到办公桌上放着一张留言条,上面写道:"杰克先生让您回电话。"

罗塞尔随即拨通了杰克的电话,就听见杰克在电话那头说:"我已经租好了一个旧车库,能存放石油,请您将石油送过来吧!"

某公司因为研发部最近要上新项目,因此要扩招几个研发工程师,因项目预计在本月底启动,所以人员招聘显得非常紧急,所以招聘专员李先生特意放下手上的全部工作,忙起招聘的事情,他考虑到研发工程师职业层次相对来说比较高,所以计划采用网络招聘,他准备从网上找几个人才网站比较一下。

因此,他首先联系到了A人才网,当时正是A公司的客户经理王小姐接的电话。

A公司王小姐:您好,A公司,有什么需要帮您的吗?

客户李先生:您好,我这边是某公司,计划最近要做一次人员招聘,所以想了解一下你们网站,你能否发一些资料到我邮箱呢?

A公司王小姐:嗯,这个可以,没有问题,我想请问一下先生您贵姓呢?

客户李先生:免贵姓李。

A公司王小姐:嗯,您好李先生,我想请问一下您的招聘计划是打算做一个月的;还是半年的;还是一年的呢?

客户李先生:一个月吧。

A公司王小姐:好的,您那边有几个职位要做招聘呢?

客户李先生:三个。

A公司王小姐:都是什么职位呢?

客户李先生:都是工程师职位。

A公司王小姐:嗯,好的,那我先把资料发到您的邮箱,您看一下,您的邮箱是?

客户李先生:1111@163.com。

A公司王小姐:嗯,好的,我马上把资料发到您的邮箱,谢谢您的来电。

接着李先生又联系到了B人才网,当时是B公司的销售主管陈小姐接的电话。

B公司陈小姐:您好,B公司,有什么可以帮助您的?

客户李先生:您好,我这边是某公司,我们计划最近做一次招聘,所以想了解一下你们网站，你是否能发一些资料到我邮箱呢？

B公司陈小姐：嗯，可以，这个没有问题，我想请问一下先生您贵姓呢？

客户李先生：免贵姓李。

B公司陈小姐：嗯，李先生，您好，我想请问一下您那边有几个职位要做招聘呢？

客户李先生：三个职位。

B公司陈小姐：都是些什么职位呢？

客户李先生：都是工程师。

B公司陈小姐：呵呵，李先生，因为关于工程师的职位很广泛，所以我想请问一下您，贵公司招聘的工程师具体一点都是什么工程师呢？

客户李先生：都是研发工程师。

B公司陈小姐：哦，那贵公司怎么会一下子招3个研发工程师呢？

客户李先生：因为我们要上一个新的研发项目，人员不够，所以就多招几个。

B公司陈小姐：那您贵公司的研发项目计划打算在什么时候启动呢？我看怎么样来更好的配合您的招聘计划。

客户李先生：呵呵，先谢谢你了。我们的项目计划启动时间是在本月底。

B公司陈小姐：哎呀，那时间很紧张呀，您这边既然要启动新项目，想必对研发工程师的要求也很高，再加上在这么短的时间内，一般的网络招聘估计很难满足您的招聘计划，要这样的话，如果在规定的时间内没有招到合适的人选，我想可能对您的工作开展会很不利，研发部和老板也许都会给您一定的压力吧。

客户李先生：是啊，我都快急死了，你有没有什么好的意见。

B公司陈小姐：噢，要不这样，上次伟易达也出现过跟贵公司类似的情况，我们建议他们网上网下一起招，就是网络招聘＋现场招聘，多一条招聘途径；另外网上招聘也不要只采取普通的网络招聘，另外可以多加一个首页浮动广告，这样可以扩大覆盖面积，更好的吸引求职者眼球，果不其然，就像我们所设想，他们还不到两周就招到5个电子工程师。

客户李先生：是吗？那你也帮我们做一个这样的方案吧。

B公司陈小姐：那好的，另外为了让我们设计的方案更适合您那边，不知道您的预算是多少呢？

客户李先生：这个倒不是很重要了，关键是招到合适的人。

B公司陈小姐：嗯，好的，那我今天就把方案发给您，您的邮箱是？

客户李先生：1111@163.com。

B公司陈小姐：嗯，好的，我到时把方案给您发过去以后再给您电话确认一下。

客户李先生：好的。

第二天，B公司顺利的和李先生签了协议，A公司那边还搞不明白为什么，还错以为客户跟B公司某个业务员关系要好。

当你能够真正为顾客着想，为他们提供有价值的信息时，顾客就不会不为你的生意着想。如果你不仅仅是一个推销员，还是对方的顾问时，他们获得了由你提供的那些可靠的有价值的消息后，你的生意肯定是接二连三的自动送上门。无论任何时候，要获得对方的认同，就先要设身处地的为对方着想，关心对方的利益，这样你们才能成为最佳的合作伙伴，获得利润上的共赢。

巧妙赞美客户

赞美是推销员与客户进行有效沟通的最有效的武器。每一位推销员都应当进行赞美训练，使自己掌握更多赞美的绝话。

赞美，一般适用于初次会面客套后，以后第二次、第三次的见面应当尽量少用，如果一直用下去，赞美过度，就会导致相反的作用，得不偿失。赞美是用来向顾客表示你的恭敬或感激的，不是用来表面上敷衍的。要懂得适可而止，多用就流于迂腐、流于虚伪。

任何人都希望得到别人对自己的肯定，也不会拒绝别人对自己的赞美。如果推销员能抓住客户的这种心理并很好地加以有效利用，就能成功地接近客户，真正获得客户的信任。

不管从事什么职业的人，不管他性情暴躁还是性情温顺，都有他自身的优点。也许，推销员要是真想赞美对方，就应该积极地去发现对方的长处，因为只有这样，才能使赞美显得更真诚。谦卑之心将使推销员更容易找出别人的可赞美之处。

一、赞美的时机恰当才能达到最佳效果

首先，赞美需要在一定的语境里尽情发挥。推销员要抓住关键"字眼"去赞美别人。

其次，赞美要不失时机。有些时机稍纵即逝，发现合适的赞美时机就应该紧紧抓住。

应该记住，赞美与阿谀奉承之间往往只有一步的距离。赞美要有诚意，要有根据。没有理由的赞美只会让人觉得是阿谀奉承。

首先，可以赞美对方的为人。

歌德有一句名言：最真诚的慷慨就是赞赏。赞美最重要的是要有根据。这样才能使赞美者显得更真诚，才能使被赞美者更开心。

每个人在为人方面都有自己的特殊优势，但笼统的词语难以说明什么，有事实做根据将使推销员的赞美变得可信且生动。而且，为人表现可以说是每个人在社会中最基本的表现，要是推销员有根据地赞美客户的为人，则会让客户觉得很自豪，喜悦的心情会油然而生，对推销员也会进而产生好感。

其次，要避免恭维对方。

看起来，赞美和恭维二者之间好像并没有明显的区别，事实上，赞美与恭维的目的不同。赞美是真诚、热忱的，是出于真实的真切感觉，绝不掺杂任何不良的用心；赞美是对别人的优点给予充分地肯定，是给别人以精神上的无限激励和鼓舞。而恭维则是出于某种不可告人的目的，宁愿牺牲自己的尊严而恭维他人，有趋炎附势、巴结讨好之嫌。就像卡耐基所说："恭维是从牙缝里挤出来的，而赞美是发自内心的。"

所以，推销员在赞美客户时必须要避免恭维。也就是说，在赞美客户时，不要有太多的目的性。

二、赞美应该适度

真诚的赞美应恰到好处。就像气球吹得太小不会好看，但如果吹得太大就容易爆炸一样，赞美也应适度。

首先，推销员应该有所保留地赞美，在比较中进行赞美。

在赞美对方的同时，能够让对方意识到自己的优点和存在的差距，可以使对方对推销员的赞美深信不疑。推销员一般采用比较的赞美方式，还会让客户觉得推销员是通过思考，通过调查了解才找出自己优点的，所以他们会更加乐意和推销员交往。

其次，推销员还可以根据对方的劣势和不足提出自己的建议。

"金无足赤，人无完人。"推销员在与人交往时，既要明显看到对方的优点和长处，又要找出对方的弱点和不足，要讲究辩证法。

常言道："瑕不掩瑜"。推销员在赞美客户时能够指出对方的缺点和不足，并提出一定的建设性意见，不仅不会削弱赞美的力度，反而会能使推销员的赞美显得非常真诚、实在，从而易于取得客户的信任。

三、赞美要有新意

"喜新厌旧"是人们普遍存在的心理，陈词滥调的赞美会让人觉得厌倦，而新颖独特的赞美则会让人回味无穷。推销员想要在赞美客户时给客户留下比较深刻的印象，就应该有新意。

首先，推销员在赞美时可以选择比较新颖的语言。

赞美是所有声音中最甜蜜的一种，应该给人一种美的享受。新颖的语言具有魅力和吸引力。推销员简短的赞扬能够振奋人心，但一种本来不错的赞扬要是多次重复就会显得平淡无味，甚至会令人厌烦。

推销员在赞美客户时如果只用公式化的套话俗话，客户会觉得相当乏味，甚至会反感。而妙语连珠的赞美，既能显示推销员的才能，同时又能使被赞美者更快乐地接受。只要推销员多琢磨，多运用新颖的语言去真诚地赞美客户，你的赞美就会打动人心。

四、赞美要有独特的角度

每个人都有优点。推销员的赞扬要不断创新，就要独具慧眼，善于发现别人很少发现的"闪光点"和"兴趣点"，就算一时还没有发现更新的事物，也可以在表达的角度上推陈出新。

例如，对于一位现任的公司经理，推销员最好不必称赞他怎么经营有方，因为这种话他听得多了，已经成了毫无新意的客套话了；要是称赞他炯炯有神、潇洒大方，他反而会更感觉舒服。

推销员平时在训练自身的赞美技巧时，应该遵循以下的原则和技巧：

1. 让对方体验到真诚的赞美

你说出的第一句赞美的话要经过深思熟虑，第一句就要打动顾客的心。如果你的第一句赞美的话不够真诚，对方会认为你在假意地拍他的"马屁"，进而认为你是一个虚伪的人，那么你下面所说的话就难以得到他的认同。

赞美的时候要充满真诚，像流水般泻出来的客气话最容易惹人厌烦。说话态度更要温文尔雅，不能够有急促紧张的情绪。还有，说话时要保持身体的平衡，过度地用打躬作揖、摇头摆身等动作来辅助你说话，并不是一种雅观的行为。

与其空泛地说久仰大名和如雷贯耳等客套话，不如直接就说他的工作业绩好、孩子聪明等。需要恭维他人生意兴隆，不如赞美他经营有方；向人请教，也不能请教全部，你应该择其所长集中某点请他指教，这么一来他一定会非常高兴。

2. 赞美自己了解的东西

如果你赞美对方的衣着好看，恰好勾起对方的兴致，可能会与你即兴谈论一番衣着。如果在谈论的过程中，对方发现你对衣着实际上并没有什么特殊的见解，他就很可能会认为你不过是在假意敷衍，反而对你产生不信任的感觉。因此，赞美要慎重，所说的话一定要是自己有一定把握的内容。

赞美的话一定要切合实际。到别人家里，与其随口乱捧一场，不如赞美房子布置得别出心裁，或欣赏壁上的一幅好画。主人爱狗，你应该赞美他养的狗；主人养了许多金鱼，你应该欣赏他那些美丽的金鱼。

3. 要寻找对方的可赞之处

对那些有一定才华的人，更加要注意这一点。有才华的人一般都有一点傲气，他认为自己在某些方面取得了一些成绩、在某些方面是内行，你开口赞美他时，要是没有涉及这些关键之处，就说明没有搔到他的痒处，这样你的赞美也就起不到什么好地效果。

如果对对方没有深入地研究过，就不可盲目地恭维，不切实际的恭维很容易让人产生厌烦情绪。

对一个有地位、有名望的人，赞美时所用的字眼应当比较研究。首先要想到，一个名人在他成名之后，恭维他的人一定很多，积久生厌，要是你像别人一样用同样的话来恭维他，是不会令他高兴的，因为这些话他听得实在是太多了。你的赞美若不能别出心裁，就一定不能打动他的心。

对于这样的人，最好找出工作以外的另一种事情去赞美。要欣赏他那些不大为别人所知道，却是他自以为骄傲的事情。你不要以为既是恭维，就不怕会得罪人家。言不由衷的话，其实很容易闹出笑话。就像你不能看见女人就随便赞美漂亮，如她本来知道自己不漂亮时，心里可能会觉得你虚伪。

因此，赞美的话一不能乱说，二不能常说，三不能说得太多。给客户一些真挚的赞美，客户也一定会给你带来很好的回报。

"您的房子很棒，院子也整理得非常漂亮。"任何人听到赞美自己的话时都会觉得高兴。同样地，推销员善意地承认并称赞客户的一些优点时，客户常常会十分欣喜，而且很可能就此决定购买推销员的产品。

下面是摘录的一些实用称赞之词，可供推销员在训练时参考。

4. 称赞对方的个人情况

"令爱很像您太太，长大后也一定是个大美人。"

"您公子长得真像您，将来亦必是个社会精英。"

"您住的地方真不错，眼光的确与众不同。"

"你们邻居都称你们伉俪情深，请问你们夫妻保持感情的秘诀是什么？"

"听说您的摄影技术不输给专业人员，您正式学过吗？"

"您是在那家著名的公司工作吧，真能！"

"您有上千册的藏书，相信在贵公司里必定以您的藏书为最丰富吧！"

5. 称赞对方的公司

"贵公司是颇有历史的公司，外界对贵公司的评价也很高。"

"贵公司的规模在此行业里居于榜首，大家都说想要赶上，不但赶不上，却反而距离越来越远。"

"贵公司是本地区高收益的代表企业，大家对贵公司有关人员的评价也相当好。"

"大家都说贵公司的竞争能力太强，让他们无法抗衡。"

"听说贵公司的所有人员都非常用功，且每一位都训练有素，活动能力很强。"

"我打电话到贵公司来时，铃声一响就立刻有人以明朗的声音很有效率地处理，使我们深感必须向贵公司学习。"

"我所看到的贵公司职员在与人打招呼时都保持良好的精神状态，的确是名不虚传。"

6. 称赞对方的境界品位

"久仰大名，今天能够见到您，我感到非常的荣幸。"

"刘先生，对我而言您的成功经历是个很好的学习榜样。"

"我很早就听说您对公司的巨大贡献。"

"卢先生，很冒昧地问您，这条领带是您自己选的吗？"

"张女士，您的眼光真好，令我相当钦佩。"

"陈先生，您的品位卓绝，在本行业里拥有很好的口碑。"

"品位很不错！"

"我一点都不知道你们有那么多关于我们公司的资讯，现在我已经了解了为什么你们被赞许为消息灵通了。"

"侯先生，听说您的高尔夫球技在贵公司里是最顶尖的，希望哪天能获得您的指导。"

"大家都说您是未来的比尔·盖茨，对您的评价非常高呢。"

以下摘录了两个经典案例，仅供参考：

"拍马屁"的艺术。每一个人都有渴求别人赞赏的自然心理，并且赞美文辞如同照耀人们心灵的阳光，失去它，甚至就会失去生机。为此马克·吐温说："我能为一句赞美文辞而不吃东西。"由此可见赞美的威力。赞美的内容包罗万象，外表、衣着、谈吐、气质、工作、地位以及智力、能力、性格和品格，等等。只要能够恰到好处，对方的任何方面都可以成为赞美的内容。

有一个推销员走进银行经理办公室推销伪钞识别器，见女经理正在埋头写着什么，从表情看似乎很糟，从桌面东西的混乱程度可以判定经理一定忙了很久。

推销员想：如何才能使经理放下手中的活，高兴地接受我的推销呢？经过一番观察发现，经理有一头乌黑发亮的长发。于是推销员随口赞美道："好漂亮的长发啊，我做梦都想有这样一头长发，可惜我的头发又黄又少。"只见经理疲惫的眼睛马上一亮，回答说："没以前好看了，太忙，瞧，乱糟糟的。"推销员马上送上一把好看的梳子，说："梳一下更漂亮，你太累了，应休息一下。注意休息，才能永葆青春。"这时经理才真正回过神来问："你是？"推销员马上说明自己的来意。经理很有兴趣地听完他的介绍，并很快决定购买。正是由于赞美，使经理进而产生了好感，从而接受了他的推销。

一位中年妇女领着自己的女儿来到百货商店的旅游鞋精品柜台前，她们边走边看，这时营业员突然说："您的女儿真高，上高中了吧？"中年妇女笑着说，"刚毕业，这不，才考上大学，带她来买双鞋。""您的女儿可真不错，多给您争气呀！将来一定更有出息，您就等着享福吧！您看您的女儿又高又苗条，这种新款式的旅游鞋一定适合她。""真的，让我看看。"这个营业员正是巧妙地利用了母亲对孩子的爱，去称赞孩子，就这样吸引了母亲的注意。

美国华克公司承包了一项建筑，要在一个特定的日子之前，在费城建一座规模很大的办公大厦。开始工程进行得很顺利，不料在接近完工阶段，负责供应内部装饰用的铜器承包商突然宣布：他不能如期交工了。糟糕，如此一来，整个工程都要耽搁了。巨额罚金！重大损失！其实只因为一个人！

于是，长途电话接连不断，双方争论不休，一次次交涉都没有什么实质性的结果。华克公司只好派高先生前往纽约去谈判，到狮穴去擒他的铜狮子。

高先生一走进那位承包商办公室，就微笑着说："你知道吗？在布洛克林巴，有你这个姓氏的人只有一个。"承包商觉得很意外："这，我并不知道。""哈！我一下火车就查阅电话簿想找到你的地址，结果巧极了，有你这个姓的只有你一个人。""我一向不知道。"承包商兴致勃勃地随即查阅起电话簿来。"嗯，不错，这也是一个很不平常的姓。"他很有些自豪地说："我这个家庭从荷兰移居纽约，将近有200年了。"

他继续叙述他的家族及祖先。当他说完之后高先生就称赞他居然拥有一家这么大的工厂，承包商然后说："这是我花了一生的心血建立起来的一项事业，我为它感到骄傲，你愿不愿意到车间里去参观一下？"

高先生随即欣然前往。在参观时，高先生一再称赞他的组织制度健全，机器设备新颖，这位承包商高兴极了。他声称这里有一些机器还是他自己发明的呢！高先生马上又向他请教：那些机器如何操作？工作效率如何？到了中午，承包商坚持一定要请高先生吃饭，他说："到处都需要铜器，但是很少有人对这一行像你这样感兴趣的。"

在这一过程中，实际上高先生一次也没有提此次访问的真实目的。吃完午餐，承包商说："现在，我们谈谈正事吧。我自然知道你这次来的目的，但我没有想到我们的相会竟是如此愉快。你可以带着我的保证回到费城去，我保证你们要的材料如期运到。我这样做会给另一笔生意带来损失，不过我认了。"

高先生就这样轻而易举地获得了他所需要的东西。那些器材及时运到，使大厦在契约期限届满的那一天终于完工了。上述的例子说明，发自内心的真诚赞美，总是能产生意想不到的奇效。人一旦被认可其有一定的价值时，总是喜不自胜。因此，作为一个推销员，必须经常以找出对方的真实价值为首要任务，这样，便会使推销在友好、和谐的气氛中形成高潮。你时刻不忘强调对方的价值，还要设法使对方觉得那价值实在值得珍惜。对方会因此而对自己向来忽略的价值有了新的认识，从中创造出全新的自己，你就等于扮演了鼓励、帮助和创造出他自己的角色，对方对你的好感就会越来越深刻。

赞美人需要足够的勇气。只要你觉得你的推销对象有值得赞美的地方，就立即赞美，不要因胆怯而错过时机。特别是在形势对你不利的时候，更不要忘掉赞美这个武器。有一位推销员向一经销公司推销一种新型的装饰材料，待推销员介绍完后，经理认为价格偏高，并列举了十多种各式材料的质地、色泽、强度、产地、型号及其与价格之比，并且就此分析了国内外装饰材料的现状和趋势，他的话完全就是给推销员上了一堂装饰课。但这位推销员并未因此打退堂鼓，而是说："呀，了不起，难怪能当上大经理，太了不起了！请问经理先生是怎么获得这些知识和信息的？"经理很自豪他讲起了他的奋斗史，推销员兴趣浓厚地当了半小时听众。结束时，推销员这么说："大经理愿试试我们的产品吗？以后你丰富的装饰知识海洋里将多一个品种了。"经理愉快地答应了："好吧，先拿部分来我们试销一下。"

没有谁不喜欢被人真诚地赞美。"仅凭一句赞美的话就可以活上两个月。"马克·吐温的话，实属夸张之辞，但却也很能说明赞美的作用。

赞美除了及时外，还要注意不留任何痕迹，做到天衣无缝。对年长者，可赞健康、经验、知识、地位、成就等；对同龄人赞才干、风度、精力、业绩等；对女士更多的赞漂亮、聪颖、健美或智慧、贤良等。

强调"货真价实"

有许多企业都把货真价实当作它们的企业标语、宣传口号，可见商品质量的高低和价格是否真实在企业营销中的重要性。

传统的私人小店铺在市场上的地位已经逐渐降低，并在市场上与超市、便利店相比缺乏足够的竞争力，除地理位置、购货环境、规模等方面的影响之外，常常假货多，价格偏高也是顾客冷落门市的关键原因之一。

也不知道从什么时候开始，周围的人们都不愿去小店铺买东西了，除非一些必须马上就用的小生活用品或小食品，如筷子、牙膏、冰淇淋等，而一些就像洗发水、化妆品之类的东西不管怎样他们都不会去购买，问其原因，他们说"很简单，小店铺里卖的这些东西大多都是假货，即使有的小店铺不是假货，但我们总是感觉不放心，有种心理压力，所以宁愿跑远一点，花较多的钱到超市或影响力较大的商场购买我们需要的商品"。

超市、便利店的商品价格之所以价格高，是因为其管理费用及其他消耗大，而小店铺因其大多是个人经营，管理费用要比他们少好几十倍，要是其商品的价格再和超市、便利店的一样，同样情况下，消费者肯定会选择超市、便利店，而不会选择你。

这么看来，门市要想改变自身不吸引人的局面，经营的产品就必须真，销售价格就必须实，只有这样，才会在一定程度上提高自己的竞争力，才会在激烈的市场竞争中有一席之地。

在实际行动中怎样做到货真价实呢？

首先，从正规渠道进货。有很多店铺的经营者因为贪图便宜，从不法商贩手中进低价、假（劣）产品，以市场价销到消费者手中。这样的行为瞒得了一时，瞒不过一世，真相一旦败露，店铺的名声与形象就会受到很大的影响，消费者就会远离你的产品。所以，你必须从正规渠道进货。以真货增加人气、创销量、创市场。

其次，商品的价格要更加实在。前面说了，门市开销小，所耗费用没法和超市、便利店相比，所以其商品的销售价格不要与超市、便利店完全一样。你要根据自己的进货价、实际消耗，以及其他成本，适度调整、改变自己商品的价格。

这里需要说明的是，随着社会的不断向前发展，人们的消费观念有了很大的变化，他们在购物时已不再单纯地只图低价格，只要商品的质量不错，价格可以承受得起，他们就会掏出自己的钱，满足自己更高层次的需要。所以从这一点来说，货真比价实更重要。

业务员在推销过程中，强调"货真价实"也是很关键的一个环节，当你遭到同行的排挤，失去客户的同时，这时就需要我们尽可能挽回，减少我们的业务上的损失。

诚信在推销中是不可或缺的。

在美国零售业中，有一家知名度非常高的商店，它就是彭奈创设的"基督教商店"。彭奈常说，一个一次订10万元货品的顾客和一个买一元沙拉酱的顾客，尽管在金额上相差甚远，但他们对店主的期望却是一样的，那就是希望货品"货真价实"。彭奈对"货真价实"的解释并不是"物美价廉"，而是一定的价钱买品质相当的货。

彭奈的第一个零售店开业没过不久，有一天，一个中年男子来店里买搅蛋器。店员问："先生，你是想要好一点的，还是要次一点的？"

那位男子听了非常不高兴地说："当然是要好的，不好的东西谁要？"

店员就把"多佛牌"搅蛋器拿出来给他看。

男子问："这是最好的吗？"

"是的，而且是牌子最老的。"

"多少钱？"

"120元。"

"什么！为什么这么贵？我听说最好的才几十元。"

"几十元的我们也有，但那不是最好的。"

"可是，也不至于差这么多钱呀！"

"差的并不多，还有十几元钱一个的呢。"

男子听了店员的话，马上面露不悦之色，想马上掉头离去。彭奈急忙赶了过去，对男子说："先生，你想买搅蛋器是不是，我来介绍一种好产品给你。"

男子好像又有了兴趣，问："什么样的？"

彭奈拿出另外一种牌子的搅蛋器，随即就说："就是这一种，请你看一看，式样还不错吧?"

"多少钱?"

"54 元。"

"照你店员刚才的说法，这不是最好的，我不要。"

"我的这位店员刚才没有说清楚，搅蛋器有好几种牌子，每种牌子都有最好的货色，我刚拿出的这一种，是同牌子中最好的。"

"可是，为什么"多佛牌"的差那么多钱呢?"

"这是制造成本的关系。每种品牌的机器构造不一样，所用的材料也不同，所以在价格上会有出入。至于"多佛牌"的价钱高，有两个原因，一是它的牌子信誉好，二是它的容量大，适合做糕饼生意用。"彭奈耐心地解释道。

男子脸色缓和了很多："噢，原来是这样的。"

彭奈又说："其实，有很多人喜欢用这种新牌子的，就拿我来说吧，我就是用的这种牌子，性能并不差。而且它有个最大的优点，体积小，用起来方便，一般家庭最适合。府上有多少人?"

男子回答："5 个。"

"那再合适不过了，我看你就拿这个回去用吧，保证不会让你失望。"

彭奈高兴地送走顾客，回来对他的店员说："你知道不知道你今天错在什么地方?"

那位店员傻傻地站在那里，显然不知道自己错在哪里。

"你错在太强调"最好"这个观念。"彭奈当时笑着说。

"可是，"店员说，"您经常告诫我们，要对顾客诚实，我的话并没有错呀!"

"你是没有错，只是缺乏技巧。我的生意做成了，难道我对顾客有不诚实的地方吗?"

店员默默无语，显然心中并不怎么服气。

"我说它是同一牌子中最好的，对不对?"

店员当即点点头。

"既然我没有欺骗顾客，又能把东西卖出去，你认为关键在什么地方?"

"说话的技巧。"

彭奈却摇摇头，说："你只说对一半，主要是我摸清了他的心理，他一进门就说要最好的，对不? 这表示他优越感很强，可是一听价钱太贵，他不肯承认他舍不得买，自然会把不是推到我们头上，这是一般顾客的通病。假如你想做成这笔生意，一定要变换一种方式，在不损伤他的优越感的情形下，使他买一种比较便宜的货。"

看重顾客的疑虑

青岛科玛是专门提供整体解决方案的新型公司。有一次，一个顾客显得很着急，店长的接待也变得跟平时完全不一样了，她也显得很着急，连去拿个什么东西都是小跑过去，但是她讲话还是十分和缓、有条有理……后来有人问她为什么要这样做? 她说："顾客既然很着急了，那么我也应该舍身处地为顾客着想，要急顾客所急啊！"那么说话为什么还是很和缓呢？那是因为要尽可能缓和顾客的心态，同时这样可以让自己比较有条理，不会变得乱中出错。

这个案例现在给我们最大的启示就是要以顾客为尊，想顾客所想，急顾客所急。顾客着急，所以我们做事、拿东西都要快，跟顾客进可能站在一条战线上，那么顾客心理就会舒服很多，但是很多销售情况并不是这样的，顾客急关我什么事是他们的典型心态，你急你的，我做我的，甚至还会给自己找很多堂而皇之的理由，比如，急会算错账什么的。这些都不是顾客导向的好做法。看完这个案例，那么以后面对那些比较精明的顾客、小孩闹腾的厉害的、捣乱的、被装修整的心烦意乱的顾客等，都应该采用不同的方式尽量做到以顾客为导向。

尼尔·麦克瑞是澳大利亚杰出的保险推销员。他认为推销"保险"是世界上最好的职业。

他相信，任何成功的真正本质，其实都在于勤奋地工作。

他一再提醒推销员，要相信你自己。只有对自己有信心，才能克服推销中无数的阻碍和挫折。

刚进入保险界时，尼尔觉得从事保险推销，比预期的要困难得多。经过一段时日，接触了一些保险业中成功的推销高手，他终于体会到任何成功的真正本质，其实不在于幸运或机会，而是在于勤奋地工作。机会并非唾手可得的，机会必须靠勤奋的努力来创造。你若勤于吸收产品知识，勤于学习高超的推销技巧，勤于拜访客户，你不但可以把握机会，更可以创造机会，成功其实并不难。

推销员的时间是极其有限的也是珍贵的。你有越多的时间从事推销，就越会为你带来成功和财富。因此，尼尔强调推销员必须做好完善的推销计划，有效地安排访问路程，选择有可能的那些客户。这样，就会有更多的时间去进行推销。

尼尔的成功之处有很多。而其中最重要的是他能深入地了解自己的产品，了解自己的客户，而且，尼尔能接受不断地改变。生活不是静止的，经济形势更是每天在变，政府政策的改变，也会影响到实际的推销。一个好的推销员，不能沉缅于过去，他必须能面对现实，应该从容地接受改变。

过去的美好岁月，必定能够带来甜美的回忆，但尼尔相信生命中最大的喜悦在于预测明天将发生什么，并安排好自己的推销技巧，去获取丰硕的明天。

尼尔始终相信，他人的经验可供给推销员学习、借鉴。事实上，尼尔所运用的许多推销技巧，都是从书本中得到的，尼尔只不过是旧酒装新瓶而已。最好的推销技巧，就是被验证过的推销技巧。如果你仔细地分析你经手的每一笔交易，不论成功或失败，你都可在教科书中得到一些有效的印证。

欲成功地推销保险，除了尼尔之前提过的要了解产品、了解客户外，其他主要的因素为：掌控会谈的能力，消除顾客的疑虑，巧妙适时成交，以及充分而有效地安排推销时间的能力。为了增加有效的推销时间，尼尔的一些文书工作，是放在上班前或下班后，而不是在拜访客户的时间内来做。在平时的上班时间里，尼尔去拜访客户，展示说明，以求完成交易。

尼尔认为，假如推销员能够取得很好的推销成绩，就应该订出一套运用时间的公式。首先，必须要设定一个目标，而后根据过去的推销记录，决定要拜访多少客户，才能达成目标。从而就可妥善地利用推销时间。你确定了目标之后，应该经常检讨达成目标的进度，从不断地检讨改进中，你就能够一步步地达成目标。

尼尔认为，在今日变动的环境中，欲成功地推销，真正地关键在于创造力，也就是诱发顾客的需要和欲望的创意。如果你能引起顾客购买的欲望，你就会发现生意在望了。

成交，是推销中最关键的部分。成交就如打高尔夫球最后的推球进洞一样，你若能以较少的杆数推球进洞，就算你前面落后了一些，你还是可能赢得胜利的。

依尼尔的经验，成交开始于步入客户办公室的那一瞬间。顾客对推销员的第一印象非常重要，可说是推销员能否完成交易的关键。因此，推销员要更多的注意自己的服饰，遵守约定的时间；要表现出足够的热心；必须具有产品知识；并且，还要了解顾客的需要，这些都是取得客户的信任，消除其疑虑的得力武器。再者，在一次的面谈中，要多次尝试成交。在每次的尝试中，可了解客户在当时的心理，是否已有了购买的意向。在多次的尝试中，客户给予否定的回答，并不就意味着这笔交易没希望了。它仅仅表示在那一刻，尚无意购买而已。一位优秀的推销员，如果必要，在每一次的交谈中，应该尝试四到八次的成交提议。这种一而再的尝试，正是成功推销的诀窍。

在会谈中，能越早尝试成交越好。例如，每次会谈中，尼尔都会做初步的解说之后，他一定就问这样的问题："你觉得如何？你现在对我的产品有何意见？"根据对当时会谈情况的合理判断，应该能够知道何时和如何尝试去做必要的成交是最恰当的。比如，在你展示说明了有力的要点之后；在你克服了客户所表现出的一些异议之后；在你的展示说明结束之后；或在客户显示出一定的购买意向的时候，就自然地、有效地尝试着成交。许多推销员，都是等到会谈到了一定的程度，或会谈结束之后，才尝试销售促成。这实在是一种很严重的错误。事实上，许多客户可能在你长篇大论介绍完之前，就已决定要购买了。若客户心里早已打定主意要购买，推销员还继续一味的推销，很可能会导致他心理的厌烦。迟迟不敢尝试去成交的推销员，基本上都是因为怕碰钉子，这种推销员没能把握到多次尝试成交的要点。其实这种方法，正是要消除被打回票的可能。

尼尔认为，顾客的"不"并不全然就表示他拒绝，客户实际上只不过是在表示"多告诉我一点，我还不很相信。"推销员不用担心一再地尝试成交会是一种引起客户不满的烦忧。事实上，一切有效的推销，都含有压力的作用。因为，要改变一个人的心意，一定要适当地运用一点压力。

有些时候，推销可能会因为客户的拒绝交易或打回票，而不知如何是好，也可能感到有失自尊。但推销员必须了解，大多数的推销员都会遇见这种情况。只要推销员对自己有信心，这种不利的情况就能够运转。

要坚信你自己能够成功，且要相信失败是不可避免的。不要因一次小的失败，而毁了由千百次成功而获得的信心。相信你自己，你是自己唯一值得信赖的人。你应为你的失败并不像别人那么糟而觉得骄傲和庆幸。你的智慧是无穷无尽的，你多年累积的经验更是惊人的。

朋友可能会背弃你，但你一定不能背弃你自己。假若因为疑虑、沮丧、失意而沉沦了你美好的心灵，那才是真正的愚蠢。相信你自己，自己是世界上最真实的，是世上唯一值得信赖的。你想成功，就要坚定地始终秉持这个信念。只要你相信你自己，你将会有勇气完成任何你想要做的事情。

推销生涯并非一帆风顺，而是坎坷崎岖的长途旅行。有平顺的日子，也有曲折的时候。当面临挫折时，不惊慌、不沮丧，更不能以为生活都会像现在似的那么不顺利，只要你能对自己有信心，对自己的信念有勇气，你将会看到黎明破晓，前途又是一片光明。保持这种态度，你必能克服每天可能出现的阻碍。要是推销员心中不准备去克服阻碍、克服异议，那他实已不足为一推销员，而该考虑转业了。尼尔承认他也有过那么一段极其失意的日子，但受了杰出推销先辈们的激励和鼓舞，终能步上成功之路。能与他们竞争，与他们并驾齐驱，是种令人振奋的经验。与这些人士接触之后，创意总是层出不穷；也正是此等创意，使尼尔能始终保持于巅峰。

但是，身在保险业中，当然你能考虑保险能带给客户什么样实际的利益。譬如推销人寿保险，尼尔记忆中最感兴奋的时刻，是自己确立了一种事实，使客户觉得确有购买人寿保险的需要。不是因为他们可能会死亡，而是因为他们的家庭需要更多的保障；不是要使他们致富，而是担保他们的欲望可以满足；不是为了未来巨额的收入，而是以这种有计划的、半强迫性的方式，可成功地帮助他们完成自己的储蓄计划。哪个做父亲的不希望他的家庭获得有力的保障呢？

尼尔说服客户购买一笔人寿保险，为的就是保障他的家庭，是尼尔最感骄傲的时刻。至于综合保险推销，可能遇上的麻烦会比较多，有的要把各种意外事故，全部都包含在理赔条款里；有的则要把某种风险剔除不保。尼尔总是应客户的要求准备，尽管这些工作耗费不少时间，但却大大有利于提高自己的商誉。尼尔相信推销保险所做的，恰恰就是给予客户最佳的利益与服务

一、解决客户疑虑是销售人员的责任

"客户似乎总是对我们保持警惕，即使我们磨破了嘴皮，他们仍旧对我们的产品表示怀疑……"这是销售人员时常会抱怨的问题。其实当我们站在客户的立场上思考问题时，这种抱怨就不会出现了。在每次抱怨之前，销售人员可以先这样问问自己：

对于一个想要从自己口袋里拿钱的陌生人，客户怎么可能不保持一些警惕？

客户凭什么要完全相信我？

客户怎么会知道这种产品是否就值得信赖，是不是物有所值？

……

或者销售人员应该在每次销售失败之后认真而深刻地反思一下自己的真实表现，弄清楚导致客户疑虑的根源是不是来自于自己的一些方面，例如：

是否你本身就对这次销售没有信心，甚至在与客户沟通之前就出现了打退堂鼓的心理？

是否你害怕听到来自客户的各种拒绝和意见？

是否你在介绍企业和产品的时候语气不够绝对坚定，神态不够自然？

是否你表现得过于急不可耐，使客户产生了"可能是一个陷阱"的想法？

销售人员的表现和素质对客户的购物心理将产生非常重大的影响，即使客户起初并不排斥参与到销售沟通的过程中来，但是销售人员的表现有所不妥时，他们会很快产生疑虑，从而拒绝进一步的沟通。

除了来自于销售人员自身的问题，客户的一些疑虑也可能与他们自己的某些主客观因素有着很大的关系。比如，如果客户的性格有些优柔寡断，那他（她）就很难迅速做出购买决定；如果客户使用过性能不太好的同类产品，那他（她）就很容易对你推销的产品产生一定的怀疑。这些情况其实是经常存在的，它们也是导致客户疑虑的重要原因。

尽管些问题与你本人及你的产品没有直接联系，但这却与你的销售结果息息相关。要想使你与客户的沟通更加便利，你就必须解决掉因这些问题而导致的客户疑虑，否则就只能甘于失败。况且客户全部的疑虑无非就是来自销售人员本身、所推销的产品或者企业的信誉度这几个方面。

其实，不管客户疑虑的问题来自于销售人员及其所推销的产品，还是来自于客户本身，销售人员都有义务担当起解决这些问题的责任，而不应该轻言放弃，更不应该对客户怀有任何不满或者抱怨。

二、解除客户对你的戒备心理

很多时候，客户拒绝购买的原因完全是出于对销售人员的戒备心理，他们是对销售人员的目的存有不信任感。客户对销售人员的戒备心理，大多是销售人员自报家门的那一刻起就开始了。例如：

销售人员："××先生您好，我是××保险公司派来的销售代表……"

客户："你是保险推销员？对不起，我已经购买过保险了……"

对销售人员充满戒备的客户往往在一得知销售人员的身份时就会忽然转变态度，有一些客户会在听到销售人员的自我介绍后态度突然变得冷淡，有些客户甚至看到穿着打扮像销售人员的人就会马上警惕起来。

一位学者讲过这样的一个笑话：

两个人正在那里闲来聊天，其中一个人问道："如果比尔·盖茨现在突然要约见你，那么您准备穿什么衣服前去赴约？"

另一个人回答："穿什么都可以，只要不穿着西装、打着领带，再手提一个公文包。"

对方问道："为什么？"

那人回答："很简单，如果你穿成那样去的话，大老远一看见你，比尔·盖茨就会认为你是来向他推销保险的，还没等你走到跟前，他的秘书就会把你赶走……"

经过大量销售人员的细致观察和分析，我们就此总结出，客户对销售人员的身份怀有戒备心理时，常常会有如下几种表现：

1. 通过排斥性语言说明

这类客户表现得相对比较直接，他们可能会直接告诉销售人员，"我们这里不欢迎任何推销活动"，或者会用特殊的语气表示有所质疑，比如："你是推销打印机的？哼，又来了一个搞推销的，今天是怎么回事？"

2. 通过动作表现

有的客户可能碍于面子或者表示礼貌不会直接明说，但是他们的一些身体动作却在告诉对方："我可不愿意相信你……"这些表示戒备心理的动作常常有很多，比如：双手一直不停地摆弄一件东西；将衣扣一会儿解开，一会儿又重新扣上；翘起二郎腿吸烟，还时不时地欠欠身；身体挺直，双手紧紧抱在胸前；故意找一些其他无关的事情做，像找几张报纸看，或擦擦皮鞋和桌子等。

3. 通过表情和神态表现

当客户的眼睛从上到下始终不太友好地打量你，或不停地东张西望时，通常表示他们对你充满警惕。此时他们还可能会双唇紧闭、身体朝后倾，这表明他们不愿意听你继续说下去，也不想向你透露任何有价值的信息。

客户具有以上表现的实质一般都是对销售人员充满了质疑。在一些客户看来，销售人员的真正行为动机就是把他们口袋里的钱想方设法地掏出来。

为了尽量打消客户对自己的戒备心理，销售人员最好不要在沟通一开始就直截了当地说明自己的销售目的。那些成功的销售高手们通常都会在拜访客户以前掌握充分的信息，然后找一个客户比较感兴趣的话题，等待时机成熟时才引导客户参与到推销活动当中来。例如：

销售人员："阿姨您好，今天天气可真好啊，您的气色看起来也不错，是不是有什么值得高兴的事呀？"

客户："小伙子，你可说对了，我儿子考上了名牌大学，今天上午刚刚收到录取通知书。"

销售人员："那真应该好好庆贺庆贺，您的孩子可真不简单，您也为他付出了不少心血吧？"

客户："是啊，从小这个孩子就……"

销售人员："……"

三、化解客户对产品的误解

因为曾经使用过劣质的同类产品，或者对产品具体特征了解得并不够充分，客户可能会对产品产生比较大的误解。有时，销售人员介绍产品的方式不够恰当也可能引起客户对产品的一些疑虑。

在实际沟通的过程中，销售人员发现客户很容易对产品产生疑虑，有时候，销售人员越尽力解释，客户反而越怀疑。所以，有些销售人员认为，这是产品本身的问题，就算自己再怎么努力也无济于事；有些销售人员则认为，自己推销的产品各方面条件都堪称优秀，是客户不懂装懂，甚至胡搅蛮缠。

如果销售人员持以上的观点，那事情估计就真的无可救药了，与客户的沟通也只能归于无果而终了。可是销售工作还要继续下去，这种问题如果不想办法解决，那就永远没有销售成功的时候。为了有效化解客户对产品的误解，销售人员必须保持超强的耐心，同时要积极看待客户的疑虑。

1. 客户疑虑中蕴藏的契机

有些销售人员会对客户先入为主的误解表示相当的不满："你以前用过的那种产品有问题，并不代表我推销的产品也有问题呀！"其实站在另一个角度来考虑的话，销售人员可以将这种现象这么来理解：既然客户此前购买过同类产品，那就表明他（她）对这种产品具有一定的需求，只要我可以证明自己推销的产品性能好就可以了。

有时，客户会因为不了解而对产品提出一些质疑。当客户对产品可能存在的问题表示怀疑时，这表明他（她）对这种产品是具有一定兴趣的。如果他（她）对产品没有任何兴趣，那么就不会关心产品的质量是好是坏、价格是否公道！

如果客户是因为一些道听途说的小道消息对你推销的产品存有不满，请你不要责怪和埋怨客户"听信谣言"。此时，销售人员要是能够换个角度，就会发现原来事情可以这般美好：客户起码已经听说过有关产品的一些消息，尽管这些消息并不真实，而且还有损你的产品形象。然而，正因为这些消息不够真实，因此你完全可以用可信的证据当面向客户介绍，这可是转变客户态度的大好时机。

2. 通过耐心和诚心消除客户的误解

客户对产品的误解程度不尽相同，可能有些客户对产品的误解已经到了相当深的地步。对于这类客户，销售人员不可操之过急，应该首先了解客户疑虑的原因。比如：是否曾经有过不愉快的购买经验，是从哪里听到有关产品不好的消息，等等。当了解到误解产生的原因之后，销售人员还需要通过各种方式了解客户的真实需求。比如：过去使用过的产品不能满足其哪些需要，希望产品具有更多的哪些特点才能满足需求，等等。只有对以上信息有了充分了解之后，销售人员才能针对具体问题采取相应的合理措施，最终化解客户对产品的误解，达到沟通的最终目的。

四、增强客户对企业的信心

企业的品牌和信誉往往会成为客户关注的重要问题，他们很可能会担心企业的品牌和信誉达不到某些要求。面对客户的疑虑，除了需要企业营销宣传的配合，销售人员还需要在实际沟通过程中不断想方设法增强客户对企业的信心。

在整个销售沟通过程中，从客户角度来说，销售人员的形象通常就是整个企业形象的代表。所以，不管是外在形象，还是内在素质，销售人员都应该提前做好充分准备。既要以一种自信、积极、热情的形象给客户留下良好的第一印象，又要通过推销员得体的谈吐、丰富的知识来获得客户的一致认可。

如果销售人员的表现不太合适，客户对企业的信心就会更加动摇，从而增加他们的疑虑。所以，销售人员必须从自己具体的的一言一行、一举一动做起，让客户相信，拥有你这样高素质、高水平人才的企业一定是一个能够值得信赖的企业。与这样的销售人员合作、与这样的企业保持联系，他们可以放心。在这种时候，销售人员完全可以利用具有影响力的机构、人物或事件说明问题，也能够把证明企业信誉的相关资料展示给客户，比如权威机构的认证、获奖证明等。

客户有疑虑其实未必是坏事，这表明他们有兴趣或者有需求，积极地看待客户疑虑更有利于问题得到解决。

不要一张嘴就告诉客户你是来推销什么产品的，这在他们看来，你其实是故意来骗他们口袋里的钱的。

面对客户的怀疑或误解，你首先要发现他们产生怀疑或误解的原因，然后通过必要的沟通技巧加以合理的消除。

自信的言行、专业的介绍和权威机构的证明往往可以坚定客户对你及你所代表的企业的信心。推销员在产品推销过程中，经常会遇到顾客当场产生各种异议，如："太贵了，买不起"、"不合算"、"别人比你卖得便宜"等诸如此类的话。面对顾客存在的价格异议，推销员该如何选用恰当的推销语言与技巧来化解呢？

五、打消顾客对价格的疑虑

1. 先顺后转法

这是最常用的一种推销语言与技巧。当推销员聆听完顾客的关于价格的异议后，先肯定对方的异议，然后再用铁的事实或事例婉言否认或纠正。其基本句型是"是的……但是……"。采用这种方法最大的好处是可以创造出和谐的谈话气氛，从而能够建立良好的人际关系。

一位顾客光临某家家用电器直营店。当他得知该店的电风扇的价格后，脱口而出："哎呀，你卖的电风扇太贵了！"推销员听了之后，并没有立即反驳，而是面带笑容委婉地对顾客说："您说得对，一般顾客开始都有和您一样的看法，即使是我也不例外。但您经过使用就会发现，这个牌子的电风扇质量非常好，您要是买一台质量差的，以后的维修费可能就是个无底洞，相比之下这种电风扇的价格并不贵。"

在这里，推销员先是表示与顾客有一致的看法，使顾客感受到自己得到了对方的理解和尊重，这自然也就为推销员下一步阐述自己的观点，为说服对方铺平了道路。大多顾客都明白"一分钱一分货"的道理。当顾客得知电风扇价格高是因为其本身质量好的缘故时，也就不会再有什么疑虑了。相反，如果顾客一提出异议，推销员就马上反驳："你错了，好货不便宜，你懂吗？"这样的出语犹如利剑，很容易伤害顾客的自尊心，甚至因此激怒顾客，引起不快。

2. 细分法

产品可以按不同的使用时间计量单位报价。要是推销员把产品的价格按产品的使用时间或计量单位细化至最小，可以隐藏价格的昂贵性，这实际上就是把价格化整为零。这种方法的显著优点是细分之后并没有改变顾客的实际支出，但可以使顾客不知不觉就陷入"所买不贵"的错觉中。

一位人寿保险公司的推销员去某机关家属院推销少儿保险，几位年轻的妈妈纷纷询问保费怎么缴,这位推销员毫不犹豫,脱口而出:"年缴 3650 元买 10 份,连续缴到年满 18 周岁……"话音未落,人家早就走了。试想,那些月收入在 500 元左右的工薪族,一听每年要缴 3650 元,谁还会真的去购买呢?无奈,推销员也只好打道回府了。没过几天,这家保险公司又来了一位推销员,他是这样告诉那些年轻的父母的:"只要您每天存上一元零花钱,就可以为孩子办上一份保险。"听他这么一说,马上就吸引了不少孩子的爸爸妈妈前来咨询。

其实,前后来的这两位推销员推销的是同一险种的保险,保费也没有什么差别,但为什么会有截然不同的两种效果呢?原因是他们的报价方式不同。前者是按买 10 份一年需缴的钱数报的,这样报价容易使人觉得价格比较高,买保险可望而不可及。而后一位推销员是按买一份保险一天要拿出多少钱说的,爸爸妈妈们当时听起来,会觉得一天省下一元钱是不难做到的,这样他们就会进而对投保产生浓厚的兴趣。可见,由于后来的这位推销员把价格进行了细分,更容易被顾客真正接受。有些推销员只从个人的业绩出发报价,往往适得其反。

3. 比较法

推销员面对顾客提出的各种价格异议,不要急于答复,而是以自己产品的优势与同行的产品相比较,在比较中突出自己产品在设计、性能、声誉、服务等方面的优势。也就是用转移法化解顾客产生的价格异议。常言道:"不怕不识货,就怕货比货",由于价格在"明处",顾客一看便知,而"优势"在"暗处",不易被顾客识出,而不同生产厂家在同类产品价格上的差异往往与某种"优势"有必然联系。因此,推销员要把顾客的视线转移到"优势"上。

在某家具商场,一位顾客本来想买一套组合柜,但看到这里的标价比别处贵一些后,有些飘忽不定。这时推销员主动走上前向这位顾客热情地介绍说:"我们这里卖的柜子与别人卖的不一样。请您看看这木料、烤漆都是上乘的,做工也很考究,不仅结实,也很光亮。还有,我们的柜子比一般的要深 100 毫米,放物空间大 6%。我们的拉门也比一般的精致、灵活、耐用,不管怎么拉都非常方便自如。另外,我们这里的组合柜还做了两个抽屉,并配有暗锁,可以放一些较贵重的东西。这一比你就知道,我们这里的组合柜与一般的组合柜不能相提并论。您多花上一点钱所得到的好处是一般组合柜的两倍以上。"顾客就这样听了推销员的介绍后,得知这里的柜子有这么多的优点,也就不再疑虑了。相反,在生活中人们也碰到这样的推销员,当顾客直接告诉他"某某商店比你这里卖得便宜时,他"回敬"一句"那你就去他那儿买去吧"。在类似的情况下,顾客完全找不到做"上帝"的感觉,十有八九会"说走咱就走",生意就此告吹。

以上是推销员消除顾客对价格异议的常规用语与技巧。需要指出的是,作为一名优秀的推销员,必须以诚信为本,实事求是,实话实说,绝对不能说假话、空话和大话,玩弄欺骗术,否则物极必反,害人害己。深入做完产品分析,客户还是下不了决心马上掏钱的,这个时候千万不能去成交,否则消费者买后可能会反悔的。

钱在自己的身上,谁也不能拿走。你看买空调的,不到热得受不了,人家就不着急买,他多捂一天,心里就觉得是自己的。不愿意下购买决心,他肯定是有抗拒点。

你很容易判断他是否已经进入到这样的状态了——他说，回去跟我爱人商量；我觉得这价格还是有点高；现在我身上好像没带钱……看到对方这个样子，我们要不断地一步一步地追问，直至找到真正的抗拒原因为止。

例如，你问："还有什么需要考虑的吗?"，他说："我回去跟我爱人商量商量"，你就继续问："那您爱人会关心哪些问题。"他可能就会说，我爱人关心什么问题，那么再追问，就这样不厌其烦地一步一步追问下去。

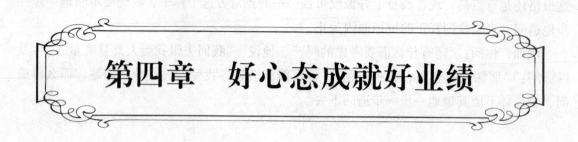

第四章 好心态成就好业绩

决不轻言放弃

要想成为一名出色的推销员，毫无疑问，需要有不同常人的销售业绩。拥有大量的客户群，不断地签订单是成为优秀推销员的重要保证。但推销员在走向优秀的过程中，在面对客户销售产品或服务的整个过程中，被客户拒绝差不多是不可避免的事情。面对拒绝，任何一个推销员都要有一种绝不放弃的坚持精神，这是取得成功的前提条件。

成功者绝不放弃，放弃者绝不会成功。当你遭到拒绝挫折时，推销员要有"再努力一次"的决心和毅力，决不轻言放弃。要知道裁判员并不以运动员起跑时的速度来判定他的成绩和名次，你要想取得冠军荣誉，必须坚持到底，冲刺到最后一刻。只有这样，成功才有可能青睐你。原一平是世界杰出的十大推销员之一，我们可以从他的经历里找到我们要学习的东西。

有一次，原一平准备拜访某公司的总裁。这位总裁是个不折不扣的"工作狂"，每天日理万机，一般人连见他一面都很不容易。尽管能见到他的几率很低，但再三犹豫后原一平还是对其秘书讲明了来意："你好，我是原一平，我想拜访总裁，麻烦你替我通报一下，只要几分钟就可以了。"

"很抱歉，我们总裁不在，你以后再来吧！"秘书说道。

无奈之下，原一平只好退了出来。就在他要走出大门的瞬间，他看到了一部漂亮的轿车，于是问旁边的警卫："先生，车库里那部轿车好漂亮啊！请问是你们的总裁的座驾吗？"

警卫说："是啊！"

原来总裁实际上并没有外出。得到这样的判断后，原一平就决定在车库的铁门旁等候。时间一久，他居然不知不觉地睡着了。睡得正香时，他被一阵铁门的"咣当"声惊醒，当他回过神来时，那部豪华轿车已载着总裁开出去了。

第二天，他又来到这家公司，又重复了昨天的问话，然而秘书还是说："总裁不在。"

此时，他知道硬闯是万万不可的，不如"守株待兔"。他静静地站在该公司的大门边，等待这位总裁的再次出现。一个小时，两个小时，四个小时过去了，尽管有些沮丧，但他相信坚持下来总会见到这位总裁的。

真是功夫不负有心人，他终于等到了总裁的那部豪华轿车。他一手抓着车窗，另一手拿着名片。经过一番简洁而又礼貌的自我介绍后，公司的总裁就这样和他在车内作了一次简短的谈话，约好了下次见面的日期。最终，原一平成功的签下了订单。

这样的例子在原一平的销售生涯里数不胜数，原一平说："我这种永不服输的牛脾气养成了我的缠劲与拼劲，任何时候对准客户的调查不到水落石出，绝不罢休。"他曾经创下为了拜访一位准客户而有连续拜访71次的记录，直到他的目标最终达成。所以，一个成功的推销员在遭遇各种挫折与失败时，需要永不认输，不轻言放弃，敢于面对自己曾经的失败。也许，这正是原一平这类成功的推销大师的成功诀窍所在吧！

销售人员在向客户推销产品时，要是遇到客户说："这些商品不符合我们的需要"，"价格过高"或者"我们现在没有钱买这些"等等时，一个优秀的推销员该此时该怎么做呢？答案是：继续展示自己的产品，努力说服客户，最终使客户意识到这些商品是自己应该买的。

在一家数码产品专卖店，推销员正在向进店的客户推荐一种新上市的商品，说："您看，这种数码相机的质量很不错，它是日本××公司继6300型之后推出的一种改进型，无论其清晰度还是耗电量都大大优于原来的型号。"

客户一边仔细地观看着那部数码相机，一边答话："是不错，不过，我还是想考虑考虑再做决定。"于是，这位推销员就这样放弃了推销："感谢您光临本店，欢迎您下次再来！"

作为推销员，这样的场景和客户每天几乎都会出现，如果每一次都这样轻易放弃，那么成交的几率就会极大地降低。其实，一旦客户走进你的店里，或者主动向你询问产品信息，那么这个客户多半都有此类的购买欲望，至少有想要了解产品信息的欲望，那么推销员就一定不要轻易放弃这样的好机会。

比如，上述案例中的推销员应该继续这样说："看起来您对10110型相机感兴趣，那么您喜欢这三种款式中的哪一种呢？"客户可能就会进入挑选状态了："哦，我不太喜欢这种正方形的，拿在手里感到不太舒服……我想还是流线型的比较适合我吧！"这时推销员完全可以迎合客户的意思："我明白您的意思了，让我找一台按键灵敏度高的给您看看。"

在众多款式中找出一款比较符合顾客要求的产品，应该不是一件困难的事。在你殷勤的服务后，很可能因此打动你的潜在客户，促使他购买你的产品。

遇到困难和挫折时，要持之以恒，绝对不要轻言放弃，这是优秀的销售人员必备的心理素质。那么，作为销售人员，在工作中遇到困难时，具体又该怎么办呢？

一、坚定意志

销售工作是一种充满挑战的工作，无论遇到多少挫折，也无论周围的人如何看待你，推销员都不要轻言放弃，没有任何事物可以阻止你迈向成功的脚步。

二、遭到拒绝时泰然处之

面对拒绝时，推销员要保持平和心态，认真反思一下自己是什么地方做得不够好，看是对客户信息了解得还不够透彻，还是交谈之中的语言技巧需要不断提高。对于销售人员来说，挫折失败简直就是家常便饭。优秀的销售人员遭受挫折后，能够很快地调整情绪，不断地积累经验，不断努力向前。

三、学会换个角度思考

失败不是注定的，有时候只是需要推销员简单调整一下思考问题的方法，换一个角度看问题，再往前迈一步，成功可能就会向你走来。

永远保持自信心

自信是一个人对自我能力的一种真正的肯定，是一个优秀的销售人员必备的心理素质。成功始于自信，拥有自信，销售人员就可以在屡遭拒绝后，重新敲响下一个客户的门，因为他一再坚信：我一定能做成这笔单子。

洛克菲勒说："自信能给你勇气，使你敢于向任何困难挑战；自信也能使你急中生智，化险为夷；自信更能使你赢得别人的信任，从而帮助你成功。"优秀的推销员可以用自信感动自己，感染别人，赢得客户。一个成功的推销员，正是靠着自己满腔的热情与自信，才一步一个脚印地取得了属于他的辉煌业绩。

只有对自己充满信心，才能使你以饱满的热情，饱满的精神状态去面对顾客。客户对你的第一印象是极其重要的，如果你留给顾客的是一种萎靡不振的感觉，这样就会加重顾客对商品的不理睬和对你的不信任。

认为自己难以推销出去商品，那么你永远也推销不出去！如果你不是那种见钱眼开而频繁更换自己商品的推销员，那么你推销的必定是你自己非常喜欢的商品。选择推销商品的同时，你就应该对你的推销充满绝对的自信。那么，有什么理由去怀疑自己，怀疑顾客？你不是去欺骗顾客，有什么让你害怕的呢？你要想着，自己只不过是替公司向他们推荐一种最合适、最好用的商品，对他们来说是绝对有益的。

所以，对推销员来说，销售产品的过程，也是展示自我信心的全过程。推销大师乔·吉拉德的销售业绩曾入选《吉尼斯世界纪录大全》，他的故事足以说明了自信的重要性。

年轻时乔·吉拉德的工作并不如意，他换过许多个工作，一事无成。由于口吃相当严重，使他曾经一度丧失了信心，加上他的建筑生意失败，身负巨额债务，甚至是走投无路。为了改变自己困窘的状态，他开始重新审视自己。当发现自己对未来还有足够的信心、还有足够的勇气去迎接挑战时，他就去底特律一家大的汽车经销商店，主动积极要求得到一份销售工作。

汽车店的经理开始很不愿意，他对吉拉德并没有信心，所以问的第一句话是："你曾经销售过汽车吗？"

吉拉德如实回答说："没有。"

"你凭什么认为你能胜任这项工作？"

"虽然我没有卖过汽车，但我销售过其他的东西：报纸、鞋油、房屋、食品，实际上，我觉得人们真正买的是我，我一直在销售自己，哈雷先生。"

"你从来没有销售过汽车，所以没这方面的经验，而我们需要的是一个有经验的销售业务员。况且，现在正是汽车销售的淡季，假如我雇佣你，你卖不出汽车，却要领一份薪水，公司是不会同意的。"

"哈雷先生，假如您不雇用我，您将犯下一生中最大的错误。我不要暖气房间，我只要一张桌子和一部电话，两个月内我将打破你最佳销售业务员的纪录，就这么约定。"

吉拉德就这样开始了人生的又一次艰难跋涉。

两个月后，他以每天销售 6 辆汽车的超高纪录超过其他汽车销售业务员每周卖出 5 辆汽车的平均纪录。随着以后不懈的努力，吉拉德终于战胜自己，从失败的阴影中走出来。他的推销经历被收入《吉尼斯世界纪录大全》，成为世界上最出色的推销员。

乔·吉拉德的成功之路并非一帆风顺，但他成功了，十足的自信心给他带来了辉煌。所以，对每个推销员来说，一定要永远保持自己的自信心！在销售领域，销售人员没有自信心，业务简直无从做起。那么，推销员怎么树立自己的自信心呢？

一、培养一种乐观的心态

一个具有积极乐观心态的人，相对而言做事更有成效，成功的可能性更大。要以一种积极的必胜的心态面对人生的各种现实，在我们没有做事情之前，不要马上就想到糟糕的结果，一切还没有尝试，谁知道它就一定会失败呢？即使真的失败了，我们也应该想到这何尝不是为下一次的成功做垫脚石呢？我们要敢想敢做，勇于面对工作中的各种挫折，接受一个又一个的新的挑战，要越挫越勇。

二、积极学习相关知识

推销员要用产品知识来武装自己的头脑，要是能够真正将自己销售的产品功能、价值、优势等知识背得烂熟于心，并在头脑里反复想着怎么开头，怎么在最短的时间内把产品或服务介绍清楚，这就能够在很大程度上增强自信心。当自己没有自信心时，不要急于去见客户或打电话，要静下心来熟悉产品的各种要素，想好要和客户谈什么，怎么谈。在你自己可以回答这些问题后，再开始拜访客户或打电话预约。

三、对自己的工作能力充满信心

许多推销员在工作一段时间后，就慢慢缺乏自信心，对自己产生了怀疑，这是大可不必的。翻开成功推销员的成长史，就会发现，几乎没有一个天生就是推销员的"料"，人人都可以通过后天不断的学习和实践成为优秀的推销员，真正的不同其实完全在于勤奋的程度不同。人有所长亦有所短，只要善于思考、善于实践，不仅自身的优势可以得到充分挖掘，某些劣势也可能转化为优势。推销员拜访十位潜在顾客，能与一位顾客成交就相当不错了。因而，绝不能因失败而觉得自卑。只要反复地尝试和锻炼，就会成功，就会逐渐产生自信。

四、对服务的产品、企业充满信心

任何产品只要具有一定的使用价值，就会存在需要它的特定消费者群，推销员的责任就是去寻找和满足这部分潜在的消费者。同时，任何产品在市场上都有相对优势和相对劣势，承认产品的不足，并不意味着一定就会失去顾客，因为消费者并不是非十全十美的产品不买。对于自己企业的实际状况，辩证地分析过后，我相信不管企业现在的处境究竟怎样，一个想成功的推销员还是会保持他那份独有的信心的。当我们充分了解客户的所需所想后，我们完全有理由相信自己能够将产品或服务最终推销出去。

五、注重自己的穿着仪表

一个整洁、得体的仪表会让自己感觉精神饱满、充满自信。有许多推销员由于没有注意仪表，从而影响了销售。所以，推销员只要是去谈业务，就必须要穿戴整齐，尽量穿正装，把自己好好修饰一番。推销员注重自己的穿着仪表，让自己精神饱满，这样不但是对别人的尊重，而且可以提高自己的自信心。女性推销员要更加注意，不是穿得漂亮就是注重仪表，要尽量穿职业装；不要把妆化得太艳丽，一定要恰到好处。

六、语言标准化，简洁明了

在与客户谈话的过程中，推销员必须要不卑不亢，平等互利。语气要热情大方，语言一定不要含糊不清，而要简洁明了。比如："×××经理，您好！我是×××公司的推销员小王，我公司的产品是×××"，就合作事宜和你进行洽谈。

拒绝恐惧感

优秀的销售人员应该拒绝自身的恐惧感，勇敢地战胜自己在销售过程的各个环节产生的恐惧感。无论恐惧感的产生来自哪方面的原因，要是我们战胜不了来自自我心理的恐惧感，要想顺利愉快地与客户沟通是很难做到的。

初入营销行业的员工，在沟通之初可能因为客户的毫不留情、满脸不耐烦地拒绝而感到窘迫难堪，然后狼狈不堪。遭遇几次这样的经历以后，他们在内心产生了一种恐惧感，甚至会感到自卑。下一次去拜访客户之前，他们就会有意识的选择去挑选客户，来逃避自身产生的恐惧感。

因为恐惧失败，有些销售人员常常会采取这样的拜访原则：面对大公司大人物却步，面对豪宅高门止步。可能为了保住自己的那点自尊心，他们轻易地放过了很多机会。想一想，当我们为了暂时的轻松而轻易放弃眼前的推销机会时，我们将向往下一次的逃避，如此一来，我们将不得不面对更为沉重的业绩压力。要是不能勇敢面对来自客户的拒绝带给我们的挫折恐惧感，不能在客户拒绝后信心十足地去和下一个客户进行沟通，我们就很难在这个行业混下去了。

或许你认为电话业务员不会有这样的恐惧心理，因为他们没有看到客户那种不耐烦的、冷漠的表情，所以也就不会产生那种恐惧心理。其实情况并不是这样的。请看以下的对话：

"喂？"

"您好，我是东方报社的，嗯，有一件事，我不知道您是否能帮我一下，我想找一下你们的主管。就是说我们报社……"

"你找谁呀？"

"我找……是这样，我们报社最近推出了，知道吧，就是一个优惠广告栏目，就是……你在其他报社花一大笔钱做广告，在我们报社只花一半就行了……"

"你找谁呀？"

"我……是这样……"

有些销售人员在遭遇失败后，对自己说："也许我并不适合干这行，我不是一个外向性格的人，与陌生人交流我会非常不自在，我还是及早改行算了！"这是在为自己的胆怯心理寻找借口。那么，是不是性格开朗、平时乐意和人交往的人，做销售工作就一定能够成功呢？

有一个人平时谈笑风生、口若悬河，尤其是朋友聚会时，他更是当仁不让的当主持人，简直是滔滔不绝，大有"天下舍我其谁"的英雄气概。他朋友们都认为如果他不做推销员，那可是推销界的一大遗憾。

但是实际上他去拜访客户时，总是感觉浑身不舒服。当他与客户交谈时，总会情不自禁地干笑几下，眼睛总无法正视对方，说话时还增加了口头禅，例如，"比方说……那么……嗯"等等。这样十分钟下来，类似的口头禅可能要隔三差五说出100次以上。

他与客户的交谈一度陷入了艰难的困境，完全没有了往日气吞山河的气魄和幽默潇洒的神采，就此变得郁郁寡欢。要不是他及时摆正心态，他可能就难以留在那个行业的。

还有的推销员销售前期做了很多不错的准备工作，取得了客户的认可，但在即将签订单时，却突然下意识的紧张起来，一笔就要实现的交易，随之化为泡影。

蔡明是一家器材公司的推销员，据他讲述：有一次，我负责向一个刚成立的具有很大规模的私立学校推销一批体育器材。其实在这之前该校负责人对这个项目有过将近两个月的细致调查，在会谈的前几次也都很愉快，这位负责人准备和我签订九个年级的不同项目器材。可能是激动，太想得到这个单子上的签名了，我失败在最后一刻。那天，在我从文件夹里抽出几张需要客户签字的单子时，一种莫名的恐惧突然袭来，这种恐惧害的我举动的不自然，手完全不听使唤。

那天对方负责签单的有两个人，当另一个没和我沟通过的人看到我当时的举动时，就摇了摇头，后来他们到里面的屋子交谈了一会儿。最终那天我只拿到了很小的单子，也许是以前那位接待我的人给我留的一点情面吧！

突然产生这种令人失望的恐惧，其实是害怕自己会犯什么错，害怕被客户发现错误，害怕失去渴望已久的订单。恐惧感占了上风，所有致力于目标的专注心志就会无法专注。

这么看来，在销售的各个阶段，年轻的推销员都会表现出不同的恐惧心理，例如，在拜访之前绕道而行，寻找令自己感觉安全一点的推销对象，等等。很多时候推销员就是在犹豫不决中错失了最佳的拜访时间和数目更大的单子的。

要想成为一个成功的推销员，就要能够拒绝恐惧，做到轻松愉快地和客户沟通，只有那样才能创造出销售奇迹！

一、端正自己的职业态度

要清楚，销售职业是一种很光荣的职业，新产品的上市需要推销员不断地向客户传播信息，以满足他人的实际需求。每一个推销员完全可以自豪地敲响每一位客户的门，然后告诉客户："我们是为你服务的。"

二、正视挫折

新入行的销售人员，第一次工作就遇到客户说"不"时，可能会产生胆怯的心理；或者是连续遭到客户的拒绝后，就心生恐惧，因此停滞不前。遇到这种情况时，你应该提醒自己，胜败乃兵家常事，只要实践，再实践，胜利就会出现。

三、勇于向自己的恐惧开炮

无论你性格开朗与否，当你走过从前避开的大公司大企业时，试着正式走进去，做一般不愿做的尝试。要相信，那里成功的机会对你来说更大，因为其他推销员也畏惧这些地方，从而给你留下了好的机会。对于一个有素养的、成功的人来说，他是不会对你的推销工作感到厌恶的，很多情况下他们会怀着一颗比较仁慈的心给你一次机会；就算失败也会给你积累销售资本，使你下次更有信心。

四、在实践中战胜恐惧

无论我们怎么想，怎么做，要真正地克服恐惧感，必须坚持在实践中锻炼。如果你没有一次战胜恐惧的先例，内心没有体会过胜利感，当你去拜访客户时，也许脚还没迈出家门你就觉得害怕了。而这样的胜利感必须在与客户的沟通中才能够产生。所以，要不断尝试，不断进步，在实践中淡化自己自然产生的恐惧感。

不卑不亢，赢得尊重

一个人要想赢得别人的尊重，就要具备一种不卑不亢的为人处世的心态。推销员也一样，在面对客户时，一定要做到既不妄自菲薄、点头哈腰，也不趾高气扬、目中无人。如果做不到这些，销售工作就难以获得成功。

在销售领域里，存在一种"顾客就是上帝"、"客户就是一切"的理念，而销售人员会因为对理念认识的偏差导致在销售过程中失衡的表现。在上帝的面前，许多人会虔诚、服从，而推销员的职业自卑感也容易就此产生。如果推销员把客户的拒绝看成是对其能力、形象的不接受，把自己看作是上帝不喜欢的人，那么，为了使上帝满意，他们有时候会把公司利益直接抛开，一味地对客户作出更多的让步，甚至在有风险的项目上很快与对方签单。这些都是推销员自卑心理的外在体现。

销售工作需要具备一种不卑不亢的精神。具备了这种精神，推销员不仅可以在公司内部获得同事的一致认可和尊重，也会赢得客户的尊重。但有些销售人员，根本就不重视这种精神，有的自卑，有的自负。有些推销员，业绩上稍微有点起色，销售过程中就会有自我满足感，表现得非常傲气，从而因此丧失了达成交易的机会。

有一天，吉姆走进街头一家规模最大的蛋糕店，他要为自己的妻子买到此店最大的蛋糕。今天是他的妻子琼斯60岁的生日，前几年吉姆因病一直住在医院，吉姆想为琼斯过生日，每次琼斯都拒绝。琼斯这次却深情地说："我要吃到你亲手为我买的、镇上最大的蛋糕，你要快点好起来。"想到这里，吉姆就激动不已。

来到玻璃柜前，吉姆操着一口浓重的乡音对推销员甲说："还有更大的吗？让我看看你们这里最大的蛋糕吧！"

推销员甲抬起头，懒洋洋地说："这已经够大的了，再大的就不适合我们乡下人了。"然后，他就马上去招呼其他经常光顾本店的顾客了。据他的估算，眼前的顾客是不可能做成更大的交易的。

吉姆又来到了另一个玻璃柜台前，对推销员乙说："今天是我妻子60岁生日，我答应为她买一个镇上最大的蛋糕，她已经好几年没过自己的生日了。"

推销员乙微笑着对吉姆说："祝你妻子生日快乐！"接着，他详细地给吉姆介绍了各种不同风格的大蛋糕。最后，吉姆终于找到了他心中理想的蛋糕，非常爽快地给了推销员应该付的蛋糕钱，把零钱留给了推销员乙作为小费。临走的时候，他激动地对推销员乙说："欢迎你晚上来我们家，有你的祝福琼斯会很高兴的。"

而推销员乙因为卖出当天最大的交易额，成为本日老板的物质奖励最多的员工。

不卑不亢是人们待人接物的最高境界，一个想成功的推销员必须要把它作为处理日常工作的法则，自觉地做好这一点。如果自卑，你在工作与生活中，就会觉得"自己事事不如人"，首先自己先否定了自己，就更别说遇到困难时会奋斗拼搏、锐意进取了。自卑的心理是通过自卑者本人过多消极自我暗示自我否定而出现的。如果自卑，在与人交流中你的优势也会因你的吞吞吐吐、没有胆量自我展示而难以发挥出来；而失败时你会频频向你的缺陷回望，助长你的自卑心理。推销员在与客户的交涉中如果不能战胜自己的自卑心理，那么如果遭到客户的拒绝，就会对自己失去原有的信心，就不能把自己积极的应变能力发挥出来。

了解了自卑在销售中的负面影响后，推销员与其自我嘲笑、始终犹豫不决，不如用积极的心态来战胜自卑。那么，怎么战胜自卑心理、努力做到不卑不亢呢？

一、正确看待自卑

自卑是自我消极情绪的外在流露，除了我们自己以外，没有人能贬低我们。除非你自己想做一个非常自卑的俘虏，让自己的行为、心情束缚在自卑的牢笼里。一个人可能会因为自己的出身、长相、某方面的缺陷不如周围的人而感觉自卑，但我们可以通过自己后天不断的追求来赢得别人的绝对尊重。

二、塑造坚强的性格

有自卑倾向的人，要通过不断地锻炼、自我教育等方法，培养自己坚强的性格。不为对方偏激的情绪、言语所打倒，一定要有冷静的高瞻远瞩的气概，让你坚强的性格在实践中助你战胜困难。尽管有多次失败的经历，但要相信付出就有收获，没有奋斗就没有胜利，完全靠你的执著与不舍赢得客户。

三、为自己的职业角色定位

无论哪一种职业的存在，都有它存在的理由。推销员不应该怀疑自己职业的荣誉感，在面对客户时要做到自然大方、从容不迫，用自己真诚的服务赢得客户的无比喜爱。喜爱你所选择的行业，并敬业、乐业。尽快从你的职业自卑中走出来，用你的热情投入工作，赢得尊重。

勤奋不仅仅是一种精神

与其说勤奋是一种自然的精神，倒不如说勤奋是成功的基石，是决定一个人成功的能力。成功绝对离不开勤奋，勤能补拙。不管是在商业活动、天文研究、物理攻关中，还是在艺术修炼中，这样的例子数不胜数。

在商业领域，从松下幸之助、比尔·盖茨、乔·吉拉德到其他成功的人士，他们的成功一定离不开天时地利，离不开时代赋予的种种机遇以及他们生命底色中某些与生俱来的素质，但无法否认，他们更多的是靠后天自身的努力勤奋。

梅兰芳年轻时曾经拜师学戏，师傅说他根本不是学戏的料，死活不肯收留他。为了弥补自己天资的不足，梅兰芳后来就更加勤奋。他喂鸽子，每天双眼紧跟飞翔的鸽子，穷追不舍；他养金鱼，每天双眼紧跟遨游的金鱼……后来，他的双眼当时闪闪生辉、脉脉含情，终于成为享誉世界的著名的京剧大师。

梅兰芳原本没有学戏的天资，但后天的勤奋补足了他的缺陷。中国的数学大师华罗庚有句名言："勤能补拙是良训，一分辛劳一分才。"

在销售领域，勤奋也是造就成功人士的坚实基石。乔·吉拉德曾连续12年荣登世界吉斯尼纪录大全世界销售首位的宝座。他所保持的世界汽车销售纪录——连续12年平均每天销售6辆车，至今无人能够超越。他的成功难道是注定的？还是有什么秘诀？尽管乔·吉拉德一再强调"没有秘密"，但还是把他卖车的公关诀窍披露了出来：他把所有客户档案都储存起来，每月要发出1.3万张自己的名片。并且，不管是否买他的车，只要有过接触，他都会让他们记住乔·吉拉德这个名字。除了在销售过程中保持绝对的自信外，乔·吉拉德的成功里面勤奋不也是最多的吗？"天道酬勤"像乔·吉拉德这样成功的营销大师正是由于在平常的工作中加倍努力，才赢得了"最伟大的汽车推销员"的美誉，才赢得了客户的真正信赖。

老子说："合抱之木，生于毫末；九层之台，起于累土；千里之行，始于足下。"任何伟大光辉的事业，崇高壮丽的目标，漫长曲折的道路，都有一个看起来微不足道的起点和基础。只有踏踏实实，脚踏实地地去实践，循序渐进，日积月累，才能由量变到质变，产生重大的飞跃。所以，要重视最开始的那段时期，重视平凡的基础工作。

江蕙是一名保险业务员，自2002年底入行以来，从一名基本的业务员起步，到第二年就被公司评为"全国明星业务员"。接下来的三年间，连续夺得广州本部的销售冠军，她的团队也稳坐头一把交椅。

江蕙总结了自己成功的诀窍时说："勤奋是首要的，其次是对行业、对公司的认可，而营销的技能、技巧再次之。没有专业知识，不懂销售的技巧，没关系，只要愿意付出，自己认可自己的工作，脚踏实地地工作，肯定会有成功的一天。"

在初入行的时候，江蕙也遇到了很多困难，她决定从陌生人拜访进入状态。江蕙说，当年开始开垦广州新机场时，"新机场还在建设当中，没有公交车进去，的士也不愿意进去，我是步行走进去的。"就这样经历了无数次的跋涉，江蕙终于把建筑工地的业务顺利地签了下来。

八张100元的意外险保单的特殊经历，也令她终身难忘。"我还清楚记得，当天早上6点多就起床搭车赶往深圳，回到广州的时候已经是晚上11点多了。"江蕙说，因为深圳那边的总负责人当天有事临时出去了，她才签下八张100元意外险保单，"但这八张传单让我感受到初入行的艰辛，激发了我勤奋的精神。"

可以这么说，勤奋是短时间内提升销售业绩的有效方法，是成功的必然捷径，所以推销员必须要积极锻炼自己勤奋的精神。

一、积极联系客户

每天固定拜访多少客户，这是构成销售活动并产生业绩最基础的东西。如果没有所谓足够的实际销售活动，销售能力只能是空中楼阁。不管公司文化背景、产品特点、定位和销售渠道如何，勤于拜访客户才能开拓业务。要是你是电话业务员，要固定自己每天向客户打多少个电话。

二、每天反省自己

每天拜访过一些客户后，要不断进行自我审视。首先，要问问自己：目标客户拜访的数量达到了吗？其次，和我实际签约的有多少？今天我签了多大的单子？再次，尽到自己最大的努力了吗？对自己的客户有足够的热情和真诚吗？最后，实现了超越昨天的目标了吗？该怎么安排明天的新工作？

三、超越昨天

推销员要天天有新意，不断进步的观念。积极学习行业最先进的知识，了解行业最新的信息；学习成功销售的技巧，不断地应用于工作实践。知识和信息是不断地更新的，只有你不断地去学习，才不会落后，在竞争中才能脱颖而出。推销员每天要开发新的客户，让自己的影响力不断增强。

以感恩的心态面对客户

有位哲学家曾经这么说过："世界上最大的悲剧或不幸，就是一个人大言不惭地说，没有人给我任何东西。"对每个人来说，感恩真的是一份美好的感情，是一种健康的心态，是一种良知，是一种不竭的动力。

作为一名销售人员，就应该明白，自己的薪水和业绩都是建立在客户的认可和信任的基础上的，推销员要怀着一颗感恩的心与你的客户进行沟通。因此，无论是初次拜访客户，还是与老客户之间的精诚合作，推销员都要用一种感恩的心态面对他们，了解客户的状况，解除他们的那些担忧，重视与客户长期友好的合作关系。

对初次拜访的客户，无论成交与否，如果客户与你之间有片刻的沟通，你都要感谢客户能接待你，感谢客户给你介绍产品的机会，感谢客户能对你的介绍提出那些有意义的疑问。心存感激，你就不会对客户的挑剔产生厌烦，你就会有耐心听完他的意见，作出理智的答复；心存感激，你就能在离别之前，有礼貌地对客户的接待说出一些感谢的话，用眼神传达你的感谢之意。

在你的销售业绩不断上升的过程中，翻开你的订单你就能看见总有一些熟悉的名字。对这些伴你共同进步的老客户，你千万不要习以为常，对他们的电话或请求没给予充分的重视，冷落了他们。他们之所以和你保持长久的合作，可能就是他们需要你那种积极做事的作风，感觉你可信可交。作为一名销售人员，不断开发新客户和保留住老客户同等重要。

对于推销员来讲，为什么要以感恩的心态来对待老客户呢？

首先，要知道是老客户与你签的第一批单子使你创造了业绩，才让你信心十足。初入销售行业时，推销员总会为无数次的拒绝伤脑子，完全能够自己给自己打气，说销售是从拒绝开始的，可是要是一个月下来你没拿下一个单子的话，再坚强的信念也可能会被击垮。但是，在你就要难以承受的时候，有一个客户突然对你说："好，我们就合作一次试试看吧。"在这一刻，不管多么大的沮丧情绪，都会消失。第二天早晨，你会对自己说："幸运之神终于要眷顾我了，成功已经向我招手，今天我要拜访更多的客户。"你的老客户绝对是见证你的汗水的人，是你胜利的导航标。

其次，与老客户的关系持续得时间越长，他们越会把更大的业务交给你。人是感情动物，既然交给谁做都是一样的，怎么就不给老朋友个面子。所以，我们有时候会发现，一个家庭5口人，全都在同一个保险业务员的代理下进行投保。当然，你必须要给以客户更加忠诚的服务。这样，他们才会成为你忠诚的支持者。你们的关系更加牢固，竞争对手越不能把你的老客户挖走。相反，要是你不重视与他们的持久关系，没有以对待新客户的热情去对待他们，在你的竞争对手更好的服务来临的时候，他们就会主动放弃与你的合作。

最后，实际上老客户还有利于扩大你的客户资源，为你做免费广告。在很多时候，熟人的一句推荐，顶得上一个推销员的千言万语。要是你的老客户认可你，在很多时候，当周围的亲朋好友需要此类服务时，他会主动为他们介绍你的情况。你也可以在老客户的周围，积极地开发你的潜在客户资源，而这个时候也往往很容易达成目标，因为你可以通过老客户很快掌握你需要的客户信息，这样你的市场就会越来越大，你的业绩也就上去了。这也就是为什么在销售过程中会出现下面这样的情形：

推销员甲："小姐，你好！这是我们店刚上市的夏季旅游鞋，你们可以过来仔细看看，不但样式新颖，质量也是有保证的。"一边说一边用手指向前面的一家鞋店。

同学甲："我们过去瞧瞧，看起来也该准备夏天的鞋了。"

同学乙："还是别去了，要买鞋的话我带你去看个地方，那里服务好，价格也适中，关键是质量有保证，我春夏秋冬都是在那买的。"

同学甲："我说呢，你去年的鞋今年又穿上了，样子还挺新的。"

推销员乙："大家快来看看呀，样式新颖，物美价廉，机会不多……"

同学甲："我们进去看看吧，就是看看。"拉着同学乙随即走了进去。

同学甲："这个不错，是吗？我们买一双吧！"

同学乙："不错是不错，不过我们还是别买了，我说的那家店也会有好看的，再说除了那家店，别的店我不相信的。我们还是去那看看吧！"

同学甲："那好，果真如此的话，以后我也只到那去。"

上面的例子里，同学乙作为那家店的老客户，发挥了她积极引导的作用。她自己认可了那家店，所以当朋友需要相关的服务时，她以她的介绍为心中的那家店作了宣传。

面对老客户，我们一定要心存感激，真诚感激身边拥有的客户。那么，如何体现我们的感激之情呢？

一、从内心真正尊重、感激你的客户

当客户有什么实际的需求与建议时，要积极帮助，谦虚接收，并给予言语感谢；而不是只有在做与销售利益挂钩的事时，你才忽然出现。

二、将感激之情表现出来

推销员要把自己的感激之情，时时刻刻表现在日常的小事小节上，学习汽车销售大王乔·吉拉德，每天都为自己的客户发送名片，其实就那么短短的几行字表达出对客户的关心之意。你要时刻关心你客户的身体、生意状况，经常在节假日问候他们。

三、站在客户的角度考虑问题

如果业务员能够真的站在客户的角度上考虑问题往往会取得意想不到的效果。曾有一位总经理招聘秘书，当时他收到很多简历，看得他头昏眼花，不知道该如何是好。突然间，有一封求职信引起了他的注意："总经理先生，您好，我知道您现在要看很多求职信，一定很头痛，而我非常希望帮您处理这个问题。过去我曾经在人事单位工作多年，经验丰富，我相信自己有能力来帮你解决这个问题。"

这位总经理眼睛一亮，马上打电话邀请这位求职者来上班，但是很可惜，别人已经录用她了。

这封求职信的文笔并不算非常优美，求职者也没有大肆宣扬自己的能力。她只是站在这位总经理的立场，思考他的需求，就这样在众多竞争者中显山露水，为自己赢得了一个工作机会。这样的理念如果用在销售上，也会产生奇妙的效果。

四、保持长久的关系

你可以一个电话，一封邮件，也可以选择合适的时机拜访。当你知道一种新的产品可以满足你客户的实际需求时，你可以即时告诉他们。对他们变动的电话号码、家庭住址要及时掌握。总之，积极地发展你们的关系，更多的时候，你们可能就会最终成为朋友。

对推销员来讲，实际上感恩要大处着眼小处着手，从生活中的小事开始，说一句感恩

的话，写篇感恩的文章，做件感恩的事……当你与人交流时，感恩的心态会使你心胸自然放宽，使你更加勤奋地处理客户提出的异议。你给予的越多，得到的就可能越多。让我们心中时刻回荡着下面这样的旋律吧："感恩的心感谢有你，伴我一生让我有勇气做我自己，感恩的心感谢命运，花开花落我一样会珍惜……"

永不满足，积极进取

奥林匹克运动有一句著名的格言："更快、更高、更强。"这句话始终充分表达了奥林匹克运动所倡导的不断进取、永不满足的奋斗精神，意在鼓励运动员在竞技运动中不畏强手，敢于奋斗，敢于胜利，鼓励人们在生活和工作中不甘于平庸，能够保持朝气蓬勃，永远进取，超越自我，将自己的潜能发挥到极致。对于推销员来讲，要想在事业上不断成功，必须积极地进取，当然还要戒骄戒躁，永不满足现状。

成功企业家比尔·盖茨在软件开发事业里独占鳌头。他告诫他的员工："我们不能满足于现有的产品，我们要不断自我更新。必须明确的是，本公司的产品是由我们自己来取代，而不是被别人所取代。"一个成功的企业尚且如此，推而广之，一个成功的员工也应该如此，永远不要自满，昨天的成绩那就是历史，明天的成就还要靠今天的拼搏。

如果一个推销员意识不到这一点，不能及时地对自己的心态进行客观的审视，他只有失败，商业竞争不会给你任何后悔药。

威尔逊进入奇亚公司从事冰箱销售业务已经4年多了。在这4年里，他积极开发客户，寻找资源，市场得到不断拓展，从一个不谙销售之道的毛头小伙子逐渐成长为一个成熟的业务精英，业务成绩不断攀高，老板和同事们也对他的能力表示一致认可，他的上司一直把他作为部门的推广楷模，让新员工向他看齐。

也许当有点成绩出现的时候，新的困难又已经悄悄向你逼近。就在威尔逊的业绩打破全部门最高纪录后，他的客户开始逐渐减少，投诉也频频出现。对此，老板和同事也不知其原因，终于有一天，大家得到了真实的答案。

一天，威尔逊和新客户商谈业务。回来后，他一脸得意地对同事说："开发客户就这么容易，今天那家伙被我三言两语给搞定了！走之前我还纳闷，左眼怎么跳得那么厉害，看来财来是挡不住的，以后我不用那么辛苦了。"

一个同事问："真那么神吗？可能熟人介绍你给他的吧，老客户的关系。"

威尔逊："反正以后不用再那么卖力了，愿意就签，不签拉倒。"

同事面面相觑，在他们的既往印象里，威尔逊还从没这样过啊！但再后来，威尔逊的业绩开始下滑，也很少能够开发出新的客户。现在大家也就不再向他看齐了。

上述的案例里，威尔逊之所以从起步时的一无所有到取得令人赞叹的成绩，又到后来的业绩下滑，原因究竟在哪里呢？就在于他容易满足，不思进取，在昨天的辉煌里迷失了自己，因此丧失了销售工作中对待客户的热心与耐心。

人生如逆水行舟，不进则退，销售其实也是这样。因此，对销售人员来讲，必须永远保持一种永不满足、积极进取及积极向上心态。

一、认识自己

只有能够充分认识自己，才能摆正自己的位置。别人可以称赞自己，但自己不要因此而迷失了方向。你是因为不断努力，才能够拥有今天的成就。千万不要自满，否则你会丧失动力，不再进取。

二、学会调整心态

推销员每天都要注意调整自己的心态，努力做到不骄不躁，克服自满。自满好比慢性毒药，更像是冷水里慢慢煮青蛙，如果不及时跳出，当问题出现时，实在是为时晚矣。所以，推销员要随时防止自满情绪的出现，及时调整自己的心态，保持对待客户的良好的服务态度不变，勤奋学习的精神永不改变。

三、向更高目标看齐

当端正了自己的心态后，推销员就应该不断地寻找并实现下一个既定的目标。你也许是本企业的销售冠军，但你还要与其他企业的推销员相比。当你超越了所有人的时候，你更应该积极进取，要知道冠军要超越自己的纪录更是一种挑战。成功的人只有不满足现状，积极进取才能够更加成功。

及时扫除自己的坏情绪

情绪是人们对环境中某个客观事物的一种特殊感受所持的身心体验，是一种对人生成功活动具有显著影响的非智力方面的潜能素质。成功者能控制自己的情绪，失败者被自己的情绪所掌控。"人非草木，孰能无情，"这句话就是说人都是有情绪的，都有喜怒哀乐的情感。但是，一个成功的推销员，一定要能够及时扫除自己的情绪障碍，积极面对客户。

一个运气不佳的水管工被一个农场主雇来安装农舍的水管。那一天，水管工先是因车子的轮胎突然爆裂，耽误了一个小时，接着电钻坏了，最后呢，原本开来的那辆老爷车扒了窝。他收工后，雇主开车把他直接送回家去。待到家门打开后，水管工笑逐颜开地拥抱自己的两个孩子，再给迎上来的妻子一个温柔的吻。在家里，水管工愉快地招待了这位雇主。临出门时，雇主实在按捺不住好奇心，问："今天的工作不是很倒霉么？你的心情为何还如此不错？"水管工当时工爽快地回答："对于烦恼，我有我的秘密，你看这是我的'烦恼树'。每天我在外头工作，烦心的事情总是有的，可是烦恼不能带进家门，不能给妻子和孩子，于是我就把它们挂在树上，让老天爷管着，第二天出门再拿。奇怪的是，第二天我到树前去，'烦恼'大半都不见了。我也能愉快地开始新一天的工作。刚才进门的时候，我已经把烦恼挂在了我的烦'恼树上。'"

的确，我们每个人都该有一棵属于自己的"烦恼树"，它当然可以是无形的，也可以是有形的。它可以是日记本上的文字宣泄，也可以是内心世界的自我化解。优秀的推销员也要如此，把自己的坏情绪在出门之前，早已放到一个小瓶子里，扔到草丛中去，而让早晨的阳光带给你笑容，积极热情地去面对自己的客户。如果你控制不住你的坏情绪，那么这种情绪就会毁掉你的行为，让你作出后悔莫及的事来。

汤姆是一家公司的推销员，来公司两年了业绩却始终不见什么起色，他为此非常苦恼。特别每逢周末业绩考评的时候，就是他情绪最坏的一段时间。

周六，他应约去一家商场谈业务，这家商场是老客户。到了经理室时，经理显得特别高兴，热情地招呼汤姆坐下，然后兴致勃勃地说："告诉你，我们在西区的商场大楼下周就要开张营业了！"

结果汤姆只是微微点了一下头，面无表情地说："嗯，您看下个月的订货多少？"

见经理没答话，他接着又问："您看下个月的订货要……"

想不到经理当即刷地变了脸色，没等他说完，就说："下个月不订了！"

汤姆又问："那以后呢？"

经理索性就说："以后你别来了！"

汤姆"忽"地站了起来，双眼紧盯着经理，说："你不要我来，我还不稀罕呢！别以为你们有点钱，我就会天天围着你们转，你别指望以后我会再来！"说完，一摔门就走人了。

没有多久，汤姆就被公司以一个莫须有的理由解雇了。

上面的案例中，推销员汤姆因为无法及时地控制自己的情绪，错失了一个成交的最佳机会。他要面见的客户今天虽然心情很愉悦，却不能忍受汤姆的坏情绪，所以拒绝下个月继续合作。汤姆之所以业绩始终提不上去，与他容易冲动的情绪是有必然联系的。如果他能及时调整周末业绩考察带给自己的坏情绪，他就不会在客户的开心事上没有任何表示的。人人都需要别人的认可和尊重，如果你给别人的热情浇凉水，别人也会回你冷脸的。

要想成为一个出色的推销员，你就必须学会控制来自不同层面不同时刻的情绪的干扰，以积极的精神面貌来与客户寻求更多的合作。心理学家米切尔·霍德斯说："一些人往往将自己的消极情绪和思想等同于现实本身"，"其实，我们周围的环境从本质上说是中性的，是我们给他们加上了或积极或消极的价值，问题的关键是你倾向选择哪一种。"其实就是同样的一句话，同样的一件事，不同的推销员会有完全不同的情绪反应，不同的反应带来的结果当然也是不同的。

那么，销售人员应该如何积极调整自己的坏情绪，使成功的机会离自己更近呢？

一、认识自身情绪

认识自身情绪，就是说对自己的情绪要有客观的认识，有人称它为情绪知觉。首先是认识自己情绪的类型。乐观型的人一般比较乐观，也就是乐观的时刻多于沮丧的时刻，即使碰到伤心事，也不会陷得太深；悲观型的人正好与乐观型的人完全相反，沮丧期多于意气风发期，也就是容易考虑过度；中庸型的人较幸福知足，较少忧愁恐惧，懂得控制情绪。只有认识自己的情绪类型，才能有针对性地对它进行必要的改善。其次是要知道"情绪周期"。每个人都有他的"情绪周期"，当你正处于沮丧期的最低点时，最好不要去见客户。美国密歇根大学心理学家南迪·内森的一项研究显示，一般人的一生中平均有十分之三的时间处于情绪不佳的状态。因此，人们往往需要与那些消极的情绪作斗争。

二、妥善地管理自己的情绪

推销员不能让自己的情绪像一匹脱缰的野马似的，控制不住。无论你是哪种情绪类型的人，通过寻找不良情绪产生的真实原因，你都可以对其进行改良。

强烈的肢体动作会创造出极高的情绪。科学家发现，通过改变人外在的肢体动作，也可以改变人的不良情绪。像我们经常说的身心互动、垂头丧气、扬眉吐气，都是肢体动作在前，心理状态在后。当你生气的时候，完全可以找来一面镜子，对着镜子努力作出笑容来，持续几分钟之后，你的心情就会慢慢好起来。不信你可以去试试。

把注意力放在美好的方面也能够调整情绪。调控注意力和调控摄像机的镜头是一样的道理，你完全可以选取你想选取的东西。把注意力放在问题的不同方面，常常能够得出不同的结果，令人产生完全不同的情绪。看问题的积极方面，可以产生乐观的情绪；看问题的消极方面，就可以产生悲观的情绪。

保持睡眠充足至关重要。一项研究发现，睡眠不足对我们的情绪影响极大，对睡眠不足者来说，那些令人烦心的事更能左右他们的情绪。

急躁情绪要尽可能避免，培养自己的忍性，制订适当的目标，张弛有度。受到挫折、遭到客户的拒绝时，你要用发展的眼光来看待事情的发展，今天你没成功，明天或许你就成功了。

三、进行自我激励

为了能积极地开展新的一天的工作，很多商店都会在营业之前员工集体做操，一起高呼口号。高喊口号就是要激起员工心中的工作热情，让他们以最饱满的状态投入工作。对推销员来讲，要能够自觉调整自己的情绪，把好的情绪带给客户。

四、学会认识他人的情绪

推销员不仅要能够完全控制自己的情绪，还要能够觉察他人的情绪。当你能抓住客户的情绪变化时，谈起业务来才更加容易。

避免以貌取人

在日常生活中，人们通常借助自己的眼睛来观察别人和外在的世界，但在很多时候，单凭一面之交难以准确地为别人下定义。你第一眼看到的一般都是对方的衣着、长相、身高，如果仅靠第一印象来评判别人，然后去决定自己的下一步行为，在进一步的接触中，你往往会为自己的眼拙而后悔不已。可以说，以貌取人的人，往往会后悔自己当时的鲁莽。

一天，一对老夫妇来到哈佛大学，他们主动要求见校长。看到他们衣着简朴，校长的秘书当即挡住了他们。这位秘书觉得他们并不是什么重要人物。但是，这对夫妇坚持要见校长，一直等了大半天。最后，秘书实在没办法，将事情如实告诉了校长。校长很不愿意把自己的时间浪费在这对夫妇身上，见到他们马上问有何事。

女士告诉他："我们的儿子很喜欢哈佛，但是去年，他出了意外而死亡。我丈夫和我想要在校园里为他立一个纪念物。"校长对他们的要求觉得不屑一顾："夫人，我们不能为每一位曾读过哈佛而死亡的人建立雕像的。如果我们这样做，我们的校园看起来会像墓园一样。"

女士马上说："校长先生，你误解了，我们想要捐一幢大楼给哈佛，而不是要树立一座雕像。"因为这对夫妇的穿着实在是不敢恭维，校长实在有点看不起他们："你们知道建一幢大楼要花多少钱吗？学校建筑物总价值超过750万元。"

沉默了一会儿，这位女士才说："只要750万就可以建一座大楼？那我们为什么不建一座大学来纪念我们的儿子？"她的丈夫马上点头表示支持。

这对夫妇在哈佛校长困惑的眼光中就这样离开了。后来，加州成立了史丹佛大学，而这所大学正是那对夫妇为纪念他们的儿子而投资创办的。

生活中这样的事并不鲜见，一个家庭里可能会偏爱一个孩子，因为他比其他的孩子更聪明；一个老师也会有自己相对偏爱的学生；在应聘时，面试官也可能会因为应聘者的相貌等因素来决定他的最终去留。但很多时候这种做法实际上无异于瞎子摸象一样，只摸到大象的一部分而就此武断地下结论，这在销售工作中是行不通的。

推销员的工作是要每天不断地签订销售订单，签订单之前的工作就是要你在最短的时间里，迅速作出你对潜在客户判断。在与客户交流之前，仅凭客户的外在形象就轻易地确定你的准客户，是不明智的行为。

凯伦是一家汽车公司的推销员。一天，他正在等一位约好的客户，一辆汽车开了进来，从车上下来一对年纪较大、似乎有点不修边幅的夫妇。他们老远就向凯伦打招呼，说想实际看看车库里的车型。

凯伦对他们进行预先判断后得出这样的结论：这就是刚到本地的约瑟夫妇，据说他们没生意，也没孩子，几年来就是靠在学校附近摆小摊为生，他们一定不会买一部汽车的，他们只不过是去教堂顺路来凑凑热闹罢了。他们根本就不想买东西，因为他们买不起，我没时间关照这些人。

凯伦当时不冷不热地说："我在等一位客户，等我们商谈好了，再带你们去看车型吧！反正你们也不会买。"

后来，这两位老夫妇就到对面的汽车商那里去看了。

就在这一天即将结束的时候，凯伦吃惊地发现，这两位老夫妇竟在他所在公司的竞争对手那里签了一个订单，明天就来试新车。

据说这对老夫妇买车用的是毕生的积蓄，那些钱装在一个破旧的信封里，里边的20万美元现金整齐地摆放在一起。他们用一生的心血完成了自己多年来的心愿。

在销售工作未展开之前，就断定客户不会买车简直是自杀行为。案例中的凯伦，因为自己粗略的判断丧失了一笔和自己擦身而过的生意。在销售工作中，要想得到更多成功的机遇，一个出色的推销员应该做到：

一、认真地捕捉客户发出的信息

只要客户有需求的意向，你就要抛开个人狭隘的眼界，投入到你的产品销售中去。用你的热心、耐心、诚心去挖掘客户的实际需求，为实现真正的交易做准备。

二、尊敬客户，并热情地与他们交往

推销员应该明白，如果客户参加到购买活动但没有购买，可能是这次活动轻视了客户，也可能是没有他们相中的产品。绝对不要认为他们只是凑凑热闹。对任何客户，推销员都应该以礼相待，热情服务。

三、在平常的工作中扩大自己的销售范围

对优秀的推销员来说，客户其实就在自己身边。推销员应当养成随时发现潜在客户的习惯。因为，任何一个企业、一家公司、一个人在未来的某一天都有可能成为某种商品的购买者。一名优秀的推销员应该时时刻刻优化自身的形象，注意自己的言行举止，恪守自己的工作信念。"不能根据封面来判断一本书"，我们绝对不能仅凭客户的年龄、着装、地域、身份来事先判断他会不会是这次交易的买主或某项服务的最终享受者。

推销员的素养越高，推销的技巧越娴熟，就越容易找到更多的准客户，而且准客户的认同度也会在推销员的素质提升中得以强化。如果以上这些因素的总和都是正数，那么销售量自然也会随之增加。但若是推销员的素质低、技巧差，相对来说，找到准客户的数量就少，销售量自然就会大减，这是必然的现象。所以在通行的销售法则里，我们可以把推销员的训练当作是主观的因素，而准客户的数量是客观因素，只有主客观因素两者相辅相成，才能创造出更好的销售业绩。

养成专注的精神

所谓专注，就是把自己的注意力集中到某一点上，专注于某一确定的目标，将于自己内外所有的人力、精力、智力、物力和财力，投入到这个既定的目标中，最终取得超越性的突破。

专注是取得成功必备的优秀品质，适用与所有的行业和领域，适用于一个人不同的年龄阶段。只有专注，你才能有更多的精力去主攻这个目标；只有专注，你才能比别人更加精通，才有可能推陈出新，才能在竞争中立于不败之地。

太阳的能量是无穷无尽的，几百几万年地散发出它的光和热，但一束激光能在瞬间穿透一扇门，太阳却不能这样。为什么？因为激光专注、聚焦，所以产生了巨大的能量。一个频频跳槽的员工不能证明他比其他员工更加优秀；相反，一个员工选择了他所喜爱的工作并专注于此，他会得到更多的上升机会，而不用再到市场里寻找自己的饭碗。专注是一种态度，一种精神，以专注的心态看待工作，在工作中始终保持专注的精神，你终将获得成功。

巴尔扎克年轻的时候，曾在很多领域作过一定的尝试，他经营过出版、印刷业，但都

没有成功，同时欠下了巨额的债务。债权人经常半夜来敲他的家门，警察局发出通缉令，要立即拘禁他。为了逃避债务人的不断纠缠，巴尔扎克总是居无定所。后来在一个晚上，他偷偷地搬进了巴黎贫民区卜西尼亚街的一间小屋里，从此隐姓埋名，开始了他的文学创作。

反思以前，巴尔扎克深为自己不断变更工作而感到后悔。想着自己喜欢的文学创作，总是被自己浮躁不堪的其他想法所阻挠，而难以有所突破。后来，他终于专注于自己的写作生涯，他从储物柜里取出了拿破仑的小雕像，放在书架上，并贴了一张纸条："彼以剑锋创其始者，我将以笔锋竟其业。"很多年后，巴尔扎克终于用他不朽的著作赢得了世界文学大师的美名。

在一次研究生考试的作文里有一幅这样的漫画：一个挖井的人坐在被自己开掘过的土面上叹气："我努力了，这里还是没有水！"而他的周围同时有十几口井，有些井再挖很薄的一层就会有水出现了。这道题启示我们：在通向成功的路上，有些时候不是你不用功，而是目标不专。如果定的目标太多，你的精力就会分散，成功最忌讳的就是精力分散。

做销售工作也是同样的道理。一个推销员要想获得超人的业绩，就要培养自己在工作上的专注精神。

一、专注于自己的行业

推销员要对自己的行业产生兴趣，对从事销售感到自豪，并立志在这个领域取得更大的发展。优秀的推销员要以成为一个伟大的推销员为理想，要真正忠于自己的选择。这样，你就不会在感觉很累的时候，想跳槽到其他行业，鼓励自己、相信自己能在销售领域中干出优秀的成绩。

二、专注于自己的产品

优秀的推销员需要成为产品专家，熟悉自己的产品，就像魔术师熟悉手里的道具一样。作为一个推销员，熟悉自己正在销售的产品，不但会让自己更加自信，客户也会感觉到你专业，办事效率高。这需要靠你平常更多关注你的产品，学习一系列的产品知识，通过更多的途径获取产品的相关信息。

三、专注于自己的客户

推销员的工作最重要的环节是要和客户多沟通，签订更多的产品订单，所以要想成功实现这个目标，你必须在客户方面多下功夫，给客户一个良好的外在形象，为客户多考虑，通过客户的言谈举止捕捉客户的信息，挖掘客户的需要，拓宽自己的销售渠道。推销员要时刻以客户为中心进而开展工作，对客户关注得越多，对客户了解得越多，工作起来才越有效率。同时，在服务客户上更加关注，在细节上体现出你对客户的真正关注。

四、专注不等于专断和固执

推销员需要明白，专注并不意味着专断和固执，所以在与客户的沟通中，切不可把自己的意志强加于人，对于客户的直接拒绝，要具体分析，具体处理。如果客户实在不需要你推销的产品，你就算作是认识客户的家门，有礼貌地告辞。

五、避免浮躁

浮躁目前是影响人们专注与预见事情最大的敌人。对于推销员来说，因为遇到的困难和挫折比较多，更需要克服浮躁。要明白，"冰冻三尺非一日之寒"，成功需要你的韧性，不能在外界的干扰下乱了阵脚。成功还要耐得住寂寞，而具备专注精神的人之所以比常人取得更大的成功，实际上就在于他们能忍受不被别人理解的心理。愚公移山，被智叟取笑。在很多情况下专注精神的人，在行为上可能与众不同，所以要以平和的心态看待别人的看法，把精力放在自己的工作上。

用信心争取胜利

吉拉德先生走进一家旅行社，想问一问去拉斯维加斯过周末需要花多少钱。他顺手拿起一本介绍夏威夷的旅游小册子，一位推销小姐马上走了过来。

"您去过夏威夷吗？"她问吉拉德。

"只在梦里去过。"吉拉德说。

"哦，我想你会喜欢夏威夷的。"她说。

当那位小姐给他看一些相关的旅行资料图片时，吉拉德强烈地感受到她为自己服务的热情。她甚至还当场画了一幅生动有趣的图，图上显示出吉拉德和太太怎么尽情地享受迷人的海滨沙滩。

"您一定能在那儿度过您一生中最快乐的时光。"她自信地说。

当她谈到10天度假所需的实际花费时，吉拉德本能地皱了皱眉，有些迟疑起来。而他的这些细微变化都被她看在眼里，记在心里，她平静地问："吉拉德先生，请问您最近的一次休假是在什么时候？"

"我记不太清了"吉拉德含糊地说，他实在不敢承认那是很多年前的事了。

"那您就欠自己和您夫人的太多了。"她笑着说，"生命本来就很短暂，您不应该光顾着拼命工作，那样并不值得。另外，等您从夏威夷放松回来之后，您可能卖出更多的车，比起来日方长的推销工作，这点旅游费用根本不算什么，对吧？我相信您一定需要调剂紧张的生活和工作节奏。"

那位小姐说得这么自信，于是吉拉德先生毫不迟疑地当场决定赴夏威夷度假。然而，在这之前，他是一心想去拉斯维加斯的！

能说会道是推销员的必备素质，而充满自信地说与单纯地述说是完全不同的两码事。充满自信，会让客户不自觉地信赖你，从而信赖你推销的东西，保持自信的形象非常重要。成功的人让信心战胜了困难，失败的人让困境战胜了自己的精神。

推销员最需要自信。这样的自信，不仅包含对自身能力的相信，也包括对自己产品、自己所属的公司的自信。相信自己的产品是靠得住的，是客户所需要的；相信自己的公司虽然不是最大的却是最棒的。有了这样坚实的精神后盾，你的腰杆才能挺直。

每个人都有遇到困难的时候，但千万不要因为一时受挫，而对自己的能力产生怀疑，进而形成一种压力。当你遇到挫折的时候，一定要保持头脑清醒，面对现实、不要逃避。

遇到挫折时，冷静地分析整个事件的过程，分析一下是自己的问题，还是因为外来因素而引起的，还是两者都包括呢？

如果是自身因素的话，那么就应该好好反省一下，为什么会犯这样的错误呢？以后应该怎样做，才能尽量避免同类事件的发生？事情已经出现了，不要急于去追究责任或是责怪自己，而应该想想事情是否还有挽回的可能？要是有的话，应该怎样做才能把损失或伤痛减到最低？应该如何做自己才会感觉舒服一点？

没有信心的人，往往是眼神呆滞、愁眉苦脸；而雄心勃勃的人，则眼睛总是闪闪发亮、满面春风。人的面部表情与人的内心感受一般情况是一致的。

笑是快乐的表现。笑能使人产生不竭的信心和力量；笑能使人心情舒畅、精神振奋；笑能使人忘记忧愁，摆脱烦恼。学会笑，学会微笑，更要学会在受挫折时笑得出来，就会提高自信心。

征服畏惧、建立自信最便捷的方法，就是去做你害怕的事，一直坚持直到你获得成功的经验。

态度引领成功之路

一个商人住在一家旅馆里，准备在当地贩一批羊皮。他已经在这个地方贩羊皮很多次了，但前几次都没有什么利润。他每次来都住在这个店里，跟老板都混熟了。

在买羊皮的前一天夜里，他相继做了三个梦：第一个梦境是下雨天，他从家里来到这里，他披着一张白色的羊皮还戴了斗笠，居然还打着伞。第二个梦境是太阳很炙热的夏天，他在墙上种菜。第三个梦境是他跟心爱的邻居小妹依偎躺在一张床上，但是背靠着背。

第二天一早起来，商人就到街上找了一个算命先生给他解梦。算命先生一听，当场连连摇头说："你还是趁早回家吧，你这趟生意不会赚到钱的。第一个梦，披着白色的羊皮、戴了斗笠从家里来，不是白来一趟吗？第二个梦，高墙上种白菜不是白费劲吗？第三个梦，跟邻居小妹背对背，不是没戏吗？"

商人一听，随即心灰意冷，回到旅店里就收拾东西准备回家。店老板顿时觉得很奇怪，问："不是今天收羊皮吗，怎么没收羊皮就要走啊？"

商人把事情的经过全部讲给了店老板听，店老板笑了，说："我也会解梦的。我倒觉得这次你肯定能发笔大财。你想呀，戴斗笠打伞不是说明你这次有备无患吗？墙上种菜不是财（菜）高了吗？跟你邻居小妹背靠背躺在一起，不是说明你翻身的时候到了吗？"

商人一听，觉得这样确实很有道理，就收了一车羊皮。回去以后，因为皮货价格一路上涨，他赚了一笔。

如果说态度、技能、知识是一个销售人员必备的基本素质的话，那么，态度就是界定一个销售人员是否高素质的既定标准了。先要有待人处世、迎接挑战的正确态度，才能够在每一次销售拜访中表现出色，并取得良好的业绩。

拥有积极的态度是每个人都向往的，尤其是对于想成为优秀销售人员的人们。那么，有什么方法可以改善现有的态度呢？——可以采用以下的方法，并不断运用到生活中。

获得积极心态可以应用以下的几个方法：

一、告诉自己始终都有选择的机会。

二、如果你认为没关系，事情便没关系；如果你认为有关系，事情就有关系。

三、在一年的时间内，只读那些积极正面的书籍，听些有关态度的录音带，参加讨论会，参加进修课程。

四、对障碍或差错，学会从中寻找解决的机会。事情出错时，要记得那不是别人的错，而是自己的错。

五、不要理会那些说你"做不到"或企图令你灰心丧气的人。

六、反省你的语言——避免说没有、不行或不会等那些消极字眼。经常谈你为什么喜欢，不要说你为什么不喜欢。

七、毫不考虑便帮助他人。

八、不要理会那些无意义的消极新闻。做值得做的事，如作计划，或者做任何可以提高生活品质的事。

九、拜访儿童医院或帮助残疾人。

十、当你生气的时候要马上劝诫自己不要再生气了。

十一、每天要想值得庆幸的事。

肯下功夫就会成功

舒斯特是美国保险推销界的推销大王。他在保险推销界取得了无人能比的成就。

他最早踏入推销领域时，也曾遭遇到不少挫折和困难。

但是，一次失败后的教训，给了他一生中最大的人生启发。

有一天，舒斯特到一家工厂拜访一位老板。那位老板当时正埋头于工作中，当舒斯特作了自我介绍并且说明来意后，他一副非常不耐烦的样子，挥挥手说："推销保险，我不需要！"

舒斯特的自尊心因此受到极大的伤害。

于是，舒斯特一个人闲来漫步于街头，信步走到一个公园，独自坐在冷板凳上反省，心想："自己到底适不适合当推销员？"

再三考虑，越来越对推销工作觉得气馁。

这时候，一声"唉哟！"引起了舒斯特的注意，其实是有两位小朋友在练习溜冰，其中有一位小朋友不小心跌个四脚朝天，却见他不当一回事地自己爬了起来。

在好奇心的诱惑之下，舒斯特走上前去，问道："小弟弟，你不怕疼吗？"

跌倒的那个男孩却若无其事地回答说："我只想把溜冰学好，跌倒了，不算什么，再爬起来就是了。"

接着，舒斯特在旁边观看了好一会儿，发现另外一个孩子溜得非常好。因此，舒斯特问他："小弟弟，你为什么溜得这么好呢？"

这个小孩却一本正经地回答说："这有什么好奇怪的呢？我已经练了4年了啊！"

听了两位天真可爱的小朋友的答话，舒斯特不禁感动不已。

同时，他也受到了很大启发。一点也不错，跌倒了，再爬起来就行了！只要肯下工夫，一定就会成功的。

第二天，舒斯特又前往昨天碰过钉子的那家工厂拜访。

首先，舒斯特告诉老板，他今天是为昨天冒昧的打扰专程来致歉的。那位老板看到舒斯特这么客气，态度比昨天要好多了。

因此，舒斯特借机请教他一个问题：

"如果贵工厂的职员在外面遇到了困难便退缩的话，您还用不用他？"

这位聪明的老板马上会意，他请舒斯特坐下，并且告诉舒斯特，他愿闻其详。

最终舒斯特成功地拿到了这位工厂老板的订单。

从此，舒斯特便不断地告诫自己："推销是从拒绝开始的。"他勇敢地面对一次又一次的拒绝，直到最后成为美国的保险推销王。

优秀推销员的欲望，很多情况下来自于现实生活的刺激，是在外力的作用下产生的，而且常常不是正面的、鼓励型的。刺激的发出者经常让承受者觉得屈辱、痛苦。这种刺激经常在被刺激者心中激起那些强烈的愤懑与反抗精神，从而使他们作出一些"超常规"的行动，焕发起"超常规"的能力，这可能就是孟子说的："知耻而后勇"。一些顶尖推销员在获得成功后往往会说："我也没有想到自己竟然还有这两下子。"

成功的欲望源自于你对财富的无限渴望，对家庭的责任，对自我价值实现的追求。不满足是前进的动力！因欲望而不甘心，而行动，而成功，他们想拥有财富，要想出人头地，想获得一定的社会地位，想得到别人的尊重。

强烈的企图心就是对成功的强烈欲望，有了强烈的企图心才会有充分的决心。

带上你的勇气去推销

克里曼特·斯通生于美国一个普普通通的家庭。他16岁时便开始帮母亲推销保险，结果却获得了意想不到的成功，但却被勒令退学。斯通一直坚持自学，后曾进入大学学习法律。

初中毕业升高中的那一年，斯通在暑假帮母亲去临时推销保险，那年他才16岁。按照母亲的指点，斯通来到一幢办公楼前。他不知道该如何开始推销，徘徊了一阵后，他有些害怕了，当时就想打退堂鼓，毕竟他还是一个未成年的孩子。回忆这一段经历时，斯通说："我站在那幢大楼外的人行道上，不知道该如何是好，更不知道自己能不能将产品推销出去……我一边发抖，一边默默地对自己说：'当你尝试去做一件对自己只有益处，而无任何伤害的事时，就应该勇敢去做，而且应该立即行动。'"

于是斯通毅然走进了那幢大楼。他想，如果被赶出来，就再一次壮着胆进去，绝不退缩。斯通没有被赶出来，而且那幢办公楼的每一个房间他都一一进去了。在这间办公室遭到拒绝，他便毫不犹豫地去敲开下一间办公室的门，不断地劝说里面的人买他的保险。

斯通差不多跑遍了整个办公楼内的所有办公室，终于有两位职员买了他推销的保险。两个客户算不了什么，但对斯通来说，意义远不止成交了那两笔生意，这是他在推销保险方面迈出的重要的一步。同时，他还学到了该如何去克服心理障碍，以及向陌生人推销的方法。

第一天的推销，他就从中发现了一个秘诀，就是从一间办公室出来后应立刻冲进另一间办公室，这样做是为了不给自己任何时间犹豫，从而可以克服自己的畏惧感，让自己信心百倍。对此，他说："一位成功的推销员，应该具备一股鞭策自己和鼓励自己的内动力。只有这样，才能在大多数人因胆怯而裹足不前的情况下，或者在许多人根本不敢参与的场合上大胆向前，向推销的高境界迈进。正是凭着过人的勇气、自信和上进心，凭着鼓励自己的内动力，才能克服害怕遭人白眼和被拒绝的'心魔'，勇敢地向每一个可能遇到的陌生人推销自己的商品。"

随着推销业绩的不断上升，斯通对自己做了一个全面深入的分析。他发现，正是因为自己有了过人的勇气，才获得了这么巨大的成功。

推销员每天要面对许多不同性格、不同背景的各种各样的客户，而且还要面对被拒绝的压力，如果不是信心十足的话，就很难在这一行里干出名堂来。就像战斗一样，士气不足的一方永远都难以取胜。

一个优秀的推销员最重要的条件就是要具有极其高昂的士气。工作士气高昂的推销员比工作士气低落的推销员更能获得优异的推销成绩。

作为一个推销员，如果你能激发出自己的勇气，那么就会创造出意想不到的骄人业绩。毫无疑问，勇气是由自信心逐渐孕育出来的，而勇气的最大敌人，就是那些来自于你内心的害怕、担心和顾虑。

明智的举动是将这些顾虑、担心有效地化为应付各种可能出现的种种不利情形的周密准备，不打无准备之仗。比如，你要会见一位顾客，你事先最好能够了解一下有关他的情况，了解他的家庭背景、个人爱好、经济状况、社会交际情况等。你对他了解得越多，你便越有把握做成这笔交易。当你信心百倍地出现在他面前时，一切都像你设想的那样顺理成章。因此，你的勇气顿时倍增，你显得从容不迫、可以信赖，你的成功就是必然的。

推销是勇敢者才能做好的工作，只要拥有超人的勇气，才能够说服客户购买产品，实现自己的目标。

勤奋是成功的助推器

要明白成功不仅需要激情，更需要持之以恒的毅力！

有一只野鹅在天空中悠闲地飞来飞去，有一天他飞到了家鹅的窝里。

家鹅十分羡慕野鹅能在天空飞翔，于是纷纷求野鹅教他们飞翔的本领。

野鹅却伸了一个懒腰说：

"我饿了！你们先喂饱我吧！"

家鹅找了好多食物来给野鹅吃，而野鹅也高兴得在家鹅这里吃饱了睡、睡够了吃，就这么一待就是好几个月。

几个月后，野鹅发现自己怎么再也飞不动了，可是它一想到反正有人会喂养它，也就不想这些了。

家鹅们终于忍不住问野鹅："你到底什么时候才要教我们飞啊！"

野鹅却笑了笑说：

"其实你们也不必学飞了，像现在这样，有现成的吃喝多好啊！以后就让我加入你们的行列，跟你们住在一起好了。"

家鹅们非常生气地赶走了野鹅。

对于推销员来说，天资怎样其实并不重要，重要的是你够不够勤奋。得过且过、懈怠懒惰的人是做不了推销员的。故步自封、不思进取，满足于一时的小成功，最终会葬送自己的非凡能力和前程。走一步算一步、当一天和尚撞一天钟的推销员，不饿死那是奇迹。

有些推销员的知识、能力明显不足，学习速度不如别人，专业能力也不够，自己知道在先天条件方面比不上别人，但仍想有朝一日自己能够出人头地，唯一可以感动客户的就是"勤"字，而且事实上不乏成功的例子。

人的意识分为表意识、潜意识和超意识。表意识是表面的外在形象，潜意识是人内心深处的感受，只有来自超意识的决定才是人内心真实意义的决定。

优秀的推销员善于运用潜意识的力量站稳立场、下定决心，产生成功的结果。放下无谓的面子和自我，全力以赴地把工作的意义和利益说给别人听，不过分计较失败，只求无愧于心，对自己要实现的目标从心底有不达目的誓不罢休的坚强信念。

一个人对自己的评价常常不是基于自己对自己的真实认识，而是随别人对自己的态度改变而改变的。《科学投资》的研究显示，成功业务员的欲望，许多来自于现实环境的刺激，从而激发了他们本身的潜意识和超意识，并在这种意识的驱动下进而获得了成功。

每一个人身上都蕴藏着丰富的潜质，你所面临的挑战越大，对自己的潜能挖掘得就会越充分，就越可能有超常的。一个人的思维和气质常常是由他所从事的工作精雕细磨而成的，并非他本已如此，而是每天所接触的人和事，每天必须思考和处理的问题，培养出了一种个人风格，而且环境也有一种特殊的氛围，给其中的每个人都会打上烙印的。

积极正面的信念产生不竭的潜能和决心，决心带动行为，积极的行为造就好的成果，好的成果让我们更加坚信积极、正面的信念，从而形成想要的结果。信念让一切的不可能变为可能。

不要过分看重推销技巧而忽略了勤奋的意义，正所谓："一勤天下无难事"，只要你勤于努力，那么你的业绩就不是什么问题。

"耐心"带来成功

高木是日本著名的推销员，一生写了不少著作。他说："切勿做一个只在山脚下转来转去的毫无登山意志的人。必须尽自己的体力，攀登上去。有此宏愿，即使技术不够，还是可以最终登上山顶。"

当年，高木在进入推销界的初期，也是什么都不如意。他每天跑三十几家单位去推销复印机。在战后百业待兴的特殊时期，复印机是一种非常昂贵的新型商品，绝大部分政府部门和公司都不会主动购买。大多数机构，连大门都不让进；就算进去了，也很难见着主管。于是他只好设法找到主管的家庭地址，再登门拜访，而对方往往让他吃闭门羹："这里不是办公室，不谈公务。你回去吧！"

第二次再去，对方口气可能会更加强硬："你还不走，我可要叫警察了！"

开始三个月的业绩为零，他连一台复印机也没有卖出去。他没有底薪，一切收入都来自交易完成以后的利润分成。没有做成一笔生意，也就没有一分钱收入，出差在外时住不起旅馆，只好在火车候车室过夜。但他却仍然艰难地坚持着。

有一天，他打电话回公司，问有没有客户来主动订购复印机。这种电话他每天都要打，每次得到的都是值班人不耐烦的回答："没有"。但这一天，回答的口气不同了："喂，高木先生，有家证券公司有意购买，你赶快和他们联系一下吧！"

事实简直是奇迹：这家公司决定一次购买八台复印机，总价是108万日元，按利润的60%来算，高木可得报酬超过19万元。这是他的第一次金。从此以后，时来运转，他的销售业绩一路飙升，连他自己都觉得惊讶。

进入公司半年以后，高木已经是公司的最佳推销员了。他认为，自己之所以能够成功，是因为他将全部生命都投入到这个工作中去了。

有一天他到一家机电公司去推销，主管很认真地听取高木的产品介绍，然后说："请你拿一份图纸给我看看。"高木将图纸随即送过去。新的要求又来了："请你把那些已经使用这种复印机的单位名录给我看一看。"

高木不厌其烦，又整理出了一份名录送过去。那人说："请再为我算算成本。"

总之，每一次去都有全新的要求，但就是不提购买的事。高木简直是有求必应。就这样拖了两个月，主管居然提出："请你们的社长来一次好吗？"

高木不知道他葫芦里究竟卖的什么药，但还是请动社长，一起去拜访这位主管。吃饭时，这位主管对他们的社长说："高木先生实在了不起。我工作了那么多年，也不知见过多少推销员，能完全遵照我的要求办事的，只有他一个人！"从此以后，这家电机公司所有购买复印机的业务，全部交给高木办理了。

在销售活动中，销售同样的产品，不同的推销员的销售成绩实际上存在很大的差距，公司里80%的销售业绩是由20%的推销员创下的。为什么经过同样的销售技能训练的推销员的销售业绩会有这么大的差距呢？进一步说，销售人员究竟应该具备什么样的素质才能使自己从同行中显山露水呢？

在销售管理中，我们不难发现，越是销售做得差的推销员，他的抱怨和理由就越多，成功的推销员总是需要对自己的结果负责，而且是100%的对自己负责，他们总是在不断地寻找获得成功的方法。

在销售的过程中，难免会犯错。犯错其实并不可怕，可怕的是对错误的恐惧。

失败的推销员是不愿承担责任的人，实在是没有勇气的人，是最害怕失败的人。失败的推销员总是把结果都寄托于外在的客观环境和别人的身上，他们永远是用打工的态度对待自己的工作。如果受挫，他们就自然地退缩了，并寻找各种理由来搪塞，从而减轻由于失败的结果对自我的压力。

成功的推销员却与此相反，他们敢于面对挫折与可能的失败，他们可以百折不挠，他们积极进取、乐于学习，他们根本没有时间抱怨和找理由，他们心无旁骛，目光紧盯的就是成交。他们在寻找更好的方法，他们在想尽办法做自己的老板。

人与人最大的区别其实就在于观念的不同，观念的不同产生了不同的思维方式，也产生了不同的行为和结果。很多人始终想变成富人，他不是不知道该怎么做，而是不敢真的那么做。总是有太多顾虑，面对未来的多种不确定因素，他不去想一万，总去想万一，越想越可怕，结果无数的可能性就在这种犹豫和等待中全都化为乌有。

一个勇于承担责任的人常常容易被别人接受，设想谁愿意跟一个文过饰非的人合作呢？对结果负责，就是对自己的真正负责。优秀的推销员都有必胜的决心，都有强烈的成功欲望。

用热情拿到订单

有一次，一个推销员去拜访刘女士，本意是希望她能订阅一份《体育周报》，他把那份报纸拿到她面前，并当即暗示了她该如何回答他这个问题：

"你是不会为了帮助我而订阅《体育周报》的，是吗？"

当然，刘女士当场一口拒绝了。因为他的话中没有热忱的情感，他的脸上充满阴沉、沮丧的神情。

几个星期之后，另外一位女推销员也来拜访刘女士。她当时一共推销6种杂志，其中一种就是《体育周报》。但她的推销方法却与众不同。

她看了看刘女士的书桌，桌上同时摆了几本杂志。然后，她忍不住惊呼道：

"哦！我看得出来，你十分喜爱阅读书籍和各种杂志。"

用这么短短的一句话，加上一个愉快的笑容，再加上真正热忱的语气，她已经成功地引导了刘女士的购买意识，使刘女士准备好要去听她说什么。

她怀中抱了一大卷杂志，刘女士本以为她会把它们一一展开，开始催促她订阅它们，但这位女推销员实际上并没有这样做。

她走到刘女士书架前，随手取出一本爱默生的论文集。接下来的 10 分钟内，她不停地说着爱默生那篇《论报酬》的文章。

两人谈得正津津有味，竟然使刘女士不再去注意她所携带的那些杂志，就在不知不觉中，刘女士给了这位女推销员许多爱默生作品的新观念，使她获得了极其珍贵的资料。

最后，她问刘女士定期收到的杂志都有哪些。

刘女士向她一一说明之后，她脸上露出了微笑，把她的那些杂志展开，摊放在刘女士面前的书桌上。她挨个分析这些杂志，并且说明刘女士为什么应该每一种都要订阅一份。

但刘女士并没有像她所想象的那样反应热烈，于是她向刘女士提出了温和的暗示：

"像你这种地位的人物，一定要消息灵通，知识渊博。如果不这样的话，一定会在自己的工作中表现出知识贫乏。"

她的话确实非常有道理。既是恭维，又是一种温和的谴责。

接着，刘女士不由自主的"说溜了嘴"，刘女士问她，订阅这 6 种杂志共要多少钱？她很委婉地回答：

"多少钱呀？整个数目还比不上你手中所拿那一张稿纸的稿费呢！"

于是，她离开时就这样带走了刘女士订阅 6 种杂志的订单，还有刘女士 12 元的订费，并且后来还招揽了刘女士的五位职员一起订阅她的杂志。

在与客户的交往过程中，具有亲和力的推销员总是具有一定的优势。亲和力的建立，就是通过一定的方法，让客户依赖你、喜欢你、接受你。当客户对你产生依赖、喜欢的时候，自然会相对容易接受和喜欢你的产品。

生活中，我们也有这种类似的经验，对自己所喜欢的人所提出的建议，会比较容易接受也比较容易产生信任感，当然，我们对自己所怀疑、讨厌或不信任的人，自然对他们的产品和服务也相对不信任了。

成功的推销员都具有非凡的亲和力，他们十分容易博取客户对他们的信赖，让客户喜欢他们、接受他们，并且很容易跟客户进而成为朋友。

许多推销行为都建立在友谊的前提上，我们喜欢向我们所喜欢、所信赖的人购买东西，我们喜欢向和我们具有友谊基础的人购买东西，因为那样会让我们觉得放心。因此一个推销员是不是能够很快地同客户建立起很好的关系，与他的业绩具有绝对的必然联系，这种能力也就是人们常说的亲和力。

亲和力的建立同一个人的自信心和形象有绝对的必然联系。什么样的人最具有亲和力呢？通常，这个人要热诚、乐于助人、关心别人、具有幽默感、诚恳、非常值得信赖。而这些人格特质和自信心又有必然的联系。

你越喜欢自己，也就越喜欢别人；而越喜欢对方，对方也很容易跟你建立起友谊，自然而然地愿意购买你的产品。实际上他们买的并不是你真正的产品，他们买的是你这个人，人们不会向自己所不喜欢的人真的买东西。

　　想一想，在你的实际工作当中，那些你最好的客户，那些最喜欢向你买东西的客户，是不是都是因为你们互相之间有很好的感觉，你们觉得你们之间就如同朋友一般。正是这种亲和力成就了大部分成功的销售行为和结果。

　　世界上那些最成功的推销员都是最具有亲和力、最容易跟客户建立良好关系并成为朋友的人。至于那些失败的推销员，由于他们自信心、自我价值和自我形象低落，因此他们不喜欢自己，当然他们就很容易看到别人的缺点，也很容易挑剔别人的毛病。他们非常容易讨厌别人，挑剔别人，不接受别人的意见，自然而然地他们没有办法与他人建立良好的关系。这些人缺乏亲和力，因为他们往往看他们的客户不顺眼，自然他们的业绩也就低落。

　　在销售行业中，所谓的"客户转介绍法"十分有效。在这种情况下，新客户要拒绝推销员是相对困难的，因为他如果这样做实际上就等于拒绝了他的朋友。当你以这种名义去拜访一位潜在新客户时，这样已经在一开始就获得了50%的成功机会。

　　销售大师乔·吉拉德就是使用这种亲和力法则而使他成为出色的汽车推销员，赚取了大量的财富。

　　他的方法表面上看起来好像很傻而且挺费钱，每个月他都给起码13000个老主顾寄去一张问候卡片，而且每个月的问候卡片内容都在不断地变化。但是问候卡正面打印的信息却从未变过，那就是"我喜欢你"。"我喜欢你"这四个字每个月都印在卡片上送给13000个客户。

　　可能有人会怀疑这种方法的有效性，但是乔·吉拉德已经用他的业绩已经证明了这一点：被他人欢迎、具有亲和力的推销员，才能成为推销能手。

　　卡耐基曾说过："人类最终、最深切的渴望就是有做个重要人物的感觉。"这也就是为什么多数人都喜欢听奉承话的道理。就算他们知道这些奉承话明明是假的，也仍然百听不厌。

　　人与人之间的相处，首先一定要找出彼此的共同点。人们喜欢同和自己具有相似之处的人交往。这种相似性是指个人见解、性格特性、嗜好、生活习惯和穿着谈吐等。实际上越和我们相似的人，互相之间的亲和力就越强，所谓"物以类聚"就是这个道理。

　　当相似之处越多时，彼此就越能真正接纳和欣赏对方。平时你喜欢跟哪种人交往？你会不会喜欢结交动不动就与你唱反调、想法和兴趣都和你迥异的人呢？我相信不会。我们都喜欢结交和自己个性、观念或志趣相投的人。通常交往双方一般会有共同的话题，对事物有相同的看法和观点，或是有相似的环境及背景，无论如何，或多或少有某些相似之处。沟通也是这样，彼此之间的共同点越多就越容易进行沟通。

　　你是否有过这样的真实体验：你曾经碰到过一个人，你和他接触交谈了没多久，就有那种一见如故、相见恨晚的感觉，你莫名其妙地就对他有一种依赖感和好感！不管你是否有过这种体验，关键问题是你是否希望自己是个受人喜欢和欢迎的人？谁见了你，只要和你相处十几分钟，他们就会对你产生一定的信赖和好感，觉得和你一见如故。

　　利用这种物以类聚的原理来增进彼此友谊的另一种常用方法是：找出并强调我们与客户之间的相似经历、行为或想法。

举例来说：

在推销产品时，推销员应该更多注意客户的一些细节并且多和客户交谈，找出任何可能与之有相似性的地方。比如，你发现客户戴了一个特殊的项链，而你也刚好有个一样或类似的项链，你就可以问她这个项链是在哪里买的，称赞她的项链，并且告诉她你也有一款同样的项链；同时还注意听客户的口音或者口头禅，询问他的家乡，并告诉他你的某个家人或亲戚也住在那个地方。

总之，通过我们敏锐细致的观察力及与他人相处的热诚，就可以建立亲和力。

这些相似之处越琐碎就越能充分发挥作用。一位曾经研究过保险公司销售业绩报告的研究员发现：要是推销员的年龄、思想、价值观、背景、某些嗜好或习惯等与客户相似时，这个客户就相对来说乐意买保险。因为这些微小的相似之处，可以和客户之间产生更强的亲和力。

事实上，我们在销售产品前，最先把什么给推销出去出去？那就是我们"自己"。

具有亲和力的人该是什么样的呢？问问你自己："你是喜欢有自信心的人还是喜欢没有自信心的人呢？你是喜欢热诚的人还是喜欢冷淡的人呢？你是喜欢爱帮助你的人还是喜欢对你漠不关心的人呢？"只要你能够足够地关心客户，乐于助人，能够设身处地为别人着想，那么你就完全可以成为一个具有亲和力的人。

客户最不喜欢缺乏足够的热心、没有热情的推销员。事实上谁都不喜欢自己面对一个脸上没有阳光的人，更不要说购买他推销的产品了。

诚信赢得信誉

小李拎着装满"去油污剂"的大提包一口气爬完七层楼梯，第五次挂着满头汗珠地按响那家的门铃，那家的主人开门把他让进屋，说："你三番五次来我家够辛苦的……"

小李怕再次被客户直接拒绝，差不多带着哀求的口气说："我是下岗职工，是靠推销商品混日子的，今天是来求教上门推销商品经验的，不是来推销商品的。"

客户听了这番真诚话说："你三番五次来我家够辛苦的，为了不让你太失望，我今天买两瓶去油污剂，但今天仍没空和你谈别的，以后再说。"

小李当时想到主人要买他的去油污剂，能让他挣几个钱，有几分开心。他像在别的人家一样放提包、打开，告诉主人随意取一瓶开盖，先在厨房排油烟机上做试验。当看到一处油渍转眼消逝时，主人马上夸赞："这东西灵，我买10瓶。"小李马上说："一下买10瓶不行，这东西有效期短，过了期会失效，你先买两瓶，以后我会及时再来。"

"好，听你的，就买两瓶。"主人马上掏口袋付钱，两瓶50元。

回到家，清点当天的全部收入，他发现货款不符，多收入50元，明显的就是买主错给他的。他心里当即不安起来："怎么能多拿人家钱呢，这是不义之财！"他决定给人家退回去，可是心里嘀咕是谁错给他的呢？

他回忆今天所有买主的房号门牌，马上出发，挨个询问。好在今天买主只有六户，当前五户都直接说没有错给他钱后，他又到这个已经来过五次的客户家。

主人听他说明来意后，告诉他这钱是他错给的，是自己有意错给他的，当时是将一张百元整钞当50元给了他。

他气红了脸："你……你耍我！"

主人摆手："不是耍你，是测试你，你不是要学习取经吗？告诉你，你已经踏上成功之路了，不需要什么经了。"

他若有所悟，马上情不自禁地向主人鞠一躬："谢谢。"

之后，他推销的"去油污剂"日渐增多。后来，他成立了自己的公司，成了老板。

人应以诚信为本。诚信是赢得客户的根本保证。一个人如果没了诚信，在一两次交往之后，谁还能真正相信你？你的信誉度就这样下降了，就是你走向失败的先兆。

一、诚实是销售之本

对于一名推销员来说，其实最重要的就是要诚实，这样客户才会真正信任你，信任你才会最终选择买你推销的产品。

诚实不仅是推销的道德，也是做人的基本准则。所以，向顾客推销你的人品，事实上就是向顾客推销你自己的诚实。吉拉德说："诚实是推销之本。"

据美国纽约销售联谊会的统计：70%的人之所以从你那儿购买产品，是因为他们本身喜欢你、信任你和尊敬你。所以，要使交易能够成功，诚实是最好的策略，不诚实的代价是无比惨重的。

美国销售专家齐格拉对此做过深入细致的分析，一个能说会道而心术不正的人，能够使许多人以高价购买低劣甚至没什么实际用处的产品，但由此产生的却是三个损失：顾客损失了钱，也或多或少丧失了对他的信任感；推销员不但损失了自重精神，还可能因这笔一时的收益而失去了整个成功的全部推销生涯；以整个推销来说，损失的是声望和公众对它的基本信赖。所以，齐格拉强调："信任是关键。"他说："我坚信，如果你在销售工作中对顾客以诚相见。那么，你的成功会容易得多、及时得多，并且会长久保持。

二、守信赢得信誉

守信始终是人类道德的重要组成部分，在现代推销中，守信更是居于举足轻重的地位，它要求推销员在市场推销活动中讲究一定的信用。

市场经济的核心是信用经济，守信是市场经济得以正常运行的有力保障。在市场竞争日益激烈的今天，信誉已成为竞争制胜的非常重要的条件和手段。

所谓信誉，就是指信用和名声，它是在长时间商品交换中形成的一种长期稳定的依赖关系，它综合反映出一个推销员的基本素质和道德水平。

唯有守信，才能为推销员赢得信誉。谁赢得了信誉，谁就能在市场上占据优势；谁损害了信誉，谁就要被市场逐渐淘汰。讲信用必须守承诺。承诺不仅有明确的承诺，如合同、协议，而且其中有隐含的承诺，如推销出一个合格产品就隐含地承诺了对该商品所要求的质量负责，这也是信誉问题。

守信不仅要信守书面的、口头上的表面性承诺，而且要信守隐含的承诺。在因为某种原因不能履行之前承诺的情况下，承诺者有义务作出合理的解释，并在必要时主动赔偿损失，承担责任，接受必要的惩罚。

想成为一名成功的推销员，其实最重要的就是要诚实守信。有诚信客户才会信任你。取得客户的信任，就意味着推销的有价值。

不要损害别人

有一个牧羊人为了扩大自己的事业，决定培养一只狼做自己的帮手。他想如果能够找到一只狼，每天训练它怎么捕捉小羊，这样不就可以通过狼把邻近羊群中的小羊据为己有了吗？有一天，他上山打猎时恰巧看见一只母狼正带着小狼觅食。他打死了母狼，将小狼带回家自己抚养。

这只狼之前并没有经过野生训练，是人工抚养长大的，所以胆子很小。为了鼓励它，牧羊人说："你是一只狼呀，既然如此，那么你要相信自己能够变成一只最杰出的狼！"

这只狼果然变得很"出色"，帮主人捕捉完了周围的小羊。最后附近再没有食物可吃，它就不断地拿主人羊群里的羊果腹。牧羊人也从此沦为了穷光蛋。

可这只狼并不满足，它开始向周围的孩子们下手。最后，一位猎人出于义愤杀了这只狼。

这个教训是惨痛的也是深刻的，牧羊人成了害人害己的罪魁祸首。不要以为这则寓言与我们没关系，事实上，很多人在追求成功的过程中，不也是以"与狼共舞"的形式损害别人，进而来达到自己那不可告人的目的吗？我们知道，进取心常常能帮助人们成功。然而，如果一个人的进取心只是为了某个人的贪婪，那么他将对同事和公司构成潜在的危害。在贪婪的诱惑下，他很可能会不计后果地胡作非为。

抓过螃蟹的人可能都知道，篓子中放了一群螃蟹，不必盖上盖子，螃蟹是爬不出去的，因为只要有一只想往上爬，其他螃蟹便会纷纷效仿攀附在它的身上，结果是把它拉下来，最后没有一只真正出得去。

组织中也应该留意与消除所谓的那些"螃蟹文化"。企业里常有一些人，不喜欢看到别人的成就与杰出表现，天天想方设法破坏与打击。如果不及时去除，久而久之，组织里只剩下一群暗地里互相牵制、毫无生产力的螃蟹了。

然而有的人就是不理解这个道理。他们总认为自己的威胁来自于身边的人，是别人阻挠了自己的进步。于是，他们用尽各种手段排挤那些自己心目中的竞争对手。

在这个竞争激烈的现代社会，我们实在是有太多的欲望需要去满足，有太多的压力需要去排解，我们常常会注意某个人或者某家公司可能会取代我们的地位，因此想尽办法去防范或者不遗余力打击它们，殊不知螳螂捕蝉，黄雀在后。

其实，最大的竞争来自我们自身。只有不断提升我们自己，才能应对接踵而来的竞争。否则，若能力平平，那么随便什么人都可以成为你的对手。我们常说"害人之心不可有"，其实并不是在做道德上的一再规劝，而是一种明智的自保措施。没有人会因为损害别人而自己最终得利，而我们将那些心思用在自己的进步上，才是真正的获益。

要记住，在强大的竞争压力面前，损害别人其实就是损害自己，如果你将时间精力投入到那些没什么实际意义的事项中，其实那样已经真正影响了你今后的发展。

很多时候，竞争不仅仅来自于外界环境，最大的竞争来自我们自身，不断地战胜自我和提高自我才是在这个竞争激烈的现代社会制胜的终极法宝。

第五章 养成良好的销售习惯

建立在信任的基础之上

切忌牺牲个人信誉——它是你手中最有效的武器。开发主导业务的技窍，逐渐建立长期互惠互利的业务伙伴关系。

一个成功的销售人员应当引起客户对产品或服务的浓厚兴趣，增强客户的消费信心，从而成为一名出色的业务主导者。现在真正成功的销售人员应该拥有个人魅力和自信，勇于对客户说"相信我"，进而获得长期、满意的客户。另外需要强调的是，我发现每一位世界一流的销售人员身上都具备这种品质。只有当自己满足潜在的客户的要求拥有完全坚定的自信，这种影响力才能得到不断增强。只有达到这项标准，你的客户才会信任——"相信你"。

可信度的确立同时也意味着业务技能的逐渐形成。这并不是说你应该养成草率与客人搭讪的习惯。世界上任何自信和影响力都难以将"我捡到了你从未丢过的钱包"这样的小把戏变成建立信任的突进。建立可信度需要充分了解自己的产品或服务，了解潜在客户的职业背景，并负责向其提供令人满意的结果——无论你能提供什么样的结果。在你精心准备之后向潜在客户提供所需结果时，他们能够真正感觉到这是最好的，并且会喜欢这种结果。

什么是业务主导者应具备的素质呢：

一个业务主导者应该有远见。

一个业务主导者能够赢得客户的信赖。

一个业务主导者应该考虑全面。

一个业务主导者能够把握业务方向。

一个业务主导者能够指出问题的症结，并准备讨论解决方法。

一个业务主导者应该对自己的接洽和观点充满信心。

一个业务主导者应该有责任心。

这些素质综合起来就是可信度。

大多数销售人员都非常注重掌握使自己显得诚实可信的方法，以期博得客户的信任。但这并不是问题的关键！要是你希望赢得良好的声誉，就必须履行你的承诺—逐字逐句地履行。这意味着首先你必须绝对地遵守时间。要是你承诺在上午 9：00 给某人打电话，那么你必须准时打电话,切勿进行延误。甚至在上午 8：55 就可以给他打电话,并情愿等到对方准时接听。有些人接受了这一原则并将其变成了令人生厌的搭讪"诀窍",更有人将其作为职业精神必备的要素加以展示,将可靠性和一贯性作为个人品质的标志公开地展现在客户的面前。

要是你认为这种鸡毛蒜皮的小"细节"不具任何说服力,我绝对不敢苟同。在你与潜在客户建立关系之初,他或她只能利用其中的这些"细节"对你进行判断。它们是你手头唯一可靠的工具!如果你对承诺嗤之以鼻,一概拒绝注意"细节"问题,那么你只能成为一名平庸的销售人员。但如果你能够在 5 分钟之内为潜在的客户发送一份符合其所有要求的报价单并兑现承诺……你就会成为一名业绩超群的销售人员。

业务关系建立在信任的基础上,而信任则建立在你的实际行动之上。但这并不意味着你必须低声下气,这有悖于业务主导者的原则!事无巨细,你必须在全部的工作中展现出始终如一的可靠性,并养成实现全部承诺的习惯(履行最好超出承诺)。只有真正达到这一要求,你对客户说的"相信我"才能够真正令人所折服。

引导话题,突出会谈重点

使用简单的问题逐步引导客户进而讨论自己。然后针对过去、现在、未来提问——并辅之以为什么和怎么等问句。适当实用中等深度的问题,但不宜过度来提问题。你必须负责维持双方业务的长久可持续发展。

与客户寒暄之后,应尽早通过一些必要的、关键的问题切入主题。使用"今天天气怎样?"或者"周末过得还不错吧?"等问题作为开场白也没什么不可以,但你随后所提出的每一个问题都要遵循一个基本的原则:不要浪费潜在客户的时间。

这个问题看起来非常简单,但大多数销售人员无疑达不到这个要求。你必须时刻注意引导话题的方向,掌握切入主题的时机,不需要过多纠缠于装饰、高尔夫球、天气或者其他与主题无关的什么家长里短的问题之中。你此行的目的是进行业务会谈,而你的客户终究要结束这次会谈。因此,你一定把握时机,圆滑老练地切入会谈主题。

一、常用引题设问

怎么引入重点问题呢?我向你推荐一种简易的设问模式。这个问题看似与会谈目的毫不相干,但绝对能够使你进一步了解你的客户。

"艾伦女士,我实在好奇想知道你是如何获得这份工作的?"

这个问题能够让你非常自然地切入"业务主题",吸引客户与你畅谈。无论潜在客户愿意谈到什么程度,只要她向你吐露了一些真实的情况,你都可以继续引出预先准备好的话题——你为什么来会见这位客户,然后进一步解释为什么你希望继续发展你们之间的业务关系。这样,接下来你的提问就显得非常合情合理了:

"艾伦女士,本公司经销全美畅销的装饰品。我想稍稍解释一下本公司的业务运作。

初次见面本人唯一的目的就是来贵公司了解一些情况。今天我不销售任何东西。我只是想问你几个有关贵公司的问题，希望能够帮助你们提高营业额。你有时间谈谈吗?"

二、衔接引题　切入主题

假设说完这一小段"台词"以后得到了相对肯定的答复，你就可以将问题继续深入下去。

（问题1：针对过去）"你以前使用过本公司的装饰品吗?"（如果使用过，使用状况如何?）

（问题2：针对现在）"请问你现在使用什么品牌的装饰品?"（你的感觉如何?）

（问题3：针对未来）"你能否告诉我最近半年你打算如何使用装饰品?"（你计划如何使用装饰品以达到你的目标?）

就算此时你觉得无法涉及"实质"问题——诸如要求客户明确表示自己使用或可能使用你的产品，但你肯定能够真实地感觉到对话的核心已不再是家长里短的琐事。如果你觉得此时仍不宜切入主题，你不妨去试试以下几个中等深度的问题。例如：

"贵公司拥有什么样的消费群体?"

"贵公司还有其他分公司吗?"（或者："贵公司的总部设在哪里?"）

"贵公司使用何种销售人员?"

"贵公司开始经营有多长时间了?"

"贵公司在商业经营或工业生产中面临什么样的挑战?"

通过上述这些问题，你可以获得重要的客户信息，从而为实现会谈的目的创造一条捷径。我认为你所面对的客户应该像我所遇到的大多数客户似的，工作时间紧迫、业务繁忙。因此你同样不应在此类问题上做没什么意义的纠缠。大多数潜在客户都非常希望你能够迅速切入主题，因此你不用损害你们之间刚刚建立起来的业务关系便能达到这一目的。

三、终局设问　以图再访

对客户的首次造访完全可以用下面的"终局设问"结束：

"约翰逊先生，你的话使我受益匪浅。我衷心感谢你给我这样一次学习的机会。我回公司把今天的资料整理之后，看看能为你的公司做些什么。我们是否能再约个时间见面?你看下星期二下午3：00怎么样?"

让客户认清自己的最终目标

随时都可以向你的客户汇报你在业务过程中的工作情况。勇于主动调整业务方向，如果存在问题，你一定可以获悉——这正是你所需要的！如果对方仍有问题，立刻以一种镇定的职业方式主动采取必要的措施。

随时向你的客户汇报你在业务过程中的工作内容和进度。勇于主动调整业务方向。

对白范例：

"××先生，非常感谢你今天能抽出时间与我面谈。我们这次谈话相当成功，但我觉得我们之间尚有一些问题有待探讨。通常在第一次与客户会谈时，我仅仅向他们介绍一下本公司的情况以及业务情况。可是今天我们从……时候开始就已经进入了正题。"

"××先生，我现在想问你两个简单的问题。你的回答可能有助于我们找出解决问题的方法。"

"××先生，我们今天谈得非常详细，现在我想谈谈我的想法。我想现在记录下我们谈话的要点，等我回到公司以后再仔细地考虑一个解决方案，下周我亲自向你说明。星期五下午2：00可以吗？"

"××先生，再见到你十分荣幸。我们已经为你找到了解决方案。我想现在花几分钟时间简要介绍一下，然后再就这一方案回答你所提出的问题，你看可以吗？"

"××先生，我们的方案就是这样。我觉得我们肯定能成功地实施并实现这个方案。在现在这种情况下，实施得越早，对贵公司越有利。12月12日星期六开始怎么样？"

现在的销售方案中有哪些内容是销售人员自己弄虚作假捏造出来的呢？他们只是为了迎合客户，根本用不着考虑双方的目的。千万不要犯这样的错误。要有意识地在会谈中引导潜在客户明白自己的最终目的。尽管大多数这样的会谈不会产生最终结果，甚至会使双方都难以确定下一步的行动，但是双方仍需要耐心地多次进行长时间的气氛协调的有效会面。

你置身的社会并非完美无缺。社会中有形形色色的人，他们的思维模式不尽相同。你难以预知客户的下一步行动。只有以诚相待，找出双方的理解误区，才能就此判断出客户的下一步的考虑。我们必须勇于让客户主动打断我们的话题说："打扰一下——请等一下。我没有听明白，你的思路我不大明白。"

接下来会有什么情况呢？

你需要获得这样的有效信息。你需要了解你们之间还有什么问题待解决。如果你不知道问题的关键所在你就不可能达成交易。这种不断找出问题的方法（习惯上称之为"问题连续更新法"）远胜于虚与委蛇地谈到交易的最后关头才提出自己的真实条件，结果却意外地发现自己遗漏了其中重要的问题从而最终导致交易关系的破裂。

我们要清楚地认识到：在销售的整个过程中，产业与产业之间、客户与客户之间要求都不尽相同。用相对通俗一些的话来说就是在交易达成前，你永远都无法确定客户需要什么。尽管你按照我的方法获得并分析了客户信息，你还必须主动为客户着想，解决每个问题。达成交易的关键在于，弄明白自己的根本任务和客户的真实要求。

不要"打太极"——你应当根据不同客户所给出的那些不同口头或书面的示意来决定怎么工作。当客户正在讨论你喜欢和熟悉的话题，还可以与客户讨论办公环境，当客户开始谈论自己，你就开始与他"畅谈"，用真实的关切真正表现你的关心。

与客户交谈是一项非常细致的工作，很难加以定义。应答客户不是生理上的条件反射，也不是对客户的每一句评论或分歧意见进行毫不犹豫的对答。试看下面的对话：

客户：我记得我们上次就谈到过了这个问题。我们希望第一步工作在星期一上午进行，并且……

销售人员：噢，对。星期一当然可以，任何一个星期一都没问题。

客户：嗯，我实际上想说我们现在不想约定在星期一，我们可能更想定在……

销售人员：我明白了，我们可以定在任何你认为可以的某一天。

这根本不是应答客户，这无异于打"太极拳"。应答客户不仅仅是本能的应对和机械的回答。它要求你对一切明确或不明确的需要（这些需要并非全部关乎你的产品或服务）做出清醒的反应，确定问题的关键点，为双方解决问题提供一个初步的框架。为了实现自己的业务目标，你必须充分比较双方在年龄、职务、性别甚至种族上的差异，选择最佳方法建立双方合作的契合点。要是忽视人与人之间的差异，你将一事无成；要是不将重视差异纳入你的销售理念，你的业务将难以开展。

一、分清客户情况　区别对待

客户与客户其实各不相同，他们对你所说的每一句话的反应也截然相同。有些客户好像拥有世上全部的时间，而有些客户却视 5 分钟的洽谈为没必要的时间浪费。有些人因经历丰富因而对诸事疑虑重重，而有些人却妄自尊大，对待问题显得就粗暴、武断。因此，你不能期望只用一种固定的开场模式就能够获得所有客户的青睐。你需要分辨出不同客户的不同情况，然后学会有效利用。

这里介绍一些可以吸引客户倾谈的普通方法，非常有利于双方开展有益的初步交流。当然，情况也要因人而异，你一定要能够随机应变，以达到最佳效果。

1. 与客户讨论你所擅长的话题。

如果你不懂得抽象现实主义，那就千万别妄谈这门现代艺术。如果你对模特训练、迪士尼藏品、记忆提高法十分感兴趣，那么就谈这些话题。利用所选话题可以潜移默化地在双方之间建立契合点，这样就能够表现出你的自信并将其贯穿整个谈话过程。（注：以自己的体会和经历吸引对方倾谈是一种超常的方法——当然还要讲究机智和策略。这种方法能够使那些认定你在"诱骗他上当"的客户减轻心理压力。）

2. 讨论办公环境也不失为一种有效方法

办公室的装饰布局是主人外在的集中表现。只要对客户的办公室稍加观察就可以发现某些能够用来积极推进洽谈的话题。

二、于细微处应答客户

当人们谈及自己的时候，他们就已经进入了"倾谈"阶段。此时我会放下手中的笔，回应客户的倾谈。这样细微的举动向客户表达出你对他的经历有着浓厚的兴趣。（事实上，由于倾谈的人的心理状态相对放松，所以使客户进入"倾谈"状态有助于双方业务的开展。）

用真情实感的关切表现你的关心。记住，洽谈的目的是帮助客户。如果客户提及某个与你的业务相关的问题，你必须表现出你也同样很关切这个问题。毕竟，你也希望客户所有的问题都与你的产品有必然的关系。

树立正确的业务目标

"找出需要，满足需要"的方法其实有一定的局限性。对于大多数销售人员来说，完全或基本依赖"第一次消费"客户的时代已经是老黄历了。现代客户在决定购买某种产品之前，就已经明确的了解了自己真实的目的。所以，现代销售人员之有摸清这备受欢迎但又十分挑剔的客户的真实需要并满足他们，才能实现成功的交易。

"寻找需要产品的客户"就是你的目标吗？这一目标是否应该一成不变？答案远比你所想象的复杂。

一、新环境　新目标

现今大多数销售人员并非致力于开拓新市场。换句话说，我们难以遵循并实现传统的销售方式——"找出需要，满足需要。"半个多世纪以来，经济的发展已经成功地解决了满足人的基本生存需要的问题。当然，这一切并非完美无缺，但是足以使大多数销售人员不得不改变他们既有的销售方法。现代客户在决定购买某种产品之前，就已经明确了自己真实的目的。所以，现代的销售人员只有摸清这些备受欢迎但又非常挑剔的客户的真实需要并满足他们，才能最终获得交易的成功。

市场上有许多汽车、复印机以及成套的健康保险。要是你的职责是销售其中一种产品，你一定了解所提供产品或服务的某些新颖的功能，并向客户说明。现在的客户对所选产品或服务非常内行。为了识别此类客户群体的真实需要，你必须调整销售方法，否则你的业务将难以为继。

二、分清客户型　突出服务重点

换句话说，世界上并非再也没有从未购买过汽车或保险的"新"客户。显然，因为地区和产业的不同，"新"客户的模式也截然相同。我认为，大多数销售人员的工作核心并非在于寻找"第一次"消费的客户。他们的目标明显不是识别客户对某种产品的需要，而是让客户相信只有他们才能更好地满足客户的实际需要——同时还通过对比向客户展示自己的产品所具有的难以比拟的优势。

在业务中必须明晰情况、善用专长。针对那些你能够应付的"内行"客户，你必须学会理清他们共同的要求和问题。同时你也不能拒绝所有不符合你的销售理念但有希望购买你的产品的客户。我所认识的绝大多数销售人员都有分辨客户的直觉——并将最可能的客户尽可能地排在非理想客户之前。

要是你所接洽的客户使用 X 牌装饰品已经有 20 年的时间，你的目标就不可能只是停留在识别需求上——在客户考虑使用你所销售的 Y 牌装饰品之前，你的目标应该是尽可能摸清客户更换产品品牌的最初目的。

他是否仅仅希望获得更好的售后服务？能够选择更便捷的付费方式？选择更便宜的价格？需要经常与销售人员交换意见？客户不同，真实目的当然也就各不相同。真实目的很难确定，有时甚至客户自己也难以说清楚。而了解客户的真实目的就是销售人员的工作目标。

三、启发式销售而非挤压式销售

当然，在有的领域中销售人员的主要目标还是找寻"第一次消费"的客户，如保险业。但如果根据这些将保险销售简单地视为"寻找需要"就会使问题过于简单化。任何一位保险代理人都会告诉你，他们的绝大部分工作时间是用来"教育"客户——扫除客户在保险业务上的盲点，提供必要的有效信息，帮助客户做出正确的选择。这种启发式销售需要的不仅仅是某些小小的策略、耐心或者坚持——它需要的是一种坚持长期工作的信念。

可以设想一下，如果你是一名"需要"人寿保险的客户，但又没有什么外界帮助或指点，你应该怎么办呢？这时唯一的选择就是打电话咨询人寿保险公司。

记住，在同已经使用了竞争对手的产品或服务的客户进行接洽的时候——就像我们一般必须做的——我们不得不提醒自己记住客户的需要已经实际存在，而客户本身也已经清楚地了解自己的需要。正因为这样，客户才会在百忙之中抽出时间与你商榷解决问题的方法。在与"内行"客户接洽的过程中，才能找出自己的产品或服务与客户需要之间的差距，否则从你手头溜掉的业务实际上让你不敢想象。

四、预见和耐心的重要性

对待业务要有前瞻性。没有人要求你闭口不谈业务——或者过分强调业务。问题的核心在于怎么解释业务。在毫无参照物的情况下空谈 Y 牌装饰品独一无二的品质是致命的。只有通过互相比较，才能说明 Y 牌装饰品拥有更多、更好的品质以及更低廉的价格。

每种业务销售方法都是一种业务关系，实际上每种业务关系都是需要时间来培养的。

摸清产品或服务的其他用途

你所销售的产品或服务是否只有一种实际的功用？亦或经过你的调整，它就可以产生其他的效用和功能？你能否用全新的思维看待你的产品或向他人销售？

怎么使现有产品满足潜在客户的需求？

很多业内人员强调重视产品或服务的"延展性"，所谓"延展性"意指产品或服务的"灵活性"和"适应需要的能力"。

金、银拥有很好的延展性。牙医正是利用这一特性将之作为填补物。使用金、银镶牙简单易行，能够实现与牙齿完全牢固的吻合。同样，你也可以考虑对你的服务或产品进行调整或按需改制就此满足不同客户群体的需要。

一、"多用途"的回形针

试看下面一个容易理解的例证。假设你从事回形针销售工作，你能够想象出回形针到底有多少种用途吗？显然，在你的眼中，回形针也只是一种可以用来将纸张固定夹紧的小金属条。但是，要是你能够深入地思考一下，你就会发现回形针还拥有其他多种用途。有些人可以将回形针拧成一个简易开尾销；有些人用回形针来打扫办公用品上不容易清扫的地方；有些人用以固定眼镜架，还有人甚至用它做成小链子来装饰自己。

除了能够用来夹紧纸张之外，回形针能还有其他上百种用途。你的产品或服务可能也是，只是你从未想到过而已。在你否定自己的产品或服务存在其他用途的可能性之前，你就要告诫自己，你所需要的可能不是找出 100 种用途，可能只要找出一种其他用途就足够了。

食用碱的用途不就是用来制作食物吗？答案是否定的。因为某种原因，有些心灵手巧之辈推荐用食用碱作为一种简易的冰箱除垢剂。

我们都明白，人们不会糟蹋食物，把食物当作玩具。可是生产婕丽欧果冻的厂家却另辟蹊径。他们通过媒体发动强大的广告攻势，让大众熟悉带有搅拌器的婕丽欧果冻。孩子们可以在美餐之前，先畅快地玩耍手中的果冻。另外，购买任何一款婕丽欧果冻都可获赠一个搅拌器。厂家对此次活动的成果曾进行了一次笼统的调研，结果表明活动期间购买婕丽欧果冻的人数比平时能够高出数倍，每人每次购买量有 6~8 包甚至 12 包不等。

上述就是产品的延展性。

二、自我思考　打开思路

你所经销的产品是否只有一种实际的用途？它的用途是否能够真的调整？或者可以开发其他用途或功能？你能否用新的思维看待你的产品并向他人销售？问题的关键就是一定要打开思路，寻找新的可能用途并继而推广开去。

这种工作思路实际上并非要求你成为第二个亨利·福特或爱迪生。"万事开头难。"开始时你可以仅仅想一种新用途。要是这种新用途广受欢迎，你将会发现它不仅能改变你的业务形式也会改变你的职业生涯。

自我定位——业务咨询者

不要临时凑合。要是你需要花费时间准备一个可行的解决的方案，那么就动手做吧。解决问题就是销售工作的目的——但是在你可以提出解决方案之前，你应当仔细倾听客户的谈话。

作为一名销售人员，你应当将自己严格定位为一名业务咨询者。

许多年以前，我曾经接洽过一名新客户。在洽谈中我发现双方之间的谈话实际上已经彻底陷入了僵局。当时我正在为他考虑一个合理的解决方案，但这个方案无法容易地解决客户的问题。

因此："查理，今天我们先谈到这儿，我需要回去好好想想我们今天所谈及的问题。下周我会再次拜访你，并为你带来两套解决方案。如果那时你同意其中之一，我们双方可以继续洽谈。"他当即同意了我的意见，最终双方谈成了这笔交易。

不久以后我真正认识到了这种方法的价值。一次某位客户仅仅要求我对其公司售货员所存在的问题进行一次评估，而我则采用了同样的方式接洽了他。因为我对于这位客户所提出的问题知之甚少，不能提供令人满意的答复，只好权且放下手头的"销售"工作，勉力为之。

一、首要目标是解决客户问题

最出色的销售人员应当是解决专业问题的行家里手。如果你销售汽车，你应当把自己所从事的业务视为一种解决交通问题的工作；如果你销售复印机，你一定要把自己的业务视为一种解决图像复制问题的工作；如果你正在销售蜂窝电话，你应将自己的业务视为一种解决通信问题的工作。并且，在你开始着手解决问题之前，你首先应该知道并了解问题的症结。然而，在你开始与客户洽谈以前，你难以预知洽谈中可能会出现的问题，无法预先准备可供参考的建议。

对许多销售人员来说，履行咨询原则有一个更简单的出发点。如果你向其他公司销售产品或服务，你一定要把自己的业务视为一种提高对方公司利润的工作。吸引对方必须提出关键问题：怎么提高利润？你所做的每一份工作以及所提出的每一个建议最终都应服务于提高客户公司利润水平的终极目标。要是你能够将咨询原则与自己的目标和方法相印证，双方的洽谈一定会一切顺利的。

如果你丝毫没有具备替客户排忧解难的意识，那么我郑重地奉劝你不要从事销售这项职业。如果你不能利用自己的工作促使对方实现重要目标，那么你的面前只有两种选择：要么通过其他手段操纵交易的实现，要么使客户对你所能提供的价值完全失去信心。你的业务最终不可避免地就会走向僵局乃至永远失去。作为销售人员的你绝对不希望这种事情发生。

二、自我努力　提高业绩

"咨询"一词的字面解释是"寻求建议、信息或指导"。这样的定义准确地概括了潜在客户与职业销售人员之间的内在关系。作为一名销售人员，你应当在业务活动中告知潜在客户你拥有解决现有问题的良方。另外，你还应当提供能够真正解决问题的所有相关信息和必要的指导方法。这些指导方法最终将在双方之间建立彼此协调的职业联系。

请将自己视为一名真正的业务咨询者——因为事实上你本身就是一名业务咨询者。

承前启后，二次约见

承前启后，二次约见大概是所有习惯中最简单、最容易养成的习惯。善用"对不起"以求真的实现二次约见。同时也是最容易被销售人员们平时所忽略的习惯。首次洽谈之后，双方继续进行二次会面将会获得良好的成效。尽管大多数销售人员都明白这个道理，他们仍然害怕向客户提出再次会面的要求会出现某些负面的影响。

首次洽谈之时，双方实际上就已经建立了某种联系。此外，一方面你在行动上时刻向客户表达你的目的——帮助客户解决实际的问题；另一方面你还明确告知对方你有意帮他解决问题。那么你到底为什么不向客户提出二次约见的要求，以便向对方提供解决方案呢？

一、善用"对不起"

二次约见能力是销售人员必备的基本职业能力之一，其优点毋庸置疑。但是当我向销售人员们推荐二次约见的方法时，得到的结果实在令人失望之极。以下是几名销售人员的回答：

"我不能提出二次约见的要求，我不知道什么时候有时间再会面。"

"我不能提出二次约见的要求，我不知道需要花费多少时间去准备建议书。"

"我不能提出二次约见的要求，我手头没有现成的解决方法。"

"我不能提出二次约见的要求，对方可能不会同意。"

上述的话全部出自职业销售人员之口！你能相信吗？

将现有方法全部拼凑起来或与同事合作为客户解决问题需要花费一定的时间。如果你觉得对此还需要斟酌，那么请先考虑一下不预约二次会面可能会产生的后果！这种做法所产生的最糟糕的后果可能就是你不得不打电话给客户，调整双方的日程安排，预约二次会面。这实在是耗时耗力！

二、业务目标

在双方的洽谈中，你的目标不只是达成交易。你应该本着帮助客户解决问题的目标进行有效的洽谈。在初次洽谈结束之前，适时提出将议题自然延至下次讨论，这才是明智的选择。

除非对方坚定地回答"不"，否则你一般会有第二次洽谈的机会。另外，确定第二次会面的时间是很有必要的。双方各自都有不同的日程安排，现在就把时间敲定是最恰当的。除此之外还有其他更好的可能吗？此时此刻你究竟还有什么借口不预约第二次会面呢？

"好的，琼斯先生。今天先谈到这儿。我想两周后再见你一次，正式向你提交我的建议书，看看能否为你的公司提供帮助。15 号星期五怎样？"

这里要注意对方的答复（当然，只会是一种答复的不同表达罢了）。利用在洽谈中间接获得的信息工作。

洽谈记录

洽谈时作记录非常有助于你认真听客户的谈话，使你掌握主动，并且还可以启发客户敞开话题，向你传达主动的信息。与潜在客户洽谈的时候，做记录是目前最有效的销售手段之一。

一、解决问题至上

做记录将会使购销双方谨记销售人员的最终目的——更多地了解潜在客户的问题，以便真正着手帮助解决问题。

二、洗耳恭听

做记录能够使你在业务中处于主导和控制地位。一定要相信一点，双方首次洽谈开始20 分钟左右，手头的记录就能够为你提供帮助。

三、增强分析能力

做记录可以增强你的分析能力。谈话时做记录将会运用人体的三种自然感官功能：触觉（作用在于用手记录）、听觉（作用在于聆听）和视觉（作用在于注意记录的内容）。据以往行业经验，在触觉、听觉和视觉三者的共同作用下，非常有助于人们找出解决方法。

四、激发客户，共享信息

做记录能够促使对方敞开心扉。你对于这种观点可能充满疑虑，但切勿在尝试之前就全盘否定它。

五、主动的信号

做记录能够向客户发出强有力的主动信号，而通过其他途径难以达到如此的效果。当客户介绍说："我有 500 辆汽车，每辆可装运 75 个装饰品，一年可运送 320 个工作日"，然后他看见你记录"500×75（装饰品）×320（日/年）"。

六、建议

其实完全可以使用一个标准的黄便笺簿，垫上一个硬卡纸板。纸板的质地应该足够硬，便于你在大腿上书写。记录一定要字迹工整，字与字之间、行与行之间应留有一定的间隙。记住，必须使双方在什么时候都可以读懂你的记录。在适当的地方应做出代表一定意义的标记，突出重点并请客户进行核对。

因人而异，制订计划

销售洽谈对你来说简直是家常便饭。但是对于新客户而言，他从未与你开展过业务。根据较早时双方谈话的实际记录，指定一个专门的书面计划。记住你解决问题的"诀窍"，不可以草草了事。

每次接洽新的潜在客户时都要适时的叮嘱自己："这是一位新客户，一位从未接触过的客户。需要做些什么样的准备工作才能满足对方的需要呢？"必须要克服"老油条"的态度（即使对最优秀的销售人员来说，这种态度也是危险的）的最佳方法是为自己的新客户量身定做一个可行性的书面计划。计划的制订应参考双方多次洽谈的记录。

一、切忌粗心大意，忽视不同客户之间的差别

首次洽谈开始后不久，你慢慢开始熟悉客户的目标或问题。此时，你很可能会认为判断这位客户所属的消费群体非常容易。"我明白了，这个问题与 ABC 公司的那个客户提出

来的一样。"但事情经常并非与所想一致。这两个问题之间的不同在于，提出问题的人与ABC公司毫不相干。另外，他可能还有许多与他提出的这个问题相关的其他客观问题。

客户提出了自己的目标，即表现了十分信任你的态度。尽管这种看法比较难以理解，但这的确就是事实。通过与你共同探讨自己所关心的问题，客户同时向你传递了重要的业务信息和解决问题的关键条件。而你的产品或服务一定要按照客户的要求进行必要的调整。听是解决问题的第一步，而找出双方都能够接受的解决方案才是第二步。

认真核对并确认客户可能面对的特定环境或背景，找出客户所面临的挑战。然后与客户共同探讨方案要点，最终确定一套相对最合理的解决方案。与客户共同探讨解决方案对于争取业务主导地位有着至关重要的意义。

二、销售人员也是"医生"

如果你胃痛去看病时，你可能会考虑到你的医生是否拥有长期、辉煌的职业经历，是否曾治愈不计其数的胃痛病例。那么你是否还曾考虑过这样的情形：医生冲进诊室，对你上下打量一下，嘴里唠叨着一些深奥难懂的医学术语。最后，在他匆匆离去之前，在处方笺上潦草地写下了一些药品的名称和基本的用法。

你内心所需要的医生应当会进一步询问你的病情、病症持续的时间、过往病史、药品的过敏反应以及其他相关问题。如果医生能够达到上述这些要求，你就会觉得自己是一名幸运的病人。可能下次患病时，你还会愿意请他为你治疗。

销售人员其实也是一类医生。无论你以前曾经诊治过多少"病例"，你也应当抱着全新的态度接待每一位"病人"。就像一名医术精湛的医生，你应当努力通过自己的诊断和治疗在"病人"的心目中树立良好的形象。这种态度不只是为你的工作带来良好的气氛，而且增加了在客户心目中建立威信的极大可能性。这种信任正是推动各项业务迅猛发展的源动力。

请求引荐

千万不要害羞，否则你就得不到引荐。引荐是销售人员获得巨大成功的原动力。请随身携带一包索引卡，对客户这样说："我敢打赌，在你的（工厂、业务领域、相关行业）中肯定有人可以通过使用我们的产品或服务而获益。你能够向我推荐五名适合使用我们的产品或服务的客户吗？"

有一位优秀的销售人员，他叫比尔。他经常会以自己为例来解释请求客户引荐的好处。每年他都会前往诸如富士山、开曼群岛或者夏威夷等充满异国风情的旅游胜地享受豪华假日。这些豪华旅行都是来源于他在本职工作中的杰出表现，或由公司出资奖励，或出席某些营销行业奖项的颁奖典礼。有一年，他荣幸地获得了XYZ杰出销售人员奖。从帕拉代斯领奖回来以后，他给以前的客户和正在接洽的潜在客户每人都发了一封信。目的是向全部的客户表达由衷的感谢，并当即明确表示：销售人员个人的成功完全有赖于帮助客户达成他们的意愿。

但是，在这封信的结尾，他写下了下面的这一段话："正如你所知，我的业务完全依赖你的引荐。如果你愿意稍微花费一点宝贵时间，从通讯录中挑选出 3～4 位可能从我这里获益的同行或朋友告诉本人，在下将不胜感激。如果你希望我在联络他们时不使用你的名义，请在下面的空白处注明。再次向你表示感谢，祝愿我们彼此的业务因我们的合作而蒸蒸日上。"

这一切令我极其吃惊，但我也真的能够从字里行间感受到这封信与他所享受的豪华度假和各种重要的营销奖项之间的必然联系。

一、事实胜于雄辩

现在让我们做一道简单的数学乘法题。假设有 5 位客户，每人向你引荐 5 人，此时你就拥有了 25 名潜在客户。再假设，全部的这些引荐之中，有 60% 完成了交易并且每人也向你引荐 5 人。结果是 15 乘以 5，即 75 名新的潜在客户。现在正在假设 75 人中，业务成功率同样是 60%，并且每人向你推荐 5 名新的客户……你的业务前景将非常美好。如果你不愿意通过这种方式扩大自己的客户基数（你还有什么理由不愿意呢?），你还能找到其他更有效的方法吗?

引荐是销售人员获得巨大成功的源动力。然而很多销售人员都害怕向客户提出引荐的要求。他们生怕提出引荐的要求会直接威胁到双方已经建立起来的业务关系。但是，要是客户根本没有打算使用你的产品或服务，提出这样的要求只是会使问题更加明确或者表面化。要求是一码事，多疑却是完全不同的一件事。

二、跟着感觉走

你应当能够毫不费力地说出你是否拥有过一名对你的服务感到满意的客户或者很有潜力的潜在客户。要是你真的拥有这样一位客户或潜在客户，这就意味着你们双方之间已经建立了一种卓有成效且互惠互利的关系基础。那么，你的客户还有什么理由不与自己的朋友和同事一起分享这种互利的关系呢? 要是他们之间不存在任何竞争或业务上的分歧，唯一的结果就是向你大力引荐他们——并将这种关系愉快而又热情地向前延伸!

怎么获得引荐对象呢? 假设你希望在一周之内获得 5 位潜在客户，请随身携带一包索引卡。在完成与客户或潜在客户的洽谈后，你只需这么对他说：

"琼斯先生，我敢打赌，在你的工厂、业务领域或相关行业中肯定有些人可以通过使用我们的产品或服务而获益。"

说完这些话以后，取出 5 张卡片。此时，你一定要将 5 张卡片拿在手中，并且让对方能够完全看清卡片的数量，然后说："你能够向我推荐 5 名适合使用我们的产品或服务的客户吗?"

这种方法非常有助于实现你的希望，一切远比想象中的简单。5 张分开的卡片使客户一目了然，便于迅速作答。充满自信的职业风范将有利于确保你的要求不会显得过于冒昧。

将卡片在桌面上一字排开，首先记下 5 个姓名。等确认无误后，再重新开始询问他们各自公司的联系方式、地址或其他有效的联络方法。这种方法非常便于确认和选择最容易深入开展业务的潜在客户。

三、直接提出要求

有这样一名销售人员，他总是向客户提出引荐的要求："福兰克，你看你能不能替我给这几个人打个电话？"客户当然不会同意这种直接的要求，并且还会告诉他，这种事情应该由他自己亲自去做。然后这位销售人员就说："是的，你说得对。我应该亲自打电话给他们。我想你不会介意我使用一下你的电话吧？"第二个要求实际上并没有遭到拒绝——其实他所希望的正是这种自己想要的结果。

这是一种积极主动的方法，但并非适合全部销售人员。建议使用此方法应当因人而异。但它揭示了一点，也就是只要你采取主动行动，说出真实目的，就很可能获得引荐，并在业务上获得巨大的好处。

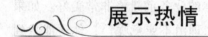

展示热情

紧张只会使双方在原有的基础上更加疏远。

向客户展示热情并非一定要你热烈地拥抱客户，或握手20余次，又或喋喋不休地恭维对方的穿着和容貌。

热情与经过刻意掩饰的紧张其实截然不同。热情可以在购销双方之间搭起一座便于沟通的桥梁，而紧张只会使双方更加无限地疏远。

洽谈是购销双方之间的一种有效的相互交流。在正式切入主题之前，双方仍需进行一定的前期交流。要是你能够理解推动双方初次交流的源动力，那么你就会认识到热情对于推动业务的发展是多么的有价值。

一、洽谈初期

当人们与一名陌生人交谈时，他们之间的交流可以分为几个阶段：第一阶段是双方互相认识的阶段，也称为相互介绍阶段。在这一阶段中，因为彼此之间并不熟悉，你不可能令人信服地说明你的目的——为客户排忧解难。客户——就像大多数成年人一样，在与他人展开正式的社交活动之前，需要必要的判断时间。因此，在双方会面的初期，应当通过潜移默化的方式表现出你的热情。自信的举止、正确的目光交流（绝对不是目不转睛地盯着对方看）、有力的握手、坚定从容的步伐——这些都是展现热情的行为，并可以将你因新的业务关系确立而产生的兴奋感快速传递给对方。

二、洽谈后期

只有当客户开始社交谈话时，你才能真正将话题转向业务问题，但仍应注意客户其他方面的变化。全部变化都可以从对方较为轻松、开放的态度上觉察出来，一般表现在相对放松的肢体语言上。你的工作实际上就是寻找时机，即客户主动而非被迫注意你的言辞。只要发现时机成熟——可能会发生在初次会面时，也可能发生在随后的洽谈当中——你可以对自己的表现方式做些必要的调整。

你可以决定更多地使用手势来充分表达意见，也可以较频繁地使用客户较为喜爱的称呼（例如："帕沃斯先生"或"比尔"）。谈话时，你可能会从中发现有时使用一些非正式的言辞可能会更妥当。例如"你自己看看。"、"那样怎么样?"或者"我来说说我们的想法。"

努力避免重复、机械的手势或万能答案，否则将会使你显得虚伪且缺乏足够的热情。谈话时如果对方不停地点头称是，全然不在乎你的意见，你会作何感想?

三、重视热情的展示

这是一条普遍原则，因为客户和客户之间本身就存在一定的差异，销售人员和客户之间的相互交流也完全不同。我认为适当地展现热情，改善自身形象是一名优秀销售人员必备的基本素养。

适当地自我赞扬

在客户面前适当地谈谈自己——但语气应当谦恭（这两种要求其实并非自相矛盾）。让对方从多方面了解你的成功、自信和韧性。强调既往的成功，切忌盛气凌人。努力将自己表现成一个能够办成大事情的人。

走进潜在客户的办公室，自信、骄傲地讲述自己的业务原本就无可厚非，但是大多数销售人员好像不能理解在双方初次见面时适当地自我夸赞的目的。这时仅仅需要注意的就是切勿显得傲慢。

一、适度表现自信

在双方见面之后，你应当让对方尽可能了解你的成功、自信和韧性。这些表现都不会显得傲慢，相反会展现你固有的职业风范，你应当以此为荣。此外，你还应当向客户详细地叙述自己过往获得成功的原因。

这里并非鼓励你自吹自擂，吹嘘自己的子女怎么漂亮、高尔夫球水平如何高超和赚钱如何多。要是你在洽谈时采取这种态度，那么无论会谈的结局如何，你也不可能达到自己的业务目的。

建议你采取一种比较审慎的态度，主动表明自己完成既定目标的能力。当然，你必须学会怎么判断形势，必须知道何时应当让步。另外，你还应该清楚某些工作方法在某种情况下适用于甲客户，但是在另外一种情况下根本难以适用于乙客户。采取上述方法需要承担一定的风险。如果你难以正确判断形势，你很可能会使客户丧失了对谈话的兴趣。

大多数销售人员不知道该怎么激发客户的激情，这种状况也同样不佳。因此，上述方法始终值得一试。起码使用这种方法后，你绝对不会沦为一个不知名的底层销售人员，这同时也是大多数销售人员所不愿看到的结果。

二、自我宣传

使用这种方法当然一定要承担一定的风险，但是我认为这种风险值得一冒。

在未来的业务洽谈中可以努力尝试使用这种方法，你会收到良好回报。

"琼斯先生，很高兴见到你。本周对于我们公司来说实在太重要了——我们刚刚完成了 XYZ 计划。我来为你介绍一下。"

这时，在客户的心里，你已经成为了一个能够办成大事情的人了！

现在假设你自己走进了医生的诊室——当医生走进诊室时，你发现医生病得比你还要严重。他正在不断地喘气、咳嗽，手里还拿着半截烟头，步履艰难，眼睛微黄，并且神情恍惚。

你还相信这个人能够真正治好你的病吗？

大多数销售人员可以分为这么两种类型：一种人能够使他所接触到的任何事物升值；另外一种人则会使它们贬值。竭力向客户证明你属于第一种类型。在客户面前展现你的价值！描述你本身的价值、宣传你的价值、广泛宣传你的价值！如果你的展现未曾削弱双方谈话的气氛，你的自我宣传就取得了成功。切忌各种形式的傲慢，但也不应在客户面前埋没你对工作的热情以及对完成工作的坚定自信。

为人诚实

你的信誉必然是最好的财富，请保护好它。

最近在一所大学里进行了一项谎言的社会调查，此次调查的目的是摸清平均每人每天所说的"无伤大雅的小谎言"的数量。你可以猜得出结果吗？

结果是每人每天平均说谎达到 200 次。

结果令人觉得生活中遍布谎言！这仅仅是一个平均数。研究者怎么判断谎言呢？他们的方法就是搜集人与人之间的各种对话。例如，当一个人内心其实并不希望见到对方，却对他说："我很高兴你今天能够来。"这句话就是一个无关紧要的小谎言。这种谎言可以称之为一种无害的社交技巧，但与文中所强调的"诚实"并不一致。

一、诚实架起发展的桥梁

销售人员十分重视业务关系的发展。然而业务关系都是建立在足够的信任和个人交往的基础之上的，销售人员业务的成败实际上完全取决于业务关系的深浅。因此业界基本认同一个观点，也就是可以向客户说些无伤大雅的小谎言，但绝对不能在其他方面表现出不诚实。试看下面这两个例子：

"哎呀，这间办公室真漂亮。我真希望自己也能拥有一间这样的办公室。"（实际上，你的办公室远比这间漂亮。）

这种方法其实本身并不值得大惊小怪。有时选择类似的话题进行评论，有助于增进双方的交流，打破谈话的僵局。要是这种评论确实有些言过其实，会产生什么后果呢？尽管客户可能会通过其他途径知道你拥有一个令人羡慕的办公室，但是要是你在交谈中没有加入其他什么刻意的吹捧，这种老练圆滑的评论就会引起客户的反感吗？答案一定是肯定的。

"至于你要求的交货时间,我认为本公司绝对可以满足。当然今天我们将书面工作完成以后,我必须回公司就具体实施方案与技术人员协调一下。"(实际上,我清楚地知道,无论如何与技术人员协调,两周内你都不能按时完成客户的要求。)

为了与一名潜在客户建立真正意义上的业务关系,你甚至不惜故意歪曲自己解决问题的能力。随后,在事情真相大白之时——十有八九会出现这样的结局,客户不可能想起你曾经打下的"埋伏"(回公司与技术人员进行必要协商)。他只会记得你所做出的第一时间交货的承诺。直到15天以后,这些早该交手的货物才到位。此时你不要奢望客户将你视为一个能够解决问题的人。在客户的眼中,你实际上已经成为一个新问题:一个言过其实的销售人员。采用这种工作方法,你根本就不能获得一个回头客。

二、切勿越雷池一步

如果你早已养成了一个习惯,只对客户说他们喜欢听的事情,你最终将不得不面对一个残酷的事实:你无法自圆其说。要是你同时接洽15名客户,并按照其不同的要求分别向他们做出了15个不可能兑现的承诺,那么你的业务将会出现混乱、最终造成灾难性的后果也只是时间早晚的问题。

自我调节,摆正心态

激励自己!每天上班路上就不要听收音机,而是听些令人振奋的磁带。明确目标以及酬劳,寻求一些积极有效的帮助,适当休息,自我提示。

下面介绍了几种便于人们摆正心态的方法,读者可以在实际工作中尝试使用。

一、明确目标以及酬劳

你的梦想可能是拥有一辆兰伯基尼,这是一个未来的理想。你可以在办公桌上或者家中的电冰箱上贴上一张兰伯基尼的照片,以此用来激励自己实现梦想。你还可以将工作稍加分解,一一对付。如果你的目标是在下个月以前完成6项新业务,那么请取出一张白纸,记录下你的目标。这种方法使目标显得更具体更实际,从而增加了实现的可能。

二、寻求积极帮助

世界上那些成功的销售"搭档"实在是令人羡慕!——原本两个独立的个人,各自独立工作,但是双方在工作上相互支持、提供建议以及建设性的批评。相对业务上的单打独斗,大多数销售人员都认为这是一种绝佳的搭档。如果你可以在现有的工作领域内能够找到这样的一个优秀的搭档,尝试一下上述建议,会得到意想不到的收获。

三、适当的午间休息

当然,除了埋头苦干以外,你还需要午间休息。在中午的休息时间,就不要继续工作。在对一些销售人员进行研究后发现,那些自愿抛开工作一个小时到户外享受阳光的销售人员创造出的业务量远远超过那些只知终日埋头苦干的销售人员。

四、自我提示

"我能够做得到。"、"我担心的事情基本没有发生。""我已经为 500 多名客户解决了问题。"在结束一周工作下班之前，给自己留一张便条，以便使自己在下个星期一能够回忆起这些令人振奋的事情，从而能够给自己带来一份好心情。

五、摆正心态

业界流传着一则诙谐的警句："这里不是脑外科。"是的，办公室不是"脑外科"。没有接到的电话、被遗忘的期限、客户的问题……工作中充满了各种各样的意想不到的挑战，但并非世界末日即将来临。有时，事情的本质并非像其外在表现那么严重。所有的工作掺杂在一起，其实就像一系列做不完的脑外科手术。你的工作中是否存在这样的时刻？如果有，那么那时就是你应当休息的时候！

提早着手，抢占先机

抢占上午 9：00 以前的工作时间！你可以过秘书的阻拦，拨通重要的业务电话；可以相对轻松地坐车（乘车）上班。提前 1 个小时左右提前上班，可以使你克制烦躁情绪，提前进入工作状态。这种方法听起来似乎比较难，不过完全可以试一试。你就会发现自己完全像变了一个人。

如果你准备在事先没有预约的情况下给潜在客户打电话，那么你只能在上午 9：00 整以前给他打。只有在那段时间里你才最有可能不受秘书的阻拦，拨通这个重要的电话。

许多业务决策者都喜欢在正式上班以前——也就是预约的人群集中进去之前——亲自接听电话。要是你能够在这个时间段内打电话给他们，那么他们很有可能会直接接听你的电话。

领先一步，其实好处多多。

上面主要介绍了这一习惯的一个显著优势。除此之外，它还具有其他许多优点。一方面，在上午 9：01 左右，办公室里人们的心理处于高度紧张状态，而你则可以保持一个相对轻松的心态。另一方面，在工作日接待的高峰时段，你可以得到充分的放松，悠闲地翻翻报纸或者做些其他的书面工作。这样的优点实在是不胜枚举。我喜欢将销售人员比做一间零售商店——位置的好坏直接决定了商店的命运，而销售人员们的"位置"则取决于每天接洽客户的多寡。

一、上班路途

在上班路上，这种习惯的优势更加明显。如果你每天早晨都能够提前动身上班，你就会发现路途十分轻松。这种习惯看起来不起眼，但是在实际工作中却非常重要。在现代都市里，早晨从一个地方赶到另外一个地方路上可能需要一个小时或者一个半小时。由于你自己"愿意"参与"车辆高峰期"的拥挤，结果因此浪费了大量的时间。

如果你每天早晨都要花费 90 分钟，那么满腹牢骚地穿梭于人群之中或者止步在一个又一个的红灯之前，你可能就会发现一天工作变得极其不顺利，开始的几个业务电话都十分糟糕。就算面对一名极有可能达成交易的潜在客户，你也会因此失败——这是多么令人感到羞辱的不幸啊！

二、接洽客户前应调整好状态

根据很多销售人员的经验，这里还要强调一点：在展开紧张的业务活动之前，你只有稍事休息，调整好状态以后才能产生最佳效果。无论采用什么方法，在上午 8：59 冲进客户的办公室并且达成交易实在不太容易。

如果有的销售人员每天早晨开始的几个业务电话都只是工作"热身"，那么不管他们是否同意，别人都会坚定地认为他们是在浪费机会。当然，最佳的解决方式就是提前上班，与一位同事一起进行"角色扮演"的热身，从而避免直接以客户作为"热身"对象的缓慢过程。

跟踪和了解行业动态

商业期刊和行业通讯是无价的信息好来源，要经常好好阅读它们。这些刊物包含了丰富的信息，其中包括行业发展方向、内幕新闻和所有重要的工作方法。应对它们有效利用。

赶快想一想，什么人喜欢阅读《美国高速公路工程师》杂志？《出版商周刊》怎么样？哪些的读者会订阅《广告周刊》《排行榜》或者《万花筒》呢？

你可能在许多书摊上都无法找到它们的踪迹，但是这些刊物以及其他数百种类似的刊物却很可能是必须阅读的重要参考资料。在你所从事的行业中肯定有许多商业期刊可供阅读，这些刊物实际上主要讲述业界的人与事。与其他销售人员相比，熟悉这些刊物就意味着在业务上占据了巨大的优势。阅读这些刊物非常有利于跟上业界发展的脚步，而作为销售人员的你必须要深入了解并有能力适应客户所面临的业务环境。

订阅新刊物的花费一般较高，但是只要你在大城市里一些馆藏丰富的图书馆里细细搜寻，你完全能够找到你所需要的旧刊物。

一、成功的基础——信息

你可能不难发现，通过阅读商业或者专业杂志，你可以更好地理解客户群体中常用的技术术语。当然，这些刊物上还会刊登一小部分专门为业内某些特定人群所写的文章，其中可能有许多令人费解的专业事务。但是与其当客户提及这些事务时你一头雾水地点头称是，还不如事先从这些杂志中有所获悉，以便应对不时之需。

刊物中的"人物介绍"和"最新动态"部分可能是最具信息价值的栏目，对销售工作帮助极大。在这些栏目中，你完全能够获悉最近获得升迁或雇用者的姓名及职务。如果你因此而向其表示真诚地祝贺，他难道还会觉得反感？几天以后，你难道就不能再打个电话，和他一起讨论你推销的产品或服务？

二、跟踪所有行业信息

阅读上述内容后，你可能非常愿意针对所有出现在商业杂志上的公司和个人制作剪报资料。在与一位新的潜在客户进行洽谈时，这些资料可能就会变成无价之宝，其所提供的信息将会非常有助于销售人员打破谈话的僵局。

联络客户，增强洽谈影响力

拜访完既定的潜在客户以后，第二天务必再通过电话或书信联络一次客户，以增强洽谈的后续影响力。尽管绝大多数销售人员都同意这一观点，但是真正能够执行的却寥寥无几。在此极力建议你将这种方法引入日常工作安排或记录在备忘录中……你就能够在洽谈之后最重要的时间段里向潜在客户施加必要的影响力。

再次联络客户的工作一般不应晚于会面后一天。这种"联络"策略唯一的目的就是提醒潜在客户你的存在并使他回忆起你所做出的一些承诺。实际操作时应讲究策略，一定切忌盛气凌人。

一、电话联络

"史密斯先生，我是国际信息有限公司的莫德帕沃斯。对不起，占用你几分钟时间。对你昨天能够抽出宝贵时间与我面谈，我深表谢意。你看，我想我们昨天的会谈相当成功，不是吗？"

这里之所以首先介绍电话联系的方法，是因为电话似乎已经成为现代销售环境中最受欢迎的一种有效的通信工具。但是我应当指出，使用传统打字或打印的方式在公司的公文笺上写信将会使你获得更多的关注和信任的。尽管在这个惜时如金的年代，书信联络方式已经渐渐萎缩（另外，大多数销售人员也确实不喜欢平时写信），但书信确实能够助你实现再次联络客户的目的。言辞恭谦，书写整洁的书信所能产生的效果有时是无法想象的！

但是，书信的内容不宜拖沓冗长，当然应当简洁明了！

二、书信联络

试看下面的这封信。在你的未来工作中，你所写的书信应该与之相差无几。

亲爱的史密斯先生：

你昨天能够抽出宝贵时间与我会面，我在此表示衷心的感谢！

我发现我们双方所交换的意见非常令人激动。我想你同样会认为在贵公司与我公司之间建立互惠互利的业务关系是非常可行的。史密斯先生，如果你在工作中还存在其他问题或烦恼，在你方便的时候可以给我打个电话，我将尽我所能为你排忧解难。

此致

敬礼

莫德·帕沃斯

1992 年 4 月 24 日

不妨试试这种方法，你就不难发现这是一种能够引起客户兴趣的绝佳方法——向客户重申你是一名得力的问题解决者。

注意：如果在采用这种"联络"策略的同时，提出交易要求是不明智的，你将毁掉先前付出的许多汗水。要有耐心，按部就班地踏实工作，通过电话或者信件重申自己洽谈时的重点，切忌向客户施加更多的压力或者改变既定的基本原则。

在人群面前做演讲

听众会视你为业内行家（当然你正是这样一名真正的专家），这种气氛将极大地鼓舞你的信心。另外，听众中平均有 1/10 的人会在事后主动设法寻求你的服务。

惧怕在人群面前做演讲是很多人共有的弱点。我建议你培养演讲技巧，并能够走出去与听众一起分享自己（特有）的专长。听众并非一定要限定为业内人士。信不信由你，向任何听众演讲都能够产生良好效果。

一、专业演讲

如果你认为自己在所从事的领域内不是一名真正的专家，那么你就不是一名合格的销售人员。在业务交往中，值得客户寄予厚望的理所当然就是你的专长之所在。

仔细想一想，你可能十分了解自己的专业，整日里的工作完全围绕着它。一旦你对这些知识进行系统的整理，你就可以做一次专业演讲，成为一名演说家。如果有人因为你的演讲而记住你，你就着实成了一名"知名"演说家。很快又有很多人能够记住你，那么你就成了一名"非常知名"的演说家。这所有的变化都是顺理成章的。

由此大家能够看出专业演讲所带来的第一个好处就是强化了你的信心。虽然你清楚地知道你和你的公司拥有解决问题甲、乙、丙全部必需的能力，实际上并对此充满信心。但是请相信，如果你能够站在那个台上，向一大群支持你的听众讲述问题甲、乙、丙，你将在精神上享受到巨大的快乐。如果这种精神状态仍不足以对你在处理客户事宜方面产生积极的影响，那么你还是一名刚刚涉足销售行业的新手。

专业演讲产生的第二个好处实际上更为显著。一项研究揭示出：10% 的听众会因为你的演讲而真正认清自己的需要——并最终加入你的客户群体！有谁能够预料到在演讲的间歇或者结束之后与听众互换名片最终究竟意味着什么呢？

寻找一个自己认为适于演讲的场合需要动一番脑筋，但是我确信这种努力是值得的。记住，即使是最成功的职业演说家也有怯场的时候。你的目标不是完全地消除紧张，而是学会怎么控制和引导紧张。

选择什么场合进行必要的演讲呢？除了出席业内的某些活动（例如商业会议或者周年庆典）以外，你完全可以联络商会组织，或参加当地的行业组织和工作有关的团体。

二、敢于演讲

前往中意的俱乐部或者团体，向他们真诚讲述你的想法，看看对方做何反应。他们大多数都会同意适时安排你的演讲。这时你完全可以回过头来问自己：我失去什么了吗？绝对没有。就算演讲没有收到成效，至少你付出了一份努力——在许多很可能成为潜在客户的听众面前展现了自己。

在工作中要经常尝试使用这种方法。请相信，已经有不止一位销售人员因此而受益匪浅。

适当为他人提供机会

"种瓜得瓜，种豆得豆。"与同行结为"盟友"是一个明智的选择。从来没有一名销售人员为此而觉得后悔。

"种瓜得瓜，种豆得豆。"许多销售人员并不赞成这句谚语，但在实际工作中它却是一条至关重要的准则。

一、助人一臂之力

在力所能及的情况下，保持乐于助人的心态是件非常容易的事情。但是如果你没有义务——并且别人在你需要的时候可能无法及时来帮助你——那么你到底为什么还要费力气帮助别人呢？

这个问题非常尖锐，这里举一个关于棒球运动员的例子来回答这个问题。

你是否曾意识到，当一个击球手打出一个一垒打以后，他通常会与对方的一垒手开玩笑。这种情况未免让人觉得奇怪，不是吗？在你的眼中他们可都是正在互相积极搏杀的职业竞技者。你可能会觉得他们应该保持一种坚定、毫不妥协的意志。但此时他们实际上却在相互点头示意，相视而笑。

你一般不可能听见他们谈话的内容。可真正有趣的是，对抗中的双方队员虽以此为职业，但在跑垒道上或者场内其他位置，他们经常会共同探讨比赛中经常可能出现的某些问题。当然，双方都不可能向对方泄露半点有关本队眼下怎么比赛的重要战略问题，但是他们可以一起探讨一些关于自己作为球员的未来发展问题。例如，尽管两名游击手分属对抗双方，但是他们经常能够讨论某一特定场地的质量问题或者相互结盟，交流经验，讨论如何击败第3只球队中某个强项是奔跑的游击手。

他们之所以彼此之间交流信息和经验，是因为他们此时视对方为同事、盟友而非竞争对手（事实上，他们是）——这对于一个真正愿意帮助他人脱离困境的人来说不失为一个很好的借口。你很有可能借此获得击败这名被双方视为共同敌人的击球诀窍。你原本不知道自己会获得这些技巧，但是因为对方将你视为盟友，那么他理所当然地会与你共同分享这些技巧。

你偶尔也可能会发现一些执著的例子：某些运动员绝不与对方和颜相向。这些只是特例而实际上并非普遍现象。这些不苟言笑的球员大多都是初入行的新手，他们的主要目标是学习技巧，只是将自己的对手视为敌人，因此也就不能为"书"做出贡献——"书"

是棒球运动员对所能收集到的战略战术的统称，其中包含的竞技战术影响到每支球队的最终决策。

二、为"书"做出贡献

在你的盟友中实际上是否也存在这种"书"？如果是，你为它做出贡献了吗？你是否曾在适当的时候与你的盟友一起分享你的见解、知识和联络方式？尽管这些工作难以收到立竿见影的效果，你也应当为"书"做出贡献。数百个甚至上千个来历不明的业务其实都来源于"盟友"的引荐。

第六章　最高效的销售策略

立刻采取行动

不要把事情复杂化，立刻采取行动。要知道机不可失，时不再来。当事情悬而未决时，就应当马上采取行动将其向有利的方向推进！

不久前，一名销售人员讲述她刚刚进行过的一次会晤。她说会晤进行得非常顺利，很可能给她带来一笔数目可观的生意。我说："哦，那太好了。你给他写信感谢他与你会面了吗？"她说："没有。没有必要给他写感谢信，因为我打算在星期五给他打电话，做进一步的商谈。"

那名销售人员不明白写信的真正意义何在，而意义就在于她的这笔生意可能因为没有写信而成为泡影。实际上她犯了一个错误，很有可能她星期五根本不可能打通她想打的电话。而且不管之后她能不能打通电话，一封感谢信都可以巩固她在第一次会晤时的那些成果，有人告诉她说："如果是我的话，我会立刻寄一封信过去。"

可能她原本想按照我所建议的那样去做，但事实是她压根就没有寄信。双方在星期五没能联系上，整整一周后才通上电话。她的销售就此中断了，她错失了良机。为什么会这样呢？其实仅仅是因为她决定"等等看对方会做何反应"。

销售人员必须学会根据目前所发生的事果断采取行动。成功的销售人员会经常问自己："现在我能做什么来推进销售进程？"大多数的销售人员都想着事情能像时间表计划的那样按部就班地向前发展，例如，约好星期五给你打电话，我就能在星期五准时给你打。但他没有想到，对方是否也始终愿意配合他的时间表。

实际上令人沮丧的是，在早期的会晤中出现了商机并不意味着我们是对方的首选。只有随着我们与对方关系的不断加深，我们得到的信息才会越来越多，所得到的承诺也才越有意义。但是在互相之间商务关系的开始，我们却真的不知道对方真正在想什么；我们不知道我们所会晤的那个人是否真正能够和他们机构里的其他决策人员进行商谈；我们甚至不知道那些人会不会看我们的建议书。我们必须把握住任何一个我们目前所能得到的优势。好的销售工作的基本责任是：自己尽全力去推动进程，而不是依赖别人。而我们大多数的销售人员恰恰在这一点上行动得不够敏捷。

在销售方面，你必须行动迅速。马上做出判断，并找到最好的推动销售进程的方法。

有人这样讲述自己的亲身经历：几年前我接到一位女士的电话，她想买10本我写的

《电话销售技巧》。她打电话的时间已是星期五晚上 10：30，我正好在办公室加班，因此我接到了电话。当我听到她要订购那 10 本书时，我就在心里问自己："此刻我能做什么来推进这一联系？"

所以我问她："你的工作是什么？你计划如何使用这些书？"她回答说："我在弗吉尼亚州的一家石油总公司工作，公司计划让下属的 10 家经销商打更多的电话以促进我们的销售工作。"我对她说："我有一个主意。恰好下周二我要去弗吉尼亚。我们见个面怎么样？"她说："你真的来？"我说："绝对！"

那件事的结果就是我的即时推进行动最终促成了 25 万美元的销售。由于我选择了马上采取行动，通过更多地了解对方来加深彼此之间的关系，并亲临现场、实时地推进了整个销售进程。

但是，大多数的销售人员却不能够这么做。事实上他们常忙于算计怎么才能避免进一步的会晤。他们认为可以可以寻找到捷径。而我的观点（同时也是这些年与我共事的优秀销售人员们的观点）却完全不同：采取行动，并且就在马上。尽快赢得一个答复——不管是肯定的还是否定的——然后再继续行动。现在就借机巩固你们良好的会晤成果，而不是等到下一周；现在就继续行动来巩固效果，而不是以后。

举个例子来说，一位营销经理从《商业周刊》上发现一则信贷公司的广告并把它随即交给一名销售人员去细化处理。就这样 3 个星期过去了，那名销售人员还是没有按照广告打电话。经理非常生气，"收回"了那则广告，第二天亲自打了电话，马上就安排了一次会晤。最终公司做成了广告上的那笔生意——其实早在 3 周前就能够做成的，并且那名销售人员也很有可能因此而获得代理权。

成功的销售人员总是想着怎么尽快推进事情的发展。他们意识到要想改变现状，就要立刻采取行动。"机不可失，时不再来。"不管是以书面形式还是以电话的形式进行，当事情悬而未决时，应当立即采取行动将其向有利的方向推进。

花时间静静地思考

可以做到事半功倍而不是劳而无功。

事实上绝大多数的销售人员没有给自己留出足够的思考时间。而成功的销售人员总是能设法在他们的工作时间内挤出时间，静静地思考就像他们现在在哪里、正在做什么以及应该去哪里的问题。

一般情况下，最好能够找一个"特殊"的地方来思考你的工作，这样你可以不被询问所打扰。一个销售人员近来试着坐在家中的客厅里思考他下一周要面临的全新挑战。但是，他的家人却因为不知内情而误解了他的这种沉默，反而不停地进来问他怎么了。

我则喜欢把星期六用作思考时间。那个时候办公室里没有其他人，所以我可以静静地思考。我一般是在上午10：00来到办公室，先做一些必要的书面工作，接下来的两个小时用来思考。我一般都会先查阅一些资料，翻阅一下要做的事情的清单，再看看日程安排——所有这些都能充分调动我的思维，让我看清楚我正在做的是什么工作，此时我不与任何人交流。我将便笺簿放在手边，以便顺手做一些相关的记录。

对自己正在做的工作进行精确地深入分析，已经成为优秀销售人员们的习惯。他们对自己的"行动计划"费尽心思，尝试从各种不同的角度审视这里的同一项计划。他们会问自己下列问题：

我目前所做的事，哪些是奏效的？

它们为什么能奏效？

我目前所做的事，哪些没有奏效？

它为什么不能奏效？

我可以采取什么不同的措施？

销售是件很艰苦的工作，它需要你长期的坚持不懈的努力，并且你得确保能够坚持到底。首先你得明白自己眼下想完成的任务是什么。优秀的销售人员会紧紧追随市场潮流，并对自己的抉择做出调整。你也应该利用时间静静地思考上面列举的所有问题。

自己思考一下做什么才能更加容易地实现目标。怎么样才能真正改进你的销售例行程序？如果你一般是在下午打电话，为什么不试试上午打？那时你还是精力旺盛、充满热情？如果你一般是给福利主管打电话，何不试试给公司总裁直接打？想想在你现有的客户名单中你还能和其他什么人接触？

上面最后一个问题其实就是一个极好的例子，它打破常规、开辟新的思考途径能够明显地提高你的收入。多数销售人员只是在平面上销售，简而言之也就是他们只是卖东西给最初从他们那里购买产品的人，从来没有想过采用什么有效的办法向更有决策权的人销售产品来扩大他们的销售总额。其结果就是他们只知道向最初从他们那里购买有限数量产品的那些客户销售，而这些客户可能也正好缺乏购买其他产品的决策权。但是，这种在某一机构内的接触"升级"需要经过仔细的筹划，而这正是你静静思考时需要真正思考的内容。

你必须花大量的时间认真思考自己的销售目标以及过去、现在和将来的销售机会及销售对象。通过起码每周花一点时间独自思考，你就能够做到事半功倍而不是劳而无功。

抓住机遇

许多销售人员都可以看到机遇，但很少人能够真正抓住机遇。抓住机遇意味着要动用所有可能的方法，同时这样也意味着要做别人不做的事情，并且能够运用所有资源将可能的成功变成实实在在骄人的销售业绩。

大多数销售人员都很厌烦去寻找潜在客户，因为他们不明白这一过程犹如一台发电机，其实正是它在推动着整个销售进程的发展。

寻找目标客户有很多种方法。其中最简单有效的就是动动嘴。每见一个人，我便会告诉他我是从事什么行当的。要是他有意继续交谈，我会告诉他我是 D. E. I. 管理集团的总裁，而我们是一家全国性的销售培训公司，我们公司在纽约、芝加哥、洛杉矶及达拉斯都设有专门的办事处，大约有 40 名销售代表在为我工作。我还会告诉他我们几家业务单位的全称。总之，无论是不是在商业性的场合见面，我都会让交谈者切实了解到有关我和我们公司的详细情况。

我尽力告诉每一个人我所从事的工作是什么，因为我知道这样一个事实：我碰到的每一个人都另外认识 250 个人。那么很可能在这 250 人当中起码有一个人会在某一时刻有兴趣与我谈论销售培训的事。

这里值得注意的是，当我告诉对方我们公司的有关事项时，我的目的不是要设法使他与我签署一份合同。我只是让他知道我所从事的工作，同时预期他会传达给他周围认识的那些人。优秀的销售人员会把他们的工作告知生活圈子中涉及到的每一个人，同样也会告诉每一个新认识的人。对于那些销售新手，我的建议其实很简单——与你认识的所有朋友、亲戚、熟人联系一下，告诉他们你所从事的事业。尤其需要注意的是，不要试图向这些人销售东西，那样只会让他们感到厌烦。我的经验已经告诉我，那些把自己的亲友定为自己的目标客户的销售人员是不会成功的。只要让他们明白你正在从事的工作以及你如何工作就可以了。

此外，你完全可以借助出其不意地打电话、做公共演讲或者同你自己的会计师或生活保险代理人交谈来进一步明确寻找目标客户。

但是，抓住机遇绝不仅仅是告诉别人你的工作或者给某一机构内有联系的人随意的打几个电话，然后再把他们的名字从潜在客户名单中逐一画掉。要抓住机遇就必须充分利用每一个新情况，同时还不能过分的急于求成。

你真正的目的是要人们购买你的产品，所以你得制订一个计划——也就是我们一般所说的建议书——让你的潜在客户明白他或她为什么要使用你的产品，但这里有个小窍门——建议书一定是为客户量身订制的。

高效率的销售人员从来不套用刻板的公式化的建议书，他们会抓住机遇改善与客户的关系，根据面谈时所积累的那些点滴信息，一步一步地引导客户和他们共同制订一份建议书。

在与客户沟通的过程中，你当然可以问一些诸如："你期望在某一领域做成什么事?"然后记下你听到的全部内容——必须是所有的信息。再利用你的记录做一个初步的建议书，在你提交正式的建议书之前，这一初步建议书要让客户觉得你已经做成了上一笔交易，这一笔你就志在必得，一定要多问问题，然后记录下相关的答案。

如果你已经非常努力，但是建议书却还是不尽人意，如果在这种情况下，要抓住机遇就得利用你的经理。让你的经理亲自打个电话，为你可能犯的任何错误道歉。（谁知道呢？也许你说错了什么也未可知。）在过去的很多年里，我和我的经理们就多次成功地运用了这一策略。我们会直接打电话说："我知道吉姆近来与贵公司的业务进展得不很顺利，如果他有什么问题的话，我们表示道歉。"这时候十有八九对方会说："不，不，不，吉姆没有做错什么。只是我太忙了，没来得及和我的员工说这件事。"然后我会赶紧说："哦，太好了，你近来在忙什么呢?"突然之间谈话就这样开始了。一般这样的谈话会给我们提供新的信息，同时也会给原先的那位销售代表带来新的业务。

同时，销售代表本人为自己因陈述错误而错失生意道歉也同样能够抓住机遇。绝大多数情况下，你都会听到诸如这样的答复："没有，夏里，这不是你的错，我们刚好在……方面出了点问题。"突然之间，你比之前更了解你的这位客户，同时你也处于一个更有利的位置采取全新的行动。

所谓抓住机遇绝对不是死盯着你的电话簿或记事册，也不是要照搬照抄，做他人正在做的事，而是要找到全新的有创意的方法或措施，收集你以前所不知道的客户信息，为自己打造全新的开始。记住，动用所有可以利用的资源，这才是抓住机遇的真正价值。

在 24 小时内回电话

在一个工作日内回复所有的来电——这其中当然包括电子邮件。不要拖延，马上回复!

在我的办公室有一项不成文的规定：没有什么电话是经过筛选的，同时我也鼓励其他销售人员们遵循这一原则。当我在办公室时，我差不多会接听所有来电。当我不在办公室时，我会让同事把所有的留言转达给我。并且，在 24 小时内尽快予以回复。

也许，这样我会和很多没有必要通话的人讲话。但是，经常有人给我这么打电话，希望我的机构为他们做一个现成的项目，而这些人的名字我却不熟悉。我怎么能够冒险因忽略一条信息或者搪塞一个电话而错失后面可能带来的生意呢?

我的哲学——同时也是大多数成功销售人员的基本哲学——就是你永远不能不给某个人回电话，无论这个电话看上去是多么地微不足道。别人给你打电话肯定有他真实的原因，尽管与你想象的可能不一致。因此，就算只是为了弄清他给你打电话的原因，你也应该回电话，并且力争在一个24小时内予以回复。

这里能给你举出若干个例子，有些人给我打电话，只是因为他们看了我的某一本书后有一些想法。尽管有时我接电话时只是寒暄说："哦，我很好奇，你以做什么为主？"但在随后的谈话中，我会更多地了解他们的生意。有些特殊的情况下，我就会趁机销售产品。及时回复的意义在于当你给人们回电话时，你就能够更多地了解他们的情况，从而捕捉到新的商机。

因此，当你还留有那条记录时，趁打电话者还能清楚地记得某一问题请赶快回电话，这样你还有机会留下美好的印象。要记住，有礼貌地马上回电话也许是将你和快节奏的经济生活中的激烈竞争区分开来的唯一的好办法。不管你是做销售培训还是长话服务或者是保险，你要向对方传达的正确信息要素是："对我来说，你非常重要，因此我要在24小时内给你回电话，或者，至少我会安排别人这么做。"

许多年前，我到一家比较大的通信科技公司进行销售访问。在他们的会议室里，就有一幅巨大的喜剧演员鲍勃·纽哈特的海报。在这幅巨型海报下面附有一条简要的文字说明："请在24小时内回复电话，即使是内线电话。"

很显然这家大公司以前存在一个问题：他们的职员不回电话，因此才有了这样的觉醒运动。当时我就在心里暗下决心，在我的公司不能出现类似的问题。那张海报使我在 D.E.I. 管理集团开始执行这样的一个标准，在一个工作日内回复每一个来电——这其中当然包括电子邮件。这么多年以来，这一原则实际上为我们赢得了大量的尊重、忠诚及赞赏，相信它对你也同样适用。

与每个人至少见一次面

每个人都会认识另外250个人。所以起码应答进行第一次会晤，不管会晤的对象是潜在客户、对手或者是销售人员，这些都有可能使你进入一个全新的人际网络。

尽管我相信：把时间花在不断地与那些没有实际商业机会的客户碰面上简直是最大的浪费，但出于同样的原因，我坚信销售人员应该与每个打电话来有意约定会晤的人能够见面，起码见一次。让我告诉你为什么坚持这一标准这么重要。

其原因就在于你永远不可能知道第一次会晤会导致什么样的结果。记得我先前告诉过你的事实吗？每个人认识另外250个人。所以起码应答应进行第一次会晤，不管会晤的对象是潜在客户、对手或者是销售人员，都有可能使你进入一个全新的人际关系网络。因此，我会尽一切可能安排与给我打电话的人以及我打电话过去的人真正见面，这其中当然包括那些打电话向我销售产品的人员。

最近，一家投资公司的销售代表给我打电话要求单独见面。并非没有不见的理由，但我还是说："我当然要见你。"我不但有了一个机会聆听那位销售代表的所做的介绍，而且我竟然对这家公司所提供的条件产生了兴趣，结果就是我成为了他们的一个客户。

会晤结束时，我随即问销售代表："你是如何学会这样销售产品的？经过如何？"然后他就开始详细描述他与他的经理一起工作的情况，这位经理每周召开一次会议激励和训练他所带的销售人员。

我给那位经理打了个电话要求和他见个面，但是我并没直接告诉他我刚刚和他的公司做了笔生意。那位经理非常乐意和我见面——结果我为我的公司又争取到了一个新的客户和大量业务。

你真的不知道谁会最终走进你的世界，你必须与陌生人见面，而且还要尽可能多地与人见面。答应第一次约见，只要确认对方知道你以做什么为生并且知道你为谁做事就足够了。

我不知道为什么会有那么多的销售人员害怕出去进行新的接触，但我可以肯定有这种恐慌的人成不了真正的销售明星。

事实上，并非你要见的每一个人都可以成为你的客户。但是，要想真正地在销售方面取得成功，你必须对见人、与人面谈有一种强烈的好奇感，并且要对他们生活和工作中正在发生的事有所了解。你应该这么说："你好！我们在星期二上午10：00见个面怎么样？"你还要敢于说："当然，星期四午餐时我有空，你来吧，我们聊聊。"

最倒霉的会是什么呢？你可能会发现双方步调其实并不一致。那不是什么问题，只要继续前进就是了。起码你已经递了名片，对双方也有了更多的了解，可能你能够领悟到在向别人销售时，你应该（或不应该）再用这样的方式。同时，你也可能会在会晤过程中同时享受一段愉快的时光。

知道何时该放弃

在销售战争中，我们其实都会打败仗，但目标不是要避免某一次销售的失利，而是要赢得整场销售战争。应该放弃时，就该拿起电话与新的目标客户进行常规的联系，这样你才有可能建立新的商务关系。

一名销售代表谈论起他近四五周以来始终在努力争取的一个客户。他已经和这位潜在客户有过实质性的会晤，收集了他的相关资料，并且还做了一个自我感觉非常好的建议书。事实上，他的建议书确实好得实在是无可挑剔。

当这名销售代表第三次去这家公司时，就对那位潜在客户说："鲍勃，我确信这个建议书有道理，我们应该采取进一步的行动。"鲍勃也对我们所说的内容非常感兴趣，觉得建议书做得很科学，唯一的不足是还有几个小的细节性问题需要及时解决。他要求我们修改一下，把建议书做得再详细点。

事情看上去进展顺利。但是第二周销售代表打了一次电话，鲍勃却没有接这笔生意。随后他又给鲍勃连续打了3次电话，试图让鲍勃回电话，但都没有任何结果。他给我打电话说："史蒂芬，你能给鲍勃打个电话试试吗？看他接不接电话。"我打了个电话，但终究没能和鲍勃通话。很显然鲍勃不想直接回我们的电话。结果，那笔生意就泡汤了。

从这件事中我们能得到什么经验和教训呢？那就是有时我们应该知道放弃，而不是在某一位潜在客户身上浪费更多多余的时间。（比如在上面这件事中，在第五个电话还没有回音时就应该放弃，也许更早。）有些时候，不管你认为你做得多么好，也不管你们有多少个应该合作的理由，你就是做不成这笔生意。尽管你已经尽力做到了最好，整个计划也无可挑剔，但就是难以成交。

不幸的是，许多销售人员只顾锲而不舍地坚持打电话，错失了体面地撤退的机会。他们一周又一周不厌其烦地去和同一位目标客户进行交涉。不久前我在加拿大和一家大电信公司合作，我偶然发现大多数销售人员的通信录都被翻折了角，每一页上都有一个目标客户的情况简要介绍。这些代表们只是给同一批潜在客户坚持打电话，然后一次又一次、不断地被拒绝！当时我就在想：天啊，总这么做，新的生意究竟从何而来？

我曾经和很多位销售人员谈过话，他们告诉我自己每天要打100个销售电话。事实上，他们所做的只是每天给10个熟人每人打10次电话罢了。确实一天可能会打上100次，但不是这里所说的100个"销售电话"。我曾经碰到这样的一位女销售人员，她抱怨说她给一个人打了437个电话也没能安排上一次真正意义上的面谈。我不想追究数字的精确性，但是我确信她没有真的和那个人见上面。要和像她这样的人进行长期的生意合作，那位可怜的客户肯定一想到这个念头就紧张的要死。

有些客户拒绝你时可能表面上什么都不用说，明白这一点非常重要。在得到拒绝的信息后你应该马上就意识到，并且还要继续向前走。在鲍勃的那个例子中，虽然他没有直接给我们什么答复，但他确实已经给了我们一些暗示。也就是说，他没有给我们回电话就很说明问题：他对和我们做生意实际上并不感兴趣。那么，再反复给他打电话又有什么意义呢？不厌其烦地打电话实际上很容易造成对立的情境。似乎你的意思是说："你最好快点给我回电话，你必须给我一个解释：为什么不回我的前17个电话？"要是有了这样的开端，谁还愿意与你建立长期的合作伙伴关系？

很多销售培训员并不愿意公开承认他们真的无力扭转局势。但在现实世界中，很多情况下我们最好的、最恰当的选择就是把这位潜在客户暂时放在一边，把时间花在其他更有意义的事上（比方说给另外的人打电话）。如果你真的遇见像鲍勃这样决定退出合作关系的人，就不要玩什么自负的游戏，那就由它去吧，忘了它，继续去做别的事。

有时意气相投的事就是难以发生，你也难以控制别人决定不和你做生意的原因，可能你太高或太矮了，或者因为你的头发太红了，或者什么其他因素都有可能使他拒绝你。你要做的就是另找他人，不要把这次失败看作是自己的过失。要就此建立一种相互信任的商业关系是两厢情愿的事，只有你自己一厢情愿是不可能成功的。

几年前我的两个女儿养了两只沙鼠。这两只沙鼠在小轮子里不停地来回跑动。夜里它们也是跑呀跑呀转个不停，虽然晚上它们哪也没去过，到了白天总是会筋疲力尽，我们把这叫做"沙鼠销售"。我多次在研讨会上就真正谈论过这种销售工作。一些销售人员不辞劳苦地跑这跑那，但终究都毫无收获。他们唯一做的事就是指责对方——正是由于这种"沙鼠的诅咒"，就算对方会成为一个潜在客户，但今后却不会再是了。

一笔大生意眼看就要做成，却莫名其妙地泡汤了，这样的事会发生在每个人的身上。如果你知道何时该走开，那么你将来某一时候还有可能与这位潜在客户做成其他的生意；相反，要是你坚持和他纠缠，直到他变得听到你或你公司的名字就会很恼火，那么就该小心了，你正好就中了"沙鼠的诅咒"。这个潜在客户和这家公司都不会再和你做什么生意了。

我们应该有长远意识，放长线，钓大鱼，并且要牢记：放弃并不代表失败。12年前，我试图向纽约一家大银行努力销售我们的销售培训业务，这家银行的总裁双眼紧盯着我说："瞧，我跟你直说了吧，我坚决不会雇用像你这样的人，我们不想拥有你所代表的这种文化。非常感谢！"全部的希望一下子灰飞烟灭。然而，大约三个月后正是我为那家银行上了一系列培训计划的第一课。

随着时光的流逝，什么都会改变。不要过于计较眼前的挫折，要注重自己的工作，但不能一棒子打死。只要你足够尽力，我保证你最终会从许多曾经没跟你做生意的人那里得到生意。

同时，要学会何时该放弃。

坚持不懈和令人讨厌的坚持之间有着天壤之别。有时，最好、最有效的坚持就是退一步、静观其变。你应该坚持不懈，但千万不要令人讨厌，不要在那些已经把你从圈子里划出去的人身上浪费自己宝贵的时间。

在销售战争中，我们都可能会打败仗，但目标不是要避免某一次销售的失利，而是要赢得整场销售战争。应该放弃时，就该拿起电话与新的目标客户进行常规的联系，这样你才可能建立新的商务关系。

知道何时该寻求帮助

当你要和重要的潜在客户进行关键会晤时，让你的销售经理或者你们公司的所属的技术人员陪你一同参加比较好。因此，你开口要求吧，超级销售明星们实际上也是这么做的。

成功的销售人员知道寻求帮助就很有必要。他们不会羞于启齿。

在不久前的一次研讨会上，有一位女销售人员告诉我，她准备请经理帮助她搞定一笔销售，但她还是有所顾虑。她对我说："如果我不能独自做成这笔生意，会不会显得我很无能？"对此我只能回答说："绝对不会。事实上，如果有什么影响的话，那样只会是使你显得更能干。"

从我的经验来判断，那些能够对他们的客户或未来的客户、甚至自己的上司说"帮我做成这件事"的人，通常都是单位里的关键人物。下面来简要地看一下你可能得到的各种帮助。

寻求帮助可能只是让你的客户进一步修正你的建议。高级销售人员知道当客户纠正他的建议时，就实现了双赢。最好的销售人员知道怎么"诱出"修正意见来改进双方的关系，并就此提高自己所收集到的信息的含金量。

在这里举个例子。在 D.E.I. 管理集团，销售人员运用的技巧之一就是框架概念。我要做的就是坐下来和一个潜在客户开始第一次会谈，然后例行部分销售的基本步骤。我会解释我要做什么及如何去做，同时还会弄清他们正在做什么、如何做、什么时候、什么地点做、和谁一起做以及为什么那样做。但我不会当时就直接确定这笔销售，也不会紧接着就递交一份正式的计划书，我会想方设法让客户修正我的原定计划。

在第二次见面后我也很少会带回一份正式的完整的计划书，甚至在第三次见面时还是没有。相反，我所做的只是当时对那位潜在客户说："让我考虑考虑我们谈论过的内容。我做些记录，然后我会在下周回来。下周二上午 10：00 如何？我下周再来一次，我们仔细确认所有的细节。"

下周又会发生什么事呢？当我挨个确认上次讨论的内容时，那位潜在客户就会告诉我我所列出的条件是否正确。如果我所说的有什么不对，那么他就会给我提供有意义的反馈信息。他会直接告诉我："不对，史蒂芬，你所讲述的这个条件是错误的。这样才是正确的。"尽管客户指出了我的错误所在，但这能使我的正式计划书不会产生什么大的问题。

以此销售代表讲解了在先前的会晤中我方设定的 5 个假定条件。其中的 4 项都是正确的，但是因为某种原因第 5 项却意外地出现了偏差。在事后的反思中，我意识到可能是我们在第一次接触和第二次接触中所获得的信息不一样。销售其实就是这样的，当双方公司的关系越来越重要时，对方也就会更加直接地提出异议。关键的不是在第一次的会晤中我们是否被误导了，而是在随后进行的会晤中，销售双方正在向共同的目标迈进。我们从潜在客户那儿获得我们需要的信息，并通过讨论最终达成一致，最终促成销售。

你也可以从你的经理或同事那儿寻求得力的帮助。我鼓励我的销售人员在进行完初次会晤后告诉他们的下一步行动。要是他们需要我或公司里的其他主管出面商谈的话，我们会给予他帮助。这里要强调的是这类帮助只限于和重要的潜在客户的第二次、第三次或者是第四次会晤（第一次会晤真的不能说明什么。实际上，有那么多的人同意和你见一次面，但答应第二次见面的具体日期的人就少得多了）。

另外一种可能是寻求技术专家的有效帮助。他们通常对你销售的产品或服务懂的比你还要多。你是否已经真正有效地利用了那些专家获取额外的信息，而这些信息又是你在做客户陈述时必需的？你会不会对你未来的客户这么说："我有个主意，下周我把我们的技术专家带来。那样就不用我再试图来解释这一问题，由专家来进行更详细的阐述。"你也可以让你们的技术专家和对方的技术专家进行工作上的联系。那样就会使你们的销售升级，会有更多的人牵涉到这一进程中来，这一般来说会是一个好迹象。

发展相互依赖的关系

关系当然不是静态的，而是相互依赖的和动态的。和一位目标客户或客户建立真正的关系就必须参与策划进程，并且向着合作伙伴的角色进行不懈的努力。

成功的销售人员完全能够意识到他们的工作就是在处理关系。

事实上，在销售产品时，每个销售人员都相继经历了4个层次的蜕变：第一层次是小贩（我找不到更好的词）。目前，我所能想到的描述销售人员最基本的特征就是一个这样的小贩。在这一层次双方会晤时，所谈论的也仅仅是美元（要不就是快速投递，或者其他能让目标客户立刻产生兴趣的话题）。当客户对某一点非常感兴趣时就能成交。销售人员和客户之间基本上不存在什么真正意义上的其他关系，所有的一切都是短期的。他们目前也许拥有最好的价格，但是在竞争者面前这一优势十分脆弱，当别人提供一个更好的价钱时（或一个更快的周转周期或一项更好的服务计划），他们就必然会失去这一客户。因此，这种情况下，销售人员也不会真正期待能长久维持这种生意上的联系。

销售人员的第二层次是一个供应商。他们最显著的特征就是当前客户正从其手中购买产品。因为对目标客户正在做什么有了进一步的了解，但又了解得并不够多。因此和客户建立的合作关系依然十分脆弱，但要比他们是一个小贩时强一些。

销售人员的第三层次是一个卖主。这一名称实际上意味着忠诚、信任以及和客户之间更深一层的关系。信任是非常重要的，客户能够真的相信你，你也了解你的客户。你已经经历了前面两个层次，你不会在醒来时才发现你不再卖东西给这一客户了。如果客户突然有一个战略调整，你会事先得到相关的预告，而且有可能在新的基础上建立新的供需关系。大多数销售人员都只是小贩或者是供应商。很少有人能够真正达到第三层次卖主的境界。

成功的销售人员能够达到第四层次：成为客户的有力合作者。成功的销售人员经年累月地工作，致力于与客户发展互助互利的关系，这一点与婚姻好像比较相似。在任何一桩好的婚姻里，夫妻双方相互需要，都是共享计划进程。如果你能够做到以下的程度，那么你就绝不仅仅是一个销售人员，而成了一名合作伙伴。尽可能了解你销售产品的那家公司的情况，做到像该公司的高级管理人员那样，对其面临的挑战和目标能够了然于胸，不断地为改进他们的工作出谋划策，使他们在每次做出重大战略决策前都会有意征询你的意见。

在过去的 12 年里，我始终在与一家大公司合作。每年的 11 月，我们都会计划出下一年的活动。这不仅仅是一般意义上我方提供计划的那种讨论会，而是讨论我们的研讨及训练课程怎么才能够最好地支持这家公司下一步的重要目标。

这就是合作关系，也是最理想的工作状态。那是长期以来和你的客户合作，找到帮助他们公司良好运作的最佳途径的回报。你的目标应该就是和你的客户建立相互依赖关系的合作关系。

在一定程度上来说，销售的成功与否取决于他人。但只有当我们达到合作关系阶段时我们才意识到这样的相互依赖的众多好处所在。你可以独立完成很多件事，但在销售这一行，只有你自己是谈不上什么成功的。销售是件依赖性的集体活动，你与别人合作、配合得越好，你成功的可能性就可能越大。

也就是说，销售就是处理关系。优秀的销售人员知道怎么恰当地建立和维护这些关系。

许多销售人员把关系和时间混淆在一起，你可千万不要成为这样的一个人，我和你在一起度过大量的时间并不表示我和你的关系很好。关系不是一成不变的，而是相互依赖和动态的。和一位目标客户或客户建立起真正的关系就必须参与策划进程，并且向着合作伙伴的角色不懈努力。

知道什么时候该自立

你不能想着别人来管理你的销售事业，必须每天由你自己来管理。我想，为了给自己打气，每天早晨全部销售人员应该借用好莱坞传奇经纪人史威夫蒂拉扎尔（Swifty Lazar）的口号："一定要在午饭前做成一些事！"

在这里要讲的是你应该避免这样一个错误的观念：认为该由别人而不是由你自己承担与目标客户建立关系以及与现在的客户维持既有关系的责任。

在工作中，你的销售经理的唯一责任就是确认你是否得到了你的工资。如果经理偶尔也陪你参加一些销售见面会——那么他的出面也只是向你的目标客户表明客户对机构多么重要。然而，销售经理不会在早晨就去进行销售。而且，不管你公司里的人怎么想，销售经理也难以给那些向他们汇报的销售人员提供行动上的帮助。

不管是向客户（或目标客户）销售产品，还是使自己保持高亢的工作热情，都是你自己的事。依靠销售经理和目标客户确立最终的达标条件不是你应该寻求的那种帮助。如果你不对你与客户的关系最终负责，那么实质上你就没有完成你作为一名销售人员的工作；同样，如果你指望别人每天给你鼓励，你也一定不是在履行一名销售人员的职责。

怎样才能继续做好工作并且能够对激励自己和发展与客户的关系负全责呢？下面这些就是一些销售业界专业人员经常采取的方法：列出优先清单，分清主次、条理分明。这样就能够让你每天集中精力做好最重要的事情，并且要定期检查这一清单。把精力集中在最有希望成为客户的人的身上。把你目前的目标客户合理地分成 A、B、C、D 四个等级，确保你的大部分时间是花在那些最有希望成为客户的人的身上。不要只是按照卡片摊在桌上的随意顺序给这些目标客户打电话。

制订计划，随时探寻目标客户。就算是这些成功的销售人员也不是在任何时候都有足够的目标客户来弥补客户的自然流失（在你销售产品时，目标客户随时都有可能流失）。然而，当他们想不出更好的事情去做时，他们以一种碰运气的侥幸心理去探寻目标客户。同时，成功的销售人员每天都在寻找新的目标客户，每天起码要花一小时。

随时写信和打电话探寻客户。在这里有更广泛的应用。要对与客户的关系负责，就必须向那些花时间与你见面的人致谢，感谢当前的客户与你合作做生意。还有，你要不时地打电话或写信过去，与有一段时间近期没有联系的熟人保持联系。

不要等待你的上级会让你的客户知道他们的生意对你多么重要，你应该自己让他们知道！这么做你将来不会后悔的。近来，我给上个季度对我们公司生意起了重要作用的 35 个人打电话，我只是简单地对他们的惠顾意思一下，但是在这 35 个人当中就有 9 个人又给我打电话，明确地告诉我下个季度要给我们额外的生意来做。这真是一笔从未有过的高收益的电话生意。

对客户进行评估

优秀的销售人员知道自己什么时候能给某个客户的一天增色不少，也知道什么时候不能这么做。他们绝对不会杞人忧天，担心自己无能为力的事，而只会尽力做最乐观的预测，然后再照着去操作。

据说我们所担心的事情中有90%从来就不会发生，另外的5%是我们无能为力的。也就是说，我们有95%的时间其实都在杞人忧天。

优秀的销售人员知道怎么区分重要的、关键的问题和一般的问题。几天前有人告诉我说，她这3个月以来始终在忙于一笔销售，销售额大概是每个月50美元。她已经和这个客户见了七次面，而她其他的目标客户可能带来的销售额大概是这笔生意的8～10倍。

当被问及具体的原因时，她回答说："这已经不再是销售额的问题了，我必须要做成这笔生意，这是一个挑战。"

可是这种挑战的代价就实在是太大了！

众多销售人员总是在担心着那些不必担心的事。"如果客户这么说怎么办？如果他那么说又怎么样？"谁关心呀？虽然打个电话过去，看看到底会怎么样。如果你从事销售超过了一个月的时间，你可能已经发现每个电话都是大同小异，相互之间没有太大的区别。

大量的销售人员过多地担心销售电话或会面时可能会发生这事或那事，他们往往会准备得过多，这样只要那个可能的客户没有按照他的计划行事，他便会乱了阵脚。还有一些销售人员十分担心他们与客户或目标客户的会面，于是便不厌其烦地和对方"接触"——比方说留言，但实际上他们宁愿不要和客户真的见面。

那么，你会问自己为什么有人要那样做呢？对于这一问题，我没有确切答案，但我可以告诉你有部分销售人员会郑重其事地做一些与客户见面的程序性的事，而事实上他们根本不想与这位客户进行必要的交谈。要是这不是在浪费时间的话，我不知道还有什么事是浪费时间。

近来有一个人到我的办公室。落座后，他与我谈他想销售给我的商品，他说："谢夫曼先生，我要做的是给你准备一个建议书，我不想浪费你的时间，我会把这个建议书给你留在这儿，你看完后再给我回电话。"这些其实就是他的原话。我盯着他说："为什么你要那么做呢？你不辞劳苦地专门为我准备了一个建议书，为的就是把它留在我这儿，听任我决定要不要给你打下一个电话？你要知道，我可能打也有可能不打呀？如果我对这个建议书有疑义怎么办？"他说："哦，谢夫曼先生，你很忙，我不想打扰你。"

哦，那正是你作为一个专业销售人员要做的事。你打扰了我，因为你认为你可以帮助我做得更好。而你只要分清主次，听我谈论我的工作，然后就我下一步该怎么去做拿出建议。

留心观察

时刻随身带着一个小本子，不管是在工作日还是周末，目的就是时刻注意记下你见到的公司的名称，这些其实很有可能是你经过一个广告牌、在一则电视广告或者报纸的一篇文章中见到的。事后你应该给这些"小本子上的公司"逐一打电话，设法安排会晤。

这过去的 25 年中要是说我学会了什么的话，那就是，只要你观察得足够仔细，永远会有新的商机展现在你的面前。

洛杉矶的一家公司做一个销售训练项目。其中的一个部分就是要求销售代表们找出新的商机。大多数的销售人员都对此持怀疑态度，他们就这么说："我们早就费尽心思了，可以联络的公司我们都已经打过电话了。"

在休息期间，一个受训人员拿起一份《洛杉矶时报》，我翻阅了报纸中商业、分类广告、婚姻、讣告等所有他能想到的专栏，画出了他认为可以和这家公司发生业务关系的公司的名称。事实证明，他找出了 198 家那些销售代表们从来没有打过交道的公司。而那只是在一天当中的一份报纸上偶然找到的。突然之间这些代表们有了这么多新的目标客户。

要是我们带着目的——我们不停地问自己："情况有何新变化？我从未注意到的这些情况中有哪些是可以利用的？"——再去进行细致的观察，我们会发现自己在想："哦，你知道我从今天早晨的报纸中找到什么信息了吗？"

根据以往的销售经验，优秀的销售人员同时也是优秀的观察员。

观察的一部分就是始终寻找新的方法去做事。通过讲座和向你的亲朋好友们介绍你的工作可以找到新的客户。可能，对你来说，观察只是利用这些领域中的新的机遇。（请注意：通过公众演讲寻找新的客户远没有以前想象的那么可怕，它可能为你的销售工作带来意想不到的商机。在最近的一次演讲后，他就带走了 75 张新认识的人的名片。）

关键是你必须时刻努力寻找新的商机，这就意味着你要在一次演讲或专业集会后将自己介绍给每一个人，或者要给全部的客户或潜在客户寄一封信，或者要在星期天的报纸上找到新的商业机遇。总之，你得时刻注意细致观察，包括在你下班的时候。

问正确的问题

让我们这样来假设一下：你走进我的办公室，发现在我的办公桌前立着一头褐色的大奶牛。你不知道为什么我会在办公室里养一头奶牛，但你确实知道这样的一件事，我把牛养在那儿肯定有我自己的理由。

让我们设想一下我在办公室里养奶牛可能存在的原因，也许我喜欢喝新鲜的牛奶；也许我认为见到奶牛我就能够慢慢放松；又或许我喜欢它不时地发出"哞哞"的声音。

我们再假设一下，你是以销售奶牛为生的，同时你也不知道到底我是出于上面哪一点理由才把牛养在那儿的。在你开始向我介绍你的奶牛有多好之前，你会问我哪些问题呢？

成功的销售人员会问就像下面的问题：

"为什么会养一头牛呢？"

"你是如何获得这头牛的？"

"你为何决定把牛养在你的办公室的？"

而一般的销售人员可能会这样问：

"你不喜欢这头牛的哪些方面？"

要是我不喜欢这头牛，我早就会把它清理出我的办公室了。其他类似的比较愚蠢的问题还有："你喜欢这头牛的哪一点？"

有的那些业绩平平的销售人员根本就对我的牛置之不理，他们自顾自地打开一本自己销售的那种牛的宣传小册子，面带微笑地逐字地照着往下念。

"哦，我看见在你办公室中间有一头牛。"

"是的，3个月前我让人运来的。"

"太好了。你知道，我们的母牛产奶量比你现有的这头牛要大。"

如果我是一个"乳糖不耐症"患者怎么办？要是我的牛养在那儿是为了让我放松的呢？或者只是为了引起谈话的话题呢？或者只是为了给常来我办公室的某个人留下一些比较特殊的印象，或者我只是一个给牛拍照片的狂热爱好者呢？他全部那些关于牛奶的谈话对我没有任何意义的。

不成功的销售人员都是问一些没有任何意义的问题，或者索性就不问问题。他们所做的销售工作被我称为"击射式销售"。他们总是从刚进门时就尽力想促成生意，对于目标客户的所有问题他们都是说："哎，我们正好有你需要的产品。"，其实他们对于客户真正需要什么一无所知。

其中"O"表示"开始"，"P"表示现在，而"C"则意味着结束。注意这个结束是非常大的。在这一模式中，平庸的销售人员花许多时间来结束这一销售进程。他们的推销为的是能够给这一销售活动画上一个句号："我们也能做到，事实上我们可以做得更好。我们为你提供……如何？"

虽然这种销售模式很折磨人，会令那些潜在客户感到很不舒服，它偶尔也能做成生意。但它的成交额绝对没有你所期待的那么大数量。

现在所使用的模式是公司职员接受训练要学会的工作模式，这种模式是尽可能地不要结束。

这一周期分为4个阶段。你第一眼注意到的最重要的其实并不是结束阶段。（容我多说一句作为补白，同时也为了精确起见，对于"结束"其实不必那么热衷。我宁愿把"结束"这个词换为客户"使用"我们的产品，但是大多数销售人员已经习惯了使用"结束"一词，所以在此仍然沿用了这个词。）这一模式中最大最重要的因素就是面谈，也就是你找出那个人在办公室养牛的原因的初级阶段。

与前一模式形成鲜明对比的是，这一模式中的任何一个阶段所占据的时间都很短。有一个开始阶段，也可以说是取得谈话资格，也就是那个尤为重要的面谈预约的阶段。然后是陈述阶段，也是第二大因素阶段，但还是比面谈阶段小。最后有一个结束阶段，要是前面的3个阶段进展顺利的话，结束阶段就可能只是一个小点，只是简单地确认那个可能的客户愿意正式与我们商谈生意。

整个进程是由你主动提问进而推进的，关于过去、现在或将来的相关提问将会推进整个销售进程，如：

"哦，是什么原因促使你决定在办公室里养头牛的？"

"你用母牛作为缓解压力的工具有多长时间了？"

"你是如何发现缓解压力对你公司非常重要的？"

"你考虑过使用其他类型的缓解压力的工具吗？这些工具具体都是些什么呢？"

"在你把牛养在这儿之前，你为什么要选用那类缓解压力的工具？"

"当你把牛养在这儿之后，发生了什么事？"

"你在为你的雇员考虑其他什么缓解压力的方法了吗？"

那些不问问题而想当然地认为他们自己已经明白牛为什么待在办公室里的确切原因的销售人员是成不了销售牛人的。相反，那些承认自己不知道答案的销售人员会问很多有关过去、现在和将来的问题，再辅以一定的"如何"和"为什么"之类的问题，他们很有可能就此获得巨大的成功。

努力将销售工作进行下去

成功的销售人员明白必须让你的目标客户真正融入你的销售中去。你一个人卖不了东西，必须让你的目标客户与你真正合作。在适当的时机你应该采取行动推进整个销售进程。另外，当你的目标客户一旦退出时，你就应该意识到这一事实。

一个销售周期可以分为四个阶段。一般的人可能会做出下面的回答：

"目标是拿到订单。"

"目标是与那个人面对面地交谈。"

"目标是了解那位客户。"

"目标是问问题。"

"目标是结束销售。"

"目标是建立友好关系。"

"目标是播下将来关系的种子。"

所有的这些答案都没有什么特殊，并且所有的答案都是错的。

在上面那个模式化的销售周期中，各个阶段的目标始终都是向下一阶段推进。当你处于开始阶段时，你的目标是让那个潜在客户答应进入极其重要的面谈阶段。（我们把这种同意称做"接球"。）在面谈阶段，目标就是要让他为你提供必要的有价值的信息，好让你做出一份能让他心满意足的建议书。（这是整个周期中最长的一个阶段。）在陈述阶段，你的目标就是好好地进行——陈述，当你说："我认为这不错，你的意思如何？"时，你的目标客户就会进而真的做你的客户。（当然这个问题也标志着第四阶段也就是最后一个阶段的开始。）

在 D. E. I. 管理集团我们对于"潜在客户"的简单定义是正在和你玩球的那个人。一个潜在客户将会回答你的问题。你完全可以这样思考一下，谁来回答你关于褐色奶牛的问题？谁回答关于回头再谈的问题？又是谁回答你他们正在做什么、如何做以及什么时候做的问题？关于下一步的具体行动方案，如果你不能从他那儿得到一个准确的答复，那么他就不能被算做是一个真正的潜在客户。

那么能够采取什么战略来推进销售呢？最为重要的一点就是要在不管哪次面对面的会晤后要求再见面。无论你是谁、无论你在哪，也无论什么时候才能见他，你都要要求再见面。不可避免地，对方会说："史蒂芬，现在不是要求再次见面的好时间，现在正好赶在放假前，……"、"刚放完假……"、"现在快到夏季或冬季了"，或者"正好冬天刚过。"他们会给出上万条难以安排下一次见面的理由。这里能够告诉你的一点就是：搞清楚那个人是不是真的愿意接你打过去的球。要是你碰到的人什么时间都不适合再见面，那么肯定是哪儿出了问题。

成功的销售人员会在每次会晤结束时进而要求敲定下一次见面的具体时间，这样就能把整个销售进程向前大大的推进一步。有的销售人员也许会问："史蒂芬，我如何才能开口要求再见面？我还没有找到再次会面的理由。"你当然有理由再次回来。这是一个顶级销售代表在会晤结束时说的话："潜在客户先生，我有一个主意。我们不必急着现在就结束一切，我会仔细考虑一下你刚刚告诉我的信息，回去我会研究我刚才所做的笔记。下一周我把我们能为你做的事列一个提纲，一周后我再回来给你看一看我们的计划。"

事实上，这时你又把球给对方传了过去。你的对手要么伸手接过你传来的球，要么就把球打偏，对其不再理睬，让它落到地上。无论出现哪种情况，你起码应该知道正在发生什么事。

不要对第一次的顺利会晤表现得欣喜若狂。最困难的是能得到第二次甚至第三次会晤的机会。在第一次见面后没有任何迹象表明你已经被真的拒绝了。毕竟，就像我们了解的那样，安排第一次会晤要相对容易很多。真正的错过在于在第一次会晤后你并不知道自己所处的真正位置。

记住，在各种情况下，你的第一步行动目标是进入下一阶段。当你对你的潜在客户进行评估时，你应该这样考虑："我是不是把我的销售向前推进了一步呢？"要是没有的话，那么你就没做到和你的目标客户玩球，你的目标客户实质上也没有接你的球。

有一位销售代表说他拜访了目标公司里的一个职位很高的人，这是一位与公司总裁并肩工作了 16 年的女士。毫无疑问，总裁十分信任她，常常与她一起探讨。但当这位销售代表问："下周我能过来与贵公司的总裁见一面吗？"那位女士当时不露声色地说："说实话，总裁正在西海岸巡视工作，我不知道他什么时候会回来。还是让我打电话通知你吧！"

他们已经一起工作了 16 年，总裁什么时候能从西海岸回来，难道你不认为她知道得详详细细吗？她当然知道了。她那么说只是因为她当时选择了不接你传过去的球。对于这样的情况你又该怎么反应呢？你可以紧接着写一封信或者打一个电话，请与你接触的那个人看一下你最初的建议书，或者你可以直接请你的经理在一周后打个电话过去，那样他就可以说："吉姆是不是哪里做得不好？我真的认为如果他能够坐下与贵公司的总裁谈一谈对我们双方都会有利的。"无论你怎么做，你都在设法推进销售进程，而不是将那次会晤的成果白白浪费。如果两三次之后还是无法进入下一阶段，那么你应该承认与你打交道的人眼下不会成为你的客户，你应该采取有效的积极措施努力向下一个目标客户行动。

成功的销售人员深知必须让你的目标客户融入你的销售中去。你一个人卖不了东西，必须让你的目标客户与你有效合作。在适当的时机你应该采取行动推进整个销售进程。另外，当你的目标客户一旦退出时，你就应该意识到这一事实。

培养灵活的规划技巧

优秀的销售人员会制订一套目标客户管理体系，好让自己能够有条不紊地完成每天的工作。目标客户管理体系基本包括工作程序和工作准则，销售人员可以根据销售成交的可能性将其逐一排出先后顺序并做出详细的日程安排，精确地列出每天必须做的具体的事。

日常工作程序必须是由寻找潜在客户来实际驱动的。比如，说你有 20 个潜在客户，而你的成功比例是 1：5。这样也就意味着当你做成一笔销售生意时，你就失去了 5 个潜在客户。当其中一个成为真正的客户后，另外的 4 个就不再是你潜在客户了。所以你实际上是少了 5 个潜在客户。然而，我们的销售人员会在心里琢磨："哦，我做成了一笔生意，那么我还剩 19 个潜在客户。"其实并不是这样，你只有 15 个了。

然后，大多数销售人员会出去见剩下的那 15 个潜在客户，其实他们心里想着还有 19 个，然后又做成了一笔生意。现在，他们已经成功的做成了两笔生意，自己认为还有 18 个潜在客户。但是，其实他们只剩下 10 个了，因为在做成那两笔销售生意时，他们已经失去（或者将要失去）10 个了。

实事求是的说，在做成一笔生意后你丝毫不能松懈。在你销售成功后，补充潜在客户比以往任何时候都显得重要。因此，你的日常活动就必须以寻找新的目标客户为驱动。

把下面这句话写在一张准备好的卡片上，并且把它贴在你每天都能够看得见的地方："我需要不断寻找新的客户，这是我计划的关键所在。"

看一看现在那些你快要成交的潜在客户有多少，这些人你只要再见一两次面就可以了。与他们的生意马上就能够做成了，其实对于这些人你已经无须再做什么了。但是，如果你同大多数销售人员都一样的话，在大部分时间里，你还是在担心着这些人而不是在考虑那些刚结识的目标客户。其实，你应该尽力把自己的时间用在那些新近结识的目标客户身上。

成功的销售人员每天都会寻找新的目标客户——或者做一些类似此类的事。因为他们知道最应该把时间花在这件事上。

当你在做日常工作计划时，你应该问自己：我要花多少时间来寻找全新的商机？不是计划提供服务，不是计划打电话给现在的客户或那些快要成交的客户，也不是确认约定的时间。上述这些也很重要，但是他们远不如寻找新的商机更加重要。寻找新的潜在客户才是你要优先考虑的事。

实际上，只要你工作一天，你就得尽力安排全新的商业约会，也就是要寻找新的潜在客户。通常要花一个小时左右，最好是在一天的开始时就做好这样的计划。就算你对我说："我的工作是向现成的客户销售产品"，我也可能会问你："你上次坐下来在现在的客户身上寻找新的商机——向现在从你这购买产品的客户销售新产品——是在什么时候？"

一般情况下，那些围绕寻找新的商机而计划自己一天工作的销售人员都是十分成功的。所以寻找新的商机也应该成为你计划的头等大事。

生活并非一成不变，在你意料之外的事随时都有可能发生。因此，你必须采取灵活的方式来实现自己的目标。应该随时调整计划以适应新的变化。实际上，这一点十分重要。但是，你必须有一定的规律性。你必须逐日依次制订出自己的计划，要灵活，但同时也应该有一定的预见性，这是为了帮助你实现目标。你就要有规律地做好自己的日常工作。

有这样一个案例：

我有一个朋友在一家大的证券公司做销售代表。他告诉我说对他来说每天都是全新的。他有时起得很晚，有时起得很早；有时打电话，有时不打电话。实际上有时他会一整天都无所事事。当我从一名销售人员口中听到这些时，我当时就有点担心。我开始担心有多少他应该挣到的钱而实际上并没有挣到。

正好相反，和我的那些优秀的销售伙伴一样，对我来说每一天都基本一样：早晨7：00到办公室，大约晚上6：30回家。每周有4个晚上用来锻炼身体。只要没有训练，我每天都要打电话寻找全新的商机。我用足够的时间用来与人面谈。我的工作训练及生活节奏都有一定的连续性。我学会了怎么最大限度地发挥我的能量，充分利用每一天的生活工作节律做那些有意义的事。

你也应该让你的生活变得非常有规律。每天都定出最基本的那些工作计划，这一计划可以帮你筹划就像寻找目标客户或拜访客户这类的事情，还可以让你根据随时出现的新情况改进你既有的工作方式。

其实我们都认识这样的人：他们每天只是一味盲目地忙忙碌碌，立志要取得成功。他们无时无刻不在忙碌，但是他们始终无法到达成功的彼岸，因为他们没有遵循既有的规律，不知道在第一时间该做哪些事。因此，你应该养成好的习惯，做工作要有一定的规律。没有规律，你是难以取得成功。

在做计划时，一定要抓住三个关键词：坚持、运用和执行。是的，你必须得做到持之以恒，但要记住，没有规律的坚持只会把事情搞得一团糟。你必须运用所有可以运用的工具及策略。最后，你还得以实际行动去执行。绝对不能掉进总是计划却从不执行的怪圈。

有技巧地提出问题

在与某位潜在客户进行的面谈中，你应该不时地给他列举多种可能让他来选择。记住：当客户修正你的建议时，你本身就已经实现了双赢。

有些销售培训员会这样告诉你：永远不要问目标客户他们可能会否定的问题，或者是会被他们用来作为表达对会晤目的不满的相关问题。

根据以往的经验来看，成功人士的第一要诀就是要愿意说："很抱歉，我肯定做错了什么，但请你让我知道我在哪一点上疏忽了？"在这里需要注意的是，优秀的销售人员乐于以询问引导销售的方向，从而避免出现类似耽误会谈、把陈述搞砸，或者让那些与神秘委员会的突如其来的磋商把你搞得不知所措等情况。在销售进程中适时地进行询问："我做得怎么样"，并且确切地把你所听到的答案全部记录下来，你就极有可能与目前这位潜在客户做成生意。

让我们这样假设一下：你开车外出，但不知道怎么才能到达目的地。如果你把车停进一家加油站，摇下你的车窗玻璃，向加油站工作人员询问到西巴姆勒尔顿的路怎么走。你很有可能会听到一个压根就算不上是什么答案的答案。我不知道在这种情况下你的经历究竟怎样，但我的经历是我经常能够听到这样的答案："西巴姆勒尔顿？哦，有好几种走法。"

然而情况是你当时确实很着急，并不想知道许多种走法，你只想知道其中那条最好的、最快的路径。这就需要考虑怎么让加油站工作人员更清楚地回答我的问题。我会说：

"你看，我要去参加一个婚礼，你能帮助我吗？我要去西巴姆勃尔顿，我该走这条路（用手指着左边的那条路）还是那条路（指右边的路）？"然后，加油站的工作人员一般都会指着中间的那条路说："不，不，你该走这条路。"

同样，在与某位潜在客户进行的面谈中，你应该不时地给他相继列举多种可能让他来选择。（记住：当客户修正你的建议时，你已经实现了双赢。）

"那么，让我假设一下，你们的客户喜欢使用标准尺寸的小型机械呢？还是喜欢用大家伙？""事实上，我们大多数的客户都使用很小的机械。""好的，小型机械。"然后你就记下"小型机械"。（对于在与客户的会晤过程中做好记录的重要性，其实不言而喻。好的记录可以为你提供所需信息，激励你的目标客户与你进行自由的、无拘无束的进行交谈，从而提高他的积极性。）

全部客户都乐于修正销售人员的意见。因此就让他们修正——并且在整个销售过程中都要鼓励他们这样做。

实施这一原则的另外一种（可能是更直接的一种）方法就是要问："这方面我说得对吗？这合理吗？"对于类似的问题，对方极有可能会做出相关的反应，并且也会为你带来一些新的有价值的信息。

"那么，史密斯先生，我所说的内容合理吗？"不要把这个问题等到最后才说，而应该在你把最初的建议汇总前就提出来。要是你的建议对客户来说不合理，你可以问："那么，为什么不合理呢？我哪儿弄错了？"那么极有可能你的客户会说："杰克，不是你做错了什么。问题是……"

在整个销售进程中，你应该做好相应的准备，心甘情愿、并且要能够勇敢地问"这合理吗？"类似这样的问题，然后再认真地记下你听到的答案。

把客户的利益放在首位

确保你的优秀品质与行为吻合——你的言行之间绝对不能打蜡，言行必须一致。永远把客户的利益放在第一位。

在事业上取得巨大成功的销售人员在与客户的讨论中不会伪装自己的热情，不会用不正当的手段占什么人的便宜，就算是那些口若悬河的二手车销售人员。他们只是对自己的工作充满激情，他们由衷地乐意谈论自己销售的每一件产品。他们是真诚的，他们也能够信赖。

"真诚（sincere）"一词来源于希腊"没有蜡"产生出来的派生词。几个世纪以前，当一个泥罐打碎时，主人就会用蜡来修补这个罐子，随后继续使用。但是，一个真正贵重的罐子应该是没上蜡的，这是完美无缺的。在今天，要做一个成功的销售人员，你就得确保你的优秀品质与行为吻合——你的言行之间不能打蜡，言行一定要一致。

曾经我不得不从某一境况中抽身出来，放弃那笔生意，对我的客户说："等一下，你的目的是什么？在这一领域你要做成什么？"随后我听到的答复让我不得不相信：这家公司需要的不是销售培训或动机培训，而是我们目前难以提供的高级管理培训。我当时丢失了这笔生意，因为对于我们公司能做或不能做的事，我十分诚实。但我保持了这一联系，我为此保留了坦诚。

宁愿因为真正地考虑客户的长期利益而失去一笔生意，也不愿破坏客户的利益而赢得生意。要是潜在客户意识到这不是他们需要的产品或服务，那么你最好能以诚相待，转身走人，也不要做成这笔对客户没有任何帮助的生意。据我所知，那些顶级销售人员就是这么做的。他们有充足的经验和正直，说："你知道吗？我真的认为这不适合你。我认为你需要的是什么，不幸的是，我们不能提供。但我可以向你推荐可以提供这一服务的人。"

要想取得成功，对于自己所说的话你必须坚信不移。要是对自己的公司所能提供的产品没有信心，你就必须另外寻找商机；如果你没有绝对的能力为客户提供最好的答案，或者在整个进程中你一直难以以实相告，那么你就不应该做这笔生意！

永远把客户的利益放在第一位，事实证明你不会后悔这么做的。

第七章 最成功的销售绝招

提防因特网上的糟糕建议

"因特网上有关销售的内容，我该相信多少？"

目前因特网改变了很多人的销售方式。十几年前，我们实在难以想象每天获取重要的销售信息居然会变得这么容易。想了解一家公司吗？其实非常简单，访问它的网站即可；缺乏新的目标客户了？同时几十种在线资源可以为你提供新的可供接触的人士或公司；需要提高销售技巧的一些建议吗？网络上成百上千位销售专家（当然未必名副其实）正等着你去选中点击。

而这也正是你的麻烦所在。太多的销售"权威"利用自己的网站发布各自所谓的建议，其中有些蹩脚的建议可能会破坏你和你的潜在客户正在建立的关系。这些建议一般包括以下几种：

建议1：不要和潜在客户的合作制订任何的"合理"的计划，要使用强势战术。我们访问过的有的网站鼓励销售人员在和举棋不定的客户面谈时说："现在，难道你不认为这个产品能为你提供帮助，使你获益匪浅吗？"正确的方式应该是这样说："在这一方面，你们的确切目标是什么？"

建议2：找出潜在客户的最大痛处。有几家网站建议销售人员们用问题设计下"暗示"，让潜在客户意识到事实上他们十分痛恨目前的卖主。这样的问题有"你们还担心……吗？""那样会使你们处于什么样的困难境地呢？"不要想方设法找出痛处——这样的痛处可能存在，也可能根本就不存在。销售人员们应该集中精力找出客户现在大多都在做什么。

建议3：一直要想着成交。在我们之前访问过的销售网站中，不止一家把这一过时的建议作为建设性的建议及时提出，就像那些操纵性的成交"花招"一样，它们将会很快破坏与客户建立有效的关系。更实用的建议是："永远要问问题。"在经过深入完整地收集信息的过程——这一过程占据全部销售的75%的时间。之后，完全可以递交一份在对方看来极其合理的建议书，然后再问："在我看来这很合理，你的意见呢？"

现在，建立一家网站太容易了，但是，你要找到一家能为销售人员提供相关信息的负责任的网站却非常不易。因此，你要提防你从因特网上得来的那些所谓的专家建议。

举办活动，推进销售关系

"有几个以前的潜在客户，在我们上次和他们交谈时他们要'保持联系'，我实在难以想到。在几周（甚至几个月）的休眠期后，我想再从这些潜在客户中赢得一些良好的销售业绩，我要怎么做？"

"感谢你打电话来确认，但是我们下周的会晤恐怕得取消了。我们已经决定暂时限制在这一领域的所有开支。要在几个月后才会对此重新进行评估。请继续与我们联系，好吗？"

在销售工作中，无论一个销售人员是多么能干、语言多么富有煽动性或者经验多么丰富，他的潜在商机中总有一定的比例会在中途止步，不可能指望它们变成销售业绩——起码目前不可能。

真正的问题在于，你该怎么办？你怎么能够重新激起那些"不感兴趣"的潜在客户的兴趣，并且重新安排活动？

加拿大销售代表基诺·塞蒂提出了一条极其有趣的策略。基诺决定给每一位暂时不从他那里购买产品的潜在客户写一封真诚的信。信的内容大多数是这样的："非常高兴能够在前一阵与你进行会晤并讨论贵公司目前所做的事情，尽管那时未能将我们的业务关系向前推进，但我仍然十分想念你。"

同时，基诺邀请所有的"缺乏兴趣"的联系人来参加他们公司马上举行的某项活动。他这样写道："这样，你将有机会对我们的产品与贵公司的商业环境的适应情况进行现场评估。随信附上即将进行的训练内容，这些都是经过我们的客户同意可以向外人展示的。每一个训练项目我都附上了简要的介绍。"

收到了基诺的信的那些潜在客户，包括一些之前直截了当地拒绝了他的潜在客户都回话说他们对观摩某一具体的训练项目有浓厚兴趣。

这一写信策略还有其他的用途。基诺决定给他目前的全部客户各寄一封信，也发出了类似这样的同样邀请。信的开头是这样写的："首先，请容许我对贵公司允许我们参与某某公司的合作表示衷心的感谢。能拥有像贵公司这样的重要客户，我们非常高兴。基于此，我诚挚地邀请你参加……"

现在各种答复争相涌来。事实已经证明：基诺的邀请函技巧十分有效，它可以为你在客户或那些不怎么热心的潜在客户的计划中赢得（或巩固）自己的地位。

追寻肯定的答复

"我在那些没有成交希望的生意上花费了太多的时间。我如何才能知道谁是真正有兴趣和我们做生意的人呢？"首先，让我们界定一下我们所说的"潜在客户"指的究竟是哪些人。所谓的那些潜在客户，是指在特定的时间限制内，愿意采取积极的步骤认真讨论与你合作的可能性的那些人。

这是一个非常重要的定义。为了你自己，也是为了你的销售职业，请把它牢记在心。

办事效率高的销售人员一旦学会了识别那些不给自己肯定答复的人，并能够把他们与其他人真正区分开来。问题在于应该了解：在成交前相关的肯定答复会以不同的形式出现。实际上，肯定的答复都会包括下面列举的某种类型的对时间的承诺：

"是的，我将于下周二下午3：00与你见面。"

"是的，下周一上午我会介绍你和我们老板见面。"

"是的，我会看一下你的记录，然后再告诉你哪些可行，哪些不可行。让我们商定一下电话会谈的时间。"

"是的，我要安排一次全体委员会会议，你什么时候有空？"

"是的，我们希望你能够在1月1日开始。"

没有谁能够教你怎么让一个潜在客户做他不愿意做的事。然而，如果你能够接纳下面的建议的话，你就可以充分利用你的时间，最大限度地提高为你出谋划策、给你提供生意的潜在客户的数量。

建议1：长期养成习惯每天给许多的人"把球打出去"。（建议下一步的行动）

在确定自己每日要寻找的潜在客户的目标之后，你需要"把球打出去"。听起来可能会是这样的："我想和你见个面，谈论有关我们为某某公司所做的计划。我们能否在星期二下午3：00在你的办公室见个面？"

建议2：学会区分"听起来像肯定的答复"和"实实在在的肯定答复"。

"实实在在的肯定答复"是指对方明确地表示近期和你一起采取下一步的行动，会包括一个明确的时间（一般是在两周之内）。这些答复一般是这样的：

你：我们可以在星期三下午2：00再见一次面，进一步谈论这个问题吗？

潜在客户：星期三我没时间，星期五上午怎么样？

或者听起来是会这样的：

你：我们下周和你们的供货商见个面，确定一个计划怎么样？

潜在客户：是吗？主意不错。你什么时候有空？

建议3：把那些全部不实际的肯定答复都当作实际的否定答复来看。

这一点其实至关重要：停止在那些没有进展的人身上浪费时间。因此，如果那个人说"下个月的某个时候给我打电话"，那么他在我们客户名单上的位置自然就会排在那个说"让我们下周一下午2：00再谈"的人后面。

利用好"我没想到会这样"

"我刚刚进行了我这一生中最糟糕的会晤。当那位潜在客户拒绝我的时候，我不知道该如何应答。这种情况下你会怎么做呢？"

成功的销售人员在工作时一般都会坚持一项原则，那就是，客户所有的反应都是自己预料之中的。实际上这就意味着，作为专业销售人士，在过去的岁月中我们已经与形形色色的客户打过各种交道，在与潜在客户或客户会谈的过程中已经学会预料下一步可能会发生什么。简而言之就是有经验的销售人员不会经常被打得措手不及。如果这（被打得措手不及）是销售生涯的一部分的话——事实上，我们可以充分利用这一原则扭转乾坤，能够及时地化弊为利。

来思考一下下面的情景。艾伦——一名年轻的电信业销售代表——与比尔进行会谈，比尔是《财富》排名前 100 强的某家公司的管理信息系统（MIS）的中年主管。他们的第一次见面进展非常顺利，在会谈结束时艾伦对这位潜在客户说："我想与你再见一次面，届时我会向你递交一份初步建议书，那是我们能为你们提供的服务的大概计划，我们定在下周二下午 3：00 再见一次面怎么样？"随后形势就逐渐不妙起来。

比尔说："艾伦，与你谈话很愉快。你的项目确实很有趣，但是让我们都节约点时间，我在这儿负责电信业已经有 15 年了，对于你们公司所能提供的东西我一清二楚。我不认为你们的服务能满足我们的要求。但是，如果你愿意的话，你可以先回去，然后把你的信息邮寄给我，如果我感兴趣的话我再给你打电话。"

要是艾伦继续解释他的初步建议书对比尔的公司来说将会是多么完美，那又会如何呢？最大的可能就是比尔会十分生气。他甚至会建议艾伦先去做一些更多的相关调查再来与他谈。但是，让我们现在设想另一种可能，假设艾伦在销售方面经验丰富，他可以与比尔打个平手，将这一关系引向对他比较有利的方向。

这时，艾伦会显得十分惊讶。稍作停顿后，艾伦说："哦，我真没想到你会这么说。"如果艾伦说了这话之后就不再表示什么，有 95% 的可能比尔会问一个中性的问题，诸如："真的？怎么会没想到呢？"这样，他们之间就真的算是扯平了。

然后艾伦可以这样说："老实说，我们的谈话进行得如此顺利，我真的在期待另外一种结局。你能帮帮我吗？我是不是应该换一种做法？"

这种方法的好处就在于虽然你承认你很惊讶，但你其实是在证实所有的反应都是意料之中的。事实上，你对会谈施加了必要的影响，使事态向有利于你的方向发展。在这么说之后，你一般能更好地了解潜在客户的立场，这也正好是你所需要的正确的有价值的信息。

比如，在这一场景中，比尔会这么说："艾伦，事实是我们目前正忙着处理一个紧急的项目，甚至整个季度我都无法在电信方面做出什么重大的决定。"艾伦很可能会这么说："哦，你认为你什么时候才能和我们会谈呢？"比尔可能会定在下个月再见面，却不是下一周，但整个关系却是向前推进了不少。多亏了艾伦说的那句"我真的没想到你会这么说"，关系才能够得以有效进展。

这一技巧是销售过程中最重要的步骤之一，却也是最容易被忘却的步骤。当我说："我没想到你会这么说"时，我的本意是在说："帮帮我，我肯定错过了什么，告诉我哪儿错了。"事实上，你可以坦然地用这些话向潜在客户寻求一定的指导，可以充分利用潜在客户要更正你的直觉，陈述一些你认为不算正确的事实，并仔细观察你所得到的必要反馈。（例如，"在我看来你们想在今年春季前使这个项目到位。""哦，不，我们要更快，最迟 12 月 15 日之前。"）

一家电信公司的大批销售代表这么说："我们好像从来不能从拜访的人那里得到我们需要的信息。他们会认为直截了当地提问有些冒昧。什么才是使人向你敞开心扉的最好办法？"

这么回答他："犯一个错误。如果你在所提的问题中犯一个错误，别人的本能就自然会是纠正你的错误，你就会得到正确的信息，对方也会处于一个比较强势的地位，所以会谈就能顺利地进行下去。"

如果我们想知道潜在客户最重要的竞争对手的真实名称，我们不会直接问："谁是你们最重要的竞争对手？"相反，我们会这么说："我很好奇，你认为谁能对你们构成最大的竞争呢？会是 A 实业公司吗？"（这么问是因为我们明白地知道 A 实业公司不是这家公司最有力的竞争对手。）

潜在客户马上就会提出必要的更正："不，不是 A 实业公司，他们太小了，不足为虑。我们的对手要强得多，我们主要的竞争对手是 B 实业公司。"

你看到这一技巧是怎么运作的了吧？在短短的几秒钟内，我们就建立了一种友好关系，在谈话中允许对方占上风，然后就获得了一条至关重要的有价值的信息。

不久前，这种"犯个错误"的战略又帮助我们的一名销售代表同一家大型电子公司谈妥了一项系列训练的日期，这家公司当时其实正准备推出一种新产品。在提问过程中包含几个错误的假设，我们就能获得一些未为我们竞争对手所知的但是确实有一定价值的信息——正是基于这些信息，我们制订了一个为客户量身订制的建议书，最终做成了一笔价值十几万美元的生意。为了赢得这笔生意，我们摒弃了销售人员以往所关注的"要做到正确无误"的理念，而是设法让对方真正更正我们的错误。

不要担心要做到万无一失——要让自己被更正。在与客户会晤时刻意犯一个错误，这一念头好像是有点离经叛道，但是这么做却可以让你得到运用其他任何策略都难以得到的信息。

精心打造几个现实的问题，多多实践，你就能利用这一强有力的提问战略，试试看！

提防"休闲星期五"

"下周五我要去拜访一名客户，他曾经跟我说过，每个星期都有一天，他公司的成员着装非常随意。星期五就是这样的日子。为了做到入乡随俗，我要凭直觉穿着牛仔裤和套头毛衣去赴约吗？"

关于这一点，证据是显而易见的，如果你穿着随便地去一家客户的公司，你不可能获得成功的——你只会失败。无论你的潜在客户怎么说，无论那天的天气怎么样，也无论会谈当时进行得多么顺利，其实你最好的选择就是在进行销售面谈时，永远都要着装正式。

当然这一原则还普遍适用于那些你拜访的把"着休闲装日"延伸为"着休闲装周

的公司，也就是说这些公司中的每一个人——从公司总裁开始——基本上都习惯每天穿着卡基裤、T恤衫，或者其他的休闲装上班。就算是拜访这样的工作场所，如果你穿得和他们一样随意，也是犯了一个极大的错误。

为什么会这样呢？请考虑以下这几点：

首先，如果上班时间着装很随意，你就为自己的身份传达出错误的信息。作为一名销售人员，你的工作目的是一定要打破现状——也就是要打破这家公司目前的运营方式。永远不要忘记：你代表的是一种职业化的改变，这就意味着你的推荐完全不能混同于一个普通职员的推荐，更不能混同于一个普通熟人的简单介绍。想想看，一个商业顾问和一个沙滩小子，你最终会把公司的前途托付给什么样的人呢？

第二，如果着装很随意，你就会自然地传达出这样的信息：这并不是什么重要的事。而事实上，你的出现应当足以表明重要的事情正在发生。

第三，如果着装很随意，你就自然地降低了自己的洽谈等级。当你在确定费用问题以及确定重要的约会日期时，难道你不觉得使自己更具权威性和影响力会更好吗？

第四，如果着装很随意，你就向自己的雇主发出了一些错误的信号，也是向你穿着休闲装在自己公司里走动时碰到的所有重要人物发出了错误的信息：这家伙今天穿成这样到底要干什么？也许那家松松垮垮的公司雇用你是因为你的工作干得非常优秀，但这也并不意味着你就可以穿得像周末度假似的进行销售访问。只有当你一整天都待在办公室里，而且你的同事们都穿着休闲装时，你才能够随大群随意着装。

最后，值得注意的是，如果着装很随意，你就无形中减少了一天中其余时间的工作选择。如果说你穿着休闲装，就算没有与A公司格格不入，那么对于B公司又会怎么样呢？当你限制了自己的选择机会时，实际上你也就限制了自己挣钱的能力。

诚然，适当的工作装的标准也要因地而异，而你在出席鸡尾酒会和商业展示会时的着装也不会一样。虽然这样，穿着随意会让你付出代价。

有的销售人员说穿休闲装使他们觉得"更舒服"，但花时间和精力为一次会面精心打扮，穿着得体，被一致认为是"你应该把我所说的话当回事"的另一种表达方式。记住，在与潜在客户会面时，着装始终不要太随意。

找出什么发生了变化

"我的工作经常同客户服务打交道。我要问些什么样的问题以改进和公司客户的关系呢？"

案例：

几个月前，我闲来无事漫步走进了一家布鲁克斯兄弟连锁店。我的目的很简单——买一副背带。我只想买这一样东西。柜台后面的那些先生默默地凝视着我走过去并盯着他看。我说："我要买背带。"他拿手指了指，说："在那边。"

我随即朝着他所指的方向走过去。我只挑了一副背带，付了钱，然后就离开了那家店。整个交易就这样结束了。

大约过了一周后，我去一家电器商店。同样，我的目的非常简单，买一个简单的钟式收音机（大约卖20美元一台）。我只准备买这一件商品。我进了那家店，走到了柜台前，看了一眼收银台后的那位女店员。虽然我已经做好了先开口的准备，但是，让我惊奇的是，这一次我不必首先开口了。

柜台后边的女店员微笑着对我这么说："你好，这边请。"

"你好！"我应道，"你能告诉我在哪儿能买一台20美元的钟式收音机吗？"

请记住，这是我想买的唯一的商品。然而，在谈话的那段时间内，意想不到的事发生了。"当然可以。不过，仅仅是出于好奇……今天是什么原因促使你走进这家商店的呢？"

多好的一个问题呀！她确实对我生活中所发生的变化非常感兴趣。很显然，肯定某件事发生了变化，才会使我走到她的店里。尽管她不清楚具体是什么变化，但她想了解。因此她这么问了。（毕竟，在星期一早晨，我因为闲来无事而走进这家商店的可能性并不大。）我解释说我新近搬到附近的公寓，而公寓里空荡荡的，一无所有，我早晨无法按时起床。

她笑着把我带到了卖钟式收音机的柜台前，我挑了其中的一款。然后她问我想不想看看电视机。当然，这很合理，我搬到一所空空如野的公寓里，很有可能我要在加利福尼亚州住上一阵，这样我就很可能要买一台电视，再说，我已经来到了这家电器商店，为什么不顺便看一看一两种落地款式的新式电视机呢？我说："当然要看。你能告诉我卖电视机的柜台在哪儿？我看看你们有什么款式。"同时她还问了一些其他问题："要看一看CD机吗？微波炉呢？或者无绳电话？"

我本来只准备买一台20美元的钟式收音机，而1个小时之后我离开那家商店时，我却购买了价值2000美元的商品。这一切只是因为有人问我是什么变化促使我进而走进了她的商店。

你知道在你的潜在客户或客户的生活中近来真正发生了什么变化吗？当有人"出其不意"地给你打电话时，你是不是会问就像"是什么使你决定今天给我们打电话"之类的问题呢？

问潜在客户一些问题，集中询问他们的世界中究竟发生了什么变化。要重点询问对方设法完成什么目标，目前正在做什么，或者过去做了什么。对于一个销售人员或任何与客户及潜在客户打交道的人来说，这是一个非常了不起的策略。

明智地利用电子邮件

"我是一名经理，在处理电子邮件时，我和我的营销小组应该采用什么样的策略和标准呢？"

下面摘录了的10条使用电子邮件的策略，已经被事实证明对客户相当有说服力：

一、使用一个检查拼写和语法的专业软件。在你发送每条消息前，至少要读两遍。对于那些特别重要的信息，在发出之前，请一名同事来帮助你核对你的字体及拼写，并且打印出一份备查。

二、在发送邮件前要仔细地检查标题和内容。细致考虑一下你的电子邮件的内容是否对某一公司里所有可能收到邮件的人都适合。要记住你的收信人可以相对容易地把你的邮件转发给几十个甚至几百个人。如果你所发出的邮件是关于目前产品性能评估、或有关公司行政方面的内容，或者同时也包括了你或你的潜在客户的个人意见交流，在通过电子邮件发送这些敏感内容时你都要仔细斟酌。

三、换种邮件写作方式，用一种比较轻松的口吻措辞，或者在你的写作中加入重点强调。采用一种非正式的口吻就很好……不要完全拘泥于标准的书面语，有时适宜地采用一些非正式的口吻，能让你的信息看起来不那么形式化的。

四、把需要保留的信息存档，删除其他不相干的内容。文件保管得好，可以消除混乱，从而避免把某封邮件错误发给其他的客户。

五、在邮件主题栏内填上一个简明扼要、引人入胜的标题。好的标题能够帮助读者了解邮件的主题及其相关内容，进而激发他们的兴趣（比如：下周销售培训计划说明）。

六、在发送或回复电子邮件时，应随即附上自己的姓名及联系方法。在每一封邮件的结尾附上你的电子"签名"，用它准确地传送你的联系方式。

七、每天都要查看你的邮件。在现在的工作环境下，这和你每天查看电话留言一样重要。

八、在写一封同时分发给多人的邮件时，要注意对收件人的地址进行必要的保密，要在"暗抄"栏输入他们的邮箱，而不是在"抄送"栏直接输入。在"暗抄"栏中输入的邮件地址不会出现在其他人的邮件里面。如果你想着重指明收件人而又不泄露每一个人的电邮地址，你完全可以在邮件的开头附上收件人的全名。

九、不要仓促地回复任何的咨询邮件。对一个客户、联络员或同事做出一个草率的、简短的答复要比多数人想象的更加容易，但是这样的邮件，也很有可能被别人误解。如果你没有时间充分地答复某一问题，请在你的邮件里进行说明，等稍后适当的时候再继续解答。

十、三思而后行。记住永远不要发出在生气时写就的邮件。

直截了当提出面谈要求

"我如何才能争取到更多和潜在客户面谈的机会？"

无论是哪个销售人员打电话来要求与我进行面谈，我都会安排与他见面。我不会对我的电话进行任何筛选，也不会对他们进行百般刁难，如果他们想见我，我会尽可能安排和他们见面。。

基本规则十分简单，如果我在纽约办公室，你给我打电话要求和我见面，我就会为你留下一段时间。可能我们马上就能见上面，也可能当周无法见面，但是你会得到我的承诺与你进行当面的会谈。

这就出现了一个令人不可思议的问题，一个销售人员如果想与我进行面谈，他所要做的仅仅是给我象征性的打个电话。那么，为什么我还只是与其中少数几个见过面呢？

案例：

我上周基本上没有外出，我始终待在纽约办公室办公。但是我却没有和外面的任何一位销售人员见过面。

这并不是因为我前一周没有接到过销售人员的电话，我接到了！有时我在一天中就能接到一半打这样的电话。问题是我只选择安排与那些直截了当地说想和我见面的人进行面谈，而他们当中没有一个人是直接就提出要和我见面的！

相反，他们吞吞吐吐，尽问那些"试探性的问题"，从而使他们偏离了原本打电话的目的。可以推测的是，那个目的（大概）就是要和我定下一次见面的时间，好让我们两个人坐下来详细谈一谈，看我能不能答应使用他们的产品或服务。然而，这句话却一直都没有说出口。

这已经成为我们办公室里的一个笑料了。我常把电话放在免提键上，这样大家都可以听到那些打电话的人是如何顾左右而言他，但就是不直接提出见面的任何要求。我的工作人员都知道那个销售人员只需要提出一个具体的日期和时间，我就会说"好的"。但是，不知出于什么原因，使这些和我通话的人真正地提出见面要求变得却十分困难。

下面是一个真实案例。有人给我打电话说："你近来在调查股票市场吗？"

我说："是的。"

他说："你在研究这个领域吗？"

我说："是的。"

他说："我给你寄一些我们公司的材料好吗？"

我说："好的，我不反对。"

他说了声"谢谢"，并且告诉我他希望能尽快和我见个面，然后他就挂断了电话！

他只要问我："我们可以安排时间见个面吗？"我的答案一定会是："好的。"

如果这些销售人员能够少问那些"试探性的问题"，他们将会把多少个关系向前推进呢？如果他们出其不意地打电话，直截了当地提出想要见面要求，他们又能多见多少人呢？

不要急于成交

最好的成交技巧就是——不用技巧！

关于成交，人们谈论得一般很多，但你真正的目的并不是要在你所想象的对方需要的基础上结束交易，而是要让人们使用你提供的服务，并顺理成章地永远使用。

毕竟，人们不会因为卖家认为他们需要就直接购买产品，他们购买是因为对他们来说，为了达到自己的目的，他们应该购买。毕竟，如果他们这么"需要"你的产品或服务，他们就会主动出击，就用不着等到你费力去与他们联系。

一、停止猜测

那么，怎样才能提出一个比较合理的计划呢？许多销售代表只是凭空猜测，他们闭上眼睛，想象自己能够真正找到潜在客户当前的需求。有时，他们的提议确实符合客户的需要，但大多数时候不一致。

典型的高压"成交"伎俩会操纵对方购买——比方说，通过刻意的吹捧使对方的自尊心膨胀，做出其实完全算不上让步的"让步"，甚至会提供有关这笔销售、这家公司或者这种产品或服务的错误的相关信息。任何看过电影"Glengarry Glen Ross"的人大概都会记得一个片段，影片中艾尔·帕西诺想方设法留住某个客户的一笔钱，但这位客户佯称已经和另一位有影响的高级经理做成了另一笔生意，要求帕西诺马上退款。事实上，这位由杰克·雷蒙扮演的所谓的有影响的高级经理正是帕西诺自己的同事，也是一个销售人员，为了利益（如果这也是利益的话），他们俩正在精心策划一个圈套。

就是这么一个"成交花招"却真实地揭示了这样一个事实：这种为了留住一个目前犹豫不决的客户而使用的卑劣的、操纵性的手段，最终无法成功。

尽管明目张胆的欺骗在现实的销售中远远没有好莱坞电影中揭露的那么多（幸好如此），但是那些不磊落的"成交花招"也确实真实存在着。罗列这些花招的书有些卖得还相当得好。

彻底忘掉这些虚假的成交手段，与其说他们是销售，还不如说是真实的诈骗。我想要讨论的问题是：使用这些恶意的操纵性的强行的成交手段（比如其中最经典的一个就是："这是笔——你在签合同时使点劲，有 3 份呢"）的人，能够真正的销售出去产品吗？

当然，事实上，你的经历表明，无论你做什么，你只要出去见足够多的人，你就能向其中 1/3 的潜在客户销售出去产品，这也就意味着，许多销售人员在还没有收集到大量的有意义的信息时就能把产品销售出去，只是因为他们在适当的时候出现在了适当的场合和适当的人面前。他们所使用的那些所谓的"成交策略"原本无足轻重。

出于同样的原因，无论你怎么努力，你所见到的客户中也会有 1/3 的人决定不和你做生意。你失去这些生意，因为在你出现之前竞争就其实已经早就存在了，或者是由于一些你难以解决的问题。

当你退后想想这两个可能的销售基数群时，你可能会意识到其中还有 1/3 的生意要去争取，这些才是你应该集中精力去争取的那一有效部分。也正是在这 1/3 中，你的所作所为才能够影响到事情的最终结果。

二、开始变得合理

销售人员的目的是要制订出一个在对方看起来比较合理的计划，并竭尽全力赢得这"最重要的 1/3"的销售。但是要是你不了解对方正要做的事，你就拟不出这样一个合理的计划。要达到这一目的，必须通过一定的提问来获取有关潜在客户的信息。

在接下来的内容中你将会了解到以下的这些内容，一个理想的销售进程应该分为以下4 个步骤：

1. 探询（获得面谈资格）；

2. 收集信息（访问）；

3. 介绍（把那个根据我们所了解到的内容制订的、在对方看来也合理的计划拿出来交流）；

4. 成交（达到目的，对方同意使用我们的产品或服务）。

其中第二步骤（即面谈阶段）是整个销售关系中举足轻重的一步。也正是在这个过程中，你需要收集各方信息并在此基础上进而提出一个正确的计划。销售关系中其他所有的一切都取决于你在这一过程中所问的问题。不要"假设"你知道对方的"需要"。相反，集中精力收集事实，这样你就能够根那些据他或她正在做的事制订出一个相对合理的计划。

难题由你来提出

"帮帮我，我完全不知道目标公司里正在发生什么。我要怎样才能知道呢？"

销售人员经常会面临的最大的挑战之一就是要了解潜在客户在某一具体事件上的立场。

如果你去参加一次预约的会晤，而潜在客户对于是否要和你合作而犹豫不决，使你有一种"肝肠寸断"的感觉，你要怎么做验证你的直觉呢？大多数的销售人员都会犹豫不决，不敢直接询问对方的意见；他们会开始一段相当冗长的关于其他问题的讨论，而不会直截了当地提出关键的问题。这种做法一般只会起反作用，浪费时间。

让我们假设一下，你和一位潜在客户进行有效的面谈，你认为他或她在使用你的产品时最大的问题是难以接受你的报价。下面是一个可供使用的四步策略：

1. 直接说你不高兴或者有所顾虑；

2. 等待对方问你"为什么会这样呢？"（他/她总是会问的。）；

3. 简单地提出你没有把握的那些事项；

4. 倾听潜在客户的反映。

比如，在下次会面时，你可能会径直走进那位潜在客户的办公室，坐下，然后说："我非常担心。"然后就可能会欲言又止。那位决策者就会回应说："为什么呢？"你再回答："我认为我的价格没有竞争力。"

你自己提出了这个问题。这类陈述会让你的潜在客户诚恳地做出一定的回应。可以肯定的是：如果你能够注意倾听对方的谈话，你很快就能知道他/她关于你的定价的真实意思。

案例：

有一个做卫生保健的客户给我这样打电话，说她对于与一位大客户约定的注册情况没有把握。她和她的潜在客户曾经尝试过和目标公司的人士安排在下个月见面，但没有得到反应。是哪里有问题吗？那位潜在客户是不是决定无限期地推迟这次注册呢？如果不是这样，为什么没有反应呢？

我们所面对的问题其实十分简单：那位潜在客户也许是时间不允许吧？如果是，那是什么阻碍他进行会晤呢？根据既往的建议，那位客户给她的潜在客户打了个电话，说："我很担心，我们讨论过的8月份进行注册的事能如期进行吗？"

那位潜在客户说："是吗？为什么要担心呢？"

我的客户这样回答："我怕我们没有足够的时间为你安排好这次会晤。"

那位潜在客户说："你知道吗？我也很担心。让我们现在就确定这一日期。"问题解决了！

认真地研究一下你眼前这位潜在客户的情况。他对你报价的反应如何，你是不是没有把握？如果是，就马上给他打电话，运用我们上面学会的四步问价策略；你是不是很想知道他对产品的保修是否真的满意？如果是，那么运用这一战略，主动出击，自己提出这个问题，然后非常注意倾听对方的反应，他是否同意你对某一产品的可测量性的真实评价，你是不是没有把握？如果真的是这样的话，就自己提出这个问题吧！

按照这个四步骤策略行事，这样你就会从对方那儿得到反馈，你马上就会知道你必须把精力集中在什么位置上。

下面是实施这一原则的另外一种常用方法：有时我发现自己和某一位新客户进行了初步的会谈，但是，当时我完全不知道他对我的报价有何看法。并且我们之间的关系还没有发展到可以让我说："我很担心"时，我会换一种说法表达。我会说："你看，如果真有问题的话，人们通常就是在价格问题上产生了分歧。"然后我就停下不继续说了。

我做了什么？我给对方一个机会谈论我的真实报价。十有八九，他会开始谈论这一问题。他对于这一简单问题的反应就会告诉我自己所处的确切位置。

一定要找出眼前的问题所在，这是你的工作！很多潜在客户会说他们不能接受报价，其实他们正在试图掩饰其他真正存在的问题。你的责任就是要提出问题，找出是什么事情（如果有的话）在影响你们进行合作！

争取更多的回电

"我无法让人给我回电话。我留言了，但没有回音。有什么建议吗？"

起码你还留言了，而我们碰到的大多数销售人员，他们根本不习惯去留言！当你在打电话寻找商机时，你一定要给你的联系人留言。这么一来，只要你留言得当，出于好奇，对方很有可能会给你回话，那样你们就更有可能安排最终的见面。

下面介绍两条可以马上提升回话率的策略：

一、75%的回话率

下面的留言格式能够带来75%的回话率，请好好利用！

"你好！我叫×××，我的号码是1234567，我是×××公司的销售人员。我打电话是想谈谈关于我们公司在贵行业里的一家大客户，我期待着很快能与你通话。"

当然，你提及的公司一定是你们满意的公司之一。当那个人回电话时，你必须把谈论与提到的那家公司的合作作为打电话的由头。

二、99%的回话率

如果你要打电话的那个人曾经和你们公司里的某位销售代表已经通过话，在你的留言中，一定要适时提到这位代表的名字。

"你好！我是×××。我给你打电话是关于我们的销售代表×××，她上个月和你通过话。请给回电话1234567。"

这一技巧的回话率竟然高达99%！当你接到回话时，你只需说："我的记录显示上个月×××和你通过话，谈论过贵公司和我们合作的事，我想知道哪儿出了问题。"当你这么做的时候，你会意外的发现将发生两件非常有趣的事：首先，这位联系人会极力维护和他通过话的人；其次，他总会向你坦言是什么真正阻碍了你们的合作——就算他以前曾避免和你的同事谈论这个问题。他的解释一般都会是这样开始："事情是这样的……"

当你开始使用这两个电话留言策略时，你就有必要养成一个习惯，记录下你打电话的人和打电话的原因，并放在你方便找到的地方。要是你被一个回话打个措手不及（很有可能会这样），你可以这么说："琼斯女士，非常感谢你能回我的电话。让我找出相关的记录。请你稍等一会儿好吗？"这是一个非常诚实坦率、非常专业的要求，会为你赢得几秒钟的时间让你找到你真正想找的内容。

不要倾销产品

"在初次会晤的一开始，我就对我们公司、公司的产品和服务做了一个总结性的介绍，我认为这是一个很好的开端。介绍共花了我15～20分钟。但是，潜在客户的反映并不十分积极，这究竟是怎么回事呢？"

大多数的销售人员都被强化地教导要"找出潜在客户的需求"，因此他们所作的陈述就是要充分显示他们的公司能够怎么满足这些"需求"。

然而，这样就出现了一个现实的问题：它使你变成了一则活广告。第一次见面时，你一味地背诵着你熟知的"演说词"。你猜会如何呢？你的潜在客户很有可能早就对你所说的这些内容都心知肚明了。事实上，你只需了解6～8项普通的"需求"，然后在讨论它们时就能自然感觉良好。

对着一个潜在客户背诵一段相当冗长的、尽人皆知的独白被称为向潜在客户"呕吐"或者是向潜在客户"倾销产品"。无论我们怎么称呼这种行为，都是指在初次会晤时，我们向外发出的这些信息远远多于听者听进去的信息。事实上，这也是与潜在客户第一次见面不成功的最普遍的原因。潜在客户讨厌在第一次见面时听人倾销产品。

在评估人们的需求时，我们一般会想当然地认为自己已经对对方的事业了如指掌了，眼前这位潜在客户和我们上次会晤的那位客户面临着类似的问题。因此，我们就会自顾自地介绍着我们所能提供的产品或服务，或者拿着宣传册在那应付差事的照本宣科。这么做时，我们就失去了从这位潜在客户的谈话中收集有意义的信息的机会。结果就是我们又产生了一个拒绝合作的客户。

这么多的销售人员依赖产品倾销，原因就在于和潜在客户的会晤会使人产生莫名的压力。当我们受到那些压力时，我们就会转而依赖那些我们平时比较熟悉的东西——我们的产品和服务。可惜不幸的是，当我们这么做时，我们就丧失了双方交流的机会。

不久前，一家复印机公司的一名销售代表来真正拜访我们。会面包括简单地互致问候，几句关于天气及交通的寒暄，以及这位销售人员关于他的复印机的简要独白。这段独白进行了20分钟，没有人打断他。在独白结束时，他努力想与我做成这笔交易，但没有成功；他又试了一次，还是没能成功；然后他就收拾起资料径直离开了。

我为什么要给你们讲这个故事呢？因为我想让你们更加了解我甚至根本就没有考虑为什么要从他那里购买复印机。他也根本没有问我是从事什么工作的。

很难想象吧？他一个劲儿地向我竭力销售一台价值15 000美元的复印机，而对于我要拿它做什么用却一点也不关心。

不要这样做销售，不要让你的紧张使你失去了解潜在客户基本事实的机会。在随后的两节中，你将会找出和你的潜在客户成功地进行面对面会谈的最佳策略。

超越"连珠炮式"的销售

"我刚刚和一位潜在客户进行了面谈，进展得很不顺利。我逐一解决了对方所提出的问题，但我还是没能让他答应和我再见一面。我应该怎么做才不至于出现这样的结果呢？"

如果你和一位潜在客户进行了第一次会晤，他好像也一直侃侃而谈，但是却没有进一步的发展，眼看着一次进行得很顺利的会晤却陷入"谢谢，但不必麻烦了"的境地。我们经常会失去对这些会晤的实际控制，这是因为我们没能够进行正确的安排——或者，更差劲的是，压根就没有设法去安排它！

"连珠炮式"的销售实质上是争论式、自动反应式的销售，这样的销售把多数的时间花在驳斥反对意见上，而不是找出其中那些有意义的信息来阐释潜在客户的目标及活动。"连珠炮式"销售缺乏灵活性，最终的目的是重新赢得谈话的机会。这样的销售就是说："请保留你的意见，让我做完我的PowerPoint演示。"这不是一个切实可行的销售方法，同时也是一个没什么成效的开拓商业关系的方法。

我们目前了解到找出我们所认为的客户的需求并不可能对我们有多大的帮助；同时，我们也了解到我们真正的竞争来自客户目前所做的一切。

事实上，找出和我们谈话的这个人过去所做的、现在正在做的以及将来准备要做的事，将会给我们提供一个极好的机会来讨论我们能为他提供的实质性帮助，从而帮助他最终能够实现目标。

我们的首要销售目标就是要确定目前这位潜在客户想要做成的事——并且了解我们能否帮他/做得更好。了解潜在客户所要完成的重要事项究竟是什么以及我们能否帮助他们把这些目标变成现实，这远比直接地根据自己的想象而把一些事先决定好的解决方法强加给客户要更加合理得多。

那么，什么才是找出客户目前所做的事的最有效途径呢？问一些有关"做"的问题。让我们假设一下，我们正在销售投资管理的一系列服务。

下面是一个经典的提问的案例。这些问题集中在客户眼下正在做的事上——并且阐释了现状：

"我很好奇，如果我不给你打电话的话，（要为大学做一份退休或储蓄投资计划）你们会怎么做呢？"

这种关于"做"的问题并非随口而出，它是销售进程的一部分。整个进程分为以下4个步骤——探询、访问、介绍及成交。每一步骤的目的都是要把整个进程推向下一步，最终推进至第4步。图2-1列举了销售的理想周期。

在这4个步骤中，你认为哪一步应该占据你大多数的时间？

请认认真真地仔细阅读上面的图表。要注意到在销售的理想进程中，你的75%的工作都应该在陈述开始前就算是真的做完了。

你领会到它的真实含义了吗？它意味着目前我们已经收集了客户认为合理的正确信息，那么我们关于下一步的推荐（或计划）也会是合理的。如果真的是这样，我们的成交将会很快达成（也会非常简单）。

那么，所有这些将会对你计划第一次会晤产生什么有效的影响呢？在你的第一次会晤中，你将会把目标集中在从开始至收集信息这一步。你不会去做一个没什么价值还相当冗长的独白，更不会急着要成交。

如果你"总是急着要成交"，你就会无形中效率超级低下。那么你的销售模式就不是上面所说的那种，而是像大多数的销售人员所做的那样，如下图所示：

开始方格（O）很大——那就是产品倾销。然后，会问几个销售人员，他们认为存在的"需求"问题。这样的销售人员会这么问："你们有X吗？"潜在客户回答说："没有，我们有Y。"那位销售人员会这么说："好的，因为我们也提供Y。"这就是"连珠炮式"

的销售！紧接着就开始"倾销"产品——虽然这样的销售人员根本不知道为什么潜在客户会选择 Y 产品而不用 X 产品，Y 产品是怎么挑选出来的，或者该客户是否真的是正在考虑用 Z 产品来取代 Y 产品。

然后他们将会费很大的力气去做一系列的陈述，甚至会做出更大的努力去谋求成交。所有的努力因为缺乏足够的信息支持，是不会有什么结果的。

掌握 PIPA 顺序

"我不知道如何才能超越'闲聊'阶段。最好的策略是什么？"

在这一点上引荐（Present，P）、访谈（Interview，I）、寓言销售/或提出新的选择（Parable Selling（and/or）Present new option，P），同意或确认采取下一步行动（Agreement/Affirmation on next step，A）顺序可以助你一臂之力。如下图所示：

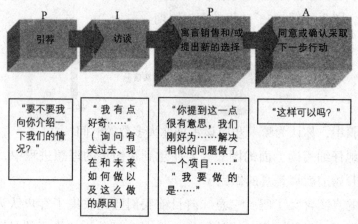

图 2-3　PIPA 顺序

这一 PIPA 框图能够让你和潜在客户的第一次会晤从一开始就产生意想不到的效果。来看看这一顺序在会晤开始时是怎么起作用的。（注：这一顺序适用于任何会谈的任何时段，但是，如果你在讨论一开始时就运用，则更易于理解。）

作为社交惯例，你们的会晤可能会是从那些"打破僵局"的问题（其实就是那些帮助你和对方建立相互信任以及认同感的问题）开始的。然而，请记住这一点：就算这类问题，它的目的也是让你能够充分了解你的潜在客户的独特境况。比如：

"我有点好奇，某某是怎么成为小型机械改造部副经理/高级数据分析师/首席执行官的？"

第一次见面时，当你说完这一段闲聊还没什么实际意义的话后，你就可以不露声色地转入销售的正题。PIPA 过程的"P"阶段就是真正帮你解决这个问题的。

一、PIPA 过程中的第一个"P"阶段

在简短的"引荐"过程结束时（通常会稍做停顿），依照下面的话询问一些相关的问题，这样的话就可以把谈话引向销售正题。

"潜在客户先生，要不要我向你介绍一下我们的情况？"

这样做了之后，你就真的提供了一个选择——也就意味着，开始实施了 PIPA 过程中的第一个"P"（引荐）阶段。

但是，这个问题（几乎总是会得到一个肯定的答复）并不是要让你直接进行产品倾销。有时（虽然不太经常），潜在客户也会直接告诉你他不想听你描述你们公司的具体业务，而想要问一些其他他想要知道的问题，那么你只要跟随他的引导进行就是了。事实上，这样一来，你无需进行什么形式的过渡就已经进入信息收集阶段了。

二、PIPA 进程中的"I"阶段——访谈

"要不要我向你介绍一下我们的情况？"这一问题让我们能够简明扼要地介绍我们自己的经历以及公司的历史。完全可以这么说：

"ABC 小型机械发展公司是美国最大的专门生产小型机械生产的公司。我们从 1923 年开始一直从事这一生产，自 1997 年以来我一直担任本公司的高级客户代表。"

随后你应马上提出问题，这一问题必须符合下面 3 个条件：

1. 必须全力集中于潜在客户目前正在做的事；

2. 必须集中于你为其他客户创造价值的一些其他广泛的具体领域；

3. 必须便于潜在客户进行回答。

在向客户提出这些对你有所帮助的问题后，你就要不留痕迹地过渡到第二个阶段，即 PIPA 进程中的最重要的阶段——信息收集阶段。所以你可以用下面的问题作为"关于自己"介绍的自然结束："潜在客户先生，我想知道你们以前曾与小型机械公司的客户合作过吗？"

（补白：在提出问题时，"我很好奇"以及"顺便问一下"是搭配非常有效的词组。）

再重新看一下从闲聊中过渡出来的自然过程：

1. 闲聊。建立相互信任以及一致的认同感；可以包括那些旨在了解对方过去的问题，如："某某某是如何成为……的？"

2. 你问："要不要我向你介绍一下我们的情况？"（潜在客户普遍都会同意你这么做。）

3. 你做一个简短的介绍。（最长不超过 2~3 分钟。）

4. 随后马上提出一个问题，这个问题集中询问潜在客户目前所做的事，集中于你在过去已经为其他客户增加价值的领域，并且还要便于潜在客户回答。

在这个过程中，各个步骤之间可能会是这样进行过渡的。要注意的是在简短的广告过后，你要马上提出问题：

"ABC 小型机械发展公司是美国最大的专门生产小型机械的公司。我们从 1923 年开始一直从事这一生产，自 1997 年以来我一直担任本公司的高级客户代表。我想知道你们以前曾与小型机械公司的客户合作过吗？"

1. 好好策划你的第一个问题

在闲聊阶段结束时就要明白你下一步计划问什么问题。

你没有什么借口在 PIPA 过程中略过"I"（访谈）阶段的第一个问题。假设你的公司提供投资服务。下面会给出"建立在做基础上"的一些问题，能够让你和潜在客户讨论有一个良好的开端。每一个问题都能够帮助你实现从"要不要我向你介绍一下我们的情况？"向信息收集阶段进行过渡。

（1）如果潜在客户问你：我很好奇——是什么促使你决定给我们打电话谈论有关这些投资策略的事呢？

（2）如果你问客户：我很好奇——如果我不与你们联系的话，你们会怎么做呢？

（3）我很好奇——你们以前和投资顾问合作过吗？

（4）真的吗？你们是如何选择他们的？

（5）我很好奇——过去你们集中做哪些类型的投资？

（6）他们是如何帮你们实现目标的？

（7）你能达到什么目的？

一般来说，你希望通过集中询问一些"如何"及"为什么"的"大"问题来深入了解过去、现在和未来。比如：

①过去："那么你们期待什么样的结果？"接下来可能的后续问题是："你们又是如何决定是否继续那么做呢？"

②现在："在这方面你们现在是怎么做的？"接下来可能的后续问题是："你们为什么选择同某某公司合作？"

③未来："你个人希望在这一领域实现什么目标呢？"接下来可能的后续问题是："你认为是不是离那个目标更近了？"

2. 确认你了解一些基本情况

就算你在问潜在客户问题时从不事先定好提问的顺序，你也应该在第一次会晤时搞清楚一些基本的信息。

具体来说，只有在以书面形式记录下下列内容后，你才能认为你的第一次会晤算是取得了成功：

（1）潜在客户工作历史的基本概要；

（2）潜在客户愉快地保持经常联系的内部及外部的客户类型；

（3）潜在客户尽力需要完成的事；

（4）以前在你这个领域的采购标准。

要充分了解过去采购的决策过程，可以问这个问题："你们为什么会决定那么做？"或者"你们是怎么才选中他们的？"

三、PIPA 进程中的第二个"P"

如果你已经收集了足够的信息，知道下一步的关系将会如何发展，你就获得了使用 PIPA 进程中的第二个"P"的大好时机。你将会提出下一步行动的具体建议。可以这么说：

"从今天你告诉我的内容，尤其是……看来我认为我应该整理出一个初步建议书，好让你了解我们在这一领域能给你提供什么样的帮助。我下周二下午两点再来一趟怎么样？"

永远积极要求采取下一步行动，这一行动应该简单易行、符合逻辑，必须是有益的，并且还要有具体的日期和时间。要直接说出下次见面时的会谈主题，而不是简单的问要不要再见一次，然后再考虑可能会发生什么事！

这里要注意一点，PIPA 进程中的第二个"P"也会让你想起"类比销售"——这一步骤让你可以利用你们公司既有的成功经验为自己安排下一步的行动。这通常会是（但不总是）提出下一步行动的最好的准备工作。

类比销售听起来可能会是这样的："很有趣，你提到了某某（XYZ）挑战——这与我们上一个客户汤米·比格舒特的情况非常相似。我们发现……"你完全可以这么结束："我下周二下午两点再来一趟，为你演示一下我们为比格舒特制订的计划，你认为如何？"

四、PIPA 进程中的"A"阶段——同意：你的下一步行动有意义了

仅仅提出下一步行动的建议其实是远远不够的。在 PIPA 进程中的"A"阶段，你必须确保对方能够真正明确同意你所提议的下一步行动。

你的潜在客户可能会马上对你的提议表示同意，随后他又会做出令人费解的或者不确定的反应。当他这么做时，你要巧妙地但是要坚决地弄明白他是否已经接受了你的提议。

最好的办法就是你随口这么问一句："那么，你认为下周这个时间我们再见一次面有意义吗？"

这样做的好处就在于要是对方认为这不合理，他通常会解释为什么不行。

如果对方不做什么解释，就试试下面列举的"我没想到"的技巧。

你："那么，你认为下周二下午两点我们再见一次面怎么样？"

潜在客户："不用了吧。"

你："老实说，我觉得很意外。我没想到你会这么说。通常在会谈的这个时候，当我们找出这些问题（XYZ）时，客户会急切地想知道下一步会怎么样，他们就会确定一个时间。我做错什么了吗？"

潜在客户："哦，不。不是你的错，问题出在我们这边，你瞧，事情是这样的……"

"事情是这样的……"，这是一些充满魔力的明显的字眼，随后你将会听到一些重要的信息。但是要记住一定要认真记下"事情是这样的……"后面的全部内容。这个信息极其重要。

第八章 行之有效的说服技巧

苏格拉底的说服法

苏格拉底是两千多年前的古希腊著名哲学家。可以实事求是地说，苏格拉底是在与形形色色的人们讨论各种各样的问题中度过了他的一生。他当时所创立的说服法，至今还被世人一致公认为"最聪明的反驳"法。

苏格拉底说服法的原则是这样的：当与观点不同的对手讨论或辩论问题时，开始时不要讨论彼此有分歧的问题，而是强调彼此相一致的共同点。当在各相关点上都全部取得完全一致后，对方原来的主张便不攻自破，说服最忌讳的是，起初开始时候，对方就公然表示反对意见，说出"不"字。

奥佛斯教授在他的《影响人类的行为》一书中曾经这样指出：

"不"是最不容易突破的障碍，当一个人在说"不"时，他全部的人格尊严，都要求他能够坚持到底。要想博得别人的同意或者说相同的看法是极其不容易的。有的时候你的问话让他说"是"和"不"都可以，但他们一般会采取后者，要是那样的话，你的交谈在开始时便结束了。当他说"不"的时候，他不会考虑太多。但事后就算他发现错了，然而他考虑到自尊，他仍需要坚持他的说法，而不是想法，所以他口头上还得"不"下去。所以当我们在和别人谈话时特别在一开始就用肯定的态度，这是最重要的，也是最为关键的。

一个懂得说话的人在真正说服对方时，一开始，他就要得到"是"的反应，接下去，他会把对方的心理导入其肯定的方向。

对于这种心理反应是非常明显的。当一个人说"不"时，而内心也确实表示否定的话，那么这简单的一个"不"字，还会伴随产生出好多现象。他的身体的整个组织——内分泌、肌肉、神经——完全成了一个拒绝接受的状态，你能够看到他身体产生一种收缩或准备收缩的状态。但是当一个人说"是"的时候，却完全不同于上述的反应，他的心理、神经、肌肉都不会有什么紧张的反应。这时他的机体已经是一种呈前进、接受和开放的状态，这样，我们的话、我们的行为，别人才能真正接受。因此我们在谈话时，越多得到"是、是"越能达到我们谈话的最终目的。

推销员首先应提出一些比较接近事实的问题，让对方不得不回答"是"，这是成功推销的最佳策略。

下面是一位出色的推销员的开场白。

"好可爱的猫儿，您一定很喜欢它吧?"

"对呀"

"毛色真是洁白，您对它的照料一定很周到吧?"

"是啊。"

如果遇到爱猫的客户，可以非常顺利地与客户搭上腔，这种方式一定能引起对方的共鸣。从而引导对方做肯定回答，再逐渐转移话题，"言归正传"最后切入正题，自然而然地转向我们既有的观点。

卡耐基曾经讲过这样一个故事：

有一位美国人名字叫詹姆士·艾伯森，他原本是银行的出纳员。一天，银行来一位年轻人，要求办储蓄业务。可当艾伯森要求他填写存款表格时，他竟然对有些栏目拒绝填写。

艾伯森当即灵机一动，说道，你不愿填的那些栏目也不是非写不可。然后，话锋一转：

"但是，假定你发生了意外，是不是愿意银行把钱转给你所指定的亲人?"

年轻人说："是。"

"那么你是不是愿意把这亲人的名字告诉我们，以便我们可以及时处理?"

"当然愿意。"年轻人随即又答道。

这时，年轻人似乎已经忘了刚才的态度，高兴地填满了所有栏目。

美国明尼苏达大学的马可·辛德和麦可·康尼汉做了一项这样的实验。他们随机打电话给 30 个人：问他们是否真的愿意回答公共服务机构的 8 个问题，结果有 25 个人同意。接着他们又打电话给另 30 个人，问他们是否真的愿意回答 50 个问题，结果有 24 个人拒绝。

过了两天，他们以另一研究机构的身份，打电话给当初第一批愿意回答的人，问他们是否愿意回答 30 个问题，结果近 70% 的人都一致表示愿意，接着又打电话第二批拒绝回答的 24 个人，问他们是否真的愿意回答 30 个问题，结果，只有 12% 的人同意。

这项研究已经证实：开始说"是"的人，他就会继续说"是"，相反，开始说"不"的人，就会一再地说"不"。

如果说服对象已持有相当顽固的己见，直来直去的说服，往往会碰钉子。聪明的办法，是将注意力从他敏感的问题上故意引开，寻找一些共同语言，攀谈一会儿。

美国总统林肯以强有力的说服者而著称。他的奥秘就是，在说服刚开始时，"先找到一个共同的赞同点"。一位记者评说林肯的演讲时这样写道："在前半小时，他使反对者同意他所说的每个词。接着，他从那里开始领着他们往前走，一点一点地，最后把他们全部引入自己的栏圈里。"

使用这种方法试图来说服对方，有一点一定要引起我们注意。

一定要努力创造出让对方说"是"的气氛，要千方百计避免对方说"不"。因此，提出的问题必须要精心考虑，不可信口开河。

例如，台湾有一推销员与顾客之间出现了这么一场对话：

"今天还是和昨天一样热，是吗？"

"是的！"

"最近通货膨胀，治安混乱，是吗？"

"是的！"

"现在这么不景气，真叫人不知如何是好！"

这一类问题尽管很平常，不论推销员如何说，对方都会回答"是的"，好像已经创造出肯定的气氛，可是需要注意他说话的内容，实际上却制造出一种无心购买的否定悲观的气氛。

也就是说，顾客在听到他的询问后，就会变得心情沉闷，当然什么东西也就不想购买了。

要使对方回答"是"，提问题的方式是极其重要的。什么样的发问方式比较容易得到肯定的回答呢？最好的方法其实应该是这样的：暗示你所要想得到的答案。

所以，在推销商品时，不要问顾客喜不喜欢，想不想买。因为你问他"你想不想买"、"喜不喜欢"时，他可能就会回答"不"。因此，应该这么问："你一定很喜欢，是吧！"

当你发问，对方还没有做出明确回答时，自己可先点头，你一边问一边点头，可诱使对方做出你想要的肯定回答。

下面摘录了部分让顾客说"是"的例句：

"你知道，顾客先生，这世界实际上是由三种人组成的：梦想家、思想家和实干家。首先是梦想家，他们每天幻想丰富但无所事事，最终一事无成。其次是思想家，他们甘于平凡，从不付诸行动来改变自己，最后是实干家，他们非常善于行动，是事业有成者。顾客先生，我知道你真正属于哪一类，所以你会做出正确的选择而不会让我失望，是吗？"

"亲爱的顾客先生。有时候以价格来引导我们作购买决策并不是非常正确的，你说对吗？没有人会想为一项产品投资过多的金钱，但是有时候投资太少也是一种现实的问题。投资太多你最多会损失一部分钱，但是投资太少，你购买的产品又不会带给你预期的满足。我很少发现，你能够用最低的价格买到最高品质的产品，这是经济的真理。在购买任何产品时，有时多投资一点来平衡你的风险。这是相对明智的做法是不是呢？假如你同意我的看法，为什么不多投资一点来选择你比较满意的产品呢？毕竟一般产品所带来的不便是很难释怀的。当你感受较好的产品所带来的好处及满足时，价格就已经没有那么重要了，你说是不是呢？"

"亲爱的顾客先生。美国有位极其伟大的将军叫鲍威尔，他曾经说过：'拖延一个决定或不做一个决定比做错一个决定来的损失要更大！'我们现在讨论的不也是一个平常的决定吗？假如你说'不'，没有什么事情发生改变。明天还是跟今天一样，你说是吗？要是你说'是'，你即将得到的好处是……"

"顾客先生，买这件产品就是一项投资，像任何投资一样你利用的时间要是越长，它的价值就越大。这就像骑自行车一样。你骑车的时间越长，他跑得就越远。但你可以在任何的时候停下来，下车。同样，买这个产品也同样是这个道理。你用的时间越长，他的价值就越大，而且你可以在任意时间将它卖掉。但你首先必须做的事，骑上车，脚蹬起来。我说得有道理吗？"

二者选一说服法

当你让人们必须在二者之间做出选择的时候，他们通常选择其一，他们很少做出第三种选择：也就是两个选择都不接受。

这种技巧尽人皆知，你甚至听过小孩子也这么用过它。"爸爸，你是今天晚上带我去录像厅还是明天去？"孙子走进冰淇淋店的时候对爷爷说："爷爷，我们今天要两份还是三份？"

美国有名的演说家赫拉曾这么说过：

"在竞选中，对那些正在犹豫该投票给谁的选民说：'选择我，还是选择对方？'这种两者择一的方法其实并不高明，而是应该对选民说：你们是要选我，让这个社会更为繁荣呢？还是要选择反对派的那名候选人，而使经济变得更加萧条呢？"

要是在众多的候选人当中，与其说服选民来选举自己，还不如挑选出一个对自己较有利的候选人，让选民只在他与自己之间进行必要的选举，这时选民会产生除了这两个人可选择以外，再别无他人的任何错觉。

让选民放弃还有其他选择的可能性后，再迫使选民不得不放弃选择自己不希望的那一个。

有两家相邻卖粥的小店。左边这个和右边那个每天的顾客相差不多，都是川流不息，人进人出的。然而晚上营业额汇总的时候，左边这个总是比右边那个多出百十元来，天天如此。于是，我走进了右边那个粥店。

服务小姐微笑着把我迎了进去，给我盛好一碗粥。问你："加不加鸡蛋？"我说加。于是她给我加了一个鸡蛋。每进来一个顾客，服务员都要客气地问一句："加不加鸡蛋？"有说加的，也有说不加的，估计大概各占一半。我又走进左边那个小店。

服务小姐同样微笑着把我迎进去，给我盛好了一碗粥。问我："加一个鸡蛋，还是加两个鸡蛋？"我笑了，说："加一个。"再进来一个顾客。服务员接着又问一句："加一个鸡蛋，还是加两个鸡蛋？"爱吃鸡蛋的人就要求加两个，不爱吃鸡蛋的人就要求加一个，也有要求不加的，但是一般很少。

就这样一天下来，左边这个小店就要比右边那个多卖出很多个鸡蛋。

二选一的秘诀其实最早是由销售训练师艾米尔·惠勒最先提出的，因此也称为惠勒秘诀。现在还是让我们免费听一听这位大师每小时500美元的课吧！

我们和客户约定见面拜访的时间时，比较恰当的方式是使用二选一法则。也就是，提出两个见面的时间来让客户选择，不要直接问客户有没有空，而应该问他哪个时间有空？你可以问客户："请问您是明天上午有空还是下午有空呢？"

当你问完这个问题后，要是客户说这些时间都没有空，你必须一直持续地问下去：那您后天的上午什么时候有空？要是他说后天上午也没有空，那你继续问他：那么后天的下午您什么时候有空？每一次都给他两个时间去做最终的选择，而不要只问他有没有空，你应该问他什么时间有空，就这么一直问下去，直到他告诉你什么时候可以去拜访他为止。

在这个过程中，常常会有人会碰到客户回答："你明天再打电话与我约时间。"当客户提出这样的要求时，在这里我们需要注意的是：绝对不可以答应客户到第二天再打电话约时间，因为第二天打电话约时间就意味着约不到时间了。所以每当客户要求你明天再打电话联系时，你可以这么说："先生（小姐），我知道您的时间非常宝贵，而我也不希望浪费您的时间，因为刚好在我的面前有我的行程表，所以如果我们现在就把时间约好，可能会比明天再打电话麻烦您更能节省您的时间。"

依照以往的经验，当你用这种方式回答客户时，差不多绝大多数的人都会马上同你约定好见面时间。

有一位名叫赛姆的汽车推销员听了惠勒的训练课后，感觉自己深受启发。"忽然间，我的脑袋像是开了窍，我知道该怎么做了。"他惊喜地这么说。以后在向客户推销汽车时他就经常会使用这种方法。

在此之前他总是这么说："彼特先生，只需付 35750 元，这辆车就归您了。您看怎么样？"结果客户实际上无法轻松地做出决策，他也许需要时间考虑考虑。

学了惠勒的"二选一"法则，赛姆与客户进行了下面的一段对话，卖出汽车就顺理成章了。

赛姆："您喜欢两个门的还是四个门的？"

约翰尼："哦，我喜欢四个门的。"

赛姆："您喜欢这两种颜色中的哪一种呢？是红的还是黑的？"

约翰尼："我喜欢红色的。"

赛姆："您要带调幅式还是调频式的收音机？"

约翰尼："还是调幅的好。"

赛姆："您要车底部有涂防锈层的还是不涂防锈层的？"

约翰尼："当然是有防锈层的了。"

赛姆："是要染色的玻璃还是不染色的？"

约翰尼："那倒不一定，还是染色的吧。"

赛姆："汽车胎要白圈还是银圈？"

约翰尼："银圈的吧。"

赛姆："我们可在 10 月 1 日上午 8 时到 12 时或下午 3 时到 6 时交货。"

约翰尼："10 月 1 日 8 时到 12 时最好。"

赛姆运用这个方法的巧妙之处就在于，以咨询的方式将选择的自由委之于顾客，不管规格大小也好，颜色也好，数量也好，送货日期也好，让顾客自己决定任选一种。只要顾客答出其中一种，这样就能够认定他已经决定接受了，按完成交易的手续办理。

在提出了这些对客户并轻易能够做的小决策后，赛姆递过来订单。轻松地说：

"好吧，约翰尼先生，请在这儿签字，现在您的车马上就可以为您工作了。"

在这里，赛姆所问的所有问题都假定了对方已经决定买了，只是尚未定下来买什么样的。

在使用"二选一"方法时，要真正注意所提的问题中最好不要用"买"字，这样顾客便会有主动感或积极的参与感，觉得这是自己的选择，而不是他们非要卖给我的。另外所提出的选择最好不要多于两个，要是提供的选择太多，这样就会使顾客看花了眼而难以定夺，这虽不至于完全丧失买意，也会在相当大的程度上影响成交，使生意瞬间就泡汤。

比如，对方打算要购买一批运输车，有2吨的、4吨的，当他想买又没有完全表示非常肯定的时候，你可以问："4吨的和2吨的，还是4吨的比较好吧？"

再如，在一次商谈中，其他都进行得非常顺利，只在付款的期限问题上对方表现得很犹豫，于是你可以问："分期付款的期限，是5年的，还是3年的好呢？"

用这种二选一的问话方式，使对方的答案能够控制，可以使你所掌握的主动权更大。

如果能够确保你把选择限制在两个以内，第三个选择就不起作用了，所以你要把第三个选择直接减掉。如果你卖汽车，你就说："我觉得刚才那个太小了，所以还是在红的和白的之间买吧。你喜欢哪一个？"如果卖房子，你已经让买主连续看了三套，你说："我觉得你不喜欢第一套那个主卧室，你还是从后面两套选择吧，你选哪一套？"

你还可以用这种策略消除那些反对意见。或许你卖房子，买主说："我们永远都不买这套房子，看那难看的绿墙。"于是你提出这样的两个选择："如果你买了，是想自己刷，还是找工匠刷？"不管他做出什么选择，你都赢了，不是吗？他会吹嘘说自己比油漆匠干的又好还又省钱，或者他告诉你他得去做其他更重要的事，没时间刷。他说什么都无所谓了，因为无论怎样你消除了他的反对意见。

绝对不要问只有"是"与"否"两个答案的问题，除非你绝对肯定答案是"是"。

例如，不要问客户："你想买双门轿车吗？"而要这么说："你想要双门还是四门轿车？"

如果你用后面这种二选一的问题，你的客户就难以拒绝你。相反的，如果你用前面的问法，客户很可能会直接对你说："不是"

下面摘录了几个二选一的问题：

"你比较喜欢三月一号还是三月八号交货？"

"发票要寄给你还是你的秘书？"

"你要用信用卡还是现金付账？"

"你要红色还是蓝色的汽车？"

"你要用货运还是空运？"

你不难看出，在上述问题中，无论客户选择哪个答案，你都可以顺利做成一笔生意。你可以站在客户的立场来想这些问题。如果客户告诉你他其实最想要蓝色的车子，他会用支票付款；他希望三月八日把货运送到他家之后，就难以这样开口说："噢，我没说我今天就要买。我得考虑一下。"

因为只要他回答了上面的问题，就表示他确定要买。就像辩护律师问："你已经停止打太太了吗?"这问题已经带有明显的假设（请注意，这问题不是："你有没有打太太?"）。嫌犯如果回答了上面的问题，无异于是在自动认罪。

这个方法的妙处在于，以质询的方式将选择的自由委之于顾客，无论是规格大小也好，颜色也好，数量也好，送货日期也好，让顾客任选一种。只要顾客答出其一种，就能够认定他已经决定接受了，按完成交易的手续进行妥善的办理。

在使用这种方法时，还会使顾客自然产生主动感或参与感，觉得这是自己在选择，而不是他们非要卖给我的。

下面是摘录了部分二选一的例句。

"顾客先生，这个产品一天只合 1 元钱。你什么时候买过一天花费不到 1 元钱的东西呢? 你知道，顾客先生，我敢打赌，就算一个小孩放学后洗车，挣的也比这个多。小孩能做到的事，我敢肯定你更能做到。怎么样，你是想要绿色的，还是想要蓝色的?"

"顾客先生，这就像私人养老金计划似的，你每个月都往里存钱，唯一的区别在于，你用不着等到退休才享受它的好处，你从第一天就可以享受它的好处。此外，你还同时拥有了一份每时每刻都在增值的资产。顾客先生，我想你是懂得这个道理的，怎么样，你是买一份还是二份?"

魔力句式说服法

推销常用语中有一句"魔力句式"，推销人员经常会应用这种句式，可以使推销效果倍增。这"魔力句式"是假设句式，也就是"如果……那么您……"

如营销人员这么对顾客说："如果您要购买的话，您愿出多少钱呢?"或者是说："如果您要买这件衣服，大概是给您儿子吧!"像上述营销人员所用的就是"魔力句式"。

推销人员采用"魔力句式"也是说服法的其中一种，顾客受这种句式的引导，通常会很自然地说出心里话，这样营销人员就能进一步展开进一步说服。针对顾客的反应来使用"魔力句式"，顾客就会不知不觉地自觉配合推销人员完成推销程序。

"魔力句式"为什么能够产生这样神奇的效果呢? 这主要是出自心理方面的原因，"魔力句式"是假设句式，推销人员用这样的句式询问顾客时，顾客在内心中一般不会把它当成真正的交易，顾客有退一步的余地。应用"魔力句式"，就算是那些常常有抵触情绪、常说"不"的顾客，因为当时处于轻松的氛围中，也会改变平常的态度，出人意料地接纳营销人员。这类假设是没有强迫顾客必须要购买某种产品，顾客因此也做实事求是的回答，而不必在内心建立起既有的防卫屏障，这样顾客就会顺着营销人员的思路思考，轻松地回答"魔力句式"所询问的各种问题，由于顾客在回答这种问题时压根不需要承担更多的责任，顾客往往会毫不犹豫地回答营销人员的问题。

还要逐渐养成经常这样说的好习惯："难道你不同意……"

例如："难道你不同意这是一部漂亮的车子?""难道你不同意这块地可以看到壮观的

海景？""难道你不同意你试穿的这件貂皮大衣非常暖和？""难道你不同意这价钱表示它有特优的价值？"当客户表示赞同你的意见时，也会衍生出肯定的回应。

如果你要说服对方购买你的保险，而对方已经有一点点首肯的迹象。于是，你便可问：

"如果你决定签下这份保险，受益人要填谁呢？"

如果你感觉客户将要决定买你的产品，你就不失时机的这样问："如果您决定要买，付款是用支票吗？"

还有一种反问式的回答，实践证明也是行之有效的。

所谓反问式的回答，就是当顾客问到其中的某种产品，恰巧当时正好缺货时，就得运用反问来促成销售。这里举例来说，顾客问："你们有银白色电冰箱吗？"这时，推销员不可回答没有，而应该随即反问道："抱歉！我们没有生产银白色电冰箱，不过我们有白色、棕色、粉红色的，在这几种颜色里，您比较喜欢哪一种呢？"

刺激欲望说服法

美国著名的推销商戴维先生讲了一个他亲身经历的搞笑故事。

一位中年顾客和他谈了15分钟后，这位顾客向戴维当即订购了一个热水器和一个新式煤气灶、一台电子微波炉，并约定第二天早上8点来取货。可是到了第二天，这位顾客却打电话对戴维先生说："不要了。"戴维先生既没有马上作罢，也没有埋怨，他驱车前往他家，直接微笑地问："为什么呢？您昨天不是高高兴兴地和我闲聊这些炊具的好处吗？"

"我太太说免了罢，因为用热水在煤气灶上烧就可以了。旧的煤气灶还可以用……"

"那么电子微波炉呢？"

"我太太说：'家里有电炉，也有火锅，何必再花那么多钱。'"他还接着说："我太太说准备省一些钱给我买一部摩托车。"

戴维先生这时突然打断他，问道："对了，您不是刚买一套新楼房吗？""不错啊！"戴维先生继续这样问道："以先生的财力买一部摩托车易如反掌，从前怎么不买呢？""那时我太太一直怕我骑摩托车有危险……""现在难道就不怕了吗？"说到这里，两人都不禁哈哈大笑。戴维接着又说："先生，依您的财力和身份，我看买汽车才和您的身份相配啊！德国的'奔驰'、美国的'福特'、日本的'丰田'，七八万就能够买到八四或八五式。有了汽车，不但会提高您的身份，而且事业会取得更大的成功……您希望要大型的，还是小型的？"这位中年顾客吞吞吐吐地说："买汽车是我多年的愿望，我不知道买哪种好，您是内行，是否能帮我……"

"我也只是略知一二，不过我乐于效劳，但是新房子、汽车和旧灶炉是很不相称的啊！"

听了戴维先生的这番谈话，那顾客不禁说："是啊，我们还要热水器、煤气灶，还有微波电炉，请您马上派人给我送货，顺便也请几个人给我安装。""噢，您要慎重考虑，不要勉强自己，您太太的意思应该考虑考虑……"

"没关系，没关系，这事还是我说了算。其他就拜托您了……"

通过上述这个事例，我们可从中了解到顾客退货并非是因为缺乏支付的经济能力，而是又想买摩托车。为什么要买摩托车呢？因为他觉得那样与自己的身份、地位更相匹配。于是戴维先生就抓住这个想提高自己身份、地位的欲望为突破口，劝他赶紧买汽车，燃烧起对高层次生活的欲望，然后在关键时刻话锋一转，使对方觉得原来的订货和他求得社会地位的欲望之间其实并不矛盾，于是便水到渠成地完成了原来的交易。

不可否认，每个人都有各自的欲望，一个人在不同时期又有着不同的欲望。而人们的欲望只是深深埋藏在心底，难以被人们觉察，只有通过我们的头脑和嘴巴，使这种欲望原形毕露，再利用它进而达到最初推销的目的。

当然，察觉其真实欲望并不容易，而刺激欲望更不容易，需要一定技巧，要对症下药。

消除疑虑说服法

俗话说，"嫌货才是买货人。"顾客之所以要提出异议，就说明他对你的产品更加感兴趣；顾客越有兴趣，就会越认真地思考，也就会提出越多的意见。要是他对你的一个个建议无动于衷，没有表示丝毫的异议，这就说明这位顾客没有一点的购买欲望。

通常，当人们变得吹毛求疵、狡猾又难对付，并且与你反复讨价还价的时候，他们已经是打算买你的东西了。可能这并不是放之四海而皆准的规律，但事实却大多如此。

在顾客决定要购买之后，推销其实才真正开始。

如果顾客要买的是一块名贵的手表或价值昂贵的相机。第一次去商场看样式的时候，他把目光投向琳琅满目的各式产品之上，一般欣赏的是它的外观。但是，当他真正要从口袋里掏钱的时候，就会发现哪怕是最微小的划痕或损伤。这是因为他现在已经决定要买了，而且要求完美。所以，要注意那些你给他们看每一件东西他们都说喜欢的顾客，他们的诚意值得怀疑。

顾客在不想买你所售商品时，有时候会说出真正不想买的原因。这时候你也可以对症下药。

一对夫妇在某大型购物中心看了"爱妻"牌煤气灶后问价钱，售货员答道："260块，太太，您看看要哪一个？"

"这个炉面长度太短，电子开关只是唬人的玩意儿，恐怕用不了几天就会失灵，那就危险了。再说喷火嘴也不理想，既然可以取放自如也就不牢固了。"那位先生指着煤气灶对太太滔滔不绝地这么说着。

面临着顾客的这些顾虑，有理由排斥他们吗？如果是我们自己面临这样的选择，不也会产生同样的疑虑吗？而且正是因为他们提出了这么多疑虑，才给我们以这样的启示，作为一位精明的生意人，应对顾客的疑虑做出必要且令人可信的解释，达到以理服人。

一般情况下，顾客最常见的疑虑有：

针对经营者本身的疑虑；

针对公司、企业的疑虑；

针对产品的疑虑；

因个人的实际经济状况而产生的疑虑；

针对服务品质的疑虑；

针对商品价格的疑虑。

不管什么理由的疑虑，我们可用三个步骤与顾客讨论：承认对方立场并与之同调；剖析顾客拒绝之理由；明确指出顾客心中的那些疑点。根据这些疑点——表明我们的观点，并诱导顾客与我们达成一致。

在消除顾客疑虑的同时，除了要尽可能设身处地、坦诚相待的原则外，还要让商品吸引对方，使对方自然产生"口渴"之感。

一位厨具商和一家承包经营饭店的经理正在做一笔价值30万元的整套厨房设备的生意。饭店经理以价格昂贵为由而犹豫不决。这位厨具商意识到积存在经理心中的疑虑，向饭店经理建议道："刘经理，恭喜你，您可真是独具慧眼，在这旅游胜地承包了这间饭店。作为旅游观光者，大多都喜欢优雅而整洁的环境，如果你最先彻底更新厨房设备，我相信这间闪光的厨房，定能使您宾客如云、生意兴隆，到那时你还得要感谢我呀！"

"对，要想钓大鱼，就得放长线。"刘经理心中的疑虑马上就消除，立即爽快地买进整套厨具。精明的厨具商也因此赚了许多钱。

总之，许多疑虑都能够成为顾客拒绝的理由。当顾客有疑虑时，我们应力求在与顾客讨论过程中消除对方的疑虑，把他们的购买欲望间接转化为购买行动。

当然，消除疑虑的技巧和原则有多种多样，关键在于因人而异，掌握说话的技巧。

有位农村大娘去商店买布料，售货员小晋迎上去打招呼："大娘，您买布吗？您看这布多结实，颜色又好。"谁知，那位大娘听了并不高兴，反而暗自嘀咕起来："要这么结实的布有啥用，穿不坏就该进火葬场了。"对大娘这番话，小晋当然不能随声附和，但不吭声又等于默认了。稍一考虑，小晋便笑眯眯地说："大娘，看您说到哪儿去了。您身子骨这么结实，再穿几百件也没问题。"就这么一句话说得大娘心头发热，不但高高兴兴买了布，还直夸小晋心眼好。

这位农村大娘起初并不想买的原因是自身存有自卑心理——担心自己的身体状况。售货员小晋用"身子骨这么结实"这句赞美之语，消除了大娘的自卑心，用"再穿几百件"这句幽默之语，引得大娘心里高兴，并且话真的说到了点子上，简单的只言片语便使得这位大娘无比开心地购买了布料。

承认缺陷说服法

什么商品都客观上存在一些缺陷，这些缺陷对你的推销存在着诸多不利的因素，多数时候，它是你推销失败的罪魁祸首。当你在推销一件商品的时候，如果能恰当地利用这些不利因素，你就能把失败间接地扭转为成功。

当然，产品的优点越多越好，但世界上没有一样完美无缺的产品，真正影响顾客购买与否的关键点其实并不多。当顾客提出的拒绝有事实依据时，你应该积极承认并欣然接受，极力否认事实是非常不理智的举动。

顾客原本并不想购买你的商品，有时候是因为你所售的商品有点瑕疵。对于此种情况，与其遮遮掩掩，还不如大胆指出。销售商品时，你说出对你自己不利的话语，顾客会在意外之余，默默产生一种信任感。因此，顾客会变"不买"（因为商品有瑕疵）为"想买"（因为你坦诚）。

王小姐去服装市场购买衣服，转了几圈后她找到了一件款式和颜色都比较称心的套裙，可惜这件套裙上有一处小毛病。文静的王小姐发现后，并没有直接告诉售货员，而是想到别处看一看。这时候，售货员就说话了："欢迎您来到我们店，可惜这种式样的衣服就一件啦，并且这一件还有点小毛病，我如果长得像您这样标致，我也不买。"王小姐听后心里暗想：这位售货员大姐可真够实在的，从她这里购买衣服肯定不会上当受骗。她转身又看了看那套裙，觉得尽管有点小毛病，但是并不显眼，其实也算不上什么问题。于是，王小姐心情顺畅地最终购买了这套衣服。

销售衣服，只向顾客讲解衣服的优点，尽力避免提到衣服的缺点，这本是常理中的事。但该售货员并没有讲一句该套裙怎么怎么好，也没有去劝王小姐买，而是反其道行之，直率地道出了该套裙的瑕疵。这种违背人们常规推理的做法，使得王小姐打消了不买的疑虑，高兴地购买了服装。

人无完人，金无足赤，无论什么样的商品都会有优点和缺点。有的推销员对自己的商品夸夸其谈，大肆渲染；有的推销员把别的同类商品进行比较，攻其一点，不及其余，也有的推销员刻意暴露自己商品的某些缺点，把顾客的眼睛引向这些微不足道的方面，而忽视了其他方面的缺点。这种主动暴露缺点的推销技术，往往会获得成功。

引用例证说服法

举例说明问题，能够使观点深入浅出，更易被顾客接受。人们在研究中发现，用1倍的事实来证实一个既有的道理要比用10倍的道理去论述一件事情更有效。

现在比较以下两种说法，看哪种效果好。

甲："使用这种机器，可以大大地提高生产效率、减轻劳动强度。它受到用户的广泛好评，订货量与日俱增。"

乙："××钢铁厂使用了这种机器，生产效率比过去提高了40%，工人们反映操作方便，效率高。现在，该厂又追加订货10台。"

推销员要努力创造有利的推销气氛，刺激顾客的需求欲望，从而激发顾客的购买欲望。甲例中，推销员的讲解一般是由一连串简单的肯定句子所组成，缺乏事实根据，难以让人信服。乙例中，推销员引用了一个典型的实例和数据，有根有据，让人不可不信。

推销员引用例证，要注意例证的实际分量，越是切题的例子，就越具有说服力。

在引用例证时，推销员应注意以下几点：第一，讲真话，不可编造例子，要从事实中去搜集；第二，要具体，最好不用笼统的概括，多用具体的实例，力求明确；第三，求生动，讲述情节，引人入胜；第四，直接切入主题，所引例证是为商品服务的，切忌风马牛不相及。

用讲故事的方式来说服也是一个比较常用的好办法。

平时要多留心收集各种有趣的故事，以便能在适当的时机运用在交易当中。多一则故事就等于在山穷水尽时多了一条路，无异于是替顾客开了一扇窗，让他们汲取别人的经验。它既能娱乐听众、鼓舞顾客以及吸引顾客更多的注意力，又能再一次为你提供成交的机会。

任何商品都有它独特并且有趣的话题，例如，它是怎样发明的、发明的过程、怎样生产出来的以及产品带给顾客的好处等。以故事作为销售的突破口，一般都会无往不利。保罗·梅耶说："用这种方法，你就能更好的迎合客户、吸引客户的注意，使客户产生信心和兴趣，进而轻易地达到推销的目的。"

一位推销员在听到顾客询问"你们产品质量怎样"时，他并没有直接回答顾客。而是给顾客讲了一个这样的故事："前年，我厂接到客户一封投诉信，反映产品有质量问题。厂长下令全厂员工一起去千里之外的客户单位。当全厂工人来到产品使用现场，看到由于产品质量不合格而给客户造成的惨重损失时，感到无比地羞愧和痛心。回到厂里大家纷纷表示，今后绝不让一件不合格的产品进入市场，并决定把接到客户投诉的那一天，作为'厂耻日'。"推销员没有直接去说明产品质量究竟怎样。

假定成交说服法

在整个销售过程中，你要在内心不断地假定已成交。从开始接触客户到成交，你都要这样假定——如此假定自己会成交的次数越多越好。

当你不断假定那笔生意会成交时，你所做的事就会全部以成交为目的。于是，你把一个信号传播到客户的潜意识里，这样就能驱使他们购买你的产品，因为你客户的潜意识正在出现"购买，去买"的信息。

在假定成交时，你完全可以运用一些说话技巧。下面几则技巧，各行各业的推销员都可以交替进行使用。

"我会直接把发票寄给你。"

"请在这里签字，写用力一点。"

"我要恭喜你做了明智的决定。"

"我会把它当成礼物包起来给你。"

上述的技巧要在客户同意买你的产品之前使用。它们非常实用，你只要假定客户将要买你的产品就行。你完全用不着去问客户"你的发票要送到哪里"或"你今天想预付些定金吗"这类问题。

例如，一位保险经纪人可能会这么说："我将把你写在汽车保险金贷款单上面。"一个电视推销员可能会这么说："你不妨边考虑边看，我们的产品很容易脱手。"诸如这类的陈述应该收藏在你的锦囊内，以便随时能够取用。

例如，一家男子衬衫制作公司的推销员到男士服饰店盘存，他这样告诉店主："你需要一打以上大号的白衬衫，半打中号白衬衫，四件小号白衬衫。然后，蓝衬衫……"

这里一定要注意，他并没有问："你需要再订购些衬衫来补足你的存货吗？"

同样的道理。股票经纪人会这么说："我们已经赚进了丰厚的利润，现在我们以每股40元的价钱卖出 XYZ 公司 2 千股的股票，再以 10 元一股买入 ABC 公司 8 千股的股票。"

此处，股票经纪人会假设已经成交。他不问："你想要卖 XYZ 公司的股票吗？"或"你想买 8 千股 ABC 公司的股票吗？"

这类方法有人称其为"尝试成交"。其实，这样的叫法并不见得好，因为它暗示你只是去试探看看客户是否准备购买你的产品。而你的确不应该只是试探——当你认为他已经准备买你的产品时，你应该努力完成这笔交易——每个企图都是真的，不是试探。

然而，如果你假定客户已经打算要买了，却没有做成这笔生意，你只要重新整合说辞，提供更充足的理由让客户知道他应该当场就要决定购买。

有一个推销汽车的高手这样介绍了他的经验：

当我要求客户把名字真正签在订单上，而他没有付诸行动时，我并没有太在意。我反而会向他解释其他问题，诸如：为什么在今天会有这么多顾客都想买车。我设法让他同意我的看法，然后我再次请他把名字签在订单上。要是他还是不签，我会一次又一次地企图完成这笔交易。

我就会这么假设："星期三以前，我会把车子准备好。下午 4 点来拿车好吗？"或者"你要涂一层防晒漆吗？"客户一有相对肯定的回复，我马上把订单递给他，并且告诉他签字的地方。

有时候，我会缄默地指着虚线的地方。在默默无语的情况下，他签下这张订单。当然，要是客户有异议，我会针对他不愿购买的理由直接处理。当我觉得他对我的答复很满意之后，我会再度假定已经成交，同时努力完成它。

制造悬念说服法

假如我告诉你有一种东西的确能增加你的收入，你可能会无动于衷。但如果我说："你猜猜我口袋里装的是什么?"你一定会充满好奇，并想看清其庐山真面目。

诚然，推销员不会在顾客办公室说这样的问题。我是说你要利用产品特点给客户制造一个悬念，吊起他的胃口。但千万要记住，你所问的问题一定要是做肯定回答的，否则，你就"死"定了。

顾客看完你的商品后，并不想去购买。这个时候，你直接向其讲述该商品同其他商店所售商品相比，质量如何如何好，价格如何如何低，顾客其实是听不进去的。如果有一种办法，能够使顾客抱着一种朦胧的好奇心，停下来，听听你的讲解，则就能够使你所售商品卖出。这种妙法就是制造悬念法。

在一次贸易洽谈会上，卖方对一个正在现场观看公司产品说明的买方说："你想买什么?"买方说："这儿没什么可以买的。"卖方说："是呀，别人也说过这话。"当买方正为此得意洋洋时，卖方微笑着又说："可是，他们后来都改变了看法。""噢，为什么?"买方问。于是，卖方就这样开始了正式推销，该公司的产品才能最终卖出。

上述事例中，卖方在买方不想买的情况下，没有直接向其叙说该产品的情况，而是刻意设置了一个疑问——"别人也说过没有什么可买的。但后来都改变了看法。"就此引发了买方的好奇心。于是，卖方有了一个比较好的机会，向其推销该产品。

推销员如果起初就这么说"你要不要买这种商品?"就会产生不好的效果，不能马上形成交易。而应该先谈些商品销售之外的话题。大家共同感兴趣的话题，谈得投机了再切入正题，这样对方就很容易接受了。用引有这种商品后的美好情景或给他带来的种种便利。那么，你此时再对他进行比较详细的商品说明，他便会以愉快的心情接受你的说明。

另外，在对顾客作简要商品说明时，还需注意顾客的参与意识，让顾客能在你设置的舞台上尽情发挥自己的想象力，能够扮演他想象中的角色。这样，他的思路就随着开阔了，同时也勾起了他的购买欲望，并使之越来越强烈。比如说如果你推销汽车时，让他自己试着开开，这样，他就对你的车有个较为清晰的了解，而不只是简单地停留在你的介绍说明上，同时也是让他自己真正能够进入角色。还有当你推销各类乐器时，也要尽量让顾客自己试试，如此这般，你的交易就简便易行了。

富兰克林说服法

这个方法的核心内容是推销员把顾客购买产品所能得到的好处和不购买产品的不利之处一条一条地逐一列出，用事实增强说服力。

日本一家汽车公司有位奥城良治先生，听说他为了要卖出一辆汽车，曾详细准备了一份资料，这份资料共记录有购买此种汽车后的优点及缺点整整 100 条。这么有心计的努力，取得的优异成绩是不言而喻的。事实上，奥城良治先生 16 年里始终是日产汽车公司的销售冠军。

胸中拥有这样一份比较全面的资料，奥城良治先生在同顾客打交道时就显得格外的有备无患。当对方无意购买或者还在犹豫不决时，他就可能会这样对他们说：

"您的孩子时时在以羡慕的眼光注视着邻居家的新车，您难道希望这种情形继续下去吗？"

"如果不能全家人一起开新车出去兜风。作为一家之主，难道您真的认为无所谓吗？"

"在这种地方若没有车子，平常购物也是很不方便的。"这样的引导方式，让客户由此及彼地根据你所指引的方向，认同你的观点。例如，在推销某种化妆品时，直接谈功能恐怕效果不会不好，我们可以先从低质量的化妆品对皮肤的伤害谈起，谈谈皮肤保护的重要性，引导客户认识到此种化妆品与其他化妆品完全不一样，可以保护皮肤，进而引导客户购买这种产品和使用这种产品。客户根本就没有说"不"的机会。

毛姆是英国著名的小说家。可是谁又能想到，在他成名前，他也曾经干过一次"推销员"，推销的正是他自己的小说，他的点子非常奇特，让他的小说名噪一时。

在毛姆还是个无名小辈时，他的小说的销量情况很不乐观。就在他穷得快走投无路的时候，他灵光一现，想到一个绝妙的好主意。

他用身上仅剩下的钱在一家销量极其大的报纸上登了一则这样的启事：本人身价百万，年轻有为，喜好音乐和运动。现欲觅和毛姆小说中主角完全一样的女性为终身伴侣。

广告一登出，所有看到这则广告的女性，都对毛姆小说中的女主角感到好奇。就连男性也想了解究竟是什么样的女子能让一个百万富翁如此着迷。结果，书店里毛姆的小说一售而空，大有洛阳纸贵的架势。当然，聪明的毛姆也就从此名声大噪。

为了能让顾客对商品产生浓厚的兴趣，在你的商品说明中，可适当地加以保留，让顾客自己去想象，去探索。这种"朦胧"的介绍说明方法就能够激发顾客对商品的好奇心，让其觉得要弄个清楚才行。这样，他就对商品产生了浓厚的兴趣，并有意要去探究它。

比如说你想出售一栋房屋时，你必须介绍它的一些基本特性，是座落交通便利城镇，或是不便的山村，是靠近街道还是深居山林之中，周围是否有足够的空余地方刻意加以利用，房屋的建筑格式怎样。当你把这些介绍给顾客时，顾客的脑海中就会出现一个大致的轮廓，对你的房屋产生了浓厚的兴趣。于是，他就开始衡量着这栋房屋与自己的需要之间的关系，并开始构思自己的未来与梦想，拟定出一个怎么最有效地利用这栋房屋，把自己的家装扮得更富有情韵、更符合自己的要求。要是房屋地理位置好，比如临街，有些人就会考虑它的额外资产价值。

如果你所设置的舞台能让顾客充分自如地发挥他的想象力，憧憬他拥有的可能性。

在连续几番这样的攻势下，对方心里可能逐渐不安起来。简直招架不住了，觉得是没有理由不买这种车。然后，作为与上述没有车子带来的不便的强烈对比，他又这样逐一说出购买这种车子的优势：

"这样，您可以看到您的孩子们眼睛发亮的表情：也许，眼睛里含着羡慕的该是邻居的孩子了。"

"从下个时期开始，也许就在这个月末，您全家就可以享受开新车兜风的乐趣了，该多开心啊！"

"有了这部新车，就可以挺方便地开车到××超级市场去买东西了，那里的商品种类齐全而且新鲜别致，价钱又比别的地方便宜。这样，每个月又可以为您的家庭节省不小的一笔开支。"

这样频频善加引导，顾客自然会被逐渐打动吸引，直到自觉自愿地购买车子，推销的目的顺利达到。

上述优缺点的列举，口头说出当然是可以的，不过要是能逐条写出给顾客看，则会更清楚明白，更具有条理性，说服力自然也更强烈些。

富兰克林在给英国化学家约瑟夫·普里斯特里的信中谈到他做决定的习惯性方式。

"我做决定的方式是把一张纸分成两半，一半是赞成，一半是反对。然后在思考的三四天中，我在不同的标题下简要写下不同时刻我心里产生的支持或反对意见，并把它们形成一种观点。我努力去估量他们各自的分量，如果我发现有两种观点的分量似乎一样，我就把它们都划掉。如果我发现支持的一种理由与反对的两种理由差不多相当，我就划掉它们三个。如果我判断反对的两个理由与支持的三个理由差不多，我就划掉它们五个。依次进行，最终发现平衡点到底在哪里，如果再经过一两天进一步的思考，两边都没有什么重要的事情发生，结果我就做出了决定。"

人们下不了决心的时候，富兰克林的方法多少能够给我们一些信心。运用这种技巧做买卖的时候，你可以说："先生，您不好做决定，对此我一点都不觉得奇怪，因为很多聪明人都这样。比如，我们伟大的政治家富兰克林在有些时候就难于做出自己的决定。我给你讲讲他的故事，看看是不是个好方法。你可以从中借鉴一下。他做不了决定的时候就拿出一张纸，在中间画一条线，左边写出支持计划的理由，右边写出反对计划的各种理由，如果支持的理由超过反对的理由，他就决定马上执行。先生，这是不是对你很有启发？"

在你分析理由之前你要让买主先尽量认可这种方法，这是很重要的。接着，你就把整个方法做一遍，他就会答应再考虑考虑。"先生们，女士们，刚才你们已经知道了这辆车的缺点，说来说去就那么几条。咱们再看看这车的一些显著优点，第一……第二……你们自己做决定吧。"让他认识到这是一种非常好的方法以后，开始列举购车的计划。在清单中提供你所能给予的全部帮助。"你不喜欢这个吗？你不喜欢那个吗？"如果能够的话。帮他填完左边一栏。然而你再也想不出什么支持的其他理由，并开始列举反对理由的时候，让他自己列。这样的话，你列出的肯定的理由将远远超过否定的理由，结果你就会得到买主的同意。利弊分析同时还能够挽救濒于绝境的生意。某单位原考虑向一家汽车制造厂购买一辆4吨车，后来为了节省开支，又随即打消了主意，准备购买另一家的2吨小卡车。汽车制造厂得知这一消息后，马上派出有经验的推销员。这位业务员凭他那三寸不烂之舌，替他们精打细算，果然成功就是这么简单。谈话是这样开始的：

推销员："您需要运输的货物平均重量是多少？"主管："大概两吨左右。"推销员："有时多，有时少，对吗？"主管："对！"推销员："究竟需要哪种型号的卡车，一方面要根据货物的数量，另一方面也要看在什么公路上行驶，您说对吗？"主管："对。不过……"推销员："据我所知，您单位在冬天出车比夏天多。您单位的卡车一般情况下运载货物为两吨，有时超过两吨，冬天在丘陵地区行驶，汽车就会处于超负荷的状态。"主管："是的，情况确实是这样。"推销员："所以，在您决定购买汽车时，是否应该留有一定的余地？让我们来比较一下，一辆马力相当大，从不超载，另一辆总是满负荷甚至经常超负荷，您认为哪种卡车的寿命会长呢？"主管自己动手亲自进行了核算。这才知道如果多花 5000 元，就能够买到一辆多使用 3 年的汽车。业务业务员："一部车每年可赢利多少？"主管："少说也有 5、6 万吧！"推销员："多花 5000 元，三年赢利 10 万元，这难道不值吗？"最后，这个单位最终恢复了原来的购买计划。

总之，利弊分析运用得好是卓有成效的。它有动人心弦的力量，非常容易解除顾客心理上的购买障碍。

分解价格说服法

不管是什么东西，只要你在市场上出售，也无论你的产品定价是多少，总会有人说价格太高。"太贵了！"这估计是任何一个推销员都曾遇到过的最常见的异议。顾客还可能会说"我可以更便宜的价格在其他地方买到这种产品"、"我还是等价格下跌时再买这种产品吧"、"我还是想买便宜点的"，等等。

对于诸如此类的反对意见。如果你不想降低价格的话，你就必须向对方证明，你的产品的价格是合理的，是产品价值的正确反映，使对方觉得你的产品真的就值那个价。

一天，两个同事闲来去书店闲逛。这家书店门面不大，柜台排列成门形，四周墙上挂满了各种新潮的挂历。时值午餐时间，店内没什么人，只有一位中年男子正在值班。

他俩进了店门，最初都浏览起了挂历，最后在一副中国古代名画挂历前停了下来，画面风格全然不同于其他任何形式的挂历，一种古朴的艺术魅力把他俩吸引住了。

那位售货员看见他们停在这副挂历前低声指指点点，不等他们开口，马上从货架上取来一本，摊开放在柜台上，任他们随意翻看，同时微笑着说："二位真有眼光，识货！"听了这暗含着恭维的话，他们也颇为得意，仔细欣赏了一番后，一看上面的标价："好家伙，五块四！"要知道，这个价钱在当时能买 8 斤猪肉，这已经相当于他俩月工资的十分之一。

他俩差不多异口同声地说："太贵了！""贵？十二幅名画，五元四角，一幅才多少钱？"中年男店员说，又指着挂历的一页非常感叹："真是好东西呀！"这页挂历的图均为唐伯虎所作，诗、书、画三者俱佳，确实很好，在买与不买犹豫不决时，中年店员的一句话使他们最终拿定了主意："十二幅名画，一幅才多少钱呀！"是呀，一幅也就四角多钱。确实不贵。这种价钱分解术在节骨眼上恰当地有效运用，终于促成了这笔买卖。

把费用分解、缩小，以每周、每天，甚至每小时计算也是一种化解价格异议的常用技巧。

"这件 5000 元的大衣，虽然比那件蓝色的贵一倍，但您很喜欢它，不是吗？这种大衣穿上 10 年，它的风格款式依然精美雅致。相反，要是那件蓝色大衣的话，您很快就会厌倦穿它的。5000 元的东西能用上 10 年，这绝对合算。"

有些顾客认为自己资金不充足，没钱进货或者买货，而有些顾客在价钱上还有另一种想法，他们认为商品的价钱实在是太高。那么，处于这种情况下的营销人员该怎么办呢？可以说，真正能打动顾客的只是顾客自身所得的那些收益或利润。因此，能真正说服顾客的只是顾客自己，营销人员只是起到激发顾客购买欲的作用罢了。因此，营销人员必须扳动手指头给他们算笔实实在在的账进而来打动他们，你可以这样说："您说价钱高，确实有道理。对您来说，让您马上就拿出三千块钱，可不是一个小数目。不过不知您想过没有，您买电视是属于耐用消费品，普通质量的电视还能用个十年八年的。而我们这种型号的电视，采用进口主要部件，质地优良，连续两年荣获国优称号，质量和使用寿命就不用提了。即便只是使用十年，一年也就投资五百块，一个月也就四、五十块吧，要是算作一天呢？仅仅一块五毛钱！现在一块五毛钱能做什么？想想看，每天空闲时间花上一块五就能开开心心，何乐而不为呢！"这是对待普通消费者来说的，要是顾客是销售终端的老板，就能够给他算算他能获得的利润："老板，您看，我批给您的东西可是大有赚头啊！就算一天只卖一台，卖上半个月您就把这批货的本钱赚回来了，剩下的都是您净赚的钱！您说合算不合算？"

如果顾客的获利少是指利益额小的话。那么营销人员可采用下面的方式说服顾客："卖这种东西尽管说是获利小，利益额不大，不过一次性打火机属于日用消费品，家家户户每天都用得到，可以薄利多销，积少成多，又能够为附近居民解决生活问题，树立贵店形象；而高级打火机虽获利多，但购买的人实在是少的可怜，现在的行情老板不会一点也不知道吧，高级打火机是滞销货，很多卖高级打火机的不但没有赚到什么钱，还赔了本！"营销人员要是用上述的说服策略，比较一下两者的利益和市场实际情况，客户就会对产品产生兴趣，变得跃跃欲试起来。

上述例子能够看出，当顾客抱怨我们价格太高时，我们要千方百计地向他证明，我们的价格是合理的。一般情况下，能够从下面几个方面精打细算：

一、价格比较

把一种价格高的产品与另一种价格更高的产品进行比较，它的价格就会显得低些。

二、不怕不识货，就怕货比货

如果顾客觉得我们的商品价格高、实在难以接受，我们就把自己的商品与另一种价低质劣的同类产品进行比较，使顾客马上就能够明白：一分钱一分货，好货不便宜，便宜没好货。

有位经营液压千斤顶买卖的商人，在商品价格上遭到顾客的强烈反对。这位商人当场用一只普通的千斤顶（价格便宜许多）与一只新式的液压千斤顶去分别顶两辆汽车，经过这样一番比较，顾客对价格的反对意见顿时就烟消云散。

三、列举优点来冲淡价格因素的影响

当顾客在价格上持有不少异议的时候，我们应该向顾客强调所有能够抵消价格的因素，这是一种比较不错的办法，也是切实可行的办法。如挨个反复说明我们商品在性能、外观、包装、售后服务、支付方式等方面的各种优点，就是抵消价格因素所带来的心理影响的一个非常可行的方法。

四、化大的差别为小的差别

要是两种同类产品价格上存在一定差别，除了用货比货的方法来冲淡价格因素外，还可以采用"化大为小""化整为零"的方法进行多方面的比较，目的在于缩小它们之间的差别。

"印一万册书的差价是 500 元，每一册才多收您 5 分钱，这又算什么，连一支香烟都买不到。您再来看看我们用的纸张，印刷效果，完全符合您的要求。更重要的是，我们将准时交货。"这席话使印刷厂很快谈成了一笔生意。

多听少说说服法

有人认为，推销员的职业技能全在两片嘴上，于是每次面对客户都滔滔不绝地讲个不停，其实这样做的效果不见得就好。美国汽车大王吉拉德说："不要过分向顾客显示你的才华，那样会伤害他们的自尊心。推销的一个秘诀就是 80% 使用耳朵，20% 使用嘴巴。"人有两个耳朵（无开关），一张嘴（有开关），这就意味着多听少说，不该说的时候就要闭嘴。

英国前首相丘吉尔说："说话是银，沉默是金。"每个人都喜欢自己的话能够有人听，特别是认真耐心仔细地听。推销员如果能够掌握这一人性特点，让顾客畅所欲言，并适当反应，以表示关心与重视，就能最终赢得顾客的好感与善意的回报。

吉拉德就曾有过一次难忘的亲身经历。

一天，一位名人来向吉拉德买车。眼看交易马上就能成交，那人却突然起身而去。晚上，吉拉德仍在想着白天的事情，百思不得其解，于是忍不住拿起电话打给那个顾客。在他一再请求下，顾客终于说出他最后一分钟放弃买车的原因：吉拉德实际上没有认真听他讲话。

原来，这位顾客看车的时候，讲起他有一个刚上大学的儿子，他当时很为孩子自豪。而吉拉德当时只是心不在焉地表面上在应付着，一心想着该如何填写购车单。结果，这位顾客失去了买车的兴趣。因为除了车子，他此时更需要吉拉德能够听他倾诉心里话，并赞美他有一个引以为荣的儿子。

从这次失败中，吉拉德明白了听别人讲话的重要性，并将其作为推销的必要手段。经过再三努力。他连续多年成为世界上卖出汽车数量最多的推销员。

有许多推销员都是"听话高手"，这些"听话高手"可以在对方滔滔不绝的谈话中找出其中顾客的矛盾、欲望或误解，为进一步说明、说服或诱导准备了充分的材料。

当然，做一个"听话高手"，并不是就意味着只听不说，而是多听少说，少说废话。而只要发现对方谈话中的矛盾，还是应该在适当的时候进行发问的。

但是，什么时候插话相对来说比较合适呢？看准对方说话告一段落，换气或者喝茶的时机，那个时候正是轮到我们说话的时候了。

"请原谅我插您一句话，如果我没听错的话，您方才说贵公司对我们的产品很有兴趣，但为什么您又说现在感到不理想了呢？"

这是要求对方进行必要的解释。

"经理先生，听您说话真有意思，所以我把时间都忘掉了。方才听您的意思，似乎对我们的产品还有不满意的地方，是否可以请您指教一下？"

这是把话题转移回来的说话方法之一。如果听之任之，一个好讲话的人看到有一位忠实的听众，一口气讲两三个小时是轻而易举的。

而且，"请您指教"这几个字有着特殊的能量，它能用来鼓励对方说出心里话，也能使人们愉快地把话转移到中心来而不会随心所欲地东拉西扯。

在"请您指教"这句话面前，不仅性格开朗的人能够以诚相见，就是不爱讲话的人也得开口说上那么几句。

倾听是一种情感的延续活动，它不仅仅是耳朵能听到相应的声音。倾听还需要通过面部表情，肢体的语言，还有用语言来直接回应对方，传递给对方一种你很想听他说话的感觉，因此我们说倾听是一种特殊的情感活动，在倾听时应该给客户充分的尊重、情感的关注和积极的必要的回应。

倾听的"听"字在繁体中文是《聽》字里有一个"耳"字，这就足以说明听字是表示用耳朵去听的；听字的下面还有一个"心"字，这就说明倾听时要用"心"去听；听字里还有一个"目"字，这样能够说明你听时应看着别人的眼睛地听；在"耳"的旁边还有一个"王"字，"王"字代表把说话的那个人当成是帝王来高级别对待。

从听字的繁体结构中不难看出，倾听时不仅要用"耳朵"，还要用"心"，用"眼睛"，更重要的是要把你对面的那个人当成是帝王，绝对地去尊重他。

转移话题说服法

在商谈中，正确的答复不一定就是最好的答复。应答的艺术在于什么应该说，什么不应该说。

对有些问题不值得直接答复，可以表示无可奉告，或置之不理，或转移话题；对有些问题，回答整个问题，那还不如只回答问题的一部分有利，对有些问题不能作正面回答，可以采取答非所问的巧妙回避方法。

商谈中，对对方提出的问题佯装没有听见，当然也不作任何回答了。

商谈中这种"装聋作哑"的基本方法是：顾左右而言他。也就是对对方提出的问题不作正面回答，故意躲躲闪闪，答非所问。以此来争取时间。能够及时调整自己的思路，或以此来回避自己不太容易答复的问题。

"王顾左右而言他"，是大家都非常熟悉的成语。在商业性洽谈中，特别是在开谈之前如能巧妙加以运用，是你获得成功的一种重要手段。

请看下面这段对话：

"欢迎你，见到你真高兴！"

"我也非常高兴能来这里，近来买卖如何？"

"这笔买卖对你我都至关重要，但首先请允许我对你的平安抵达表示祝贺，旅途愉快吗？"

"非常愉快，交货还有什么困难吗？"

"这个问题也是我们这次要讨论的，途中饮食怎么样？来点咖啡好吗？"

这种"顾左右"力避锋芒的交际口才技巧，可以消除那些对以后的合作可能有破坏作用的互相敌视和防范的情绪，在诚挚和轻松的交谈气氛中，建立起一种具有合作前景的洽淡气氛。

这是一个推销员的经验：不管什么时候客户表示不喜欢，他都不去争辩对错。或者想办法打消这种想法。他可以这样说："但这不妨碍您今天买车是吗？"开始的时候，他觉得这么说是有点蠢，因为他觉得顾客可能会笑话他。事实上，很多次买主不再拒绝。

顾客说："你们只有红色的汽车吗？我们想要绿的。"

他回答："但这不妨碍您今天买车是吗？"

顾客说："不，我想不会。"

听起来确实有些奇怪，不是吗？但是如果你试试看，我相信你会真的责怪自己，因为你发现这么多年让你恼火的否定意见其实根本用不着去烦恼。

你的买主说："你的竞争者愿意以比你少一元的价格卖给我。"

你说："但那也不妨碍你买我们的产品，不是吗？"

他也许说："我想不会。如果你们的服务像你们保证的那么好。"

营销高手的标志实际上就是他知道没有必要回答客户的每一个不同意见。否则，你会感觉自己置身于一个射击场，一个目标被打倒了，又一个目标可能已经竖起来。

但是使用这种方法，绝对不能滥用，而且应该用得恰如其分，适可而止。

积极假设说服法

积极假设说服法是指在你的心理上事先假设买主要买你的东西是有必要的。如果你走进一家餐馆，侍者上来问你想不想吃饭，你会觉得她很奇怪吗？她知道你到这儿究竟是干什么来的，就是你要买吃的。你对客户也一定要这样做。总是要假设他们准备买。

假如你是一个打算戒烟的人，当你走入某家商店，一位女营业员问你：

"先生，你买不买烟？"

这时，"买烟"与"不买烟"的思想斗争就会在你的头脑中迅速展开。最后，或许你戒烟的自我控制力最终获得了胜利；但是，如果这位女营业员换一种方式问：

"先生，你不买烟吗？"

这时，你就会干脆直接地回答："不买！"因为你的头脑中拒绝买烟的思想立即付诸了行动；如果这位女营业员再换一种其他的方式问道：

"先生，你买什么牌子的香烟？"或者"先生，我现在就拿烟给你吗？"

在这种情况下，你可能就会情不自禁地脱口而出："来一包吧！"

这里，为什么你的心理状态并没有真正发生变化，只是因为女营业员三种不同的问法而使你实际上采取了不同的做法了呢？

原因其实就在于：女营业员的第一种问法是在间接地提醒你，你可以对她的建议持反对意见，换言之，她间接地导致了你的对立和抵触情绪；女营业员的第二种问法则明白地告诉你，能够拒绝她的建议，即她直接地唤起了你的对立抵触的情感；而女营业员的第三种问法却机智地把你的注意力从"买不买烟"的问题上间接引到了"买什么牌子的烟"、"什么时候买烟"的问题上来，从而排除了你在思想上产生对立和抵触情绪的问题，并就此引发出不买会难为情的情感来。这样，你常常会在缺乏斟酌的情况下，轻易地接受她的建议。

在营销工作中，当你假设客户真的会买的时候，没有必要对他们施行高压。只有当推销人员担心要是不施压客户就不会买的时候，他才使用高压策略。

所以，要保持相当积极的对话。要说："你喜欢这种款式，不是吗？"不要说："你喜欢这种款式吗？"

要说："我想应该包括额外的服务担保，因为这笔小的投资真的能给你带来好处。"不要说："你想要额外担保吗？"

常常需要进行积极的假设他们要买的假设，他们要从你这里买的假设，他们今天要买的假设，所有都会顺利的假设。

当一个顾客在试穿西服看是否合身时，营业员不要上前去问："你是否要买？"而是领着顾客到镜子跟前让他自己瞧瞧，"你瞧，这衣服你穿上真合身。"营业员边说还边摆弄顾客的衣角，又说："我们现在去量尺寸吧。"

营业员喊来专门的裁缝，仍没有忘记扯着顾客的衣角，问道："你瞧，他穿着如何？"

"很好，我现在就为您裁。"裁缝说着，一边量着尺寸，一边拿起笔在衣服上比划起来。

"腰部合身吗？"营业员问道。

"是的，这样很好。"顾客答道。

"先生，裤子就这么长您看如何？"营业员又问。

"啊，当然。"顾客回答道。

"先生，您喜欢有反褶的裤脚吗？"营业员问。

"不喜欢。"顾客答。

"这套衣服做好需多长时间？"营业员这样问裁缝。

"星期四就可以来取了。"裁缝直接告诉顾客。

"这身衣服看起来很适合您。"营业员最后又重复说了一遍，并赞许地点点头。

"随我到领带室来，我为您选一条配套的领带。"他说着，就势挽起顾客的胳膊，走进领带室。

在上述的例子里，营业员一次又一次采取假设成交的方法。从假设顾客要照镜子到顾客要量尺寸，又到要定取衣服的时间直至最后要配领带，全部都是营业员假设的结果。

顾客没有说出"不"字，同时也就暗示默然同意了。营业员知道此时这笔生意快要成交了。

营业员在确认这件生意能成交之前始终没有停止采用假设的方法，到顾客走出商店的时候，他还没有停止推销："请下次来时一定再找我。"这里，他又一次成功地假设顾客会再来。

其实这样也就是说，作为营销人员与顾客的交谈不应是"您要这件产品吗？"而应该是"您需要什么？我什么时间给您好？在哪儿交货好？"诸如此类，等等。

要逐渐养成经常这样说话的好习惯："难道你不同意……"

例如："难道你不同意这是一部漂亮的车子？""难道你不同意这块房可以看到美丽的景色？""难道你不同意你试穿的这件貂皮大衣非常暖和？""难道你不同意这价钱表示它有特别的价值？"此外，当客户表示赞同你的意见时，同时就会衍生出肯定的回应。

当推销给两个或更多人的时候，要是能问些需要客户同意的问题，将会特别有效。举例来说，当某家的先生、太太和两个小孩一起乘一辆车子上街买东西时，如果你问这位太太："遥控锁是不是最适合你家？"她一般会同意你的看法。

接着你可以继续说："我打赌你也喜欢四门车。"因为他们是个四口家庭，他们只能考虑四门车，她会说："哦，是的，我只会买四门车。"在连续评论车子的性能之后，这位先生猜想他太太可能有意买车，因为她对你的看法一直表示赞同。

当你推销给两个以上的客户或一群生意人时，一定要先说服有支配权的那个人，是非常有效的方法——这么一来，其他人也会跟着点头同意。

自然地，建议你在决定谁是这群人的龙头老大之前，你应该暗自衡量每个人的斤两，通常，他可能是唯一一个你需要说服的人。

欲擒故纵说服法

某大学生正欲购买一套音响设备，但因为同类品种规格太多，加上经济能力限制，一时难下决断。在他犹豫不决时，便有一名年轻的商店营业员看穿了他的心思，于是上前问道：

"我看得出你很想买套音响，但不可否认这些东西的价格都很昂贵，必须经过慎重的考虑才可决定，不过你也不妨再到其他商店比较比较，这对你是很有利的，俗话说货比三家不吃亏，所以还是慎重些。"

于是这名学生就真的去其他商店做了细致观察和比较，但也没看出任何结果。终于，他又回到这位年轻营业员的商店，当机立断地向他买了一套音响。

这位营业员很能真正了解顾客的心理。他以欲擒故纵的方式诱导这位大学生，最终达到自己所期望的目的。他要是执意对大学生说："我是绝对不会骗你的，不信买下试试，对你绝对有利。"可能这位大学生便不会向他买了。

对犹豫不决者，若勉强他做决定无异是在加重他的心理负担，因为他时时刻刻都想脱离这种压迫感，所以在这种情况下所作的决定。对你来说，也未必就一定有利。

要想使对方尽快做出有利于自己的决定，就必须使用这位营业员全部的技巧，避免作正面的压迫，而将决定权转嫁让给对方，使他在轻松而和缓的心绪中，更迅速地做出有利于自己的最终决定。

有一天，一个推销员在温斯波罗市推销一种炊具。他敲了公路巡逻员安徒先生家的门，他的妻子开门请推销员进屋去。

安徒太太："我的先生和隔壁的 B 先生正在后院，不过，我和 B 太太愿意看看你的炊具。"

推销员："请你们的丈夫也到屋子里来吧！我保证，他们也会喜欢我对产品的介绍。"

于是，两位太太"硬逼"着他们的丈夫也一起进来了。

推销员做了一次超级认真的烹调表演。他用他所要推销的那一套炊具用文火不加水地煮苹果，然后又用安徒太太家的炊具以传统方法加水煮，两种不同方法煮成的苹果区别非常明显，给两对丈夫留下非常深刻的印象。但是男人们显然害怕他们会贸然买下什么，因而装作毫无兴趣的样子。

于是，推销员决定用点儿"欲擒故纵"的推销术。他把炊具洗干净，包装起来，放回到样品盒里，对那两对夫妇说："嗯，多谢你们让我做了这次表演，我实在希望能够在今天向你们提供炊具，但我今天只带样品，也许你们将来才想买它吧。"

说着，推销员起身准备就此离去。这时两位丈夫马上对那套炊具感兴趣，他们都站了起来，他们想要知道什么时候能买得到。

安徒先生："请问，现在能向你购买吗？我现在确实有点喜欢那套炊具了。"

B 先生："是啊，你现在能提供货品吗？"

推销员非常真诚地说："两位先生，实在抱歉，我今天确实只带了样品。而且什么时候发货，我也无法知道确切的日期。不过请你们放心，等能发货时，我一定把你们的要求放在心里。"

安徒先生坚持说："唷，也许你会把我们忘了，谁知道呀？"

这时，推销员觉得时机已经成熟了，就自然而然地提到了定货事宜。

推销员："噢，也许为保险起见，你们最好还是付定金买一套吧。如果等公司发货，可能等待一月，甚至可能要二个月。"

两位太太赶紧掏钱包付了定金。大约三个星期以后，商品送到了。

人的天性好像总是想要得到难以得到的东西。在这里，推销员只是利用了人的这个天性，运用了一点儿销售心理学罢了。

"欲擒故纵"法是一种非常有效的推销方法，然而使用这种方法时，请你务必记住：对待顾客一定要诚恳老实，绝对不能要花招。否则的话，顾客会认为你这是欺诈行为，从而对你丧失足够的信任感。更麻烦的是，你会因此丧失自尊，毁坏自己的形象，这就意味着你的推销最后将以失败而告终。

二次努力说服法

你尝试了各种方法，但是还没有得到订单，你合上手提箱，说："即使您不买我的产品，跟您谈话也真的是件非常愉快的事情。我能理解您的感觉。或许以后什么时候我们还能再见面。"你故意做出要离开他办公室的样子，手触到门把手的时候，你停下来，表现出几分忧愁地说："您能帮帮我吗？我做不成买卖的时候，总想总结点教训，您能告诉我我哪里做得不对吗？将来对我会有很大帮助。"

要让这个方法起作用，你得让人觉得你真的失败了，好像你已经放弃了。"好吧，"你说，"你们不从我这里买东西，我接受，但是为了让我真正搞清楚，你能告诉我为什么你们不买了？我做错什么了吗？"

"你什么也没做错，"买主告诉你，"你做得挺不错。"

"那一定是我们公司或产品质量问题。"

"不，也不是，就是你们的价格比我们目前的供应商贵。"

"这让我感觉舒服点儿，"你说，"价格不是我自己所能左右得了的，那么你不买的唯一原因是价格？"

表面上看起来你已经不再卖你的产品了，但以此你缩小了最后目标，你只要再解决这个问题就可以了。

如果他们实在是觉得你不再极力向他们推销什么东西了，他们会尽心帮助你，告诉你他们为什么最终不买了。他们可能说："你们的态度太强硬，太急切了。我们感觉有压力。"可能他们会说："我们喜欢你们的产品，但是我们买不起，我们不想让你知道我们弄不到钱。"

现在你完全能够运用二次努力方法，真诚地感谢他们，然后又悄悄回到你的介绍上面。一定要记住只有你能够让他们相信你不再向他们推销产品的时候，二次努力说服法才有效果，你只是在请求他们帮助你改善自己目前介绍产品的方式。

第九章　促进交易技巧

接近顾客的口才技巧

什么是接近？"接近客户的30秒，决定了销售的成败"这是成功销售人共同的经验，那么接近客户究竟是什么意义呢？接近客户在专业销售技巧上，我们把其定义为"由接触潜在客户，到切入主题的阶段。"

一、明确你的主题

每次接近客户都有全新的主题，例如主题是想和未曾碰过面的潜在客户约时间见面，或想约客户进行参观演示。

二、选择接近客户的方式

接近客户一般有三种方式——电话、直接拜访、信函。

三、什么是接近话语

在那些专业销售技巧中，对于初次面对客户时的话语，称之为接近话语。

接近话语的步骤如下所示：

步骤1：称呼对方的名

直接叫出对方的姓名及职称——每个人都喜欢自己的名字从别人的口中说出。

步骤2：自我介绍

完整地说出自己的名字和企业名称。

步骤3：感谢对方的接见

诚恳地感谢对方能在百忙中抽出时间接见你。

步骤4：寒喧

根据事前对客户的所有准备资料，表达对客户的赞美或能配合客户的状况，选一些对方更容易谈论及感兴趣的话题。

步骤5：表达拜访的理由

以绝对自信的态度，清晰地表达出拜访的理由，让客户感觉你的专业及可信赖。

步骤6：讲赞美及询问

每一个人都希望被别人赞美，可在赞美后，接着询问的方式，引导客户的注意、兴趣及需求。

下面是一个比较接近话语的范例：

首先销售人员王维正以非常稳健的步伐走向张总经理，当视线接触至张总时，可轻轻地行礼致意，视线当时可放在张总的鼻端。当走近张总前可停下，向张总深深地点头行礼。销售人员王维正此时正面带微笑，先向张总经理问好以及进行自我介绍。

王维正："张总经理，您好。我是大华公司的销售人员王维正，请多多指教。"

张总经理："请坐！"

王维正："谢谢，非常感谢张总经理在百忙中拨出时间与我会面，我一定要把握住这么好的机会。"

张总经理："不用客气，我也很高兴见到你。"

王维正十分诚恳地感谢张总经理的接见，表示要把握住这个难得的机会，让张总经理感受到自己是个比较重要的人物。

销售人员："贵公司在张总经理的领导下，业务领先业界，实在令人钦佩。我拜读过贵公司内部的刊物，深知张总经理非常重视人性的管理，员工对您非常爱戴。"

王维正将事前调查的资料中，将有关尊重人性的管理这点，尤其在寒暄中提出来，以便待会对诉求团体保险时能有一个比较不错的前题。

张总经理："我们公司是以直接拜访客户为自己的导向，需要员工有冲劲及创意。冲劲及创意都必须靠员工主动去完成，用强迫、威胁的方式是不可能成为一流公司的。因此，我必须强调人性的管理，公司必须尊重员工和照顾员工，员工才会真正的发挥潜力。"

销售人员："张总经理，您的理念确实是反应出贵公司经营的特性，绝对有远见。我相信贵公司在照顾员工福利方面会不遗余力，已经做得足够好。我谨代表本公司向张总经理报告有关本公司最近推出的一个团保方案，最适合外勤工作人员多的公司统一采用。"

张总经理："新的团体保险？"

王维正先夸赞对方，然后直接表达出拜访的理由。

销售人员："是的。张总平时那么照顾员工，我们相信张总对于员工保险这项福利知道得一定很多，还不清楚目前贵公司有哪些保险的措施呢？"

王维正采用夸奖，并提出询问的手法。

进行有效的夸奖的方法一般有以下三个方式：

1. 夸奖对方所做的事及周围的事务。如：您的办公室布置得十分高雅。

2. 夸奖后紧接着询问。如：您的皮肤这么白嫩，你看试穿这件黑色的礼服怎么样

3. 代第三者表达夸奖之意。如：我们总经理要我代表他感谢您对本公司多年的照顾。

四、接近注意点

从接触客户到切入主题的这段时间，你要注意以下两点：

1. 打开潜在客户的"心防"

曾任美国总统的里根，不仅是位卓越的总统，也是一位高超的沟通家，他说："你在游说别人之前，一定要先减除对方的戒心。"接近是从"未知的遭遇"才开始的，接近是从和未见过面的人接触，不管什么人碰到从未见过面的第三者，内心深处总是会有一些警戒心，相信你也不例外。当客户第一次正式接触你时，客户会产生这样的感觉，他是"主观的"。"主观的"含意很多，包括对个人的穿着打扮、头发长短、品位，甚至高矮胖

虔……等主观上的感受，进而产生喜欢或不喜欢的直觉。他是"防卫的"。"防卫的"是指客户和销售人员之间有道捍卫的墙。所以，只有在你能迅速地打开潜在客户的"心防"后，才能真正敞开客户的心胸，客户才可能真的用心听你的谈话。打开客户心防的主要途径是先让客户产生信任感，接着引起客户的注意，然后是引起客户的浓厚兴趣。

2. 销售商品前，先销售自己

接近客户主要技巧的第一个目标就是先将自己销售出去。接着下来，有两个接近客户的典型案例，你可比较一下。

范例（1）：

销售人员 A："有人在吗？我是大林公司的销售人员，我叫陈大勇。在百忙中打扰您，想要向您请教有关贵商店现在使用收银机的事情？"

商店老板："哦，我们店里的收银机有什么毛病吗？"

销售人员 A："并不是有什么毛病，我是想是否现在已经到了需要更新的时候了。"

商店老板："没有这回事，我们店里的收银机状况非常好，使用起来还像新的一样，嗯，我不想考虑换台新的。"

销售人员 A："并不是这样哟！对面李老板已更换了新的收银机呢。"

商店老板："实在不好意思，让你专程而来，将来再说吧！"

接下来我们来看看接近客户的范例（2）。

范例（2）：

销售人员 B："郑老板在吗？我是大华公司销售人员王维正，在百忙中打扰您。我是本地区的销售人员，时常经过贵店。看到贵店一直生意都是那么好，实在不简单。"

商店老板："你过奖了，生意并不是那么好。"

销售人员 B："贵店对客户的态度非常的亲切，郑老板对贵店员工平时的教育训练，一定非常用心，我也常常到其他店，但像贵店服务态度这么好的实在是少数；对街的张老板，对您的经营管理也非常钦佩。"

商店老板："张老板是这样说的吗？张老板经营的店也是非常的好，事实上他也是我一直为目标的学习对象。"

销售人员 B："郑老板果然不同凡响，张老板也是以您为学习的榜样，不瞒你说，张老板昨天换了一台新功能的收银机，非常高兴，才最终提及郑老板的事情，因此，今天我才来打扰您！"

商店老板："喔！他换了一台新的收银机呀？"

销售人员 B："是的。郑老板是否也在考虑更换新的收银机呢？目前你的收银机尽管也不错，但是要是真的能够使用一台有更多的功能、速度也较快的新型收银机，让你的客户不用排队等太久，因此会更喜欢光临您的店。请郑老板必须要考虑这台新的收银机。"

上述这两个范例，你看完后，你有什么感想呢？我们比较范例（1）跟（2）销售人员 A 和 B 的接近客户的方法，就很容易发现，A 销售人员在初次接近客户时，单刀直入地询问对方收银机的事情，让人有突兀的感觉，而遭到商店老板的严厉回问，他回问："店里的收银机有什么毛病？"。A 销售人员首次接近客户时，恰恰忽略了突破客户的"心防”及销售商品前先销售自己的两个重点。

反观销售人员 B，却可以把握这两个原则，和客户以共同对话的方式，在打开客户的"心防"后，才最终自然地进入销售商品的主题。B 销售人员在接近客户前能先做好准备的工作，能马上称呼郑老板，知道郑老板店内的经营状况、清楚对面张老板以他为学习榜样等，这些都是促使销售人员成功的必要条件。

对推销员来说，怀有警戒心的客户一般都很难接近。要说服怀有警戒心的人，必须和他产生情感协调，而阻碍情感协调的因素之一是对方认为我和你是属于两个截然不同的世界，像这样，对方认为车轮的大小不同，所以根本不能连接，转动，要解决这个问题，必须让对方真正意识到，你们是属于同一个世界，同一个团体才行。

据说，要劝导酒鬼戒酒或烟鬼戒烟，医生的话其实也没什么效果，反而是具有同样经历的人的话较有说服力，因为团体意识足以削弱警戒心，造成虚心听教的心理；一位善于推销的推销员，一进入客户家阳台，会马上找寻与那位家庭主妇有关的事物为话题。例如，看到花瓶里的康乃馨，我也很喜欢这种花，以这种方式来产生和对方的共同意识。

人们往往在和初次见面的人谈话时，会这样问：你是哪里人？哪个学校毕业的？这种行为就是潜意识里想找寻的彼此的共同点，当对方准确说出地点后，也许你会说：哦！两年前我去过。这样一来，心理的距离就极大地缩短了。

和初次见面的人谈话时，要是彼此的经验相同，则警戒心就会减弱，彼此就能坦诚相见了。除此之外，以和对方具有密切关系的第三者为主要话题，也是缩短心理距离的方法之一。

彼得是从事不动产事业的推销员，每次当他意识到商谈不顺时，他便将话题转向对方的家庭。有一次他以保证人的身份出席他的商谈会议，该会议的对方是他的学弟，本来他学弟的表情非常严肃；但是等到听到彼得说："令郎现在念小学了吧！"学弟的表情马上松弛下来，笑着说："你怎么会这么清楚呢？那孩子调皮极了。"彼得就是以学弟的爱子为主要话题，成功地完成情感协调，就此消除了学弟的警戒心，拉近了和他的距离。

曾经在罗斯福总统任内负责邮政事务的吉母·法雷，每当和人初次见面时，总会问对方的姓名、家庭、职业，等等，待下次见面时，就算是一年以后，他也会清楚地叫出对方的名字，并且询问其妻，其子的近况，这对于造成共同意识极其有帮助。

国外曾经有位人士参加竞选活动，当他的助选员意识到后，一般选民误认为他是一位属于高阶层社会的人士，对于普通人来说总是表现冷漠的态度，于是他们便把宣传的重心置于他是四个孩子的好爸爸。选民明明知道这位被选举人有四个孩子，而且又是一位称职的父亲之后，对他产生亲切感，这位人士最终也就这样以高票当选了。

由以上的例子不难看出，遇到难以说服的场面时，在进入主题之前，尽量谈谈和主题无关的事情。例如，彼此之间的经验，嗜好或家庭，让对方多了解一下自己，如此一来，对方的心就像被熨斗熨过似的，服服帖帖，警戒心完全消失，这是造成轻松气氛的最好暖身运动。谈话的内容非常重要，谈话中时时流露关怀的情感，其实这也是促进情感协调的方法之一。

当罗斯福总统的专用轿车送到白宫时，造车工人也有幸被介绍给总统认识，有位生性腼腆的工人在总统与人寒暄之际，始终默默站在一旁。最后，他们要离去时，罗斯福叫出他的名字，和他握手、致谢。那位工人深受感动，一辈子都忘不了罗斯福。假如当时罗斯福未称他的名字，直接握手说：谢谢，这件事情可能就不会流传至今了。

每个人对于自己的名字都十分熟悉，但是被人以亲切的口吻一直称呼，不但不觉得厌烦，反而觉得非常温馨，而且次数愈多愈觉得高兴，对于对方愈有好感。由此可知，亲切地称呼对方的名字，可以拉近和对方的距离，对推销员的工作大有裨益。

所以谈话时，要记住经常叫对方的名字说：某某先生你也是这样吗？就像某某先生你所说的。或是直接用你、您等第二人称单数来称呼对方，这样就能基本上消除对方警戒心于无行，从而能够接受你的说服。

对于会伤害对方的感情、对对方产生不利的一些言词，说的时候如果直接提到对方的名字，对方的警戒心反而会增强。这时，应以比较笼统的名称来代替对方的名字。将"你又弄错了"换做"我们都可能犯这种错误"；"你的确老了"改为"只要是人，总有老迈的时候"等；以大人、小孩、男人、女人、年轻人、中年人、老年人等一般常用性的称呼来代替对方的名字，对方会以为那只是包括自己在内的一般人，并非只是专指自己。所以，警戒心就会大大地减弱，对于你的劝导就能不知不觉得接受了。

不但这样，每个人都有自己习惯的腔调，听到自己习惯的腔调时，警戒心会马上消失。例如，北部有北部的腔调，南部有南部的腔调，听到家乡的乡音，自然会使对方产生亲切感，据说，某位名节目主持人，不管到什么地方作秀，总以当地的腔调发音，确实掌握了对外地人怀有强烈抗拒感的各地区的普通人的人心。

喜欢足球的人，就可能会用足球的术语来对话；喜欢打牌的人，也会将打牌的术语运用于日常会话中，这种方式在说服工作上也有超常的效果。

流行语也是在某一特定时间内，有一定的说服力，特别在年龄不同或环境不同者的对话中，流行语更具有说服力。某个学校曾经做过这样的有趣实验，发给老师一份流行语表，学习各种流行语，实验证明，愈懂得用流行语的老师愈受学生欢迎。比如什么"粉丝""玉米"等现在的网络流行语！

以这样的观点来看，中老年人要说服对老年人怀有一定抗拒感的年轻人时，流行语上不可或缺的利器。尤其在和孩子沟通中流行语能让你快速的找到共同语言！快速寻找共同语言是拉近与客户距离的最好的妙招之一。

尽量多用肯定的语气

推销员一定要使自己的言语充满感染力，这是不可否认的事实。但从某种意义上来说，感染力与信念有着不可分割的关系，可以想象，一个灰心丧气、毫无斗志的演说家绝对不能激起听众的浓厚兴趣，更别说感染听众。推销员同样也是这样，在你说服顾客的过程中，你优美的话语不仅要动听，让顾客听了受用，同时还要充分表现出你的坚定信念，这样才能更有力地感染顾客，使顾客与你一起产生共鸣。

现在我们来看这样一个推销案例：

"先生，您好！我有件事情想和您好好谈谈。我只需要您 10 分钟的时间，向您介绍我们的产品，您就能真的决定它是否适合您。"

"你先在电话里告诉我吧？让我基本地了解一下。"

"我很乐意，但我有样东西一定要亲自拿给您看一下才行。"顾客觉得非常奇怪："什么样的东西这么重要，要不你把资料邮寄给我吧。"

"这样也行。但您知道现在邮递速度相对来说就比较慢，我干脆到您办公室去一趟好了。我星期二下午刚好会经过您办公室附近，您会在吗？我只需要 10 分钟，然后您就能够决定这是不是您一直要寻找的东西。"

从上面的案例中我们不难看出，推销员用的都是肯定的语气：他"肯定"这是一件很重要的东西，所以一定要亲自拿给顾客看；他"肯定"这件东西是顾客需要的，等等。这种坚定的"肯定"语气就是一种既有的信念。顾客在这种坚定的信念面前，往往会不由自主地想："或许如他所说的一样这件东西对我真的很重要"显然这种效果正是推销员原本就想要的。

抓住要害，一语击中

有些推销员在进行推销时，总喜欢滔滔不绝地长篇大论，可能是想以此来说服客户购买自己的产品，孰不知往往会适得其反，引起客户的反感。学会锤炼自己的语言，减少语言上的失误，才能使客户感到推销员的办事效率和办事风格，从而与其保持长久的业务合作关系。

从前，罗克岛铁路公司决定在密西西比河上修建一座大桥，实际上连接伊利诺可的罗克岛和爱荷华的达文波特。那个时候轮船还是小麦、熏肉和其他物资运输的基本工具，轮船公司生意兴隆，船主们把运输权就当作是上帝赐予他们的礼物。

铁路大桥的修建将会严重影响到轮船的航行，于是轮船公司就坚持一定要上法庭阻止修建大桥合约的签定。轮船公司雇用职业律师韦德，他曾经是最著名的河运方面的律师。后来这起诉讼成为运输史上最有名的案例之一。

法庭辩论结束的那天，旁听席座无虚席，韦德在法庭上滔滔不绝地对听众们一连讲了两个小时，他甚至暗示这将引起工会方面的抗议。他的声音大得就连在法庭外面也能够听得清清楚楚。

轮到罗克岛铁路公司一方的律师开始发言了，听众们不禁为他感到惋惜——他也要说两个小时吗？相反，他的辩护仅仅只有一分钟，他说道："首先要向控方律师滔滔不绝的辩护表示祝贺。事实上跨河运输要比沿河运输重要多了。陪审团的先生们，你们要作出裁决的唯一问题是：跨河运输与河内运输就发展来说相比而言哪一项最重要？"说完这些他就马上坐下了。

陪审团没用多少时间就作出了判决，判决结果明显是受了这位衣着简陋、身材削瘦、来自穷乡僻壤的律师的感染。他的名字就是亚伯拉罕·林肯。林肯总能很快地抓住事情的关键点，他的语言总是显得那么简明扼要。他做过历史上最著名的演说。在法庭上，他以一分钟的辩护词瞬间驳倒了对方两个小时的滔滔不绝。

一个美国人到日本作现场演讲，请一位当地的日本人做他的翻译。美国人为了考验翻译，一口气讲了15分钟然后才停下来让日本人翻译，结果那位日本翻译只讲了一句话就完了。

美国人觉得非常奇怪，但又不好意思问，就继续又讲了15分钟，再停下来让日本人翻译，结果日本人又是说了一句就结束了。最后美国人又讲了10分钟，终于结束了他的演说，而日本人一句话就带了过去，听众却报以热烈的掌声。

演讲圆满结束。美国人非常好奇，想知道那个日本人怎么会那么厉害，就去问会日语的朋友刚刚翻译究竟说了些什么。他的朋友这么对他说："第一句是'到目前为止，没有什么新鲜的事可听'；第二句是'我想到结束前都不会有什么可听的'：第三句是'我说得没错吧！'"

这个例子尽管带有玩笑的成分，却也能够揭示语言简练的重要性。有时说的话太多反而会显得自己没有底气，起到相反的效果。应此，推销员应该语言简明扼要，抓住要害，一击即中。

多问"为什么"

推销员必须要学会多问"为什么"。如果推销员不问"为什么"，销售就很难进行下去，甚至不可能成功。平时就想象自己是顾客，当推销员问"为什么"时，除非你拒绝回答，否则一定要表态。然而，大多数人都不会拒绝这个问题。因为我们从小就习惯回答这个问题，小孩子总会不停地问"为什么?"当销售遇见困难时，成交高手一定多问"为什么?"。

下面的例子就是很好的例证。

几年来，汤姆始终把一家大的地毯厂当成他的商业保险的销售对象。这家工厂由三个人共同开办。三人中的两个人观念新潮，而另一人却相对很落伍。此人上了年纪，耳朵还有点儿聋。每当汤姆向他说起保险的事，他的听力好像就变坏了，他说他一句都听不懂。

一天，汤姆在吃早饭时随意翻着报纸，突然看到一条消息，说那个地毯厂的老人去世了。

看了这条消息后，汤姆很自然的第一反应是，他卖保险的机会又一次来了。几天之后，汤姆给工厂的厂长打了电话，约定了具体的见面时间。关于这桩生意，以前汤姆和厂长之前就曾经谈过。

汤姆按约定时间准时到了厂长的办公室，他发现厂长并不像以前那样高兴。等汤姆坐下，厂长说话了："我想你是来谈那笔商业保险生意的吧。"

汤姆微微笑了笑。可厂长却一点儿也没笑，而是坚定地说："我们是不可能买你说的保险的。"

"那能不能告诉我为什么?"

厂长随即解释说:"我们损失了许多资金,财政上出现赤字,而这种保险每年还需要我们支付 8000 到 10000 美元。"

"是的。"

"所以,我们下定了决心,绝不再多花一分钱,直到我们财政状况好转。"经过那么几分钟的沉默,汤姆说:"老实说,是不是还有什么其他原因呢?到底是什么原因让您对买保险犹豫不决呢?"厂长听了汤姆的话,脸上自然地露出了笑容,"是还有点儿别的原因。""您能告诉我吗?"

"我的两个儿子都大学毕业了,现在他们都在这个厂里干活儿,每天从早晨 8 点干到下午 5 点,他们爱这个厂。你想我不会傻到死后把利润都给保险公司吧?那样的话,我的两个儿子到哪儿去呢?我说的有道理吗?"

这个厂长所说的第一个原因听起来似乎合理,而现在汤姆知道了真正的原因,汤姆的机会也就随之来了。于是他有了机会向厂长说明他所推荐的保险非常有优势,接下来他们制定了一份计划,当然这份计划当中也包括了厂长的两个儿子。这份保险使他们皆大欢喜——不管出现了什么问题,他们的财产都不会随意流失。这笔生意对汤姆而言,实际价值是 3860 美元。

那么,汤姆为什么要问厂长其真正的原因呢?汤姆难道还在怀疑厂长所说的吗?不,其实不然。厂长的第一个原因完全符合事实逻辑,也是真的,完全没有道理去怀疑它,汤姆完全相信它。但多年的行业经验告诉汤姆,一定还有其他客观的原因,这得益于汤姆保存的那些记录。另外,汤姆提问的习惯也促使他去再次发问,就像是例行公事一样。他的这种发问方式从没有招来别人的厌烦。

在得知对方不愿意购买的真正原因之后,那么该做些什么呢?不妨举个例子说明一下。

一天,萨姆两个朋友一起吃午餐。一位是费城桑托斯化学公司的经理,另一位是费城的房地产商。席间,他们对萨姆说有位叫唐·林德塞的生产电器固定设备的大老板想买保险,数额大约在 5 到 10 万美元。他们建议萨姆去努力一把。

第二天 10 点,萨姆直接来到大老板的办公室,向秘书说明来意后,她把萨姆引见给林德塞先生。林德塞先生满脸的不悦。

萨姆在他办公室坐了一会儿,见他默默无语,只得说:"林德塞先生,有两位朋友说您要买人寿保险,所以我来看看有没有这样的机会。"

"你在说什么?"他的声音立即大起来,差不多整条街都听得见。"你是两天来你那两位朋友送来的第五个了,他们是不是开玩笑!"

听了这些话萨姆当时就惊呆了,真想大笑。可看见林德塞先生那样生气的样子,萨姆没敢笑出来,而是客气地说:"您对我那两位朋友说了些什么,以致他们会认为你要买保险呢?"

"我对他们说我绝不会买任何一种保险,我根本就不信保险。"林德塞先生还是那么大声喊叫着。"您是个非常成功的商人，"萨姆继而说道，"您肯定有非常充分的理由不买保险，如果不介意的话，您能告诉我为什么吗？"

林德塞先生听我这么一说，也就不再那么生气了，声音也放低了，"当然，我会告诉你原因。我现在赚的钱已足够了，就算有什么不测，我妻子和女儿也会得到足够的钱。"

萨姆把他的话仔细回想了一下。接着说："除此之外，林德塞先生，还有没有其他原因让您拒绝保险呢？"

林德塞先生说："没有其他的了，这是唯一的原因，难道这一原因还不够吗？"

"我可以问您一个私人问题吗？"

"说吧。"

"您欠债了吗？"

"我谁的钱都不欠。"

"如果你欠了债，你是否考虑要买保险，以消除百年之后的隐忧呢？"

"我会考虑的。"

"如果您今天不幸去世了，美国政府就会用您的不动产去抵押。在您的妻儿得到遗产之前，美国政府会先收一大笔遗产税。"

这天，林德塞先生买了他此生的第一份保险。

适时沉默就是金

在大多数时候，推销工作离不开良好的口才以及巧妙的说服技巧，但这并不意味着推销就完完全全是全靠鼓动三寸不烂之舌的工作。大量事实已经证明，有时候，沉默也同样是必须的，它同样能够达到有效"说服"顾客的目的。

大发明家爱迪生自从发明了自动发报机之后，想卖掉这项发明的专利权，然后建造一个实验室。但是他不熟悉市场行情，不知道真正能卖多少钱，于是爱迪生便与夫人米娜商量。米娜也不清楚这项技术到底多少钱，她一咬牙，坚定地说："要2万美元吧，你想想看，一个实验室建造成功，至少要2万美元。"爱迪生有点不确定地说："2万美元，太多了吧？"米娜见爱迪生一副举棋不定的样子，说："要不然，你卖时先套套商人的口气，看他开价多少。"

因为爱迪生当时已是一位小有名气的发明家。美国一位商人听说后立即表示愿意买爱迪生的自动发报机制造技术。在洽谈时，这位商人问到具体的价钱。但是爱迪生始终认为要2万美元太高了，于是还很不好意思开口，只好保持沉默。

这位商人多次问及，爱迪生一直不好意思说出2万美元，正好他的妻子米娜上班没有回来，爱迪生于是就想等到米娜回来再说。最后商人实在是忍不住了，说："那我先开个价吧，10万美元。你说呢？"

不难想象，这个结果是让爱迪生多么吃惊和兴奋。

从这个故事受到很大启示，我们完全可以相信沉默的力量。成功的推销员必须明白什么时候该说话，什么时候该保持沉默。事实上，在某些时候，沉默是比言语更有力的一种"说服"方法，更是出奇制胜的一种秘密的武器。老子曾道：大直若屈，大巧若拙，大辩若讷。孔子则曰：君子欲讷于言，而敏于行。通过代代之间的言传身教，圣贤之言深深地积淀在了我们民族的集体潜意识之中。千百年来，"拙"和"讷"，也自然而然地成了大多数国人心照不宣的处事原则，有俗语谓之：沉默是金。然而世易时移，沉默少言通常在权谋盛行、动辄得咎的中国传统社会不失为一个明哲保身的绝妙好办法，但在市场经济的核心，也是竞争最激烈的领域——营销行业中，究竟"沉默"是"金"还是"禁"？真的实在难以轻易定论，要根据不同的营销阶段进行具体分析。

营销，从沉默开始。"万事开头难"，这句话对每一个行业、每一个人都比较适用。新入行的营销人员通常都要面对一个很棘手的问题：怎么开始营销？从经验来判断，这个问题对于相信"沉默是金"的中国人来说，答案已经不言而喻：营销当然从沉默开始！

对于新人来说，起初并不熟悉自己的行业和产品，没有营销经验，怕说错话，难以回答客户的各种问题，于是选择沉默而尽可能避免犯错，是完全能够理解的。所谓"多做多错，少做少错，不做不错"，选择沉默，实际上就是从根本上避免了犯错误的可能性。新人的沉默，可以认为是一种常态。

相反，很多从不沉默、无知无畏的新人就显得有点急功近利了，没有沟通技巧、对产品还处于一知半解状态，就急于操兵演练，急于求成，势必遭受拒绝与失败。在缺乏经验的工作初期，心态要不急不躁，大部分精力完全应该放在练就基本功，熟悉行业、产品，培养自身素质上；面对客户时，也应该当个"听话高手"，多了解客户的实际需求。

突破沉默，才能成功销售。当然，沉默仅仅只是开始。一个推销员要在营销行业生存下去，一味沉默当然是行不通的。"不在沉默中爆发，就在沉默中灭亡"！推销员的工作性质决定了他必须要努力去推荐自己的产品并且实现销售的目的。"走出去，说出来"，打破沉默，不是成功营销的必要条件，却是显而易见的必要条件。营销是技术，更是艺术，这话很有道理。营销过程中推销员不仅仅需要深入分析双方的行为和心理，选择合适的销售策略，而且要灵活地选择表达方式并自如地与客户进行有效的互动。

记住顾客的名字是成功的法宝之一

能够准确地记住顾客的名字，对推销员的工作有很大的帮助。被人记住名字，可以满足人最基本需求之一——感觉自己的重要性以及受到别人的一致认同和尊重。

安德鲁·卡内基是世界著名的钢铁大王，但他本人对钢铁生产的流程及技术所知无几，却有几百名比他懂行的人在为他工作。那么他致富的根本原因是什么呢？他知道怎样充分利用客户的名字来尽可能赢得客户的好感。

比如，有一次他想把钢轨转让给宾夕法尼亚铁路公司。当时，那家公司的总裁是埃德加·汤姆森，卡内基就在匹兹堡建了一座大型钢铁厂，并为其命名为"埃德加·汤姆森钢铁厂"。这样，当宾夕法尼亚铁路公司真正需要钢轨时，就直接从卡内基的那家钢铁厂购买。

在任何语言环境中，对任何一个人来说，最动听、最关注的字眼其实就是自己的名字。要想把名字和面孔正确配合在一起，需要注意以下这些技巧：

正视别人

现代社会里人际关系越来越疏远，可能有些人还会认为正视别人是不礼貌的事。如果你想增强记忆他人姓名的能力，必须克服这些不好的感觉。当你正视对方时，对方会感觉得到，因为正视对方表示你对他其实很感兴趣，因而对方也将注意到你。

注意对方的特征

当你把注意力集中在对方的面孔上时，还要尽量找出有关的资料记忆。并且记住这些记忆并非只是诸如"长得很好看"等泛泛之谈，而是尽量找出其特殊之处，譬如"浓眉"、"鼻梁挺拔"、"头发焦黄"或者"脸颊上有伤痕"等等。卡通或漫画能将个人的独特之处用简单的两三笔线条充分表示出来。假如我们也能较好地发展这种能力，对提高识人本领将有有效的帮助。

认真记忆

记住别人的名字对于某些人来说相当困难。也许有的人能在短时间之内注意 10 张面孔，却很难同时记下 10 个姓名。例如在宴会中，主人总是匆匆忙忙地向大家介绍每位客人，往往你还没来得及注意，介绍已经结束了，这样便无法记住别人的姓名及其特征。若是可行的话，你完全可以主动走到别人面前对他说："刚才介绍得太快了，我没来得及记住您的名字。我叫……，您呢？"这样你就有机会真正知道对方的名字，并且试着找出这个人的特点然后记住他。

特色记忆

找出姓名的特色可从以下三点认真考虑：一是这个名字是否与众不同；二是这个名字是否很普通；三是名字和你所看到的面孔是否完全匹配。最重要的还是把注意力放在名字上。当你听到一个名字后，能够将它以句子的形式重新复述出来，那么会对你的记忆大有帮助。比如说"布朗先生，真高兴认识您"，把注意力直接集中在姓名上，并且把名字和面孔进行比较，那么就能自然地将姓名和面孔联系在一起。

已有 110 多年历史的泰国东方饭店，是世界十大饭店之一。这家饭店差不多天天客满，不提前一个月预定很难有入住的可能。一个饭店能经营到这种程度，和它以人为本的经营方式很有关系。台湾俞世伟博士曾讲过这样的一个故事："我早上起床出门，服务生就迎上来：'早，俞先生！'（因为饭店规定，楼层服务生在头天晚上要背每个房间客人的名字）下楼时电梯门一开，等候的服务生就问：'俞先生，用早餐吗？'（之前已有电话通知她）一进餐厅，服务生就问：'俞先生，要老座位吗？'（他们电脑里有以前来入住的记录，座位靠近湄公河的窗户）菜上来后，我连续两次问：'这是什么？'服务生每次都是看了一下，然后礼貌地后退一步才说：'这是……'（她后退回答是为了让客人产生优越感，人的虚荣心可以说是与生俱来的，心理学家这么说，让人满足虚荣心的最好方法就是让他产生优越感）记住对方的名字就有这种奇效。

有这么一个久远的传说，精明的堡主为了装修他的城堡而声称谁能提供对装修城堡有用的东西，就把谁的名字准确刻在城堡入口的圆柱和盘石上，结果，大树、花卉、怪石等都有人络绎不绝地送来。在现实生活中，要是你在面对顾客营销时，也能以尊重的方式称呼顾客的名字，顾客对你的好感也会倍增。回到台湾3年后，竟然收到他们的一封信：'亲爱的俞先生，恭喜你生日快乐！你已经3年没来了，我们全饭店的人都非常想念你。'他们就这样仅用6元钱邮票，就让我发誓再去泰国时一定会去入住他们的饭店。"

泰国东方饭店感动的当然不止是俞世伟博士这一个人，实际上只要每年有十分之一的老顾客光顾，饭店就会永远生意兴隆。东方饭店成功的秘诀简而言之，就在于它非常重视培养忠实的客户，并且已经建立了一套完善客户关系管理的体系，即顾客数据库。

建立顾客数据库，为顾客提供各种个性化服务，可以带来高效益，不少著名企业都这样做了，例如在 American Airlines 航空公司，检票员能够从数据库显示的信息判断出乘机者是常飞客户，把他进一步提升为头等客户，优先为他提供服务。又如网上书店亚马逊把会员的每笔交易都一一记录在案，系统能判别会员的购物倾向性，对会员进行分类，这样在会员比较偏爱的类别的新书上市时，就能够主动打电话通知会员。而东方饭店运用的是基于"数据库营销"之上的"情感营销"，除对顾客进行个性化服务外，还会以细致入微的善意留住那些老顾客的心。

而记住顾客的姓名，给顾客以贴心之感，甚至能够增添弱者向强者挑战的本钱。"咖啡王"星巴克也曾被后起之秀 Barista Brava 咖啡连锁店夺走很多顾客。Barista Brava 要求员工记住顾客的名字和喜好口味，常来的顾客不必自己开口点菜，就可以得到他们常用的餐点。该店的一名领班连续热情招待了28位顾客，而未曾向其中的任何一位问过他想要什么。因为他知道要把顾客招待好，最简单且行之有效的办法就是把顾客的个人口味记住，而不必烦劳他们再次仔细说明。这就是 Barista Brava 得以夺走星巴克顾客的关键因素。

现在消费市场正从大众化的消费进入个性化消费时代，即使你的顾客仍倾向于和大众保持同质化的产品或服务消费，但也期望就像在付款、送货和售后服务等方面能够满足其特别的需求。正因为每个顾客都有着不同的需要，因而为顾客尤其是高端客户提供个性化的服务已成为一大趋势。而企业在服务顾客的同时，还可借助与顾客的长期互动联系，生产或提供更加符合顾客特色需要的产品或服务，从而进一步留住你的顾客。

总之，你想不要被顾客真的忘记，那么你永远也不要忘记顾客。东方饭店记住了客人的名字，用6块钱收买了客人一颗心，让俞世伟博士成为其绝对的忠实拥护者。

不要重复对方的批评

说到谈话技巧，那么推销员又应该注意哪些问题？又应该避免哪些事项？我们可以参考下面记者与国会议员的一段对话。

记者："议员先生，您为什么反对小学援助方案？"

那位经验不足的国会议员说："什么？我反对小学援助方案？我没有反对小学援助方案……这位议员目前的形象已经倒扣三分，因为听众已经连续听见了三次"反对"。看看资深的国会议员是如何处理记者相同的质疑的。资深的国会议员说（非常谨慎，避免重复记者口中"反对"）："很高兴能借这个机会，谈谈本人提出的改革方案，我认为……"这位资深议员的形象到此实际上已经扳回了一成。他接下来提出的任何建设性答复，都会继续为他的形象加分。推销员可以将这个原则应用在销售业务上。比如，你正和另一城市的顾客谈话，想说服他改用自己公司的商品。顾客说："贵公司在我们这一州有没有仓储设备？"经验不足的推销员说："没有。不过我们虽然没有仓储，但是有……"这样的话推销员的成绩已经被倒扣两分了。看看谈话技巧精湛的成交高手怎么回答："您希望仓储设备提供什么服务？"高明之处在此：成交高手不重复己方弱点，进一步转移顾客的焦点。顾客现在必须说明自己为什么要求仓储设备。随后，成交高手就能够提议各种变通方法，满足顾客的特殊需求。

这就是高明的谈话技巧。无论杰出艺人、高级主管、冠军推销员还是舆论领袖，全部都具备这样的能力。杰出的谈话技巧，不但能够吸引他人的注意力，还能够销售产品、推销你的公司、你自己以及你的观点。这就是现代社会中最强势的武器。一旦忽略了这一点，只好等着拙劣的言辞影响自己的前途。

如果你能设计一套巧妙的问答，让顾客从头到尾都说"对"，那么，因此当你提出重要的成交问题时，顾客就更容易点头。

"您喜欢这种形式，对不对？""对。"

"这种特色很重要，对不对？对。"

"您想知道这个附件的用途吧？""对。我想知道。"

"这组窗帘搭配客厅的装潢，应该不错吧？""对。可以搭配。"

提出一系列答案全部都是"对"的问题，顾客会作出一连串的正面回应。这样就将顾客引导至成交这一关键步骤了，最后你就可以问顾客：

"您可以确认你的地址吗？"

"您的名字是不是这样写？"

"您可以填上大名，确认合约吧？"（要说填上大名，切忌避免使用"签名"这两个字）优秀的推销员明白不应当重复对方的批评，应该换一种方式将劣势转变为优势，这样才能使推销这一行为继续进行下去。

把握成交与冷却的时机

成交策略：是指促成交易活动的基本思路。成交策略完全不同于成交方法，成交的各种方法一般只适用于特定条件或物品的推销，不具有一般性。

一、善于识别购买信号，把握最佳成交时机

推销员在什么时候做出成交提议比较好？大多数应在顾客购买心理活动过程的确信阶

段提出较为适宜。顾客对商品的认可，在推销洽谈的整个过程中，是通过一系列或明或暗的购买信号具体表现出来的。购买信号是指顾客言行所表现出来的打算购买的所有暗示或提示，包括语言、动作、表情等方方面面。

美国一个心理学家，经过研究得出一个这样的等式：一个人表达自己的全部意思 = 7%的措词 + 38%的语音语调 + 55%的动作、表情。

眉目传情。恋爱中的男女，他们察言观色的本领都超高。双方的一举一动，对方都能明了，不需要专门通过语言来表达。相反，有时语言都是多余的，"此时无声胜有声"。

我们可能都知道陈平渡江的故事。陈平最早为项羽卖命，后来觉察到刘邦比项羽更有前途，就准备易主，想去投靠刘邦。在投靠刘邦的路途中，只有渡江才能过去。渡陈平过江的是两个壮年船夫，陈平开始并没有在意。当船划到江中心时，船夫不划了。陈平一看这情势，非常危急。原来，过了一段时间，有很多像陈平这样离开项羽投靠刘邦的人，他们随身携带了大量金银财宝。这两个船夫就是专门等候这些人，悄悄干着谋财害命的勾当。尽管陈平衣着很好，但他并没有随身携带什么金银财宝。他想，就算跪地求饶，这两个人也不会放过他。为什么呢？因为，他们的阴谋已经被识破了。情急之中，陈平站起来对两个劫匪说："两位划累了，我来吧。"说着，赶紧脱下外套，并将脱下的外套顺手递给对方，自己拿起双桨开始划船。就这样他才安然躲过了劫难。

为什么陈平能躲过劫难呢？第一，他善于察言观色，时机把握很准，反应再迟钝一点，他就没命了；第二，他没有采取明说没钱、求对方放过自己一马这样的常规办法，而是用行动（无声的语言）告诉对方，自己身上其实没带什么金银财宝。他脱下外衣主动递给对方，身上只穿单衣，财宝无处隐藏；第三，他自己主动划船，就这样很好地打了圆场。

我们说顾客的心理活动对于推销员来说，那无疑就是一个暗箱，不为我们所觉察。并且，在很多时候，顾客其实也不愿意让我们觉察到他的真实意图。尽管如此，在交流过程中，顾客说话的口气、动作、表情，其实时时刻刻不在泄漏出他内心的真实想法。关键在于我们推销人员有没有足够的能力捕捉到顾客透露出的这些有价值的信息。因此，推销人员要善于识别购买信号，察言观色，以便及时作出成交的有效提议。

请看下面这个案例：

有一个推销商务通的推销员，一次，他去拜访了一家公司的某位副总。推销员向客户展示产品，并随即介绍了商务通的多种用途。比如说，可以把名片都存储进去，不需要再随身携带。当他解说到这个地方的时候，顾客说："我的名片有好几盒，那得需要多长时间才能输完？"一般推销员可能会把顾客的这个提问当作顾客异议，就以为顾客嫌产品功能不适用，太麻烦，认为顾客在找借口，在推卸责任。而这个推销员不这么认为，他认为顾客的提问就是一个购买信号，他就赶紧采用假设成交法，向顾客试探提出成交要求："王总，您介不介意把你所有的名片让我带回去，我给你都输好？"谁知对方答应了。推销员就把名片带回家，连夜输完了。第二天，他带着那已经输完了名片的商务通，以及销售发票，再来拜访这位副总。生意就这样成交了。

评析：要善于发现购买信号。

以下是推销中经常由顾客发出的购买信号：

1. 顾客提出问题

（1）顾客问及产品的具体使用方法和售后服务；

（2）顾客重新问及推销员已介绍过的某个重点内容；

（3）顾客询问交货时间及具体的手续；

（4）顾客用其他同类公司的产品、交易条件与我们的产品和条件相比较；

（5）顾客问及商品的市场反映或消费者的真实意见；

（6）顾客索取产品说明书或样品，等等。

有时，顾客的购买信号会采取反对意见的形式具体的表现出来。推销人员应该注意：顾客以反对意见形式表现的购买信号，常常预示着成交很快就要到来。例如：

"真有很多人购买这种型号的产品吗？"

"这种材料真的经久耐用吗？"

"你能确保产品质量吗？"

我们中国人有时候喜欢正话反说。老夫妻之间：男的骂女的"黄脸婆"，女的骂男的"老不死"，这是他们的本意吗？这当然是反话。小青年情侣：女的说"你真坏"，意思是说"你坏的真好"。

对于顾客提出的各种问题，推销人员最好的应对策略可能是反问。通过反问，推销员可以进一步、更为准确的探知顾客的需求和想法。要是推销员的反问得到顾客积极的回答，就表明顾客有着浓厚的购买兴趣。

2. 征求别人的意见

例如，我们自己在购物时常常发生这样的情形：几个朋友一起去购物。几个人中某个人对商品产生兴趣时，他会征求身旁其他人的参考意见。"你看，这个怎么样？"

再如，在某个大商场某个品牌的服装柜台前，推销员问正在试穿的丈夫："先生，你觉得这件衣服还合适吗？"丈夫觉得还可以，没有反对意见，就转过去问妻子："太太，你看怎么样？"

3. 神态轻松，态度友好

只要顾客决定了要购买产品，洽谈中的那种紧张感就被解除，之前焦虑的神态就变得轻松自然。因为顾客已经信任了推销员和产品，从决策中的不稳定状态已经逐渐变为已拿定主意的稳定状态。

4. 仔细检查商品

顾客仔细检查商品，就表示他有意要购买这个商品了。这时，推销员可提出成交："你觉得还满意吧？"

5. 拿起订货单

顾客主动拿起订货单，或向你索要合同，或要你开票，成交时刻到来了。这正是我们希望看到的情景。

总结：推销活动中，一般有以下三个最佳的成交时机：

时机之一，当你向顾客主动介绍了产品的重大利益时；时机之二，顾客提出一些异议，推销员给了一个圆满的答复，顾客信服的时候；时机之三，顾客显露出购买信号时。成交要求提出的时机至关重要。推销员爱犯的两个错误：一是过早地提出成交要求。很多推销员与顾客见面的第一句话就问："你买不买？"；二是，对于顾客已经表现出的购买信号视而不见，以致因此错失良机。

二、预防第三者搅局

例如，在一家皮鞋专卖店。老板简直是费劲口舌，又是款式新颖，又是绝对真皮好皮，又是价格优惠，还有质量三包，终于最终说动了顾客。顾客准备掏腰包了。就在这个节骨眼上，又进来一位顾客，说产品有质量问题，要求退货。老板觉得麻烦了。老顾客要退货，眼前的生意就会因此泡汤了。

分析：

这个例子中，产品质量存在问题，说明销售方确实存在问题，也不能怪搅局的顾客。而更多情形下，我们销售方并不存在人为的过错，只是顾客不欣赏我们的产品，顾客当场就表现出不满意，比如扫视店内商品，不断摇头；结伴来的，相互间评论"不怎么样啊。"等等。这些否定意见对于正处在购买决策中的顾客来说，影响力超级大。顾客购买决策是一个求证的过程，顾客原本对推销员就心怀警惕，对产品有关的信息极其敏感，稍微有点风吹草动就可能改变主意。因此，推销员在做洽谈准备中，就应当对洽谈中可能出现的各种不利局面，包括临时第三者搅局，进行预测并做出相对妥当的安排。

预防措施：

预先安排一个安静、相对独立的场所；当现场出现可能搅局的第三者时，马上采取紧急行动：或是对顾客说"我们找一个清净的地方谈吧。"或是将顾客带到仓库去精心挑商品。最好的办法是，让另外的推销员尽快处理前来找麻烦的那些顾客，比如前面的例子，这就涉及销售配合与管理问题。推销员要有准确的判断力，能够把握成交与冷却的时机。有时候最高明的销售手段是改变计划、停止销售、想办法及时退出。甚至，有时候最高明的销售技巧是"不"准备成交。某些推销员会死皮赖脸，硬是要签订订单；而优秀的推销员懂得暂时退场，等待最佳时机再重回战场。要做到这一点，不但要有非常准确的判断力，还要有勇气在销售进行到一定程度时，放弃目前的全部进展，毅然退出并随时准备卷土重来。

卡尔是优势公司的副总经理，他曾向当时的全球首富亨特亲自推销。卡尔当时是一家印刷公司的业务代表，拿到亨特好几次的大订单。"亨特在名震白银市场之前，曾经成立了一个公共事务组织——事实论坛，"卡尔后来这样回忆道，"目标是让普通大众了解当前的政治议题。"这个传奇色彩浓厚的亨特，个性内向，不爱出风头。他每天中午都是自己带便当，开着一部普通汽车，穿着一套普通西装。

"有一天，这位每周收入百万美元的名人满面愁容，因为事实论坛的读者不多。我看见了销售的机会。"卡尔告诉亨特，第二天他要提供一个全新的解决方案。卡尔想出的办法是发行通讯。卡尔回到自己的办公室，制作了一份事实论坛通讯，估算了一下印刷成本。"第二天我把提案呈给亨特先生，内容是以低成本向全美千万人提供各种信息。"卡尔还说，"当流通率提高之后，单位成本还会再降低。"

亨特听后脸色一沉，把卡尔赶出办公室。

"我整个周末都在思考，我到底哪里错了？"卡尔说。

卡尔决定不再催促亨特，等他先走下一步。

"星期一早上，我接到亨特先生的电话，"卡尔说，"他要立刻实施我的提案。我没有错，只是他的反应比较慢。"后来《事实论坛通讯》逐渐成为全国性杂志，也成为高利润的新行业。"这次经历使我相信，尽管有摩登的有线电视、计算机等精密设备，个人销售仍然是最重要，而且是无可取代的行销方式。"卡尔说，"亨特是几乎什么都买得起的人，却在我亲自提出符合他真实需求的提案之后，才点头成交。"

卡尔深知必须懂得战略性撤退。他必须先退出，宁可苦思一个周末，也不愿意给这位坏脾气的顾客造成任何压力。他能成交，因为他知道什么时候该默默等待。俗话说："人不跌于山，而跌于蚁冢。"推销员便是这样，往往是因为不拘小节而导致失败，只是多数人没有意识到自己的失败是被蚁冢绊倒的。

日本的系山先生早期经营的是高尔夫球场。高尔夫球场的选址很有讲究。如果球场位置好、地形条件好，顾客就会自然地多，容易获利，但拥有这样土地的人一般很难打交道，收购费用相应也高；比上述条件差的土地，尽管容易收购，且收购费用低，但顾客少，经营也难以获利。

系山深知这其中的奥秘。一次，许多人看中了其中的一块地，系山也是其中之一。这块地无论是位置还是地形条件，其实都算是上乘，但价格也高得吓人，市价约2亿日元。

系山决定要以更低的价格将这块土地买到手。他先悄悄放出风声，声称他对这块地十分满意，并扬言他将不惜一切代价一定要买到这块土地。很快，地主的经纪人找上门来，一见系山好像是一个不懂行的纨绔子弟，便存心好好敲他一竹杠，开口便报价5亿日元。

谁知系山毫不犹豫得说："这么便宜，我要定了。"见到系山愿出高价，经纪人欣喜若狂，马上跑到卖主那里，和卖主随即签订了代理契约，并把系山的情况绘声绘色地描绘了一番。想卖出大价钱的卖主当然高兴，觉得可算是遇见这么个冤大头，可以大占便宜，就把其他有意买地的人一概回绝。此后，经纪人多次找系山进行签约，但系山要么不见踪影，要么借口拖延。一连九次，经纪人实在是沉不住气了，只得摊牌，求系山购买。系山知道火候到了，便历数那块地的缺点，证明自己非常在行，而且知道那块地完全不值5亿日元。于是双方讨价还价，经纪人挡不住系山超强的攻势，只好步步退却，最后亮出底价2亿日元。但系山并不罢休。他说："如果市价是2亿日元，我就出2亿日元，我又何必费这么多工夫呢？而且别人还会嘲笑我不懂行。"黔驴技穷的经纪人最后只好去找卖主如实诉说。卖主则更伤脑筋。因为当初别人想买这块土地时，他已全部回绝了："系山已买下了这块土地。"如果现在系山不买，重新找顾客谈何容易，再找原来已经回绝的那些顾客，一来会被他们讥笑，二来会被大杀其价，说不定结局会更惨。不知所措的卖主只得说："既然如此，你就开个价吧。"最后，系山以1.5亿日元的价格得到了这块风水宝地。

从上述的例子中我们可以学习到把握成交和冷却时机的方法，只有把握了成交时机，才能大幅增大交易成功的可能性。

细节问题决定交易成败

销售说到底其实就是满足客户的需求的过程，也就是说你的产品的特性优点能给客户带来的利益。但绝对不可否认，除产品外，推销员在拜访客户中的一些细节处理，对销售的成功率也有重要的影响。推销员平时容易忽略的 6 个销售细节，也可以说是如何尊重客户的 6 个销售细节，实际上是满足客户被尊重的那种特殊的心理需求。

一、推销员的着装细节

推销员西装革履公文包，外表就能体现公司形象，在任何时候都是不错的选择，但有时候还是要看被拜访的对象，双方着装反差太大反而会使对方感觉不自在，无形中拉开了双方的距离。如建材推销员经常要拜访设计师和总包施工管理人员，前者一定要衬衫领带以表现你专业形象；后者若同样着装则有些不妥，因为施工工地环境的限制，工作人员不可能讲究着装，如果你穿太好的衣服直接去跑工地，不要说与客户交谈可能连办公室坐的地方都难找到。专家说：最好的着装方案那就是"客户 + 1"，只比客户穿的好"一点"即能体现对客户的尊重，又不会直接拉开双方的距离。

二、永远比客户晚放下电话

推销员工作压力大时间也很宝贵，特别在与较熟客户电话交谈时，很容易犯这个毛病。与客户叽里呱啦没说几句没等对方挂电话，"啪！"就先挂上了，客户心里一定会不愉快。永远比客户晚放下电话这也体现对客户的基本尊重。也有些推销员有好的习惯会说："张工，没什么事我先挂了。"

三、与客户交谈中不接电话

推销员什么都不多就是电话多，与客户交谈中没有电话好像那不大可能。不过我们的大部分推销员都很懂礼貌，在接电话前会形式上请对方允许，一般情况下对方也会大度的说没问题。但是，对方会在心底里琢磨："好像电话里的人比我更重要，为什么他会讲那么久"的想法，所以推销员在初次拜访或重要的拜访时，一般不接电话。如打电话是重要人物，也要接了后迅速挂断，等会谈结束后再主动打过去。

四、多说"我们"少说"我"

推销员在说"我们"时会给对方一种心理的自我暗示：推销员和客户是在一起的，是站在客户的角度想问题，尽管它只比"我"多了一个字，但却多了几分亲近。北方的推销员在南方工作就有些优势，北方人一般总喜欢说"咱们"，南方人习惯说"我"。

五、随身携带记事本

拜访中随手记下拜访的时间地点和客户姓名头衔；记下客户需求；答应客户要办的事情；下次拜访的时间；这其中也包括自己的工作总结和体会，对推销员来说这绝对是一个好的工作习惯。还有一个好处就是当你认真的一边做笔记一边听客户说话时，除了能鼓励客户更多说出他的需求外，一种莫名的受到尊重的感觉也在客户心中油然而生，你接下来的销售工作就会自然地很顺利。

六、保持相同的谈话方式

这一点我们一些年轻的推销员可能实际上并不太注意，他们思路敏捷口若悬河，说话更是不分对象像开机关枪似的快节奏，碰到客户是上年纪思考速度可能跟不上的，根本不知道你在说什么，容易引起客户反感。曾经有一位善长项目销售的推销员，这位既不是能说会道，销售技术方面也未见有多少高招，但他与工程中的监理很投缘，而监理一般都是60岁左右将要退休的老工程师，而这位对老人心理好像很有研究，每次与监理慢条斯理谈完后必有所得。最后老工程师们都一一成为这位推销员的产品在这个工程中被采用的坚定的支持者。

想要抓住客户的真实心理，还要必须在行为细节上有所讲究，行为细节上的讲究主要体现在以下几个方面：

一是保持微笑。微笑能真诚地感染身边的每一个人。没有人会喜欢一个整天愁眉不展的人，没有人愿意接近愁容满面的人。对于大多数的推销员来说，保持微笑是至关重要的，因为推销员要主动和客户接近，而微笑是与客户接近的最巧妙方法。

二是肢体语言。推销员的走路姿态是获得客户认可的重要衡量指标之一。走路可以反映出一个人的自信心。客户一般是通过看推销员的走路姿态来判断这个推销员的自信和谈判能力如何。有些推销员走路太过霸道，让客户很难亲近，自然很难获得客户的好感与亲切感。推销员走路应该有精神，不要认为走路的姿态跟能否成交没什么关系，当你走向你的客户时往往就决定了交易是否能够真正实现。

三是问候。记住主动问候客户，而不要等着让客户来主动问候你。当客户主动来问候你时，意味着你们之间的交易已经失败了一半。在问候中还要学会适度地真诚赞美别人，能够迅速缩小距离，进而减少陌生感。

四是握手。握手已经成为了社会活动中的常规礼节。一般来说身体上产生了接触的人更容易走近。握手是肢体的第一接触。同时握手也能基本上表现出推销员个人的自信和能力。有很多推销员不习惯握手。但是不握手就很难走近客户。然而确实存在一部分不愿意与人握手的客户，这类客户通常不是很热情，因此针对这类客户要尤其注意，当遇到客户伸手时，应该有所准备地与客户握手。握手一定要有力，因为握手的力度在一定程度上就决定了交往的深度，但是力度要适中，不能过大，过大也会让顾客产生不好的印象。

五是注意体谅客户的情绪。当客户情绪不佳并不想谈生意时，推销员应该体谅客户的心情，主动提出告辞，而绝对不要强行谈判。否则只会前功尽弃，当顾客处于兴奋之中时，要适时提出成交要求，这样一般都能够很快地达成交易。

用话语刺激消费者的购买欲望

推销员在和客户商谈的过程中，说话是要有很多讲究的，并不是任何话都可以说，也并不是任何话都必须说。就算是在商谈的最后阶段——促成阶段，说话也是非常有讲究的。在下面介绍几种在促成阶段刺激消费者常用的话语。

第一种话语是暗示启发。这类话语主要是对于客户的拒绝口气不是很强硬的时候所说的。它的目的其实就是要让顾客觉得如果不迅速达成交易，受损失的将是客户自己。这类话语的典型示例有：

"您看，你旁边的人都买了它。"

"您的朋友绝对会喜欢它的。"

"这种产品您早晚是要买的，早一天买早一天得到实惠。"

这类话语发挥作用的关键就是让客户深知产品的必要性，并且认同推销员的看法。如果客户点头同意推销员的上述看法，推销员就要抓紧机会要求和客户成交。

第二种话语是选择成交。这种话语的方法一般是通过给客户一个自主选择的机会来达成交易的目的，其实客户选择的范围都是推销员所能控制的。在此类情况下，假如客户确实有需求，大多不会拒绝推销员的选择方案，并在其中选择一个自己满意的方案。不管客户选择哪种方案，整个交易的局面都会绝对地控制在推销员的手中。这类话语的示例有：

"您是要这种产品呢，还是要那种产品？"

"您缴费方式是用半年缴还是一年缴？"

这种话语发挥作用的关键之处就在于客户本身对产品有很强的需求和推销员在自己控制的范围内给客户选择权让顾客主动想去使用这种选择权。

第三种话语是立即实现。这种话语大多数是跳跃式的话语，它往往跳过了向客户提出成交要求的环节，直接到了交付环节。比如当推销员问客户是喜欢红色的车子还是白色的时候，客户回答是白色的。推销员这时就可以这么说："那我是今天下午送到你家，还是明天上午再送？"其实顾客根本就没有提出什么成交要求，他只是说他喜欢白色车子。推销员此时的做法有点冒险，但是针对许多顾客确实是行之有效的，有效地避免了提出成交要求时刻的风险。当然这种话语也会遭到拒绝，但是在许多情况下也不失为一种很高明的成交套用话语。

第四种话语是缓冲付款。客户对推销员的产品产生一定的需求之后，影响客户购买的主要因素就变成了主要的经济因素。为客户考虑经济因素，变通付款方式，往往可以和客户迅速达成交易。这类话语的典型示例有：

"如果年缴对您来说不方便，可以改用月缴，那样会比较轻松。"这类主动向客户提议征求客户意见的话语，如果被客户认可，就表明可以达成交易；但是如果客户觉得不可行，推销员就要顺风转向，顺着客户的想法做进一步的修正。

第五种语言是最后机会。这种话语的方法主要是通过用最后机会来向客户表示要是再不达成交易，就再也没有任何机会达成这么满意的交易。这类话语的典型范例有：

这次机会真的很难得到，下次就不知道还有没有了，你还是好好考虑一下吧!"

"这是最后一天的促销了，以后价格就不会这么低了，您再考虑考虑!"

说这种话的时候，必须要表现出自己满分的诚意，不要让客户觉得这其中有猫腻，对你产生什么不信任。

第六种话语是再三叮嘱。这种话语一般主要用于客户为家人购买产品的说服上，尤其是保险方面。这类话语的典型示例有：

"您一定要想清楚，这是为了孩子着想，为了孩子! 这点钱可不能省!"

这类话语尽管比较强硬，但是可以给客户一个警示，让他想到所购买的产品是为了自己的家人。在某些时候，实在不失为一种高明的成交话语。

在使用促成话语时，一定要注意掌握时机，正确使用这些促成交易、刺激消费者的常用语，这样才能真正打动客户达成交易。

来者都是客

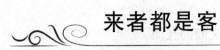

在接待不同的顾客时，要尤其注意，顾客穿好穿坏一样对待；顾客买与不买一样对待；顾客买多买少一样对待。那么，刺激顾客购买需要什么诀窍吗？当然有，以下几点可以说是刺激顾客购买的秘诀。

免费赠送——这大概是最有效的促销方式。

有创意、新颖的包装——人要衣裳，商品也要好包装。

新鲜的小玩意儿——应流行趋势而推出的新奇产品，尤其易引起消费者的注意。

增添魅力的产品——大多数人都很讲究服饰、饮食、生活方式、个人保健的流行趋势，而且除了想跟得上流行，也希望自己能够更有魅力。

有个人风格的产品——这是个讲究自我的新潮时代，每个人都希望由穿的衣服到使用的物品都能表达个人的品味。

强调技巧或知识的产品——"自己动手做"，目前简直是风行世界。

具有感情投资的产品——有很多产品都能够附加些感情的东西，对孩子或宠物的爱，对父母的尊敬、对自然环境的关心、甚至怀旧情绪等。

便宜的东西——每个人都喜欢讨价还价、占点便宜，当然这也包括有钱人在内。

在刺激顾客购买的过程中，有许多方法可以加以借鉴，当然，也可以动动脑筋，自己想一些办法。总之，如果能够密切围绕上面的几点下些功夫，效果应该是显而易见的。正确的做法是一定要找出顾客的需要所在，以及该如何满足他们。

现代营销之父菲利普·科特勒博士在论述现代企业所普遍面临的困境时指出：我们的企业在日趋白热化的产品竞争中，完全找不到满意份额的市场和可持续成长的市场已成为其头号难题。很多国际型企业都面临着市场萎缩与科技提速的尴尬。怎么摆脱这种尴尬？广告？广告在我国由计划经济向社会主义市场经济的发展过程中作用突出，也以其信息传播速度快、覆盖面广的优势而倍受企业青睐，而现在消费者被包围在大量信息的狂轰滥炸之中，同时加上媒体的竞争以及受众的日趋分散，再加上消费心理的日渐成熟，王婆卖瓜式的自卖自夸很难令人心动了。而各个品牌此起彼伏的命运也足以说明，广告并非征战市场的灵丹妙药。当今，广告上的一掷千金与市场的难以启动成为企业心中永远的痛。

神奇的顾客体验

顾客的神奇体验就是指顾客在消费中所产生的一系列内心的感受。从心理学角度讲，体验是当一个人达到情绪、体力、智力甚至是精神的某一特定水平时，他可能意识中所产生的美好感觉；或者说，是个体对某些刺激产生回应的个性化的真实感受。体验的主要特征有：

1. 个性化

体验在本质上是个人的，是来自个人的心境与事件之间的互动。

2. 参与

所谓体验，必须是一个人在看、在听、在嗅、在品、在用、在感受。人在活动中有形体的、情感的、知识的等方面的全情投入。

3. 难忘

当体验之后，体验的价值却弥留延续，留下难以抹去的印象。

一般情况下，人们在最初接触一个事物时最容易受到的是感性的影响。特别的色彩、特别的声音、特别的味道、特别的触觉或质感等，都很容易获得更多的关注。当一个人的感官受到刺激时他会本能地进行简要的推理，进而刺激触动其情感。他会激动、兴奋等，然后思维被激活进行分析展开联想，接着其身体行动起来，体能、智力渐入佳境，全身心每个细胞都充分活跃起来，刺激逐渐深入，体验者将刺激与自我、他人、社会文化联系起来，从而体验到被社会尊重和实现自我价值的高级情感，直到完全达到忘我的最佳状态，这就是体验的基本过程。消费体验对顾客的影响是惊人的：

第一，顾客体验唤醒其消费需求。消费者的购买源于消费者的内在需求。通过让消费者亲自参与的方法来实现其对产品价值的确认，特别是对产品使用价值的确认，能够最大程度地激发其消费欲望的形成。消费者多次的看看、品品、摸摸、用用……需求从消费者意识的最底层被牵引出来，从消费者的潜意识层面被提升到意识层面，需求由隐性需求转化为显性需求。这是因为人的潜意识和意识层面相比而言，潜意识占到95%以上，而人的意识层面的内容只占到人思维活动的5%，这种比例就是我们在心理学上一般叫的"冰山理论"，在特殊的外力作用下，人的潜意识层面的东西可以被直接牵引到人的意识层面。在消费者的需求欲望当中，同样存在着这样一种情形，也就是大量的消费需求由于受到主客观因素的影响往往沉落到了需求意识的底层，甚至是潜意识的状态当中。因此在顾客心中有很多的"不知道"、"没想到"、"想不到"，通过体验直接升华为心中的"至情至爱"！

第二，顾客体验令其"情有独钟"。体验可以催化消费者内在需求转化为外在购买行动的各个流程。当消费者的某种消费需求处于萌芽或者朦胧状态时，就需要通过消费者的亲身体验，产品价值得以最终确认，奠定了消费信心，从而使消费需求得以迅速强化，购买欲望随之产生，而这种购买欲望在消费者直接体验之下，同样在加速形成并且迅速得到高度强化，欲罢不能的强烈欲望则推动选择标准的快速建立和具体的购买目标的快速确定。这样，整个购买过程极大地缩短了。的确，恰当运用顾客体验能提升消费者需求被物化和被推进的速度，从而更多的激发消费者的需求欲望。

基于顾客体验，激发顾客购买欲望

究竟怎样才能打动顾客，激发其购买欲望呢？最好的办法是让顾客自己去体验，让顾客身临其境，来激起心中的购物欲。激发顾客购买欲望的方式有：

1. 试用

消费者被安排亲自体验产品，并且通过对产品的一系列亲自体验来最后确认产品的功能，并且实现这种功能与消费者需求的对接。在体验的过程中，因为消费者亲自感知产品的使用价值、服务价值和形象价值，最后真正达到了完全满意。深刻的体验激发了消费者沉埋在意识底层或者是尘封在潜意识层面的那些需求欲望。成功的试用应注意：第一，现场氛围能有效刺激顾客的感官；第二，与顾客产生互动；第三，触动顾客的情感；第四，引发顾客的进一步消费联想。

2. 口碑

口碑是通过现有顾客在各自群体中口耳相传使用产品的体验，进一步激发顾客购买欲。口碑通常是指一种独立于销售商和购买者的第三方提供的关于产品和服务的信息。它对于购买者来说是能够信赖的、强有力的，因为他认为第三方是中立的，而且这中立的第三方又是偏向于他的。一项关于消费者购买动机的调查结果显示，消费者大都是因为产品的质量好而购买，而怎么确定产品的质量好，消费者都认为自己是受了亲戚、朋友或同事的影响，是因为他们认为产品质量本身就好，才决定购买的。资料已经显示，"听人说起过"的口碑对消费行为的影响达到了80％左右。其实，口碑实际上就是消费体验的人际传播。所以，归根到底是顾客体验在"润物细无声"，悄然燃起了顾客心中的购买欲望。

3. 形象感召

形象感召是说通过富含体验的品牌形象，进而能够冲击顾客的情感，来引导、强化顾客通过某种消费充分展示自我的愿望。强有力的品牌能帮助消费者建立鲜明的自我形象，今天，消费者在选购品牌时越来越注重使用不同的知名品牌，体现不同的自我与情感。他们想把现实的自我，逐渐改变成为理想的自我，为了追求理想的自我，他们购买能支持自己所期望的自我观念的品牌。越来越多的深入研究，包括不同的产品领域，如汽车、清洁用品、衣服、家用电器、家具以及休闲娱乐活动等，这些全部都是支持自我观念的理论。例如对一些购买了汽车的消费者研究已经表明，绝大多数车主的形象与汽车品牌的形象是和谐一致的。总之，自我观念是影响人们消费行为的现存的强大力量。正是基于此，品牌形象在激发顾客购买欲中发挥着越来越突出的作用。

第十章 介绍产品的绝招

让自己成为产品专家

对于一个推销员来说，要想真正使自己的业绩提升，一定要掌握和了解产品的以下4个方面的知识点：

知识点一：生产厂家及其情况

这点是作为一个推销员所必须知道的，也是客户最容易随口问起的问题。因为，生产厂家直接就决定了产品在顾客心中的绝对地位。而生产厂家的制造设备以及工程技术力量的强弱又直接影响到产品的质量。这是毫无疑问的，难道你没有看到在人们购买商品的时候，总会要看看是什么厂家生产的吗？打一个比方，要是不从直销的角度来说，就是在我们平时去商场买鞋子，跃入你视线之中的是两双鞋子：一双是阿迪达斯品牌的，另一双是一个不知名厂家生产的。尽管后一双的样式较前一双好看，我们所选择几率较大的可能还是阿迪达斯。为什么呢？说句实在话，就是阿迪达斯是知名厂家所生产的，产品性能质量比较可靠。

"中国人相信专家！"就像是某则电视广告中的广告词那样。对于在选择商品的时候，按着生产厂家的实力作为衡量好坏的标准，是中国人普遍的心理。也是存在于广大消费者心中的消费心理。在他们看来，实力雄厚的厂家是产品质量的有力保证。他们也就买得非常放心，用得比较安心了！

同样，推销员所面对的客户，他们就是实实在在的消费者，也就必定拥有这种消费的心理。因为没有任何人会舍得花钱购买一件自己认为不值得的商品。充分且全面地了解产品的生产厂家的相关情况，其实是一种很好的消除顾客心中对产品所持有的顾虑以及认为不值得心理的有效方式。

知识点二：生产方法和制作工艺

生产方法和制作工艺，同样是客户关心以及让他们非常感兴趣的方面。作为推销员的你，只有对产品的生产方法和制作工艺有了必要的了解之后，才能够在向客户直销产品的时候，能够向对方进一步地介绍产品。不会像是普通的直销，推销员在直销商品的时候，所说的那些空话和套话似的，即"我们的这个产品不错，是同类型之中最好的"。

每个人其实都一样，都希望能够花最少的价钱买到相对来说最好的东西。然而，他们所需要的这种"好",原本并不是希望能够从对方的口中说出"好"这个词。而他们想知道的是究竟好在什么地方,怎样的一种好法。这才是他们实际上最感兴趣的,对他们最有诱惑力,并且能够让他们产生较高的了解和购买的欲望。

与客户见面,向他们直销产品,在很多情况下,你是不可能采用演示的方法,让对方亲身体验到产品的好处的。并且,有许多的产品优越性并不是能够在短短的一试之间便能体现出来的。你要想使得自己的终极目标达成,最主要的其实还是通过语言去告知他们这种产品是怎样的好,好在哪儿?这就像是一个直销高档木质家具的推销员,在向客户介绍自己所直销的产品时一样。要是只说自己的产品是由什么材料制成的,其说服力和诱惑力便会很小。倘若这位直销人员对于红木家具的生产方法和制作工艺有了比较充分的了解之后,便可以这样对顾客说:"我们所生产的家具是经过严格的选材,所有的材料采用了红木,并且经过处理对于白蚁有着很好的预防作用。另外,我们一般情况下要上八次油漆……"

像这样的产品介绍,具体而又生动,能够让对方很直接地接受到你所要直销产品的信息。不像上面所说的那样空洞、没有任何的实际内容。在你向客户介绍自己所直销的产品的时候,要想使得自己的终极目标达成,你的语言就更加需要内容充实,确确实实地说到点子上去,说出你所要直销的产品与其他产品的主要不同之处。这样才是最具有说服和诱惑力的。然而,这一切都要推销员对于产品的生产方法和制作工艺有必要的了解。那么,怎样去获取相关的有价值的知识和信息呢?

知识点三: 产品的使用方法

作为推销员,其实你的目的是为了向客户直销产品,提升自己的业绩。那么,客户呢?当然,他们之所以选择购买你所直销的产品,是为了使用。倘若一件产品没有任何的使用价值,恐怕客户是不会产生什么兴趣的,更不要说有购买欲望。基于这一点。为了能够在以后面对客户时,可以更好地说服客户,达到你的最终目的,你还需要熟练地掌握产品的使用方法。你不仅要把这个产品说得非常好,还要在做的时候做得更好。

通过你的口才,让对方从你的言语之中真正感受到这个产品是一个不错的产品,其说服力还不能真正地促使潜在的客户每一个人去购买。因为"耳听为虚,眼见为实"。纵使你说得云里雾里,他们对于你所直销产品的信任度也很低。为了能够有效促使他们更加相信你的产品和所说的一样好,你便需要通过简单而具体的真人演示,让他们眼见为实。

知识点四: 与产品相关的质量标准

作为一个推销员来说,应该责无旁贷地明白自己所直销的产品,以及相关同类产品的质量标准。只有当你真的知道了这些之后,在你以后面见客户,向对方直销这个产品的时候,才能够让客户做到心中有数,才能够提升他们对于产品的信任感,才会有可能达成交易。

产品的质量标准一般有三个等级:由国家标准化主管部门所颁布的叫做"国标";由部标准化部门颁布的叫做"部标";由企业、事业单位或者其上级主管部门批准,颁布的适用于某个企业或某些企事业单位的标准。对于上述这些标准,在上岗之前,主管只会根据业务需要作些简单的介绍，或者根本不给予介绍，这就需要直销行业的从业人员积极主动地去了解和掌握相关的知识。对于产品有了比较好的了解，只是你正式面对客户所必须准备工作的一部分。它并不确保你可以在与客户面对面的时候，获取交易成功。因为，这对于你所要直销的产品来说，你了解的只是其中的一部分，其实你还需要了解到与产品相关的市场信息，只有这样，你才能够更加有效地通过自己的口才，就此达成有效的交易。

对于所直销的产品有一个全方位的了解，是增强你语言内容、促使你的口才提升、使得你的语言变得更加具有说服力的有效途径之一。

要想成为一名真正出色的推销员，你就不能不去了解这些方面的知识和讯息。对于产品知识的了解，就像是在蓄水。当储蓄了一定数量的水之后，你在面对其他客户的时候，才能够使得你的语言就像是连绵不绝的溪水汩汩而出，言之有物，才能使你的话语更加具有说服力。

推销员介绍产品的口才技巧

一、推销员介绍产品需要掌握的要点

推销员介绍产品的口才技巧极其重要。推销员介绍产品时候要掌握以下要点：第一是活力；第二个是娱乐；第三个是教育。展现自信是所有商品介绍的必要技巧。自信来自经验。若缺乏经验，你必须学习如何"假装"。要是你想成为更有效的销售人员，请想象自己是政治人物或超级巨星。假装你的言行举止将受到万人瞩目。这样就能增加你的影响力。

二、推销员介绍产品时的禁忌

以下几点是推销员介绍产品时的大忌，切忌要避免：

缺乏准备（缺乏准备是最常见的严重错误）；

忽略顾客（任何人都希望被重视）；

纯粹提供资料（小笑话或故事更容易记忆）；

道歉或者找借口（顾客最需要的不是道歉或借口）；

骄傲自大（调查显示88%的人最讨厌别人打断自己的讲话）；

黄色笑话以及粗俗的内容（每一个顾客都讨厌缺乏正能量的推销员）；

很少和顾客目光接触（你看顾客的时间至少要和他们看你的时间一样多）；

轻声细语或者声如洪钟（要学会恰如其分地表达）；

乱用语法，发音错误（要让顾客听懂你说的话）；

无关痛痒的词（没有顾客愿意听你废话连篇）。

三、推销员介绍产品的绝招

首先是个人仪容仪表。以下几点你必须随时注意或改进的。

穿着整齐合体；

注意个人卫生；

保持健康；

言行保持一致；

确立目标；

展现真诚的决心；

运用道具或视觉辅助工具；

引爆对方的潜在情绪；

回答顾客时别忘了"能得到什么好处""卖好处，不卖功能"；

必须要求顾客马上采取行动，产品介绍结束前必须要求顾客选择购买。

曾经有这样的一件事，有一位推销员挨家挨户推销化妆品，在一家门前，进行必要的礼仪招呼之后，他就此说明了来意，正好对方有购买的意愿，就拿出样品观看。这时，对方发现化妆品的包装上有"果酸"的字样，就问他这是什么意思，有什么作用。这个推销员一听就傻眼了，吞吞吐吐了很久，说不出个所以然来，结果就不言而喻。

而另一位推销员，不管顾客问什么，有什么要求，都能对答如流，并尽量满足顾客的需求，所以销售业绩在同事之中能够始终保持遥遥领先。

市场是不相信任何找出来的借口的，第一位推销员可能会抱怨说，公司没有对他进行过专业的培训，或者抱怨客户麻烦，或者说自己销售的产品更新速度太快……但这些都是没有用的。这些借口只能是自欺欺人，最后真正吃到苦果的还是自己。所以，推销员在对客户介绍产品的时候，必须要熟悉和了解自己产品的相关知识，掌握介绍产品的方法，不论客户问什么都能够对答如流，这样才具有赢得客户信任的机会。

四、推销员介绍产品的技巧

作为推销员，在做业务的过程中，最重要的就是把产品介绍出去。而如何介绍自己的产品，才能让客户对产品真正感兴趣，是需要一定的方法和技巧的：

1. 了解客户

和客户面谈，第一件事就是向客户简单介绍自己和产品吗？这是大错特错的。在见到客户之前，必须要先把客户的详细情况了解清楚。比如客户所在的行业、客户的爱好、客户的功绩、客户的家庭情况、客户的习惯等。这样与客户谈判才能得心应手，介绍产品才能根据客户的情况有的放矢，并且让客户觉得自己被尊重，有很多话题可以说，不至于造成尴尬的场面。

2. 吸引客户的注意

向客户介绍产品时，首先要吸引客户的眼球，使他对你的产品产生强烈的兴趣，这样你才有机会表现产品，整个销售拜访过程才能顺利进行。比如向客户适时提出这样的问题："你希不希望你的营业额在未来的一个季度中能够提升30%～50%？""你知道一年内只花几块钱就可以防止失窃、火灾和水灾吗？"

只有客户对你的产品真正产生了浓厚的兴趣，他才会了解下去，而不仅仅关注价格，如果客户不断对你提价格的问题，这样就能表示你没有用产品的价值吸引住他。

3. 强调产品的性价比

当客户充分了解了你的产品，价格必然是进一步关注的问题。推销员不应该大力强调价格，说自己的产品是怎么的便宜，而不注重强调产品的性价比。虽然产品是可能有很多卖点的，有的客户很喜欢名牌，有的客户很喜欢实惠，有的客户很喜欢方便，有的客户很喜欢好玩，在对自己的产品的定位上，要注意尤其强调产品的性价比，只有这样，才能突出产品的优势所在。

现在市场竞争激烈，很多产品的相关信息几乎是每一天都在变化的，推销员可能会对其中的一些信息掌握不够全面或不是非常准确。此时，推销员应该多从客户的角度出发，本着为客户服务的心态，向客户表明事情的本来面目，而不应该为了显示自己的"博学"而胡编乱造，欺骗客户，如果那样做的话，只能让客户离你更远。

关于产品介绍的 AIDA 理论

在一个大型展会上，很多人被一束闪耀的光环所吸引，纷纷追踪光环的来源。原来是一个展台前的推销人员拿着一个超级大号的五光十色的捻捻转在玩。只见柜台上竖立一个漂亮的宣传卡，上面这样写着："抗衰老酒……献给具有营养学知识的朋友们。"

见有这么多顾客同时围上来，推销员马上宣传这种抗衰老酒的功效和作用，他说："这种酒是送给中老年人最好的礼物，可以延年益寿、有益健康。"他的话使很多在场的顾客感到自己买这种酒作为礼品送给父母、亲友及领导等都比较合适，从而激发了他们的购买欲望。推销员这一吸引策略和精心设计获得了空前的成功。

这位推销员的成功之处，其实就在于他运用了 AIDA 销售模型，吸引了顾客的注意，诱导出顾客对产品的兴趣，并真正刺激了他们的购买欲望。购买该酒的顾客，不但得到了使用价值的满足，还觉得他们是"具有营养学知识的消费者"，从而获得了心理上的满足。

AIDA 销售模型，在业界也被称为"爱达"公式，是西方推销学中一个重要的公式，在销售领域得到了广泛的应用。AIDA 中的四个字母，按照顺序分别表示注意（attention）、兴趣（interest）、欲望（desire）和行动（action），它们是客户做出采购决定的完整的逻辑过程。一个成功的推销员，首先一定要把顾客的注意力吸引或转移到产品上，使顾客对推销员所推销的产品产生兴趣，从而产生强烈的购买欲望，进而再促使其行动，购买产品，达成交易。

一、引起潜在客户的注意

模型中的第一个词是"注意（Attention）"。推销员面对客户的大肆推销时，首先要引起客户的注意，要尽快打破他占主导地位的局面，让他将注意力集中在你所说的每一句话和你所做的每一个动作上。现在每个人都很忙，而且你的拜访一般被称为来自工作之外的干扰，要怎么集中客户的注意力呢？你可以用以下的方法：

1. 保持与客户目光接触

眼睛看着客户讲话，不只是一种礼貌，也是销售成功的诀窍，让顾客从你的眼神中看到你的真诚。只要客户真的注意了你的眼神，他就会把注意力放在你的身上。

2. 向客户提出问题或想法

无论你从事何种产品的销售，你都要设计出一个问题或者一番话来引起潜在客户的注意力，你的问题或想法都意在表明你的产品或服务可以很好地适应客户的特殊需求或需要。

二、引起客户的兴趣

模型中的第二个词是"兴趣（Interest）"。如果客户能满怀"兴趣"听你的相关产品介绍，这就说明客户在一定程度上认同你的产品或服务，你的推销就成功迈进了一步。

什么人都有好奇之心，客户对了解新产品和新服务会有着浓厚的兴趣，但仅仅有兴趣是不够的，你的介绍和演示还必须和客户的需求紧密结合起来，从而才能引起他对产品的认同。

引起客户的兴趣属于推销的第二个实质性阶段，它与第一个阶段是相互依赖的，集中了客户的注意力，才能引起客户的兴趣，而客户产生了浓厚的兴趣，他的注意力才会越来越集中。

三、激发客户的购买欲望

模型中第三个词是"欲望（Desire）"。当顾客觉得购买产品所获得的利益实际上远远大于所付出的费用时，他就会逐渐产生购买的欲望。因此，让客户认识到产品的积极作用，是你成功实现销售的关键所在。

大多数情况下，产品能够激发客户的购买欲望的原因是：

增加收入或节约资金；更高的性价比，更加方便；流行，时尚，令人羡慕；可改善客户在生活或工作中的状况。在这个完整的过程中，推销员应该做的就是，找到产品的性能和潜在客户购买欲望的切合点，进而说服客户，让他相信你的产品可以让他得到这些方面的满足。

四、促使顾客采取购买行动

模型中最后一个字母代表"行动（Action）"。推销的最终目的是要让客户真的购买产品，这个环节你要让客户做出明确的购买选择，这样你就完成了整个销售过程。有些推销员在向客户介绍产品的整个过程中，可能会打乱这四个步骤的顺序，或者情急之下忽略掉其中的某部分，这样就算每个部分都是正确的，次序乱了，也不能起到任何作用。

因此，如果你想成为顶级的销售专家，就应该在这四个方面都成为行家里手，多练习和使用，直到将它们能够完全自如地发挥出来。

介绍产品时多为顾客着想

推销员的基本工作精神和工作职责是为顾客着想。暑假期间，小林在商场兼职销售长裤，赚取学费。某日，一位小姐前来进行选购，但试穿之后嫌长裤是素色的，认为有格子的没有青春气息。但小林轻声跟她说了几句话，她随即付钱买下。原来小林跟她说："兴许身材矮小，穿格子长裤，不是一下就被人数出来有几格高度了吗？"

推销话术是一种以顾客的利益为前提，将产品及服务介绍给顾客，并说服他们使其相信自己买对了产品的专业能力。说得更加确切一点，推销活动的最大课题是：就自己商品的特性，以此求得顾客的认同。

学问就在怎么获取顾客的首肯。一般人仅站在自己的立场，再三强化商品的特质，百般夸赞商品的优点。可是顾客还是反应冷漠和心存疑惑。

推销员该做的是进一步将"商品的特征"快速转变为"顾客使用该产品的好处"。比如说："我的影印机每分钟可复印 60 张。"仅有这些这还不够，应该加上一句："那么你的影印业务便可加倍增长了。"

奥地利的布鲁克生活在贫困的乡间，母亲早年去世，父亲后来工作受伤，无力继续支撑家庭，当时再加上两个需要扶养的年幼弟弟，家里的生活重担顿时成了布鲁克的责任，他到街上给人修鞋赚点生活费。

一天，一位顾客匆忙间拿了一双鞋底坏掉的皮鞋，交给布鲁克修理。布鲁克动作熟练，隔天就把鞋底缝补、敲钉完成。顾客高兴地抚摸着那双鞋子，感动地说："小伙子，谢谢你把我的皮鞋修好，这是我见过的修的最好的一双鞋，不但缝补的很坚固，还把皮鞋擦得跟新的一样光亮。"

周边那些修鞋的同行私下窃语："布鲁克真是服务过头了，顾客只付了修皮鞋的钱，却把皮鞋擦这么亮，这有什么好处呢？这么笨，是注定一辈子落魄的。"布鲁克并不在意这些话，只是继续坚持做自己该做的工作，他觉得为顾客着想，对得起自己的良心，收取顾客的钱心安理得，这样其实就够了。

后来，布鲁克受到皮鞋工厂的雇用，在工厂专门修补那些有瑕疵的皮鞋。多年以后，那些嘲笑布鲁克的人，现在还是依旧在街头修补皮鞋，至于布鲁克，已经升任奥地利最大皮鞋工厂的制造经理了。

还有一个典型的实例。有一个小伙子开了家米店，每天忙得不亦乐乎。一天，当他非常忙的时候，恰巧来了一位顾客，看上去非常着急的样子，小伙子忙说："您好先生，把您的地址写在旁边那张纸上，我等会儿给您送过去"，那顾客看这情况也就没再说什么。

过了大约一个小时，小伙子扛着一大袋米，一口气爬上了六楼，敲响了那个顾客的门。那位顾客开门后直接说："放那门口就是了，多少送货费？"

"我不收送货费的，呵呵，先生，您的米缸在哪儿？我给您送进去"。

"好吧，你跟我来。"

顾客便把那小伙子直接带到米缸前，"放下吧。"

那小伙子随即放下米袋，又问："先生，您给我个挖米的工具吧。"

顾客："怎么啦？"

小伙子："我给您把陈米挖出来。"

顾客显得有点吃惊。

小伙子弯腰把里面的陈米全部当即挖出来，将新米倒入，又将陈米铺在了表面上。

顾客看在眼里，觉得有点不可理解。

临出门时，小伙子又对那位顾客友好地说："先生您好，我想问一下，您家里几口人啊？"

顾客回答："五口之家"。

一个星期过后，那小伙子扛着一大袋米再次敲响了那位顾客的门。那位顾客开门后，非常吃惊！便问："我又没向你定米，怎么你又送上来了啊？"

小伙子："呵呵，您是一个五口之家，我估计一周时间的话，米就吃的差不多了，所以再来看看"。

那顾客走进室里，打开米缸一查看："还真是的，没多少了！"

顾客心里当时就觉得美滋滋的，心想："这小伙子，还比我清楚。"小伙子还是按原来的步骤将米倒入顾客那米缸子里。从此以后，每过一周这个小伙子就会给这位顾客家里送一袋大米。

推销员为顾客着想，就是为自己着想。毋庸置疑，销售就是说服客户让他们购买我们的产品。要是客户根本不想买，你是没有办法达成销售目的的。强迫客户进行购买根本称不上销售，而是绝对的无异于在光天化日下抢劫。所以，如果你想与客户进行长期买卖交易，方法是真正从客户角度出发，为顾客着想找出他们真正想要的东西。

作为推销员，必须要提前客户首先考虑的问题。如果你的销售对象是公司，那么你应该清楚每当提到钱的时候他们的反应就一定会很强烈。绝大部分销售人员认为客户公司首先考虑的问题是怎么赢利。但事实确恰恰相反。（根据赫兹伯格的激励理论）激励有以下两种方法：

努力寻找快乐；或避免遭受痛苦。然而，与寻找快乐相比，我们其实更急于避免痛苦，因为人的天生本能就是保护自己免受外界的伤害。尽管客户公司对"如何挣钱"很感兴趣，但这不是他们关心的首要问题。事实上，关于钱这个问题，客户大多时候的考虑顺序是：

第一省钱；第二挣钱；第三不花钱。不考虑钱的问题，客户一般先考虑如何避免遭受痛苦，然后才会考虑怎么才能找到快乐。这就是为什么客户很少更换供应商，如果一种商品使用效果很好就会长期使用，并且更喜欢购买大众知名品牌的产品。这就是为什么就算你的产品质量更好却相反的被冷落的原因。客户更相信自己既往的使用经验，而不愿意冒风险尝试你的新产品。

价格和成本也是客户首先考虑的问题。怎么客户很关心如何省钱而不想花钱，是否就真正意味着他们总会选择那些价格最低的产品？实际上令人欣慰的是，答案是否定的。未受过良好教育的客户会把产品价格和采购成本完全混为一谈，但事实上，两者有着很大差别。假如你是一个非常在意成本的人，如果你想买辆新车，你是会买最便宜的，还是选择一款物超所值的车呢？

你的客户同样也会考虑相关的问题，比如：

维护方法极其简便；

零部件成本及供应情况；

产品及零部件的使用寿命；

使用带来任何生产力的提升；

需要对产品的使用进行多少相应的人员培训；

使用安全性；

交货时间，等等。

要是客户仅仅选择成本最低的产品，那么有两种可能性：你没有向客户说明采购成本和产品价格之间的区别；或者你找错了客户。沃伦·巴菲特对价格和价值已经做了很好的诠释："价格代表了你的付出；价值是你的所得"。既然客户真的想避免遭受痛苦，那么在寻找快乐之前，他们想要从你这里得到的价值可能是：怎么降低成本；怎么降低风险；如何维持市场份额，等等。你找到客户想要的真正价值，并让他们知道怎么才能获得这些价值，你就在销售中首先占据了主动权。

销售人员常常抱怨，抱怨尽管自己努力向客户解释价格和价值的区别，但是客户根本不想去听。如果你也曾经遇到这种情况，你需要明白，买家和卖家之间一向都有冲突的存在。从卖家的角度出发，销售的最终目的在于从客户那里挣钱。另一方面，从买家的角度考虑，他们尽可能避免任何一个人从自己这里把钱挣走。于是冲突就产生了。要是客户认为销售人员把自己的钱挣走是一种痛苦，那么怎么才能说服他们买单呢？总结一下，客户花钱购买是因为与购买相比，不买的损失就会更大。如果客户不想听你的推销或讲解，那么原因可能是：他们还没有意识到不买的损失究竟是什么；并且他们对你不够信任，不想与你分享他们的痛楚。

如果你接近客户的意图只是为了挣他们的钱，那么想想结果会是什么？客户会对你敬而远之！但要是你能够为自己的销售找一个强有力的商业原因，并诚恳地告诉客户你的产品能够满足他们的实际需求。那么，客户就会想从你这里了解更多关于产品的信息。

尽可能地让客户亲身感受产品

若要客户对你推销的产品产生兴趣，就必须使他们清楚地意识到他们在接受你所推销的产品以后会得到好处。这一说法是非常富有哲理的，所以人们很容易接受。但在实际推销工作中，它又往往被人们所忽略。为了尽可能引起客户的兴趣，你可以在业务洽谈一开始就向客户介绍你的产品到底有什么具体优点，同时，还必须向客户证明你的产品确实具有这些优点。陈述某一事实与证实某一事实不能完全画等号。同样，重复你说过的话是一回事，用事实证实你说的话则又是另外一回事。这两者之间不能完全画等号。做示范是向客户证实所提供的产品确实只有一部分优点的极好方法。熟练地示范你推销的产品能够在一定程度上吸引客户的注意力，使他对产品及时直接产生兴趣。

比如推销千斤顶，让客户把千斤顶举起来，然后用力摔在坚硬的路面上，看他是否能把千斤顶摔坏。这种方法比任何口头宣传都更有极强的说服力。如果你的涂料没有什么气味，那你就不必费口舌，而是让客户亲自去闻一闻，然后再让他闻一闻气味浓重的竞争产品。为了证明你的小型装置坚固并且耐用，可以让客户用各种错误的方法进行操作，看他能否把小型装置就此损坏。在事实面前，客户只能相信这种小型装置确实质量可靠。为了向客户说明一辆小汽车加速器的性能特点，你完全没必要让客户看那密密麻麻的数据，只须邀请他和你一起外出试车，并且让他拿着秒表，这就足以令他心服口服了。如果你想说服客户安装空调设备，让他到两间不同的办公室走走，体验一下。其中一间已经安装了空调设备，室内空气清新，凉爽宜人，而另一间没有安装任何空调设备，室内空气混浊，大有令人窒息之感。

因此，示范是你向客户提供的一种证据。在进行业务拜访的准备工作时，你能够经常这样问一问自己：我要向客户示范些什么呢？只有对这个问题做出了完整且正确回答，做示范的目的才能够更明确，效果才会更好。

仅仅向客户介绍产品的外观形态是远远不够的。在条件允许的情况下，你应该向客户介绍如何使用你所推销的产品，产品有什么实际功能和特点。

如果可能的话，让客户亲自参与示范环节。客户往往是积极参加的，特别是对一些机械产品和小型电动机械，客户一般都想亲自试一试。让客户参加做示范要比推销员自己单独做示范更能激起客户的兴趣，这是无可置疑的。有时，推销员也能够在做示范时给客户一些必要的指点。推销员应当自己首先示范所推销的产品，边示范边指导然后让客户自己做示范。这样，推销员就有可能更早一点得到客户的定单。客户对学会怎样使用某种机器或小器械的兴趣越浓厚，他就越乐于把自己当作这种机器或某种小器械的主人。很多办公室的电话系统、微型电子计算机、汽车、家用电器和其他一些产品都是通过这种方法直接推销出去的。如果所有的推销员在如何指导客户使用某一产品方面得到训练指导，销量肯定会迅速增加。要记住，教别人如何使用某种产品与你自己能够使用或者使用得很好是完全不同的两种技巧。推销员在示范中所引用的数据要尽可能让客户记录在册，并让客户亲自去进行运算，以求准确可靠。

推销员要避免"祸从口出"

"祸从口出"在交流中经常遇到，无意之中的一句话常常会让一次沟通效果大打折扣。因此，有很多话不管是在跟同事、还是客户中，都不该说。

一、批评性话语

这是许多人员的通病，特别是业务新人，讲话不经过大脑，脱口而出伤了别人，自己还不觉得。现在最常见的例子，见了客户第一句话便说，"你这张名片真老土!""真累啊，活着不如死了值钱!"尽管是无心去批评指责，只是想有一个开场白，而在客户听起来，感觉就非常不舒服了。

人们常说，"好话一句当牛做马都愿意"，这也就意味着人人都希望得到对方的肯定，人人都喜欢听好话。业务人员从事推销工作，每天都是与人打交道，赞美性话语应多说，但也要注意适量，否则，就会让人产生虚伪造作、缺乏真诚之感。

二、贬低竞争对手的语言

我们经常能够看到这样的场面，同业的业务人员经常会说带有攻击性色彩的话语，攻击竞争对手，甚至有的人都会把对方说得一钱不值，致使整个行业形象在人心目中不理想。

我们多数的推销员在说出这些攻击性话题时，实际上是缺乏理性思考，却不知这些攻击性词句，都会造成准客户的厌烦。因为不见得每一个人都与你站在同一个角度，你表现得太过于主观，反而会适得其反。随着时代的不断发展，这种不讲商业道德的行为将越来越没有发挥余地。

三、过分夸大不实之词

不要过度夸大产品的功能。这一不实的行为，客户在日后使用产品中，终究会清楚你所说的话是真是假。不能因为急于想达到一时的销售业绩，你就要夸大产品的功能和价值，这势必会埋下一颗"定时炸弹"，如果出现纠纷，后果将不堪设想。

但是我们工作有其特殊性。常规的是辅助业务部门同事促成销售，很多时候推销员已经向客户做了很多不实承诺，甚至是具有一定的欺骗性。这点我们要注意把握，首先要保持口径一致，在这个前提下尽可能能够如实介绍产品，毕竟我们的产品在行业内优势是非常明显的。

四、质疑性语气

在推销过程中，你非常担心准客户听不懂你所说的全部，而不断地质问："你懂吗""你知道吗?""你明白我的意思吗?"……众所周知，从销售心理学来讲，始终质疑客户的理解力，客户会产生不满感，这种方式往往让客户感觉得不到起码的尊重，逆反心理也会随之出现，可以说是销售中的一大忌。

要是你实在担心准客户在你很详细的讲解中，还不太明白，你能够用试探的口吻了解对方，"有没有需要我再详细说明的地方?"可能这样会比较让人接受。在此，给推销员一个忠告，客户一般都比我们聪明，不要用我们的盲点去随意取代他们的优点。

五、注意避讳

每个人都希望自己能够与有涵养、有层次的人在一起。同样，在我们销售中，不雅之言对我们销售产品，一定会带来负面影响。诸如，我们在跟客户交流时，你最好回避"破产"、"倒闭"，就像这样的词藻。有经验的推销员，一般在处理这些不雅之言时，都会委婉地说"公司业务转换""公司暂停营业"等。上述这些细节，只有你真正注意到了，你才会成功在望!

对顾客提问的口才技巧

在接待顾客的过程中，如果只是由其中的某一方滔滔不绝地唱独角戏，难免会造成单向沟通的局面。询问是使之变成双向交流的绝妙方法。这样询问的目的，是为了收集信息，以求了解顾客的需求，所以大多数询问都是以讨论的方式直接进行的，这样可以与顾客谈得比较愉快，又能够自然地了解顾客的想法。

一、开放式

开放式询问大多用"为什么"、"怎么样"等句式来发问，其特点在于答案不是唯一的，可以留给顾客较大的自由回答空间。因此运用开放式的询问可以更多地了解顾客的实际情况。各行业销售人员的很多时候都用开放式问题：

服装店销售人员会这么问："请问您想选购一件什么款式的大衣？""您订购的这套西装什么时候要？""您知道什么样的款式会让您看上去更苗条吗？"

化妆品店销售人员会这么问："请问您喜欢什么颜色的口红？""您要选购的香水是送给谁用的？""您为什么不考虑买一份套装呢？这样价格优惠 80%。"

餐馆销售人员会这么问："请问先生想吃点什么？""您点的外卖要送到哪里？""您订的团圆饭要求我们怎么做？"

超市销售人员会这么问："请问您要哪个牌子的洗发水？""您为什么不多选一件呢？现在可以买二送一。"

百货商场销售人员会这么问："请问您对选购的手机有何要求？""请问您为什么要退换这款传真机？""请问您对价格有什么异议吗？"

采用开放式询问，其发问的内容主要一般包括以下几项：Why，What，Where，When，How，Who。因为这类问题没有固定的答案，因此运用时要有针对性，先确定你想了解顾客的什么情况，然后才能够有针对性地提出问题。

一般情况下，在发掘顾客需求时，销售人员应尽可能地多用开放式的问题，让顾客在回答问题时自然地说出其内心的想法，从而就此能够确定恰当的应对方法。

二、封闭式

封闭式提问常常用来取得或确认简单的答案，答案基本设定为"是"或"否"、"对"或"错"，它的特点在于设计问题的答案的唯一性。封闭式的问题限定了顾客的谈话空间，因此常常容易得到明确而简单的回答。各行业销售人员的常用封闭式问题：

服装店销售人员可以这么继续发问："请问您还需要多选一件衬衫吗？""您订购的这套西装一定星期五之前要吗？""您现在能确定下来吗？"

化妆品店销售人员可以这么继续发问："请问您喜欢红色的口红吗？""您选购的香水是要送给女朋友吗？""您为什么不考虑买一份套装呢？这样价格优惠了 80%。"

餐馆销售人员可以这么继续发问："请问先生点这么多够了吗？""您点的外卖要马上

送吗?""您订的团圆饭是除夕晚上7点钟开席吗?"

当向顾客确认自己的理解或想引导顾客谈话的方向时,使用封闭式的问题还是非常有效的。而实际上,应根据实际需要灵活地运用开放式与封闭式这两种有效的发问方式,这样才能综合地充分发挥它们早已积压的优势。

三、选择式

选择式提问是引导顾客思维的一种绝妙方法,其答案基本设定在问题里,顾客只能选择其中之一。例如,"这么新鲜的水果您要买两斤还是三斤?"这么一问,顾客一般会选择两斤。

甲乙小吃部都经营早餐,每天人流不断,生意都很兴隆,但每天甲店都会比乙店的营业额高出一两百元。原来,每来一名顾客,乙店的师傅都会这么问:"您好,要加鸡蛋吗?"有些顾客说加,有些顾客直接说不加。而每来一名顾客,甲店的师傅都会问:"您好,加两个鸡蛋还是三个鸡蛋?"大部分顾客要么选择两个要么选择三个。所以,这两家店铺实际相差的一两百元就是鸡蛋的钱。

某商场的西餐厅主要经营咖啡和牛奶,刚开始经营时服务员总是问顾客:"先生,喝咖啡吗?""先生,喝牛奶吗?"其销售额始终平平。后来,老板要求服务员换一种问法,"先生,喝咖啡还是牛奶?"结果其销售额大幅提升。原因在于,第一种问法,容易得到否定回答,而后一种是选择式,在通常情况下,顾客会选取其中一种。

除此之外,推销员还要尽快学会建立对话的氛围。任何人都不喜欢以审问式作为交谈方式,在销售过程中也是如此,作为销售人员,在与客户交谈的过程中,审问式的交谈是大忌。没有人会喜欢被强行审问的感觉,审问式的交谈方式,会使客户有种被胁迫的感觉。因此,会增加客户的戒心,甚至引起客户的严重反感。大量地使用封闭式的问题,就会自然地造成审问式的交谈结果。

避免审问式交谈的最佳方式无疑就是耐心,许多人在提问的时候,往往犯下这样的错误,在提出的问题中,前半句会是一个相对开放式的问题,但紧接着,作为必要的内容补充,后半句又自然形成了一个封闭式的问题。比如:"你喜欢做什么样的工作? ……我的意思是说你是否愿意成为销售人员?"明显的销售人员在销售谈判的开始过程往往会比较紧张,希望能够快速的结束整个过程。所以,这样就会导致开放式问题开始,而快速地以封闭式问题结束,本想让客户更多的谈及自己的想法,反而急不可耐地将自己的想法一股脑强加给客户,因而欲速则不达。所以,建立对话式的讨论氛围重点是要有一定的耐心,通过开放式的问题,让用户多说一些,自己能够多倾听一些,并在此基础上,不断有意识的将用户向自己的方向引导,最终达到自己的目的——完成整个销售过程。

不要阻止客户说出拒绝的理由

推销员被客户拒绝是很平常的事情，客户提出的拒绝方式也是多种多样的，在种种拒绝背后有着各种各样的原因。有的客户提出拒绝只是对推销活动的抵触心理；有些客户可能会对产品或服务存在一些偏见；有些客户可能早前有过不愉快的购买经历，认为推销人员的产品都是没什么保障的……

在面对客户的那些防范和质疑时，推销员需要用令人放松的气氛和值得信赖的证据来化解。一位推销员在向顾客推销一种新型的煤气炉，顾客在表示出兴趣之后，却拒绝了。经推销员再三询问，顾客最后才说出拒绝的理由："一个煤气炉卖400元，太贵了。"

推销员听后却不慌不忙地说："400元是贵了一点，您的意思是不是说这个煤气炉性能不好，点火不方便，煤气浪费多，火力不强大，使用不长久呢？"

顾客赶忙说："我倒不是这个意思，点火没有问题，火力也足，但我觉得它消耗煤气多。"推销员理解了顾客的顾虑，就对他说："所有用煤气炉的人，都希望煤气炉可以用更少的煤气，来办更多的事情，您的顾虑是有道理的。不过我们的产品在设计上充分考虑了顾客的这种需求，您看，这个喷嘴的构造是特殊的。可以使火苗平均，周围还安装了这个燃烧节能器，可以防止热量外泄，因此，这种煤气炉是很节能的。您说是吗？"

听到这些话，顾客的疑虑当即都被打消了，再也说不出拒绝的理由，最终决定购买一台。很多久经考验的推销人员已经把客户拒绝视为家常便饭。有一位销售大师曾经这样说过，客户拒绝其实并不可怕，可怕的是客户不对你的产品发表任何意见，只要能让客户开口说话，我就会想办法找到成交的机会。在上述的事例中，面对客户的拒绝，推销员询问出了客户拒绝的理由，针对这些理由完全可以逐一化解，最终还是达成了交易。

面对客户的拒绝，要是推销员只是一味抵触，就会引起客户更大的不满。因此，对客户的拒绝，推销员不但不能坚决阻止，反而还要想办法加以引导，让客户说出拒绝的具体理由，进而从客户提出的拒绝理由中寻找说服他们的有利机会。

1. 仔细倾听客户的拒绝理由

客户提出拒绝时，推销员应该尽量鼓励他们说出来，而不是逃避和争执。通常情况下，客户会一再重复，直到你理解或解决了他的问题。

不管怎样，在销售沟通的开始，一定要赞成他们的观点，顺着他的心气让他把话全部说完，这样在你有技巧地反对他们时，不至于引起不必要的争论。如果你相信客户说的只是借口，那么你就必须让他们把真正的反对理由说出来。否则，你们就无法继续沟通下去。你可以用以下的方法来看清庐山真面目：

"您的意思是说……"

"您跟我说……但我想您一定有其他的意思。"

"通常客户对我这么说时，根据我的既往经验，他们是嫌价格太贵，您也是这样看吗？"

2. 判断客户的拒绝是否真实

在有些情况下，客户的拒绝其实只是善意的谎言，只是为了伪装实际情况，如：

（1）我要考虑考虑；

（2）我需要和我的家人再商量一下；

（3）现在生意不好做；

（4）现在我还没有完全准备好，一个星期后再和你联系；

（5）产品的价格实在是太高了。

还有一些是真正的反对理由：

（1）没钱；

（2）不喜欢你，不喜欢你的产品；

（3）有其他产品可以取代；

（4）另作打算；

（5）喜欢原来的产品，不会选择更换。

推销员应该找出客户真正的反对理由，从意念上安慰自己："客户的拒绝未尝不是一件好事。"然后深入分析，在行动上针对客户不同的拒绝理由加以应对，克服困难，使推销变为事实。

3. 应对客户的客观反对意见

有很多时候，客户的拒绝完全是具有客观依据的，此时，推销员应该提醒自己，眼前的客户是非常理智的，他并不是在无理取闹，客户对同类产品具有相当程度的了解，绝对不能侥幸蒙混过关。

面对此类客户的拒绝理由，推销员应该实事求是地积极承认客户的意见。但不要因此偃旗息鼓，丧失自信。而应该对客户提出的反对意见表示真诚感谢，并设法把客户的注意力转移到产品的其他优势上去。如："非常感激你对我们提出的建议，我们一定会予以充分的重视。不过，你注意到……"

4. 应对客户的主观反对意见

与理智与冷静的客户相比而言，更多的客户的拒绝理由相当主观，你可以从他们的话语中意识到。

"我知道，你们这种产品，都是金玉其外，败絮其中，我可不会上当。"

"我很讨厌这种造型，看起来太傻了。"

"这种产品肯定不好，要不然为什么没有更多的人使用呢?"

上述这些拒绝的理由具有强烈的主观色彩，本身也没有触及产品本身，事实上这些理由更多来自于客户的心情或者个人观念，只要推销员掌握灵活的应对技巧，适时把握住客户的心理，就可以转变他们的既有观念了。

推销员应该做到：

1. 积极看待客户拒绝

被誉为全美"最伟大的推销员"的吉拉德曾经说过："客户的拒绝并不可怕，可怕的是客户不对你和你的产品发表任何意见，只是把你一个人晾在一边。所以我一向欢迎潜在客户对我的频频刁难。只要他们开口说话，我就会想办法找到成交的机会。"与吉拉德有着同样职业感触的一位销售代表也这样说过："被客户拒绝不是坏事，这只表明客户关心这件事，也在专心听我讲。客户的拒绝使我有机会进一步谈下去，并可以为我搜集和提供更多资料。"

客户拒绝你的推销这是一种正常普遍的现象，有些推销人员对客户的频频拒绝感到受打击和不满，其实客户能够对你及你的产品提出任何意见，这对你来说未尝不是一件好事。假设一下，要是你约见的客户只是坐在椅子上对你的介绍不闻不问，甚至只是在那里埋头看报纸或文件，那你可能会觉得更尴尬。而且，不论客户提出的拒绝理由是什么，这些理由都会或多或少地给你提供相应的有价值的信息，这其实就是为你这次销售的成功创造了机会。

推销人员应该怎么看待客户不同意购买的种种理由呢？消极对待或者草草放弃肯定是最没用的办法，仅仅只是从意念上告诉自己"客户拒绝未尝不是一件好事"这也只是没有实际意义的画饼充饥。只有在思想上进行积极分析以及在行动上针对不同的拒绝理由加以应对，这才是既治标又治本的最佳途径。

在与推销人员的沟通过程中，客户提出的拒绝方式可能会有很多种，而在种种拒绝方式背后其实又隐藏着各种各样的原因。有些客户可能是对推销活动本身就有一种莫名的抵触心理，所以会自然而然地对所有的推销员都产生一种很强的防范心理；有些客户可能对某些产品或服务存在一定的偏见，比如有很多保险推销员都听到过客户或明显或暗示地表达出"保险都是骗人的"。

面对各种各样的拒绝方式，推销人员需要了解客户不愿意购买的真正原因，然后才可能找出最适宜的解决方法，这也是建立良好沟通关系、促进交易成功的关键之所在。由此可见，推销人员的的确确不应该对客户的拒绝感到任何的恐惧或排斥，而应该持以欢迎和支持的态度接纳。

2. 当客户的拒绝只是主观意见的反应时

与那些极其理智和冷静的客户相比，有些客户表现得相当主观，这从他们的拒绝理由中就能够略知一二：

"我很讨厌这种传统的造型，它看上去就像一个愚蠢的邮箱。"

"我听朋友说过，他购买的这种产品非常不好用。"

"昨天晚上我做了一个非常不好的梦，今天我最好什么东西都不要轻易购买，以免上当。"

上述这些主观色彩非常浓厚的拒绝理由尽管明显不够理智，也没有真正触及到产品本身，可是这并不代表这些客户就那么容易被真的说服。实际上，主观性强的客户所提出的拒绝理由常常来自于他们自己的生活或心情，这就需要推销人员能够掌握更灵活的处理方式了。比如推销人员可以采取如下的方式：

对客户的主观意见不做实质性回应，等客户完全发泄完了，再用自己的真诚和热情引导客户积极进入愉快的沟通氛围当中。

用一种相对幽默的方式回应客户的牢骚，不要企图纠正或者反驳客户的观点。当你表现得足够宽容时，客户可能就不会再抱着自己的成见与你斤斤计较了。

3. 当客户的拒绝只是一种自然防范时

有的客户之所以直接拒绝推销，完全是出自于一种自然防范的心理。他们可能认为自己在与推销员的沟通中处于下风，因此推销员说的每一句话对他们来说都像一种进攻，如果让他们掏钱购买产品或服务，那就更会令他们感到是一种空前的冒险。而有时，客户产生防范心理的原因完全出自于推销员本身，也许有的推销员表现得过于急切，让客户感到自己被步步紧逼，也可能是推销员给客户早已留下了不值得信任的坏印象，等等。

不管是因为什么原因，一旦发现客户对自己表现出了防范意识，推销员都要特别注意自己的言行举止。要尽可能地用比较舒缓温和的语调与客户进行沟通，让客户感到放松，在沟通的过程中要拿出证明自己和产品信誉的实证来赢得更多客户的信任。当客户感到放松并对你产生信任时，这种防范心理就会自然而然地会逐渐减弱。

与其对客户拒绝感到恐惧，还不如对它加以利用，起码客户的拒绝可以使你与客户的沟通不至于太单调。与理智的客户沟通不只是需要同样的理智，还需要用情感来软化对方。客户可以单凭主观拒绝推销，但是你却必须时刻保持足够的理智，切忌，绝对不要轻易地卷入客户的主观情绪当中。不要被客户的表面借口所蒙蔽，此时需要用智慧和真诚来取悦客户。

利用具体利益向客户介绍产品

用实际利益打动客户，是说服客户实现销售的基本原则。

不管是介绍产品，还是介绍促销方案或服务，推销员都不能只介绍它们是什么，而要介绍它们（产品、促销和服务）能给客户带来什么实际的利益。客户不是因为产品好而购买，而是好产品能给他带来更多的好处而购买。销售的唯一基本法则是，只有当客户了解到你的产品能够给他们带来利益时，他们才会购买。因此，销售人员要做到以下两点：一是了解客户需要什么；二是告诉客户你的产品确实能够满足他们的需要。

有的经销商会向客户提供一份早已拟好的《团购建议书》。《团购建议书》站在客户的立场上，鲜明地阐述团购给采购单位带来的好处、团购优惠办法以及与竞争对手相比的优势。这些经销商一致认为一份好的《团购建议书》是团购客户负责人向上级汇报的有力依据，是取得决策者批准的一份关键性参考资料。

业务人员向客户提供的利益包括以下三个方面：产品利益、企业利益和独特利益。

一、产品利益

产品利益，也就是产品足以带给客户的好处。推销员要给购买决策人一个让职工信服的理由。产品利益实际上既包括产品性能、质量带来的实惠，也包括品牌声誉带来的心理满足。一般人们认为好产品是广告上能看到、商场里能买到的现有商品，因此，企业要做好产品宣传，提升产品形象。团购大多数集中在重大年节以及特殊假日（如妇女节、教师节、护士节、建军节、圣诞节，等等）。在节日来临之前一到半个月投放适量的广告，能够增加决策者购买企业产品的机会。在媒体的最终选择上，除了电视广告外，企业要选择地方主要政府机关党报类报纸，投放介绍企业及产品促销类的广告；或是选择地方主流消费类报纸，夹带介绍企业及产品促销信息的彩色版 DM 海报。要是在重点商场里设置专柜、展柜，也会收到良好效果。

某企业在城市最繁华地段最大、最有气势的广告牌上做了大量宣传广告。广告出来后，销售人员从不同的角度对该广告牌拍摄了很多照片，并装订好，在拜访目标客户时拿出来给他们看，用这种方法故意制造消费心理暗示——我们的产品是当地最佳的。

二、企业利益

客户大多愿意和一个令人尊敬的企业打交道。因此，企业要开展公关活动，提升企业形象。

香港某食用油企业向上海局（含 8 个区，局机关、学校、附属厂职工总数达 10 万人）推销，首先赞助该子弟学校困难学生就学。每学期预订赞助 50 名学生，每人每学期赞助 500 元。赞助对象以因公殉职或伤残职工的子弟为主，按各下属单位的重要性统一分配名额。在助学金发放仪式上，主管局长、工会主席、各下属单位领导出席，各大媒体全部予以报道。赞助活动使香港某食用油企业在该局树立了极佳的品牌形象，为以后的工作打下了良好基础。

推销员在拜访客户时，要向客户简要介绍公司的规模、实力、在行业中所处的地位、信誉、发展历程、企业文化等相关的正面内容。

三、独特利益

向客户提供竞争对手所缺乏的利益，用独特的利益吸引客户。推销员要从产品、服务、客户交往等方面用与众不同的方法，为客户带来更大的利益。这里需要强调的是，向客户提供独特利益的最佳方法是了解客户最想要什么。推销员要认真了解客户的需求，把事情做到客户心里。顾客购买商品的根本原因便是商品能够给顾客带来的某一利益。"客户最关心的利益点在哪里？"是任何一位推销员最关心的重点，找出了客户关心的关键利益点，你的推销工作就很像拥有一定航向的船只，坚定而有动力。

显然，没有人会无来由地购买某一商品。想想看为什么客户向甲公司投保而不向乙公司投保呢？其实甲、乙两家公司的投保条件差不多一样。你为什么把钱存在甲银行而不存在乙银行呢？甲、乙两家银行的利率是一样的。为什么你总是喜欢到某家饭店吃饭，而这家饭店相比而言又不是最便宜。你仔细想想看，当决定购买一些东西时，是不是有时候你很清楚你的购买理由？有些东西可能你事先也没想到要购买，但是只要你决定购买时，总是有一定的理由支持你去做这件事。

要是我们再仔细推敲一下就能够发现，这些购买的理由正是我们最关心的利益点。例如你最近换了一台体积非常小的车，省油、价格便宜、小的空间也能停车都是车子的优点，但真正的理由是你路边停车的技术不佳，常常因停车技术不好而发生尴尬的事情。这种车车身较短，能完全解决停车技术差的问题，你就是因为这个利益点才决定购买的。顾客的利益点有时顾客自己也非常模糊——这种情况实际上并不鲜见。作为一个推销员，对顾客可能关注的利益点都应当加以着重考虑，并从中找出最佳利益点，展开有针对性的强化推销。一般来说，顾客可能关注的最佳利益点基本上有下列几种：

1. 商品给顾客的整体印象。

2. 服务；

3. 安全、安心；

4. 人际关系；

5. 便利；

6. 系统化；

7. 兴趣、嗜好；

8. 价格。

无须质疑，应该充分了解顾客购买东西有哪些可能的理由，也就是哪些是其可能的最佳利益点，能帮助你尽早探寻出客户关心的利益点。只有客户真正接受你推销的利益点，你与客户的沟通才会真的有效果，你的推销才会获得成功。

巧妙选择推销时机

推销员经过不懈的努力，开始进入与顾客成交的阶段。优秀的推销员都会遵循一定成功的方法和步骤，优先于其他竞争对手与顾客成功交易。

一、成交的目的

要与顾客成交，推销员就应该明确成交的目的，并掌握好成交的时机。成交的目的就是赢得顾客的一致认可，并且愿意买下产品，同时许下承诺，付出定金，推销员继续双方的交易行为，即请顾客在订单上签字实施实质性的购买行为。

只有签字当然并不代表成交，最后的成交包含推销员收到顾客交来的货款。从开始打电话找顾客，与顾客建立关系，直到最后成交，推销员最终的目的就是成交。取得订单对推销员有两层含义：进而培养自信和提高生活质量。

成交的目的对推销员个人来说，物质和精神等两方面都会有很大的收获。对推销员工作的公司来说，则意味着营业的收入，顾客则能够真正购买到最好的产品。所以，成交的结果是顾客、公司、推销员自身三方实现共赢。

销售工作最终的目标是成交生意，推销员必须要了解何时向顾客提出成交的请求。

这就有点像是男生向女生求婚，推销员提出成交的时机也有讲究。现实生活中，男生向女生求婚时，一般都要选择好时机。所谓好时机一般有：女生心情最好的时候，这就要了解她什么状况下心情最好，提高其情绪到达制高点；找日子，例如七夕情人节。同样，销售工作也是一样的道理。什么时间向顾客提出成交，首先要找出很好的成交时机，而找出很好的成交时机实际上就要根据销售人员敏锐的洞察力。在进行销售的过程中，销售自始至终都要非常专注，了解顾客的一举一动，特别是其所表现出来的肢体语言。以下是成交的最佳时机：

1.顾客心情非常快乐时

当顾客心情非常快乐、身心放松时，推销员及时提出成交要求，成交的机率会很大。例如顾客开始请推销员喝杯咖啡或吃块蛋糕时，推销员要抓住这个极好的请求时机。此时，顾客的心情就非常轻松，更加愿意购买。

2.介绍完商品说明后

当推销员进行完基本的商品说明和介绍之后，就抓住时机，询问顾客需要产品的型号、数量或者颜色等外表特征，这时提出的请求是成交的其实是一种极佳的时机。

3.解释完反对意见后

顾客有反对意见实属正常，当顾客提出反对意见时，推销员就要开始向顾客做出合理的解释，解释完之后，征求顾客意见，询问顾客是否已经完全了解产品说明，是否需要补充，当顾客认可推销员的解释时，推销员就要抓住这一有利时机，进一步询问顾客选择何种产品。当推销员解释完顾客提出的反对意见后，能够直接成交。

二、成交的致胜秘诀

商品社会中的竞争已经越来越激烈，推销员不仅要追求成交的最终结果，还要追求成交的速度。成功的销售人员有以下四个制胜秘诀：

1.持续拜访顾客，请求成交

通常情况下，20%的顾客在购买时会为推销员的勤奋努力所感动，从而欣赏推销员，而产品的质量则是次要的购买考虑因素。因此，推销员要持续地拜访顾客，努力请求成交。

如果某推销员能够不断地找到20%的这种顾客，进行持续地拜访，请求成交，当其他的推销员不愿意持续拜访，或认为顾客订单太小而放弃时，则某推销员实际上就已经赢得了顾客。

2.持续拜访顾客，抢先成交

除了通过持续拜访赢得顾客的同情心最终取得成功外，持续、快速地拜访顾客，抢先成交也是销售成功的重要秘诀之一。

在商品社会中，时间就意味着金钱。接到顾客的电话后，推销员就要马上出发拜访顾客，尽管有时莽撞，但迅速行动会始终走在竞争对手前面。

3.将拒绝当作成交机会

很多推销员遇到顾客的拒绝时，就可能灰心丧气而放弃成交。实际上，顾客的拒绝也是一种很好的成交机会。因此，推销员不要将顾客的拒绝当作是成交失败，而是将顾客的拒绝当作对自己的一种业务考验。

4.请求，请求，再请求

顾客一次的拒绝购买很容易让推销员就此放弃。销售人员切记，销售并非一帆风顺，顾客也不会在推销员提出请求成交时，就马上同意。请求，请求，再请求，就是一试再试，纵然顾客拒绝，推销员还要继续请求，直至顾客最终因为感动愿意成交。

三、常用的成交技巧

具体到销售的成交时，优秀的推销员一般采用的五种技巧是：假设成交法、细节确认法、未来事件法、第三人推荐法和直接成交法。

1.假设成交法

假设成交法是指推销员事先假设顾客一定会购买的成交方法。有了顾客一定会购买的信念之后，推销员在向顾客介绍商品时，就会假设顾客购买到产品后，会获得什么样的实际利益，例如讲解"假如你购买该产品，请问你将其摆放在何处，假如你要购买该产品，使用者是谁"。运用假设成交的方法，让顾客犹如进入一种情景，从而强化顾客购买的欲望。

在运用假设成交法时，推销员注意千万不要硬逼顾客购买，否则会惹怒顾客反而使成交更快的失败。该法一般不会让顾客觉得有压力。

2.细节确认法

细节有重点细节和次要细节之分，在整个销售过程中，顾客实际上最关心的重点是价格，而不太关心其他相关的细节。所谓细节确认法，是指销售人员多与顾客谈论购买次要细节问题。

推销员完全可以多与顾客谈细节，例如交货时间、交货的地点、付款方式、产品的款式、种类、数量等。出色的推销员会运用假设成交法，引导顾客进入有利的情景中，如果顾客对推销员所提出的细节都逐一确认，顾客的购买欲望就会变得非常强烈。

3.未来事件法

让顾客经常购买产品是销售人员的目标，未来事件法则会极好地帮助销售人员达到这一目的。未来事件法的含义是，推销员向顾客提出产品优惠的具体时间，从侧面向顾客施加购买压力。大多数人都害怕失去机会，未来事件法就是利用这种心理来促使顾客有紧张感、压迫感，从而尽快下决心购买。未来事件法又称最后机会法，也就是让顾客感到是最后机会的含义。例如百货公司价格猛降、限制优惠时间段、顾客购买的数量最大，这就是非常典型的未来事件法的实际应用。

4.第三人推荐法

优秀推销员最普遍用的方法是借力使力，利用第三人推荐让顾客购买。推销员会提到与自身和顾客都有一定关系的人，来拉近与顾客之间的距离。特别是当第三者是顾客比较熟悉并信赖的人，或者第三者属于行业专业权威时，顾客会很容易被销售人员所说服。第三人推荐法是推销员利用别人的推荐帮助抬高自己的身价和地位，将产品很快销售出去。

5.直接成交法

直接成交法又称之为开门见山法，是指推销员直接向顾客询问是否购买。直接成交法常常需要推销员的勇气和信心。只有充分地相信顾客会购买，推销员才会更加明智、有勇气地提出成交的要求。实际上，优秀的推销员最普遍直接成交法，一经克服任何反对意见后水到渠成，就直接向顾客请求决定产品购买的实际数量和类型。

就算有再好的推销技巧及产品，如果选择的时机不对，努力也往往是事倍功半。对此马克想起来都后怕。事情约发生在马克举家迁往达拉斯时，小儿子那时还不满4岁，有一天下午小儿子突然走失了。他们夫妇俩一起找遍了房间，而且还挨家挨户地沿街找寻。马克下意识地开着车子到附近一家小型购物中心，妻子则忙着打电话向邻居求助，女儿们四处帮忙寻找，不时可以听见他们高喊小儿子的名字。不过结果还是哪里都找不到。

不久，警方也加入寻人的队伍。此时马克再度开车出门到另一个购物中心，大街小巷到处找，就是不见小儿子踪影，邻居见状也分头帮忙四下寻找。最后不得已还是回到家中，又结结实实地在屋里屋外找过一遍。不久，当地一家保安公司人员也急忙赶来助阵，马克心急如焚地告诉他们小儿子失踪了，有劳大家一块儿帮忙。

但是令人诧异的是，其中一名保安人员却借机推销保安业务。开始马克有些反应不过来，几分钟后一股愤怒也随后在胸中翻腾不已。心想现在是什么时刻，哪有闲功夫和心情听你唠叨，当下直接问他帮不帮这个忙，保安之事可以留待事后再处理。这个保安人员可算是不识时务之徒。只要稍谙人情世故者都不会犯下这样的错误。

在推销这一行里多么需要秉持同情心。专心倾听对方的心声是成功的要件。那位保安人员就是耐不住那短短的数十分钟而无故丧失一次成功的促销，因为小儿子不久即寻获。

要是以电话向顾客推销时，在对方拿起听筒并简单地问候之后，接着问："请问你现在方便接电话吗？能否占用你几分钟的时间。"此举不仅仅基于礼貌因素，完全是事实上有此需要。

要是你遇到顾客心不在焉时，建议你马上停止促销并且说声："亲爱的顾客，抱歉占用了你宝贵的时间，请问你愿不愿意另外找一个合适的时间再谈，或者是愿意再谈下去？"因为顾客无心倾听，生意自然难做。经过适度的提醒，就能够重新引起对方的注意力，如果对方无意长谈还能够另约时间，可以说一举数得。

作为一个专业的推销员，在推销的过程中难免会不知不觉地过于热情而遭致顾客的反感。所有的这些都可能发生，不过千万要让它降到最低程度。

在产品同质化日益明显的现在，企业间的竞争愈益激烈，各种商机往往稍纵即逝。企业必须对商机保持高度的敏感，能够快速地对其做出正确的反应，否则就会在竞争中失去难得的先机。这就要求销售方能够非常及时收集并分析研究影响销售环境的因素，形成有关信息和资料，从中发现销售机会出现的所有可能性和具体内容；要求销售方能正确地感知机会和机会的状态，以尽可能恰到好处的处置销售机会，不断地创造好的销售业绩。如何才能有根有据地感知和判断最佳的销售机会呢？

在各种各样的机会面前，销售方也只能通过自己与关键人的相互沟通和互动来认识和把握不同的销售机会，而在销售过程中产生的常常是大量的"感觉"信息，为了有效地认识和把握机会，我们一定要拥有能够有效处理这类"感觉"信息的"认知框架"。我们前面已说过，这样的"认知框架"的有效性只能来自恰如其分的实际操作概念和它们之间的可以互为依托、互为验证的严密逻辑关系之间。这样的"认知框架"才能使销售方将那些常常是无序、片段式的、带有明显的不确定理解的"感觉"信息，进而转变成一个个有根有据的、有关销售机会的准确认识和把握，从而对销售过程中的每一个变化能够了然于胸，为下一步的销售工作提供必要的导向指示。

有了这样的"认知框架"和规范的行动指南，销售行为才能是一个有着明确目的性和针对性地事实行为。目的性包括一个具体销售行为的指向和对该行为结果的合理预期；针对性是这个具体销售行为的作用点就是形成这个机会的各种原因。销售行为学的一个主要目的，就是为我们有效地判断和把握各种有利的销售机会提供各种具体的依据和依托，使销售工作更具主动性、目的性、针对性和创造型。我们现在用一个实例来简单说明一下：

某系统集成商在面对某高校的局域网的销售过程中，目标客户对其技术指标和产品的性能并不是十分了解，尽管他们已经到了选择评估阶段，但对具体的一些细节和其推销员所宣讲的各种好处仍然心存疑虑。销售方经意识到，推进这个销售工作必须排除关键人的那些重要的价值异议。怎么尽快地做到这一点呢？销售方设法找到一位对方十分信赖的专家，通过这位专家的积极参与和配合。生意得以继续并最终获得了成功。

处于不同阶段的关键人可能关注不同的实际问题，他们极有可能拥有不同的选择标准看法、卖点和买点，而且与你的关联状态也可能有所不同，你在他们身上现在已经确切获得的态度指标和信心指标也有所不同。这些关键人对不同的沟通对象的沟通意愿一般也不尽相同，对于有些人，关键人很乐意与其沟通，对另一些人则不然。竞争因素是什么？其代言人又是谁？销售支持系统中的操作概念和它们之间实际上是互为依托的关系，都有助于你对一个销售机会形成比较合情合理的感知、判断和认识。

第十一章　给客户设计构想

给顾客一个购买的理由

很多推销员都可能曾经遇到过这样的事情：客户对我们的产品很满意，对价格也没什么异议，对我们推销员也非常热情，但就是不下订单购买我们的产品。这是为什么呢？

究其原因之一就是客户没有产生任何紧迫感，没有生成强烈的购买欲望。通常直销活动是买卖双方均得利的公平交易活动，要想最终达成交易，就得使双方都满意，如有一方受到损失，这项交易肯定无法成功。

推销员从交易中得到的好处是谁都清楚的，那么你应该让客户知道他能通过购买你的产品得到什么利益。你必须承认，我们人类天生就有懒惰的本性，所以客户一般不可能主动思考你的产品会给他带来什么好处。他要求你向他直接讲出，而且，这就是考验你的时候，哪个推销员如果打动了他的心，他就会买哪个推销员的产品。

你完全可以试着从以下三个方面去说服顾客，去打动顾客。

一、商品以外的价值

很多人都如饥似渴地盼望不劳而获，或起码有那样的幻想。在推销过程中，你可以利用人们的这种心理，使用一种诱导物。

这种潜在的诱导物可能是一件很微小的东西，比如一张公路地图、一个台历，值不上几美元的小东西，却对一些价值几千美元的大交易的最终成交起了推动作用。

喜欢牧羊犬的凯文是一名职业售楼先生，他常常在出售房屋时带着他的小狗。有一天，凯文碰见了一对中年夫妇，他们正在考虑一栋价值248000美元的房子。那对中年夫妇喜欢那栋房子及周围的风景，但是价格却太高了，这对夫妇不准备出那么多的钱。此外，也有一些方面——如房间的设计、洗手间的空间等，令他们不十分满意。凯文甚至都要放弃了，因为推销成功的希望很渺茫，正当那对夫妇就要告别时，那位太太看见了那只小狗，并问："这只狗会包括在房子里吗？"凯文这么回答："当然了。没有这么可爱的小狗的房子怎么能算完整呢？"

这位太太听到凯文的话，表现出了很强的购买欲。丈夫看见妻子这么喜欢，也就表示同意了，于是这笔交易就达成了。这栋价值248000美元的房子的特殊诱导物居然是一只小牧羊犬。

二、满足客户好奇的心理

1993 年，在成都召开的一次食品订货会上，北兴集团推出了新的健康食品。别的厂家纷纷忙着设摊拉客，争取客户，而他们却只派人举着"只找代理，不订货"的牌子在场内走动。结果两天之内就有上百家公司代表上门洽谈业务，成交额惊人。他们成功地运用了客户的那种逆反心理：你们越急于拉我上门，我就越不放心；你越不想直接订货，我越好奇，非要弄个清清楚楚不可。

而在一次广交会上，广东某家电公司当时也在参加生意洽谈，该公司的产品质量不错，但由于刚刚面世，产品知名度实际上并不高，于是"门前冷落车马稀"。此时再做宣传，时间已经来不及了，公司的策划人员灵机一动，马上就想出了办法。头一天，他们在订货会办公室门前贴出了这样的告示："第一季度订货完毕"；第二天又贴出"第二季度订货完毕"；第三天则是"请订明年的货"。结果，很多客户都争先恐后地来订货，差点挤破了门。

北京同仁堂药店，开业 300 多年来已经驰名中外，一方面因为其产品质量上乘，另一方面也因为其广告宣传得体。早在 1669 年，同仁堂开业不久就刊印了《同仁堂药目》，那本册子中介绍了自制成药的名称、功能等，并赠送顾客。当时，每三年就会例行举行一次京试，各地举人进京考试，刚一住店，同仁堂就会随机送上一包四季平安药，离开时又送上一包。于是这些举人就成了同仁堂药店遍及各地的义务宣传员。

三、勾画出梦幻般的图画

实际上推销员既要用事实、逻辑的力量折服顾客的理智，也要用鲜明、生动、形象的语言来打动顾客的感情。香港一位推销大王曾经这么说："推销员要打动顾客的心而不是顾客的脑袋，因为，心离顾客装钱包的口袋最近了。"脑袋其实就是理智，心就是感情。意思是说，推销员要努力用直销气氛来打动顾客的感情，只有这样才能真正激发顾客的购买欲望。

实际上推销员打动顾客感情的有效方法是对产品的特点和利益进行形象描述。就像一句直销名言那样说的："如果你想勾起对方吃牛排的欲望，将牛排放到他的面前固然有效，但最令人难以抗拒的是煎牛排的'滋'声，他会想到牛排正躺在铁板上，滋滋在响，浑身冒油，香味四溢，不由得咽下口水。""滋"的响声使人们马上就产生了联想，刺激了需求欲望。

推销员对产品的介绍仅仅局限于产品的各种物理性能，是难以使顾客动心的。要使顾客产生购买念头，推销员要在介绍产品的性能、特点的基础上，尽可能地勾画出一幅梦幻般的图画，以增强吸引人的魅力。一位吸尘器推销员对顾客这么说："请好好想一想，使用吸尘器，你可以从繁杂的家务劳动中解脱出来，这样，你就可以有更多的时间和精力关心你孩子的学习和进步，辅导他的作业，带他外出散步，和家人一同享受生活的乐趣。"然而一位直销天蓝色瓷片的推销员这样的一句话却着实打动了顾客："在卫生间铺上这种天蓝色瓷片，你洗澡时就有置身大海的感觉。"

我们的客户都不是正好处在急需我们产品的阶段，其实这就是客户经常处在自我满足的状态下，并没有真正意识到我们的产品对于他的重要性！

而我们要想把产品真正推销出去，就必须打破客户的主观意识，让他意识到问题的严重性、必要性。也就是要把问题人为的严重化、恐怖化，以引起客户的足够重视。否则，要想等客户主动找上门来，估计要等到花儿也谢了。

例如：某防盗门厂组织推销员来到新建居民小区推广产品，往返数次效果都没有什么成效，虽然居民都认为安装防盗门是非常有必要的，但大多数都在观望，希望能够得到更好的价格或款式，总之就是不打算在眼下买！

后来这家公司急中生智，通过居委会张贴安全宣传告示，例举周边新建小区因为地处城乡交界地区，安全设施不足，经常发生入室盗窃抢劫伤人事件，提醒本小区居民要加强防卫意识！同时还要求推销员在拜访客户的时候能够随身带上印有这些信息的报纸复印件，以暗示居民这里面隐藏着的危险性，借此增加他们的急迫感！毕竟还是性命要紧，经过一番宣传工作，数周后，这个小区内的住户差不多都安装上了他们生产的防盗门。

当然，增加客户急迫感的首要前提是客户对你的产品已经非常了解，并且已经产生了浓厚的兴趣，只是因为没有引起足够的重视或其他原因而驻足观望。这时候需要我们向前推客户一把，让他真正意识到问题的严重性，或受到强烈的刺激和引诱，而产生购买欲望！

例如：售楼处的样板间就起到了这样的作用。任何开发商都极尽奢华地极力打造他们的样板间，当然其目的就是要营造出一个浪漫温馨、高贵典雅、非常舒适的居住氛围，假设出购买之后给客户带来的各种潜在的享受，以此来增加客户的紧迫感。

也许客户本来还觉得楼盘的价格比较高，还想再观望一段时间。但是一进入到这里，立即被融化了，满脑子里都是对未来美好生活的憧憬，当时脑门子一热，就把定金交了！还有很多种方法可以增加客户的紧迫感，这就需要你来快速开动大脑。

为了赢得客户"货币选票"的支持，莱斯商店新招、奇招简直是层出不穷，但永远都基于这样一个前提：客户为什么要这样购买本店的商品。这样就意味着莱斯商店给了客户一个购买的理由，也就是莱斯商店已经十分明确地告诉了客户从本店购买与从其他商店购买有何不同，能给客户带来什么实际的利益。

当然，要想给客户一个正中下怀的购买理由一定需要一个前提，那就是了解客户的需求。显然，了解客户的需要是为了满足客户的需要，而满足客户的需要实际上就是满足自身追逐利润的需要。这就是莱斯商店的诀窍之所在。

IBM公司的副总裁曾说过这样一句话，"我们不是卖硬件，我们卖的是解决问题的方法"。这足以表明，销售应当集中在客户诉求上，它是一个发现、创造、唤醒和满足客户需求的行为。所以，一个销售人员在销售产品的过程中，应当将其全部精力放在满足客户的需求上。

销售的艺术实际上就是行销员除了要了解自己的产品，依赖自己的产品，热情地推销自己的产品，还要了解客户究竟想要买些什么东西。因为向对方推销他们所需要的东西，要比说服对方直接来买你所要推销的东西容易得多。

当一位母亲走进你的商店，准备为她8岁大的女儿买脚踏车时，你就要了解或者说知道她在找什么？需要什么？你心里要非常明白，她不只是需要一辆脚踏车，她是在寻求一种与女儿分享快乐的体验——教她的女儿怎么骑车，就像她的母亲在她 8 岁时教她骑车一样。也就是说，她是在找寻一个值得一生怀念的幸福回忆，一个可以与女儿怀念一生的时刻。同时，她买的是精神层面带给女儿的一份安全和喜悦。

基于这一认识，你要卖给这位母亲的当然不是最高级、可以赚得最大利润的脚踏车，而是更适合小孩用的车。当这位母亲意识到，你不是只推销产品给她，而是在为她着想时，她会成为你的忠实客户。几年后，她的女儿又需要一辆新的脚踏车，这时她就会自然的想到你。

所以，在你选择任何策略时，最好能够事先清楚地了解客户。在莫里斯的故事里，州长相信他的提案是选民需要的计划，于是便答应出面鼎力支持，可是一旦州长发现莫里斯没有获得舆论支持时，随即就匆匆撤退了。

有时了解客户并不意味着就要直接向他推销，在莫里斯这个故事里，直接向州长推销太容易了。但莫里斯真正要做的是，创造完全有利于提案通过的环境，比如说先在州长周围建立"影响人士"所组成的整个支持体系——新闻界、工会、民意，等等，然后再接触州长本人。当然了，这需要专业的公关技巧，比如，适当透露还有其他州在争取他去建购物中心，或是报道自己以往成功的购物中心的计划……总之就是能够说明南卡罗莱纳州需要开发这个购物中心。但莫里斯一件扎根的工作都没做，没有给客户一个确切的购买理由。于是，很不幸的是当州长发现自己上了一条没有船员的船时，正常思维下都会急于弃船。

给客户一个确切的购买理由，才能把产品更多、更快、更有效地卖给客户。但要想给客户一个正中下怀的购买理由需要一个必要的前提：了解客户的需求。而满足客户的需要无异于满足自身追逐利润的需要。菲利浦科特勒曾经这样说过，营销的最高境界是将推销成为多余。这也是我们广大营销者追求的一个高度，然而却极少有真正能够达到者。在我们追逐这个高度的过程中，简直可以说是使尽浑身解数，搞定位、做战略、细化 4P、公共关系等无所不用，可结果呢？把营销搞的越来越复杂，实际上我们却离消费者越来越远。拨开层层理论和理念的迷雾，我们营销的成功与否关键系于这样一点：你给客户的购买你的理由够不够充分。所以我们营销者的最终工作就是给客户一个确切的购买你的理由。你的理由比别人的更能说服客户或更具有竞争力，客户选择的就是你，否则将是你的对手。

在这个客户能够有接近无限选择的时代，你提供的理由能否直击客户"要害"，将决定你的企业能走多远。有的企业在做宣传时吹得天花乱坠，客户却稀里糊涂，最终客户微笑着离你而去。为什么？因为你没有直接击中客户的"要害"，因为你没有和客户进行深度沟通，因为你根本就不知道客户真正需求的是什么，而自己却一味地满足于产品所谓的"优点"。简单地说就是"自恋"，那么你就只能去自我欣赏去吧。如果这样，你给客户的理由就是想当然的理由而非客户所想，自然无法说服客户。

我想我们可以做的有这么两点：一是找到这个可以说服客户购买的理由；二是认真地将这个理由尽可能的传播到广大客户那里。

既然这个理由是营销的真谛，它就不会这么容易地被我们轻易发现。那么我们应该如何做呢？很简单——多听、少说、勤问。这样你能够对客户的需求有全面的把握，并找到突破口，做到一击即中。当你找到这个针对性的绝对理由后，就可以晓之以理，动之以情，诚恳认真地讲述给客户，以及更多地同类型的客户。在上述这个过程中，有两个方面难以把握。一是客户真正的关注点和易于接受的传播方式，一是客户在不同境况下的关注点是完全不同的。这就需要我们极强的洞察和不竭的发掘能力。

在营销的过程中，只要找到了这个可以牵客户"牛鼻子"的绝对理由，并以合适的方式传递给客户的时候，你就会觉得营销其实很简单。持之以恒，你就能够成为营销高手。

分析顾客的购买心理

每个推销员都想知道顾客在购买的过程中是怎么思考的。其实，在购买的不同阶段，顾客的心理活动呈现出不同的变化特点；而不同个性特征的顾客，其思维方式和沟通风格也各有差异。

一、推销员的疑问

顾客在购买过程中究竟有什么样的心理变化？

不同的顾客一般都有什么样的个性心理特征？

怎么认识和适应这些不同的心理变化？

如果你对上述问题已基本掌握。那么，假设你是某冰饮公司的推销员，你将如何把冰卖给爱斯基摩人？爱斯基摩人居住的格陵兰岛是世界第一大岛，那里简直是冰雪世界，巨大的冰盖占据了80%以上的面积。如果作为冰饮公司的推销员，你该如何做才能把冰块卖给爱斯基摩人呢？看看美国销售大师汤姆·霍普金斯是怎么做的。

"您好！我叫汤姆·霍普金斯，在北极冰饮公司工作。我想向您介绍一下北极冰的许多益处。"

"北极冰？很有趣。这里到处都是冰，不用花一分钱，甚至我们的房屋都是用冰做成的。""没错，先生，看得出您很注重生活质量。您能告诉我为什么这里的冰不用花钱吗？"

"很简单，因为这里到处都是冰。"

"您说得非常正确。您使用的冰就在您的身边，而且多年以来都无人看管！"

"是的，这种冰取之不尽。"

"是的，先生。现在你和我都站在冰上，您的邻居正在冰上清除鱼的内脏，孩子们正在冰上嬉戏玩闹，远处的冰上还有北极熊留下的脏物……您可以设想一下，这样的冰……"

"我不想去想象。"

"也许这就是为什么这里的冰会不用花钱，能说这就是很划算吗？"

"别说了，我突然感觉不大舒服。"

"我明白。在饮料中放入这种无人保护的冰块，必须先进行消毒，这样才会安全，才会真正感觉舒服，是这样吧？那您如何消毒呢？"

"应该是煮沸吧。"

"是的，先生。煮过以后您又能获得什么呢？"

"水。"

"将冰块煮沸，变成水，将水再冻成冰块，对于很忙碌的您来说，这样是在浪费您自己的时间。假如您愿意接受我们的服务，您的全家今天晚餐的饭桌上，就会出现干净、卫生又富有口味的北极冰饮料。对了，我很想知道您那位清除鱼内脏的邻居，是否也乐意享受北极冰带来的好处呢？"

"您这种冰块饮料的价格如何？"

毋庸置疑，汤姆·霍普金斯就快要成交了！

在这个过程中，爱斯基摩人从开始的排斥、怀疑，到最后的认同、接受，发生了一系列复杂的心理变化。一开始他觉得实在是不可思议，在坐拥冰盖的格陵兰岛，怎么还会有人在推销冰？可是，随着沟通的进一步深入，他发现自己确实有对洁净冰块的需求，只是以前从来没有真正想到这个问题。而在汤姆·霍普金斯的逐渐引导下，他产生了购买北极冰的欲望，剩下的就是怎么成交，买下汤姆·霍普金斯的冰饮产品了。

购买者是推销活动的三个基本要素之一，购买者的心理与行为对销售活动一定具有重大影响。因此，研究消费者在购买行为中的心理变化过程，推销员能够揣摩客户心理，适时采取相应的心理策略有非常重要的帮助。

二、推销活动的要素

1. 认识过程

当推销员向客户介绍所推销的商品时，便是客户认识商品的开端，这一过程是客户感情过程和意志过程的既定基础。消费者对商品的认识经历了从感知到思维的全部过程，其中伴随着记忆、想象、注意、自我意识等心理现象的出现，这些都对消费者的认识过程产生必要的影响。

2. 感情过程

消费者对商品的认识过程是消费者对商品的感性认识和理性认识的全过程。这一过程完成之后，是否一定要采取购买行动，还要看消费者完成认识过程之后的商品是否与他原先所具有的购买动机相吻合。如果商品能满足其需求心理，他就会产生积极的态度，比如，满意、喜欢、高兴等；反之，就会产生消极的态度。这种根据客观现实是否能够满足自己的需要而产生的态度，就是消费者在购买活动中的一段感情过程。

3. 意志过程

消费者经历了认识过程和感情过程之后，是否能够采取购买行为，还有赖于消费者心理活动的意志过程。通常，我们把意志过程一般划分为两个行动阶段：

第一阶段是消费者做出购买决定的阶段。这一阶段是消费者意志行动的初级阶段，它主要集中表现在确立动机、明确目的、选择实现目的的方式方法和制定实现目的计划等几个重要方面。

第二阶段是消费者执行购买决定的阶段。消费者做出购买决定后，就把这种决定投入实施，执行购买决定。在执行过程中，仍然有可能遇到来自外部环境的或内部环境的困难和障碍。因此，在执行阶段，推销员还须做出必要的努力，研究消费者的心理。才能促使消费者最后完成购买过程。

给客户一个美好的未来

我们常说，客户是推销员的衣食父母，并以此作为全部行动的指南。这种观点一直沿袭不变，从来没有人去认真的想过是否还有另外的更为优秀的关系理论。

实际上，要是从客户由推销员所供给的商品而获得利益的这个角度来看，推销员何尝不是客户的发财工具。一位文具行的老板在推销员的推荐之下最终购买了一批文件夹，倘若这些文件夹的销售业绩不佳而成为滞销商品，文具店老板因此而产生了不小的损失，试想他们的合作还能够持续下去吗？当然，这其中的关键在于推销员和文具店老板是否能够判断商品的销售前景，只要销量好，推销员也等于是间接创造利润的人，这样的人对文具店老板而言是多多益善。没有客户会在自己没有任何利益或需求的情况下，无条件地花钱购买商品，你的商品一定能为客户创造利益及满足感。

可以肯定，要是你将自己视为顾客的发财树，你将更多地以顾客可能得到的利益为出发点来规划对顾客的销售，而不是像对衣食父母那样供奉着顾客——而这可能是毫无意义的。

有购买的需求才会进一步产生销售行为，这其中包含了有形与无形的利益，有形的是金钱的收益，无形的是满足个人的需求与欲望，所以买保险、衣服、手饰和电视，都是由于购买者有所需求而产生的销售行为，而销售人员正是已经具备帮助买方创造利益与满足需求的人。基于这样的思想，我们可以这样认为，销售人员并不能单纯地定义为卖东西给别人的推销员，而应该加上另一项功能，那就是能够提供买方所需的人，无论是有形或无形的利益。所以当推销员遭到客户的拒绝时，及时的心理反应就是不应该只是消极的悲观心态，而应将其转化为客户丧失获得利益的机会。既然这样，损失的不只是自己缺乏业绩而已，连同客户也有损失。一个成功的推销员应当将自己首先定义为"顾客的发财树"，并以此为基础进行一切推销活动。推销员应当有"双赢"的头脑。无须质疑，建立自己的专业能力，具备独到的眼光，让客户能够接受你们的商品，获得应有的利益，是推销员责无旁贷的事。只有客户接受你的理念，才能创造出双赢的最佳局面。另外，业务高手应该有不卑不亢的精神，不因受到客户的拒绝就打退堂鼓，不用低声下气地向客户哀求，打哀兵策略，这对推销工作的开展都是十分不利的。

怎样美言你的产品

俗话说，"王婆卖瓜，自卖自夸"，没有任何人会说自己的产品不好，就算客户察觉到商品的缺点，推销员也要想办法加以掩盖，否则根本不能把商品直销出去。所以，一旦客户知道市场上还有其他同类型商品而产生比较自然的心理时，推销员多半会借贬低别人的商品顺势提升自己的商品。但切记在批评别人的商品时，绝对不能显露出不屑与轻视的神态，否则可能引起客户的反感，感觉你是个主观偏激的人，也就意味着批评一定得非常客观而且合理才行。

采取公正的数字或者可靠的分析方法进而加以说明解释，可以让客户轻易地比较两种商品，并最终选择你的商品，这才是高人一等的说服技巧。商品最怕被客户找到致命的缺点，推销员为了掩盖商品的某些缺点，必须为商品说好话。此时要注意下面这几个方面：

一、扬善去恶

突出强调自己商品的特色与优点是提升客户认同的关键，没有什么商品是十全十美的，对于商品的缺点，推销员要学会去掩饰，而不是欺骗客户，掩饰只是一种转移想法的技巧。直销的基本原则是，对方没有提到商品的那些缺点，就不要画蛇添足地多说话，而令自身商品的缺点完全暴露，致使直销失败。例如直销保险的推销员，为了强调保险的保障性，常常会毫不犹豫地说："保险很重要！万一你有个三长两短……"一般也因为这句话，马上会被客户撵出来，因为推销员提到了一般人最忌讳的"死亡"这两个字。这么看来，推销员在说明商品时一定要注意避免刺激客户，运用扬善去恶的直销方式，尽量说明商品的优点，让客户遗忘那些缺点。

二、避重就轻

要是客户发觉商品两项以上的缺点，就必须采用避重就轻的方法，也就是承认较不具伤害性的缺点，以免客户直接指出其中的重大缺点，令你尴尬不已。运用避重就轻的方法可以掩盖部分缺陷，提升直销成功的可能性。例如在直销汽车时，客户同时提出进口车比国产车贵，而且耗油量大等进口车难以改变的缺点，这时推销员要立即承认进口车价比较贵，并以车辆使用年限较长且折旧率较低来刻意掩饰，以免令客户想到汽车耗油量大，将会使未来长期使用成本增加的问题，进而降低购买意愿。

三、投其所好

客户的个人喜好或兴趣经常引导他的买卖意愿，若能拥有启动客户意愿的钥匙，对于直销简直是锦上添花。例如 Kitty 猫在日本人气极高，再经过麦当劳的促销后简直如日冲天，所有与 Kitty 猫扯得上关系的商品都是消费者关注的焦点，大家争相购买而近乎疯狂，实在难以形容。这充分体现了投其所好的重要性，只要能够探寻出客户的切实需求在哪里，商品的直销真可谓是探囊取物。

帮助顾客克服警戒心

从销售心理学中推销员也能够得到一些启示，该怎样消除顾客的警戒心。让你想说服对方时，如果对方的态度逐渐变得慎重，表示他产生了警戒心了。当你想说服客户时，遭遇对方警戒心的阻碍，这种情形在初次见面是难以避免的。但是，有时熟人也会有这种表现，当他发现你怀有某种比较隐蔽的目的时，自然而然就会产生警戒心。此时，你正和一位带着面具的人说话，对方隔着一道面具，你难以看清他的表情，不知他态度如何，所以你就无法采取良好的对应方法。但是，如果仅仅是由于对方带着面具而放弃了进一步销售的念头，那便是不战而败。

一、察觉对方的警戒心

对方有警戒心，尽管非常不利于说服，但是未察觉对方的警戒心，继续说服，那就变成了自娱自乐，对方不仅戴着面具，而且还可能会背向着你，紧锁心扉。这就像一个人身上包上了一个护盾，这就像一道防火墙，这层护盾起到保护和反弹的重要作用，任何对他的言语都会被这层护盾接收，而无法进去他的内心世界。这么说来在进行销售时，首先要辨别客户的身上对你产生的护盾，一定要能够穿过盾牌，才能有进一步的成交可能。因此，进行说服之前，必须仔细观察对方的言行举止，判断他是否真的有警戒心才行。

一般来说，抱持警戒心的人，通常不喜欢表露自己的心事，对自己的言行也不敢负责，所以打招呼或说话的态度都是冷冰冰的。可是，有时，他们的态度又会显得非常直白，其实他并不是轻视你，只是因为过于警戒，所以言语直截了当，给人敷衍了事的感觉。

谈话时，一直都非常顺利，很投机，可是突然改变态度，变得很亲切，而口气却严肃地直接答道："我知道，我知道，你要说的我都知道，回公司后，我会仔细再斟酌"，结果你期待的答复可能会杳无音讯，这就是对方在谈话的途中，将面具戴上的结果。

神经质的人，警戒心也非常强，为了掩饰自己的警戒心，言语便会变得模棱两可。于是说话时，常常在一句完整的话中加入一些语意不清晰的词句，如"话虽如此"，"无论如何他还是……""虽然……但是……"等，使人难以真正了解他的真正意思是什么。如果对方经常用这类词句，而且又一再进行重复，慎重选择每一个字句，说话速度变慢，这些现象都表示他的警戒心已达到了极点。根据一位从事贸易的外国朋友说，他在中国进行生意洽谈时，闭着眼睛聆听对方的口气，可能要比透过翻译者传达的意思，更能了解对方的真正意思，因为我们的语言和英文不同，速度方面也略有差别，当我国的负责人语气缓慢下来时，表示警戒心正在逐渐生成。

另外有一种更令人不解的情形就是，对方几乎不表示意见，无论你说什么，他只是回答："是的，你说的有理"，这种情形意味着他正在找寻你的漏洞，或你所设置的陷阱。

但是也有人正好截然相反，一再追问细节，这也是强烈警戒心的表现，他所问的问题大多和主题没什么关连，就像狗遇到自己原本不认识的动物时，会发出"嗯"的声音表示强烈的警觉心是一样的。说服者抱持警戒的态度，被说服者自然也会产生一定的警戒心。以往的观念认为，被说服者是因为说服者的言词内容才产生警戒心的，因此针对这项显著的缺失发明了几种说服术，但是效果还是不佳，因为他们已经完全忽略了被说服者的警戒心是从说服者的身上所得来的，这和心理学上所讲的，"在说服场合中，警戒心是因人而起"的说法是基本一致的。

通常，要是没有什么特殊的情况，我们是不会对家人、朋友或同事产生警戒心的，但是对于初次见面的人，多少总有些警戒心，这是因为并不真正了解对方，所以才会对他怀有警戒心，一旦投机之后，警戒心马上就会消失，说："既然你这么说，那我就尽力试试看"，在很自然的情况下接受对方的要求，这正是说服者比说服内容重要的有力证明。

但是，如果对方和自己不投机，则情况完全相反，警戒心不仅不会消失，反而还会加强。根据美国的一项社会调查统计，评价新进职员十分为满分；评价上司、同事也是十分为满分，让上司评价自己的下属，以了解双方的观感。结果，两份实验报告显示，分数非常接近，这正是表示双方沟通的程度非常一致。为了突破坚强的心理障碍壁，以便能够顺利进行说服，必须深入对方的深层心理，让对方对你产生一定的好感才是最重要的。

二、消除对方的警戒心

像之前所叙述的，发现对方有警戒心之后，必须立刻采取行动，拆除对方的面具，好好听你的说服，这么一来，说服力便成功了一半。但是，这时如果你对他说："你不必对我怀有戒心"，不仅没有什么明显的效果，反而会增加反效果，因为对方的深层心理被你识破了，所以他只好再次加厚心理的障壁，防止你再次突破。这时候，你应该停止说服工作，致力于铺设沟通的管道，和对方好好沟通才是可取之举。

将人的心比喻为车轮，那么就可以分为外面的表层和里面的深层，在进行沟通时，必须先用带子将"心的车轮"表层相互连接起来，借着表层的转动带动深层的转动，心理学上将这种作业称为"情感协调"。连接的工作要是能够做得好，心与心的车轮便能顺利转动，产生共鸣，说服自然就很容易成功。

著名的魔术师海华特·沙斯顿，四十年来现场表演观众高达六千万人。听说他的技巧并不比一般魔术师高明，但是他面对观众的态度却不同于普通的职业魔术师，一般魔术师面对观众时，心里总会这么想："这些人实在太笨了，竟然对这种骗人的玩意儿这么着迷"，而沙斯顿在表演时，心里总是在想："些观众实在太可爱了，我一定要为他们好好表演"。

沙斯顿的心理正表示他和每一位观众都进行了必要的"情感协调"，所以才会受到观众热烈的欢迎。另外，有位每次作秀都会形成大爆满的歌星，当他面对观众时，他总把观众当成衣食父母，认真地表演，努力于连接自己与观众之间的艺术纽带。

如果你还不能完全接受对方，表示你们之间还没有完全做好"情感协调"，未做好"情感协调"，说服工作一定难以奏效，要使对方接受你的说服，必须将自己的心意真正传达给他，对他表示真心的关怀。

根据与销售高手的交流所得，在原则上，推销员的成功率是能够说服占20%，沉默占80%。因此，推销员在进行推销时，都是尽量控制自己说话，多听顾客的心声，待顾客畅所欲言之后，购买的意愿自然会得到提升。

某一保险公司曾经举办一个座谈会，当时与会的十名优秀推销员竟然都不擅言词。根据调查，因为他们不太会讲话，所以顾客不会对他们产生警戒心，而且能够轻松地说出心中的感受，这些推销员都成了忠实的听众，无形中就使双方进行了一次良好的"情感协调"。

就像美国的女精神分析医师来希蔓所主张的那样，心理治疗中，最重要的就是听患者说话，能够掌握对方的真正心思，才能和对方产生共鸣，这就是治疗的第一步骤，深层心理术的原理也是这样的。

但是，总是一味地保持缄默，容易使对方感觉自己正面对着一道墙自言自语，认为自己被冷落。因此，要鼓励对方自觉自愿的打开心扉，说出心中的感觉，必须让对方知道"我在注意听你说"，让对方明白的方法就是，点头表示同意，叹息表示关心，微笑表示亲切。

或是说"说得也是"，"嗯，我懂"等表示同意的词汇；对于说话无味，而明显表现出警戒心的人，应该以轻微的点头表示赞同，使他的精神逐渐松懈，如此一来，警戒心自然会消失。

无论你是否同意对方的说法，先表示同意，就算他所说的全是不合道理，缺乏道德的事情，你也得先全盘接受，这种方法在心理学上是一项极为重要的工作。

要想推销你的产品，就要把对方心中的障碍慢慢消除掉，就好像把隔在你们中间的砖墙拆除掉，对方才会与你进一步接触，进一步进行商谈。以大商业化的形象商谈，则彼此只建立在纯物质的关系上，将有碍于推销的进行与完成。

在打破心墙的说话方式上，要注意不要以激烈的语气说话；勿假意讨好；勿自吹自擂只顾自己的表现而忽视双向的沟通及客户的心理意识反应；千万别冗长地谈话；勿打断话题；勿挖苦客户；勿立即反驳客户的意见。而是要注意人性心理的间接反应，客户能接受的态度及情况……

可以提出对其有利益关系的询问以激起其兴趣与好奇，用相对轻松的方式来塑造情境。在打破心墙、建立良好气氛时，要重视寒暄的方式方法。商谈是始于心灵接触，终于心灵的沟通与了解。只有客户内心受到打动才有利于成交。

推销或谈判并非单向的一味只谈自己方面的情况，在推销过程中不要只设定自己是推销员在贩售有实体的商品，更不要让客户认定你只是推销员只是在贩卖一项显而易见的物质的商品给他，这样的话客户心中会有防线会有压力，认为你只是来赚他的钱，而非来告诉他如何获取什么利益。

第一次拜访甚至能够不谈商品买卖，先攀谈认识一番，并告知一些有关的新资讯新发展，使客户感受到一些小小的人情，但其中过程必须非常诚恳，心态要正确，才能够拉近彼此心理上的距离。

一开始要先营造正面有交情的气氛，推销的气息味道不宜太浓厚，先把自己推销出去，再配合整体推销之包装及促销之重点的强调，遮掩的话才容易使客户有正面深刻的好印象及产生购买之情绪与气氛。

推销工作的顺利与否其前提要首先有创意有人情，在这方面，可使用小礼物、纪念品配合你的表演；在打破心墙的同时也要十分重视客户的反应，对其所表达的事项也要认真地记录或主动向他询问，了解其内心真正的那些想法、观念，并不时赞美，注意倾听，不打断其意见的表达，以其颇感兴趣、有嗜好专长的话题为主，展开彼此之间的交情沟通的良好互动。

一位将军这么说，他印象深刻的一次会议是，他用普通老太太卖菜的哲学来开始高级干部会议：老太太卖菜的经营秘诀就是——你少我多，你多我好，你好我早，只要始终有一点走在对手前头就不怕竞争。气氛瞬间就变得轻松了，道理也很轻易地讲明白了。打破心墙，消除客户已有的警戒心，这些都会因气氛活跃而轻松实现。

诱导式的发问

作为推销员，给客户提出一些建议时，有时候完全可以改变一下方式。对于某些客人来说，用提问来诱导他作出决定一般会比直接说服的力量要大得多。要给予决定者以思考的空间，推销不仅是"推"的步骤，也要给予"拉"的既定步骤。

桑德勒认为，运用反问法完全能够让推销员省去很多麻烦。看看不懂反问法的推销员怎么自掘坟墓的。

顾客："们还有同类产品吗？"推销员："当然有！"（兴奋不已，心想成交了）

顾客："多少？"

推销员："多得很，因为大家都喜欢买这种机型。"

顾客："可惜了，我喜欢独一无二的产品。"

这位推销员无形中自己给自己制造了没有必要的麻烦。运用反问法的结果就不同了。

顾客："你们还有同类产品吗？"

推销员："你为什么会问这个问题呢？"

顾客："我想知道你们到底有多少同类产品。"

推销员："原来是这样。你怎么会关心这个问题呢？"

顾客："喜欢独一无二的产品。"

这时候推销员就能够灵活处理其中真正的问题，同样在没有压力的情况下，仔细思考怎么回应。下列是其他相关的一些反问法：

顾客："价格太高了。"

推销员："价格是高了点，不过当你考虑其他优点时，真的会发现价格其实很合理。"

比只同意"价格高了点"更进一步。再看看以下的这些情况：

顾客："价格太高了。"

推销员："所以呢？"

顾客："所以我们得说服公司，要先得到某些人的支持……"

有时候还可以问问顾客，他们认为最好的处理方式是什么。这也是个不错的方法："琳达，如果这个问题有最完美的答案，您觉得会是什么？"如此一来，顾客觉得可以畅谈一番，你可能会发现顾客比你想象中要更加聪明。

一个男孩子走到商店卖口红的商场专柜前，向导购小姐问道："这支口红多少钱？"

专柜小姐这么说："50 元，请问先生，您要买哪一种颜色的口红？"

男孩子然后说："我也说不好，我的女朋友现在正在路上，一会儿就会赶过来，你问她好了！""先生，你这种想法不对啊。如果您要送口红给女朋友，那口红的颜色就应该是您来决定呀。"专柜小姐接着说，"是不是您要买口红送给你的女朋友？"

男孩子继续说："那是自然了！"

"您是不是希望你的女朋友擦给你看？"

男孩子才会心的点点头说："是呀！"

"那么在一些非常好的气氛下，她是不是会一点一点地还给你呀。"

男孩子明显有点儿不好意思地点了点头，他被专柜小姐的话打动了，于是他一次性就买了 16 支口红。诱导式发问在很多情况下会产生意想不到的效果。

不着痕迹的成交技巧

目前的成交技巧不下百种，每位推销员都必须选择自己认为最拿手和证实效果最好的技巧。有些广受欢迎的成交技巧都能够回溯到 19 世纪。比如说有一种叫做"小狗狗"的成交技巧，也就是先让准客户试用你的产品或服务，直到他舍不得放下（就好像他对从宠物店里的小狗狗难分难舍一样），而终于决定把产品买下来为止。

有一种叫做"本·兰克林"的成交技巧，其实就是你让客户在笔记本中画一条线，请他们把乐于购买的原因写成一栏，然后把不乐于购买的原因写在相对的另一栏。

有一种叫做"锐角"的成交技巧，就是让你把反对意见转换成购买的理由。比如说，未来客户这么说："我没有办法负担每月的费用。"推销员这么说："假如我们能够把这笔钱分摊到更长的还款期限，让每月费用降低，那么你会接受吗？"

还有"走开"、"带走"、"只限今天"等各种不同组合的结案技巧。作为专业的销售人员，你必须是一位不会让人觉得太大压力，甚至毫无压力的销售人员。你不可有任何意图操纵别人的言行，而危及维系销售关系基础的仅有的脆弱信任感。

你对未来客户应行事光明磊落，言而有信，有凭有据，绝对不可以使用一些诡计，让客户觉得被迫做出违反自己最大利益的事。绝对不可以企图用什么技巧操纵未来客户。

有十种和以上原则相互呼应的方法，能够将销售对话引导到相对来说对你有利的结论，并且维持日后的关系品质。这十种成交方法绝对会对你的推销事业有很大的帮助。

一、"我要考虑一下"成交法

我们在提议成交之后，经常会有客户作出拖延购买的决定，因为所有的客户都知道这些技巧。他们一般会这样说出"我会考虑一下"、"我们要搁置一下"、"我们不会骤下决定"、"让我想一想"就像此类的话语。

如果你真的听到你的客户说出了上面这样的话，我告诉你，这个客户已经是你的了。如果你已经认为自己掌握了这个技巧的话。

你可以这么说："某某先生/女士，很明显地你不会说你要考虑一下，除非对我们的产品真的感到有兴趣，对吗？"说完这句话后，你一定要记得给你的客户留下一定的时间作出反应，因为他们作出的反应一般都会为你的下一句话起很大的间接辅助作用。

他们一般都会这么说："你说得对，我们确实有兴趣，我们会考虑一下的。"接下来，你应该确认他们真的进行了考虑，"某某先生/女士，既然你真的有兴趣，那么我可以假设你会很认真地考虑我们的产品，对吗？"注意，"考虑"二字一定要比较和缓地说出来，并且要以强调的语气直接说出。

他们会怎么说呢？因为你当时是一副要离开的样子，你放心，他们会回答的。此时，你可以这样跟他说："某某先生，你这样说不是要赶我走吧？我的意思是你说要考虑一下不是只为了要躲开我吧！"

说这句话的时候，你得假意表现出明白他们在耍什么花招的样子，在他们作出反应之后，你一定要弄明白并更有力地推他们一把。你可以问他："某某先生。我刚才到底是漏讲了什么或是哪里还没有完全解释清楚，导致你说你要考虑一下呢？是我公司的形象吗？"

后半部问句你可以举很多的现实例子，因为这样能让你分析能提供给他们的好处。一直到最后，你这样问他："某某先生，讲正经的，有没有可能会是钱的问题呢？"如果对方确定真的是出自钱的问题之后，你已经打破了"我会考虑一下"定律。

而此时如果你能处理得非常好，就能把生意做成，因此你必须要好好地处理。询问客户除了金钱之外，是否还有其他事情无法确定。在进入下一步交易步骤之前，确定你真的遇到了最后一次考验。

但要是客户不确定是否真的要买，那就不要急着在金钱的问题上去结束这次交易，即使这对客户来说是一个比较明智的金钱决定。如果他们不想买，他们怎么可能会在乎它值多少钱呢？

二、"太棒了，钱是我最喜欢的问题"成交法

不知推销员们在自己的推销经历中有没有听过"啊，价格比我预期的高得太多啦"，"我没有想过会有这么高的价钱"等等，类似于这样的话。

这种成交法的第一步就是比较准确的确定你的产品价格与你的目标客户的预期价格的差额。现在我们假设你销售的产品是一种新型的高速打印机，其价格10000元人民币，而你的目标客户的预期价是8000元人民币，这时你一定要弄明白你们之间的价格差异是2000元人民币。

但可惜的是我们的推销员在遇到"价钱太高了"的问题时，通常都会从整个投资来着眼。这实在是一个非常大的问题。

事实上，只要确定了价格差额，金钱上的问题就不再是 10000 元，而是 2000 元了，因为你的客户绝对不会莫名其妙地得到你的产品或服务。

现在你对你的目标客户这样说："某某先生，照这样看来，我们双方之间的价格差距是 2000 元，对吧？现在，我认为我们应该小心地以客户的想法来处理这个问题了。"

我们在这里假设这台高速打印机的正常使用寿命是 5 年。把你的微型计算机拿给你的目标客户，跟他这样说："某某先生，我们这台打印机的使用年限是 5 年，这点你已经确定了，对吧？"

"很好，现在把 2000 元除以 5 年，那么一年贵公司的投资是 400 元，对吧？""很好，贵公司一年用得到打印机的时间应该有 50 周，对吧？如果把 400 元除以 50 周，那么每周贵公司的投资应该是 8 元，对吧？"

现在你可以这么说："某某先生，我知道贵公司的工作时间很长，你们经常加班，所以我假定这台打印机一星期要用 6 天应该是很合理的，对吧？麻烦你用 8 块钱除以 6，那么答案是？""1.3 元"，记住最后的这个答案一定要让你的客户说出来，因为到最后，你的客户觉得再跟你争执每天 1.3 元钱已经就觉得很可笑了。

你微笑着这样对你的客户说："某某先生，你觉得我们要让这每天 1.3 元钱来阻碍你们公司获得利润，增加产量吗？来阻碍这种超速打印机为你们带来的扩张能力吗？"他既有可能回答说不知道。

你再问这么他："某某先生，我还要问你一个问题，这个高速打印机的功能齐全，而且还有省时的优点，我们已经谈过它的优点了，这部机器在一天之内为你们公司创造的利润，应该比一个最低工资人员在一小时里创造的利润多，对吧？"

你的客户会这样回答："对，我想是这样的。"因为如果不是昧着良心，他没有其他的回答可以选择。你是否心里在这么想："哇，真的就这么简单。"难道就不可能这么简单呢？作为一个推销员，金钱总是你最常会碰到的问题，要是这样，那么你完全可以把这项技巧运用到你的工作上，跟你的同事、合伙人一起练习，记住每一句话，并把数字给记下来，然后去巧妙的使用它。

可以肯定，你的销售数字会有惊人速度的变化，如果你用了这个结束法还是不行的话，这对你的业绩并没有任何损害。但不去学习并且巧妙的使用它们，那就问题大了。

设下目标要将这种以及其他几种成交法各使用 10 次，当然实际上每一次在使用它时，都要尽力去进行冲刺。你会有一些成果。试着每种结束法都尝试 10 次，你将会有很大的收获，如果再多尝试 10 次，你就很快能够拥有你的豪华别墅和开着奔驰 6.0 去推销了。

三、"不景气"成交法

现在有许多人都生活在各种恐惧中，有些人被认为是乐观主义者，其他人则是顽固分子，但大部分的人其实是左右摇摆不定。毫无疑问，新闻媒体报忧不报喜的常规态度使得数以千计的具有影响力的人不敢轻易作出决定。

因为许多人在此时完全摇摆在恐惧与乐观中——甚至是在一分钟——你可以作出决定，释放出能量来。不景气成交法的目的就是这样的。接下来是适用于一般人的结束法。

"某某先生，多年前我学习了一个真理：成功者购买习惯是这样的，当别人卖出时买进，当别人买进时卖出。最近有很多人都觉得市场不景气，而在我们公司我们决定不让不景气来困扰我们，你知道这是为什么吗？（留时间让客户问你为什么）

然后这样回答："因为今天很有财富的人都是在不景气时代建立了他们成功的基础，他们看到了长期的机会而不是短期的挑战，因此他们作出购买决定而成功，当然他们愿意作出决定。某某先生，今天你有相同的机会，你也愿意作出相同的决定，对吧？"

这个成交方法最关键的是要灵活运用预先框式的技巧。

第一步你预先假设他是一位成功者，而一位成功者是不会因为经济不景气成为困扰自己或公司的因素；第二步是假设他作为成功者总是会作出非常明智的决策；第三步则是假设他作出购买的决定才是最佳的选择。事实上，只要预先假设运用得恰当、适宜，在许多销售场合你才能够随心所欲地完成你的销售。

四、"没有预算"成交法

在经济不景气时，每个销售人员在拜访公司或政府机构时一定都会听到这样的一个理由。这个结束法是用在当你跟公司的总裁或高层主管见面时，当你听说你的产品或服务不在他们的预算中时，以真诚的语气这样跟他们说："不是啦！所以我才会跟你联络啊。"

在这时千万别就此打住了，但你要如何推进，要看你是在跟营利性或非营利性机构做生意，我们来看看常常适用的方法吧。对一般公司的方法如下：

"某某先生，我完全可以了解这一点，一家管理完善的公司需要仔细地编制预算，预算是帮助公司达成目标的重要工具，但工具本身是具有弹性的，对吗？您身为高级主管，应该有权为了公司的财务利益跟未来的竞争性来弹性地利用预算，对吧？"（给出必要的时间让你的客户作出反应。）

"我们在这里讨论的是一个系统，能让贵公司具备立即并持续的竞争性。告诉我，某某先生，假如今天有一项产品，对你公司的长期的竞争力和利润都有所帮助，身为企业的决策者，你会让预算来控制你还是你来控制预算呢？"

对非营利公司及政府单位的方法如下："我知道每一家管理良好的机构会以精密的预算来控制他们的财务，所以我知道你的办公室（机关，机构）会随着大众快速改变的需要而改变。事实上真的也是如此吧？"

待客户有反应后，继续这样说："这表示您身为这么有效率的机构的总裁，一定可以灵活地运用你们的预算，而不是死守在规定里，不然你的民众如何能快速地经由你的机构受利于新发展和新科技呢？"

"所以您身为总裁应该有权弹性使用预算，让组织可以履行它的责任。""我们在这里讨论的是一个能立刻持续地节省成本的方法（获得注意，增加访客安全和舒适——什么样的好处都行），告诉我，某某先生，在这些条件下，您的预算是有弹性的还是硬梆梆的规则呢？"

五、鲍威尔成交法

在我们这个现实社会中，总有办事很拖沓、犹豫不决的人，他们明明相信我们的产品质量和服务非常好，也相信要是真的能够作出购买决定会对他们的业务产生很大的帮助。但他们就是犹豫不决无法立即购买决定。

他们总是前怕狼，后怕虎。从他们的角度来看，主导他们作决定的因素不是购买的好处，而是万一出现的闪失。就是这"万一的失误"使他们不敢承担作出正确的购买责任。对于这样的顾客，我们就能够采用"鲍威尔"成交法。

你可以这样对他说："某某先生，美国国务卿鲍威尔说过——拖延一项决定比做错误决定浪费更多美国人民、企业和政府的金钱和时间，而我们今天讨论的就是一项决定，对吗？

"假如今天你说好，那会如何呢？假如你说不好那又会如何呢？假如说不好，明天将和今天没有任何改变，对吗？假如今天你说好，你即将获得的好处是很明显的，这点我想你会比我更清楚。某某先生，说好比说不好对你的好处更多是不是呢？"

对于这种性格相对软弱的顾客，推销员必须主导全部推销过程，他的潜意识里面需要别人替他作出原本属于自己的购买决定。他总是需要听取别人的意见而自己却不敢拿什么主意。

这种顾客，推销员就一定要学会主导整个购买过程，你千万不要不敢为你的客户作决定，你要清楚，你的决定实际上完全可能就是你的客户的购买行为。

六、"一分钱一分货"成交法

在我们的推销实践中，价格总是被顾客最常提起的话题。不过挑剔价格本身并不重要，重要的是在挑剔价格背后存在的真正理由。因此，每当有人挑剔你的价格，千万不要和他争辩。相反，你应当觉得欣喜才对。因为只有在客户对你的产品感兴趣的情况下才会关注价格，你要做的，只是让他觉得价格更加符合产品的价值，这样你就可以成交了。

突破价格障碍并不是件十分困难的事情。因为客户如果老是在价格上绕来绕去，这是因为他过于注重于价格，而不愿意让你把产品介绍注重在他能得到哪些实际的价值。

在这种情况下，你可以试试下面的办法。你温和地这样问："某某先生，请问你是否曾经不花钱买到过东西？在他回答之后，你再继续问："某某先生，你曾买过任何便宜货。结果品质却很好的东西吗？"你要耐心地等待他的最终回答。他可能会承认，他从来就不期望他买的便宜货后来都很有实际价值。

你再这样说："某某先生，你是否觉得一分钱一分货很有道理？"这是买卖之间最伟大的真理，当你用到这种方式做展示说明时，客户差不多都必须同意你所说的很正确。

在日常生活中，你付一分钱买一分货。你不可能不花钱就能买到什么有价值的东西，也不可能用很低的价格却买到相对品质很好的产品。每次你想省钱而去买便宜货时，却往往后悔不已。

你可以用这些话进行结尾："某某先生，我们的产品在这高度竞争的市场中，价格是很公道的，我们可能没办法给你最低的价格，而且你也不见得想要这样，但是我们可以给你目前市场上这类产品中可能是最好的整体交易条件。"

接下来的话，"某某先生，有时以价格引导我们作购买决策，不完全是有智慧的。没有人会为某项产品投资太多。但有时投资太少，也会出现相应的问题，投资太多，最多你损失了一些钱，投资太少，那你所付出的就可能会更多了。因为你所购买的产品难以带给你预期的满足。

在这个世界上，我们极少有机会可以以最少的钱买到最高品质的商品，这就是经济的真理，也就是我们所谓的一分钱一分货的鲜明道理。"

这些话的好处就是它们永远是真理。未来客户了解你是绝对诚实而爽快的人，他必定会了解你的价格不能减让。这不是拍卖会，你并不是在那里高举产品，请感兴趣的人出价竞标。你是在销售一项价格合理的好产品，而采购决定的重点是你的产品真正适合客户解决问题和达到目标。

七、"别家可能更便宜"成交法

在推销员们的实际推销生涯中，可能会经常碰到"别家的产品比你的产品便宜"之类的话。这当然是一个价格问题。但我们必须尽快分辨出他真的是认为你的产品比别家的贵，或者只是用这句话来跟你进行必要的讨价还价。了解他们对你的产品的品质、服务的满意度和兴趣度，这将对你完成一笔交易有关键性的帮助。

不过无论他是什么态度，你用下面的成交法都能有效地激发他们的购买欲望，除非他们真的对你的产品和服务不感兴趣。但如果你的客户真的不那么感兴趣，他也不会跟你在价格上白费口舌，你说对吗？我们来看下面的成交法，他们可能只不过想以较低的价格购买最好的产品和服务而已。

既然这样，你完全可以这样跟他说："某某先生，别家的价格可能真的比我们的价格低。在这个世界上我们都希望以最低的价格买到最优品质的商品。依我个人的了解，顾客购买时通常都会注意这样的三件事：产品的价格；产品的品质；产品的服务。从未发现有任何一家公司能够以最低价格提供最高品质的产品和最好的服务，就好像奔驰汽车不可能卖到桑塔纳的价格一样，不是吗？"

说完这句话后，你最好能够留下时间给你的客户作出反应。因为你说的是经济上不折不扣的真理，你的客户差不多没有办法来反驳你，他只能说"是"。接下来，你对你的客户这样说："某某先生，根据你多年的经验来看，以这个价格来购买我们的产品和服务，是一种很正当的交易条件，你说对吗？"

让你的顾客作出肯定性的回答，因为你的产品的品质和服务完全符合这样的价格，你的客户如果不是故意刁难，应该不会作出什么否定的回答。然后，你再继续问他："某某先生，为了你长期的幸福，你愿意牺牲哪一项呢？你愿意牺牲产品的品质呢？还是我们公司优秀的服务？

某某先生，价格对你真的就那么重要吗？有时多投入一点来得到他们真正所想要的产品，也是极有价值的，你说是吗？事实上，大公司的低层采购人员都致力于从供应商那里尽量获得最低的价格。然而，有经验的采购人员大多都了解，低价位产品产生的问题往往比它能够解决的问题还要多的多。

资深的采购人员，基于他们的既有经验，更在意获得最高品质的产品，远胜于那些低价位的产品。他们差不多都能因此为公司作出较好的决定。某某先生，你说对吗？"

如果你的产品和服务真的没什么可挑剔的，你只要将上面的语言记下来，并且适时说出去，你的订单就会源源不断了。

八、"十倍测试"成交法

实际上还有一种很好的成交方法就是"十倍测试"成交法，具体运用如下："某某先生，多年前我发现完善地测试某项产品的价值，就是看他是否真正能够经得起十倍测试的考验。

例如你可能投资在房子、车子、珠宝及其他为你带来乐趣的事物，可是一旦拥有了之后，你是否能够肯定地回答这个问题呢？你愿意不愿意付出比它多十倍的价格来真正拥有它？

例如，你可能投资在健康咨询上的费用，而使你的身体健康状况得到大大的改善，或是你已经改变了自己的形象，而提升了自己的自信而增加了意想不到的收入，那你所付出的也就物有所值了。有些产品，当我们拥有了一阵子之后，发现它对我们的改变，我们会愿意出它十倍的价格来真正拥有它。

九、"不要"成交法

你曾遇到过客户直接对你这样说"不要"，而没有其他的话加以润饰吗？你迟早都会遇到的，请先思考一下这个问题，以便当你听到"不要"时，不会感到震惊。通常你会听到一些比较柔性的拒绝，比如，"你的产品都非常好，我们需要你的产品（或服务），但我得拒绝"。

在这些场合中，学习超级推销员所使用的金牌成交法吧，为了增加你的订单，认真地学习它。"某某先生，在这个世界上有很多销售人员在推销很多产品，他们都有很好、很具说服力的理由来要你投资在他们的产品和服务上，对吧？"

"当然，某某先生，你可以向任何一位或全部的推销员说不。但是，在我的行业（说出你的产品和服务），我是一个专业人员，我的经验告诉我一个无法抗拒的事实，没有人可以对我的产品说不。当他对我的产品说不，事实上，他在对他自己未来的幸福、快乐和财富说不。"

"某某先生，假如今天你有一项产品，顾客非常需要他，非常想拥有它，你会不会因为顾客一点小小的问题而让他对你说不要呢？所以，我今天肯定不会让你对我说不。"

十、"是，是"成交法

如果你推销的产品品质确实非常优良，而且若干产品的优点正符合客户的需要，在客户真正认可这些优点之前，要先准备一些让客户只能回答"是"的问题。例如："某某先生，我们的产品比 A 产品省电 20%，对吗？""我们的机器比 A 公司的机器便宜 500 元，是吗？"

当然，这些问题必须能真正体现出产品的特点，同时在你有把握客户必定会回答"是"的情况下才可以提出。掌握了这个技巧，你就能制造一连串让客户回答"是"的问题。最后，你要求客户签订货单时，他也就自然的心甘情愿回答"是"了。

在我们的推销实践中，会开口要求的人才是赢家。但可惜的是太多人都因为害怕失败和被拒绝，而不愿意开口要求他们想要和真正需要的东西。他们会用猜测、含蓄、暗示的各种方式，却不愿冒被拒绝的风险而直接提出要求。你的生活是否能够真正成功、快乐，大都取决于你的实际应用能力，以及开口要求所想事物的意愿。

要学习怎么积极地要求，愉快地要求，有礼貌地要求，有所期待地要求，要求资讯，要求安排见面，要求别人告诉你他无法决定的理由，以及了解客户的言外之意。最重要的是，你得要求客户最终下订单。要在全部的解说完毕，进入销售活动，进入尾声之际，请求客户最终作出购买决定。

就像圣经所云："向他祈求，必有应允，凡祈求者，皆有收获。"勇气和胆识是构成顶尖销售人员的基本特质。那是能够发挥最大潜能的经营销售人员，个个都是能克服恐惧，勇往直前，毫不畏惧失败、挫折、遭拒等枪林弹雨的勇士。只要你决定自己要的是什么，就表现出一副不可能失败的架势，而你就绝对能够实现！在销售业里，除非你怀疑、恐惧或自我设限，否则你的成就是永远没有上限的。当你练习大胆行动，表现出一副不可能失败的架势时，你马上就会把勇敢纳入你人格的重要特质，一生受用不尽，你在销售上的成功也将指日可待。

西方消费心理学家把顾客购买的心理过程基本上分为五个阶段，也就是注意、兴趣、欲望、记忆、行动。推销员要想引起顾客的足够注意，可以从不同的方面着手：

（1）利用商品的特征、使用价值及外观，这是实际但又无声的广告，能帮助推销员有效地吸引顾客。同时，推销员通过向顾客说明展示商品的实际使用价值，使之相信使用该商品能为其带来什么实际的利益，就更能将顾客的注意力引导到商品上来。

（2）判断顾客类型，前面已经进行了分析，顾客的消费需求及其购买行为因受政治、经济、文化、个性特征、家庭等到多种外界环境因素的影响而互不相同。推销员要想成功地吸引顾客，必须正确的判断顾客的所属类型，有针对性地运用推销方法和技巧。

（3）注意情绪反应，推销活动会使顾客能够进一步产生喜、怒、哀、乐、恶、惧等一系列情绪反应，推销员应时刻密切关注顾客的情绪变化，并善于运用恰当的手段影响顾客的情绪。

（4）加强感官的刺激。顾客对商品的关注与了解，主要从看、听、触等感觉中获得。加强感官刺激是有效地引起注意的重要手段。让顾客尽可能的感兴趣。在推销活动中，推销员使顾客对商品产生的各种好奇、期待、偏爱和喜好等情绪，都能够称其为兴趣。它表明顾客对商品已经作出了肯定的评价。产生兴趣在整个推销过程中起着承前启后的作用，兴趣是注意进一步发展的必然结果，兴趣又是欲望的基础，兴趣的积累与强化最终就会形成欲望。

让顾客产生不买就会后悔的心理

许多推销员在使尽浑身解数后，得到的还是顾客坚定的拒绝。该怎么办呢？放弃是愚蠢的，也是成功的推销员坚决不会去做的。

在这种情况下，你应当想办法使顾客能够真正明白，倘若决定不购买，那么他便会犯一个非常愚蠢的错误。顾客不愿意买，你就跑到顾客耳边，着急的告诉顾客说："你犯了一个多么严重的错误。"你当然不能这么做，因为这样会让顾客更加讨厌。"愚蠢的错误"策略就是不去过多的指责顾客，但又让顾客知道他们犯了一个多么愚蠢的错误。不同之处在于，你给他讲一个跟他同样处境的另一个人所犯的非常愚蠢的错误。

对优柔寡断的顾客要给他一个"千万别错过"式的强烈暗示。"迷惑"是人类心理状态的一种，在人的潜在意识里，总认为还会有"更好"的在前面等着。人在意识深处，都藏有相当浓厚的寻求更好的欲望，而这种欲望就是造成了"迷惑"的主要原因。要是能够以这种方式来观察人类，就能够了解人类存在迷惑的原因，是在于有"是否还有更好"的意识存在。

妨碍果断行动的潜在心理，一般都是因为有"还有"的意识存在，如果在限定的时间之内，能够迫使对方做出决定，就可以使对方在很短的时间内做出最终的决定。

例如：广告上可以这样说："只送给前50名的购买者。""只限三四辆可以打七折。"等等。像这些在数量上提前设定一些限定条件，也是运用人类心理诱导术。利用上述方法，可促使对方由"迷惑"进而转变为果断。

"有限量的商品"也会使消费者自然产生不买就会吃亏的心理，但是这种方法不宜经常使用，否则人们就会失去既有的新鲜感。所以，只要消费者产生"只有一次"或"最后一次"的意识，就会自然产生比别人占更多便宜的感觉。

比如说你在推销一所房子，顾客让过高的房价吓住了。你就完全可以这么说："你知道我希望什么吗？我希望李先生在这儿。他给我讲了一个故事，说他第一次买房子的经历。他到银行签贷款合同，他意识到要连续30年每月还6000元，他的手脚都冰凉了。值得庆幸的是，负责贷款的人看到了问题，很同情他：'你要坚持住，合同都准备好了。'于是，他狠下心来走上前，签了合同。几年后，房价涨了一半。如果李先生在这儿，他会告诉你眼睛一闭就把合同签了。现在看起来好像是一大笔钱，但5年以后，情况就不同了。你会看到这是最明智的选择。"

从本质上来讲，使顾客明白其决定是一个愚蠢的错误这一做法，目的就是在对顾客施加精神上的压力。这种方法的技巧性完全能够保证推销员不与顾客发生冲突，又能实现推销员所希望达到的原有目的。

因此，推销员对此应有非常正确的理解。卡耐基曾经说过："天底下只有一种方法，不管对什么人你都能借此方法促使他行动。这惟一的方法即是使他明白行动的目的和益处，鼓起他行动的动机。""愚蠢的错误"法显然于此触类旁通。

抓住销售的关键

很久很久以前，在意大利中部的一个小山村里，有一对双胞胎兄弟，他们负责把附近河里的水运到村广场的水缸里，这是村里人交给他们必须要完成的任务。两个人每天都挑着两只水桶，在河边通往村里的路上奔波。不停的忙碌一天，他们才能把村里的水缸装满。这时，村里的长辈会按每桶一分钱的价钱付给他们一点微薄的劳务费。

哥哥对目前的生活很满意，但弟弟却不满足现下的生活。他决定修一条管道，把河里的水引到村里来，那样他就能够不用整天奔跑在去河边的路上了。为了不影响村里人用水，也为了维持自己的生计，他白天的时间全部用来提桶运水，晚上的时间则用来建造管道。他知道，在坚硬的地上挖一条管道是十分困难的，而且要修成管道至少需要一两年的时间，但他却依然坚定不移地不懈挖着。

哥哥和村里人开始嘲笑弟弟，称他为"修管道的傻子"。那段时间里哥哥运水赚到的钱比弟弟多一倍，他买了一头驴，配了一辆新的马车，并且用赚的钱盖了一幢两层的小楼。

就这样一天天过去了，一月月过去了。两年的光景就在弟弟夜以继日的忙碌中走了过去。终于有一天，弟弟修的管道终于可以使用了！村民们簇拥在一起，看着水从管道中流入水槽。从此，村子时刻都有新鲜水供应了。

管道修完后，弟弟很快就因此成了富翁，钱就像管道里的水一样，源源不断地流入了他的口袋。而哥哥却因为不用再提水而最终失业了。

很多推销员认为，只要努力推销产品，终有一天能够成功。这种想法是大错特错的。只知道埋头忙于推销产品，最终只能获得维持温饱的生活。真正能使你获得终极胜利的，不是推销产品，而是修建"管道"。只要你建立起了属于自己的管道，很快就可以提升业绩。

有两个朋友相约到河边去钓鱼，两个人都是垂钓高手。在河边，凭他们多年积累的既有经验，没用多长时间，都收获颇丰。因为这天恰逢休息日，河边有许多钓鱼爱好者，他们看着两个高手轻而易举地把鱼钓上来，感到十分羡慕，于是就迫不及待地在两个高手的附近下了鱼钩。可是这些新手们不擅此道，半天也没有什么收获。这时，其中一位热心的高手对大家这样说："这样吧，我来教你们钓鱼，如果你们学会了我传授的诀窍，每钓到10尾就分给我1尾，不满10尾者就不要给我了。"大家都说这种办法更好。

于是他便教这些人钓鱼。就这样，一天下来，这位热心助人的钓鱼高手把全部的时间都用于指导垂钓者了。尽管他自己没有钓到多少鱼，但后来大家你一条我一条地送给他，最后竟收了满满一筐的鱼。不仅这些，他还因此认识了一大群的新朋友，

后来大家都亲切地称他为"老师"。而另一位钓鱼高手，却没有享受到这种极大的乐趣。当大家围着他的朋友喊"老师"的时候，他更加显得孤单寂寞。一天下来，竹篓里的鱼也收获得并没有朋友多。作为一名职业推销员，你必须弄懂销售工作的重点。很多推销员认为，销售工作的关键就是售出产品，就是把自己所有的时间都用来"钓鱼"。事实上当然并非如此。销售的关键在于能够建立一个稳定的、高效率的销售网络，这就是销售的重点，只有建立网络，才能有更大收获的条件。

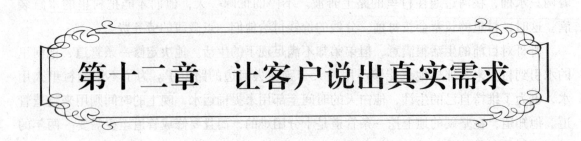

了解顾客的真实需求

作为一个推销员，不管你怎么"精明"，如何巧舌如簧，你所做的一切最终都落到顾客的需要上来。推销顾客确实无需求的东西是完全违背推销员职业道德的，这将会带来很大的负面影响，因此每一个推销员都应当作到绝不逾越这一道德底线。

很多推销员出于对自身的利益，不注重发掘顾客的需要。而仅仅从自身需要出发开展推销，这是十分危险的做法——它可能断送你成功的希望。

事实上，以顾客的需要为中心开展推销不仅是推销员必须要遵循的基本原则，而且其本身也是赢得交易的一种有效手段。下面的例子能够有力地证明这一点。

伯蒙特年轻时是个职业推销员，那时一位顶尖级的同事常常满载而归。他已有30年的经验，于是伯蒙特便向这位前辈刻苦学习，用产品信息武装自己的头脑，然后便投入与顾客激烈的搏杀中。伯蒙特使尽了所有的办法：哄骗、引诱、魅力吸引、讲笑话，甚至威胁顾客不买他的产品后果简直是不堪设想。

伯蒙特觉得自己是个地道的好人，因为他做生意是为了养活他刚刚组建的家庭；他认为那帮家伙太坏了，他们总是一再阻挠他的生意。就这样，在稀稀拉拉地做了几笔生意后，伯蒙特的精神接近崩溃边缘。

可有一位先生却从未有此遭遇。他做事总是很顺利并且极少会有生意告吹。一天，他把伯蒙特拉到一边对他这么说："孩子，我挺喜欢你的，我想给你解释一下为什么你总是采取了错误的方法和错误的态度。这些顾客并不是你的敌人。他们不是偶然闲逛到此，不是为避雨而来，他们来这儿是因为他们的确有所需要。你的所作所为看起来好像他们到这儿使你的日子不好过，好像你有义务提醒他们到这儿来该买点什么。他们确实需要我们所卖的东西，但他们又心存恐惧，这才是最艰难的时刻。他们辛辛苦苦是为了赚钱，所以很是担心，生怕自己买下了不需要的或不想要的东西。你的工作就是使他们冷静，让他们别光想着钱。你的工作并不是出于自身需要而与他们对抗，掠夺他们的钱财，他们的需要才是至关重要的。"

成功者自有自己的成功之道。上例中伯蒙特同事的成功之道便是从认识和强调顾客的需要开始的。作为一个职业的推销员，你不能将你的需要强行地转嫁给你的潜在顾客，顾客并没有承担满足你需要的既定责任，他们关心的是自己的需要。认识到这一点，你就要做到以顾客的需要而不是以你本人的需要为中心开展推销。当你这样做的时候，你很可能就有一个崭新的开始。怨天尤人是毫无意义的，惟有采取实际行动。

你的产品"没得说"，但客户就是不愿买你的产品。如何了解客户的真实需求呢？

一、挖掘客户真实需求，让销售成为可能

小晋拜访王总的时候曾向他大力推荐 CRM 系统，王总只是说"考虑考虑"就把他打发走了。在做了充分的准备之后，小晋再一次主动上门拜访王经理。

小晋："王总，您好！昨天我去了天宇公司，他们的办公自动化系统已经正常运行了，他们准备裁掉一些人以节省费用。"（引起话题—与自己推销产品有关的话题）

王总："不瞒老弟说，我们公司去年就想上 CRM 系统了，可考察发现，很多企业上 CRM 系统钱花了不少，效果却不好。"（客户主动提出对这件事的真实想法—正中下怀）

小晋："您这话一点都不错，大把的银子花出去，一定得见效才行。只有投入没有产出，傻瓜才会做那事情。不知您研究过没有，他们为什么失败了？"

王总："CRM 也好，ERP 也好，都只是一个提高效率的工具，如果这个工具太先进了，不适合自己企业使用，怎能不失败呢。"（了解到客户真实存在的问题）

小晋："是啊，其实就这样，超前半步是成功，您要是超前一步那就成先烈了，所以企业信息化绝对不能搞'大跃进'。但是话又说回来，如果给关公一挺机枪，他的战斗力肯定会提高很多倍的，您说对不对？"（再一次强调 CRM 的极大好处，为下面推销做基础）

王总："这点我们认同，但是有一个问题啊，厂家的出发点往往是如何将产品销售出去，所以总是用各种理由来说服我们上项目，而我们又不得不谨慎行事。"（了解到客户目前确实没有采购 CRM 的真实原因）

小晋："是，对我们来说，如果客户不能成功，那么以后的任何服务都不复存在，也就不存在什么收益。在我看来，什么样的人我们就给他什么样的工具。比如说天宇公司吧，如果让他们上 CRM 系统肯定是会失败，因为 CRM、ERP 这样的系统几乎是对整个企业业务流程的再造，这么大的一项变革，肯定要一步一步来。而且，如果没有经验丰富的系统分析师指导的话，是很难成功的。所以当时我就建议他们先上办公自动化系统，这样对他们原有的流程改变并不大，但可以在很大程度上提高他们的办公效率。后来也证明，这种渐进的方式是成功的。"（引用客户见证过的经典案例，分析 CRM 的好处，激发客户对 CRM 软件的想法）

王总："现在行业内有句话上项目找死，不上项目等死，所以我们现在心里也没有底。"

小晋："首先，企业的高层必须全力支持；其次，一定要有经验丰富的系统分析师做指导；第三，必须有品质过硬的产品。这三点缺一不可。企业信息化建设是对一个企业内部流程的变革，改造领导意识是其起点。同时，既然是一场变革，它就必然会涉及部分人的利益，这也需要企业高层的支持。另外，有优秀的系统分析师做指导也是十分关键的。这绝对不是一个好产品所能替代的。你说是不是这样的，王经理？"

王总："一点不错，真是这样。这个问题毕竟会牵涉到各个部门的利益，我也不清楚各部门对这个问题是怎么想的，还需要讨论讨论。"（指明目前的困惑）

小晋："我能理解，您这是对企业负责。如果仅仅是为了这个，我想我能够从很多方面配合你的工作。您还有没有其他顾虑呢？时间不等人呀。"（激发急迫感）

王总："你也知道，这两年我们这一行的生意难做呀，我们今年的费用已经超了，这事最快也要等到明年才行。"

小晋："费用你不用担心，这种投入是逐渐追加的。这样好不好，你定一个时间，把各部门的负责人都请来，让我们的售前工程师给大家培训一下企业信息化的相关知识。这样你也可以了解一下你的部下都在想什么，做一个摸底，你看如何？"（提出下一步的可行性解决方案）

王总："也好。"

二、隐含需求比明确需求更重要

如果买方的陈述完全聚焦于一个痛苦、难题，就是隐含需求，如：我对服务迟缓不满意。当……出毛病时……我担心利率会增长到……如果买方对你提供的对策表达出一种相当清晰的欲望或自身的愿望时，就是在明确需求如：我想要反应时间更快……我真正需要的是99%的可靠性，最想要的状态是，利息会固定在……

一条街上并排有三家水果店。一天，有位老太太来到第一家店里，问："有李子卖吗？"店主见有生意，马上迎上前热情的说："大娘您好，买李子啊？您看我这李子又大又甜，还是刚进来的，新鲜得很呢！"没想到老太太一听，居然扭头走了。店主很纳闷，奇怪啊，我哪里说的不对得罪老太太了？

老太太然后来到第二家水果店，同样问："有李子卖吗？"第二位店主马上迎上前说："大娘您好，您要买李子啊？""啊。"老太太随声应道。"我这里李子有酸的也有甜的，您是想买酸的还是想买甜的？"店主这么回答。"我想买一斤酸李子。"老太太说。于是，老太太买了一斤酸李子就离开了。

第二天，老太太来到了第三家水果店，同样问："有李子卖吗？"第三位店主马上迎上前热情的说："我这里的李子有酸的也有甜的，你是想买酸的还是想买甜的？""我想买一斤酸李子。"第三位店主一边给老太太称酸李子一边这样问道："在我这儿买李子的人一般都喜欢甜的，可您为什么要买酸的呢？""哦，最近我儿媳妇怀上孩子啦，特别喜欢吃酸李子。""哎呀！那要特别恭喜你老人家快要抱孙子了！有您这样会照顾的婆婆可真是您儿媳妇天大的福气啊！""哪里哪里，怀孕期间当然最要紧的是吃好、胃口好、营养好啊！""是啊，怀孕期间的营养是非常关键的，不仅要多补充些高蛋白质的食物，听说多吃些维生素丰富的水果，生下的宝宝会更聪明些！""是吗？哪种水果含的维生素更丰富些呢？""很多书上说猕猴桃含维生素最丰富！""那你这儿有猕猴桃卖吗？""当然有，你看我这里进口的猕猴桃个大汁多，含维生素多，您要不先买一斤回去给你儿媳妇尝尝？"就这样，老太太这一次不仅买了一斤酸李子，同时还买了一斤进口的猕猴桃，而且以后差不多每隔一两天就要来这家店里买一大堆各种水果。

点评：

第一位店主菜鸟：没有挖掘客户的真实需求，只是推荐产品。

第二位店主中鸟：对客户的明确需求有一定的了解，满足需求而已。

第三位店主老鸟：挖掘出客户背后的隐性需求——有对真正需求的引导，提供有针对性的解决方案。

三、激发需求是销售顾问专业化的体现

情景一：

甲："在这部分运作中您是用的施乐复印机设备吗？"

买方："是的，我们有 3 台这样的设备。"

甲："您的操作人员用起来有困难吗？"（难点型现实问题）

买方："这种设备的确很难操作，但我们已经培训过他们如何使用了。"（隐性的需求）

甲："我们的新施乐 M 系统可以解决难以操作的问题。"（提供可行的解决办法）

买方："购买这套系统需要多少钱？"

甲："大约 12 万元人民币。"

买方："12 万元人民币！仅仅是让一种设备更便于操作！你一定是在骗我！"……

情景二：

乙："您的操作人员用起来有困难吗？"（难点型现实问题）

买方："这种设备的确很难操作，但我们已经培训过他们如何使用了。"（隐性的需求）

乙："您说它们很难操作，那么对贵公司的产量是否有影响？"（内含型问题）

买方："很少，因为我们特别培训过 3 个人如何使用。"（认为是个容易解决的小问题）

乙："如果你们只是培训 3 个人如何使用，那不会产生工作瓶颈问题吗？"（内含型问题）

买方："不，只有当一个操作员离职，我们在等待一个受过培训的替补者时才会有麻烦。"（还是以为这不是一个很关键的问题）

乙："听起来使用这些机器的困难只有在受过培训的操作员有人事变动时才会有，是这样吗？"（内含型问题）

买方："是的，一般人不喜欢使用这种施乐复印机设备，而操作员通常都不会工作很长时间。"（不得不承认是一个比较大的问题）

乙："这种人事变动对培训费用来说意味着什么？"（内含型问题）

买方："一个操作员需要几个月才能熟练操作，这期间工资和各种福利一共需要大约 4000 元。此外我们还要支付 500 元给施乐公司，这是新操作员在他们南开普敦工厂接受实地培训的费用，再者还需要 1000 元的差旅费。所以每培训一个操作员要花去 5000 元——今年到目前为止，我们至少已经培训 5 个操作员了。"（看到了更多的真实存在的几

代解决的问题）

乙："也就是说，在不到 6 个月的时间内你们已经花了 25，000 多元用于培训了。如果在 6 个月中你们已经培训 5 个人了，那么在任何时候似乎你们都不会是同时有 3 个操作员一起工作，这又使产量降低了多少呢？"（暗示性问题）

买方："并不多。当出现瓶颈现象时，我们会说服两个操作员加班加点工作，或者我们把活儿送到外面去做。"

乙："加班加点不会增加更多的成本吗？"（暗示性问题）

买方："是，加班时的工资是平时的 25 倍。即使是有额外的报酬，操作员仍然不愿加班——经常加班也许是人员变动频率如此之高的原因之一。"（意识到了现有问题的严重性）

乙："我想，把活儿送到外面去做同样会增加成本，但这并不是把活儿送出去干的惟一问题，应该还存在其他一些问题，比如质量是否会受到影响？"（暗示性问题）

买方："这也是我最不满意的一点。我们对自己生产的每一件产品的质量都有严格的监督，但当把活儿送到外面去做时，产品的质量只能由他们控制，只能听之任之了。"

乙："不仅如此，被迫拿到外面去做的活儿的工期进度也完全由其他人控制了。"（暗示性问题）

买方："别再提了！我刚才打了 3 个小时电话催要一批已经误期的产品。"

乙："从您所谈的这一切中我可以知道，因为你们的设备很难操作，致使你们已经花了 25，000 元培训费，并且又为很高的人事变动频率付出了巨大代价。在生产上又存在瓶颈问题，这又使你要支付很高的加班费，并迫使你把活儿送出去做。活儿送到外面去做又不能令人满意，因为你不能保证质量和工期。"（归纳总结的问题）

买方："如此说来这些施乐复印机设备的确引发了很严重的问题。"

卖方真正抓住买方认为是很小的问题放大再放大，直到问题大得足以让买方付诸行动购买他们的产品。问题的严重性已经着实引起客户的重视时，客户与你成交的可能性就会大大提高。一个人要产生行动只有两个根本性的原因：追求快乐，逃离痛苦！

另外，业务新手对于沟通和洽谈的技巧方法相对一般都比较欠缺，所以对客户行业的最新动态、客户企业的发展状况、客户当前的市场状况、客户同行业相关服务的经典案例等做详细的了解，以数字为依据，让事实来说话，洽谈过程中才能真正减少客户在信任度方面的质疑，积极引导客户。

各方提示激起顾客的需要

需要是人因生理、心理处于某种状态而形成的一种集中体现的心理倾向。一个人在产生既定需要的情况下，最强烈的感觉就是缺乏什么或期望内心深处真正想得到什么。只有通过择取对象，才能弥补缺乏，满足既定的需要。比如说，在口渴的情况下，我们的感受就是身体缺少水，期望得到水，并且只有喝上水才能真正清除这种感觉。

人的需要是具有不确定的重复性，不可能一次永远满足，常常是满足后不久又重新出现。这种重现的需要还带有比较规律的周期性，如饮食、睡眠、运动等的需要。正因为需要是重复性的，那些有经验的推销员从不把一次成交当成推销的终结，而是当作下次推销的起点。汽车推销大王吉拉德就十分注重这一点。他总是在客户买完他的商品后，同客户保持密切的联系，为客户提供比较周到的服务。他这么说："客户不会一辈子只开一辆车，他们往往用上三五年就会更换新车，我要让他们下一次还买我的车。"

需要是被创造出来的，推销员想把商品（或服务）最终推销出去，所需做的一件事就是唤起客户对这种商品（或服务）的现有需要。

那是情人节的前几天，一位推销员去一客户家推销化妆品。这位推销员当时其实并没有意识到再过两天就是情人节。男主人出来接待他，推销员劝说男主人给太太买套化妆品，他似乎对此挺感兴趣，但就是不说买，也不说不买，不知其真实想法。

推销员劝说了好几次，那人才说："我太太不在家。"

这可是一个不太好的信号，再说下去可能就要黄了。忽然，推销员无意中看见不远处街道拐角的鲜花店，门口有这样的一个招牌："送给情人的礼物——红玫瑰"。

这位推销员灵机一动，随即说道："先生，情人节马上就要到了，不知你是否已经给你太太买了礼物。我想，如果你送一套化妆品给太太，她一定非常高兴。"

这位先生瞬间眼睛一亮。推销员抓住时机又说：

"每位先生都希望自己的太太是最漂亮的。我想你也不例外"。果然，那位先生真的就笑了，问他多少钱。"礼物是不计价钱的。"于是一套很贵的化妆品就这样被推销出去了。后来这位推销员如法炮制，连续成功推销出数套化妆品。

巧妙试探成交意愿

促成交易不可能一次就能顺利完成。一般情况下，只要在商谈中客户一产生购买意愿，无论这种购买意愿产生在刚刚接触的时候或者处理异议阶段，全部沟通就可以中止，直接向客户提出成交的要求。如果能够顺利达成交易那当然最好，万一遭到客户拒绝，推销员还可以及时跳回成交前的阶段，继续和客户进行沟通。这种手法是交易中经常会使用的，被称为"促成试探"。

过去注重理论的专家们为交易划分了四步曲。第一步是接近，取得和客户接触的机会；第二步是营销，既营销自己，同时又营销产品；第三步是拒绝处理，一般情况下也叫异议处理，这是谈判的磨合过程；第四步是进而促成，主要是向客户提出成交要求。

理论专家们强调必须坚持要按部就班，否则就是急于求成。他们极力反对在前三步没有完全处理完以前，就直接进入第四步的处理环节之中。但是在推销员与客户的接触过程中，如果存在有利时机让推销员迅速和客户达成交易，能够利用这样的时机，以提高成交的效率。

在推销界有这样一句广为流传的业内行话：在一次谈判中往往有三次促成的机会，推销员要以促成试探来把握。这种观念现在普遍能接受，很多推销员一开口就谈成交，讲求速战速决。这种促成试探明显的是过了头，很容易让客户产生厌烦心理。有的推销员在短短十几分钟的沟通过程中居然几十次向客户提出成交要求，结果自然是让客户觉得推销员功利心太强。这类推销员明显是把促成试探和促成要求混为一谈了。

运用促成要求是为了和客户达成交易，它通常是在商谈到一定程度后的要求。而促成试探不但是为了做成生意，而且是为了了解客户在促成中最主要的障碍是什么，以便采取针锋相对的措施。促成试探的说法必须要委婉，不要过于直接，在商谈的过程中，促成试探可以尽量使用，但是不要让客户感觉到推销员是在提促成要求。一般情况下，促成试探做的次数越多，效果越好，成功的希望也就随之越大。但是促成要求做的越多，效果就随之越差，成功的希望就可能越小。

推销员在向客户提出成交要求时，客户常常会说："让我再考虑一下"或者是"我还要和家人再商量商量。"这样的话千万别当真。这些话的实际意思是我并不想购买你的产品，但是我又不能找到其他合理的理由。这种采取拖延战略的客户，往往让推销员无从着手。客户说出这样的话，普遍是在推销员已经向客户详尽地介绍了产品，并处理了客户异议以后提出来的。因此这类话会让推销员非常气愤。所以面对诸如此类的客户，推销员首先要做的事情是两件。一件是相信客户是在刻意找借口，但是推销员不应该当众拆穿客户的假象；第二件是绝对不能对客户动怒，就算买卖不成起码情意也在。

在这种情况下，推销员所要坚持的原则就是要完全控制客户，而不是让客户控制自己。推销员越能控制住客户，成交的可能性就越大。要是在一开始的时候无法掌握客户的心理，推销员就应该和客户的心理动向步步逼近，尽可能不让客户心理发生变化。

换一个角度看问题

有的推销员常常凭着传统的思维来推销产品，在遇到难以解决的问题时，常常无所适从。殊不知，机会在你犹豫不定时已经悄然失去。跳出常规，从另外一个角度去思考和解决问题，用一种完全不同的思路和方法去销售，可能就会有豁然开朗的全新感觉。

二战期间，因为伍道夫善于做美国国防部的"思想工作"，从而使因战争而陷入困境的可口可乐公司能够快速起死回生。

战争与饮料，好像看上去风马牛不相及。但善于经营的伍道夫却从正在菲律宾服役的同学那里得到启发。他的那些同学们却这样告诉他，在南洋那么热的地方，如果能喝到可口可乐，那真是舒服极了。伍道夫一听，心想，要是前方将士都能喝到可口可乐，不是间接做了广告吗？兴奋的伍道夫马上就能找到美国国防部，将自己的想法和盘托出。不料五角大楼的官员根本就不把这种想法当回事，甚至怀疑伍道夫是"痴人说梦"。伍道夫并没有因此放弃，他想尽办法，让国防部知道可口可乐对前方将士的重要影响。于是，他组织了一个三人小组，写出了一份关于可口可乐对前方将士的重要性及密切关系的宣传资料，经他亲自修改后，成了一份制作精美图文并茂的精美小册子：《最艰苦战斗任务之完成与休息的重要性》。

内容尤其强调：战士在战场上，在可能的情况下，必须有生活的调剂。如果一个完成任务的战士，在精疲力竭、口干舌燥之际，能喝上一瓶可口可乐，那是多么惬意。知难而上的伍道夫，为把可口可乐推销到前方，还专门开了一次扩大的记者招待会，特邀了国会议员、士兵家属和国防部官员。会上，他不断的一再强调，可口可乐是军需品，可口可乐是为了对海外浴血奋斗的兄弟表达诚挚的关怀，为赢得最后的胜利贡献一份自己的力量。

他的话，赢得了士兵家属的大力支持。一位老妇人紧紧地抱着伍道夫说："你的构想太伟大了，你的爱心能够受到上帝的支持。"

在舆论的大力支持下，在士兵家属和国会议员的促请下，国防部的官员终于同意了他的想法。不光这样，五角大楼干脆好人做到底，宣布不仅把可口可乐定为前方将士的必需品，而且还支持伍道夫在前方设厂生产可口可乐，以便供应前方士兵的需要。但是，战时受炮火影响很大，设厂投资冒险性实在太大，所以这种庞大的投资，也就自然由国防部负责。当供应前方可口可乐的消息传出后，士兵们反应异常强烈。尽管这样使国防部无形中增加了一大笔支出，但考虑到前线将士的渴望和士气，国防部干脆宣布："不论在世界任何一个角落，凡是有美国军队驻扎的地方，务必使每一个战士能以 5 美分的价格喝到一瓶可口可乐。国防部的这一供应计划所需要的全部费用和设备，国防部将全力给予支持"。自此以后，可口可乐的影响力迅速发展到远征军中，海外市场也随之迅猛发展，尤其是东南亚炎热地带，可口可乐更是成了人人羡慕的饮料。大战结束后，可口可乐随着美军登陆日本，马上掀起"可口可乐热"，使整个日本饮料界极为震动。

推销员是打工者，公司或老板付给我薪水，我就必须为他们工作。我干得不错，就是老板给的待遇不满意；上司不近人情，总是逼你卖力工作；……我们总是拿自己的一个指头指着别人，说"你不对，他不对"，别人都不对，就自己对。千万别忘了，当我们拿一个指头指着别人，说别人不对的时候，同时另外有三个指头同样也这样指着我们自己。

我们经常看到父母这样哄自己的小孩：小孩自己不小心撞到桌子上，头撞痛了，嗷嗷大哭。父母亲跑过来，一只手搂着自己的小孩，另一只手打桌子，或者用脚去踢，"桌子这个坏家伙，又欺负我们宝宝了。打它，打它。"小孩的父母亲为小孩的错误找了一个假想的替罪羊一个很妙的、不会说话、不会反抗的替罪羊，让小孩有地方出气，达到心理平衡，也就不哭了。

小孩经过几次这样的刻意教导之后，他自己也会处理了。我就曾经看到过好几次，不同的小孩，用脚狠狠地踢桌子。我过去问他，你为什么要这样踢桌子。小孩回答说："它欺负我，它打我。"

父母这样哄小孩，无疑是一个巧妙的办法，父母很忙碌，想尽一切办法尽快把小孩哄好。但这种方法对小孩心理的成长是非常不利的。小孩长大后，如果还是沿用这种踢桌子的方法，每次自己犯了错，就另外去找个借口为自己开脱，是不成熟的、逃避责任的表现。

推销员整天抱怨老板给的待遇过低，公司规模太小，上司管得太严，等等。总之，自己工作不积极，或者业绩不突出，自己没有一点责任，都是别人的错。试问，这与小孩踢桌子有什么区别？

卡耐基曾经这样说："一个人迈向成熟的第一步应该是敢于承担责任。我们生活于世，就要面对生命中的许多责任；对那些尚未成熟的人来说，他们永远都可以找到一些理由，以解脱他们自身的部分缺点或不幸"。

因此，我们推销员要树立这样的职业观念：我是我自己的老板，我为我自己打工，我对我的行为承担全部的必要的责任。只有这样，才能变被动为主动，才没有所谓的"周一上班恐惧症"。成功的人总是在想方设法去突破，而失败的人总是在寻找借口去逃避。

发掘顾客不自知的需求

完全可以肯定地说，顾客的需求并不是总是显现的。顾客的需求涉及顾客的购买动机和购买目的等多种因素，其真正的需求通常隐藏在这些复杂的因素之后。顾客的真正需求是顾客产生的直接的购买动机，采取购买行为的直接原因。因此，推销员应当将顾客的真正需求作为推销的着力点：一再强化这种需求，将直接促成顾客的购买行为的实现。

乔治·海本是内布拉斯加的一名专业的户外广告推销员，他拜访了一位百货商店经理塞莫·盖茨。这位潜在顾客进行了长期坚定的奋力抗争："听着，我不想要任何个人推销的商品，你放弃了吧！"

事实上，海本从来也没有计划过建立在个人基础上的推销活动，但在盖茨几次重复"不需要个人推销"之后，海本了解了一丝他的真正需求，他带着盖茨的竞选活动资料返回来，这资料是盖茨发表在本地一家重要刊物上的关于他商店的公开演讲。结果他成交了了这笔交易。

"许多人不喜欢承认他们在寻找一种个人认同。"海本这样说，"他们想那会使他们显得自我意识很浓，于是他们口口声声说的与他们实际需要的完全相反。当顾客多次重复同样的话时，这道理更是千真万确。那才是真正的要害所在。"

针对顾客的真正需求进行必要的推销，重要的一项工作是发现顾客的真正需求。前面说过，顾客的真正需求其实就是涉及顾客的购买动机和购买目的等诸多因素。要发现顾客的真正需求，对这些因素或者说问题加以分析是不可或缺的。

一、顾客的动机

一般来说，顾客的动机往往存在于以下几个方面之中：

1. 安全（货币收入，不必为财政问题操心）；

2. 自我保护（自己和家人的安全与健康）；

3. 方便（舒适，时间的科学利用）；

4. 麻烦的避免（思想上的放松，信心）；

5. 识别重视（社会地位，面子，被羡慕）；

6. 自我提高（精神的需要，对知识的追求，智能的提高）。

因为客观上存在上述一些动机，顾客便会产生购买需求。这种需求是与顾客的购买动机相对应的。当你完全能够确切地把握顾客的购买动机后，你对他的购买需求也便十分清楚了。

概念营销讲究的完善概念，首要前提是发掘客户的需求。那么，顾客的需求应该如何发掘呢？

每个人购买产品的最终目的，都是为了充分满足背后的某些需求——购买价值观。顶尖推销员的工作就是，找出客户背后的真实需求及所满足的价值观，进而调整销售方式及产品介绍过程，以满足客户真正的那些潜在需求。

一般人购买产品只有两个理由，追求快乐和逃离痛苦。而逃离痛苦的影响力要远远大于追求快乐的影响力，所以在整个销售过程中，通常是先要给客户最大的痛苦，再给客户最大的快乐。我们的工作就是要让客户了解，买我们的产品会获得的更多的快乐或好处，同时消除他们认为购买产品所可能遇到的潜在风险或损失。

尽可能详细的了解顾客的家庭、工作、休闲、财务状况，从中听到顾客的价值观，也就是对顾客最重要的事情。将顾客引向最令顾客满意的角度上去。明确地了解顾客价值观的定义、顺序。人们买的永远是一种自身的感觉而不是产品本身。只要能满足他们所想要的感觉，了解了顾客的价值观，完全能够在任何场合销售任何产品给任何人。优秀的业务人员要知道客户购买你的产品是想满足哪些潜在的感觉，进而调整产品介绍方式及过程，满足客户的既有购买价值观。

沟通是需要善于发问和倾听的。发问的理由如下：是要取得掌控，要找出对方感兴趣的事情；是让对方确认起码的一项事实；是得到小部分的同意，要增加及引起情绪上的欲望，找出反对的原因，回答的疑虑之所在。

发问的模式：是或否的问题，引发思考的问题。谁的问题？处于什么原因的问题？什么的问题？什么时候的问题？什么地方的问题？怎样的问题？

必然如此的问题。即对方的答案必定是肯定的问题；预设选择性的问题，反提问的方式来回答问题的技巧；参与性的问题，好的聆听技巧所带来的好处确实很多。他能提供清楚的沟通，使不必要的干扰变得很少，他能让你听到可能带来大笔生意的线索，建立起客户对你最高的信任。

倾听需要一定的技巧。有三种不同的聆听者：第一种：是差劲的聆听者。他们连别人讲的话都不听，只顾着自己在那说。他们对于肢体语言毫无意识；第二种：是普通的聆听者。他们听得懂大部分的话，但是不能掌握语言背后的很多潜在的含义；第三种：是最好的聆听者。即同理心的聆听者。同理心的聆听者能完全集中自己的注意力。他们能敏锐的察觉言语后面的真正含义。他们都是肢体语言的应用科学家。

如何才能吸引客户聆听呢？有好的眼神接触，说值得一听的话，说他们的语言。也就是了解与客户相关的行业，将他们带出平常生活中旧有的环境，建立你对客户说话的重要性。

我们提供给客户的是解答而不是产品，客户关心的其实并不是产品本身，而是产品能为他们做什么，能解决他们的哪些实际问题。

许多人认为客户最关心的是产品品质，事实上那只是他不想直白的告诉你，他买剃须刀是为了接吻时不被对方推开……好了你知道该怎么做了吗？当然需要你反复的联系好吗？

下面的例子具有典型的代表性：

杰克抵达酒店天色已晚，酒店的位置有些偏，但离客户近，接下来两天的内训往来方便。将行李放下后，便饥肠辘辘地直奔楼下餐厅。餐厅内很雅致的环境，只是已近八点，餐厅里只两三位客人在用餐。柔缓的背景音乐轻轻飘来，夜色下更显得温馨。一位三十开外的女服务员微笑地走过来，随手递上菜单。

"有什么推荐的吗？"杰克这么问。

"羊肉不错，是我们的招牌菜之一，您要吗？"服务员非常有礼貌。"我不爱吃羊肉。"杰克这样回答。

"要不您点条鱼吧，很鲜美的。"

"可鱼不解饥，我饿了，有肉吗，猪肉？"杰克毫不掩饰的实话实说。

"嗯，您看，农家小炒肉挺好的，您点一个？"

"有肥肉吗？我不吃肥肉。"

"这样啊，有肥肉的，您还要不要？"服务员略微有些迟疑。

"当然不要了，肥肉我吃不下的。"

"哪……您看您自己点吧。"服务员略显歉意，随即就退后一步，安静地站在一旁耐心等待。厚厚的菜谱对不善点菜的人而言就是一种负担，特别这家餐厅的菜谱，能看懂的没有一个是自己真正想吃的。

时间一分一秒地就这样过去，服务员还在等杰克下单，虽然没有急躁之意，却反而给他平添几分莫名其妙的压力。"僵持不下"之时，她身上的手机响了。看得出这是一个重要的电话，她急忙招呼厨房门口的一位同伴过来，说了声抱歉就赶紧走开了（杰克松了口气）。

快步走来的是一个二十多岁的年轻姑娘，一脸灿烂的笑容，好像没说话就能感染到她的亲和与活力。

"先生，想吃点什么？"姑娘一上来就释放出一种自然的热情和主动，让客人坚信这里是用餐的最佳之选。

"我饿了，想吃点肉。"

"农家小炒肉是我们这里的招牌菜，可好吃呢，我替您点一个？"

"刚才你的同伴已经说过了，可有肥肉，我吃不了。"说完，杰克准备等待她推荐下一个菜。

"先生，这菜真的不错，其实肥肉不多，而且都走过油，吃到嘴里就像豆腐一样。"甜美的声音中绝对有一种对分享的期待与喜悦。这是销售中常见的"产品利益陈述"。

"是嘛？"杰克觉得有些意外，没想到她在受到婉拒后，会继续推荐这道菜。

"是啊！"，姑娘继续这样说，"您看，菜名旁边有一颗星，说明点这道菜的客人特别多，这可是招牌菜，今天厨房师傅都炒了几十锅了。"这是典型的"成功案例举证"。

"可毕竟是肥肉啊。"心动之余，杰克还是有些拿不定主意。

"我也不吃肥肉的，但这个菜我吃过，还特爱吃！"言语间，杰克完全能看到她一脸的真诚与善意。

姑娘仍旧微笑着，并显出一丝从容。可能她知道"签单"的时刻到了，现在应该用倾听和自信等待对方的决定。就这样双方沉吟片刻，杰克终于说了声："那就点一个吧！"

数分钟后，菜上来了，果然鲜美无比。姑娘笑盈盈的走开了，而杰克尽情享用着这道"来之不易"的晚餐。何谓双赢，眼前的场景便是最好的例证。

同样一道菜，为什么命运却完全相同，关键还在于销售的心态与方法。常说销售以客户为中心，但主动的一定是卖方，得懂得怎么去发现、发掘和引导客户的需求，而不是像超市收银员一样，站在一边事不关己。要是你坚信自己的产品，如果你认为这样的产品一定能帮到客户，那么就用激情让客户真正感觉到你的真实存在，用技巧演绎产品的利益与价值，懂得销售就是"帮助你的客户购买你的产品"，如此一来，双赢的结果一定指日可待。

怎样引导顾客说出自己的需求

在整个销售流程中，销售人员要表达的内容真的很多，但是说话是要讲究方法的。下面与大家分享一下怎么用话语来真正引导客户的思维与需求，怎么去感染客户的内心。

一、学会赞美客户

简而言之，赞美就是说出客户外在的基本事实，说出自己内心的真实感受。赞美是人类沟通的高效润滑剂。很多时候推销员处理的不是问题，而是客户的心情，客户的情绪。因为客户要挣扎，客户当然就会觉得很不爽了，凭什么我们一来就要把钱拿走！所以销售功力过硬的推销员面对客户时都掌握了"先处理心情，再处理事情；先处理情绪，再讲道理"的技巧。

二、学会通过话语来引导客户的购买思维

通过下面的例子来与大家进行沟通"如何引导客户思维，回应其所说产品太贵"的问题。

客户："你们的报价有点高。"

推销员随即这样说："我可以了解您的感受，前期当您对我们的产品不是很了解的情况下，一定会这么认为的！您的意思是不是说目前企业没有那么多的预算来购买这套产品呢？"

客户："是的。"

推销员提出了肯定性的问题："您的意思是不是说其实您知道这套产品对您的企业还是有很大的帮助的，只是因为您感觉太贵才不想购买，是吗？"

客户："是的。"

推销员："那么除了这个问题，您还有其他的问题吗？"

客户："没有了。"（如果客户说还有其他相关的问题，那就再回到上一句，继续让客户自行阐述他的问题）

推销员："那么如果我能够帮助您解决现在所困惑的问题，你是否就会购买这套产品呢？"

客户："是的。"

推销员："那您听听我的建议，好吗？一个管理完善的公司，需要仔细编制预算，预算是帮助公司达成目标的重要工具，但工具本身是需要弹性的，是吗？今天我们的产品，能够带给贵公司长期的利润和竞争力，身为企业决策者，您会让预算来主控你还是你来主控预算呢？……"

上述内容就是一个非常标准的销售流程，一直在引导客户的思路在走，我对下属的要求是一定要记熟，说出来就像行云流水，好似信手拈来。现在好多推销员是很喜欢学习，但是不愿意复习，就算愿意复习，却不愿意练习，这种做法是很不对的。一定要多多练习，最好是能够达到晚上做梦说梦话都不会说错的程度。

三、学会让客户自己说出需求

客户的拒绝多数情况下都是一种"惯性"的思维在起作用，是一种习惯，这就像我们问一个人是否喝水，他会很习惯的说不喝，但是如果我们把水给他倒上放在他面前，他还是会喝的。看下面的这段对话：

推销员："今天与您见面，让我们花费 10 分钟的时间来一起解决贵公司的问题。"

客户："不需要。"（70% 的推销员都失败在了这三个字上，其实我们是可以继续进行的）

推销员："我能够了解您现在的心情，只要是对我们的产品不是很了解的人都会这么说的，那么能否询问一下您认为不需要的理由吗？"

客户："我不想了解这个产品。"

推销员："那么如果您想了解的时候，您会不会考虑呢？"

客户："也许吧！"

推销员："那么您认为在什么情况下你会考虑这个产品呢？"

客户：……

通过上述的沟通方式，推销员可以很轻松的引导客户自己把需求进而具体的阐述出来。

询问是推销员找到客户需求的最佳方法之一。问出来问题才有可能去想办法解决问题，会沟通的人同时也是会问问题的人。问客户比较感兴趣的话题，让对方喜欢回答你；问客户没有什么明显抗拒心理的问题，让对方能够回答你；问能够给客户带来好处的问题，让对方自发的愿意回答你。

我们再通过问问题来寻找客户的购买点。找购买点不是找客户买什么样的产品，因为产品在不断升级换代变化，会推陈出新，我们是在找客户是一个什么样的人。"人性之所在，行销之所在"，通过客户对问题的回答来初步把握他的真实心理，把握了客户的心理与需求，也就把握了产品。因为我们完全能够通过客户的需求来制定"移魂大法"的进攻思路，去传递给他相应的感觉。客户对产品的感觉产生了，购买也就成了顺理成章的事情了。

我们如果要得到一个比较不错的答案，就要学会提出一个好的问题。也就是说这个答案是能够帮助我们成交的答案，然后我们的任务就是向着这个方向来科学的设计问题。

这与我们想让对方喝水，就要让他知道他很口渴是同样的道理，其实我们是在设计一个沟通的流程，目的是刻意制造客户的感觉。

这里需要重点强调的是，不要把我们的产品直接抛给客户，在销售的流程上一定是先得到客户的需求，或者说通过询问得到客户的一个答案，就算这个答案是我们帮他设计回答出来的。关键是我们引导出了客户的各种需求点，客户以前可能从没想过这个问题。但现在我们帮助他，提醒他了，他感觉到他需要解决这个现实的问题，他有这方面的需求了。这时候，我们再告诉客户现在有这样一种真实的产品，它具有多种功能，可以很具针对性的满足客户的个性化需求。这是一种通过影响客户心智来销售的常规方法，我们通过客户的需求来定义自己所卖的产品，谁定义的越漂亮，越贴近客户的内心需求，谁就会生意火爆！回到前面所说，任何人都不喜欢被推销，但如果有需求就会自然产生购买的想法。在产品具有明显同质性的现在，营销决胜的关键是我们的推销员怎么能够赋予产品更多的附加价值，销售的更具有创意性，很多时候客户不是直接拒绝产品，而是拒绝推销员的没有个性。

下面推销员的对话所采用的就是典型的设计式问话方式，可以参照：

推销员这么说："请问贵公司所生产的产品主要是面向国内市场吗？"

客户："是的。"

推销员："请问贵公司是生产自己品牌的产品吗？"

客户："是的。"

推销员："既然做自己品牌，那如何提升和维护品牌形象是十分重要的，是吧？"

客户："是的。"

推销员："作为生产制造企业，怎样促进产品销量，是你最关心的问题，是吗？"

客户："是的。"

推销员："怎样能及时、准确了解产品的市场销售情况，使商品信息化，这对企业很重要，是吗？"

客户："是的。"

推销员："如果现在有一个方法能提升和维护品牌形象，而且可以促进产品销量及传递产品市场信息，你会认真考虑吗？"

客户："是的。"

推销员："我们的产品可以为贵公司解决上述问题，如果你愿意，我愿花费我的时间来协助你解决这个问题……"

及时捕捉顾客的反应

每个人都知道这句语：画蛇添足——多此一举。而总有一些推销员在进行商品演示、说明时完全不顾客户的需求和反应，一个劲的将商品的全部功能不厌其烦地演示、说明。其结果当然是不言而喻。

一天，一位直销一款功能齐全的新式自动售货机的经理给直销顾问打电话说，他最近正在为一个推销员而感到头疼，想请顾问过去指点指点。顾问到了他那儿时，这位经理正在谈论这位年轻人的一些事。"让人气恼的是，马丁在产品演示方面做得很棒，简直是我见过的最好的演示之一。"

顾问这样问道："那么，问题出在哪里呢？"

"唉，他从来没有卖出去什么东西。"

"可他的演示不是做得很棒吗？"

"是啊，是啊，他是做得很好。"

于是，顾问跟着这位不幸的马丁一起出去进行观摩直销。他正好要去见一个客户，向客户演示自己所推销的产品。

他们径直来到了客户的办公室。

这时，那位客户恰好进来了，他神色匆匆地解释说，他忘了他们今天会来，而两分钟后他还有一个非常重要的会议。因此，希望推销员别影响他的工作。说完他若无其事的瞧了一眼售货机。

"就是这个吗？"

被挡在售货机后面的马丁着急忙慌地说："是呀。"

"嗯，看起来还不错，我现在赶时间，就要这个吧，接上插头，给我开张发票。"

马丁从售货机后面伸长了脖子，活脱像个长颈鹿，一副惊慌万状的样子，简直像有人拿一根烧红了的铁棍从后面使劲捅他一下："那可不行，先生，你先得看我们演示一下呀。"

那位客户当即就叹了口气说："噢，我的天。好吧，好吧，不过麻烦你快一点。"

马丁开始埋头苦干起来，丝毫不理会那位客户刚才的严正声明，也不顾他这会儿时而抱怨连天，时而唉声叹气，时而跺脚，时而瞄一眼手表，一副烦躁焦急、坐立不安的慌乱样子。再看看马丁，只见他正有条不紊地进行演示，怎么让售货机送出咖啡来，不送出来，再送出来，多送点出来，少送点出来；接着又示范一番怎么买到17种不同口味的茶，还配有日本茶道的电子录音，一按按钮就能听到相匹配的声音。跟着，他又示范怎么买到法国洋葱汤，还搭配有不同口味的新鲜烤面包片，再配上令人开胃的橙汁和清凉罗宋汤。接着，他又宣布说："现在我再示范一下普通的日常功能。"那位客户和顾问无精打采地自己站在一边，领带松垮着，无疑一副垂头丧气的样子。

随后，他又得意洋洋地拉了拉两个暗藏的阀门。这时，整台售货机就像一朵巨型的金属花朵一样，绽放了开来，露出里边嘶嘶作响、微微振动的部件。接着，他又得意的亮出一双大号的石棉手套、一条同质材的围裙和一个面罩。顾问简直被他弄得不知所措，而那位客户则严厉的质问他说："见鬼，这些东西是干什么用的?"

马丁带着一脸自作聪明的得意样子说："啊，你知道，这台神奇的机器之所以能调配出各种天然口味，靠的就是超高温的沸水和流动的水蒸气。但这样一来，就会产生一些副作用。也就是说，这台售货机在使用过程中，会有些危险。嗯，老实说，危险还真不小呢。"

话音未落，那位客户就直接吼起来："滚出去! 滚! 滚! 滚!"

马丁简直是完全搞反了，他忘了自己是在直销产品，不是搞产品演示表演。他激烈地为自己分辩说，他必须做个产品演示。实际上，那位客户早就已经答应要买下售货机了，而他倒好，花上一个小时的时间，让那位客户发现售货机的本身缺陷。结果，买卖做不成，还被轰了出来。事实上，只要我们事先有礼貌地进行询问，这位客户对售货机有什么疑问或者特殊的要求，然后针对这些疑问和要求来演示产品就没事了。如此一来，不用多费口舌，这位客户就会自觉自愿的地买下售货机。

认真倾听顾客的话

"在生意场上，做一名好听众远比自己夸夸其谈有用得多。如果你对客户的话感兴趣，并且有急切想听下去的愿望，那么订单通常会不请自到。"

——戴尔·卡耐基

与客户沟通的过程实质上是一个双向的、互动的过程：从销售人员一方来说，他们需要通过陈述来向客户传递相关有价值的信息，以达到说服客户的目的。同时，销售人员也需要通过提问和倾听来接收来自客户的有效信息，如果不能从客户那里获得必要的信息，那么销售人员的整个推销活动都将事倍功半。从客户一方的角度来讲，他们既需要在销售人员的介绍中获得产品或服务的相关信息，也需要通过接受销售人员的劝说来坚定自己的购买信心。同时，他们还需要通过一定的陈述来表达自己的需求和意见，甚至在个别的时候，他们还需要向销售人员倾诉自己遇到的一些难题等。

这么看来，在整个销售沟通过程中，客户并不只是被动地接受劝说和聆听介绍，他们也要表达自己的意见和要求，也需要得到有效沟通的另一方——销售人员的认真倾听。知名的管理学专家汤姆·彼得斯和南希·奥斯汀在他们合著的《追求完美》一书中就这样谈到了有效倾听的重要性。他们认为，有效的倾听起码能够使销售人员直接从客户口中获得重要信息，而不必通过其他中间环节，这样就能够尽可能地免去事实在输送过程中被扭曲的风险。两位管理学专家还认为，有效的倾听还能够使被倾听者产生被关注、被尊重的感觉，他们会因此而更加积极地全身心的投入到整个沟通过程当中。

对于销售人员来说，有效倾听在实际沟通过程中的具体作用如下所述：

一、获得相关信息

就像汤姆·彼得斯和南希·奥斯汀提到的那样，有效的倾听可以使销售人员直接从客户口中获得相关信息。众所周知，在传递信息的整个过程中，总会有或多或少的信息损耗和失真，经历的环节越多，传递的渠道越复杂，信息的损耗和失真程度实际上就越大。所以，经历的环节越少，信息传递的渠道越直接，人们获得的信息就可能越充分、越准确。

二、体现对客户的尊重和关心

当销售人员认认真真地倾听客户谈话时，客户当然可以直截了当地提出自己的意见和要求，这除了可以满足他们表达内心想法的需求，也能够让他们在倾诉和被倾听中获得关爱和自信。客户希望得到销售人员的更多的关心与尊重，而销售人员的认真倾听则可以使他们的这一希望得以最终实现。通过有效的倾听，销售人员可以向客户表明，自己十分重视他们的需求，并且正在努力满足他们的全部潜在的需求。

三、创造和寻找成交时机

倾听当然并不是要求销售人员坐在那里一味地听那么简单，销售人员的倾听是为达成交易而服务的。其实也就意味着销售人员要为了交易的成功而倾听，而不是为了倾听而倾听。在倾听的过程中，销售人员完全能够通过客户传达出的相关信息判断客户的真正需求和关注的重点问题。然后，销售人员就可以针对这些潜在的需求和现实的问题寻找解决的办法，从而令客户感到满足，最终实现成交。要是销售人员对客户提出的相关信息置之不理或者理解得不够到位，那么这种倾听就不能算得上是有效的倾听，自然也不可能利用听到的那些仅有的有效信息抓住成交的最佳时机。

根据统计数据显示，一个不满的客户背后有这么一组数据：一个投诉不满的客户背后有25个不满的客户；24人不满但并不投诉；6个有严重问题但未发出任何抱怨声；投诉者比不投诉者更有意愿继续与公司保持关系；投诉者的问题得到有效的解决，会有60%的投诉者愿与公司保持关系，如果迅速得到根本性的解决，会有90%～95%的客户会与公司保持关系。

所以，主动去投诉的客户是我们的财富、是我们的宝藏，我们要珍惜他们，而倾听是我们缓解冲突的有效润滑剂。有两类人很少去倾听，一类是很忙的人，一类是很聪明的人。很难说一线员工人人都很聪明，但他们必定都是十分繁忙的人，因此，请格外注意要倾听客户的问题。我们经常被人埋怨说得太多，那么什么时候我们被人埋怨过"听得太多呢"？

1. 倾听基本步骤

（1）准备。客户找你商谈、倾诉或投诉的时候，你要做好下列各项准备：给自己和客户都倒一杯水；尽可能找一个比较安静的地方；让双方坐下来，坐姿应该尽量保持45度；记得随身带笔和记事本。

（2）记录。俗话说：好记性不如烂笔头。一线服务人员每天要面对数量繁多的客户，每个客户的要求各种各样，把客户谈话的重点记录下来是防止遗忘的最安全的方法。记录客户的谈话，除了防止常见的遗忘外，还有以下几点好处：第一，具有核对功能。核对你听的与客户所要求的有无不同的地方；第二，以后在工作中，可根据记录，检查是否完成了客户的需求；第三，完全能够避免日后如"已经交代了"、"没听到"之类的纷争。

（3）理解。要检验理解你所听到的与客户所要求的并没有什么不同，要注意以下几点：不清楚的地方，直到询问清楚为止；以具体的、量化的方式，向客户确认谈话的内容，要让客户把话全部说完，再提意见或疑问。

2. 倾听的基本原则

人生下来有"两个耳朵，一张嘴"，所以他用于听和说的比例一般是2：1。一名优秀的一线服务人员，更要善于倾听。他要倾听客户的真实需要、需求、渴望和理想，他还要倾听客户的异议、抱怨和投诉，他还要善于听出客户没有表达出来的潜在意思——没说出来的需求和潜台词等。

（1）耐心。不要随便打断客户的话。记住，客户喜欢谈话，特别喜欢谈论他们自己。他们谈的越多，越觉得愉快，就越会感到满意。人人都喜欢好听众，所以，要耐心地听。学会克制自己，尤其是当你想发表高见的时候，应当尽量多让客户表达自己的意思。

（2）关心。带着真正的兴趣听客户具体在说什么，客户的话是一张藏宝图，顺着它可以找到宝藏。不要毫不在意地听，要理解客户说的话，这是你能让客户满意的唯一方式。让客户在你脑子里占据最关键的位置，始终与客户保持目光接触，观察他的面部表情，注意他的声调变化，一线服务人员应当学会用眼睛去变相倾听。

如果你能用笔记本记录下客户所说的关键话语，那简直是太有意义了。它会帮助你更认真地倾听，并能记住对方所讲的话。不要以为客户说的全部都是真的，对他们说的话打个问号，完全有利于你认真地倾听。

（3）别一开始就假设明白客户的问题所在。永远不要假设你知道客户要说什么，因为这样的话，你会以为你知道客户的需求，而不会认真地去静心听。在听完之后，顺便问一句："你的意思是……""我没有理解错的话，你需要……"等等，以印证你所听到的那些话。

倾听完全能够让烦躁的客户慢慢平静下来。有些推销员在听客户诉说的时候，是一边听，一边紧张地在想对策，我要证明他是绝对错的，我要为我或我的公司进行辩解，我要澄清问题的症结所在，甚至不等客户说完就急急忙忙地直接打断客户的话。其实，这只能令客户的怒火越来越大。

如何打动顾客的心

在推销的实践过程中，首先要知道买家来买东西的话是相对更看重质量还是看重价钱，大家都知道一分钱一分货，好东西就不便宜，便宜的东西不一定好，如果顾客一上来就这么说：你的东西怎么那么贵呀，那这个顾客看重的必定是价钱，这个是顾客买东西的首选，如果顾客上前问你产品的型号、性能、尺寸和质量，如果合适的话那他肯定会选择购买，所以抓住买家的着眼点很重要！

买家、卖家之间要相互联系，顾客既然买了你的东西，有什么问题，做为卖家心里面要有个底，万一出了问题，这样才能更好的与买家沟通。买家想买到最好的商品，卖家也想生意最好，可是世上没有完美无缺的事情，所以大家要互相谅解。

无论是买家还是卖家都要用心沟通，对于买家可以买到自己喜欢的产品，对于卖家来说减少一些完全没有必要的损失，真诚合作从心开始。

因为每个人都有自己与众不同的性格，就算是同一需要、同一动机，在不同的消费者那里，表现方式也各有不同。所以，为了能够真正把话说到顾客的心坎上，推销员不仅要了解顾客的需要、动机，还要对不同的顾客有一个基本的根本性的认识，这样才能有的放矢，百步穿杨。纵观顾客众生相，基本上可分为八种性格不同的顾客：沉默型、冷淡型、慎重型、自高自大型、博学多识型、见异思迁型、争辩型、激动型。

不光是这样，还要对顾客进行软硬兼施。光了解顾客性格是不够的，推销员还要洞悉顾客购买动机，然后进行满足其购买动机需要的必要活动，使顾客从购买欲望转向购买行为。简要地说顾客的购买动机包括情感动机、理智动机、惠顾动机等。

尽可能了解了顾客的心理和性格，推销员就可以比较准确判断和识别不同类型的潜在客户，以不断改变自己的方法，进而才能够取得最大效果。

一般情况下，推销员对顾客的态度可分为"硬"态度和"软"态度。对于那些心肠软的、主意不坚定的客户，最好可以采用民主和友好的"软"态度；而对于那种刻板的、对什么都无动于衷的人来说则大多采用"货真价实"，"性能可靠"的"硬"态度来应对。

比如说你是销售复写纸的推销员，那么当你到信用社去推销你的商品，你就得用"硬"态度的方法进行直销。这是因为在信用社工作的人员，经常与复写纸打交道，质量好的，他们见过；质量次的，他们也见识过。你不必过多地宣传商品的性能，重要的是用事实使他们能够相信，这种产品确实是一流的，不买下来是非常遗憾的。

每个客户的购买动机都是源自于他既有的价值标准，这种价值标准一般是由下列的几个因素决定的：理论标准（对知识感兴趣）、经济标准（对物质用品感兴趣）、美学标准（对造型、包装感兴趣）、社会标准（对惩恶扬善的公共道德感兴趣）、政治标准（对管理事物感兴趣）、宗教标准（对体现出宗教教义的事物感兴趣）。

一个出色的推销员，面对着每一位顾客，都必须以这几个标准来不断衡量对方，因为人们每天都在试图满足自己的那些既定标准，只有确定了客户的价值标准，你的经营才可能成功。

一个厨具推销员曾经这样访问了某公司餐厅的经理。他问："请问你是否喜欢你目前的职业？"经理这么回答道："我不准备在此呆一辈子，我想成为整个公司的经理。"这句话反映出他的既定标准。于是这位推销员就开始这样介绍自己的产品："你要是在你的餐厅里安装了金光闪闪的厨具，你的顶头上司一定会意识到你善于经营，是个出类拔萃的人。然后你再把整个餐厅装潢得整洁高雅，那你所经营的餐厅一定会宾客如云，生意兴旺。你一定会被上司赏识，你的前途将是无量的。"那位经理毫不犹豫，马上买了他的整套炊具。

如果有些顾客想要解决某个个别性的问题，在这种情况下，你必须采取理论标准的方法，因为这时价格通常不起作用，而解决问题是最为重要的。你就可以因此出击，想方设法以你的产品来满足顾客的各种要求。

如果有些客户是带有美学标准来购买的，比如要购买专门用于装饰用的雕刻、盆景、字画、风光景物图，那么你就应该适时的投其所好，用美学观点与其交谈，尽量使顾客对你的谈话产生共鸣。总之，每一位优秀的推销员都要按照正确方法和恰当的标准，因人而异地向客户介绍你的商品，你就易于得到自己所求的东西——订货单。

第十三章 巧妙应对不同顾客

面对话痨型的顾客

对于职业推销员来说，过分喜欢讲话的顾客是一种非常糟糕、难缠的对象。当推销员拜访他的时候，他便滔滔不绝地开始东拉西扯，使得推销员在那里停留的时间要比预定的长很多。要是告辞的时机与方式不恰当的话，又会被顾客认为是服务不够周到，推销产品的过程中缺乏诚意。很多推销员都认为与能言善道的顾客告辞是一大难题。又要让对方觉得一种满足，又能够及时地把握时间，避免无谓的白白耗时，这看起来确实很困难。让顾客把话讲完之后再转移话题呢？还是马上告辞好呢？下面是一个成功的典型例子。

"您的讲话真是太有意思了，我收获非常大，您看我把时间都忘了。我希望下一次来能再与您长谈。"这样一说，一方面告诉顾客你确实喜欢听下去，他是一个很重要、且很有趣的人，另一方面强调你还有其他的事情要去办，很遗憾不能继续听他谈下去，如果再有机会与他交谈，那将是你的无比荣幸。当然，说这番话，表达这种意思的时机很重要。一般的规律是，当顾客吸气时就表示谈话到一个段落了，当顾客显示吐气时，很可能就表示要讲话了。如果一不小心弄错了，就很容易引起顾客的恼怒。要使自己成为一个出色的推销员，就要经常在实践中不断的积累经验，不断强化推销过程中的"时间就是金钱，时间就是效益"的观念。

显然，爱讲话的顾客总比不爱讲话的顾客要好应对很多。这种喜欢与推销员攀谈的顾客，通常可以分为两种类型，一种是想利用他的口才来使推销员进而退却；另一种则是天生就有好说话的习惯。

前一种情况，顾客有意拿"多侃"作挡箭牌，因此占用更多的推销时间，使推销员有更多的时间来听顾客海阔天空漫无边际地"胡侃"，而分身乏术。在这种情况下，有经验的推销员首先要及时从顾客的说话内容中发现其自相矛盾之处，顾客内心真实的欲望以及顾客对推销的抵触情绪。要尽可能给顾客一种错觉，就好像推销员一直在全神贯注地听着，使顾客认为自己已经把推销员弄得稀里马虎，随后放松警戒和抵触心理，甚至开始对产品进行胡乱评价。这个时候，推销员巧妙的利用顾客内心的矛盾、误解和欲望，用简捷的方式突然直击其要害，逼其对关键环节进行表态，促使事情更加明朗化。

来对付"喋喋不休，没完没了"的客户时，不必费心钻研复杂的人际关系，完全可以用两句话来简要概括：不怕"累"、不怕"苦"。

这种嘴上无遮拦、不善心机、貌似难对付的顾客其实并本身没有什么坏心眼儿，比那种一脸和气但心肠阴狠者要好得多了，所以对付这种难缠的顾客时，要做到不怕"苦"，任他驳你、贬你、讽刺你，始终不露"怯"色，一脸风平浪静状；其次要不怕"累"。你要意志坚定的挺住，让他尽可能的说个痛快，他在尽兴之后也恢复了原样，比较容易反省自己，下一次就会比较客气地对待你，把自己摆在听众的位置，听你说话了。

对付这种人还要严格限制双方的交谈时间，销售成功的关键是看你在一天、一周或一月内销出商品总量的多少，而不是某一天你好不容易才说服了某一位顾客。要保证总量，就需提高效率，要提高工作效率，就需在短时间内结束你的交谈。

推销员一定要能够单刀直入，直接涉及问题的关键，尽快结束顾客漫不经心的闲扯。但提问题时，态度要诚恳，要使顾客真正觉得你坦诚相待。这时如果顾客再打开他的话匣子，也许就会露出他更多的弱点。因此，对于喜欢逞口舌之能的顾客，要平静的去听，分析判断出其隐藏在"谈话"中的实际问题，提问必须要坚决果断。

实践证明，顾客买不买并不会随着时间的推移而发生变化，其购买欲在交谈开始几分钟内就已经确定。有时候，你要费上几小时的工夫也不见得有什么成效，这不仅打击了你的积极性，也耽误了你同其他顾客的最佳交易时间。

寡言型顾客的应对策略

这些顾客表面上虽不太爱说话，但颇有心计，做事十分细心，并且对自己的事很有主见，不为他人的语言所左右，尤其是涉及到他人利益时更是这样。

这类顾客遇事沉着冷静，对售货员的谈话尽管注意倾听，但反应冷淡，其内心感受不得而知。这也是一类比较理智的顾客。售货员首先要用"询问"的技巧了解顾客的内心活动，并着重以理服人，同时让自己的言谈话语让对方真正接受，提高自己在顾客心中的地位。

这个类型的人话相对要少，只是问一句说一句，这不要紧。就算对方反应迟钝也没什么关系，对这种人最好该说多少就说多少。这种一般不太随和的人说话也是有一句是一句，所以反而更容易成为那种比较忠实的顾客。

这类顾客表面看起来非常冷淡。有一种对一切都不在乎的神态，使人无法与之亲近，其实他的内心是火热的，你只要能与之结成朋友，他会把生命的全部都给你。

这类顾客看起来有一种让人觉得冷漠的感觉，完全不在乎推销员的介绍，不重视推销的商品内容，甚至推销员在进行商品简要说明时，他也不说一句话，没有什么表情变化，很冷淡的样子，其实他是在用心听，在仔细斟酌，只不过不表现在脸上和话语中，而是在他的脑子里。

这类顾客不提问题还好，一旦提问就会提出一个很实在，并且很令人头痛的问题。这时推销员就无法蒙混过去，而且因为他们本身就惜话如金。所以，推销员要小心地为他解决问题，要抓住问题的关键点之所在，只要解答了他的问题，他们就会马上要求开订货单，使交易成功。

这类顾客对待每件事都很实在，不到万不得已时他们是不会决定一件事到底是该做，还是不该做的。这种顾客对于推销员都有一种自然的防御心理，对于交易也有一种防御和拒绝的本能，所以他们一般都相对犹豫不决，没有主见，不知是否该买。但这类顾客又不会直接拒绝。

这类顾客一般相对多疑，推销员很难取得他们的信任。但只要诚恳，他们只要对你信任，就会把全部都交给你。

推销员可抓住这类顾客不会开口拒绝的性格特点，让其购买。只要一次购买对他有利或觉得你没骗他，他就会一直买你的商品。因为他对你实在是太信任了，这次信任你，下次也不会错，这是一种使他能够放松警惕的好方法。这也说明他的警惕不是来自当面拒绝这次购买，他只是拒绝下次购买。

如果这次推销员完全欺骗了他，以后他决不会再来买此推销员的商品，就算他有十分好的商品，因为顾客认为他太不诚实，不值得与你这种人真的交往。

有些人总是不愿自己做决定。做决定让他们太伤脑筋，别人告诉他们怎么做他们才去怎么做。用专业术语这叫做"孩子"人格。心理学家埃里克·伯尔尼引用弗洛伊德的"超我"、"本我"和"自我"的理论。并把它直接简单化为父母、孩子和成人。超我（父母）控制人格的另外两个部分。"本我"（人格的孩子部分）毫不犹豫、冲动行事；自我（成人的人格）理智地思考相关问题。

可能你会认为最容易把东西卖给像孩子一样冲动的人。毕竟，他们的哲学是跟着感觉走。然而这么多年来，这种哲学给他们带来了不必要的麻烦。可能他们真想要你的产品和服务，但他们做不了主，因为他们害怕麻烦。换句话说，他们踌躇不前。

这些人需要你来替他们做最后的决定。

坚定地直接告诉他们："今天您不拿出个主意来我就不走了。一切表明这对您来说是个正确的决定。不得到您的同意我今天不会主动离开，所以我准备替您拿主意。就在这儿签字吧，细节由我来处理。"

当然，只有肯定他们会这样做的时候你才能够这样说。不要为了赚佣金而这样做。然而，如果你坚信他们拒绝一定是错误的时候，这种特殊的举动可能是让他们正确选择的唯一途径。

对于这类顾客，有时提理由或相反意见都有些难以作出决定，好像说出来要伤害推销员的自尊心似的。对于他们理由的解释，一般是等他询问之后才进行的。

有的顾客对任何人都比较有礼貌，对任何人都很热心，对任何人都没有偏见，不存在怀疑的问题。对推销员的话总是能够洗耳恭听，这种顾客使人觉得比较拘泥于礼貌，有时看起来比较傻，有时就像木偶，这种顾客也无法伤害他们的自尊心。

但这类顾客对于强硬态度，或逼迫态度一般相对反感。他们从不吃这一套，在这方面有一种比较固执的态度，你让他向东，他偏向西，反正与这些强硬态度的人做对，不给他们什么好脸色。

对付这类顾客，抓住他们的心理其实还是比较容易的。他们也是一批好顾客。他们总会对推销员说一句："您真了不起。"不要以为他们不是在真心奉承你，其实这是真心的，他们佩服有才学的人，佩服那些勤劳自立的人。

对于这类顾客，最重要的是不要过多的施加压力，只能以柔取胜。

还有一类顾客像孩子似的，很怕见陌生人，尤其是怕见推销员，怕别人让他回答问题，回答不上来时有些尴尬。这类顾客有时还有点神经质，见到陌生人心里就觉得不自在。

这类顾客还有小孩子的好动心理，不过这是因为怕别人提问问题的一种坐立不安。当推销员介绍说明时，他们喜欢东张西望，或者做一些其他的事来克制自己安下心来，他们会玩手里的东西，或者胡乱写一些东西来掩饰或躲避推销员的目光，因为他们怕别人打量他，推销员一看他，他就显得一脸茫然。

这类顾客还有一个奇怪的毛病就是有时腼腆得要命，所以对他们说话时要亲切，尽量消除他的害羞心理。这样，他才能听你说的话，才能更顺利地进行交易。

这类顾客对于别人的夸夸其谈或真才实学都非常羡慕，很少欺骗别人。对于别人的欺骗也从不计较，总以为别人欺骗他是不得已而为之。

不过，一旦这类顾客与你混熟以后，胆子就会逐渐的增大，就会把你当成朋友看待，有时还非常依赖于你，信任也就产生了。

对付这种顾客的方法就是第一次先与他聊天，先与他熟悉一下。第二次他就自然多了，会把你当作老朋友看待，洽谈生意就有可能顺利多了，交易极易成功。

此外，对付这类顾客，一定要慎重对待，首先要给他一个好的第一印象，这样他虽然还会有些神经质，但对于你却是绝对信任放心的。这时再与他谈，要仔细观察他，时不时称赞他一些实在的优点。照顾他的面子，不要指出他的缺点，他会更加信任你的，这样双方就能建立起友谊，会交个朋友。关于交朋友推销员要更加主动一些，因为这类顾客是不会先提出的。

在交谈中，你完全能够坦率地把自己的情况和私事都告诉他，让他多多了解你，这样也可以使他放松，使他对你更接近，但你一定不要问他的私事，否则他就会显得尴尬。

经过交谈后，交个朋友，再洽谈交易。这时，基本上就有可能要成功了。

面对愤怒顾客的应对策略

在海南某个夏天的黄昏时分，严先生和几个朋友去酒吧喝酒。

几个人进门时，他被门口的迎宾小姐急急拦住道："恭喜您先生，您穿的白色衬衫符合我们幸运顾客的标准。您可以免费喝一杯啤酒。"

严先生高兴坏了，对几个哥们说："今天我可比你们幸运多了，有免费啤酒喝。"

于是严先生坐在那一直等，可左等右等不见免费啤酒的影子，而这几个哥们的酒都快喝足了。他有些着急，就把服务小姐叫过来问咋回事。小姐过来，非常有礼貌的地说："先生真对不起，您的衬衫上有白条条，不符合我们的标准。"

严先生一听就生气了："我说你啥眼神，大白天的看不清楚，不免费了也不说一声，让我坐着干等，像话吗？这不行，把你们经理叫来。"

"先生真抱歉，我知道您喝得起啤酒。不过您看我们这 300 多平方米的场租费、水费、电费和税费一天得花好几万呢！要不然就请您免费……"

一听经理这话，严先生气就更大了："哦！你们的成本都得算到我头上呀！"打那以后，严先生再没到这家酒吧喝过酒……"事实上，顾客愿向你主动提意见，愿向你发脾气，那说明他实际上是在给你下次会再来消费的机会。而你蛮横的态度或骄纵的处理都会丢掉这个潜在的回头客。

你相信吗？愤怒的顾客也会带来意想不到的商机。下面的内容将告诉你如何赢得他们的心。

顾客投诉带来的机会比任何销售服务环节蕴藏的机会都可能大。在你游刃有余的处理中，顾客的坏情绪顿时能够烟消云散，取而代之的是深深的感激和对产品更高的忠诚度。

秘诀就藏在顾客的愤怒里面，你要从愤怒中分析出应对的办法。不管你是 CEO 还是普通营业代表，以下四个步骤就能够让你成为"制怒专家"。

步骤一：帮他们发泄那些不满的情绪。当人们处在焦躁、苦恼的情绪中时，说什么都无济于事。要是你不从平息顾客的情绪入手，一切努力都将是徒劳无功的。

以前在面对这类情形时，那些人们总是被告知要保持镇静，听顾客把话说完。然而这样的做法让顾客感到类似的事故是经常发生的，事实上更糟的是，他们会以为你已经习惯了这样一种状况，压根儿也没想真正去解决他们的问题。

怎么办？把自己想象成普通的顾客，和他一样愤怒！表现出你的惊愕、恐惧和沮丧！把你的嗓门提到和顾客一样高，不断连续重复他们的话，好像你正在应付一个紧张的局面："什么？这件东西只是让你付了两次钱？竟然三天之内都没人给你打电话?!"这样的说法足以令顾客将其遭遇看作是例外而不是常规。更重要的是，他们对你有了一种"自己人"的感觉，对你解决问题的意愿和能力的信心将以成倍的方式增长，从而他们的怒气也得以平息。

步骤二：发现顾客的需要。只要顾客平息了怒气，并且你也设身处地地考虑了他们的处境，接下来就该轮到你了解顾客的需要。

但是一定要小心！诸如"我能为您做什么？"的说法会将顾客重又拉回不信任的心态中。你要做的是——提供两个可行性建议供顾客选择："我们不想耽误您的时间，您看这样是否可以；要么我们把钱直接充入您的账户，要么从您今天的账单中扣除，您觉得哪样更好？"

步骤三：提供特殊的待遇。你已经成功跨越了第一道难关，现在是你恢复公司形象、挽留顾客忠诚的最好机会。这对你绝对是个不小的挑战。面对顾客、和他们交流是每个一线人员必备的功课，然而对大多数顾客来说，投诉永远是不曾想过的发生在自己身上的偶然事件。你需要让顾客感到他们受到了格外的关怀。

这个想法完全有利于你做出正确的选择。如果你就是老板，问题当然很简单。然而除非那些一线雇员拥有某些决定权，他们一般会将顾客交给上级处理。

当你拥有这样的权力或得到了基本相同的授权，在面对顾客时也需神秘兮兮："我们从来也没这样做过，但确实考虑到您已打过三次电话，我们决定破例给您一个月的免费期。"

步骤四：呵护你们的关系。你刚刚让顾客确信和你做生意是令人放心的，就算这当中有问题发生。但别急着高兴，为了将来的良好合作，试着提供部分有助避免类似情况再次发生的建议。用一种朋友似的口吻最后结束与顾客的交谈："您看我还能帮您做些什么？"这样，一套运动算是全部完成了。

对于任何一个投身商海的人，上面的四个步骤是可以做借鉴的功课，同时也是至关重要的技巧，其现实的理由在于——赢回一个顾客，还是永远失去他，这一切其实就取决于在短短几分钟之内。

如何应付顾客的吹毛求疵

当顾客走进一家商店，店员拿出商品让他进行选择时，十个顾客当中可能有九个都会对商品吹毛求疵。其实顾客出现这种态度一般只有下面的三种原因：一是表示自己有眼力；二是为要求降价找借口；三是嫌太贵，以此作为自己不选择购买的理由。

明白了这些原因，在进行推销时就能应付自如了。其实，不管什么顾客走进店里，不管他态度怎么样，脾气大小，都是"上帝"，是商店利润的来源，只要他进来就应热情接待。而一个推销员的殷勤基本上有下列三个目的：一是希望交易成功；二是希望他下次再来；三是希望他因得到很好的接待而介绍其他顾客以后来。如果能做到这些，生意必定能兴隆。

了解了顾客的心理，当顾客吹毛求疵时，我们也就知道该如何去应付了。

其一，真的同情和理解顾客的弱点。

一个优秀的业务人员，首先要有一颗同情心，能同情和理解顾客的弱点，理解顾客希望减价的心理。当然，做生意也要获得可观的利润，但对顾客表示同情，他自然也会同情你，那么交易就更可能成功。

当顾客对商品不满意时，你首先要清楚他的目的。如果他真是嫌质量不好，而你有更好的产品不妨拿出来，有些顾客根本就不在乎价高，只想要好质量的产品；如果没有更好的，你可以同情地这么说："这质量确实不太好，因为好商品进价也高，所以只好进这种货了。不过这种产品也能用得下去。"这样顾客就没什么其他好说的了，因为你已承认了他的眼力不差，如果他没有非买更好的不可时，这笔交易很有可能会成功。

其二，为顾客提供另一种选择。

如果顾客的目的是想让你降价销售，而你又不能答应，此时可以拿出另一种较便宜的产品给他看，同时不要忘记这样跟他说："这种质量不相上下，但价钱却便宜很多，用起来还是一样，大多数人都选这一种。"你还可以加上这样的一句："其实，这些东西也没必要买太好的，反正都能用。"

此外，如果有一种比较可靠的新牌子商品的话，你还可以告诉他，新牌子商品因欲求多销，所以价钱较便宜，实际质量和老牌子差别不大。顾客最普遍的心理都怕自己买不起高价而没面子，你这样说本身就保住了他的面子，还建议他买价廉的，顺水推舟，他一定愿意掏钱购买。

其三，即使交易未成，也要希望顾客下次再来。

如果顾客因为价钱太贵或质量不好而没有购买时，你要明白：这次交易不成，你还是希望他下次有需要时能够再次光临。而且，你要对因为不能满足他的需要而表示歉意，还可以委婉地问他要不要选择其他相关的东西，或希望他下次再来。

诚意的殷勤常会让顾客觉得喜悦，大多数顾客可能会因招待殷勤而过意不去，买些其他东西。这样，他下次再要买什么东西时也会先到你这里来仔细看看，还可能愿意介绍他的朋友到你这里来购买。

当然，你也可以让自己的生意从此进入关门大吉的状态，那么你就这样打发你的顾客好了。当顾客吹毛求疵时，你完全可以这样说："这东西哪儿不好了？你知道什么是好的吗？"或说："要是你认为这东西不好，那就去别处买更好的。"或者这么说："这东西是贵，能买得起的人不多。不过你说它质料不好就是不对了。"

如果他还是坚持砍价，你可以说："一分价钱一分货，你要是贪图便宜，就只能去买一些下等货色了。"或这么说："这价钱还嫌高？你到别处看看，要是你能买到同样的货色，价钱又比我这里便宜，我都帮你买下来。"如果你看他本身就无心购买，你可以这么说："没钱就不要凑热闹，一看你就是买不起！"

这样说，保证用不了多久，你的店关门的结局就不可避免了。但是，世界上有几个生意人愿意这样做呢？

疑虑重重顾客的应对策略

推销员时常遇到这样的顾客，他们总是紧锁眉头，扁着嘴角，用充满了怀疑的目光在推销员身上扫来扫去，这就是多疑型的顾客。

这种类型的顾客在与推销员谈判的过程中，虽然推销员在他怀疑眼光的审视之下，满脸堆笑、强作热情，详细地向他们介绍各种产品，可此类顾客仍旧无动于衷。

任何人在心里面做一个决定时，都会有犹豫不决的时候，更何况是决定掏出自己腰包的时候！

要知道，推销员要促成一笔真正的交易，不但是我们的任务，也是我们对顾客的一种责任。事实已经完全证明，每逢这个紧要关头，交易能否成功，在相当大的程度上都取决于推销员如何对客户进行诱导。因此，我们一定要抓住这一关键的时刻。如何使这一类顾客脱离他的既定思维圈内，而沿着你的思路走下去，这是本方法所要讲述的直接理由。

当顾客犹豫不决之时，你可以用一种令他们感兴趣的话题去刺激他们另外一根神经。譬如，顾客这样说：

"我还是不能下决心。"

你可以接着这样说：

"是啊，这是人之常情，对于这样一件大事，谁都要仔细考虑一番。谁也不愿意武断地下论断——买一处自己不喜欢的房子。不过，我们公司考虑到你们这一点，特别实行一项特殊方案，解除你们后顾之忧。"

"我们公司几年前就做出一项决定：凡在本公司房地产购买的顾客，当交纳了头期款之后，可以试住一段时间，如果能对所住的房子感到满意，则分期付款就可以了，如果对房子不满意，公司将帮助你出售房子。"

"按照这种方案，您可以在很长一段时间内做出自己的决定，您觉得这种方式怎么样？"

如果顾客仍是拿不定主意，就再等一会，注意提醒去想你们公司的特殊方案的好处，而不要让他再度回到自己的既定思维之中。

一般情况下，关键的时刻都会产生一个客观的指标，即购买信号。它会通过顾客的言谈举止表现出来。如果发现了这个信号，就要马上诱导，一般都能获成功。这些信号包括：

当顾客问起相关的使用方法和售后服务的时候；

当顾客问道："报纸上的广告，就是这种东西吗"时；

当顾客将推销员已说过的重点重复又问一次时；

当顾客问到可以采用的支付方式时；

当顾客问到具体的送货时间和手续时；

当顾客用其他公司的产品与我们的产品进行比较时；

当顾客问及市面上对我们某种产品批评或消费者的感想时。

出现这些情况，都是顾客有意无意表示出来的有意成交信号，我们不能放过这个好机会。

值得注意的是，顾客的购买信号一般都用反面形式表现出来，即拒绝的方式。这大概是因为人的自尊心所致。很多人认为，如果让推销员如此轻松地将自己成功的说服，不是显得自己确实很无能吗？所以，就算真想买，也要"刁难"一下推销员，先进行一番激烈的批评或拒绝。这时，就需要推销员用十分锐利的眼光和聪敏的头脑，用恰到好处的语言安抚对方的自尊，顺利促成交易的最终达成。

商谈时，不能被动地应战而要主动地出手，以寻求胜利的到来。尤其是对于客户处在犹豫不决时，你就更要尽全力助他"一臂之力。"

你能够假设出成交时才会有的问题来，因为你所提的问题只是似定的状况，会使对方回答时感觉自己"不必负责"，而可以轻松地回答，但往往因此对方进一步答应成交。

如果你要说服对方真的参加你的保险，而对方已经有一点点接受的迹象，于是，你便可问：

"如果你决定签下这份保险，受益人要填谁呢？"

要是你感觉客户将要决定买你的产品，你便可问："如果您决定要买，付款是用支票吗？"

也可提出两个既有的选择项，使对方由二者之中，选出一样。"

比如，对方要购买一批运输车，有二吨的，还有四吨的，当他想买又没有完全表示十分肯定的时候，你可以这么问："四吨的和二吨的，还是四吨的比较好吧？"

再如，在一次商谈中，其他项目都进行得顺利，只有付款的期限问题上对方还在犹豫，于是你可以这么问："分期付款的期限，是五年的，还是三年的好呢？"

用这种二选一的问话，使对方的答案能够得以控制，可以使你所掌握的主动权更大。

当你觉得把握比较大时，推定对力会答应，为了使对方首肯。你可以问："那么，明天早上我过来拜访，贵公司是早上九点开始上班吧？"

这样一问，对方首肯的决心就会自然增大。

譬如一个推销员推销小轿车，要是碰到一位顾客，他这么对你说：

"这部车，颜色搭配不怎么的，我喜欢那种黄红比例配调的。"

"我能为你找一辆黄红比例配调的，怎么样？"

"我没有足够的现金，要是分期付款行吗？"

"如果你同意我们的分期付款条件，这件事由我来经办，你同意吗？"

"唉呀，价格是不是太贵啦，我出不起那么多钱啊！"

"您别急，我可以找我的老板谈一谈，看一看最低要多少钱行，如果降到你认为合适的程度再买吗？"

一环套一环，牢牢地掌握他的说话心里。运用这种战术，一般成功的希望比较大。

多疑的顾客之所以多疑，通常有以下三种原因：

其一，对推销员存有戒心。多疑型的顾客是以前曾因相信了"花言巧语"买了劣质货让自己心中不满，或是以前面子较薄，在一阵猛攻下半推半就地做成交易。现在一看见推销员就产生一种自然的反感，不放心、怀疑就是这种感觉的外在集中表现。

其二，顾客深思熟虑。顾客们需要对产品从质量、型号和售后服务等方面完全进行落实后，才能下定决心。

经过分析，这类顾客之所以产生这样的行为，一般是由于其经济状况所致。如果他要购买的这种商品占其收入的一定比例，那么只有达到"十全十美"，才能使他觉得"这笔钱花得值得！"他需要绝对的保证和确认。这是他在自己决定之前必须得到的，他的经济条件使他无法相信别人，必须要亲眼看事实。

其三，曾上当受骗。以前曾因过分相信生产厂家宣传，或曾因图小便宜而失大利，一再上当后便戒心大起，再度交易非常谨慎。

从病因上看，这类顾客因为之前曾遭受过较大损失，而这一损失完全是由于他本人太过"好心"轻信的缘故而导致的，一次"重创"已足以使他改变对所有的推销员的看法。

面对那些多疑的顾客，推销员在态度上要给人以坦诚老实的感觉，说话应该注意语气，切不能眉飞色舞泡沫横飞，让顾客产生一种华而不实的浮华印象，进而对你所介绍的产品产生类似的感觉。

能够适当地表示你对顾客意见的同意，甚至还可以主动承认产品的一些"小问题"，当然这都没什么大不了的，绝对不会影响产品的使用，这样会使对方的心情由阴转晴。比如，你完全可以这样说：

"是啊，虽然我们的产品属于一流，但它的款式还有值得改进的地方！"

对于那些需要证据的较真顾客，你可以利用手头能找到的一切证据向其展示证明：你说的话绝不掺假。能够将获奖证书、权威机构的认证证明、报纸杂志刊登的介绍性、表扬性文章请他过目，相信这些足以令他折服。

对于天生优柔寡断的顾客，你就能够采取下面的这些策略：

当准顾客一再出现购买信号，却又前思后想拿不定主意时，你可采用"二选其一"的技巧。譬如，推销员可对那些准顾客们说："请问您要那部浅灰车还是银白色的呢？"或者说："请问是星期二还是星期三送到您府上？"，这样的"二先其一"的问话技巧，只要准顾客选中一个，其实就是你帮他拿主意，下决心决定购买了。帮助准顾客挑选；许多准顾客即使有意购买，也不喜欢迅速丢人现眼订单，他总要里外比对，在产品颜色、规格、式样、交货日期等，一旦上述问题得到解决，你的订单也就落实了。

利用人们那种"怕买不到"的心理，人们常对越是得不到、买不到的东西，越想得到它、买到它。推销员就能够利用这种"怕买不到"的心理促成订单。譬如说，推销员可对准顾客说："这种产品只剩最后一个了，短期内不再进货，你不买就没有了。"或这么说："今天是优惠价的截止日，请把握良机，明天你就买不到这种折扣价了。"

可以先买一点试用看看：准顾客想要买你的产品，可又对产品没有足够了解时，可建议对方先买一点试用看看。只要你对产品有信心，尽管刚开始订单数量有限，然而对方试用之后，就可能给你大订单了。这一"试用看看"的技巧也能够帮准顾客下决心购买。

反问式的回答可以这么理解：所谓反问式回答，就是当准顾客问到某种产品，不巧正好没有时，就得运用反问来促成订单。假如实际情景是这样的，准顾客问："有银白色电冰箱吗？"这时，推销员一定不能回答没有，而应该反问道："抱歉！我们没有生产，不过我们有白色、棕色、粉红色的，在这些颜色中，您比较喜欢哪一种呢？"快刀斩乱麻可以这么理解：在尝试上述几种技巧后，都难以打动对方时，你就得使出杀手锏，快刀斩乱麻，直接要求准顾客签订单。譬如，取出笔放在他手上，然后直接了当地对这么他说："如果您想赚钱的话，就快签字吧！"拜师学艺，态度一定要足够的谦虚：在你费心口舌，使出浑身解数无效，眼看这笔生意做不成时，可以试试这个方法。譬如说：×经理，虽然我知道我们的产品绝对适合您，可我的能力太差了，难以说服您，我告辞了。不过，在告辞之前，请您指出我的不足，让我有一个改进的机会好吗？"像这种无比谦卑的话语，不但很容易满足对方的虚荣心，而且会进而消除彼此之间的对抗情绪。他会一边指点你，一边鼓励你，为了给你打气，有时会给你一张意想不到的订单。

不同性别的顾客的应对策略

男性和女性的消费心理差异非常大，推销员必须在了解两者心理特征的基础上，对他们进行不同方式的商品推销。

一、男性消费的购买动机

1. 动机形成迅速、果断，一般具有较强的自信性

男性的个性显著的特点是具有较强理智性、自信心。他们善于控制自己的情绪，处理问题时能够冷静地权衡各种利弊，能够从大局考虑。有的男同志则把自己看作是能力、力量的化身，具有较强的独立性和自尊心。这些个性特点实际上直接影响了他们在购买过程中的心理活动。男性动机形成要比女性果断迅速，并能马上导致购买行为，就算是处在比较复杂的情况下，如当几种购买动机之间产生矛盾冲突时，男性也能够果断处理，迅速做出决策。特别是许多男同志不愿意"斤斤计较"，购买商品也只是询问基本的情况，对某些细节不予追问，也不喜欢花太多的时间去比较、挑选，就算买到稍有毛病的商品，只要影响不大，也不去计较。

2. 购买动机具有被动性

就一般意义来讲，男性消费者不如女性消费者经常料理家务，照顾老人、小孩，因此他的购买活动远远不如女性那样频繁，购买动机也远不如女性强烈，比较被动。在许多情况下，购买动机的形成往往是因为外界因素的作用，如家人的嘱咐、同事朋友的委托、工作的需要，等等。动机的主动性、灵活性相对来说都比较差。我们往往会看到这样的情况，许多男性顾客在购买商品时，事先可能就会记好所要购买商品的品名、式样、规格等，如果商品符合他们的要求，则采取购买行动。否则，就放弃原先的购买动机。

3. 购买动机感情色彩比较淡薄

男性消费者在购买活动中内心的变化没有女性那么强烈，不喜欢联想、幻想，他们往往把幻想看作是未来的现实。相应的，感情色彩也会相对淡薄。所以，当动机形成后，稳定性较好，其购买行为也比较有规律，就算出现冲动性的购买，往往也自信决策准确，很少反悔退货。一些国外心理学家的研究表明，男性消费者在购买某些商品上与女性的显著区别就是决策过程不易受感情支配，如购买汽车，男性主要考虑的是商品的基本性能、质量、品牌、使用效果、销售价格和保修期限，假如上述条件符合他的要求，就会做出购买的决策。而女性则喜欢从感情出发，主要是对车子的外观式样、颜色多加挑剔，并以此形成自己对商品的好恶感觉。

我国的人口普查表明，女性人口占我国总人口的48.5%。随着生产力的发展、人民生活水平的改善和妇女就业机会的不断增加，促使她们的消费出现了明显的变化。因此，研究女性消费者的购买动机，具有重要的现实指导意义。

二、女性消费者的购买动机

1. 较强的主动性、灵活性

大部分女性消费者经常去商店购买各类生活用品。据国外统计，家庭消费用品，女性单独购买的占55%，男女双方一起购买的占11%。女性较多地进行购买，现实的原因是多方面的。有的是迫于客观需要，如家庭主妇操持家务；有的是为满足自己的需求，随流行变化不断购买各种新近的商品，还有的女性把逛商店、买商品作为一种乐趣或消遣等，所以购买动机具有较强的主动性和灵活性。她们往往会主动想到家里需要添置什么用品，某个人需要购买一套服装等。动机的灵活性也往往体现在购买的具体商品上，如原准备购买某种商品，但商店无货，男同志一般就会放弃购买行为，而女同志会寻找其他适合的替代品，实现自己的购买行为。

2. 具有浓厚的感情色彩

女性的主要心理特征之一是感情丰富、细腻，内心变化剧烈，富于幻想。因此，购买动机带有强烈的感情色彩。要是看到某种儿童服装新颖漂亮，马上就会联想到自己孩子穿上这套服装会是什么样子，从而就此引起积极的心理活动，产生喜欢、偏爱等感情，最终促成购买动机。在购买活动中，女性的感情变化表现得很充分也很具体。有的对商品爱不释手，有的对商品"一见钟情"，还有的为没有买到某种喜欢的商品而心情不好，同男性消费者的购买行为形成非常鲜明的对照。

3. 购买动机易受外界因素影响，波动性较大

女性购买动机的稳定性没有男性好，起伏波动很大。这是因为女性心理活动易受各种外界因素的影响和干扰，如商品广告宣传、购买的现场状况、营业员的服务、其他消费者的意见等。心理学研究已经表明，女性比男性容易接受外界的宣传和群体的压力，而改变态度和具体的行为。

可见，男性与女性在购买心理和购买行为上存在着非常大的差异，根据不同性别的客户，采取不同的推销策略，进而展示出不同的推销口才，会帮助你提升销售业绩，千万不要小瞧这种既有的差别！

不同年龄顾客的应对策略

人成长的阶段性特征非常显著，不同年龄段的人会有不同的心理特点，消费心态自然也就不同，对待不同年龄段的人自然要采取完全不同的推销方式。青年人和中年人是消费的主力军，推销产品要首先瞄准这两个群体。

一、中年顾客的应对策略

中年顾客基本上都有了家庭、有了孩子、有了固定的职业，他们要尽量地为自己的家庭打拼，为自己的孩子努力挣钱，为了整个家庭的幸福投资。

他们都有一定的社会阅历，比青年人更加沉着、冷静，比青年人经验丰富、有主见，

但一般缺乏青年人的生机、梦想和活跃。

中年顾客各方面的能力都相对较强，正是能力达到顶峰的时候，欺骗和蒙蔽对这类顾客是十分困难的，不过只要你真诚地对待他们，交朋友却是完全可以的，他们喜欢交朋友，尤其是知己朋友。

对付这样的顾客千万不要夸夸其谈，不要显示自己的专业能力。而要认真亲切地与他们交谈，对于他们的家庭要说一些真诚羡慕的话，对于他们的事业、工作能力要说一些佩服的话。只要你说得实实在在，通常这些顾客都乐于听你的话，也愿与你亲近。

这类顾客因为有主见、能力强，不怕推销员欺骗他们，所以只要推销的商品质量好，推销员态度真诚，交易的达成是没有什么问题的。

这类顾客，对于推销语言不会非常在意。他们要求实实在在，对他们不需要运用什么计谋。不过这些顾客都很爱面子，所以推销员完全能够抓住他们的这一点进行推销，可以引诱他们说出某些话，让他们无法收回去，想收回去就得买你的商品。这样，交易就达成了。

二、青年消费者的应对策略

常说的青年消费者是指 18 岁到 30 岁左右的消费者。目前我国大约有青年 2 亿多人口，是国内市场中购买力强、消费量大的消费者。因此，研究青年消费者的购买动机是非常必要的。

1. 购买动机具有成人感

青年消费者是时髦商品的消费带头者，他们引领产品更新换代的潮流，这是由其青春期的心理特征决定的。典型的特征是内心丰富、感觉敏锐、富于幻想、勇于创新、敢于冲破传统观念与世俗偏见，易于接受新鲜事物，紧跟着时代潮流。表现在他们的购买行为中趋向求新、求美，喜欢购买富有鲜明时代特色的商品，表现出现代化的生活方式，以期博得他人的赞许和羡慕。所以，投放市场的新产品，社会流行的某一特定的商品，都会引起他们极大的兴趣和购买欲望，购买动机也会随之形成。在实际调查中就能够发现，在事先没有明确购买目标的情况下，但却实质性的实现了购买行为的消费者中，青年人在其中占很大比例。

2. 购买范围广泛，购买能力强

青年消费者主要是具有独立购买能力的青年人。他们大多有稳定的经济基础和购买经验，经济负担较小，所以购买商品的范围极其广泛。各种商品，不论高档、低档、一般、特殊，都是他们购买的主要对象。随着人们的消费观念由保守型向开放型的逐渐转变，青年人消费的时代感也更加明显，表现在追求衣、食、住、行、学各方面现代化的生活方式，更加注重享受和娱乐，甚至是奢侈性的一些消费。

3. 具有明显的冲动性

青年人的主要特点是体力充沛、精力旺盛、朝气蓬勃，他们的心理特征一方面表现为果断迅速、反应比较灵敏；另一方面表现为感情冲动、草率从事。因此，其购买动机具有明显的个性特点。他们更加热衷于讲究商品美观、新异，其次才注意质量、价格，他们不能冷静地分析商品的多种利弊因素，许多人凭借对商品的感情好恶与直觉判断商品的好坏、优劣，形成对商品的好恶倾向。

4. 购买动机易受社会因素的影响

青年人既是社会活动的中坚力量，又是家庭和某些团体的成员，精神层面的集体感、荣誉感表现得相对强烈。团体的行为标准、规则，对他们的行为活动产生了重要影响，并为他们提供了一定的消费模式，使购买行为逐渐趋于一致化。尤其是商品的社会流行性，直接决定了他们的实际购买行为。

因此，青年顾客相对开通、比较开放，易于接受新生事物。他们好奇心强，兴趣广泛。这些对于推销员来说这些都是非常有利的，因为你可以抓住他的好奇心，动员其投资，也可以使他们佩服你，抓住时机，与他成为朋友。

这类顾客比较容易接近，谈的话题也非常广泛，容易成为朋友。

因为这类顾客的抗拒心理小，只是因为有时没有什么社会阅历而有些恐慌，只要对他们热心一些，更多的表现出自己的专业知识，让他们多了解一些这方面的问题，他们就会放松下来，与你进行交谈了。

对待这类顾客，在进行推销介绍时，要激发他们的购买欲望，使他们知道这类商品很走俏，恰好顺应了时代潮流。

对待这类顾客，可以在交谈中，若无其事的谈论一些生活情况、情感问题，特别是未来的挣钱问题，这时你就能够刺激他的投资思想，使他觉得这是一次投资机会，一般来讲这些顾客是会被最终说服的。

和这样的顾客交谈时，要尽可能的亲切，要对自己的商品有信心，与他们打成一片。只是在经济能力上，要尽量为他们想各种办法解决问题。在这方面，不要增加他们心理上的负担。

圆滑难缠顾客的应对策略

每个业务代表一般都不太喜欢与难缠的客户打交道，因为每个难缠客户总是给自己的正常工作制造某种障碍，让自己疲于应付。其实，我们的业务代表要是能够清楚把握住客户的需求，换个位置思考问题，可能就会突然间发现"难缠"的客户也很"可爱"。

有的顾客相对精明，并且具有一定的知识水平，文化素质比较高，能够比较冷静地思索，能够比较沉着地观察推销员。他们能从推销员的言行举止中找出一些问题，他们就像一个有才能的观众在看戏似的，演员的一丝错误都逃不过他们的眼睛，他们的眼里看起来空荡荡的，有时却能发出一种刺眼的冷光，这种顾客总给推销员一种压抑感。

这种顾客其实非常讨厌虚伪和造作，他们希望有人能够了解他们，这就是推销员要攻击的目标。他们大多显得比较冷漠、严肃。尽管与推销员见面后也寒暄、打招呼，但看起来冷冰冰的，没有什么热情。

他们对推销员持有一种比较怀疑的态度。当推销员进行商品介绍说明时，虽然他看起来好像心不在焉，其实他们确实在那认真地听，他们在认真地观察推销员的举动，在思索这些说明的可信度。同时，他们也在思考推销员是否是真正诚实的，有没有对他捣鬼，这个推销员值不值得完全信任。

这类顾客对他们自己的判断都相当有自信，他们一旦确定推销员的可信度后，也就确定了交易的成败，没有任何的商量余地。

这类顾客一般都能够判断正确，就算推销员有些胆怯，但很诚恳、热心，他们也会与你成交的。对付这类顾客有两种方法：一是实打实地来，该是多少就是多少，对其真诚、热心，保证商品质量好，使他无话可说，对你产生足够的信任。二是在某一方面与之产生共鸣，使他佩服你，成为知己朋友，这样他们对于朋友也是非常慷慨的。

下面我们一起来看这个案例：

客户 A 是蔡明所在公司的代理商，是属于典型的"刺猬"——年销售量在公司属于中等，但要求和别的相比较来说是最多的一家，所以业务人员都不愿和他过多的打交道。

对于刚从学校毕业出来的蔡明，经过公司在样板市场的培训录取后，随后就被分到了客户 A 这里做产品的分销。蔡明所在公司是专业生产销售汽车用品的，渠道以汽车装潢美容店为主。尽管在公司早有耳闻这个客户的刁钻，但蔡明抱定"打不还手、骂不还口"的做法，这样就势必能够征服客户 A。

第一天蔡明到客户 A 公司，客户 A 对蔡明进行了热情的款待，安顿好之后就去忙其他事情，约蔡明第二天来谈。

第二天蔡明到客户公司已经九点（客户公司上班是八点半）多了，客户 A 早早的在办公室等他了，看到蔡明劈头盖脸的就直接说："我不是约你一早就过来吗？现在看看已经几点了。"蔡明觉得非常不好意思的说："我还以为你们九点半才上班"。蔡明想：一般代理商的老板都不会那么早到公司，我为了给他一个好的印象，所以早点就过来了，没想到他居然按时上班了。接着客户 A 给蔡明宣传了他们公司的一些规章制度，安排蔡明先熟悉一下他们公司的环境，显然把蔡明当作自己公司的人看待。

三天后，客户 A 安排蔡明与业务人员一起去二级市场开展相关的业务，在市场中蔡明发现很多的缺陷。首先，客户 A 对二级大客户的掌控能力没有，产品基本上没有进入这些二级大客户这里，只是在中小型的零售终端进行售卖；其次，形象展示差，在很多零售终端没有看见厂家的吊旗，也没有看见任何形式张贴的海报，宣传单也稀稀拉拉摆放着，产品出样也稀少；最后，价格也没有完全按照公司统一的价格进行售卖。

针对这 3 方面的问题，蔡明回来后给客户 A 提出这样的解决方案：第一，要进入二级市场大客户的销售，这样才起到很好的示范作用，才能带动其他中小客户更加积极的销货，在二级市场形成巨大的销售量；第二，展示必须按照公司的标准执行，强化业务人员的执行力；第三，增加下游客户产品出样，不光要优势产品出样，而且其他产品也要出样，才能多占领终端的市场份额。

客户 A 听了蔡明的三点建议后说：你把这些问题和建议都列成一个统一的单子，我希望你再具体的了解一下，想到更巧妙的办法，我不愿看到你和你们公司其他业务人员一样，显于表面，只知道找各种麻烦和问题。你可以去参考一下产品 C 做得最好的产品是怎样做的。

蔡明一愣，原来公司的人都不愿意和他打交道，是因为他真的不是一般的难缠，别人提出方案他也不接受，所以市场才始终处于中温状态。蔡明心想：我给你提出方案，竟然还让我帮你写出来，并且觉得我是在埋怨，实际上就把我当成了你的下属。

但蔡明是想归想，最后还是挖空心思地把详细情况给全部列出来了，实在没法的情况下，就去向产品 C 的销售经理请教，还好因为产品 C 与蔡明的产品不是同类，没有竞争现象；加上代理商 A 的极力推荐；还有蔡明谦虚和不耻下问的心态。所以，产品 C 的销售经理给蔡明传授了许多销售产品成功的秘诀。蔡明根据自己代理商和公司特性，重新为代理商提出既定的方案。

蔡明提出的方案得到公司批准后开始操作。因为这些措施的执行到位后，公司产品迅速在市场中得到零售商的一致认可，销售量在短短 3 个月的时间里增长了 1 倍多，不久就被公司评为 A 类市场。

有的客户为了获取更多的经济利益，把业务人员当作厂家支持的一颗棋子，客户会说出十万条支持的理由。大客户的销售额大，管理能力当然就没得说了，市场运做能力又强，属于客大欺主的现象，他们的心态一般是你们公司最大的客户是我，因为我们的销量大，理所当然要给我极大的支持。

负责 F 市的 HR 滚筒洗衣机的业务小王有一天突然间接到公司来电，让他速速准备一下，和负责 S 市业务小何进行区域内轮调。

小王心里清楚，HR 滚筒洗衣机在 S 市一连换了好几个业务员，都是一个原因，都应对不了当地华商工贸有限公司的李总。S 市内共有 5 家大型家电零售卖场，华商工贸就拥有了三家，占据了市内零售份额 70%，差不多处于垄断地位。可想而知，商大了自然欺"厂"，大部分厂家代表根本没有和华商平等谈判的砝码，只有逆来顺受，否则面临被撤场的难题。

17 日，初到 S 市的小王花了整整一天的时间，大概了解自己品牌面临的困惑和李总的为人性格和经营风格以及经营需求，心里已经有了合适的应付办法。

18 日，小王在没有什么预约的情况下，单枪匹马来到李总办公室，进行了他与李总的第一次正式的工作拜访。"你好，李总，我是 HR 滚筒的业务小王，冒昧打扰，请多包涵。"李总面无表情的看了看然后说："你们的滚筒我们已经决定不做了，你赶快把那些机器想法给我处理掉，我马上要上新的品牌了"。小王自己心想，我们是现款现货的操作模式，你处理机器管我什么事，也许他本身就话里有话。小王装作一脸虔诚的说："李总，非常感谢，你一直以来对我们的鼎力支持，同时也十分抱歉，我们没能给你创造更多的利润、价值。"小王停顿了一下，从公文包里拿出一份早已准备好的计划书"李总，这是我拟定的一份销售计划书，你看下，请再给我们一次机会？"李总压根就没理会小王递来的计划书，"你们这些书生，笔头功夫都很厉害，计划写的天花乱坠，实事干的一塌糊涂"。小王在一边默默听着李总的一番奚落，不住的点头称是，"我们都太年轻，缺少实干精神。""你们公司小何当初也是信誓旦旦的保证销量有多好，利润有多高，可是每周报表显示的都是销量一般，利润仅仅 2~3 个点，你说我有必要再经销你们的产品的吗？"

"是啊，两个点的利润的确太低了，可能竞品价格太低了，为了保住销量才出此下策""销量，如果你们销量好，能为我保住 5 个点的空间，能过得去也就算了，你看，现在?"

小王心里很清楚，眼前说什么也没用，就接口道："李总，您真是个爽快的人，认识你真是我的幸运，我刚到这里，你就给我指点出我们的产品销售不足之处，真的非常感谢!""你叫小王是吧，我给你 10 天时间，赶快想办法把你的产品处理掉，别耽误我的生意""今天就这样啦"。

小王，边走边琢磨，李总撤场为什么总让我赶快把机器处理掉干吗，难道"临死"也不让我安生吗? 简直是不可理喻，不过为了做出最后垂死的挣扎，小王还是决定搏一搏。

当天晚上，小王就紧急召开导购培训会议，对导购从产品知识、促销技巧、异议处理、成交技巧等方面做了一次系统化的培训。下达从今天开始要做到售出每台机器最低要保住商场 6 个点的利润。同时嘱咐导购要想方设法把卖场各层级人物打点全部都一番，包括仓管员、送货员。

就这样很快 10 天就过去了，在 10 天里小王再没有二次拜访李总，只是在商场售机，甚至连中午和晚上也不放过。这时，不仅仓库里的货所剩无几了，甚至连展台也空出三个样位来。小王决定壮着胆子找李总再谈谈。

"你好，我又来打扰你了"小王说着，顺手把自己的销售台数递过去，"这是我们 10 天总共销售的账目，包括销量、单台利润、平均利润"。

"喔，这个我知道了，你还有别的事情吗?""现在机器都销的差不多了，我做了个订货计划，你看下?"小王操着试探性的口吻问。

"这个，你找下采购小胡吧，我已经安排好了，承兑也给你办好了，先是 10 万"。小王真的不敢相信自己的耳朵了，别人口中"难缠"客户，居然就这样被自己轻松搞定。

其实，只要我们用心思考一下就不难发现一个特点，这类客户的"难缠"，多是因为他们比业务人员更加优秀。业务员常用吹拉谈唱、坑蒙拐骗、威逼利诱等行事伎俩，在他们面前根本就是小菜一碟。这类客户一般轻视业务口头许诺，看重业务的行为结果，与其你说尽千言万语，想尽千方百计，还不如马上采取行动，用行动证实你的风格，用业绩证明你的能力，这才是实质性的道理。所以面对这类"硬难缠"客户，我们要注意一下几点：

一、尽可能摸清客户的行事风格，避免"话不投机三句多"的尴尬局面。这类难缠客户最讨厌别人的顶撞，讨厌他人为自己出谋划策，为自己拿主意。在他们心中自己的想法永远是对的，其他人都别指望从思想上和口头上征服这类难缠的客户。面对这类客户，聪明的业务最好是能够多做事，少说话。

二、认清客户的习惯性出招套数，避免把机会当作陷阱，把陷阱当成机会。在这个例子，我们暂且不谈小王是"瞎猫逮个死耗子"，还是小王的"客户第一"行事风格感动李总，在随即面临清场的威胁，还是站在商场角度为其处理产品，赚取利润。面对这样的事，如果小王采取软磨硬缠或者扔那不管或者"亏本清仓"的行动，将会得到什么样结果呢? 也许，所有的事就都不会这么乐观了。

三、面对这类客户，推销员千万别想着用你的压力或矛盾换取客户的谅解和支持。最好就是有事就直接说事，没事就按照他的思路做事，做好了，你的压力和矛盾都会得到解决，否则只会让你压力加重，矛盾进一步加剧。

四、面对这类客户，千万记住，不要用自己或公司单方面的思想或意图来直接影响他们或换取同情，这样只会让你更显无能或无可奈何。记得换位思考，从客户的角度谈问题、解决问题，可能会更有效。

五、面对这类客户，推销员应该时时刻刻修炼自身同老板同等谈判的内功。例如从商场产品销售、产品利润、活动策划、终端布置、导购培养等方面，让客户都认为你是个人才，能为他创造出不平凡的价值。

抓住客户难缠的根本目的，才能进而治本

客户之所以十分难缠，必定有难缠的目的性，要么是性格使然，形成自己特有的做事风格。比如，缺少诚信、自作聪明、自以为是、虚情假意、吹嘘自大、爱贪便宜等类型的客户；要么，就是他们具有难缠的资格，业务员拿他们也没什么办法。面对客户，其实，我们的业务人员只要多多留心，学会察言观色，投其所好，还是相对比较容易对付的。最怕的是，我们无法抓住客户的根本需求，不了解客户难缠的根本目的。

小李最近特别心烦意乱，在他管理的那个区域，不知什么原因，自从上个月产品价格再次上调，几个核心客户好像联盟起来似的，基本上不见他们怎么进货销售，仅仅零散补个两三台货。不管他是亲自拜访还是电话沟通，客户对他都是热情如故，满口答应，可只是嘴上说说，就是不见行动。再这样持续下去，别说完成不了公司制订的任务，甚至还有可能"乌纱不保"。

小李知道，这几个客户都是难缠的家伙，每月不停的向小李要政策、要促销、要赠品。如果他们提出的要求得不到满意的答复，他们既不和你竞相争辩，也不威吓利诱，最喜欢不动声色的以静制动，不管你怎么磨破嘴皮子，诉苦哀求，他们都是说"马上，马上，一定办，放心吧，小李!"，可就是不采取任何实际行动。小李从心里也不怎么喜欢他们，只是迫于他们是公司的大客户，才无可奈何的"宠"着他们。目前，可能是因为价格的上涨，小李手头上资源已经无法满足他们的需求，才专门卖关子给小李出难题。

小李决定彻底调查原因，看看他们葫芦里到底的卖什么药，想干什么。通过他们放出风声知晓，原来是自己的产品不断涨价，造成他们利润也直线下滑，逐渐把对该品牌产品的注意力转移到别的品牌上面。要是这一切都是真的，这对小李来讲，真是致命一击啊。眼看，这个月就要结束了，他们的回款还没有一点头绪。那该如何是好呢？一天，小李突然想起，在上几次的拜访中，他们曾提到能否为他们专门设置一个职业导购，负责产品的销售问题。自己虽然也给公司提了几次，因为这几个客户是三级市场的客户，企业没有为三级市场配设导购条例，就给否决了，自己当时也没把这件事当成一回事。仔细想想，自己每月给他们的提货奖励、促销政策也不算少，为什么就满足不了他们呢？小李心想，何不拿出部分政策，作为导购工资，其余部分，自己亲自为他们搞活动，而不能让他们自己自由支配，避免他们"得了好处还卖乖"，给自己造成麻烦。

于是，小李把这个想法和代理商商榷敲定，在代理商涂总的一直陪同下，在××宾馆的茶楼中，通过一系列的谈判交涉，最后达成一个这样的协议：分销商在月均销售不低于六万的基础上给与配设专职导购，但必须是现款现货，否则就要另行商榷。小李及其导购负责该品牌的产品销售和活动策划、执行，老板负责货源的根本保证。就这样，在火烧眉毛的关口，小李终于从这几个"以静制动"的客户手中拿到了三十万的业务回款。

从此，小李省心多了，只要能够负责好这几个"难缠"客户的产品销售、活动设计等，在保证老板利润合理的基础上使销量能够实现最大化，减少了那些剪不断理还乱的勾心斗角。

面对这类"软难缠"客户，业务人员需要注意下列几项：

1. 充分了解他们的性情，密切注意他们的处事手段，别被他们表面的"老好人"性格所蒙蔽。"口是心非"是他们惯用伎俩。

2. 把握客户的真正需求，抓住客户"难缠"的根本目的，否则就会将会让自己"劳民伤财"不落好，到时候让客户"得了好处还卖乖"。

3. 面对如此客户，必须要从根本上为客户解决问题，不反对卖弄下小聪明，变通解决问题方式。这样，不仅方便了自己，同时也满足了他们需求，更促进了销售，但不能让他们感觉到这是资源支持方式的转换，必须要给他们设计出达到这种支持的条件和资格，最好用协议约束彼此间的关系。

任何难缠的客户，除非自身有着极大的苦衷或难处，一般都不会对一个"实实在在"的业务人员进行刁难的。因为，一个"实在"的业务员，做事的基本风格就是以诚待人。你的刁难，根本得不到什么好处，该给的政策他会毫无保留支持，能做的，能争取的，他承诺的，也根本不用你来过分操心，都会为你打点的头头是道。实际上客户也不是傻子，何必刁难一个这样优秀业务人员呢？和自己过不去呢？

小朱每次到华龙家电商场要款的时候总是非常的纳闷，老板答应自己的货款总是短斤缺两，说办 10 万元承兑，拿到手里的却只有 8 万元。再说自己和老板关系又是那么不同一般，称兄道弟，吃喝玩乐。可负责 RSD 洗衣机的业务小段，一个木呆的小伙子，居然每次承兑都比小朱的要多，老板还从不拖欠货款。难道就因为 RSD 的销量比自己多那么一点的缘故吗？

通过仔细的观察，小朱终于明白，小段是个一诺千金，有事必做，有问题必定解决的人，哪里像自己满嘴胡言乱语，左耳朵进右耳朵出，面对问题能拖则拖。做点成绩就挂在嘴上："要不是看在咱们是兄弟的面子，我根本不敢破例为你争取到这么好的政策。"

大家都知道，哪个难缠客户不是人精啊，你有多大能量和能力？客户可能比你自己还清楚呢，干嘛还趾高气昂，让人感觉不踏实呢？

通过上述的三个简单例子，我们不难发现，在实际工作中，客户的难缠，多是因为业务自身的原因引起的：

（1）没有认清客户的真实面目，草率行事；

（2）没有摸清客户个性或行事风格，自作主张；

（3）自身工作没有做到关键之处，劳心伤财；

（4）不了解客户的真正需求，费力不讨好；

（5）忽视客户的操作模式或操作流程，简直是自讨苦吃。

（6）缺少换位思考的思维模式，甚至自以为是；

（7）缺少诚信，自作聪明，让人意识不到你的人格魅力。

为什么成功的业务员多是那些脚踏实地，能干实事的人呢？为什么客户更加喜欢那些多做事少说话、能为他们服务的业务员呢？哪个客户不是在生意场上滚打摸爬发展起来的，对你难缠，必定有一定的原因，抓住客户难缠之源头，才是解决问题的根本。

有效应对客户的各种借口

从事推销的人常会遇到这种情况，就是虽然自己说得天花乱坠，演示得淋漓尽致，顾客也对此产生了一定的兴趣，但却冷不防来一句"让我考虑考虑""我们再研究研究""等我考虑好了给你打电话"，等等。这些都是推托拒绝的借口，也就是所谓遁词。我们如稍不注意或意志薄弱，就会前功尽弃。因此，让顾客尽快"下定决心，付诸行动"也就成了推销过程中很重要的一步。

对于顾客这样的问题，当然最好的处理方法就是对对方这样说："当然，我很了解您的想法，但我想，如果您还想再考虑，一定因为还有一些疑点您不够确定，我说得对不对？"

大部分人应该都会这样回答："是的，在我做出决定前，还有一些问题我需要再想想。"

接下来，你完全可以这样回答："好的，那么我们不妨现在一起将这些问题列出来讨论一下。"然后拿出一张预先准备好的白纸，在纸上写下1到10的数字。

"现在，先生，您最不放心的是哪一点？"

无论顾客说什么，你只要将这一点写在数字1的那一行；然后再继续问，再把下一个问题列为第二点。客户充其量会列出三四点，当客户不再提出问题时，你可以说：

"还有没有我们没想到的吗？"

要是顾客这么说："没有了！"

你就这样说："先生，如果你提出的问题我都能一一给您满意的答复，我不敢说一定做得到，但如果我能，您会不会购买？"

如果顾客回答是比较肯定的，你就提前缔结这个销售。接下来，你要针对问题为客户一一做出解释和保证。如果他认为自己还无法马上购买，专业的推销员就会这样说："您一定还有不满意的地方。请把刚考虑的想法再列出来，我们一起来处理。"

当你挨个回答这些问题时，一定要清楚而明确，在解释清问题后，要先问客户："您对这点满意吗？"或者这么说"我们是不是已完全谈到每一个细节？"或"您是不是对这点还有疑惑？"等等，然后再开始一一解释，直到客户没有问题为止。

顾客说自己"没带钱"怎么办？

钱确实是好东西，没钱就不能买所需要的任何一件东西，所以许多推销员在"没钱"

面前退下阵来，其实他们放过了许多成功的机会。要明白，客户嘴上说"没钱"其实是极富弹性的，很可能是一种不买的借口。

实际上，钱变不出来但能凑出来，关键在于客户是否真的想买。正因为钱在买卖当中起着关键作用，所以客户想婉言拒绝时，"没钱"便成了最好的挡箭牌。但这对有经验的推销员来说并不能起多大作用，他照样能让客户最终买下来。

针对一些"没钱，买不起"之类的反对意见，你可以这样说："所以我才劝您用这种商品来赚钱"或者"所以我才推荐您用这种产品来省钱"等等诚恳的话。

在推销过程中顾客常用的借口有下列几种，以便参观：

（1）要是客户说："我没时间！"那么推销员应该这样说："我理解。我也老是时间不够用。不过只要3分钟，你就会相信，这是个对你绝对重要的议题……"

（2）要是客户说："我现在没空！"推销员就应该这样说："先生，美国富豪洛克菲勒说过，每个月花一天时间在钱上好好盘算，要比整整30天都工作来得重要！我们只要花25分钟的时间！麻烦你定个日子，选个你方便的时间！我星期一和星期二都会在贵公司附近，所以可以在星期一上午或者星期二下午来拜访你一下！"

（3）要是客户说："我没兴趣。"那么推销员就应该这样说："是，我完全理解，对一个谈不上兴趣或者手上没有什么资料的事情，你当然不可能立刻产生兴趣，有疑虑有问题是十分合理自然的，让我为你解说一下吧，星期几合适呢？……"

（4）要是客户说："我没兴趣参加！"那么推销员就应该这样说："我非常理解，先生，要你对不知道有什么好处的东西感兴趣实在是强人所难。正因为如此，我才想向你亲自报告或说明。星期一或者星期二我过来看你，行吗？"

（5）要是客户说："请你把资料寄过来给我怎么样？"那么推销员就应该这样说："先生，我们的资料都是精心设计的纲要和草案，必须配合人员的说明，而且要对每一位客户分别按个人情况再做修订，等于是量体裁衣。所以最好是我星期一或者星期二过来看你。你看上午还是下午比较好？"

（6）要是客户说："抱歉，我没有钱！"那么推销员就应该这样说："先生，我知道只有你才最了解自己的财务状况。不过，现在告急帮个全盘规划，对将来才会最有利！我可以在星期一或者星期二过来拜访吗？"或者也可以这样说："我了解。要什么有什么的人毕竟不多，正因如此，我们现在开始选一种方法，用最少的资金创造最大的利润，这不是对未来的最好保障吗？在这方面，我愿意贡献一己之力，可不可以下星期三，或者周末来拜见您呢？"

（7）要是客户说："目前我们还无法确定业务发展会如何。"那么推销员就应该这样说："先生，我们行销要担心这项业务日后的发展，你先参考一下，看看我们的供货方案优点在哪里，是不是可行。我星期一过来还是星期二比较好？"

（8）要是客户说："要做决定的话，我得先跟合伙人谈谈！"那么推销员就应该这样说："我完全理解，先生，我们什么时候可以跟你的合伙人一起谈？"

（9）要是客户说："我们会再跟你联络！"那么推销员就应该这样说："先生，也许你目前不会有什么太大的意愿。不过，我还是很乐意让你了解，要是能参与这项业务，对你会大有利益！"

（10）要是客户说："说来说去，还是要推销东西？"那么推销员就应该这样说："我当然是很想销售东西给你了，不过要是能带给你让你觉得值得祈望的，才会卖给你。有关这一点，我们要不要一起讨论研究看看？下星期一我来看你？还是你安排我星期五过来比较好？"

（11）要是客户说："我要先好好想想。"那么推销员就应该这样说："先生，其实相关的重点我们不是已经讨论过吗？容我真率地问一问：你顾虑的是什么？"

（12）要是客户说："我再考虑考虑，下星期给你电话！"那么推销员就应该这样说："欢迎你来电话，先生，你看这样会不会更简单些？我星期三下午晚一点的时候给你打电话，还是你觉得星期四上午比较好？"

（13）要是客户说："我要先跟我太太商量一下！"那么推销员就应该这样说："好，先生，我理解。可不可以约夫人一起来谈谈？约在这个周末，或者您喜欢的哪一天？"

类似上述的拒绝自然还有很多，我们在这里不能一一列举出来。但是，处理的方法其实还是一样，就是要把拒绝进而转化为肯定，让客户拒绝的意愿动摇，推销员就能够乘机跟进，诱使客户接受自己的购买建议。

第十四章　处理好客户的不同要求

处理顾客的批评技巧

客服部门每天都会接到类似抱怨、意见、生气、斥责、不安、用残次品应付，等等各种各样的顾客反馈。特别注意一定要认真听取顾客意见，不能顶撞客人。但也不要从开始就只是不停地道歉，那样很容易引起误会，从而导致不必要的混乱。

要是想让每位客人都来买我们的商品、使用我们的商品，你在接到投诉后一定要用开篇的那句话。

事实上要表达"无论如何我们都会听取你的反馈意见"的心情，就要把握好自己的语气，尽可能做到让客人能够平心静气地说出自己的意见。要是客人一见面就怒气冲冲地破口大骂，而你觉得让他随便说什么都没关系的话，那可真就是大错特错了。

无论怎么说，就算对没有预约就直接闯进店里的客人，一开始也要微微低头发自内心地说："你特意跑来联络我们，非常感谢！"

此时，你必定会发现需要冷静的不仅仅是顾客，其实更需要冷静的是你自己！我们应该沉得住气，耐心聆听，让对方的批评和抱怨负面情绪得到最大程度的宣泄；诚恳感谢对方对我们工作的督促；真诚请求对方说出改善的意见和要求；耐心和对方说清楚我们的想法和做法，哪些是需要改进的，并初步提出解决的方案和时间；同时也坦诚地告诉对方什么是我们需要坚持的，并敬请对方在可以的情况下能够尽可能的理解和配合。

古人云："人非圣贤，孰能无过"。实际上勇于接受批评并能够及时改正错误是一种传统美德。这样就正好应验了"君子之过也，如日月之食焉；过也，人皆见之；更也，人皆仰之。"批评尽管是一种负面沟通，但它却难能可贵。如果一个人总得不到批评，那么就很难有进步和收获，也必然失去走向成功的动力。我们要敢于拿起批评的有力武器，更要欢迎别人的批评。应把每一次批评都当成是改进工作、完善自我、克服自满和提高能力的良机。

批评是一种真诚的关爱。这种爱充满着帮助和呵护，这种爱能使人防微杜渐、头脑清醒、悬崖勒马。批评也是一种直接的交流。它包含着了工作交流、思想交流、情感交流。奥斯特洛夫斯基曾说过这样一句话："真正的朋友应该讲真话，不管那话多么尖锐"。要是我们能够把这样的"苦药"和"逆耳之言"，称其为净言；实际上又把讲真话、敢批评的朋友，称其为净友。

批评又鲜明的凸显了一种境界、一种胸怀、一种坦荡。邱吉尔在他的办公室墙上，悬着一幅林肯的字，上面是这样说的："我当竭尽所能，一往直前。如结果证明我是对的，那么所有反对我的声音都无关紧要。反之，假如我是错的，就算天使信誓旦旦地说我是对的，也无济于事。"邱吉尔一生当中不知遭遇过多少批评，林肯更不用说了，在他一生之中，反对他的声音每天都会出现。其实现在的一些公众人物不也这样吗？真正的勇气就是秉持自己的信念，一路风雨兼程走下去。

我们都明白水可载舟，亦可覆舟，但是水只要不渗进船里，船就不会沉。记住一件事，只要确定你是对的，就坚持你的信念，无怨无悔，不达目的不罢休。如果你能做到这一点就可以成为人上之人。

顾客真诚的批评，是成交高手眼中的宝藏；真心的批评，指出了交易的实际问题，而这正是成功谈判至关重要的基础。顾客提出批评的原因很多，也许顾客准备接触三四家公司，而你的公司是第一家；也可能是你的价格确实已经大大超出顾客的预算。

除此之外，在听取上司或配偶的意见之前，的确有很多人难以下决定。推销员应该干涉顾客的这些行动吗？当然不。但是，请记住一点，当顾客真心提出批评时，其本身的用意是寻求你的有效帮助。

顾客的批评，是推销员的财富。少了批评，销售就无法进行。顾客提出批评，只有两个理由：第一，顾客希望获得更多信息（显示顾客有兴趣）；第二，顾客实际上是在放烟幕弹。你完全可以遵循下列步骤，处理顾客的批评。

（1）认真倾听，当面表示颇有同感。

（2）提出反问。以怀疑的口气，重复顾客提出的那些批评。顾客："这间浴室太小了。"推销员这样说："太小是多小？"

（3）针对现有的问题，提出具体的解决方案。但是，你的方案必须可行、有说服力、符合逻辑、切合实际，还一定要容易理解、值得信任。

（4）确认。确认自己的答案是顾客能够接受的。顾客："12%的利率太高了。"推销员："史密斯先生，加上各项扣除额之后，依30%的所得税率来算，只剩下8%。8%的实际税率可以接受吧？"

（5）继续推进销售。"另外，我再让你看看……"

让顾客成为主角

在推销的过程中，推销员自身的热情、魄力以及种种为达成签约目的所做的积极行为都是成交所不可欠缺的。实际上对于推销员来说，用破釜沉舟的魄力去执行自己的推销计划，主要还是因为客户始终处于被动地位，必须由推销员主动地引导其自动走向成交的终点。

但是，有一点必须注意的是，不管推销员如何引导，在交易过程中发挥了多大的促进作用，千万不要忘记最后来做决定的还是客户自己。"让客户最后来做决定"是推销员必须遵守的基本交易准则，因为客户才是交易利益的带来者，客户在交易中如果处于被动地位，他就很难有耐心将整个交易继续进行下去。

在达成交易的过程中，如果是在推销员一再的施加压力下客户才不得不签字的话，必然会被客户认为整个交易过程都是推销员自己独自在做决定，当推销员离开时，客户很可能会十分后悔，而且对于这件事情会在日后都耿耿于怀，甚至会通过种种途径来撤除交易。因此在最后达成交易的关键时刻，应该留出足够的时间让客户自己来做决定，让客户自己说出来成交的要求。在这种情况下，通常可以通过选择成交法来实现交易。

在推销过程中，推销员千万不要越俎代庖，为客户包办全部的交易细节。推销员不但要注意言语上尽可能让客户表达他的意思，而且要在行动上尽量迎合客户的需求。

有些推销员在进行实际操作的时候，一般在言语上能够尽量满足客户表达的需求，但是到了最后成交的时刻就得意忘形，一激动就忘记了需要让客户在交易的过程中能够把握主动，擅自做主地替客户决定这决定那，最后可能就导致功亏一篑。

越是优秀的推销员在最后的时刻越是显得极其谦卑，越是谨慎。他们明白行百里者半九十的道理，他们懂得达成交易的最后时刻一般最容易出现问题。因此他们以一种谨慎的姿态来对待每次交易的最后时刻，尽量让客户自主选择成交。其实客户自主选择的成交都在推销员的控制范围之内。时刻要记着顾客是至上的，这点不仅表现在交易的过程中，而且表现在达成交易的最关键时刻。

客户把握主动并不代表推销员在整个商谈过程中没有一点机会提出自己的要求。推销员完全可以通过细心的倾听和适时的询问来将话题牢牢的控制在自己控制的范围之内，避免整个商谈偏离了原主题，进而影响交易的达成。

对于推销员来说，要是在没有取得客户的共识之前，客户任何仓促的同意都有可能导致事后的后悔甚至是疑惑。在和客户的交往中，一定要给客户灌输这样的观念：客户的购买和产品的售后服务是紧密联系在一起的，完全可以放心地使用。这样才能够让客户自愿地和推销员达成这笔交易。

在达成交易的整个过程中，成交也不是以客户点头为标准。推销员往往认为成交就是以客户点头为最终目的，只要客户点头，交易就意味着已经达成。这种观点从根本上来说是错误的。因为如果是客户在毫不知情的情况下，仓促地购买了产品，事后一定会十分后悔，进而就会产生退货。这样对保持和客户的长久关系是很不利的。

现在很多营销专家都提出了促成是一种水到渠成的过程，不适合在推销过程中采用强迫的方式，而应用一种很自然而且循序渐进的方法来取得客户的认同，然后达成交易。这种观点非常有道理，关键是看推销员将利益点放在哪些方面和所推销产品的行业性质。如果利益点仅仅是放在本次产品的销售上，而所销售的产品客户一般不会购买第二次，采取较为急进的推销方式未尝不是一个很好的选择。但是假如利益点放在和客户保持良好关系，而销售的产品客户一般会第二次购买或者客户对产品的消费是一种连续不断的过程，往往采取水到渠成的方式，最终的效果可能会更好。

无论采用哪种方式，推销员在推销的过程中都必须搜集足够的信息，逐步发掘客户的需求，做好进一步的沟通，解释可能出现的种种质疑，逐渐化解客户的敌意，从而最终达成交易。在推销的过程中一定要首先考虑到客户的感受，千万不要抱着只要卖出去就行的心理。

对于推销员来说，要时刻记住销售是他与客户两个人互动的事，只有在客户有完全的心理准备的状态下，才是达成交易的最便利条件。

满足顾客的"合理"要求

我们知道，顾客的需求与异议都是各种各样的，不能指望用一种产品满足所有顾客的需求，也不能认为现在的产品就完全都能满足推销对象的需求；当顾客提出有效且不可更改的购买异议时，推销人员应从全心全意为顾客服务的立场积极出发，详尽地了解顾客需求。然后，准确地向企业反映顾客的实际需求，与企业各部门取得联系，通过改进产品，改进推销，争取满足顾客的要求，消除异议。这样就能够通过产品与推销的改进而牵动企业生产与经营活动的进步；进而也能够引发企业对新产品的开发与市场开拓；可以更好地体现企业及推销人员的服务精神。这种个性处理法完全符合推销学的基本理论，符合推销学的基本规律。因而它是推销活动中被广泛应用的常规性方法，也是现代推销学推崇的顾客异议处理法。

当然，这种方法的应用是一个相当复杂的过程，运用不当，会导致因许诺不能兑现而令推销人员的信用一落千丈；也会使企业的生产线一直忙于更改而引起成本上升和质量下降等一系列问题。所以，应用这种处理法时应注意下列各事项：

（1）企业应切实树立坚定的市场营销观念。应使所有部门与全体人员认识到满足顾客需求是企业的最高原则，是企业解决矛盾、处理关系的基本准则。在企业内部形成上下一心、各部门各环节协调配合的完整的整体营销体系，为兑现推销人员的承诺奠定必须的思想与经济基础。

（2）推销人员应掌握足够的有效信息，以便在推销过程中，能分清哪些顾客的异议能够满足，哪些顾客的异议目前还缺乏满足的条件。

（3）推销人员应认真分析顾客异议。及时确定顾客异议性质。定制式处理只适用于顾客的有效异议。也就是如果推销人员满足了顾客异议的要求，按异议要求说服企业为顾客定制产品，顾客就必定会成交。

（4）推销人员应讲究职业道德，讲究行业信用，在与顾客签订合同或其他形式的契约后，要想方设法的确定履行合同。

把顾客放到中心位置，重新评估自己对顾客需要的确切了解程度。了解顾客，知道顾客是如何做出选择的，不断给他们提供他们实际上最想要的东西。只有具备这样坚实的基础，才能不断增加交易成功的机率。

要学会对喜欢恭维的客户拍马屁

在有的场合恭维别人实际上也是一种美德，不要说那些不是出于内心的话。当你认为这样恭维最恰当时，那就真诚的恭维他几句，这就是所谓极好的恭维时机。只要恭维得恰当，自己发自内心而且是羡慕对方，对方埋藏于内心的自尊心被你所承认，那他一定会自然的十分高兴。巧妙地从恭维客户开始，展开话题，让客户的所有注意力都全部投入到和你的谈论中，你的推销介绍自然也就被对方倾听了。

当你和客户寒暄过后，周围的所有事物都可以成为恭维的话题。你可以对接待室的装潢设计夸赞几句，诸如"庄重典雅"或者是"堂皇气派"等等，你还可以具体地谈及一下桌上、地上或是窗台上的花卉或盆景等，这些花卉和盆景造型怎么怎么新颖独特，颜色亮度等又是如何如何搭配科学，甚至你还可以对它们的摆放位置用"恰到好处，错落有致"一类的词语来含蓄的称赞一番。

这些都是非常容易就能够想到的，你会以为没有什么新意。的确，平庸的推销人员一般都停留在这个层次上。然而，想象力丰富和具有创造精神的推销员都不会仅仅是局限于这些最最寻常的言谈，他们可能会对客户的推销员也大加赞赏，对他们周到热情的接待也要表示感谢。

这么一来，你的客户会因为看到自己的属下训练有素、尽职尽责而觉得高兴。同时，在场的推销员也会从心底对你的理解表示真诚的感激，他们会马上变得非常友好，好像和你是多年的老朋友了。

如果达到了这样的效果，那么当你下次再拜访这位客户，又一次和这些推销员见面时，他们便会更加地热情，俨然一副故友重逢的样子。但是，如果推销员对你并没有像你说的那样友好，你该怎么办呢？还需要再次表示赞赏吗？

这也是一个现实的问题。你对推销员来说是一位地地道道的陌生人，他们对你的接待不可能没有一点怠慢。对于他们的失礼，你应视具体的程度而定。要是你对他们的接待还基本满意，没有什么根本的失礼可言。这时你就要不应拘于小节，而照样向你的客户——他们的上司表示对接待工作的完全满意。

推销员当然也知道自己肯定有招待不周的地方，他们听到你的话时，心里一般来说都会有些歉意，下次再有机会接待你的话，他们的工作可能会大有改善。然而，若是另外一种情况，即推销员对你本身就毫无礼貌，着实把你惹恼了，你怎么办呢？还是违心地向他们的上司表示赞赏吗？这种情况下，你要是还是按照惯性思维，笨头笨脑地说一些表示满意的话，推销员们会以为你在说反话，并且会把你看作一个居心不良的小人，这样一来，你下次的拜访就变得困难重重了。遇到这种情况时，最明智的做法是十分大度地把推销员的无礼置于脑后，和客户交谈根本不提及推销员，好像压根就没有发生过不愉快的事。推销员对你的宽宏大度一般不会无动于衷，在内疚之余，你的下次来访可能会受到应有的正常礼遇。此外，和客户接洽时，要是真遇到这种情况，你完全可以选取另外的合适话题。

恭维客户，让对方注意你的谈话，一定要灵活应对，切不可过于拘泥。恭维时一定要有诚恳的态度。只有态度诚恳，购买者才对你的恭维产生兴趣，你才能收到理想的效果。如果你的恭维毫无诚恳之意，让购买者觉得是那么虚伪，那么这样的恭维最好还是不要为好。

知己知彼，百战不殆

古代兵书上有句流传至今的至理名言"知己知彼，百战不殆！"这句话经久不衰，它所蕴含的意义是深远且有丰富价值的，细细去琢磨，可以说魅力无穷！把它用在生意上也再恰当不过了！为了赢得一个客户，你必须要比别人更了解这个客户，你越了解你的客户，你就越容易使客户产生"友好的纠缠"，这种纠缠使客户在一般情况下难以转向你的竞争对手。

真诚巧妙的询问在专业销售技巧上扮演着至关重要的角色，我们不但可以利用询问技巧来获取所需的情报并确认客户的实际需求，而且能主导客户谈话的主题。询问是最重要的沟通手段之一，它能使客户因自由表达意见而产生积极的参与感。与"询问"同样重要的是"倾听"。除了要善于提问，还得搭配运用一定的倾听技巧。如此，才可能真正接近客户。倾听和询问是正确掌握住客户需求的重要途径，若我们不能有效的使用这两项技巧，我们的销售将是乏味的更是盲目的。

萨米是推销喷砂玻璃微珠的职业推销员。贸易通上每天都有新的客户来询价或是产品质量情况，每次遇到这种情况，萨米不是马上就报价或是向客户推销产品，而是在和客户打招呼的同时，先在网上查看他的资料，了解下大致情况，是经销商还是终端客户从网上资料就能看出来，还要进一步了解他们的产品，不同产品对喷砂玻璃微珠的质量要求也是不一样的。看了这些资料后，基本上有了一个大概的了解，更多信息需要萨米和客户的交流中去寻找、发现。要通过对话，才能够了解他们是初次使用这种喷砂玻璃微珠还是已经使用一段时间了。不同的情况萨米具体的策略也是完全不同的，如果初次使用，他们对喷砂玻璃珠就需要更多的了解过程，那么以后萨米在给他们提供资料时就要提供的尽可能详细些，而且相关喷砂操作上的问题也一定要提醒他们注意，或是有问题向他们推荐喷砂方面的专家，毕竟萨米的公司是生产喷砂材料的，不提供相关的加工服务，专业的知识还是需要专家去解决。如果是已经使用一段时间了，要具体的了解到用的是哪家供货商的货，什么规格，月用量多少，价格多少（很多客户不会把真实价格说出来），目前仍然存在什么问题，现在存在的问题非常重要，因为客户在已经有供货商的情况下还向萨米咨询价格，当然就是想解决已经存在的问题，也可能是质量上的，或许是价格上的，或许是服务上的，所以了解到这点对于今后的合作也是非常有意义的。

现在的客户和过去完全不同了，因为网络信息的发达，资源的丰富，他们都是聪明和见多识广的，甚至是极其挑剔的，他们讨厌强迫式的推销方式。他们所期望的交易应该是公司能够尽可能让他们觉得愉快和满足。如果他们曾经在和其他公司交易中得到了比较好的服务体验，他们会要求你们公司也这么做，如果你们公司确实做不到的话，那么客户可能就会感到不满，甚至直接离开。因为客户会这么想，别人能做到的，为什么你们公司就不能？所以在了解到他们的实际需求时，推销员下一步要做到的就是尽力去满足客户的实际需求，或是创造新的有竞争力的有实际价值服务。

在询问和倾听过程中，推销员一直无法有抵毁竞争对手的想法，这样会给客户不好的印象，也不能着急的向客户推销推销员的产品。这时推销员需要的是做个好听众，耐心的去听客户的需求，当客户真正能够感觉到你在尊重他，重视他时，他会非常乐意把存在的问题告诉你，也会主动向你索要产品的相关介绍资料。这样推销员离成功的去接单就近了一步！

下一步，就是把推销员的产品及服务真实的展示给客户。不要把客户想象成推销员这个行业的专家，虽然他知道的很多，但是对于具体材料上、质量上、工艺上的差异，他们是不会完全明白的，推销员需要象专家一样，去给他们分析。会有很多类似这样的厂家，直接告诉客户推销员，他们的产品质量是国内同行业中最好的，客户推销员是不会相信的，这样等于没说。推销员需要把产品内在的区别，从生产材料到技术环节到生产工艺具体都是什么不同，能带来什么明显的增值利益及效果，都要明确的去和客户说明，任何时候，推销员都应该努力成为本行业的专家。帮客户去解决更多的问题，真心实意的把客户当朋友，相信你会得到一定回报的。

让顾客感到他很重要

长久以来一直有这样一条箴言——我们希望别人怎么待我们，我们就先要怎么对待别人。所以，要是我们能够想从朋友那里得到帮助，那么最好我们能让他们知道我们认识到了他们对我们来说是多么重要。一个能真正的做我们朋友的人，他在某些方面一定会比我们优秀。而一个绝对可以赢得他信任的方法是，以不留痕迹的方法让他自己就能够明白，他是个重要人物。人们最迫切的愿望，完全就是希望自己能受到重视。实际上，每个人都有他的优点，都有值得被他人所学习的长处，承认对方的现实重要性，并表达由衷的赞美，这样做能够自然的化解许多冲突与不愉快。

我们希望我们的朋友真正的喜欢我们，我们希望自己的观点被朋友采纳，我们渴望听到真正的赞美，我们希望别人足够重视我们……因为我们也想得到别人的重视，或者说我们也想别人重视我们。那么，我们首先要让我们的朋友知道，我们相当重视他们。

比如，如果我们想在窗明几净的办公室中工作，决不能经常责怪我们的秘书没有及时地整理，也不能拿她和别的人作比较。相反，我们要经常赞美她把办公室治理得井然有序，而且要公开表示我们很幸运聘用了她，因为正是她的准备性劳动实际上已经使得我们能静下心来做每天的营销决策。所以，如果我们希望能从别人那里得到我们想要的那些帮助，我们就得尊重别人，让对方认为自己是个重要的人物，满足他的那种内心想要的成就感。

有一件非常感人的事情——哈佛大学校长查尔斯·伊里特博士之所以后来能成为一位杰出的大学校长，是因为他对别人的尊重能够始终坚持着。

一天，一位名叫克兰顿的大学生到校长室中申请一笔学生贷款，随即就被获准了，克兰顿万分感激地向伊里特道谢。正要离去时，伊里特说："有时间吗？请再坐一会儿。"接着，学生非常吃惊地听到校长说："你们在自己的房间里亲手做饭吃，是吗？我上大学时也做过。我做过牛肉狮子头，你们做过吗？如果煮得很烂，这可是一道很好吃的菜！"接下去，他非常详细地告诉学生怎样挑选牛肉，怎样用微火焖煮，怎样切碎，然后需要放冷了再吃。

有谁会不喜欢这样的人呢？如果这样有名的人物能够记得我们，会对我们所作的一些事情感兴趣，我们是不是就会觉得受宠若惊呢？如果这样的人想从我们这里寻求帮助，我们会欣然前往的！每个人，当然也就会包括你和我，都喜欢那些欣赏和关心我们的人。我们都喜欢和认为我们比较重要的人在一起。

第一次世界大战结束的时候，德国的威廉皇帝无奈之下为了保全自己的生命而逃往荷兰，人民对他恨之入骨，很多人都想把他碎尸万段，或者活活烧死，可是却有一个小男孩写了一封简单而诚挚的信给这位皇帝。这个小男孩在信中这样说："不管别人怎么样，我永远只喜欢威廉当我的皇帝。"这封信把皇帝的心深深地感化了，他邀请小男孩同他的母亲一起去见他。不久，皇帝同小男孩的母亲就正式结婚了。这是一件富有传奇色彩的真实的事情。是的，任何人都是需要别人足够重视他的。

亚伯特·安塞尔是铅管和暖气材料的推销商，多年以来始终想跟布洛克林的某一位铅管商做生意。那位铅管商业务极大，信誉也格外的好。但是安塞尔一开始就吃足了苦头。那位铅管商是一位喜欢使人窘迫的人，以粗线条、无情、刻薄而觉得骄傲。他坐在办公桌的后面，嘴里叼着雪茄，每次安塞尔打开他办公室的门时，他就咆哮着厉声说："今天什么也不要！不要浪费你我的时间！走开吧！"

然后有一天，安塞尔先生试试其他的方式，而这个方式就建立了生意上的关系，交上了一个朋友，并得到非常可观的订单。

安塞尔的公司正在进行商谈，准备在长岛皇后新社区办一间新的公司。那位铅管商对那个地方很熟悉，并且做成了很多生意，因此，安塞尔去拜访他时就说："某先生，我今天不是来推销什么东西的。我是来请您帮忙的。不知道您能不能拨出一点时间和我谈一谈？"

"嗯……好吧，"那位铅管商这么说，嘴巴把雪茄转了一个方向。"什么事？快点说。"

"我们的公司想在皇后新社区开一家公司，"安塞尔先生这样说："您对那个地方了解的程度和住在那里的人一样，因此我来请教你对这里的看法。这是好呢还是不好呢？"

情况就完全不同了！多年以来，那位商人向推销商吼叫、命令他们走开，今天这位推销员进来请教他的意见，一家大公司的推销员对于他们应该做什么，竟然跑来请教他，使他觉得自己非常重要。

"请坐请坐，"他说，随手拉了一把椅子。接着用一个多小时，他详细地解说了皇后新社区铅管市场的特性和优点。他不但完全同意那个分公司的地点，而且还把他的脑筋集中在购买产业、储备材料和开展营业等全盘方案。他从告诉一个批发铅管公司怎么去展开业务，而得到了一种重要人物的感觉。从那点，他逐渐扩展到私人方面，变得非常友善，并把家务的困难和夫妇不和的情形也向安塞尔先生苦苦哭诉。

"那天晚上当我离开时，"安塞尔先生这么说，"我不但口袋里装了一大笔初步的装备订单，而且也建立了坚固业务友谊的基础。这位过去常常吼骂我的家伙，现在常和我一块儿打高尔夫球。这个改变，都是因为我请教他帮个小忙，而使他觉得有一种重要人物的感觉。"

孔子曾经这么说："人之患，在好为人师表。""好为人师"，是人性的一个弱点。其实质是人类天性中不可侵犯的最高贵的自尊心。每个人都希望能得到他人的尊重和敬仰，无论他是伟人还是平民，是老人还是小孩子。法国大作家罗曼·罗兰说："自尊心是人类心灵的伟大杠杆"，只要你能足够的满足对方的自尊心，你也就掌握了对方。推销员利用人类的这一弱点，尊对方为老师，向对方谦虚求教，这样对方就会心情舒畅，心中充满温暖和同情，对你抱有好感，从而不自觉地接受你的职业推销。

先向师傅学推销，然后再向师傅推销，这是推销中很高明的一招。如果你某次推销失败了，对客户不要就这么从此形同陌路，永不相见；务必再去看看客户，抱着学习请教的心情去。斗不过他，就干脆拜他为师，分析一下失败的原因。生意不是只做一天两天的，以后仍有成功的机会，"师傅，下次如果照着你的指示去做，你不会不买吧？"

"向师傅求教"，在实践中有许多推销员运用这一招数都能够转败为胜。在上文中，推销员亚伯特·安塞尔说服一个非常顽固的顾客改变了态度，并没有采取什么神秘的妙招，只是巧妙地利用了人类的天性，向对方谦虚求教。美国一位著名的哲学家说："驱使人们行动的最重要的动机是做个重要人物的欲望。"安塞尔的做法表面上已经给对方一种重要人物的感觉，从而满足了对方的那种自尊心。

千万不能与顾客争论

推销员向客户推销产品时，通常很多的客人会说一些很有争议的话题，千万不要与你的客户抬杠。就算最终你真的已经赢了，你最终还是输了。因为"一个人即使口服，但心里却并不服。"

杰米以前是性子非常急躁的人，遇到与他意见不同的人，总是愿意争论，结果往往虽然杰米占了上风，但是却因而失去了很多本该属于自己的朋友和客户。

一次杰米与一位客户见面，当杰米谈到他们的产品时，而对方却这么说："什么，你们的产品一点也没有什么名气，我们一直在用 AL 产品。AL 产品是外国公司的产品，推销员也很棒。"这要是在以前，杰米早就气得与其争辩起来了。但是如果越是争辩自己的产品好，对方就越喜欢竞争对手的产品。于是杰米强压怒火，杰米说："AL 的产品的确不错，买他们的产品绝对错不了。不但公司实力很强，推销员也很优秀。"杰米说完他就实在是无话可说了，对方没有继续争执的余地，接着他们就不再谈论 AL，杰米开始介绍他们公司的优势，从公司的前景到杰米们的产品性能、质量，等等，杰米一直建议他可以试用他们的产品，并对他能使用他们公司的产品表示衷心的感谢，交谈的气氛始终非常融洽，后来这位客户不但购买了杰米的产品而且他们还成为了非常要好的朋友。

要取得客户的好感，首先必须要赞同客户的意见，不要与其争论、反驳，你是要表面上的胜利，还是别人对你的好感呢？可能偶尔也有可能获胜，但那时空洞的胜利，你将永远得不到对方的真正好感。

与客户交流要能够接受不同的意见，不要过于相信你的直觉，保持平静，并控制你的情绪，耐心倾听并寻找尽可能相同的意见，要诚实、宽容、同情、并感激你的客户提出的不同意见，不要盲目的采取行动，让对方都有时间把问题考虑清楚，和谐的交流技巧会使你的成功的路上能够一帆风顺。

要是你的顾客是个凶神恶煞，你该怎么办？乔罗斯基服务于美国宾州的家庭维修公司，他的确切答案是："凡事顺从，让顾客无处发威。"乔罗斯基登门拜访芳德马彻，因为她的一位邻居这么说："她家里需要修一修。"前门一开，面前站立着身高190厘米、体重120公斤的庞然大物，乔罗斯基当时吓了一跳，芳德马彻舞着巨大的手掌，以排山倒海的声势厉声大吼："你给我听仔细！别以为寡妇好欺负！你胆敢骗我，要你好看！"乔罗斯基马上拿出"唯一策略"，请她开出全部要求。她立刻下达命令："我要装新的窗户，要加外墙壁板。先拿出你的客户名单，拿出房屋整修商店的名单。"随即，她要乔罗斯基一星期内不许出现，"我要查清你的底细。"

一般顾客打听商家服务品质时，经常会询问一两位客户的意见；然而芳德马彻不同，她把电话打给乔罗斯基的每一位客户，劈头盖脸就问："他有没有骗过你？"第二次见面时，芳德马彻正在忙着整理后院，她不好意思地对乔罗斯基说："没人讲你的坏话。""你要的窗户总共是943元。"乔罗斯基这样告诉芳德马彻，"这是成本价，我们不加其他费用。不过，我们得先付这笔钱，才能订购窗户。大概要等三到四个礼拜才会交货。""你别想要我付一笔钱。"芳德马彻凶狠地说，"好吧。"乔罗斯基说，她终于能够相信，自己不会骗她。

芳德马彻最后买了窗子，乔罗斯基问："你付了多少钱？""1100元。"芳德马彻说。其实，乔罗斯基完全能够提醒芳德马彻，当初由他订购，只要花943元。但是这种时刻还是不说话为妙。乔罗斯基装上窗户，一并算上外墙壁板之后，总共向芳德马彻收取了1971元。芳德马彻付了钱，还向其他人分别详细介绍乔罗斯基的优质服务，这些人最后都成了乔罗斯基的客户。面对凶神恶煞的顾客，只要有利于成交，就一定要尽量顺着他们的意思说话行事。

积极回应顾客的抱怨

在介绍和销售产品的整个过程中，一般会碰到顾客退货和抱怨的事。顾客来退货，肯定是对产品有置疑。推销员大概都有这样的体会，不管你的产品价格是多少，总会有人说价格太高。"太贵了!"这大概是任何一个推销员都遇到过的最常见的异议。顾客还可能会说:"我可以以更便宜的价格在其他地方买到这种产品"、"我还是等价格下调时再买这种产品吧"、"我还是想买便宜点的"等。对于这类反对意见,要是你不想降低价格的话,你就必须向对方证明,你的产品的价格是完全合理的,是产品价值的正确反映,使对方觉得你的产品值那个既定的价格。

在说服顾客方面,齐格勒就做得十分成功。齐格勒曾推销过厨房成套设备,主要是成套炊事用具,其中最主要的制品就是锅。这种锅是新品不锈钢的,为了导热均匀,锅的中央部分设计得较厚。它的结实程度是令人无法相信的,齐格勒曾说服一名警官用杀伤力很强的四五口径的手枪对准它射击,子弹居然没在锅上留下任何痕迹。

当齐格勒推销时,顾客经常表示强烈的异议:"价钱太贵了。"

"先生,您认为贵多少呢?"

对方可能会这样回答说:"贵 200 美元吧。"

这时,齐格勒就在随身带的记录纸上随即认真的写下"200 美元",然后又问:"先生,您认这锅能使用多少年呢?"

"大概是永久性的吧。"

"那您确实想用 10 年、15 年、20 年、30 年吗?"

"这口锅经久耐用,是没有问题的嘛。"

"那么,以最短 10 年为例,作为顾客来看,这种锅每年贵 20 美元,是这样的吗?"

"噢,是这样的。"

"假定每年是 20 美元,那每个月是多少钱呢?"齐格勒一边说一边就在纸上写下了算式。

"如果那样的话,每月就是 1 美元 75 美分。"

"是的。可您的夫人一天要做几顿饭呢?"

"一天要做两三回吧。"

"好,一天只按两回算,那您家中一个月就要做 60 回饭!如果这样,即使这套极好的锅每月平均贵上 1 美元 75 美分,和市场上卖的质量最好的成套锅相比,做一次饭也贵不了 3 美分,这样算就不算太贵了。"

齐格勒当时使用的这种方法正是被人称为"金额细分法",它是针对顾客提出价格异议的最有效的一种方法。在进行推销洽谈时,买卖双方一拍即合的情况是少有的,顾客经常会做出这样或那样的非常不利于成交甚至拒绝成交的反应,表现为对采取购买行为的否定,推销活动中将这些情况都叫做购买异议。

无疑,顾客提出的异议是推销过程中的障碍,但要是顾客对某一销售无动于衷的话,他是不会提出异议的,所以,从某种角度上来说,顾客是否提出异议是他对产品是否感兴趣的指示器。顾客提出异议是完全正常的,不妨想想,当一个陌生的推销员向你极力的推销某种商品时,你是怎样做的? 如果你懂得每个顾客都有权提出异议,那你就不会因此而觉得沮丧,也不会因此而显得惊慌失措了。

抱怨是我们每位推销员都会遇到的情况,就算自己的产品再好,也时常会受到挑剔的客户的抱怨，要正确处理好客户的抱怨，就必须站在客户的立场上考虑问题，并用热情和真诚的态度与客户进行真诚的沟通，才能与客户达成共识，从而解决问题。不要草率甚至粗鲁地对待爱抱怨的客户。要是真正能把客户的抱怨适当的化解，那么，他们就会成为产品的忠实消费者。

一、感谢客户所提的意见

遇到客户抱怨时完全可以这样对客户说：感谢您提出的意见，我们一向很重视自己的信誉，发生您所说的事情，深表遗憾，我们一定在了解清楚具体的情况后，加以改正。我们一定要注意，应当感谢客户提出的意见，并要向客户真诚道歉。但对客户有针对性的指责，要在搞清事实后才能最终接受。

二、询问抱怨原因

询问对方提出抱怨的真实原因，并能够随即记下重点。这样做，表示我们对客户提出意见的重视，这是解决客户抱怨的一般途径，尤其是对一些情绪激动的客户，你把他的话记下来，可以使他慢慢冷静下来。

三、耐心倾听客户意见

耐心地听完客户描述的意见，不要打断对方的话，也不要迫不及待地为自己辩解。争辩无疑是火上浇油，要让客户把怨气全部都能够发泄出来，待他平静以后，再加以详细说明。

四、迅速采取措施

迅速采取必要的合理的措施，消除客户抱怨的原因。拖延处理客户的抱怨是导致客户产生新的抱怨的根源，及时处理才能尽量弥补过去工作上的疏忽而带来的与客户间的不良影响，是赢得客户信任的绝妙方法，事后最好给客户写一封表示感谢的信，这样做一定会使客户深为感动。

五、减少客户抱怨

客户产生抱怨的根本性原因是因为我们对公司的产品知识了解不深。导致对客户服务做得不够完善。对公司产品的特点和知识一定要了解全面，并在销售之时就跟客户解释清楚，这就能很大程度的避免客户产生抱怨和意见，学习和了解专业知识是减少客户抱怨的首要条件，真正的把客户当成上帝，只要能够做好售前、售中和售后服务，才能得到客户的认可和支持，我们只有这样做，才能使不满意的客户最终回心转意。

如何对待顾客的异议

一般情况下的异议可被解释为反对某一种计划，想法或产品而表达出来的态度，是持反对立场的某种担心、理由或者争论论据。客户异议是指客户对推销员在推销过程中的行为和举动表示的那些不赞同、提出质疑或者拒绝。例如当推销员直接去拜访客户时，客户说没时间；向客户介绍产品时，客户却完全不以为然。很多推销员对客户的异议表示非常害怕，对太多的异议感到恐惧。但是对于一个比较成功的、且经验丰富的推销员来说，从客户的异议中他可以得到以下的有效信息：

能判断客户是否有需要；能获得更多关于客户的有效信息；能了解客户对推销员本人及其建议的实际接受程度。

一、客户异议的类型

一般情况下，可以将异议主要分为三大类：

第一类是虚假的异议。这类异议主要包括下面这两种：一种是客户用借口敷衍推销员，其目的是为了避免和推销员会谈，不想直接介入销售；另一种是客户提出的异议根本不是他们在意的内容，通过对产品次要方面的百般挑剔来直接拒绝推销员的推销或者压迫推销员给予的一定优惠。

第二类是真实的异议。客户能够真实地表达自己对产品的感受，要么是没有需要，要么是对产品不满意或存有偏见。在这类异议表达中，客户通常会通过描述该产品使用者的反应来证明自己的说服力。面对这种情况最好的处理办法就是能够迅速处理，这样往往能够达成交易。当然延后处理也是可以接受的，但是必须向客户保证将处理结果及时告知。

第三类是隐藏的异议。它是指客户并不将真正的异议直接表达出来，而是提出其他真实的异议或者虚假的异议。其目的完全就在于借假象来制造解决隐藏异议的有利环境。如客户希望降价，却不断地提出对品质的异议，试图通过这种方式来尽可能从多方面降低产品的价值，进而实现自己降价的目的。

二、推销员对待客户异议的正确态度

推销员对待客户异议一定要能够秉持正确的态度。主要包括以下方面：

一是没有异议的客户是最难对付的客户。没有异议的客户常常就意味着他对产品并不关心，一个产品不能引起客户的兴趣就很难实现销售，因此相对来说他是最难对付的；二是异议表示推销员提供的利益现在还是无法满足客户的需求。这是推销员学习的基础，通过这种学习，推销员能够快速的掌握客户的心理，而掌握客户的心理就意味着成功了一半；三是不可信口开河处理异议。异议的处理务求让客户觉得真实和可靠，推销员每一个解释都是一个承诺，口齿伶俐的推销员固然能在销售过程中做好相互沟通，但是前提必须是可靠；四是异议表示客户仍有求于推销员。整个局面的控制权还是在推销员的掌握之中。

异议是销售活动的组成部分。但是，有异议并不就表示客户不买，它仅意味着还存在未被满意地处理的事情、理由、争端，表明我们没有恰到好处地讨论异议。异议一般会发生在销售介绍的过程中，针对介绍的某一点或某句话，或者产品的质量、价格、回款日期、售后服务等，但极少是完全针对你产品的全部。事实上，出现某种异议也可以引出一个良好的销售形势，只要了解清楚买主的真正异议究竟是什么，就可以更好的根据需求来裁剪你的想法。

让我们举一个减少异议出现的典型的例子：通过客户渗透使你了解到，客户在每季度的最后一个月清点库存，明白了这一点，你便可以在那天之后去签下一笔大订单。

在根据情况中与客户讨论你所掌握的实际情况，使客户知道你了解他们的条件和限制因素，这样就可能防止出现异议的机会。但是，不是全部的异议都是可以预防的。经验告诉我们，一个销售介绍可能就是经过周密地计划而且被熟练地准确陈述出来的，但买主仍然会提出一定的异议。

客户可能会提出真异议，也可能提出相对来说比较虚假的异议，有时连客户本人也说不清哪个是真正的异议。为了实现销售，推销员必须要掌握区别真假异议的能力，并且将真正的异议处理到使客户满意为止，而不去花很多的时间试图去答复那些假的异议。

三、如何区别真假异议

对销售成交来说，能够区别开真假异议是很重要的。这是一个基本的，然而是必要的差异之所在。

1. 真实异议

从实际的观点来讲，我们假定每一个异议都是以买主头脑中实际真正的关心、理由、争端为基础的。其本质上不同的是：某一些关心的事比其他的关心事更重要。一个异议可能是由于误解而产生的，但直到这些误解被消除之前，从客户的观点角度来说，这个异议都是一个真正的问题。既然我们假定每一个异议都是以实际的真正关注的事为基础。那么真正异议究竟指的是什么呢？

我们对真正的异议下一个概括性的简要定义：从买主的观点看他表达的异议是实际的、真正关心的事。举这样一个典型的例子：

买主这么说："小晋，你计划的问题在于价格，它太贵了，让我很难接受。"

推销员这样回答："哦，您比较关心价格。关于这个计划你还有其他想法吗？"

买主："没有了，这个计划其实看起来还不错，就是价格高了些。"

这个异议是真的吗？价格问题是买主真正所关心的吗？在结束销售过程的时候，价格这个异议是一定需要处理才能够使客户满意的首要问题吗？

如何解决这些疑惑？我们当然不能钻进客户的脑子里，最佳的解决途径是这样：当经过我们不断测试后，客户仍然坚持这个异议，那么该异议可能就是客户的真正关心的事情。既然经我们反复的验证后那个异议还是存在，就有必要认真对待研究那个异议。他要求有效的使用交谈技巧，他要求保持和改善同客户的交谈要尽可能的敞开，他要表现出自信……内行。

2. 了解的方法如下所示：

（1）要深入该异议的具体性"细节"；

（2）要协助客户弄清楚具体的情况；

（3）要引起对异议的思考直到得出合理的解决办法；

（4）要尽可能纠正误解。

我们需帮助客户尽可能的了解他的异议是否是使销售成交而必须处理的事？首先，买主关于具体情况的考虑一般是比较片面的，他的思路可能被某一个特殊的事件所左右；再者，他们可能有不准确的资料，而且，客户内部可能会表达出比较模糊的，不准确的，不完整或令人恼怒的一些异议。

然而，这些实际上不是假的异议。当与事实对照时，他可能是客户方面错误的判断，但从客户的角度来说却能够反映帮助客户搞清楚：究竟什么是双方顺利合作必须处理的事情。

3. 虚假异议

上面我们曾经这样假定过，任何一种异议的背后都有一种实际的真正关心的事，这样，合乎逻辑的是：假的异议和真的异议在客户的头脑中有着同样的基础。也就是一个假的异议同真正的异议一样，是由一种真正的、实际的、关心引起很多推销员能够接受这种拖延或假的异议而停止做继续销售的努力。我们对虚假的异议的定义如下：

客户所表达出来的想法并非完全实际的、真正关心的事。忽视虚假的异议是错误的，因为他背后隐藏着的真正关心的事，你并没有真正发现和回答，从而仍然会导致客户的不满。相反的，我们应尽量着手于检查验证这个异议。因为，经验告诉我们：在不断地检查验证时，虚假异议趋于变化或消失。熟练地验证一个虚假的异议往往能将我们引向实际问题的所在，然后我们就可以处理那件重要的关心的事，处理那个使买主苦恼并严重阻碍着销售成交的真正问题。为什么假的异议在检查和验证时会逐渐趋于变化或消失？一个主要原因就是他难"捍卫"，提出一系列和合乎逻辑的论据去支持一个虚假的意见要比说真话难得多。因此，典型的反映是从假的异议转移向真正关心的事，提出那些理由比较容易，从买主的立场出发，他更有意义，是合理的，合乎思维逻辑的，同时，也是对双方都是有利的。

四、处理异议的过程：

1. 确定真实异议

如果你处理了那些最终证明是虚假的而不是非常重要的异议，你不仅浪费了自己和客户的时间，同时也失去了销售的机会。完成这一步，我们一般会用到沟通技巧：

（1）一个异议提出来后，重复这个异议，并询问是否还有其他后续的意见；如：你刚才已经说了我们的计划很好，但对它的费用感到担心，你对我们的计划还有其他的不明白的吗？

（2）重复这一程序，直到买主表示没有任何其他重析事情为止；

（3）如果有多于一个的异议，请客户做出倾向性的单一选择；

（4）需要了解关于这个重要异议的有关信息，比如：如果客户说："清凉洗面奶120毫升卖得不好。"这其实非常笼统，同什么品牌、时期相比？差多少？

2. 理解（明确）异议

这个步骤是为了解一个目前还不够明确、不够具体的异议，并采用各种技巧对此问题进行明确，直到你既了解该异议，又了解在这个异议背后的真实原因。这一步同样需要应用到大量的沟通技巧，如：

客户要是这么说："这个计划我不能接受。"

推销员："您再详细地给我谈一谈原因好吗？"（一般引导）

一般性引导多数留给客户大量的"余地"，而且，当告诉你更多看法的时候，买主会提供具体情况，直接暴露出可能的误解，或者提供能够澄清误解的实际情况。

客户："费用，我花不起钱去增加我们的经营费用。"

推销员："您认为因这个计划而增加费用是您关心的事吗?"（重复）复述买主的话直接能够反映出你的理解，这对买主有个机会去纠正你可能有错误印象，他也能够买主作出更详尽的阐述。复述有利于增加交谈的清晰度。推销员提出异议后尽量保持沉默，鼓励其提供更多的信息。（停顿）

客户："费用，或者提供能够澄清误解的实际情况。"

推销员："您是根据什么判断出您的销售费用会增加的呢?"（试探）

这个问题实际上已经限制了买主应答的余地，这也促使为你提供更具体的情况，当你与买主之间有一定的敞开程度时，试探性问题对于取得"具体细节"是十分有效的。而细节有利于澄清事实。所以当你可能的时候就应该使用一些试探性问题。

客户："费用，我花不起钱去增加我们的经营费用。"

推销员："那么，您担心的是较高的经营费用将减少您的总利润，是吗?"（解释）推销员自己的解释有时可能是危险的，但他们常常导致讨论"细节"，而且可以帮助接触到事情的核心。同理可证，"解释"的使用范围也取决于你同客户敞开性程度，以及你感觉对被讨论的情况了解多少。

现在让我们来看一个例子，他与第一步相连，并完成了第二步:

客户："据我看来，时机已经过了，我认为现在经营这种产品是不合适的。"

推销员："哦，你对时间的选择有担心，你还有其他的担心吗?"

客户："还有费用，经营这种产品太费钱。"

推销员："是这样，你还担心费用的问题，对这种新产品你还有其他的想法吗?"

客户："没有了。"

推销员："老板，你提到了两件关心的事:时间选择和费用。哪一件最重要呢?"

客户："我必须说是费用，我们承担不起我们的经营费用。"

推销员："您能跟我谈一点更多的情况吗?"

客户："上次我们经营类似的新产品遇到了麻烦。"

推销员："究竟是什么样的麻烦呢?"

客户："大量的被冻结了，库房里都是那种货。"

推销员："所以您担心这种新产品会导致同样的结果吗?"

客户："……不完全如此，坦率的讲，我关心的是要以比较合适的资金投入此项销售，我希望经营的品种齐全，但不想占压我太大的资金。"

通过上述的对话表明:客户真正关心的是如何保证有足够品种的商品去销售，而不至于库存量太大。现在清楚必须处理什么异议才能实现销售成交了。而且掌握了技巧后，这并不需要太多的时间，在很短的时间里，推销员就发现真正核心问题的真正所在了。事实上，不首先处理好这个争端问题，这项销售大概就做不成。对这项异议进行必要的了解时，重要的是不要以你的语调或手势马上表现出不同的观点，要记住你的目的是获得更多的情况，不是马上去使异议减少到最小的数量。如果买主发现你的应答是和他的说明相抵触的，他自然反应就是采取守势，因而必须要加强这个异议。因此，在真正的异议被处理之前，其过程要求首先真正的异议被准确地辨认出来，而且买主和你对此一定要有共同的认识。

3. 证实异议（把异议转化为一个问题）：

这一环节的目的是保证你和买主双方都一样地理解这个异议。除了共同了解异议外，这个步骤还有另外一个关键性的好处，他帮助买主的思想集中到真正的问题上。对于证实异议，有一条必须遵守的基本规则，这就是：

当证实一个异议时，这种证实的过程必须将实际的、真正的关心的事用可以被处理的词表达出来。可以分析一下下列表达：推销员："那么，我们需要考虑的是如果你这次购进的过多的话，我们如何将过多的货退回吗？"这位推销员实际上已经将自己赶上了"绝路"，因为我们不可能做出这种退货的安排，这个推销员用不能被处理的措辞来表述那件事。因而，成功的可能性必定会很低，正确的说法应该是这样的：

"那么，你想问的是，你如何能经营这个品牌而又不使大量的资金被积压吗？"

"你关心的是这次推销中如何得到每箱 5 元的额外折扣吗？"

证实你对异议的理解的最佳途径是从买主的观点来概括那个异议，而且。用"那是对的吗"来结束你的概括。作概括说明的好说法列举如下：

"因此，你正试图决定的是……"

"那么，你真正想知道的是……"

"你似乎在问……"

第三步的目的完全是确保客户真正关心的事情被准确地辨认出来，并且你与买主有同样的理解，客户的思想也被完全集中到这一事物上来了，下面我们接着进行第四步。

你的目的是为了更好的解决问题争端，使之达到买主满意的程度。要满意的处理异议，一般要有三个必备的条件，他们是：

对该业务要有足够的常识；这完全是为了能向客户提供一个可行的答案，你必须在影响我们义务的各个方面都有广博的见识，应在下列领域获取丰富的知识：品牌资料、客户情况、可比较的客户贸易事实；要善于将客户的利益结合起来而使其关心的事逐渐转化为销售点。实际上，每个异议对销售都是一个绝好的机会，而且，处理异议本身就是逆向销售，把客户利益结合进来从而将异议能够逐渐转变为成交点。出色的推销员对问题的陈述应是恰好，既不忽视，也没必要夸大。

研究不同顾客的心理

一天，推销员小张走进一个客户的办公室，热情地向客户伸出手问候："王经理，近来好吗？昨天的足球比赛看了吗？中国队又踢了臭球了，（球星）又被罚了几个黄牌"，这位客户极其勉强的伸出手来意思了一下。小张为了拉近与顾客之间的距离，又询问了客户几个有关家庭的问题，还谈论了一阵天气之后，就开始直奔主题介绍其产品的特性和优势。

在小张介绍产品的大部分时间里，客户面无表情地在那里独自坐着，问一些具体的技术细节，小张也只凭个人的了解作了泛泛的解答。这次的拜访就这样草草收场，没有任何的交易可言，甚至也没有约定下次接触或进一步电话联系的具体时间。

小张离开客户办公室以后，一路上就在抱怨今天见面的这个客户是如何的不近人情，如何的冷漠；与此同时，客户心里琢磨不明白，今天这个推销员，对自己产品的专业知识如此陌生，而对一些业务无关的闲聊和家庭隐私却这样津津乐道？

任何产品或服务的采购，最终的实施者必定还是"人"，人有处事风格、感情色彩和性格特征的不同。推销员往往会发现，有些客户还是比较容易相处而有些并不像其他人那么容易相处；同样的沟通方法对 A 客户有效，但对 B 客户却引起了超强的反感，就像推销员小张碰到的情形，这其实是人具有不同性格的特征造成的。

在中国常常有人这么说，先做人再做生意，中国是人情社会，客户往往先与推销员个人建立关系，再上升到与企业建立组织关系的层面上。推销员的职责是首先赢得客户的认同，调整自己的处世风格以适应对方。因此，我们不仅要充分了解自己的个性类型，更重要的也要了解客户的个性类型。当推销员了解客户的个性，了解他的待人接物的个人处事风格，将更有利于推销员与他建立起良好的互动关系，以不同的销售方式更快促成交易，进而才能够提升成交率。

在一个无比忙碌的早晨当你在等办公室的电梯时，你通常会看到以下几种类型的人：

一、会直接进入电梯，随后按下按钮把门关上。

二、总是会让别人进电梯，并会着急的说："快进来！一定还有地方站的！"

三、会耐心的排队，但会从这一列移到下一列，看起来似乎犹豫不决，若电梯看起来已经满了，他就会等待下一次开门的机会。

四、走进电梯后，要是觉得很挤，他们便会开始数人，如果人数超过限制，他们会叫人走出电梯。

这四种场景实际上分别代表了人的四种性格特征：D 型/决策高手、I 型/公关高手、S 型/EQ 高手、C 型/分析高手。

早在 20 世纪 20 年代，美国心理学家威廉·马斯顿博士发展出一套理论，用来解释人的一系列情绪反应。他自主设计了一种可测量四种重要性向因子的性格测试方法，这四项因子分别为 Dominance、Influence、Steadiness、Compliance，而这套方法则采用以四项因子的英文名第一个字母命名为 DISC。对大多数人来说这四种类型兼而有之，但其中必然有一种类型相对来说占主导地位。

D 型/决策高手

这类型性格的人在企业老总级的人物中居多，特别是创业出身的民营企业的老总大多是 D 型的人。他们一般情况下都握手有力，音量较高，语速比较快，问的问题也富有挑战性以及相对比较尖锐，个人有比较强的控制倾向。

D 型的人一般感兴趣的是：产品或服务能否降低成本、增加收入、加快生产进度，尽量缩短投资回报期……；

D 型的人一般都是惜时如金，闲聊只会事倍功半，推销员宜就事论事，直奔主题；

D 型的人不容易接受别人建议，所以提供多方案选择让他自己来做决定那是最好；

D 型的人不愿意承认错误，与他们交谈时，不要与他们因观点不同而产生没必要的争执；

D 型的人投诉，要马上处理，不要拖延或置之不理，承诺的事必须要做到，必要时利用高层出面表示足够的重视。

I 型/公关高手

这类型性格的人一般都比较豪爽，在中国东北和西北地区比较多。I 型的人表情生动，肢体语言丰富，他们只重视感觉并不怎么关注细节，与所有的人都很投缘喜欢交朋友，是公众人物和大家的开心果。

与 I 型的顾客打交道，和他们谈论的话题完全可以是天南地北，天文地理等各种轻松的话题；I 型的人不喜欢数字和细节，在作产品介绍时，应该多借助图片、实物演示等比较直观的形式；他们喜欢推销员以比较轻松的方式进行销售，非办公地点或非正式场合（如饭店娱乐场所）容易就这样促成交易。交易完成后，对 I 型的顾客常常保持联络表达关心，若 I 型人投诉，要支持性的倾听，让其不满的情绪能够得到合理的宣泄。

S 型/EQ 高手

这类型性格的人女性比男性多，农村比城市比例要多。他们是好好先生，温文尔雅极为亲切随和，极易相处。这类型的人最好相处却也最难成交，无论推销员和他说什么，他都说好，推销员问他产品或服务感觉如何，他都说好，但就是不会真的去买。

推销员在销售过程中最好能够以产品质量担保的方式来进行销售或者用正在使用你产品的有名客户的例子打消其顾虑；这类型的人决策较为迟缓并且担心承担风险，因此在销售过程中，推销员须要结识产品的使用者或他们较为信任的朋友展开多方曲线式销售，有时候推他一把，帮他做决定也很有必要。但 S 型的人一旦成为你的客户那就是始终忠诚的客户。

C 型/分析高手

这类型性格的人在企业技术部门和财务部门中居多，一般被认为是沉默寡言、感情冷淡型的人，他们天生对人就不信任。希望推销员提供尽可能详细资料，喜欢以书面的协议方式将各种细节最终才能够确定下来。

因此，对于 C 型的客户，和他们谈论的话题以工作性的话题为主，特别是在初次见面不要谈论个人话题。推销员最好列出详细的资料分析和你的提案的优点和缺点，分别举出各种证据和保证；而对 C 型性格的服务，一定要告知其明确的服务流程和所需要的时间。

DISC 的性格特征和 FABE（产品特点、优势、利益、证据）

对 D 型的人来说，其更关心结果，推销员要多介绍产品的利益；

对 I 型的人来说，其更注重感觉，推销员着重介绍产品的优势；

对 S 型的人来说，其不敢冒风险不敢做决定，推销员应介绍产品优势的证据；

对 C 型的人来说，其关心细节和数字，推销员需介绍产品的特性和特征。

不同性格推销员的关系营销

D 型性格的推销员大多具有强烈的目标导向，工作勤奋，加班加点没有怨言，适合开拓新市场新客户。但他们根本就没有耐心不适合做客户维护和售后服务的工作。

I 型性格的推销员总是会超快的获得客户青睐，拥有不错的客情关系，应酬和关系型销售是他们最喜欢的销售方式，但他们往往陶醉过程而忘记目标。适合做前期客户开发的工作。

S 型性格的推销员为人做事普遍比较低调、实实在在，同时也是一位非常好的聆听者，他们在销售中是更适合做维护客户或者售后服务工作。但一般不适合开拓新市场新客户。

C 型性格的推销员属于谋定后动的人，讲求计划性。善于深入的分析事物，但为人不热情，他们更适合作销售的相关管理工作。

盲人瞎马的情况在推销界很多，推销策略牛头不对马嘴的情况也并不罕见。为什么会这样呢？根本原因就是对顾客缺乏研究。缺乏足够的了解，不知怎样做或做了方知不对。

一位推销艺术方面的行家里手说："任何一个推销员可能拜访一个有希望成为购买者的人，然后在没有得到订单情况下灰溜溜地离开。"让顾客得到他们真正追求的东西是推销员的责任。如果他知道对顾客加以深入研究并评估其各方面的情况，那么与不做这一点的人相比，他更可能得到他原本就想要得到的东西。一眼就能读懂别人的能力是一笔极大的商业资产。

可以非常肯定地说，洞察力及判断别人性格的能力对推销员来说是非常重要的。因此，推销员首先应该研究自己的洞察力，深入研究自己判断别人性格的能力，应该把研究别人和研究激励他们的动机作为一件极其重要的事情。

善于判断一个人的品质对于职业推销员来说，就像法律知识对于律师，或者医学知识对于内科医生一样，有着同等重要的价值。一个人如果能够读懂人的本质，能够迅速地对一个人做出评价，可以恰当地判断一个人的性格，不管他的工作或职业是什么，与其他人相比，他都会有更大的优势。读懂人的本质的能力是一种能够后天进行培养的品质。教育本身就可以使我们养成估量、衡量、判断我们遇到的不同人的习惯，因为通过这种方式，我们就能够提高自己的观察能力，进而增强自己的理解能力。

影响推销成败的因素当然包括很多方面，比如顾客的性格就是一个重要的方面。顾客的性格是推销员必须加以估量的。如果你恰恰是有能力读懂别人性格的人，在一瞬间就可以对潜在顾客做出可靠的判断，你完全可以判断出你面对的是不是一个萎琐、吝啬、自私、贪婪的人；或者判断出他是不是一个慷慨大方、心胸开阔、思想开明、心地善良的人；你完全能够判断出他是不是性情温和而且幽默的人，与他开玩笑是否会起作用；或推测出他是不是严厉甚至苛刻，你是否可以以一种相对比较轻松、友好的方式接近他，或者你是不是必须与他保持一定的距离，在接近他时表现出对他足够的尊重。就算潜在顾客看上去好像是比较举止僵化、行为怪异的人，你也必须把那看成是合乎常理的，否则你就真的冒犯了他。

毫无疑问，对顾客加以研究的根本目的，完全在于确保推销能够采取有针对性的策略、方式而避免策略不当引起不良的后果。

实际上，对人品性的判断能力一般比较差、不能够估量别人的推销员往往会采用错误的推销方式，浪费大量的时间。通过对头脑、面部表情的细致研究，你可以很快地找到恰当的接近办法。这样，你在适当地调整自己的时候就不会犯大错误和浪费时间。很多人主动去拜访可能的购买者，离开时却没有拿到订单，是因为他不知道怎么估量这位顾客，他从未认真研究过他的业务中这一非常重要的客观方面。

你必须认识到，要是你本身就不善于判断顾客，又不对顾客加以研究。那么，你现在的推销方法很可能就是错误的。当你应用了错误的方法，你想得到一个听取意见的机会是非常困难的；你的潜在顾客可能一开始就从心理上关闭了与你沟通的大门，不管你再做出多么大的努力，可能都不会打开他的心灵之门。然而，如果你采用阻力最小的一种方式尽可能接近他，你本可以进入他的办公室。实际上，他甚至可能会邀请你进去。两种完全不同结果的差距着实会让你惊讶。事情就是这样，你一定不愿意自己有任何失误，请你在接近顾客的时候或在这之前冷静下来，对他加以细致的研究吧——运用你的知识经验、你的头脑，你也可以请教有经验的资深推销员。总之，你绝对不能漠视这一工作细节。

第十五章　消除客户犹豫心理

巧妙地给顾客施加压力

　　长期以来，对顾客施加压力都不为推销员所接受，他们认为推销中对顾客施加强大压力是一种不受欢迎的做法。很多推销员也仿照着去行动，不对顾客施加任何压力，任由其自主决定。这些推销员甚至本能的认为对顾客施加压力会损害顾客利益，有违道德。果真如此吗？我们的看法是，这样做照顾了顾客的最佳利益，如果你后退、放弃，未能通过施加压力达到成交目的，那你就没有为顾客提供良好的服务。

　　毫无疑问，没有人喜欢在被强迫的情况下采取任何形式的购买行为。我们倡导对顾客施加适当的压力并不是要反证这种事实。不过，我们同时也必须能够认识到，事实上，很多人的确难以下定决心，甚至总是犹豫不决。其实此时他们在潜意识里非常希望推销员能够说服他们，帮助他们摆脱困境。要是推销员在关键时刻不去使劲推他们一把的话，他们可能永远决定不了该买什么才好。当你帮助那些拿不定主意买车的顾客时，你应当觉得自己好像正在提供一项非常了不起的服务，你要拯救那些被迟疑不决所困扰的推托者们。

　　《伊索寓言》有一个"布里丹之驴"的故事：那头驴尽管饿得快死了，却不去吃面前的两堆草料，因为它难以决定哪一堆更好。你绝不能让你的任何一位顾客因为迟疑不决而苦恼，这正是一个专业推销员应该提供的真正意义上的服务之一。

　　举例来说，一位房地产经纪人带一对年轻夫妇去实地看房，而他们却拿不定主意。"我们已经选了好几年了，"妻子这样说，"这正是我们等待已久的房子。但我们得考虑几天，然后才能给你答复。"

　　经纪人心里已经明白有两点事实可以证明他能够对顾客施加压力。第一，他知道顾客一家的现房已经完全不能适用，确实需要很快搬进新居，以便能让孩子及时到新的学校注册；第二，他知道另外一些经纪人已经看过那套住房，而且都很感兴趣。心中有数之后，他就可以坚持说：我并不不是在催促你们快做决定，但我在此强烈鼓励二位今天就行动起来。从这个价格和地段来看，你们不可能找到比这更理想的住房了，我不希望你们失去它。别的经纪人已经带人来看过房了，如果你们真想要，请果断一点。"

　　很多人大概不会认同上述经纪人的高压策略，但一个无可否认的事实是：该经纪人依照顾客的最佳利益最终促成了最终交易。他考虑得很周到，关心顾客，并且完全按照顾客的最佳利益去办事。试想一下，如果在推销的关键时刻，经纪人没有去直接指导他们做出购买决定，从而使他们失去了心爱的房子，这对夫妇究竟会怎么想？是暗自庆幸，还是后悔不迭？当然是后者！所以，你必须时时记住，作为推销员的工作就是去做那些对顾客有利并且完全正确的事情——而这类事情往往包括友好的劝说以及必要时的强大压力。只要你是本着以顾客最佳利益去推销的，不管是采取友好的劝说还是施加压力，你都没有任何错。

当然，在施加压力的时候一定要讲究技巧，这种技巧可以保证你不触犯顾客。这种技巧从宽泛的层面上来说就是首先适时的推销你自己。当你做到了这一点之后，即使你的顾客还不一定喜欢你，但起码你不会感到受了冒犯和认为你很粗鲁。

记住这一点之后，你就应该保持足够的坚定和自信——必要的时候，一定不要放弃施加某种压力。如果实实在在地对自己的产品和公司充满信心，并且一直在根据顾客的最佳利益提供推销服务，相信顾客不会对你旨在帮助他们做出正确决策而采取的施压方式觉得有任何的不舒服。实际上，这完全体现了登峰造极的专业推销艺术。

抓住买方的心理

市场上，买卖双方的关系变化十分微妙，要想把东西卖出去，就得十分讲究经营策略和方法，密切关注买方的心理情绪变化，抓住有利时机，促成交易成功。否则，只能落个"赔本赚吆喝"。那么，怎样及时发现生意能否成交的信号呢？我们按照常规归纳了反映买方不同心理的几种客户公关秘笈。

秘笈1：不懂——客户脸上露出"不懂"的神情时，这是促销的绝佳机会。

有利时机：有时候，客户应该已经很清楚商品的性能、用途等问题了，但他还是懂了装听不懂，故意装憨，一脸的"刘姥姥进大观园"样子。其实，这是客户在打小九九。这样的神情，一般就是想让你"同情"一下，压压价，给点优惠，给点许诺，等等。但他们已有购买的意向。这一点，作为卖主不能熟视无睹。

公关技术：要切实抓住他们有意购买的良好时机，要么诚恳以言，据实以告，把价码讲实在；要么给点小许诺，进而打消他们心中的最后防范；要么……总之，在这个时候，要想生意成交，卖主总得比买主"精"一些才能行得通。

秘笈2：当客户向同伴征询意见时，这就意味着生意成交的可能性极大。

有利时机：听完有关商品的介绍，或者已经挑选了一阵商品后，客户可能会彼此相互对视，动一动眉头，嘟一嘟嘴，眼神里实际上就是在传递"你的意见怎样？"也可能会议论一番。这种现象表明其中已经有人可能看中了某件商品，他是在征求别人的意见，以求坚定自己购买的决心。

公关技术：遇见这种情况，你要紧紧抓住生意成交的良好时机。如果客户是两个同事，你可以对其中的一位说："你这位同事很有眼力，你再给参谋参谋怎么样？"这样的话其实对两个人都有"激将"作用。在这种场合，切记不要冷落一道前来的其中任何一个人，否则交易可能因此而前功尽弃。

秘笈3：客户对商品的某些新功能兴趣极大，这就意味着他准备购买了。

有利时机：消费者与生产厂家的作用完全是双向的。消费者普遍具有猎奇心理，这促使生产厂家花样翻新。具体表现在具体的商品交易场合中，如果客户对新产品的某些新功能极感兴趣，不是反复触摸，就是反复询问，这实际上就意味着，这些新功能不仅使他动心了，而且他已经打算购买了。

公关技术：在这种情况下，推销员或售货员不仅要热情地回答客户的提问，而且要反复演示，并且在可能的条件下让客户亲手操作，以尽量满足客户的好奇心。促使客户在了解、掌握商品的新功能之后，尽快下定购买的决心。

秘笈4：客户显出百无聊赖的神情，表明需要进一步的激励

有利时机：客户的购物心理一般都会有一个渐进过程。在了解了商品的基本情况后，客户心里常常要进一步权衡一番。这时，他的神情可能表面上会显得百无聊赖，或是满脸的困惑。

公关技术：遇见这种情况，要争取生意成交，就应该主动上前，对客户亲切地说些"要不要试一试"之类的话，这样能够激励客户的情绪，让他对你产生"认同感"。在客户决定购买时，便可能以这种"认同感"为参考依据。既然客户已把你当成好友对待了，有这种"认同感"相助，你的生意哪有什么不成之理呢？

秘笈5：当客户用其他产品的"优"比你的产品的"劣"时，你绝对不要误会这是贬毁，这里面正隐藏着成交的有价值信息。

有利时机：大凡客户能够对同一类型不同牌子的产品相比较时，这已经说明他们已经对市场行情有了一定了解。无论他是有意说出，还是无意说出，都是购物心态的自然流露。说你的洗衣机造型不如某个品牌，潜台词可能就是，你的洗衣机内在质量还凑乎；说某牌子的洗衣机比你的便宜，潜台词可能是，你的洗衣机压点价我就买……公关技术：通常在这种情况下，你要及时领悟客户是在"扬彼抑此"，用其他的"优"比你的"劣"，这是客户砍价的小花招，无非是想让你让价。如果你给他适当的面子与让价就能够成交。

秘笈6：当客户显露出明朗、兴奋的眼神时，表明他已经准备掏钱了。

有利时机：俗话说眼睛是心灵的窗户。如果客户在挑选商品，或者听完你热情介绍之后，显露出明朗、兴奋的眼神，那么，这已经意味着他定下了购买的决心，准备掏钱了。

公关技术：客户的这种眼神可能是非常明显的，也可能是稍纵即逝的。它常常出现在和你目光对视的一瞬间。如果他的眼神遇到一种非常诚恳、热情的目光，可能会坚定他购买的决心。要是他的眼神遇到的是一种冷漠、狡黠的目光，也有可能突然改变主意。所以，要以诚待客，一直把温馨的目光投向客户，以唤起他心灵上的共鸣，激起他的兴奋感。

秘笈7：当客户对你介绍的商品的有关细节显示出极其认真的神情，这是客户有意购买的有效信号。

有利时机：交易中，要想真的成功，贵在观察客户的言谈举止，见机行事。你将商品的有关细节及付款方式等问题详细介绍清楚之后，如果客户显示出认真的神情，表明他已经有想要购买的倾向了。

公关技术：这时，你如果以和蔼可亲的口吻这么说："先生，要不要试一试?"然后静静地等待客户的反应，并能够及时打消客户的疑虑，这笔生意很快就成交了。

秘笈8：客户用其他牌子的产品和你的产品相比较，这其中就隐藏着成交的信息。

有利时机：如果你是经销电冰箱的。有的客户说某牌的电冰箱比你的价格还要便宜不少……客户压低价格的态度强硬，生意成交的可能性就会很大。无论是到用户的门上推销，还是客户找上门来买东西，只要一接触到价格问题时，如果客户或用户对价格咬得死死的，压低价格的态度非常强硬，这就足以表明他们有意购物。公关技术：讨价还价是生意场上的常事，对这种讨价还价，推销者要非常留意，乐于逢迎。要善于把握时机，话要说得十分得体，以诚恳的态度相迎合，能够及时抓住客户的心理，力争生意成交。

秘笈9：有的客户购物时不爱讲话，只是默默地专心挑选商品，表明他们有购物欲望但又有警戒心理。

有利时机：在商场经常会遇到这种情况，有的客户本来就不爱讲话，但挑选商品的神态却十分专注。他们虽然不爱讲话，但并不是没有购物欲望，而是另有原因造成的。一般情况下，大凡不爱讲话的客户，一是认为话说多了，有暗示人家劝自己买东西的嫌疑；二是客户认为不讲话就可以不让人家知道自己的底细，显得高傲一点；三是客户性格上天生就是这样，就是不喜欢多讲话；四是客户是外地人，怕讲出话来让人家觉得欺生。

公关技术：不管是哪种类型的不爱讲话的客户，从他们挑选商品的专注神态上，可以看出他们既有购物欲望，又有警戒心理。如果能主动搭讪，巧妙逢迎，就能够化解他们的警戒心理，让他们愉快地把钞票直接放到你的柜台上。

秘笈10：客户不问商品的价钱，只对商品的质量和使用方法尤感兴趣，表明客户购物心切。

有利时机：对于同一种商品，客户之中有的是直接的消费者，有的是批发零售商，也有的是单位的集中采购人员，出于不同的购物动机，他们对商品会产生不同的关心和疑问。但有一条是共同的，也就是只要他们定下购买的决心后，对商品的价格不再过多的关心，而十分关注商品的使用效益，这就直接关系到批发零售商的生意信誉，关系到单位采买人员的声望与前途，他们一般不会因小而失大。

公关技术：此时作为一个出色的推销员，都尽心尽力使他们对商品产生牢靠的信任感，要讲一些使他们放心的话，并注意用多种方法直接刺激和坚定他们的购物欲望，始终吊住他们的胃口，以免错失良机。

秘笈11：购物时，妻子这样询问自己的丈夫："这件衣服穿上美不美"，表明这宗生意肯定能成交。

有利时机：在柜台前，你留意到一同购物的夫妇，只要妻子就某种商品询问丈夫时，就可大体肯定女士实际上已经下定了购买的决心。出于男士的"尊严"，一般情况下，女士的心愿自然会得到满足，尤其是年轻的夫妇尤为如此。

公关技术：这时，有经验的职业推销者只要因势利导，顺水推舟，对女士投其所好，对男士"煽风点火"，这宗生意肯定就能成交。

职业推销员越是能够准确抓住买方心理，找出买方的弱点，针对弱点施压，成交就愈容易。

一位出色的销售经理说："碰到一无所求的人，推销员就无计可施了。"因为你没有机会销售产品给这样的人。想成交，推销员就一定要能够找出顾客的需求（这很容易）；要是找不出需求，主动制造需求（这也不是什么难事）。

顾客感到困扰，且亟需解决的问题就是大多数顾客的弱点所在。那么，谁来解决问题呢？当然是你！这样就解决了顾客的问题你就能完成交易。顾客的弱点就是你的优势。

保林是个博学多才的总裁。他举了一个例子："有个不错的年轻人来见我，"保林说，"他销售我公司里常用的机器。他推销一种新机型，我看看机器，然后说我不喜欢。"

"为什么不喜欢？他不知道也不问，只说他肯定这种机型符合我的需求。他没有尝试找出我不喜欢的理由，也没有试着挖掘我的问题。他只说这个机器最适合不过了，一定可以解决我的问题。解决我的什么问题？他不知道也一样没问。"

"他没有完成交易。"最后，保林这样下结论："推销员一定要知道买方问题所在（也就是买方的弱点所在），否则不可能完成交易。"有一次，《墨檀》月刊的主编约翰逊得知森尼斯公司已经提前制定了一份年度广告计划，总费用达2000多万美元。该公司的首脑麦唐纳是个极其精明能干的人，约翰逊曾经多次写信给森尼斯公司，强烈要求谈广告业务的事宜，都遭到公司的一再拒绝。

约翰逊并不就此死心，他查阅了许多资料，知道麦唐纳是一个探险家，曾到过北极，时间是在汉森1909年到达北极后的几年间。汉森是黑人，曾就自己的亲身经历写过一本书。

约翰逊费尽周折终于找到汉森，并请他在书上签名。然后，他便去拜访麦唐纳。当约翰逊刚走进麦唐纳的办公室时，麦唐纳就骄傲的炫耀说："看到那边那双雪鞋没有？那是汉森送给我的。对了，你看过汉森写的自传吗？"

"看过，"约翰逊这么说，"凑巧我这里有一本，他还特地在这本自传上签了名。"朋友的朋友也是朋友，麦唐纳翻着那本书，看上去很高兴。接着，他又说："在我看来，你的杂志该有一篇介绍像汉森这样不畏艰险而实现理想的人。"

这样就一语中的，麦唐纳合上杂志，按下专门与秘书联系的电话："立刻给我送来一本空白合同书，我决定与约翰逊先生签订公司年度广告合同，要快！"

消除顾客怕受骗上当的心理

多数顾客对推销人员都会自然的产生一种潜意识的警戒心，害怕被骗。这是不足为奇的。根据达尔文的学说，生物的进化规律就是物竞天择、适者生存，地球上的生命史就是一部生物间互相争存的历史。可怕却又生动逼真地描述了竞争的内涵，便是"弱肉强食"。对于有知觉的任何一种动物，总是心存"对陌生的恐惧"。

一只小鸟静栖枝丫之间，一旦出现怪异之声，就会毫不犹豫地展翅飞去，这就是"对陌生的声音产生恐惧"，为躲避恐惧而快速飞走。

人也是动物，只不过是更高一级的动物，当然也会心存"对陌生的恐惧"。不速之客突然来访，是善意还是恶意？未知以前，必然会心存警戒，而摆出排斥的态度。

推销人员突然来访实际上就是不速之客，所带商品也是陌生之物，遭到顾客的排斥和拒绝是可以理解的了。

因为顾客的一口回绝，或说了些拒绝的理由，就信以为真，马上就退缩不前，打退堂鼓，那你将是一个没有什么真正作为的推销人员。一个推销高手要能从顾客拒绝的借口中看穿其本意，并善于逐渐改变顾客的观念，把他的冷漠排斥变为对商品的关心，最后让他下定决心，掏腰包购买。弗洛伊德将人的意识分为潜意识和意识，其中的潜意识又分先天的潜意识和后天的潜意识。本能就是先天的潜意识，因为某次受骗而对推销人员心存反感，则是后天的潜意识。不管是先天还是后天，对推销人员的反感、排挤都是一种潜意识的正常反应。

所以，推销人员一定要善于解除顾客潜意识的警戒心，让他静下来听你说话。先静听顾客所有的不信任与困难，然后应用你的商品知识和口才，一一解开顾客的疑惑，便可以把他的潜意识压制，回到意识上来，使他运用足够的理智，根据实际情况来权衡你的商品是否值得一买。一见到推销人员就笑逐颜开，张臂欢迎的人是不多见的，甚至是不正常的，心有警戒进而拒绝才是正常反应。推销人员就应从容地对待顾客的那些排斥，要善于解除顾客的警戒心，这样才能够真正有利于推销工作的开展。

以"情"和"理"感动顾客

情和理是推销员的两种职业利器。人和人之间是有感情的。推销员做事要多和客户沟通，多寻求客户的帮助，要尽可能多听取客户的建议，要学会把客户当作朋友来对待，要让客户感觉到自己真的很重要。

推销员平时就要和客户搞好关系，如果平时和客户老死不相往来，一旦等到要推销产品的时候再来寻求客户的帮助，那是很难成功的。这就像学生考试一样，平时不好好学习，希望到临考的时候再临阵磨枪考个好成绩，那是很难的。

我们将推销员的推销定义为是个双赢的过程。推销员说服客户的两个基本立足点就是理和情。晓之以理，动之以情是推销员获得成功必须具备的专业能力。

客户为什么要买产品？因为他有实际的需要。客户为什么要买推销员的产品？因为推销员的产品能够满足他的需要。客户为什么只买某个推销员推销的产品？因为他信赖这个推销员。说服客户购买产品首先就必须晓之以理，那就要摆事实讲道理。

一是购买推销员推荐的产品绝对能够使需求得到所希望的那样的满足。客户购买产品的最基本动力就是希望需求得到满足。如果推销员明知他推荐的产品不能满足客户的需求，这个推销员所进行的推销就是坑蒙拐骗；要是一个推销员只知道他推荐的产品能够满足一些需求，但是不知道客户有什么样的实际需求，这个推销员就是失职；如果一个推销员知道其推荐的产品能够满足客户的需求，但是无法让客户感受到这种产品能够满足需求，这个推销员就是绝对的无能。

二是该产品绝对比竞争对手的产品要好。在各个方面都要尽可能超越竞争对手的产品对于一个企业来说是相当困难的，但这并不说明推销员难以进行产品推销。

在进行推销时，推销员要是能够根据客户的需求和产品的差异性，不断地强化本产品的优点，自然能够使客户形成对本产品的良好印象。但是假如客户本身对推销员极度不信任，那么任何形式的产品介绍都是枉然。因此进行推销的第一步就是取得必要的信任。

三是客户购买该产品绝对是非常明智的选择。对客户不存有双赢观念的推销员总是认为如果客户购买了他的产品，他就能够获利；如果客户不购买他的产品，他必定就会有损失。这种总是站在自己获利与否基础之上的思考是很难考虑到客户的实际难处的。

优秀的推销员会在头脑中明确树立"我是在为客户谋福利"的意识，通过这种意识来指导自己的推销活动，进而取得成功。推销员所进行的销售活动本身就是一个双赢的过程，推销员可以从中获利，客户也能从中获利不少。优秀的推销员一定会让客户感觉到购买该产品绝对是非常明智的选择。

动之以情一般主要是指通过顺应和利用客户心理来进行推销。其主要的方式有以下三种：

第一种是利用客户的同情心来进行推销。这种推销方式是一种相对低级的做法，但是在很多时候确实非常有效。推销员如果能够让客户感到其确实十分辛苦，往往能够取得较好的业绩。

第二种是利用诚意来打动客户。推销员的诚意常常能转化为客户的信赖。利用诚意来打动客户是一种比较基本的推销方式。因为要是没有信赖，任何推销都是很难成功的。

第三种是利用热情来感染客户。大多数人都比较喜欢热情的人，热情往往是积极向上的世界观的表现。高层次的推销就是用热情来感染客户，让其自己就觉得对推销的产品产生认同。

营销有许多的误区，认为时尚的广告，热闹的活动，或华丽的包装就是营销。其实，人性都是朴素的，感动不是任何形式的华丽的辞藻，只是我们最朴素的需求。感动营销应该抛弃华丽外表，最终都要回归本源。

感动一般和家庭有关，和孩子有关。从来没有听说孩子用华丽的辞藻和时尚的包装。相反，就是因为孩子的单纯，还有其语言表达能力差，才更容易让人感动。柯达胶卷的广告，从来都有孩子，从来是普通生活的一些个别场景，孩子的哭，孩子的笑，孩子的尴尬，孩子的顽皮，就这样感动了一代又一代人。

感动通常和人性有关。"立邦漆"的广告在草原上的小屋和泉水一般的音乐，那样让人喜悦和感动，就是自然的力量。人性原本并不喜欢虚伪复杂，喜欢单纯和简单的，基本上都喜爱温暖和友谊，也更加喜欢真诚与和谐。

不管科技多么进步，社会如何发展，每个人内心都有对于人性的渴望。现代社会缺乏历史传承，诚信匮乏，传统慢慢不被重视，社会凝聚力差。唯有如此，特别需要回归人性，人们也特别容易被人性感动。不管是认知度、记忆度、美誉度，还是品牌，以及忠诚，在某种程度上，都是非理性的。对于品牌的追随一般都是非理性的，因为感动是非理性的。所谓的理性，只是给自己的非理性寻找一个支持的有力理由。

在一次电讯业的消费者座谈会上，他们指着一张儿子骑在父亲肩上的图片，说，"企业是巨人，是父亲，我是儿子，被他关爱着，这是我喜欢的。"社会上的很多专业领域，企业在技术上是强势的，消费者在心理上是相对比较弱势的，消费者需要这样非理性的保护和关爱的感觉。

消费心理经常都是非理性的。同样，消费过程也是非理性的。尤其女性消费者，非理性的成分更大。因为被一个非常新奇可爱的促销产品感动而购买价格高得多的产品，是一个十分普遍的现象。

调查表明，93.5%的18～35岁的女性在生活中都有过各种各样的非理性消费行为，也就是受打折、朋友、销售人员、情绪、广告等影响而进行的"非必需"的那部分感性消费。非理性消费占女性消费支出的比重达到20%。这种感性消费并非事前就早已计划好的，所购买的商品也非生活实际所必需的。感动是这些非理性购买行为的动因。

品牌内涵持久保持不变，但是，品牌的外在体现要与时俱进。"和你一起慢慢变老"，这是令很多人感动的境界，也是企业追求的最高境界，品牌可以伴随消费者成长，深入地根植于消费者的内心之中。

消费者希望有一个牌子和自己一起经历长久的岁月，知道自己的需要，体贴自己的需要。那么，作为企业，就要随时洞察客户的需要及其变化，不断以全新的方式、新的产品服务于既定的那些消费者。

与其说感动营销，还不如说真诚营销，感动既不是出发点，也不是目的，只是过程之中的一个节点。要是为了感动而去营销，消费者不是傻瓜，他们有非常强的防卫心理，感动就会更加稀少。感动实际上是可遇不可求的，用心去做，真诚待客，过程之中，消费者就会被感动了。

瑞星杀毒，当年的电脑杀毒市场领先者，没有跟上环境的变化和用户需求的变化，没有及时从单机版转移到网络版，也就无法拥有持续的感动。IBM从单机转到主机再转到服务，则是跟随消费者变化而不断顺应市场需求的变化。

中国的市场经济时间并不算太长，以消费者为中心的理念还没有完全建立，用户满意度体系还不完善，对于品牌还有很多不正确的老套认识。所以，感动营销的路还很长。在这样的背景下，如果盲目推行感动营销，只是鹦鹉学舌，无法真正起到作用。

但是，不管怎样，感动营销是有利于营销回归到其本质的。被感动的消费者要求高了，对其他竞争对手是一个促进。因此，感动营销实际上更有利于社会进步。

尊重客户是一件永远正确的事情。尊重顾客也是感动顾客的绝妙方法之一。"背对客户，也要100%尊重客户"。一个推销员与客户提前预约晚上10：00通电话，推销员与妻子8：00就上床睡觉了，9：45闹钟响了，推销员起床，脱掉睡衣睡裤，穿上西装，精心梳妆打扮一番，精神抖擞，10：00准时与客户通了电话。打电话5分钟，然后又脱掉西装，穿上睡衣睡裤，上床睡觉。这时妻子就这样问丈夫了，"老公，你刚才干什么呀？""给客户打电话。""你打电话只有5分钟，却准备了15分钟，何况又可以在床上打。你是不是疯了？""太太，你不知道啊！背对客户也要100%尊重客户，我睡着给客户打电话，虽然客户看不见我，可是我看得见我自己！"

尊重别人是一种值得弘扬的美德，更何况"客户是上帝"，我们需要聆听客户抱怨，我们有时候需要扮演"出气筒"的角色。客户许多时候是想倾诉，找一位愿意听自己说话的听众。

但这里要说的是：尊重客户要有原则地尊重，有理地尊重。这反而比卑躬屈膝更有可能感动顾客。实际推销中，有些推销员是彻头彻尾地用尽那些华丽的辞藻阿谀奉承客户，不敢说半个"不"字。这叫"过火"、"过犹不及"！推销员邀请客户吃饭，整个3小时，推销员全部阿谀奉承客户，什么"你了不起！""你生意做得大！""你为人好，大家一致好评！""你这里，我们最放心！""你是我们学习的榜样！"……客户也喜欢这样，就这样晕晕糊糊的，给推销员讲起了创业史。3小时就这样流走了，什么成效都没有。还有一部分客户经常喜欢故意在推销员面前摆谱，刁难业务代表。碰到这种客户，一味尊重是做不成生意的。

曾经有这样一个客户，他生意做得规模很大，是二级客户，一直想做一级客户，公司去了许多人，考察都感觉暂时不行。推销员小张去拜访他，刚进门自我介绍完，随即就被骂一通"你们公司的人都是一群废物！废物！废物！还来干什么？"小张当时就一下子愣了！不知道说什么了！接着他又将刚才说过的话又重复了一遍。小张忍不住了！为了公司的整体形象，为了个人的尊严，小张觉得自己有义务从今天开始就重新在客户这里树立公司人员的良好形象！小张平静且非常有张力地说："某某经理，我知道您对我们公司有些误会，我礼节性拜访，您不应该这样对我。就算我们在街上偶然撞上，您也不会这样对待一个陌生人。更何况你现在还在做我们的产品，还想继续做我们的产品，还是赚钱的！您不应该这样对我，有问题说出来，时间变化了，情况变化了，我们在一起商量，才有解决问题的可能！"他总算是看出来，这个小伙子与其他人完全不同，将抱怨的情况、原因全部说出来了，还主动向小张道歉！后来生意就这样成交了，他们反而成了好朋友！

在谈判的整个过程中，这是一个情与理的矛盾点。有许多推销员与客户建立了良好的感情，面对工作中的一些制度化、标准化的相关的规定，反而不敢直接向客户讲解，害怕破坏了彼此的交情，在一些政策性的问题上给客户讲的也是比较粗糙化，让客户产生误解。结算期到时，矛盾也出现了，结果不欢而散！在这里必须强调几点：

政策性东西最好不要一步到位；

搞不清楚的事情不要擅自决策；

客户抱怨要尽可能认真倾听；

原则性的问题不能有什么模糊，要认真讲解。

很多推销员都在寻找销售的秘籍，销售的捷径，都在想怎么才能尽快搞定客户。其实最好的销售秘籍就是你要想办法让客户真正受到感动，那么你就可以成功。

在北京一家公司的年终经销商大会上，一位忠诚的经销商热泪盈眶的说道："我一直很感动，并不是你们帮我成就了宏伟事业，而是你们的推销员做了很多看似平凡的小事。这些小事，让我感动，催我不断地前进。"一位饱经风霜的老推销员这样感慨的说："感动客户比打动客户更重要。"

"感动"敲的是"心门"，追逐心灵的那种急剧震撼；"打动"多靠利益，苛求花言巧语。

实际中，一次"感动"足让他人回味多次年年岁岁，一如涟漪，不断地影响着他周围的人；"打动"仅仅是单一的实际利益驱动，钱尽情散。因此，"感动"的力量更可能成就"连环销售"。

有这样一个案例，在盛夏的一天，一位推销员赶到经销商那里已经是午休时间。因为停电，客户在蒸笼一样的房间里熟睡。推销员没有唤醒他，而是轻轻坐下来，拿起扇子边送凉边驱蝇边等待，结果等这个客户一觉醒来，感动不已。表面上看起来虽然是一件小事，却改变了这个经销商想代理其他品牌的"坚毅"决定。此后，这个经销商的销量始终呈直线上升，同时，因为他的宣传还连续不断地引来了其他的经销商。

我们时常能够听到这样的困惑："客户，我拿什么感动你？""人非草木，孰能无情？"其实很简单，感动别人就是关心别人的过程，实际上也是帮助别人的过程。

有一位有些笨嘴拙舌的啤酒销售代表，却始终是销售状元。他的秘诀就是有时间就去客户那里，帮客户扫地、拖地、擦桌子、购买杂物——做一个不要任何报酬的勤杂工。在这个公司没有找到勤杂工的那段时间，他主动承担了这项工作任务，久而久之，他似乎已经成为这个公司勤勤恳恳的勤杂工，以致在一次会议上，大家都会不约而同地要求进这个销售代表推销的那种啤酒。

在很多时候，感动别人其实并不难，只要我们为人坦诚，把一些应该做到的事情做圆满了，就能够感动很多人。

在广东一个家电厂家的年会上，一位经销商亲自赠送一个普通的推销员"真"字条幅，并意味深长地讲述了这样一个普通故事：夏日山洪暴发，他的商场不幸遭遇水灾，他接到的第一个问候电话就是这个推销员主动打来的……

事实上，很多感动客户的事甚至不需要我们有什么额外付出，更不需要我们穷尽一生之力去做到。好多事情，只需我们举手之劳就足以办成，就像上面那些小事，在一点一滴地去做时，感动就开始潜滋暗长并扩散开了，然后滋润并浸漫到很多人的内心深处，最终在不经意间完成了你的销售任务。

实际生活中，有很多人都在不经意间忽视了"感动"这个销售"武器"。而上面所说的事情每个人都能轻而易举地做到，可是，在感动之后，我们都去做了什么呢？

目前，销售趋势已经从"客户满意"走向"让客户感动"。因为"客户满意"的衡量标准谁都可以制定，并严格督导执行，而"客户感动"既无标准也不能监督，但是也正因如此，才促成了非常销售。当然，我们只有不断地创造感动故事、营造感动氛围，推销员才能攀登顶峰，企业才能真正成为市场的领跑者。

巧妙利用双簧的效果

规模比较大的公司的推销员常常取笑一般商店的推销员："客人来了收收钱而已，哪里懂得做业务？"但是美国纽约市哈博销售公司总经理寇文顿却并非这样想。他十分欣赏一个叫玛丽的商店小老板，他这样介绍说：

太太常我在回家前，"顺道"去甲糕饼店买东西。其实那家糕饼店的位置一点也不"顺道"，停车又很麻烦。一来时间不够，二来想省点汽油，所以我索性直接到另一家方便得多的商店购买。我的任务完成了？呃……其实就是只差那么一点点。

回家后，在太太的追问下，我承认东西并不是在甲商店买的。这时候我买的东西（根据太太的标准）突然变得品质那么差。为什么呢？当我陪太太购物时，我找到了答案。

我看着她仔细寻找那些特价或是可退款的商品，对比折价券和不同商店的价格表。"为什么不到糕饼区买个派呢？"我这样问。"我们到甲商店买。"她回答。到了甲商店，柜台前挤满了快乐的顾客，人手一个号码牌。我们是84号，现在才轮到56号。等轮到我们的号码时，太太宣布："我们等玛丽。"原来是玛丽的原因。

玛丽向正要离去的顾客殷殷道谢，然后对着我们这样说："你好，寇太太（叫出顾客名字），今天需要什么呢？""我要买一个派，"太太说，"最好有樱桃派，因为我儿子一家人今天要过来吃晚饭，他最喜欢樱桃派。"

玛丽这样说："今天到我们甲商店（指出品牌）就对了，寇太太。早上我们才烘了最拿手的樱桃派。"她走到仪器架前，从十几个樱桃中挑出了一个，想了一下，又换了一个。回来时看着顾客的眼睛，骄傲地这样说："寇太太，这是为你特制的派。"

实际上，全部樱桃派都是同时出炉的。但是顾客太满意了，陶醉得宁可相信这是为她特制的、最好的樱桃派。杰出的成交技巧总会让顾客欣慰不已。

作为一名推销员，你买樱桃派的机率肯定不高，但是你可以学学玛丽是怎么样用心了解顾客，并以娴熟的技巧对待你的顾客，这么一来，你的成交率就高多了。

当纽约贸易商店的窗口上挂出这样的招牌："出售爱尔兰亚麻被单，该被单质量上乘，完美无缺，价格低廉，每床价格6.50美元。"美洲贸易商店的窗口会出现："人们应擦亮眼睛，本店被单世界一流，定价5.95美元。"

除了宣传广告竞争之外，他们还常走出商店，相互咒骂，甚至大打出手。最终他们中间有一个会从竞争中最终退出来，宣称另一个店老板是疯子，在他那里买东西的人都是疯子。于是人们会跑到竞争获胜的商店买床单。在这一带，他们行业内部的激烈竞争，使人们买到各种物美价廉的商品而获利匪浅。

有一天，他们中间有一位老板不幸去世了。几天后，另一位老板开始停业清仓大展销，然后，他搬了家，从那以后人们再也没有看见他。

当房子的新主人进行大清理时，发现两位老板的住房之间有一暗道相通，他们的商店就在住房下面。通过进一步查证，原来两位老板本来就是手足兄弟。什么咒骂、恐吓和其他人身攻击，原来是在真的演戏！所有的价格竞争都是"双簧"，谁获得了胜利，谁就把两个店的商品一并抛了出来。他们的"骗局"就这样持续了三十多年，居然没有人能够识破。

请注意，这两位兄弟老板演"双簧"，所销之货是物美价廉，这便是一种巧妙的促销艺术，犹如双簧表演，观众可获愉悦。如果他们所销之货是冒牌仿照，那就成了真正的骗局，应该受到谴责与制裁。这是推销员必须要注意的。

帮助准顾客消除心理障碍

成交是整个直销过程中最重要的关键性环节，气氛比较紧张，容易使推销员产生一些心理上的障碍，直接阻碍成交。吉拉德认为这种障碍一般包括下列几点：

推销员担心成交失败。这是一种影响最大的成交心理障碍。产生这种心理障碍的最重要的原因在于社会偏见的深刻影响。有些推销员缺少成交的实战经验，没有足够的心理准备，会产生成交恐惧症。大量的直销实践证明，并非每一次直销商谈都能有既定的成交，恰恰相反，真正达成最后交易的只是很少数。只有充分地理解了这一点，推销员才会鼓起勇气，不怕失败，习惯于听到"不"字。信心和勇气是成交的必要心理条件，没有必胜的成交信心和成交勇气的话，就难以促成交易。

有些推销员具有职业的自卑感。产生这种心理障碍的主要原因在于目前的社会成见。推销员本身的思想认识水平也会产生不同程度的自卑感。

一个人只有真正明白了自己工作的实际意义，才能够为自己的工作感到自豪和骄傲，才会激发出巨大的勇气和力量。因此，为了克服职业产生的自卑感，为了消除成交时的心理障碍，推销员应当尽可能认真学习现代直销学基本理论和技术，提高职业思想认识水平，加强职业的修养，培养自身职业自豪感和自信心。

推销员认为顾客会积极主动的提出成交要求。这是一种美丽的错误感觉，也是一种严重的成交心理障碍。在实际直销工作中，部分推销员错误地认为顾客在商谈结束时，就会自动购买产品。但在事实上，绝大多数顾客都采取相对的被动态度，需要推销员首先提出成交的要求。因此，为了消除这种成交时的不良心理障碍，推销员应改变上述错觉，主动提出成交要求，适时适当施加成交压力，积极促成交易。

推销员对成交期望相对过高。这是一种极不利于成交的心理障碍。推销员对成交抱有的期望太高，就会在无形当中产生巨大的不良的成交压力，就会破坏良好的成交氛围，引起顾客的反感，直接阻碍成交。成功的推销员克服心理障碍的常用方法如下：将反对意见当成是顾客在征询更多的资讯。要去赞美每一项已经提出的反对意见。"这是个很好的建议和问题，很高兴你能提出来。""你这么说，你一定有很好的理由，我能请教那是什么理由吗？"

以寿险为例来说明，告诉你如何消除顾客的警戒心。经常会有新人问，面对客户时我如何才能打动他们，让他们愿意购买我们的产品？抱着要打动客户的必胜心理，有些新人总是使尽混身解数，旁征博引，在客户面前可能会喋喋不休。但最终却发现客户对你的话并不感兴趣，而且那些过于冗长的谈话已使他产生了厌恶情绪，你很难再预约到下一次的见面机会。

在与一些成功的寿险推销员的实际交流中，我们发现一些规律，面对客户时，推销员的行为举止是否符合客户的期待，将最终决定他能否从心底里接受你。

一、说话要真诚。只有真诚的人才能赢得别人的信任。不要为了推销产品，不考虑客户的实际能力，导致客户陷入困境。曾有推销员为了不断提升自己的业绩，劝说一位年收入只有两万元的客户购买了20年交，每年需要交5000元的投资型保险，第二年客户就陷入交费的困境，无奈之下只能选择退保，但退保金又微乎其微。从此这位客户对保险就持有一种偏激态度，逢人就说保险公司是怎样骗钱。我们的寿险营销人员切记，不要为眼前的利益放弃了长远的收获，能够为你的道德良心作证的，是你的实际行动，而非你所说的话。

二、给客户一个购买的理由。客户购买寿险产品的最初出发点是他正好需要这款产品，所以在购买之前，他们总是希望充分了解这款寿险产品能为他们带来什么特定的好处。业务人员面对客户的时候不要泛泛而谈，只是突出产品的优点，而应该把产品的优点与客户的需求巧妙的相结合。

三、让客户知道不是他一个人购买了这款产品。大多数人都是有从众心理的，业务人员在推荐产品时适时地告诉客户一些与他情况相类似或相同的人也购买了同样的寿险产品，他们是如何看待这款产品的，会使客户信心大增，刺激购买欲。

四、向客户证明你给他的保险设计是符合他的收入水平的。很多寿险产品都是长达几十年的终身产品，购买之前，客户要确信自己在今后相当长的一段时间内有足够的经济实力能够兑现未来的保单缴费。因此，推销员一般不要一开始就极力的为客户设计太高的缴费，可以从客户年收入的5%～8%开始，根据其实际的收入增加和产品的推陈出新，每年坚持不懈地拜访，使客户的保障不断得到提升。

五、以最简单的方式解释产品。寿险产品专业性相对来说比较强，让客户自己看条款是不明智的选择（即使他是位博士），但如果你自己对条款没有理解透彻，那也很难说服客户购买。学会用最简单的方式解释产品，突出重点，让客户在相对有效的时间里充分了解这款产品。

六、不要在客户面前表现得自以为是。很多客户对寿险可能略有耳闻，有时会问些非常幼稚的问题，这个时候请推销员一定不要自以为是，以为自己什么都比人家懂得多，把客户当成笨蛋。很多客户都不喜欢那种自以为是，深感自己很聪明的推销员。要是客户真的错了，机灵点儿，让他知道其他人也经常在犯同样的错误，其实他只不过是犯了大多数人都容易犯的错误罢了。

让顾客爱上你的产品

一、产品滞销的原因

如何才能让客户爱上你的产品？产品的种类目前有很多，但为什么产品就是销售不出去呢？

1. 材料是一个关键部分，好的材料，其价格就上涨，价格较高，客户就不是很想要了。但劣质的材料，其做出来的产品是不合格的，它尽管能帮你在一段时间内得到好的利润，但长期要经营的公司要是实施此方案的话，那公司的前景将是不乐观的。因此在你讲述你产品的材料时，你应该注意你的语言，不要只是在那一个劲的说自己的材料是多好，多贵，而要有技巧的告诉你的客户你的材料和别人的有什么的区别，它做出来的产品质量是不同的，让他为此心动。

2. 包装如同你的脸。外表形成客户的第一印象，如果你的外表新颖，设计独特，那它能帮助你修饰你产品本身的一些小瑕疵。但如果你的外表普普通通的话，那客户就要挑你产品的毛病，以便来达到他所希望的那样，如：降价等。

3. 销售是一种学问。怎样让客户喜欢你的产品，并且购买你的产品呢？那就要看你是通过什么来说服你的顾客的，让他积极主动的来购买你的产品，不防看一些有关销售方面的书籍，学习一下其中的技巧，它会对你有很多的帮助，而不是一味的强调你的材料是最好的，别人的比不过我们什么的，因为客户是有自己的判断力的，他自己心里知道你产品大概的情况。你说多了，他反而一去不复返了。

二、如何让顾客爱上你的产品

下面是教你如何让顾客爱上你的产品的基本方法：

1. 客户在交易过程中感受独特

当买你的产品与买别人的产品没什么太大区别的时候，客户是没必要非得买你的东西。要让客户对你情有独钟，你一定要创造出独特的体验方式。这些方式大体分成三个内容：产品性能、服务能力以及产品和服务所处的环境。无论是在设计新的客户体验，还是在保持现有的方式，目标都是一样，尽可能的即消除负面体验，以增加其正面影响，增添别具一格正面的客户个性化体验方式。

真正的客户体验设计中，一定要保证客户体验中所有感受都是精心设计的，你能让人感觉，你卖出去的面包不但味道好，就连色和香都与人截然不同。所以必须要注意到客户可能会遇到的任何一个状况和小细节，让客户意识到你的用心和细心。

2. 和客户的习惯性体验保持一致

很多企业在创造客户体验的时候，还是没有充分考虑到怎样和客户的习惯性体验（对产品和服务的了解、选择、购买和使用过程）完全保持一致。

试想一下，在你最开始购买手机时，我们会有多少麻烦！客户必须同时面对一系列令人烦躁的问题，如使用方法、收费标准、维修、服务区域、产品功能等。

太过复杂化的购买过程会使客户产生厌烦情绪，最后对企业留下的印象可能就是："太复杂"、"找不到重点"、"问题悬而未决"。

你所认为你的产品的特质，他连用也没用上，又怎么可能来评说优缺点？

这也是为什么现在的傻瓜相机，智能电器发展势头越来越大的社会深层原因。

设计体验方式系统时，应站在客户的角度去考虑问题。在了解、选择、购买和使用产品或服务等客户体验的每个阶段，客户各有自己不同的期望，和每个阶段有关的具体活动因产品或服务而异。服装零售商的客户可能会经历下列这样的体验过程：

（1）服装流行趋势；

（2）样式和剪裁；

（3）是否适合自己。

3. 注重原创

要是别人采取买一送一的做法，你也来个买一送二，这并不能证明你与众不同，借鉴的想法不具有独特性。如果迫于现实的压力而不得不效仿他人，效仿来的体验只会平淡无奇，千篇一律。效仿实际上本身就削弱了自己和原创企业客户体验的独特性。利用特快专递来运送中秋月饼，最开始想出这个办法的营销高手赚了大大的一笔。

4. 赋予产品情感

诺利是麦尔维尔高浦勒斯制鞋公司总经理，他是在高浦勒斯公司处于濒临倒闭的时候挑起重担的。凭自己对消费心理学进行过深入研究的既有经验。采用新的营销手法，终于使公司起死回生，转亏为盈。他的秘诀就是赋予产品以感情的人文化色彩。诺利认为市场即是战场，也是感情交流的地方。要在商场中获胜，必须赋予产品一定的情感。

巧用顾客求名心理

求名心理是指相当多的客户在购买产品时，喜欢选择自己以往所熟悉的产品，而在熟悉的商品中，又尤其钟爱购买那些名牌产品。

名牌产品是企业经过长期苦心经营而为产品或企业获得的被承认的市场声誉。在客户眼中，名牌就意味着标准，代表高质量，代表较高的价格，也代表着客户的身份和社会地位。客户往往会为了追求产品的质量保证，或者为了尽可能弥补自己商品知识的不足而选购名牌产品。当然也有些客户购买名牌是为了炫耀阔绰或者显示自己与众不同的社会身份和地位，以求得到心理上的满足。不管客户购买动机怎么样，名牌产品成为众多客户的偏好是不争的事实。购买名牌产品的客户通常是高收入者和赶时髦者。他们对产品品牌一般都比较敏感，品牌形象一旦受损，他们就很可能自动放弃购买行为。

求名心理最多表现在客户对一些服饰、轿车、烟酒等品牌的追求上。求名心理在我国表现得较为普遍。有着光宗耀祖和衣锦还乡传统的中国人，在富裕以后的第一件事情就是确定自己的社会地位。改革开放以后，我国消费群体发生了翻天覆地的变化，这些变化都导致了求名心理的产生。这些变化主要集中在以下这些方面：

一是年轻化。自古英雄出少年，这种说法在网络经济时代表现得更加突出。很多成功人士都年纪较轻，就算是年长的成功人士也出于对子女的溺爱，将大笔财富交给子女处理。因此青年一代的消费热情产生了众多的消费热点和时尚潮流，成功人士的年轻化更是带动了消费主体的进一步年轻化。

二是富裕化。我国居民生活水平得到迅速提高，在家庭收支中，食品支出的比重越来越小。产品消费中过去低价位的产品也逐渐转变为电脑、汽车、住房新三大件高价位产品。

三是理想化。富裕的人们逐渐习惯并且开始了个性化消费，他们对新鲜事物孜孜不倦地追求，讲究消费品位。

基于上述的三点，我们不难看出消费者的求名心理日益膨胀，因此推销员在进行推销的过程中，针对具有上述特征的人士要积极的采用求名策略。重点宣传其产品的知名度和美誉度，还可以强调该产品生产企业的实际规模和实力，这些都能促进客户购买。推销员进行推销的过程中，需要辅之以必要的外围性广告宣传，比如推销员对产品加以介绍的同时，还可以引用一些名人的推荐或者该产品在电视上的宣传。不过一般情况下，如果该产品在电视展露程度比较高的话，就不会采用人员推销的方式来进行产品的市场推广。相反正是一些展露程度很低的产品才非常依赖产品推广来打开市场。

在抓住客户求名心理推销时，要注意绝对不能给客户造成价格相当便宜或者相当昂贵的印象。因为价格相当便宜，产品质量就值得怀疑。而价格十分昂贵，客户一般不会在推销员手中购买产品。价格适中是其最佳的选择。

廉价策略要灵活运用

随着经济的不断发展，物价也伴之不断上涨。所以，消费者常常会觉得单位货币购买力不如从前，而自然产生一种防卫性的购买心理反应，产生缩减实际支出的这种不利倾向，这对厂商的销售有直接或者间接的不利影响。因此，厂商常有各种不同的促销活动。在国内外，尤以打折最为常见，例如，"100 元卖 90 元"。

日本三越百货公司针对"降价没好货"的购买心理，利用"货币错觉"，采用 100 元买 110 元商品的"偷梁换柱"推销术。从表面上看，后者跟打 9 折好像都是 10% 的差价，但两者在消费者的心理感受和经营管理上都有比较明显的差别。其实，"100 元买 110 元商品"的折扣比 9 折略少，也就是较打 9 折要高出约 1% 的利润。在打折促销、利润普遍下降之际，1% 的净利增加是一个相当可观的数目。

另一方面，"100 元卖 90 元"的 9 折法，给消费者第一个直觉反应一定就是削价求售，而"100 元买 110 元商品"却易使人造成货币价值提高的心理，要是物价上涨率为 10%，则会给人产生购货便宜 20% 的错觉。所以，三越百货公司在首次使用此计销售后第一个月的营业额就出乎意料的增加 2 亿日元。这就是"偷梁换柱"在销售中的妙用。

商场之间的价格之争在一定程度上也是"智慧"的较量。南方某大城市内两家最大的国营商场，在同一时期内都进了一种型号以及牌子完全相同的游戏机。这时，A 商场一个电话打到 B 商场，问这种游戏机卖多少钱一台，B 商场没作任何形式的正面回答，反问 A 商场卖多少，A 商场回答说卖 200 元一台，B 商场说他们也是按照这个价格卖的，A 商场一听这个消息，以为既然本市内两个最大商场统一了市场价格，机会均等，不愁卖不出去。

谁知 B 商场的经理更有心计。当听说 A 商场卖价 200 元时，这时 B 商场卖价恰好也是这个数。为了尽可能的争夺市场，B 商场经理决定以优惠展销的形式以每台 180 元出售，消费者一听说同样的游戏机，B 商场比 A 商场便宜了 20 块钱，随即一窝蜂似的到 B 商场来买，结果 B 商场游戏机很快脱销，而 A 商场的同类游戏机却很少有人关注。

A 商场得知后连呼上当。廉价战略的订价方法是为实现目标服务的，其依据则是作价基础。所以廉价战略的订价办法既能够采用以成本为中心的订价方法（如成本加成订价法、售价加成订价法），也能够采用以需要为中心的订价方法（如理解价值订价法、区分需求订价法），当然还可以采用以竞争为中心的订价方法（如变为成本订价法）。

正确地运用以廉取胜这一商战中久盛不衰的招数，其核心意义莫过于此招能够吸引顾客的购买行为，从而能够不断推动商品销售额的增加，从而在商战的市场竞争中克敌制胜。廉价策略作为商品作价的基本计策之一，差不多尽人皆知，尽人可用。善于运用者屡见不鲜，而不善于运用者又不敢轻易冒减少利润的风险。胜在于廉，败亦在于廉；胜者善用其廉，败者不善用其廉；胜者敢用其廉，败者怯用其廉。其症结就是于廉价和获取利润怎样相辅相成。

所有的人都有一种越是得不到的东西，偏偏越是想得到的心理，而这正可运用于推销上。假定此刻有 A、B 两地，A 已卖出，而后来的顾客一定会想买 A 地而根本就不考虑 B 地，因为 A 地已卖出，一定是抢手的畅销货，而 B 地还无人问津，想必不是一块好地。他们会叹息地这样说："假设现在 A 地出售的话，我一定买下，只可惜 A 地已经卖出了！"

推销员完全可以利用这种心理，大作文章，以下便是说明的运用方法。

如果此时有 C、D 两块地待售，而你想卖出 C 地，这时你在促销说明中，就一定要强调："这块土地不错吧！可惜已经卖掉，如果你先到就好了！"

顾客心中，他会想到要是真的能够拥有那块地，不但可以呼吸新鲜的空气，还能远眺美景，那该有多美啊！

然后，你也可以这样向他致歉，说明自己无能为力了。此后，也许几天，也许隔一两个星期，你能够用兴奋而热诚的口吻告诉他：那块土地已经被退回来，而你也为他保留下来。要这样，你只需随便找个理由就行，如"原来的那个顾客想买块更大的地，因此把那块土地退回来了"。

顾客一想到心里所要的土地已经到手，自然高兴不已。这时，你就必须尽快与他订约成交了。具体做时，还要注意几点。首先，你应该把握住相隔的最佳时间，太短了会引起顾客的疑心。太长了，顾客会认为自己已经买不到。所以，推销员在运用廉价策略时，要灵活巧妙。抗拒点一旦找准了，解除的方法自然就有了。

第十六章 赢在谈判

营造轻松和谐的开局气氛

谈判的开局阶段通常是指在谈判准备阶段之后，双方进入面对面谈判的阶段。在此阶段中，因为谈判双方对谈判尚无实质性认识，各项工作千头万绪，无论准备工作做得多么充分，都避免不了遇到意想不到的新情况、碰到新问题，因此谈判各方的心里都会比较紧张，态度也会非常谨慎，都试图探测对方的虚实及心理。所以，谈判的惯例是双方一般不在开局阶段进行实质性谈判，只是见面、介绍、寒暄，以及浅谈一些无关紧要的问题。在此过程中，双方的行为便客观地营造了轻松和谐的谈判开局气氛。

开局气氛通常是指双方在谈判的开始阶段通过初步接触而形成的彼此间的相互态度。它由参与谈判的全部人员的情绪、态度与行为来共同营造出来的，任何谈判个体的情绪、态度或行为，如目光、动作、姿态、表情、谈话的语调等都能够影响或进而改变谈判开局气氛。与此同时，谈判开局气氛也会影响每个谈判个体的情绪、思维，使他们呈现出安全不同的状态。因此，谈判的开局气氛将对整个谈判进程产生一定的要求，其发展变化也将直接影响整个谈判的结果，因此推销员绝不可忽视开局的气氛。

一、开局气氛的作用

1. 确定谈判基调

每一次谈判都有自身的独特气氛，不同的气氛对谈判有完全不同的影响。在谈判过程中，谈判的开局气氛能为整个谈判定下一个基调，并在自然的进程中，将谈判向某种方向推进。例如，冷淡、对立、紧张的开局气氛，会不自觉地将后面的谈判推向更加严峻的境地；热烈、积极、合作的开局气氛则会促进谈判人员最终能够达成一致的协议。

美国总统尼克松在 1972 年第一次访问中国的时候，为了在一开始就能够表达诚意，他要求警卫人员把守机舱门，不让随同人员一起下来，这样其实就是为了突出他一离开飞机就主动地和周总理握手的场面。事后再看来，两人握手的时间其实不过几秒钟，但尼克松的举动却一下子拉近了两国领导人之间的空间距离，给这次谈判确定了一个极好的开局基调，最终能够促使双方打破了中美关系间多年的坚冰。

从这个实例中可以看出，谈判人员在开局阶段通过努力营造良好的气氛，能为整个谈判确定积极的基调，对双方在谈判过程中实现双赢的理想结果意义重大。

2. 建立良好谈判关系

由于商务谈判通常都是以互利互惠为最佳结果的谈判，因此在商务谈判中，谈判人员要做的第一件事，就是要获得对方的好感，要尽量在彼此之间建立一种双方互相尊重和信赖的关系。从许多成功的商务谈判案例可以看出，在双方开局阶段礼貌而真诚的举动能够充分显示谈判人员的文化修养和谈判诚意，使双方真正感受到彼此的合作诚意。

某进出口公司与泰国一家公司洽谈一笔生意，中方公司的王经理在此之前了解到泰国公司参加谈判的总经理徐先生非常喜欢下象棋。于是在谈判的前一天，王经理带着一副精工制作的象棋来到徐先生当时下榻的宾馆。"我们下一盘棋怎么样?"接到这样的邀请，年过半百的徐先生竟然像孩子一样高兴。原来，徐先生原本就是出身于象棋世家，他的孩子还酷爱收集各种各样的象棋。一场酣战下来，双方都感觉意犹未尽。王经理醉翁之意不在酒，又和徐先生畅谈事业、成就、亲情、家世。在交谈过程中，徐先生对王经理大为赞赏，当场表示:"能和你这样的人做朋友，这笔生意我少赚点都值得!"两天后，双方愉快的在徐先生下榻的宾馆签订了协议。

在谈判开局阶段，要是双方能够通过努力建立起一种彼此信任的良好谈判关系，将对谈判的成功起到非常重要的推动作用。

二、合理运用影响开局气氛的各种因素

在商务谈判开始时，小到谈判人员的表情、动作、服饰、个人风度、谈判进入直到正式话题之前的交流话题以及座位安排等各种细节，大到双方组织间的关系、双方谈判人员间的关系和双方谈判实力等宏观因素，都会对开局气氛的营造产生不同程度的必然影响。谈判人员应当尽可能合理地运用这些影响开局气氛的各种因素，并通过技巧把消极因素转化为积极因素，使谈判气氛向友好、和谐的方向逐步发展。

1. 微观因素

（1）表情。表情能够清晰地表明谈判人员的状态。在营造谈判气氛的阶段，谈判人员应积极主动地与对方进行情绪和思想上的沟通。例如，当对方还板着面孔时，己方应该率先露出微笑。

（2）动作。影响开局气氛的因素还包括手势等习惯性动作。谈判者应该注意，同样的动作对不同谈判对象的理解是不同的。例如，在首次见面寒暄时，如果握手用力些，会使产生相见恨晚的感觉，亲切感油然而生;而有些人则会认为这是对方在有意炫耀实力，或是有意谄媚，从而产生厌恶之感。可见，谈判者必须要了解谈判对手的社会背景和个人性格特点，区别不同情况，进而采取不同做法。

（3）服饰谈判人员的服装是决定其形象、体现其精神状况的又一个显著性的标志。服装的色调与清洁状况，反映着谈判人员的心理特征，也影响着开局气氛。一般情况下，谈判人员的服装要美观、大方、整洁，以突出对对方的尊重，同时又不要穿着颜色过分鲜亮的服装，以免造成压倒对方的气势。谈判人员的着装还要根据对方人员的文化背景和审美观来确定，以免在第一次见面时就产生不必要的麻烦。

（4）心理。无论双方在谈判之前是否有成见，无论身份、地位、观点、要求有何不同，只要是坐到谈判桌前，就意味着共同选择了磋商与合作。因此，谈判之初就必须要心平气和、坦诚相见，这才能使谈判在良好的氛围中展开。

（5）中性话题。谈判刚开始，良好的气氛还没有完全形成之时，最好先谈一些友好或中性的话题。如询问对方的身体状况以示关心，回顾双方的交往历史就能够以示亲密关系，谈谈共同感兴趣的新闻，幽默而得体地开开玩笑，等等。这些都非常有利于缓解谈判开始时的紧张气氛，达到联络感情的既有目的。

（6）座位安排。要营造良好的开局氛围，座位的安排也是很有讲究的。面对窗户和阳光会令谈判者产生一定的心理压力，所以要尽量避免这样的座位安排。椅子的大小实际上也会影响双方的心理，产生主动与被动的各种心理倾向。因此，应当将谈判场地的椅子规格安排一致，以营造平等而良好的开局气氛。

2. 宏观因素

（1）谈判双方企业之间的关系。谈判以双赢为目的，但在具体实施时，需要根据谈判双方之间的实际关系来决定建立怎样的开局气氛，采用怎样的语言进行交谈，以及采取什么样的谈判姿态。具体来说，主要有下列四种情况：

①双方过去有业务往来，且关系很好。在这种情况下，友好关系当然能够作为双方谈判的基础。开局阶段应该有一种热烈、友好、真诚和轻松愉快的开局气氛。开局时，己方谈判人员在语言上应该热情洋溢；内容上可以畅谈双方过去的友好合作关系，或两个企业之间的人员交往，也可以适当地称赞对方企业的进步与发展；在姿态上应该是相对比较自由、放松且亲切的。同时，也能够较快地进入实质性谈判。

②双方过去有过业务往来，但关系一般。开局的目标仍然是要尽可能的争取创造一个友好、和谐的气氛，己方在语言的热情程度上应该有所控制。在内容上，完全能够简单地聊聊双方过去的业务往来及双方的人员交往，也可说一说双方人员在日常生活中的各种兴趣和爱好；在姿态上，可以随和自然。在适当的时候，自然地将话题切入实质阶段。

③双方过去有业务往来，但本企业对对方企业的印象不佳。开局阶段的气氛应该是严肃而凝重的。语言上，在注意礼貌的同时，相对来说还是比较严谨，甚至可以带一点冷峻；内容上，可以对过去双方业务关系表示出任何形式的不满意和遗憾，以及希望通过本次交易磋商能够改变这种状况，也可顺便谈论一下途中见闻、体育比赛等中性话题。在合适的时机，可以慎重地将话题引入实质性谈判。

④双方在过去没有进行任何业务往来，此次为第一次业务实质性接触。在开局阶段，应力争营造一个友好、真诚的氛围，以淡化和消除双方的陌生感，以及由此带来的防备甚至在一定程度上略含敌对的心理，为实质性谈判奠定良好的基础。因此，应该在语言上尽量表现得礼貌友好，但又不失自己的身份；多谈论途中见闻、近期体育消息、天气状况、业余爱好等比较轻松的话题为主的内容，也可以就个人在公司的实际任职情况、负责的业

务范围、专业经历等进行常规性的询问和交谈；应该怀有不卑不亢的姿态，沉稳中不失热情，自信但绝不骄傲。在适当的时候，巧妙地将话题引入实质性谈判阶段。

（2）双方谈判人员个人之间的关系。谈判是人们相互交流思想的一种社会行为，谈判人员之间的个人感情会对交流的过程和效果产生很大的影响。如果双方的谈判人员过去已经有过交往接触，并且还结下了一定的友谊。那么，在开局阶段完全可以以叙旧作为开场。实践证明，一旦双方谈判人员之间发展了良好的私人感情，那么，提出更多的要求、做出让步、达成协议就不是困难的事。通常还可以降低成本，更能够提高谈判效率。

（3）双方的谈判实力。

①双方谈判实力相当。为了防止一开始就形成对方的戒备心理，防止激起对方的敌对情绪，以致使这种气氛延续到实质性的谈判阶段，在开局阶段，要尽可能创造一个友好、轻松、和谐的气氛。己方谈判人员在语言和姿态上要做到既轻松而不失严谨、礼貌而不失自信、热情而不失应有的沉稳。

②己方谈判实力明显强于对方。开局阶段，既要在语言和姿态上表现得非常礼貌友好，又要充分显示己方的自信和气势。这样，便能在营造良好气氛的同时，使对方清醒地意识到与己方实力的现实差距，使其在谈判中不抱过高的甚至不切合实际的期望。

③己方谈判实力弱于对方。为了不使对方在气势上开始就占上风，应该在开局阶段，使己方在语言和姿态上表示得友好、积极；同时也要充满自信，举止沉稳、谈吐大方，这样才能够不让对方轻视。

三、营造开局气氛的一般方法

谈判的开局气氛对整个谈判过程起着相当重要的影响和制约作用。可以说，不管哪一方控制了谈判的开局气氛，就掌握了谈判的主动权。根据不同的基调，都能够把商务谈判的开局气氛分为高调气氛、低调气氛和自然气氛，谈判人员可以采取不同的方法来积极营造对己方极为有利的开局气氛。

1.营造高调气氛的方法

谈判的高调气氛是指预期谈判气氛相对比较热烈，谈判双方情绪积极、态度主动，愉快因素成为谈判主导因素的谈判开局气氛。一般在下述情况下，谈判一方应努力营造高调的谈判开局气氛：己方占有绝对的优势；价格等主要条款对己方有利；己方希望尽早达成协议。在高调的开局气氛中，谈判对手常常会自然的放松警惕，只注意到对他们有利的方面，而且对谈判前景趋于乐观。因此，高调的开局气氛完全能够有效地促进协议的达成。营造高调开局气氛一般有下述几种方法：

（1）感情攻击法。感情攻击法通常是指通过某一个特殊事件来引发存在人们心中的情感因素，从而实现营造气氛的目标。

中国某家彩电生产企业打算从日本引进一条生产线，于是与日本一家公司进行了接触，双方派出各自的谈判小组就此问题进行了实质性的谈判。谈判当天，双方代表刚刚就坐，中方的首席代表就站了起来，他对大家这么说："在谈判开始之前，我有一条好消息要同大家分享。我的太太昨晚为我生了一个儿子!"此话一出口,中方职员纷纷起身向他道贺,日方代表也出于礼貌地起身一同道喜,整个谈判会场的气氛顿时无比高涨。后面的谈判也进行得非常顺利,中方企业最终以合理的价格成功地引进了所需要的先进生产线。

在上述这个案例中,那位代表为何要在谈判场合提及毫不相关的事情呢?原来,在以往与日本企业的谈判中,这个代表觉得日本人很愿意板起面孔谈判,一开局便造成一种冰冷的谈判气氛,给中方人员造成了非常大的心理压力,从而控制整个谈判,趁机抬高价码或提高条件。于是,他就想出了在开局阶段利用自己的喜事打破日本人冰冷面孔的巧妙办法,营造了一种非常有利于己方的高调气氛。

(2)称赞法。称赞法是指通过称赞对方来削弱对方的心理防线,使对方焕发谈判热情,从而营造高调开局气氛的方法。

在实际运用称赞法时,首先要选准称赞目标,投其所好,选择对方最引以自豪的并希望己方高度关注的目标。

一个华人企业想成为一日本著名公司的区域代理商。双方几次磋商均未达成协议。在最后一次谈判刚开始时,华人企业的谈判代表就突然间发现了日方代表非常特别的喝茶及取放茶杯的姿势,于是他这么说:"从××君喝茶的姿势看来,您十分精通茶道,能否为我们介绍一下呢?"这句话恰好说中了日方代表的兴趣点,于是他滔滔不绝地讲了起来。结果后面的正式谈判进行得十分顺利,那家华人企业终于如愿以偿地得到了这家公司的区域代理权。

在运用称赞法时,必须要格外注意选择恰当的称赞时机和称赞方式。称赞时机不恰当往往会令称赞法适得其反;称赞方式不得体,常常会使其变成刻意奉承,引起对方反感。

(3)幽默法。幽默法是用幽默的方式来消除谈判对手的戒备心理,使其积极地参与到谈判中来,从而共同创造出高调谈判开局气氛的方法。实际上采用幽默法时同样要注意选择恰当的时机和适当的方式,另外还要做到收发有力,张弛有度。

2.营造低调气氛的方法

低调气氛是指预期谈判气氛严肃、低沉,谈判的一方情绪消极、态度冷淡,或一方过于张狂,不快因素构成谈判主导因素的开局气氛。在以下的这些情况下,谈判人员通常应当努力营造低调的开局气氛:己方在预期的讨价还价中并没有什么优势;合同中某些条款并未达到己方要求;对方开场气势汹汹,刻意压倒己方。为了有效改变对己方不利的开局气氛,为了更好地控制局面,谈判人员完全可以采用下列方法营造低调的开局气氛。

(1)感情攻击法。感情攻击法与营造高调开局气氛中的方法性质完全相同,两者都是以情感诱发作为营造和控制开局气氛的手段,但是两者的作用却截然相反。在营造高调的气氛时,感情攻击是激起对方积极的情感,使得谈判开局气氛更加热烈;而在营造低调的气氛时,是要诱使对方产生消极情感,导致一种深沉、严肃的气氛笼罩在谈判的开局阶段。

(2)沉默法。沉默法是以沉默的方式来使谈判气氛降温,从而达到抑制对方过盛气焰、向对方施加心理压力的目的的一种开局方法。

美国的一家公司向一家日本公司推销一套先进的机器生产线，双方都派出了技术力量很强的谈判小组进行商务谈判。美方在开局时的热情非常高，摆出一副志在必得的架势。谈判一开始，美方代表就连珠炮似的地大谈特谈他们的生产线如何先进、价格如何合理、售后服务怎么周到。在美方代表高谈阔论时，日方代表表现得非常低调，只是埋头记录，将美方所谈的每一个问题都详细记下。当美方代表兴致勃勃地全部讲完后，问日方代表还有什么问题时，日方代表却摆出一副茫然的样子假装没有听懂。如此反复了三四遍，美方一开始时的热情减退了许多，场面已不像刚开始那般激情似火了，整个气氛随即转入了一种相对低沉的状态。日方代表看到时机已经成熟，便开始"冷冰冰"地向对手提出了一连串的疑难问题，问题的尖锐程度是美方代表意想不到的。在这种情形下，美方代表阵脚大乱，最终日方将价格压到了美方能够承受的极限，就这样轻松地获得了成功。

其实，日方从一开始就早已经完全明白了美方所谈及的每一个问题。但是，他们注意到当时的开局气氛完全被美方代表所控制，要是当时就提出问题，那么美方代表很可能会趁机对这些问题进行有力的回击。于是，日方代表避开美方代表的锋芒，选择了适时适度的沉默，就这样逐渐控制了谈判气氛，使谈判向有利于己方的方向发展。

采用沉默法营造低调开局气氛实际上并不是要谈判人员一言不发地"沉默"，而是要在恰当的时候以恰当的理由选择沉默。采用的沉默理由一般有：假装对某项技术问题不理解；假装不理解对方对某个问题的陈述；假装对对方的某些话语心不在焉。但是在运用此方法时要注意，沉默有度，因为沉默背后的最终目的是要实施反击，迫使对方不得不做出实质性的让步。

（3）疲劳战术。疲劳战术是指利用主动提问，使对方对某一个问题或几个问题进行反复陈述，从心理和生理上使对手疲劳，降低对手的热情，从而达到控制对手并迫使其让步的营造低调开局气氛的方法。

一般情况下，人在疲劳的状态下思维的敏捷程度会下降很多，容易出现错误，工作情绪不高，并且比较容易屈服，易于赞同别人的看法。因此，在采用疲劳战术营造低调开局气氛时，谈判人员应当多准备一些问题，问题设置要尽可能的科学合理，使每个问题都能够起到疲劳对手的作用。同时，己方还要认真倾听对手的回答，借此可以抓住对手的漏洞，作为后面的谈判中迫使其让步的必要砝码。

（4）指责法。指责法是指对对手的某个小疏漏或礼仪失误运用各种手段不断强调，使其感到内疚，从而营造低调的开局气氛，迫使对方让步的方法。

有一次，中国一家公司到美国采购设备，因为去谈判的路上遭遇交通堵塞，中方谈判代表比预定的见面时间晚了近半个小时。美方代表对此十分不满，花了相当长的时间来指责中方代表的这一失误，中方代表因此感到非常为难，频频向美方代表道歉。谈判开始后，美方代表好像还对此耿耿于怀，中方代表一时间手足无措，当时已经无心与美方讨价还价。等到签订合同后，中方才发现自己因此吃了个大亏。

3.自然气氛

自然气氛是指谈判双方情绪平稳，既不热烈也不消沉的谈判开局气氛。自然气氛有利于对对手进行真实情况摸底，因为谈判双方在自然气氛中传达的信息往往比在高调气氛和低调气氛中传达的信息更真实、准确。当己方对谈判对手的情况一知半解，对手的谈判态度不明朗时，在平缓的气氛中逐渐开始对话是比较有利的。

在开局阶段营造相对比较自然的气氛，谈判人员要注意自己的行为和礼仪，避免一些唐突的举动；在与对方初步交流时要多听、多记，避免与其就某一问题过早进行争执。要准备几个问题自然地向对方提问，尽量对对方的提问做比较正面回答，不能用委婉的方式回答以此作为回避。

四、控制开局气氛的策略

实际上不同内容和不同类型的谈判，分别需要有不同的开局策略与技巧。通常，在营造开局气氛时，可以结合完全不同的谈判项目，分别采用下列四种策略：

1.保留式开局策略

保留式开局策略是指在谈判开局时，不对谈判对手提出的关键性问题进行深入、确切的回答，给对手造成神秘感，以吸引对手步入谈判的策略。

2.一致式开局策略

一致式开局策略，是指在谈判开始时，为使对方对己方产生好感，以协商、肯定的方式，创造"一致"的谈判气氛，从而使双方在愉快而友好的氛围中不断将谈判引入深处的开局策略。一致式开局策略，其实际应用目的在于创造取得谈判胜利的条件。

运用一致性开局策略有很多种具体方式，可以在谈判开始时以一种协商的口吻来征求谈判对手的意见，对其意见表示一致认可并按照其意见进行工作。运用这种方式应当格外注意的是，用来征求对手意见的问题应是那些无关紧要的问题，对手对该问题的意见不会影响到己方的具体利益。另外，在赞成对方意见时不要过分的迎合，避免奉承之嫌。

采用一致式开局策略，还能够在谈判开始时以询问的方式或补充的方式诱使谈判对手走入己方的既定安排，从而在双方之间达成自己想要的一致和共识。所谓问询方式，是指将答案设计成问题来询问对方。例如，"你看我们把价格及交货方式放到后面讨论怎么样?"这里所谓的补充方式，实际上就是指借对方意见的补充使己方的意见变成对方的意见。例如，"今天贵方提出的议题我们看过了，我方建议加入这些内容，然后就确定，如何?"简单的从表面上看这些话好像无关紧要，但这些要求往往最容易得到对方肯定的答复，因此相对来说比较容易产生一种"一致"的感觉，如果能够在这个基础上，悉心培养此种感觉，就完全可以创造出一种"谈判就是要达成一致意见"的有利气氛，有了这种气氛，双方就能比较容易地达成相对来说基本上互利互惠的协议。

3.进攻式开局策略

进攻式开局策略是指通过语言或行为来表达己方的强硬姿态，从而赢得对手必要的尊重并借以制造心理优势，使得谈判顺利进行的开局策略。进攻式开局策略的运用要谨慎，通常多运用在对手刻意制造低调气氛时，用以扭转对己方不利的局势，保护己方切实利益。

4.坦诚式开局策略

坦诚式开局策略是指以开诚布公的方式向谈判对手陈述自己的观点和想法，从而尽快打开谈判局面的开局策略。坦诚式开局策略通常比较适合具有长期业务合作关系的双方。双方相互比较了解，这样就有效的减少了很多外交辞令，直接坦率地提出己方的观点和要求，无疑可以节省时间、提高效率，并能够使对方对己方产生足够的信任感。另外，坦诚式开局策略也能够供谈判实力弱的一方使用。

选择合适的话题

推销时的商谈当然并不是一开始就直接能够切入正题。如果打一个招呼就开始介绍自己的商品，迫不及待地反复强调自己的商品是怎么怎么好以及购买该商品有什么好处，然后就请顾客购买，这种方式的推销很难有什么有效的结果。

选择适当的话题，从开始就缩短与客户之间的距离，使自己逐渐被客户接受，然后再把话题引向自己的商品，从而开始商谈，这样才是成功推销的有效途径。

那么，如何选择与客户接近的话题呢？这里有一条我们时常应用的原则：在每个人看来，这世界上不管是谁最重要最亲近的人就是他自己，他所喜欢听的，当然别人提起他自己的事，因此，最好的话题是谈起对方真正最关心的事。

所以，如果想要让客户喜欢你、并接受你，使商谈进而能够取得成功，就有必要多花些心思研究客户，对他的喜好、品味有所了解，这么推销时才能做到有的放矢。据我所知，曾有这样一位业绩出色的推销员，为了在商谈中能够配合对方的嗜好，他总共努力培养了 23 种不同的兴趣爱好。当然，他不可能 23 种爱好都做到全部谙熟，要知道，他是在了解到客户对钓鱼、围棋、高尔夫球、赛马，等等，颇具研究之后，为更好的配合与他们商谈这些话题而学习起来的。这位推销员果然是位有心人，他的努力使他得到了可观的回报——销售额的提高是不在话下的，而且这些嗜好一旦形成，就会使他终生受益，并且越来越深入。怎么样？他的做法是不是值得仿效？可能你已经想试一试了，假如你也会付出同样的努力，相信你也会获得同样的实际回报——生命和事业上的成功。

当然，关于对方嗜好的话题实际上也最容易引起共同语言的，不过爱好毕竟因人而异，最有效的方法是培养那些真正可以引起人们普遍兴趣的项目。除此之外，还有一些相关的资料，比如对方的工作、时事、孩子、家庭等，都是对方所真正关心的，或者每个人都比较关心的，这些都能够作为引起对方兴趣的话题，以此可以把商谈导入成功的既定轨道。

一定要记住，在推销过程中，主角永远必须是买方、是客户。而卖方必须自始自终完全扮演配角才可以。要是推销员本末倒置，在商谈过程中以自己为中心，只是洋洋自得地反复谈论自己的事情。自己的爱好，只是自夸自己的商品，只管一味的发表自己的看法，而不从买方的角度来考虑，这种谈论一定会引起周围听者的反感情绪——"这家伙只会谈论自己"。最不愉快的反应估计会来自客户——"谁听你的！"照这种情形，推销的失败是可以预期的了。当推销员最后终于结束他的高论而向客户说出"请您购买好吗？这时得以的反应可能只会是冰冷的两个字——"不买"。

有些人认为，销售人员的功夫主要靠"铁齿铜牙两片嘴"，卖弄的完全是嘴皮子。其实，在现实销售工作中，选择相对合适的话题才是最要的，这是销售人员取得成功的重要环节，切忌讲话无所顾忌、自认为显示自己的才华横溢、聪明就能够成为销售冠军的那些错误看法。

有一位推销空调的优秀推销员，他从不对顾客滔滔不绝的介绍产品的性能、优点、方便程度。在最初的说服过程中，他总是采用美景描绘法来激起顾客的购买欲望。在夏天，他总对顾客这么说："先生们，小姐们，你们能否想象在盛夏炎炎的烈日中，你们挥汗如雨。回家后仍然面对酷暑，被太阳炽烤得发烫的肌肤被粘粘的汗液包裹，四面洞开的窗，没有丝毫的风吹来，衣服顽固地贴在你的前胸、后背，象撒赖的小孩死也不肯起来。如果这时的你，还不得不挥着锅铲，拿着瓢盆，面对着炉火赶着做晚饭，天啊！那是多么令人无奈。即便是温文尔雅的你在经过这种夏天，这种生活后也会变得暴躁不堪。但是，你可想到过，只要你拥有了一台空调，就可以把酷暑拒之门外，迎面的阵阵凉风，可以让你感受夏日里清凉惬意的生活。"

在冬天，他总是对顾客这么说："你能否想象，严冬来临后，你龟缩在家里。即便有四面的墙，严密的门窗，也挡不住风的呼啸。你穿着厚重的衣服，做着工作和家事，袖子在桌上抹来抹去，过多的衣服使你感到胸口上的压力，心里憋着气，你可曾想到过，脱掉那厚厚的羽绒服、大衣的轻松和惬意。你可以完全自由地跳来跳去，你可以轻轻松松挥毫泼墨，你可以展示出因严冬的到来而层层包裹的健康和美丽。这一切，你只需要在室内安上一部空调机就能兼得。"

逐渐向中心议题靠拢

很多客户在对待营销人员时态度都是极其恶劣和坚决的，遇到这种情况，营销人员不能一被拒绝就退缩，就认为是毫无希望，营销人员应该积极的为自己寻找一个全新的突破口，把让客户难以接受的整个销售过程缩小，再缩小，先提出一个让客户能够比较容易接受的条件，让客户先平静下来放松一下，给你一个开口的机会，这样营销人员再慢慢拉出后面的大头。比如可以这么说"小姐，您能给我一分钟的时间吗？"、"您能先听我说一句话吗？"客户对这种小的要求一般没有太多的理由拒绝，除非客户确实已有那种商品，或的确很忙。营销人员应该紧紧抓住这一点小小的机会，用当时最具诱惑性的话吸引客户继续听下去。从而达到销售的目的。你知道怎样才能让一锅石头汤变成肉汤吗？这里面能够说明的就是化大为小的巧妙方法：

一个暴风雨的日子，有一个穷人到富人家要饭。

"滚开！"仆人说："不要来打搅我们"。

穷人说："只要让我进去，在你们的火炉上烤干衣服就行了。"仆人以为这样的举动并不需要花费什么，就直接让他进去了。

这个可怜人，这时请求厨娘给他一个小锅，因为他想"煮点石头汤喝"。

"石头汤？"厨娘说，"我想看看你怎样能用石头做成汤。"于是她就二话没说的答应了。穷人于是在到路上拣了块石头洗净后放在锅里开始煮。

"能不能再给我一点盐？"穷人说。厨娘随手给他一些盐，后来穷人又问厨娘一点一点要了豌豆、薄荷、香菜。最后，厨娘还给他了一些白天剩下的没什么用的碎肉末，穷人把它们全部都放在汤里。

当然，您可能能够猜到，这个可怜人后来把石头捞出来扔回路上，美美地喝了一锅肉汤。

要是这个穷人对仆人说："行行好吧！让我进去烤烤火，再给我一锅肉汤。"会得到什么结果呢？他是肯定会被拒绝的，有可能还会被打一顿，但聪明的穷人没有这样说，他先提出最小、最不易被人拒绝的那些要求，"只要让我进去，在你们的火炉上烤干衣服就行了。"被允许后，他又请求厨娘给他一个小锅因为他想煮点石头汤喝，进而又一步一步的提出了自己的小要求，这些都让别人没有办法拒绝，最后他达到了自己原来的目的，既躲避了风雨又讨到了饭填饱了肚子，而且还讨到的是肉汤。穷人用自己的智慧为自己赢得了温饱，任何事情的成功，都是因为当事人能找出把事情做得更好的办法。

启发对方多说话

在推销产品时，提问比列举产品的优点这种方法更要好。没有听取客户的意见，就喋喋不休地向客户介绍一大堆产品的好处，就算产品再好，也会让客户觉得你在自卖自夸，会产生逆反心理。那样你反而不容易实现目标。

获得信息的常规性手段就是询问。通过询问，你能够引导客户的谈话，同时取得更明确的信息，帮助自己更好的销售产品。洽谈的过程，常常是问答的过程。恰到好处的提问与答话，有利于推动洽谈的进展，促使推销进而成功。通过提问，能够理清自己的思路，尽快了解客户的真正需求和想法。让自己清楚客户想要什么，你就一定能够给予他们什么。这对于推销人员尤为重要。

知道多少实际上并不重要，重要的是如何利用你所知道的。不要给顾客一种自己无所不知的印象。让对方回答问题，比试图让他们完全遵照你的思维方式去考虑更有效。其实，早在150年前，本杰明·富兰克林就有了同样的理解。"知道多少并不重要，重要的是如何利用你所知道的。"

如果你准备采用提问法，应该注意以下两点：

——让对方知道你真正在想什么，你所想的跟他有关；

——提问时态度一定要恭敬。

一位著名的教育家曾经这样说过，学校教育最重要的就是：提问的态度，表达意见的方式，突发事件的应变能力。促使人们思考的最好方法无疑就是提问，提问一些切合实际的、跟他有关的、聪明的问题。现实生活中，这是唯一能让人思考的好办法。

提问时一定要注意下面六点：

——避免争执；

——不要过多的唠叨；

——帮助对方认清他的实际需要，并帮助他得到它；

——帮助对方理清思路，让你的想法变成他的想法；

——找到推销中的绝妙突破口；

——让对方真正感到受重视，并站在他的立场考虑问题。

边听边以探索的口吻提问，尽可能了解客户的真正意图。应该引导客户，多讲肯定的话。当客户表示赞同时，应该马上表示肯定；相反，如果客户有异议，也不要冒失地否定他的见解，要用事实说话，让他彻底的心服口服。

提问能让你获得细节。实际上通过提问，能够引导客户讲述事实。让客户自由地发挥，引导他多说，让我们了解更多的东西，千万不要采取封闭话题式的询问法，来代替客户做答，以导致对话的中止，如："你们每个月的产品销售数量大概是六万件，对吧？"而应该说"您能回忆一下当时的具体情况吗？"一句话问出来，客户一般就会滔滔不绝了。

某著名营销员拜访一个客户的时候发现，客户话不多，就是对他的推销不感兴趣。第二次，他进门之后，不谈产品，不谈业务，而是谈客户桌上的一个漂亮的雕塑——原来这个客户喜欢收集类似的雕塑。客户侃侃而谈，甚至邀请他去他家参观更多的名人收藏。最后请他吃饭。最后呢，客户主动问他产品的事儿，了解了一下，就直接签单了。

其实客户不希望做一个被动接受的一方，就好像你告诉他，我的产品是如何好，你应该买，而且是正确的。这无疑剥夺了他的自我选择力。你要做的是让他主动产生兴趣，对你感兴趣也是很成功的关键一步。

另外，让客户多说，不一定非要说这些，你也要让客户对你的产品充满疑问和好奇，这也同样的成功。再举一个例子。一个营销员，看上去风度翩翩，自信满满的来到一个客户那里，不说产品，而是引导客户往自己的成就上说、事业的成功上说，最后，进而引导客户形成这样一个认知：成功的人士，需要配戴一支象征成功的钢笔，客户就会随即咨询钢笔的事情，营销员就自然而然的说一下自己的产品。

向客户提问时，没有一个固定的程序。通常情况下，都是先从一般性的简单问题开始，逐层深入，以便从中发现客户的需求，为进一步推销奠定坚实的基础。了解客户的需求层次以后，可以把提出的问题缩小到某个范围之内，而易于了解客户的实际需求。如客户的需求层次仅处于低级阶段，那么他对产品的关心多集中于经济耐用这个问题上。当你了解到这个情况以后，就可以重点地从这方面提问，指出该商品怎么满足客户需求。

看出对方的"软肋"

当你感到彷徨的时候，就由直觉来决定吧！以经验和感应为基础的直觉，往往可以做出不错的判断。但"性格"，也是非常值得重视的。当你觉得跟客户挺合得来时，对方多半也对你颇有好感，成功率就会随之大为提高。

每一位客户都有自己的软肋——弱点。找到软肋，就找到了进攻的点，而且效果特别好。可惜的是并没有多少推销员真正懂怎么运用这一点，大多会半途而废。

比如，最爱谈孩子、以妻（夫）为傲、对外型颇有自信、以能力为傲（每个人都有自负的地方），等等，数不胜数。客户的弱点可以通过面谈时的观察得出，问题在于用法的巧拙。老掉牙的奉承迎合，这样就只会事倍功半。让客户觉得你是由衷地感叹共鸣，效果才好。

有这样一位客户，他非常喜欢别人用短信和他联络，而不是电话沟通。某销售人员投其所好，放下电话与他短信联络，而且只要有机会就主动和对方短信聊天。有一次，公司推出一种产品，这个推销员就马上会发个短信给他，"明天涨价，欲购从速！"几小时后，就收到他的回信，"买五年，款已转到贵公司，请确认，谢谢。"就是这样签下了五年的订单。

新时代的推销员，必须具备超强的演技。

一、问题点

头一次到客户那里访问谁都会，其实也不难，但是再次去访问可就不那么简单了，为什么这么说呢？这并不是说第一回访问很容易，而是说到一个从来没有去过的公司访问或推销产品固然很伤脑筋，但是一旦被对方拒绝后再去访问时则需要更大的勇气和更多的技巧。

推销员到客户那里访问被拒绝是常有的事，常常为了能成功地拿到一份合约多跑几次也是理所当然的。第一次客户拒绝你时，客户未必就认为你不会再来，如果你踌躇不敢再去，那就谈不上是一位真正的推销员。

问题是怎么才能在第二次访问后取得交易成功。

面对仅打过一次交道、仅见过一次面、相互不怎么熟悉而且又让自己吃了闭门羹的客户，怎样才能打破僵局而取得成功呢？这是继续访问的重点之所在。

二、持久战

一、二次就能谈妥生意的事情毕竟是不多的，通常情况下必须制订长期战略。有两种情况可例外：一是用一次就没有下一次的产品；二是价格昂贵的对方公开招标选择的产品。

制订长期战略打持久战应注意什么相关的问题呢？

只有能令对方喜欢的人才能成功，除此之外别无捷径。要使交易成功，其关键的一招就是要能使对方喜欢你。在你公司的产品品质价格及其他条件与其他的公司差不多的情况下，只有你特别受到了对方的喜欢他才会购买你的产品，不过要做到这一点没那么容易

和男女之间谈恋爱一样，客户对推销员有时会加以具体的考验。访问一两次通常达不到目的，只有常来常往才会逐渐对你产生兴趣，并进而信赖你、喜欢你，以至于无比佩服你。不动脑筋只是随便地应对客户就是花上几年的时间也不会取得什么效果，对方最多也只能以平平淡淡的态度来应付你。

那么，使客户喜欢你的诀窍是什么呢？

首先要喜欢对方，只想让对方喜欢你是个实现不了的想法。

人，不管是谁都有长处和短处，客户也一样。无论哪一位客户都有一些短处。如果你心眼里老想着对方的短处，就算表面装着不让它表现出来，但它总会不知不觉地流露出来，这样一来就会给对方留下一种不好的印象，对方就不会对你产生好感，当然谈不上喜欢你了。

相反，如果你心里觉得对方什么都好，那么你的这种心理就会不自觉地自然流露出来，而且表现得很自然，使对方感到很舒服。这样一来，对方对你也就怀有一定的好感了。

鉴于上述情况，请你把对客户的坏印象全部抛开。当你心里涌出想指责对方的念头时，那就请你马上直视对方的双眼，这么一来，那种想指责对方的念头马上就会消失，也会心平气和起来。

请尽量夸奖对方的长处，只要你所赞赏得有根据，即使言过其实也不会显得不自然。对方听到你的话之后心里一定非常高兴，这样相互之间的感情就立刻融洽起来，接下来的事情就就会方便多了。

只有你先喜欢对方，对方才会喜欢你，这是达到让对方喜欢你的最佳之路，同时也是最短的捷径。对方其实就是你的一面真实的镜子。

三、注意事项

再次访问与初次访问有不同的准备方法及注意事项，主要有下列两个方面：

1.更开朗一些

"已经说过不订你的货，怎么又来了！"再次访问就是在如此尴尬的处境下，不是应邀，而是自己硬着头皮找上门来的。针对客户对你抱有成见和警戒的心理，因此要以比第

一次访问时更开朗的心情与对方接触。要是你准备不足，情绪则会立刻消沉下来，所以与初次访问相比，心情就会更开朗、更放松。

通过第一次访问，对对方的性格、兴趣及嗜好都已有一定了解了。再次访问之前要主动积极地准备一些适合对方性格、兴趣及嗜好的话题。面谈时要尽可能回避对方不喜欢或不开心的话题，让对方先入为主的想法——"那小子一定是副垂头丧气的样子"（因上次来时吃了闭门羹），转变为"这小子看起来还挺开心的"。

2.访问过程中要具有弹性

要是初次访问时毫无结果，那么这次访问应改变策略，以闲谈聊天为主。在时间方面，除非对方诚心诚意地说"咱们慢慢谈吧，不必急着回去"之外，常规都应该速战速决。不仅是再次访问，其他情况也是如此就算事先约定的时间比较长，但看到对方很忙，就要知趣地早一点告辞。相反，若约定只是和对方见一见面即可，但对方有兴趣想多交换一下意见时，不妨多待一会儿。道理尽管很简单，实际上很多推销员就做不到这一点。尤其是对一些不想订货的用户千万千万不要赖着不走。

和客户接触时绝不能光凭自己的热情或站在自己的立场上主观的看问题，必须把握对方的心理，顺应对方。不要一成不变，要具有弹性。作为一名专业推销人员必须融会贯通这一条基本规律。

再次访问的内容不仅是要推销产品，还要努力地"推销"自己，使客户买你的账或对你抱有好感，进而达到推销产品的真正目的。

要是对方推说正在接待来访者或正在开会时，你只要诚恳地对接待人员说"下次请给我一个见面的机会，哪怕时间很短也行。"如果你真的表现出来是诚心诚意的话，接待人员一定会将你的意思进行转达的。

路易斯·霍尔登出任伍斯特大学校长时，当时还很年轻。一天夜里，学校的主楼烧毁了。他找到安德鲁·卡内基先生，那可是美国著名的钢铁大王。

他痛快地说："卡内基先生，我知道您忙，我也忙。我不会浪费您太多的时间。我们学校的主楼前天烧毁了，我想您定能赞助10万美元，再建一座新的。"

"我不想这样做！"

"可您一向喜欢资助年轻人。我是个年轻人，也正好有困难。两天来，我到处寻求支持，屡屡碰壁。如果重建计划最重要的部分泡汤，那会让人很难过。卡内基先生，如果您的生意正当红火的时候，主工厂却毁了，您感觉怎样？"

"那好，年轻人，只要你在30天内筹到10万，我就给你10万元。"

"如果您能把时间延长为60天，我一定来找您。"

"成交！"

霍尔登校长拿起帽子就径直走了，卡内基先生在后面喊："记住了，只有60天！"

霍尔登回头便答："明白。"

整个见面过程只有4分钟。50天后，霍尔登拿着10万美元的支票又一次站在卡内基面前。卡内基给了他另外 10 万，并随即说："好小子，下次来可别待太久。我和你每说一分钟，就得花费 25000 美元。"

路易斯·霍尔登深知卡内基爱护青年、扶助后进之心，他就是这样做到了"准确出击"，因此只花了 4 分钟，就获得成功。卡内基先生怎么样呢？他好像浪费了 4 分钟，每分钟价值 25000 美元，但因为给那 10 万美元找到了他喜欢的价值，资助教育，因此也很高兴。

他们的谈话，价值远远不止 10 万美元？

其实，这跟霍西克先生说的推销秘诀是同样的道理。这个秘诀如此管用，无论对于商品还是思想，都无往而不胜。戴尔·卡耐基这么说："让他人接受你的推销，办法只有一种，那就是仔细考虑别人的需要，舍此无他法。"

掌控谈话的主动权

推销过程中不能让顾客觉得你在强迫他们购买，应该让他们觉得主动权在他们手中。另一方面，推销员也必须掌握一个主动权，那就是让顾客的思路顺着你。

作为一个推销员，必须让顾客的思想随着你走。假如不是这样，就不能将问题引向对你有利的方面。这样下去，推销工作往往会以失败告终。因此，必须掌握主动权，而掌握主动权的根本在于你有好的推销口才。

那么，怎样才能在销售谈判中掌握主动权，最终很好的做成交易呢？

大量实践已经证明，巧妙的语言表达，可以将极不利于自己的形势扭转过来，而变成有利于自己的形势。

一、事前准备充分

在谈判之前，要明白自己的底线，同时要了解谈判对手。我们常常觉得，销售谈判基本上都是直接上门去跟对方接触，如何了解对手呢？其实，从你知道对方的那一刻起，就有现成的了解机会，比如说你是在对方的销售点得到对方的一些信息，那你可以跟销售点的人员了解对方的相关情况，不要仅仅是那一个联系方式，如果你是在网上发现对方，那你也可以乘机在网上进一步搜索对方的相关资料，增加一些必要的认识。当然，更多的时候是多管齐下，多种途径去搜集各种有益的信息。

二、不急

之所以要强调不急，就是不能不经意间暴露自己的心态，以至于被对方控制住了节奏，谈判的节奏是非常重要的，这跟体育比赛时运动员们经常强调的节奏是完全一样的，如果你的节奏被对方所掌握，就容易被对方控制进程。所以，千万不要表现出急于达成交易，多做前期的试探性接触，假如用电话拜访、短时间接触后立即撤退等方式进行火力侦查，了解对方的条件、掌握对方的意图、分析对手的现有特点。

三、划定谈判范围

如果自己有一些必须要对手接受的既定条件，那你可以在一开始把这些条件先摆出来，如果对此没有异议，再进一步进行谈判，比如付款方式，这一般很刚性，没有余地的条件，比如可以先声明：其他都可以谈，但必须现款。这样就更好的划定谈判范围，节约大家的时间。但有时候如果担心一开始就谈判破裂，希望对方在做了一系列努力以后因不愿放弃而接受一些条件，那就要慎用这种预告底线的常规方法。

四、从共同利益点出发

很多人在谈判中往往纠缠于细节，而忽略了双方的共同利益，如果你转换一种方式，从共同点开始，始终强调共同利益，就会让对方因不愿意放弃利益而做出让步。

一个推销员是这样接近自己的目标顾客的：

"哦，好可爱的小狗，是英国可卡吧？"

顾客见是一位陌生人，说话很亲切，又夸赞自己的小狗，心中很高兴，随即回答说："是的。"

推销员又接着问："这狗毛色真好，您一定每天都给它洗澡，很累吧？"

顾客笑吟吟地说："是啊，不过它也算是我的伙伴，给我不少快乐，习惯了，也就不觉得太累了。"

推销员进一步说："人不能太孤单，得有个陪着的伴，这是调节精神、有利健康的方式，我觉得应该提倡。"

顾客听了这位陌生人的话，觉得心里特别舒服。于是，就和推销员聊了起来。

推销员适时地抓住这个机会，转换话题，赶紧推销自己的产品。这样，往往比较容易取得成功。

这是什么原因呢？

每当这位推销员遇到养犬住户时，总是这么与顾客搭上腔。一方面因为他本人也喜欢养狗，另一方面这种方法容易产生共鸣。从而引导对方作肯定回答，再逐渐转移话题，"言归正传"。

实践证明，推销员在接近顾客时，一般都要讲一些容易被别人接受的话题，这是推销成功的最基本方法。

推销员要是上来就说："你要不要买我的商品？"总是不能奏效。不如谈些商品以外的问题，谈得投机后再进入正题，这样对方就比较容易接受。当推销员掌控了谈话的主动权时，也就可以有效地引导目标顾客了。

掌握自圆法

老同学聚会，大家见面分外亲热，聊得非常开心。这时，一位男士对一位女士信口开河地说道："你当初可是主动追求我的，现在还想我吗？"在老友重逢迎的环境中，这些话虽然有些不妥，但也无伤大雅。但这位女士因为某种原因心情不好，竟然脸色一变，气呼呼地说："你神经病！谁会追求你这种心理龌龊的人。"她的声音非常大，在场的人惊讶地看着她，都觉得很尴尬，场面一下子冷下来。这时，另一位女士马上站起来，笑着说："我们小妹的脾气还没变啊，她喜欢谁，就说谁是神经病，说得越厉害越让人难以忍受，就表明她越喜欢。小妹我说得对吧？"让大家都想起了大学时的美好生活，不由得七嘴八舌，互相开起玩笑来，一场风波就过去了。

在交际中遇到尴尬的场面时，一般做到审时度势，准确把握双方的心理，然后运用说话技巧，借助恰到好处的话语及时出面打圆场，维护交际活动的正常进行，就显得十分重要和宝贵，也确实是十分值得重视的。可以针对实际情况，灵活处理，或用幽默的话语转移话题，制造轻松气氛；或指出各方观点的合理性，说明尴尬事件有其合理性；也可以故意歪曲对方话里的意思，而做出双方都能接受的解释；还能够肯定双方看法的合理性，找到双方都能接受的解决方法。

下面我们来看一下在推销中常用的圆场术：

一、吉言抚慰打圆场

赞美不停，鼓励不断，没有人会拒绝听夸奖的话。吉言的抚慰，不但会使谈话会场更加地融洽，也体现出说话者的涵养。

在拉斯韦加斯举办的现场 show—surprisewedding 中。一群盼嫁的女子穿着婚纱，把自己心仪的人骗到直播现场，面对镜头郑重地向对方求婚。

因为该男士们都是在完全不知情的情况下来到了现场，在刚被告知实情的时候，都有点不相信的感觉。在这样短的时间内就让他们马上决定结婚，确实勉为其难。然而其中大部会的人都是在婚姻边缘犹豫徘徊，可能是被准新娘们毫无保留，义无反顾的爱所感动，换上礼服，郑重的与爱人相携，在婚坛立下自己的誓言。

在一位女士满怀期待的向他的爱人真情告白之后，问他能否答应她的求婚。男士竟回答："不，我不能。如果我答应，你的父母会杀了我，我的父母也会杀了我，因此，我不能答应你的求婚。"

她摇着头，紧紧地握着爱人的手也下意识地往自己身体的一方拽，似乎不相信爱人的绝情，又似乎在做最后的恳求，想让爱人心回意转。这时会场上的主持人发现那个男士在看自己爱人的眼神中充满了柔情，也许男士不答应是因为他有些害羞。主持人赶忙对女士说："你怎么可以向他求婚呢？只能是他向你求婚。"说完看了一眼男士，男士微笑地点了点头。接着那个男士后退了一步，单膝跪下，向女士正式求婚。

女士尖叫起来，或许她在霎那间由地狱到天堂的感觉会是无以言表的。

她激动的泪水伴着来之不易的幸福肆意流淌。在那个时刻她是世界上最幸福的人。

现场的观众向他们报以热烈的掌声，有的祝福，有的感动。

在很多时候，吉言抚慰还能够使自己免于灾难。

相传掌管阴朝的阎王老爷得知，在人世间有个人精通溜须拍马，造谣惑众，上当受骗者多不胜数，对此阎王非常生气，于是派两个小鬼来到阳间，将其捉拿归案。"你知罪吗？"

"小的不知，您老明示……"

"你阿谀奉承，溜须拍马，蛊惑人心，坑害无辜，该当何罪？……"

"小的知罪！小的该死！但是……"这个"马屁精"心想何不把自己的那套看家本领在这儿试试，说不定还能逢凶化吉！"不过……大王！这也不能完全怨我呀！他们都喜欢溜须拍马，阿谀奉承。他们哪像大王您，您清如水，明如镜，明断是非，更是讨厌阿谀奉承。"阎王十分的高兴，自然地赦免了这位献媚者。

要是这个"马屁精"不懂得说话的技巧性，那么他的下场会与此截然相反的。

二、扬长避短打圆场

遇到一件让人尴尬的事情的时候，打圆场也不失为一个好的摆脱难堪局面的方法。

一位老师走进教室站在讲台上，突然同学们大笑起来。这时坐在前排的一位女生小声说："老师，您的扣子扣错了！"

他低头一看，还真的是这样。批评学生吧？不该。马上改过来好吗？也行，但多少有点尴尬。

他微笑着说："老师想心事了，急冲冲地赶着来与你们相会。但是，这也没有什么好笑的，我想起你们有的同学做作业时，运用数学公式不也这样张冠李戴吗？好吧，下次我们共同注意吧！"

这位聪明的老师用自嘲的语言为自己解了围，同时还将学生对他衣服的注意力及时转移到了学习上，起到了相似教育的良好作用。

在通常情况下，缺乏自信的人是使用不了自嘲这个技巧的，因为它要你自己骂自己。也就是要拿自身的失误、不足甚至生理缺陷来言说，对丑处、羞处不予遮掩、躲避，反而将其放大、夸张、剖析，接着有技巧性地引申发挥，自圆其说，博得一笑。没有豁达、乐观、超脱、调侃的心态和胸怀，是难以做到的。

扬长避短打圆场的这个方法，以自嘲的形势表现出来。葛优是我国著名的喜剧演员，他的最显著特征就是秃顶，在别人取笑他秃顶的时候，他却这样说："热闹的马路不长草，聪明的脑袋不长毛！"

被全国观众所喜爱的小品演员潘长江个子小，他却自豪地说："凡是浓缩的都是精品！"

不仅仅是喜剧演员和笑星较多运用自嘲来赢得观众的好评，在日常生活中，同样有很多这样的例子。有一位大学数学老师，尽管才40多岁，却像葛优一样头发大多秃了，露出一片"不毛之地"。常有学生在背后叫他秃顶老师，一次他在课堂上向学生们讲明了因生病而秃发的原因。最后，还自嘲："头发掉光了也有好处，至少以后我上课时教室里的光线可以明亮多了。"

此后，再也没有人叫他秃顶老师了。

一个人的人生态度的最高境界之一就是嘲笑自己的缺点，这是一种修养，同时也是一种充满魅力的交际技巧，这样可以使自己活得轻松洒脱，使别人觉得你的可爱和有人情味，甚至还能更有效地维护面子，重建心理平衡。

肖伯纳的剧本《武器与人》首次公演，观众们都要求肖伯纳上台当场接受他们的祝贺。

然而，当肖伯纳刚刚走上前台的时候，突然有一个人向他大声叫嚷着："滚回去，谁要看你的剧作，糟透了，收回去吧！"

观众都安静下来，屏息看着肖伯纳，只见肖伯纳面带微笑地向那人鞠了一躬，彬彬有礼地说："我的朋友，我完全同意的你意见，但遗憾的是。"他将手指向现场的其他观众，又说道："我们两个人反对这么多观众有什么用处呢？我们能禁止这剧本演出吗？"

观众席爆发出热烈的掌声和笑声，那个故意寻衅的人没趣地走掉了。

碰到这种令人难堪的场面，因为大部分的人都是站在你的一边，所以挑衅，丝毫用不着据理力争，因为那正是大多数人希望的，你大可以表面上顺应，暗地里讥讽，他们见不能够引发你的怒气，达不到实际目的，也就只好作罢了。

三、自圆其说打圆场

生活中，人们总是会遇见一些让人尴尬的事情，或许是自己言语上有失态之处，或许是周围环境令自己措手不及，可能是对方并不如事先预料的那样敏捷。在这种情境下，人们一定要有控制环境的能力，也就是要有随机应变的能力，使自己陷入进退两难的困境。俗话说："人有失足，马有漏蹄。"同样，在人际交往中，无论是凡人还是伟人都免不了发生言语失误的情况。这或多或少会给人际交往带来负面的影响。所以说错话以后怎样进行补救就显得特别的重要了。为了及时挽回损失，创造良好的人际关系和心境，最重要的就是掌握必要的纠错技巧——自圆其说打圆场。

在日常生活之中，往往因为一句话，可致使你与别人的距离可远可近，和他人的关系可有可无。要是你常常因为说错话，得罪人，或者是不知道自己该说些什么，该怎么说，那么你就必须加强你的沟通能力才行。无论在日常生活或是工作场所，建立良好的人际关系的第一步就是要有好的沟通方式，有了良好的沟通才有机会和他人建立起良好的互动关系。

推销员在某大商场对着一大群顾客推销钢化玻璃酒杯。他向顾客进行商品介绍，然后开始示范表演，就是把一只钢化玻璃杯扔在地上而不碎，说明杯子的经久耐用。然而，他正好拿的那只杯子质量有问题，猛地一摔，酒杯"砰"地一声碎了。在他的推销经历中，还从未遇到过这样异常的情况，真是想不到，他自己也感到吃惊。而顾客更是目瞪口呆。因为他们信服推销员的说明，只不过是想再验证一下。推销员随机应变，他压住心中的惊慌，反而对顾客笑笑说："你们看，像这样的杯子我是不会卖给你们的。"大家一听，都轻松地笑了起来，场内的气氛变得又热闹了起来。推销员借机又扔了几个杯子，都取得了成功，一下子博得了顾客的信任，卖出几十打酒杯。

对于推销中的那个"失误"，顾客都以为是先前设计好的，砸碎杯子只是"卖关子"。优秀的口才就是这样在紧要关头帮助推销员将困境解脱的。

为自己打圆场最主要的是不刻意回避掩饰。假如是无足轻重的问题，不妨用转移目标或话题的办法，把人们的注意力岔开。要是别人已有所觉察而问题并不严重，稍作解释一下即可。假如性质有些严重而且已引起了别人的不快甚至反感，就要赶紧真诚地道歉，接着较为郑重地做些解释，当场予以解决。

美国前总统里根去巴西访问。因为旅途劳累加上他年事已高，在欢迎宴会上，他脱口说道："女士们，先生们！今天，我为能访问玻利维亚而感到非常高兴！"

有人低声提醒他说溜了嘴，里根连忙道："很抱歉，我们不久前访问过玻利维亚。"

虽然他并没有去过玻利维亚，当那些人还来不及反应时，他的口误已经淹没在后来的滔滔大论之中了。这种将说错的地点、时间加以巧妙掩饰的方法，在一定程度上避免了当面丢丑，是一种很有效的补救手段。这里需要的是发现及时和改口巧妙的语言技巧，要不然就会比较麻烦。

四、通达求变打圆场

与人谈话时，善听弦外之音，又会传达言外之意，是最高超的人际关系操纵术。世故圆滑的人大都擅长话里有话，一语双关，精明之人不用多言直语，就让你心里清清楚楚；"高明"的小人会含沙射影，用话中之刺让你身败名裂。不管说话的人是否故意暗藏玄机，听话者对他的真实意图都一定要弄明白，方能应对恰当。那些话里藏话、旁敲侧击是聪明人的"游戏"，笨人玩不了。脑子不聪明，煞风景自不必说，落笑柄更是常见。当出现这种尴尬场面的时候，就要通达求变打圆场，使难堪尽量降到最低。

小杨是一个秘书，对于那些猎奇者很有一套回绝办法。不久之前，他的上司被提拔为单位主要领导之一，有的人借此对他揶揄说："这下子你可平步青云了吧！"小杨明白对方的言外之意，这是在说处在他这样特殊的位置上，是依附于他人得到提拔。因为是同事的关系，以后还要多做接触，小杨也没有做更多计较，只是一笑，说："真的？你算得这样准？那我可要感谢你了。"

要是他真的较起劲来，说出一番大道理，那就显得太计较，而使结局很糟糕。

著名的滑铁卢战役中，英军元帅打败了拿破仑，英国举办了一个相当隆重而盛大的庆祝宴会，不仅所有的士兵都参加了，同时宴会上还有很多社会名流和不同阶层的人士。

晚宴开始，宾客落座，每人座前置一碗清水。有一位士兵竟然端起清水喝了起来，宴会上所有的贵宾都窃笑不已，这个士兵不知道自己为什么会被人取笑，整个脸都涨红了。

实际上，这碗清水是餐前洗手用的，士兵不懂这一礼节，所以闹出了笑话。

这时，元帅端起清水说："各位，这位英勇的士兵在战斗中曾被围困在荒山，七天没喝到水。让我们用这碗清水来敬他一杯。"

宾客们对那名士兵都不由地肃然起敬，士兵才从紧张的气氛中缓和过来。

其实，在现实社会中，你帮别人摆脱了困难，也是给自己一个台阶下。那时，人们称赞的往往是你的人品，而不是你的语言魅力。关键的是，你因此而赢得了许多朋友。

有一所中学在一次智力竞赛中，主持人这样问："三纲五常中的'三纲'指的是什么？"一名女生抢答道："臣为君纲，子为父纲，妻为夫纲。"她正好将三者的关系颠倒了，引起哄堂大笑。当这名女生意识到答错后，她将错就错，马上说道："笑什么，解放这么多年了，封建的旧'三纲'早已不存在，我说的是新'三纲'。"主持人随即问："什么叫做新'三纲'"？她说："现在我国是人民当家作主，上级要为下级服务，领导者是人民的公仆，岂不是臣为君纲？当今社会独生子女是父母的小皇帝、小公主，家里大小事都依着他，岂不是子为父纲？现在大多数的家庭中，妻子的权力远远超过了丈夫的权力，'妻管严'多不胜数，岂不是妻为夫纲吗？"大家都为她的言论创新叫绝，为她的应变能力折服。

在生活中，有时候难免会遇到令自己难堪的事。此时，不妨通达求变，打个圆场，这样既为自己找了个台阶，又消除了对方的不解。

五、和"稀泥"

要是谈话现场陷入了尴尬的局面，那就要以"和稀泥"的方式打圆场，以使局面不会更加的难堪。

一位中年男子在生意红火的面摊前等了半天才占上位置，点了一份自己爱吃的面。很快面就端了上来，他想先尝一口汤。汤的味道刺激了他的呼吸道，随着"阿嚏"一声，他的喷嚏和着面汤同时砸在了对面一位顾客的身上和面碗里。这位顾客马上就怒了，他"呼"的一下站了起来吼道："你怎么乱打喷嚏！"

中年男子也被自己的不雅之举惊呆了，一时不知所措。待缓过神来后，马上对着老板喊道："我告诉你不要放辣椒的，你干吗在里边放辣椒？你赔我的面钱，我要赔人家的面钱！"老板马上问伙计，伙计觉得委屈，他明明就没有放辣椒。

结果顾客、老板及周围的群众都炸开了锅。最后老板感到这不是个事，就赶紧打圆场，对着厨房喊："算啦！再下两碗面，钞票都免啦。只要大家和气，才能生财嘛！"

两位顾客这才平静下来。此后，他们还和老板成了朋友。

有时候，当双方都处于尴尬境地时，第三方要是能够从旁边巧妙地为双方打个圆场，便能将凝滞的气氛改变一下。

清末的陈树屏口才极佳，经常调解纷争。他在江夏当知县时，张之洞在湖北担任督抚，谭继询担抚军。张、谭两人一直不和。

一天，陈树屏宴请张之洞、谭继询等人。聊天过程中，当说到长江江面宽窄时，谭继询说江面宽是五里三分，张之洞却说江面宽是七里三分。双方为此争得面红耳赤，本来轻松的聊天也一下子变得尴尬。

陈树屏见状，知道两位上司都在借题发挥，故意找茬。为了缓和气氛，又不能得罪两位上司，他说：

"其实两位说得都对。江面在水涨时宽到七里三分，而落潮时便是五里三分。张督抚是指涨潮而言，而谭抚军是指落潮而言的。"

陈树屏巧妙地将江宽说成是两种情况，一宽一窄，让张、谭两人的观点都在各自情况下显得正确。他们二人听了这么高明的圆场话，也不好意思再争论下去了。

一个人经常向别人吹嘘自己是个好猎手，骄傲地对自己高明的枪法夸耀不止。

一天，他同朋友去打猎，当时河里有一只野鸭，朋友就指着那只鸭请他开枪，他瞄了一下，就扣动扳机，这样野鸭飞走了。

朋友为他觉得难为情，他却毫不介意，对朋友说："真怪！我还是第一次看到死鸭子能飞！"真是"荒唐无比"的"痴言呆语"。他也正是用这种"和稀泥"的办法，才让自己摆脱了窘境。

众所周知，在美国总统竞选中，造谣中伤是经常的。约翰·亚当斯竞选总统时，有共和党人指控他曾经秘密派他的竞选伙伴平克尼将军到英国挑选了四个美女，自己留下了两个，另外两个送给平克尼做情妇。约翰·亚当斯闻此言大笑不止，说道："假如这是真的，那平克尼将军肯定是瞒过了我，全部独吞了。"

约翰·亚当斯面对这样的造谣中伤，要是非常生气，对对方大声指责或者谩骂，就会中了对方的圈套，影响自己的竞选。但对此若置之不理、没什么反应的话，这种有损于人格的谣言，肯定会向社会散布，同样会对自己产生极大的负面影响。在这里，约翰·亚当斯采用的是荒诞、诙谐的方式，这样就能够使对方的谣言不攻自灭，为自己的竞选带来很大的帮助。

一日，张强的朋友来串门，两人在客厅里天南地北地聊着，不觉间，已经到了用晚餐的时间了。张强五岁的小儿子跑了进来，趴在张强的肩膀上说悄悄话。张强当时聊得正愉快，不耐烦的说儿子："没礼貌！当着客人的面咬什么耳朵？有话快说！"

小儿子马上说："妈妈叫我告诉你，家里没有菜，不要留客人吃饭。"一瞬间，两个大人都无语了！

张强灵机一动，伸出手来，轻轻地在儿子的小脑袋上弹了一下，然后说："小笨蛋！我不是告诉你了？只有在隔壁唠叨讨厌的赵婆婆来的时候，才要跑出来说这句话吗？你怎么弄错了？"

尴尬局面的出现，常常是顷刻间的事情，冷静地观察局势，然后随机应变，机智巧妙地应付尴尬，才能挽回颜面。

在复旦大学，美国前总统里根与学生见面了，有一位学生问到："您在大学读书期间，是否期望有一天成为美国总统？"对这个问题，要是里根简单地回答"想"或者"不想"，在这种场合都不是很合适。但里根作为一个政治家，当即随机应变，面对着那些渴望得到他肯定回答的学生，自然地说："我学的是经济学，我也是个球迷。然而在我大学毕业的时候，美国的大学生有很多的人都失业了，因此我只想先有个工作，于是当了体育新闻广播员。后来又在好莱坞当了演员。这是五十年前的事了。然而，我今天能当上美国总统，我认为早先学的专业帮了我的忙，体育锻炼帮了我的忙。当然，一个演员的素质也帮了我的忙。"

实际上里根有意避开了学生问的问题的实质，将话题拉得很远，从外围谈起，回答了一个难题。表面上看，他没有做总统的意愿，但是，他每走过的一步，都是朝向总统的位置迈进了关键的一步。

在生意场上，当出现不好的局面的时候，更需要用"和稀泥"的方法及时的打圆场，以此就能使自己的生意得到发展。

一位美籍华人在美国西雅图开了一家餐厅，每当客人餐后离去时，总要奉送一盒点心，内附精致"口彩卡"一张，上印有"吉祥如意"、"幸福快乐"等好听的话。

有一对情侣经常在这家餐厅里就餐，他俩在结婚的那一天，满怀喜悦来到这家餐厅，在他们期待良好祝愿的时刻，打开点心盒，却惊讶地发现没有往常的"口彩卡"，顿时感到非常的不吉利，心里非常不高兴，他们便向老板"兴师问罪"，尽管老板已经赔礼道歉了，他们仍旧是感觉很扫兴。看到这样的情景，刚到美国探亲的老板的弟弟微笑着走上前去，说了一句谚语："没有吉言就是最好的吉言"。听到这句话，新娘展颜一笑，新郎转怒为喜，高兴地和他握手拥抱，并连连致谢。

把握恰当的"火候"签约

开始进行推销时，一开始就要做好充分的准备，向顾客做有意识的肯定的暗示，使他们从一开始就跟着你走。例如：

"我们公司目前旨在进行一项新的投资计划，如果你现在进行一笔小小的投资。过几年之后，你的那笔资金足够供您的孩子上大学。到那时，您再也不必为您的孩子的学杂费发愁了。现在上大学都需要那么高的费用，再过几年，更是不可想象，您说，那会怎么样呢？"

当然，你对他们进行了上述各种暗示之后，必须给他们一定的时间去考虑，不可急于求成。要让你的种种暗示，使他们的潜意识接受你的暗示。

推销员要擅长于把握住进攻的良机。如果你认为已经到了深询顾客是否购买的最佳时间，你可以马上对他们说："每个父母，都希望自己的孩子接受高等教育。'望子成龙''望女成凤'这是人之常情。不过你是否真的考虑到，怎样才能避免将来这种沉重的经济负担，而对我们公司现在进行投资，则完全能够解决你们的忧虑，对这种方式，您认为如何？"

当买卖深入到实质性阶段时，他们有可能对你的暗示加以考虑，但不会很仔细，一旦你对他们购买意愿试探时，他们会再度考虑你的暗示，坚信自己的购买意愿。

顾客进行讨价还价，会使他们洽谈的时间无形中加长。这时，推销员必须耐心地、热情地和他们进行商谈，不断强化那是他自己的意图，直到成交。

一位有经验的推销人员应该随时注意观察客户，学会捕捉客户发生的各类购买信息。只要信息一出现，就要马上转入敦促成交的工作。有些推销员认为不把推销内容讲解完毕，不进行操作示范就不能使客户产生一定的购买欲望，事实上并不是如此。

成交原本有一个过程，也就是介绍产品、解释问题、进入谈判、成交。但事实上，很多成交都不是完全按照这个步骤进行的，真正的成交能够在任何一个阶段完成，成交的机会无处不在。要是推销员能够识别并把握住客户发出的购买信息，交易就能提前完成。

优秀的推销员从洽谈开始，就会注意顾客的反应，捕捉成交的信息，随时有可能成交。只要推销员觉得已经引起了客户的购买欲望，就应当尝试着争取成交。要是顾客还存有顾虑，推销员就应该倾听顾客的意见，鼓励顾客多说话，多提建议。

尼尔·麦克瑞是澳大利亚出色的保险推销员。他把成交看作推销中最重要的部分。他把成交的过程比喻成打高尔夫球，目的就是要最后推球进洞。要以较少的杆数推球进洞，即使前面落后一些，你还是赢得胜利的。同样的，交易过程进行得越迅速，越能体现推销员的本事非凡。

尼尔·麦克瑞根据很多成功推销员的经验发现，一位优秀的推销员，在每一次交谈中，应该尝试四到八次的成交提议。这种一而再的尝试才是成功推销的秘招。

尼尔·麦克瑞也深知此秘诀，所以他在每一次的面谈中，都会进行多次的成交尝试。在每次的尝试中，他都尽可能的让客户说话，从而探知其是否已有了购买的意向。尼尔·麦克瑞说，假如在多次的尝试中，客户都给出了否定的回答，并不就表示这笔交易就没希望了。它仅表示在那一刻，客户还是不想购买而已。

在每一次进行新产品推销时，尼尔·麦克瑞都在做了初步解说之后，就随即停止继续介绍了。他会就一定的问题积极引导客户跟进推销："您觉得如何？你现在对我的产品有何意见？"

对于他的问话，客户一般都会给予具体答案，或者喜欢、或者否定、或者提出一些其他的建议，等等，这些都是影响交易的关键信息。

尼尔·麦克瑞在推销时，一向都是边讲边问的。他认为一般有购买需求的客户，在推销员介绍完基本信息后，就应该已经有自己的想法了。尼尔·麦克瑞适时的提问，往往会使他们下定决心购买。

让客户多说话，是个比较高明的推销手段，因为客户对一些关键问题的回答往往就能透露出客户内心的真实想法。推销员需要有灵敏的耳朵，需要从客户的回答中找出隐藏在背后的关键信息。

当客户说"现在马上买，可能办不到"或者"每个月分期付款，我也没有办法买"、"你的东西很一般，还那么贵"时，推销员要明白，客户说的这些话不是拒绝购买之意，实际上是他们想买，但希望在价格上得到实惠。

捕捉到这些信息后，推销员就能当即做出反应。如果有降价的余地就尽量满足客户的要求，尽快进入交易阶段。要是已经没有降价的空间，就可以把谈话的重点放在论述产品的价值上，让客户清楚产品的性价比是合理的、物超所值的。

推销员敏锐的眼光是成功的一种秘密武器，能够洞悉客户的心意是完成交易的第一要诀。不要奢望客户会直接把真实想法说出来，你必须从对方的反应与实际的状况发现端倪。

成交信号可能在推销同时出现，推销员发现客户对产品产生的兴趣时，就可以提出交易要求。要想判断客户是否已经对产品产生了兴趣，只要留心观察客户的表情，就可获知。

如果客户的表情丰富，态度也比较随和，目光又紧紧盯着产品看，那么毫无疑问，他对产品是有一定兴趣的。

推销员千万不要打断客户的思路，更不可瞪大眼睛盯着客户看，这样很可能使客户转移视线，而原先准备购买的念头，也会随着视线的回避而逐渐散去。在这种情况下，推销员应该尽量表现得自然些，用亲切的口气，阐明该产品的更多优点，进一步强化其对产品的兴趣和购买欲望。

当客户不配合推销员问话时，就表明此刻他还没有购买兴趣。在这种情况下，唐突地询问对方的购买意向，是难以成交的。此时推销员最应该做的就是适当调整自己的讲解策略，想办法使客户的目光集中在产品上。

只要潜在买主在交谈过程中表示接受你的建议，并显露成交的意图时，推销员就应该马上采取行动，提前步入交易阶段。否则，来之不易的机会很可能会失去。

敏锐地观察顾客的表情，是一位杰出推销员的必备条件，因为只有看透顾客的心理，才能掌握先机，得到出色的推销业绩。

在访谈客户、推销产品时，应将全部注意力集中在顾客身上，打开你身上所有的感觉接收器，认真观察和接收顾客发出的心理信息，准确识别成交信息并加以把握，这样成交必定牢牢掌握。

第十七章　电话推销成交策略

电话预约客户的语言技巧

如果是初次电话中约见，在有介绍人介绍的情况下，简短地告知对方介绍者的姓名、自己所属的公司与姓名、打电话的事由，然后请求与他面谈就可放下电话了。需要在短时间内给对方以留下好的印象，因此，这样说"这东西对府上是极有用的"；"采用我们这种机器定能使贵公司的利润提高到一倍以上"；"贵公司陈小组使用之后认为很满意，希望我们能够推荐给公司的同事们"然后再说："想拜访一次，当面来说明，可不可以打扰你10分钟时间？只要10分钟就够了。"要努力强调不会占用对方太多时间。然后把这些约见时间写在预定表上，继续再打电话给别家，将明天的预定约定填满之后，就能够开始访问活动了。

推销员应该充分利用电话，主动给预约客户致电。

不要在午睡时间打电话给预约客户，那样会让人不悦。

你可以说："对不起，我打扰您了。""再见。"

你一定要设定成功的目标。写下这个目标："明天早上9点开始我要打十五个预约电话。"

如："明天早上9点开始电话预约，这项预约电话会持续到我得到三个会面机会来证明我的产品，使人们相信应该购买它为止。"

致电前，你必须有一个有效的打电话的公式及好的名单和他们的电话号码。具备这些的情况下，你的成功机率定会有相应的提高。如果你在打完10个电话之后得不到激励，那么你就应该暂停，看看你的名单和公式，考虑做出改变。

一、打电话目的要明确

我们很多销售人员，在打电话之前有时候不认真思考，也不组织语言，结果打完电话才发现该说的话没有说。比如：我要给一个自己产品的潜在客户打电话，我的目的就是通过电话交流让对方更加了解我的产品，可能购买我的产品。有了这个目的，我就会设计出最简明的产品介绍语言，然后根据对方的需要再介绍产品的具体性能和价格。最终给对方留下一个深刻的印象，以便达成销售目的。所以，利用电话营销一定要目标明确。

语气要平稳，吐字要清晰，语言要简明扼要。有许多推销员由于害怕被拒绝，拿起电话就紧张，语速过快，吐字不清，这些都会影响你和对方的实际交流。我经常接到打来的销售电话，报不清公司名称，说不清产品，人家只好拒绝。有时就是弄清他的来意，就要花几分钟，再耐着性子听完他的介绍，结果还是不知道产品到底是什么？所以，在电话销售时，一定要使自己的语气平稳，最好要讲标准的普通话。语言要尽量简洁，说到产品时一定要加重语气，要引起客户的足够注意。

二、必须清楚给谁打电话

有许多推销员电话一通，就开始介绍自己和产品，结果对方说你打错了或者说我不是某某。还有的把客户的名字搞错，把客户的职务搞错，有的甚至把客户的公司名称搞错，这些错误让你还没有开始销售时就已经降低了原有的诚信度，严重时还会丢掉客户。因此，我们每一个推销员，不要认为打电话是容易的一件事，在电话营销之前，一定要把客户的资料先弄明白，更要搞清楚你打给的人是有采购决定权的。

三、在1分钟之内把自己和用意表达清楚

在电话销售时，必须要把公司名称，自己的名字和产品的名称以及合作的方式说清楚。在电话结束时，千万别忘了强调你自己的名字。比如：某某经理，和你认识我很愉快，希望我们合作成功，请您记住我的名字，我会经常和你联系的。

四、做好电话登记工作

电话销售人员打过电话后，一定要做及时的登记，并做以总结，把客户分成类，甲类是最有希望成交的，要最短的时间内做电话回访，争取达成交易，乙类，是可争取的，要不间断的跟进。还要敢于让客户尽快下单，比如：某某经理，经过几次沟通，我已经为你准备好了五件产品，希望今天就能给你发货，希望你尽快汇款。丙类，是没有什么合作意向的。这类客户，你也要不定期的给他电话，看他有没有实际的需求。

五、电话约人不被拒绝的技巧

"陈先生吗？您好！我姓林，是盛达公司业务代表。你是成功人士，我想向你介绍……"陈先生直接就说："对不起，林先生。你过奖了，我正忙，对此不感兴趣。"说着就挂断了电话。

小林放下电话，接着又打了半个小时，每次和客人刚讲上两三句，客人就快速的挂断了电话。王经理问他："小林，你知道为什么客人不肯与你见面吗？"

小林想，约见客人难，大家都知道，我约不到，没有什么奇怪的。

王经理见他不吱声，赶紧解释。首先，你应该说明来意，是为会面而打电话。其次，捧场话不能讲得太夸张。你开口便给对方戴了个"成功人士"的大高帽，对方会立刻产生一种抗拒感。和陌生人见面，过分的奉承会让人觉得你是在刻意推销，也容易给人急功近利的感觉。电话是方便我们约见客人。如果你要"介绍"产品，见面是最佳途径。隔着"电线"，有些事是无法言语的。就算客人肯买，难道能电传张支票给你吗？

王经理说完亲自示范。

"周先生？您好！我姓王。我们没见过面，但可以和你谈一分钟吗？"他有意停一停，等待对方理解说话内容并做出反映。

对方说："我正在开会！"

王经理就会说："那么，我半个小时后再给你打电话好吗？"

对方随即就答应了。

王经理对小林说，主动挂断与被动挂断电话的感受完全不同。尽可能主动挂断电话，减少失败感。

半个小时后，王经理再次致电说："周先生，您好！我姓王。您叫我半个小时后来电话……"他就此营造出一种熟悉的气氛，以缩短距离感。

"你是做什么生意的？"

"我是盛达公司的业务经理，为客人设计一些财经投资计划……"

周先生然后说："教人赌博，专搞欺骗？"两人都笑了。

"当然不是！"王经理说。"我们见面，当然不会立刻做成生意。但看过资料印象深些，今后你们有什么需要服务的，一定会先想到我啊！"

周先生笑了笑。

"这两天我在您附近工作。不知您明天还是后天有时间？"王经理问。

"那就明天吧。"

"谢谢。周先生，上午还是下午？"

"下午吧，14点。"周先生回答。

"好！明天下午14点钟见！"王先生说。

六、电话预约中怎样提问

许多现代的姻缘，就是靠这根小小的电话线牵连而成。这现代化小物件，重新诠释了"千里姻缘一线牵"这句古语的新意。

推销员与潜在客户之间的"姻缘"，也能够通过电话预约来完成。

电话预约的目的，其实就是为了配合与潜在客户会面而做的事前安排。怎么取得预约也是一门学问。

开始时，你先问潜在客户几个很直接的问题，这样做可以让他们感到自在一些。不要太快就涉及敏感的问题，避免对方很快就拒绝。

一旦对方"颇有好感"，就能够转移将话锋，提出你的预约需求，要很自然婉转地变换话题，千万不可跟潜在的客户争辩，或是强迫甚至贬低对方。

不要直接称呼对方的名字，也不要耍手段，说你是在回复他的电话，或是说他的朋友要你给他打电话（结果你根本说不出这朋友的名字），更不要信口给对方加上不存在的官称，以免引起误解。

在电话预约中，你有30秒钟的开场白时间来说服潜在客户听你说话。这样的开场白必须能引起他的兴趣，要说明你是谁，你要做什么，以及为什么他需要听你说话。要让他们立刻感受到你会给他们带来一定的好处。

清楚地说明你的名字及公司的名称，然后说明你打电话的原因。告诉潜在客户你是如何知道他的名字，说明你的产品或服务有什么切实的好处，并且说明具有哪些特点。问他有没有时间，然后问他初步的试探性问题，判断他是否能够真正成为你的客户。

通常情况下，电话预约分三个部分：

其一，试探性提问。接通对方的电话，推销员应该马上介绍自己所属的公司，然后再进行一些试探性的提问。推销员："本公司所产的螺旋藻是深受消费者喜爱的保健品，希望能有幸拜访您，对您进行说明。"

客户："……"

如果这时推销员能够跟进："下周六的上午或下午，您有时间吗?"

这样做虽说是想取得预约，但结果常常会落空。因为客户这时还有较强的戒心，很容易拒绝你，合适的做法是——转变话题。

推销员："您服用过这种保健品吗?"

客户对此的回答有下列三种：

"正在服用。"

"服用过。"

"没用过。"

其二，诱导性提问。面对顾客的回答，推销员也可以用下列方式：

"是哪家公司的产品呢? ……您服用的效果如何?"

"为什么停止服用呢?"

"为什么不服用呢?"

上述提问都会成为介绍公司产品时的铺垫。根据其回答，就可以抓住机会，及时地介绍商品的优点和匹配的销售服务了。

这时，客户会向你了解公司产品的特征和一定的销售服务。你可以顺势进一步提问，诱导其进入下一个阶段。

推销员："服用这种保健品，您是否觉得身体比过去更好些呢?"

其三，想象提问。对你的提问，如果对方的回答是否定的。你就应该做出使对方切实感受到你公司产品优点的提问。例如："本公司产品的原料和工艺都是一流的，在用户中有非常好的口碑，您是否应该了解一下呢?"

"好吧。"

得到这样的回答时，其实已经取得了预约。即使对方沉默不语，但也说明时机已经相当成熟，已经迈入"预约"的门坎了。

七、预约日期怎么定

取得预约后，预约的阶段就暂告一段落了。因此决定在何月何日何时访问相当重要。

如果决定不下来，就难以定下预约。

这时，如果推销员尊重客户，可以这么问："哪天可以呢？"

如果让客户来决定，因为其心中还有一些犹豫，因此很难下定决心。另外，一般的主妇会认为，尽管是推销员，但也是家庭访问，必须对家里进行扫除。也许还会担心那天的清扫工作要进行到什么时候才完，等等，想到这些繁杂的家务，难以确定时间。

在预约推销或是在其他推销中，经常使用的方法是"二选一式的提问"，一般不会让客户决定，而是由推销员指定恰当的时日。但是，为了减少单方面指定的印象，需要提出扩大时间范围的询问，例如：

"想必您一定非常忙，那么下周一或周三，您哪天有空呢？"

或者——

"下周一，您看是上午还是下午好呢？"

要是回答："都行。"就说的已经取得了预约。

但是，虽有预约，因为一些原因，对方有时也会另改时间。这时你就要用同样的方法来另外指定时间。合适的方法是在最初指定日之前指定。指定的下周没空时，可向前推："那这周星期五上午或者下午怎么样？"

如果向后推，客户回答也没空，就会无期限地推迟下去，最后不得不放弃访问。这是一个小窍门。

面带微笑的和客户通话能让你的声音听起来很动听，极有自信并且有说服力，和气友善和彬彬有礼的态度当然是有意义的。同时应理直气壮，因为你是要为客户带来利益的，不要因为冒昧打扰而致歉。

那些不愿确定见面约会的客户，客户通常都会在电话里一而再，再而三地不断拒绝见面。那么怎样才能说服他呢？

有个推销员打电话给一位客户想约他出来见面，当他提出见面请求后客户却这样说："对不起，我没时间！"

"我理解！我也老是时间不够用！不过，只要3分钟，你就会相信，这是个对你绝对重要的议题……"

"我现在没空！"

"奥格先生，美国富豪洛克菲勒说过，每个月花一天时间在钱上好好盘算盘算，要比整整30天都工作来得重要！我们只要花25分钟的时间！麻烦你定个日子，选个你方便的时间！我星期一和星期二都会在贵公司附近，所以可以在星期一上午或者星期二下午来拜访你一下！"

"这个……我没兴趣。"

"是，我完全理解，对一个谈不上相信或者手上没有什么资料的事情，你当然不可能立刻产生兴趣，有疑虑或者有问题是十分合理自然的，让我为你解说一下吧，星期几合适呢？……星期一或者星期二过来看你，行吗？"

"好吧！不过我想你可能要白跑一趟，因为我没有钱。"

"噢！我了解。要什么有什么的人毕竟不多，正因如此，我们现在开始选一种方法用最少的资金创造最大的利润，不是对未来的最好保障吗？在这方面，我愿意贡献一己之力，我星期一来造访还是星期二比较好？"

"那就星期二下午吧。"

当他们真正见面的时候，推销员并没有向他推销产品，只是简要地介绍了一下，让对方明白拥有这种产品的好处。那次他们的谈话十分成功，后来，推销员正式向对方推销的时候，几乎没费什么劲就成功了。要是不掌握好推销时机，这个推销员就不可能成功。

电话推销的语言技巧

现代社会中，电话实际上已成为商业联络的一个重要工具，利用它可以为商谈带来许多便利，又能省去多余的事务。

使用电话，必须完全依靠谈话，电话声音是你仅有的要素，你必须通过电话给对方一个良好的印象，所以，传到电话那端的一定是一个清晰、生动、中肯、让人感兴趣的声音。

首先，音量要适中，更要注意发音和咬字要尽量准确。

其次，虽然电话是通过声音交流，但是你的情绪，语气和姿势都可能透过声音的变化传达给对方，所以，不能因为是电话交谈而不注意。

另外，打电话之前，要事先整理好资料，这样可以使你的谈话更加精炼，并且能给人井然有序的印象。

如果你要同对方谈话的内容较多，先问问对方方便不方便。如问："您现在忙不忙？""要五分钟才能读完，您介意吗？"要是对方回答是肯定的"请讲"。"我不忙"。若对方回答："对不起，刚好没有时间。"应该另约一个时间打电话或以最快速地速度告知："以后再详谈。"

打电话由于没有身体及手势的帮助，确定你得到的信息是否正确比较困难，因为这将全靠听力。为了避免一知半解，听电话之前要准备有铅笔和笔记本以便随时摘记要点。听的时候不光要听对方说，还要注意他的说法，从声音中能够获取许多信息。注意接电话的礼貌，商场上许多不愉快和纠纷是来自于失礼的电话应对。因为电话中不认识的对方无法看到对方的表情和手势，也无法掌握这时的气氛，所以常会导致许多误会的发生，造成不必要的困扰。

如果电话中出现了误会，应该直接见面道歉。例如接线的人忘了转达主管人员必须回的电话，客户等了好久，却一直没有接到对方打来的电话，只好再打一次，这次却刚巧是主管人接的。

主管人只要知道对方生气的原因，应该立即前往道歉，说声："真是对不起！秘书工作疏忽了，竟然忘了告诉我！"再随即加上几句："希望你能常打电话指教，我真心欢迎您的指教！"这样解释清楚未回电话的原因，客户一定会谅解的。

例如某位客户连打了三次电话，经理始终联系不上。客户第四次打电话进来，接电话的只是漫不经心地看了看经理的座位就直接回答客户说："去外边了！不知道什么时候回来！"口气很粗鲁，很不耐烦，对方当即怒了："你到底要我打几次电话，刚才就不在，现在又说不知道去哪儿了，又让我等着，你到底想干什么？"

事实上，这并非完全是接电话人的责任，前三次电话并不是他接的。但是对方打了三次电话，都没有找到经理，接电话的人都没有事后转告经理，也未做任何处理。客户第四次电话，又受到冷遇，接电话的应对缺乏诚意，先说经理不在，让顾客一再等，后又说不知道经理去哪儿了，客户当然发火了。

合适的方式应该为：接到电话，应该客气地问一问："请问哪里？"或"要不要请他给你回电话？"等表示极负责的礼貌的用语，对方就会心平气和地继续与你交谈下去。因为电话纠纷而失去重要客户是得不偿失的。每接一个电话，请将对方当成是自己的朋友和客户，态度恳切，言语中听，使对方乐于同你交谈，如上述确实不知经理的去向，应向客户表达歉意，并报出自己的姓名。顾客一定会高高兴兴地回答："谢谢，请转告经理……"

一、说话的艺术很重要

电话预约速度快，形式上灵活方便，可及时反馈信息，同时也很经济，花费不多，但也存在一些问题。其中最大的问题，就是用电话取得访问预约比较困难。

访问推销一般能知道对方的年龄、性格，从其家里的状况也可以大致推算出收入情况。但在电话中看不到客户的脸，也不知道其年龄，更不能看到我们在推荐商品时最为重视的体型要素了。

因为看不到对方的脸，预约员间就产生了预约技术的巧拙之分。善于取得预约的，一般人会认为是声音甜美的人，但这些实际上是次要的。取得预约的高手，应当具有随机应变的说话技巧。

单从对方的声音来想象出客户是怎样的性格，能让对方做出接受的回答，做到这一点的推销员就很不错。

1. 注意自己的音质

面对面的谈话，就算讲得不好也没有太大关系，因为还可以用态度和表情来弥补。打电话则不同，仅靠声音。如果对方印象不好就不愉快，"那家伙真讨厌"，甚至误解讲话人的人格，多有不便。日常生活中经常发生此类事情。

推销员应掌握打电话和接电话的技术。从电话里出来的声音和平时说话声大不一样，有铜铃般的声音、柔和的声音、悦耳动听的声音、没有感情的声音、模糊不清的声音，等等。

所谓的好听的声音并不是故意装出来的声音，而是让对方从电话里听到你的声音就像面对面听到你讲话的声音那样。关键是嘴与话筒之间的距离。一般来讲，相距 10 厘米比较合适，说话声音小的人可以小于 10 厘米，否则应该大于 10 厘米。

那些习惯大声讲话的人，打电话时要有意识地把声音降低些，但是说话声音低的人打电话时不要勉强地大声说，应尽量离话筒稍微近些，否则对方听起来会有不自然、不愉快的感觉。不要大声喊似地与对方通话。同样，除非讲秘密的事情，否则不要用极其小的声音打电话。

给人以不愉快感觉的声音多数是冷冰冰的声音。即使想安静地与对方通话，如果声音太低或距离话筒的太远，对方听起来会觉得没有感情。

另外，说话没有感情，没有抑扬顿挫，会使对方听起来有不舒服的感觉。

打电话时，原则上对方一拿起电话自己就该马上进行简单介绍，如果慢腾腾地等对方问："您是谁？"那就真是太不礼貌了。

如果你要说的话较多，必须要先征求对方的意见："请问，我可以占用您一点宝贵的时间吗？"只有得到对方的应答后，你才能继续说。因为对方此时可能正在开会或接待贵宾。

预约电话一定要附带感情，不能嘻皮笑脸、油腔滑调，也不能东一句、西一句地说着一些不着边际的话。另外，在电话里不能和对方进行争吵。

打电话时间不能太长，除非对方实在不想放下电话。一般来讲，对方会因为长时间的通话而产生不耐烦的抵触情绪，最终宣告该次电话预约的失败。

2. 电话预约的问题

跟潜在的客户说话时，必须学会怎么问问题，这往往是预约最好的方法。所以请记住下列要点，以提升电话预约技巧：

打电话前，必须很清楚你想要知道什么。

准备一些题目，每个题目都应有具体的问题。

征求对方的同意。很有礼貌地请求客户接受你的提问。

发问的时机要合适，不要像是在审问对方。

先问一些比较明显的问题。让对方觉得轻松，使谈话可以继续。当对方显露出需求与担忧时，你的问题就能够转变得比较明晰。

从客户的回答去衍生话题，你的回馈要让他知道，你正在仔细听他说话。

问题的数量与形态要准备好。问题过少不好，太多问题也可能让别人失去耐心。

不要问理所当然的那些问题（例如，"你当然想价钱更便宜一点！对不对？"）。这种问题甚至是在侮辱客户的智慧。

放轻松闲谈家常。让对方结束对话并认真聆听。

另外，有几个重点一定要注意：

第一，打电话给潜在客户之前，最好先寄封推销信（或者是刊登广告）给对方；

第二，无论是打电话或面对面谈话，都要表现得亲切而有足够的诚信；

第三，要强调你打电话给他，是为了他的利益，协助他满足他的需求。如果你不知道对客户有什么好处，就难以推销出任何东西。

二、让你的声音更有磁力

1. 打电话时，要把舌头"坐"正

在你打电话时，对方能够凭语调语气，判断出你身体的姿态。因为你的姿态影响着你的情绪和发音。东倒西歪时，心气颠倒，舌头表达出的语气也就完全不同。

要是觉得接线人对你心不在焉时，你可以立即站起来陈述，这时你的语气里，会增加吸引人的优势和气魄。

要是你含胸驼背地坐着，眼望桌前的脚本或材料说话，你的语调听上去干巴巴的没有活力。稍挺胸抬头试试，对方的反应就会不同，这里面有一种很微妙的心理作用。

身体微向前倾，这样容易集中注意力，也容易对答如流。而这时在对方听起来，你的语气也是认真的。

听接线人讲话时，要随时手中有笔。当你拿着笔，要为这次谈话记上点什么时，同时传达出的，是让对方接受和尊重你的暗示。拿着笔，有助于你尽快安静下来。

不要蜷在椅子上打电话；别一边仰望天花板一边打电话；别左顾右盼打电话。

2. 塑造你的声音

你的顾客和你一样。在听你的电话时，他也很在乎自己所听到的音调的抑扬顿挫和有特质的音色，这甚至已经超过了他对话语本身内容的注意。

你的声音能够传递出一种感官和情绪上的信息，这种信息在文字内容之外起到沟通作用。一定要注意自己在电话里的说话音调以及表达技巧。比如：

反复提到顾客的名字，借以集中顾客的注意力。但是要注意，重复的次数不能过多。若你在 60 秒内连续不断地说"李先生……"，会很明显地表现出就是为了销售，给顾客留下坏印象。

说话的语气要尽量缓和，用中性语气最好，然而也不能过于低沉。此外，讲话时应避免出现喘息声。

讲话声音过大或过小，速度太快或太慢都不合适，你可以录下自己讲电话的声音，作为改进的参考。这个办法很好，你自己当一回自己的客户，听听自己说起话来是什么样。

让别人听见你说话时带着微笑。这样说好像不好理解，但是顾客能感觉得到，你说话时是否带着微笑。

让别人感受到你的热情。当你介绍商品与服务时，你得让对方感觉你是充满热情的。设法运用聆听和交谈，使陌生的电话变成有效的对话。

3. 首选中性语气

不同性格的推销员，一般表现出不同的个性风格。同一个推销员，在针对不同顾客时，表现出不同的说话方式——这里没有那么多的条条框框，原则是，让你的语言取得对方的信任和好感。

总体来说，千万不要装腔作势，让对方觉得你盛气凌人，也不要过于谦卑，让人听起来缺乏自信。要用中性语气。中性语气听起来更厚重，更沉稳，让人觉得更可靠。

"你好，我是××公司的赵强。我想给贵公司的采购部负责人看一下我们的新式弹簧系列。看他这星期能否安排一次约见，星期二和星期四我都有时间，哪一天都行。"

三、拨错电话不要慌

即使熟练的电话预约推销有时也会意外拨错电话号码。每天要拨数十家、近百家客户的电话，有时难免出现错误，重要的是怎样正确地处理这些错误。

例如：本来准备给李四打电话，却接通了张三的电话，对方先说："喂，我是张……"。

听到对方报出的姓，要是慌乱地想要确认："不是李四吗？"对方必定会问："你找谁？"

于是可能会以下面的回答就此结束对话。

推销员说："我找李四。"客户说："打错了"（啪——）。知道打错后，千万不要在慌乱中多余地去确认："不是李先生吗？"

而应该应答："是张先生啊，我是××公司的……"

推销员不要显露出任何错误，以沉着的感觉操作才是正确的对策。

作为一名利用电话的推销员，要是没有这种心理准备，是不能很好地进行推销工作的。

既然客户已经接了电话，就算打错了，也必须积极地利用这种机会。

如果在拨错电话后，接电话的要是小朋友，也可以继续下去：

"你爸爸在家吗？"

有时，对方只说一声"喂"而并没有报出姓名。这是因为每天会接到很多推销电话，对白天来的电话，从一开始就怀有戒心，这样就先等对方报出姓名。

这种情况当然是由推销员开始确认："是张三吗？"

客户回答："不，是李四。"

意识到打错后可以这样说："对不起，本来接着就要给张三打电话的……是这样的，我是××公司的……"。

电话销售的开场白

在初次打电话给客户时，一定要在30秒内做到公司及自我介绍，引起客户的兴趣，让客户愿意继续谈下去。也就是推销员要在30秒钟内清楚地让客户知道下列3件事：

我是谁，我代表什么公司？

我打电话给客户的真实目的是什么？

我公司的产品对客户有什么意义？

一、直截了当开场法

推销员：你好，朱小姐/先生吗？我是某某公司的医学顾问蔡明，打扰你工作/休息，我们公司现在做一次简短的市场调研，能否请您帮个忙呢？

顾客朱：没关系，有什么事情？

——顾客也可能直接就回答：我很忙或者正在开会或者以其他原因拒绝。

二、同类借故开场法

推销员：朱小姐/先生，我是某某公司顾问蔡明，我们没见过面，但可以和你交谈一分钟吗？

顾客朱：可以，什么事情？

——顾客也可能回答：我很忙或者正在开会甚至以其他原因拒绝。

三、他人引荐开场法

推销员：朱小姐/先生，您好，我是某某公司的医学顾问蔡明，您的好友王华是我们公司的长期用户，是他介绍我打电话给您的，他认为我们的产品也比较符合您的需求。

顾客朱：王华？我怎么没有听他说起呢？

推销员：是吗？真不好意思，可能王先生最近因为其他原因，还没来得及给您引荐吧。你看，我这就着急的主动打来电话了。

顾客朱：没关系的。

推销员：方便的话，我向您简单的介绍一下我们的产品吧……

四、自报家门开场法

推销员：朱小姐/先生，您好，我是某某公司的医学顾问蔡明。不过，这可是一个推销电话，我想你不会马上就挂电话吧！

顾客朱：推销产品，专搞欺骗，我最厌恶推销的人了！（顾客也可能回答：你准备推销什么产品。若这样就能够直接介入产品介绍阶段）

推销员：那我还真的要小心了，别让您再增添一个厌恶的人了，呵呵。

顾客朱：呵呵，小伙子，还挺搞笑的，准备推销什么产品，说来听听。

推销员：最近我们公司的医学专家团，在做一次关于×××市场调研，不知您对我们产品有什么看法？

五、故意找茬开场法

推销员：朱小姐/先生，您好，我是某公司的医学顾问蔡明，最近可好，不知您还记得我吗？

顾客朱：还好，你是?！

推销员：我们公司主要是销售××产品，您在半年前给我们就打过咨询电话来购买，我们曾提供给您一些试用产品。这次就是想咨询下对我们的产品还有什么宝贵的意见和建议？

顾客朱：你打错了吧，我根本就不用你们的产品。

推销员：难道是我的顾客回访档案记录错了。实在抱歉，能冒昧问下你当前使用是什么品牌的美容产品吗？

顾客朱：我现在使用是××品牌的美容产品………

六、故作熟悉开场法

推销员：朱小姐/先生，您好，我是某某公司的医学顾问蔡明，最近可好？

顾客朱：还好，您是？

推销员：不会吧，朱小姐/先生，您可真是贵人多忘事啊，我蔡明啊，工作压力大还是要注意身体的。对了，您使用了我们的系列美容产品，感觉效果还好吧，最近我们刚推出一种联合服务套餐活动，不知您有兴趣吗？

顾客朱：你真的打错了，我并没有使用你们的产品？

推销员：不会是我自己搞错顾客回访档案了吧。朱小姐/先生，那真不好意思！我能否为您介绍一下我们的产品，来提供一些廉价的服务吗？

顾客朱：看你们对用户挺关心的，你介绍一下吧。

七、从众心理开场法

推销员：您好，朱小姐/先生，我是某某公司的医学顾问蔡明，我们公司是专业从事××抗衰美容产品销售的，我打电话给您就是因为目前我们产品成功地帮助了许多人，快速达到延缓衰老的效果，我想了解一下你在抗衰美容产品方面使用的是哪个牌子的产品？……

顾客朱：是吗？我现在使用的是××品牌的美容产品。

八、巧借东风开场法

推销员：您好，请问是朱小姐/先生吗？

顾客朱：是的，什么事？

推销员：您好，朱小姐/先生，我是某某公司的医学顾问蔡明，今天给您打电话最主要是感谢您对我们公司长期以来的支持，谢谢您！

顾客朱：这没什么！

推销员：为答谢老顾客对我们公司长期以来的支持，公司特准备一次优惠酬宾活动，我想，朱小姐/先生一定很会感兴趣的！

顾客朱：那说来听听！

九、制造忧虑开场法

推销员：您好，请问是朱小姐/先生吗？

顾客朱：是的，什么事？

推销员：我是某某公司的医学顾问蔡明，我打电话给您的原因主要是不少顾客都反映现在的美容产品多是治标不治本，只要停止使用，马上就会反弹，想请教一下您对这种问题的看法。

顾客朱：是的……（顾客也可能这么回答：抱歉，我不清楚）。

推销员要马上接话：那请问朱小姐/先生目前使用的是什么品牌的产品？

有效开场白的目的就是让顾客在极短时间内对电话推销员感兴趣，对谈话内容感兴趣，在交谈中能够很快进入关键，而不是马上挂断电话，使你无法介入主题。

让顾客感受到你的热情

成功的电话销售被戏称为"一线万金"——那时因为电话线在销售人员、企业和客户之间建立起一条更高效、方便、快捷的销售沟通渠道。出色的电话销售，将极大提升我们的成交率，在将更多的产品信息传递到潜在的目标市场，达成交易的同时降低企业的业务开发费用。

电话销售中销售人员看不到客户，不能直观地判断客户的情绪与情感，也不能通过肢体语言的互动来营造情境，对客户的购买决策进行一定的影响。一般情况下，利用电话取得预约的技巧，和正式拜访时在初步交涉这个阶段要注意的事项相去不远。

一、先取得对方信任

如果是面对面接触的话，客户起码还能凭印象来判断。但是在电话中根本没有一个实体可做判断的依据，只能借助声音。

所以要注意说话的语气，要客气、要用词简单明了，不要让对方有受压迫的感觉。

在介绍自己公司时，除了非常知名的公司，为了取信于客户，你还是对自己公司的性质作简要介绍，例如"我公司为××××，是国内历史最悠久、经营××的公司""我公司为××××，总公司位于×××路，这次公司推出了新产品，这里想占用您几分钟时间做一个简短的说明。"

二、不要试图推销

实际上电话预约只要取得访问预约就行了，不要试图进行推销。这是因为一旦客户感觉到你在试图推销，就会拒绝预约，这种比率非常高。于是，在电话预约阶段，要说："不是为了推销商品，只是让您看看样品"，或者"只为您量量尺寸也行，可以吗？"

电话预约阶段，不要主动说出商品的价格。在没有看到商品前，就告知客户商品的价格，大多数客户会因此而拒绝。

实际上，在电话预约的阶段会受到这样的质疑："很贵吧？"

"不是这样的。与××牌子的价格差不多。"

三、多让客户说话

多问客户一些简单的问题，尽量让客户发表自己的看法和意见，进而摸清客户的想法与心理。

在很多情况下，在访问客户之前，先打一个预约电话是一种必须的。尤其是对于社会地位较高的客户，更需要提前进行电话预约。不能东拉西扯。千万不能在电话里和对方争吵。另外，在电话预约中要做到"爽快、精神、利落"。

四、调整你的肢体语言

平时有意识地观察一下自己的身体语言：当你弯腰驼背的时候、当你愁眉不展的时候、当你把身体蜷起来的时候……你的真实感受是什么？你的内心是如何进行自我对话的？

客户看不到你的人，但是通过声音，客户接受到的负面情绪迅速产生印象，迅速感知到你的状态并做出判断：这个销售人员似乎很累，他们的工作很累很辛苦，很累很辛苦的原因是产品滞销，滞销是因为产品不好，我不会购买别人不买的产品。

到底是行为决定心情，还是心情决定行为。两者互相影响、彼此作用。改变心情也许很难，但是改变行为却很容易。把背脊挺直、抬抬手、压压脚、放松一下，我们的情绪立即会得到改变。

把肢体调整到一种更舒适、更积极的状况中，假设客户就在你面前，通过他的声音想象他的表情与心情。同时提升你的嘴角，微笑的声音是能够通过电话感觉到的。让我们再来看看这一轮客户的心理动态：这个销售人员让人感觉很舒服——他似乎对自己代表的产品很有信心——肯定有不少人买过——似乎也得到过不少肯定——所以应该不错——那我就可以考虑一下。

五、发挥你的影响力

针对客户主动打进的电话，最好在铃响第几声的时候接听呢？

最佳答案是：第三声。

铃响第一声：看来电显示，迅速调动所有关于这个客户的各种信息，进入到与客户面对面的场景画面中。

铃响第二声：酝酿情绪，快速将自己推进到积极正面的情绪中，让客户的"感觉"就很好、很对。

铃响第三声：接听，传递感觉，将在第一声所创造的面对面场景中加入声音的元素，让画面更清晰。

在打电话之前，就把客户的资料放在自己面前，根据客户的资料想象一下对方，在头脑中迅速组成一副画面。然后再开始拨打电话。把电话中的声音跟自己头脑中的画面联系起来：通过声音想象对方是在什么样的场景中，他/她的表情是什么样的，心情如何？通过对话，我们怎样才能更快速影响客户情绪，才能达成交易？同时，也不断对自己和对方不一致、不协调的地方进行必要的调整。

六、训练你的声音

因为空气传播的原因，我们平常听到的自己的声音和别人听到的自己的声音是不一样的。所以很多时候我们通过录音机等其他现代化器材的帮助下听到自己的声音时往往大吃一惊——这是我的声音吗？如果我们以电话为基本的营销工具，我们就必须学会更好地习惯自己的声音，并根据我们声音的实际情况加以专业的训练，以达到更好的沟通的目的。

自我认知和实情通常都是有出入的。而这种出入往往是在我们不自知的情况下。为了更好地提升我们的成交率，最好能够在我们的电话上装一个录音机。这样，我们就可以跳出来，对自己的电话销售进行分析了：原来我在电话中的声音是这样的，这种声音的特质是够真诚/够份量/够柔和/够积极。

巧妙回答客户提问

电话业务员在电话销售时，经常碰到的是客户需要了解有关情况的一些问题。如：

客户没听清楚我们的话。

客户准备买我们的货，但还需要了解其他情况。

客户希望就产品问题与我们进行讨论。

电话业务员回答这些问题时要认真对产品进行宣传，特别是要针对产品的优点进行宣传。如果客户在电话中只是没听懂或没听清我们说的话，那么我们把该说的话重复一遍就行了。

需要应对那些对产品喋喋不休的批评。出现这种情况的原因是多种多样的，可能是因为我们产品宣传得不够到位，也可能是我们的服务态度使客户出现疑虑等。但不管是什么原因，我们都必须进行必要的说服工作，并摸清对方的真正用意。

如何回答那些难缠客户提出的尖锐问题。这类客户类型各异，有的是为了拒绝购买产品而提出一些不相关的问题，有的是因为电话业务员打搅了他而提出质问。这时就要看我们的功夫了。在电话中使对方息怒比面谈困难，因我们所能采取的方式及手段受到了电话的限制。成功是件令人愉快的事，经自己努力而说服了这种难缠的客户时，自己的心情会和经过千辛万苦终获成功并得到极高荣誉和奖赏时类似。

推销员与客户交谈的过程其实就是一个不断提出问题、回答问题的过程，同时也是一个交流的过程。双方在此都需要答复对方提出的问题。客户的疑问也十分重要，推销员遇到客户提出问题或表示不同意见时，要尽可能地给客户一个满意的回答，尽量赢得客户。

一、巧妙答复的技巧

推销员在回答客户的提问时也应该讲究必要的技巧，这些技巧实际上就是以不同的方式回答不同的问题。客户提出的每一个问题都有其特定的情况和背景，有的问题需要详细说明，有的问题三言两语就可以解决，绝对不能采用千篇一律的方法来处理。但需要强调的是：推销员必须明确，只要客户不断地提出问题和异议，他们就始终存在着购买产品的兴趣。所以，推销员要有耐心地对待客户所提出的各种问题。

下面摘录几种常用的答复技巧和方法：

1. "是，但是"法

在回答客户问题时，当客户提出问题和异议时，推销员要主动表示同意客户的意见，接下来再仔细解释客户产生意见的原因及客户看法的片面性。

这种方法既能够避免与客户产生争议，又可以让推销员表达自己的观念，可谓一举两得。事实上，大多数客户在提出对产品的既有看法时，都是从自己的主观感受出发的。也就是说，都带有一种情绪，而这种方法能够稳定客户的情绪，使推销员在不同客户发生争执的情况下，委婉地提出客户的看法是错误的。特别是当客户对产品产生误解时，这种方法是比较有效的。

2. "高视角、全方位"法

推销员介绍产品时，客户可能提出产品某个方面的缺点，推销员在这时候强调产品的突出优点，以弱化客户提出的缺点。特别是当客户提出的问题是基于事实根据时，更适于采用这种方法。例如：

推销员："这种沙发是用漂亮的纤维织物制成的，坐在上面会感觉很柔软。"客户："是很柔软，但是这种材料很容易脏。"推销员："我知道你为什么这样想，其实这是几年前的情况了，现在的纤维织物都经过了防污处理，而且还具有防潮性能。沙发弄脏时，污垢是很容易被除去的。"

上述说法既没有否定客户提出的产品的缺点，又避免过多地强调产品的缺点，同时还介绍了产品的优点。如果推销员遇到类似情况不妨试用一下这个方法。

3. 转化法

当客户提出产品存在的问题时，推销员完全能够利用这种方法把销售的阻力变成购买的动力。实际上是把客户提出的缺点转化为优点，并且将其作为他购买的直接理由。例如，一位客户嫌推销员推销的化妆品太贵，推销员就能够这样回答："我们的产品是从优质、环保的角度设计生产的，尽管是贵了点，但是对皮肤绝对没有副作用。有的品牌虽然便宜，但他们的产品很可能含有对皮肤有害的物质，不仅不能保养您的皮肤，还会伤害到您的皮肤呢。用在皮肤上的产品还是质量最关键。"

二、答复客户时的注意事项

推销员在答复客户所有的提问时，应该搞清楚问题的真正含义后再给予回答，切忌随便答复。答复要有条有理、通俗易懂、简明扼要。绝对不能所答非所问，因为客户的许多提问都有在探求推销员的真实情况。

推销员的答复应该有掌控，简单地以实相告未必是最好的。答复的技巧在于掌握什么是应该说，什么是不应该说，而不完全在于答复的实际对错。推销员的答复要既不言过其实，也不弄虚作假，这样才能赢得客户的好感。

推销员在答复客户之前，应给自己留有足够的思考时间，为了争取更多的思考时间，推销员可以采用一些方法延迟答复。例如，请求客户再重复一遍所提的问题，或者用"记不清"、"资料不全"等借口适当延迟答复。

有些答复要有弹性。推销员讲话不要过于绝对。另外，对于企业需保密的信息资料，推销员应该绕过不作正面回答，或者委婉地解释并表示歉意。

 # 说服瞻前顾后的客户

一般来说，犹豫不决的客户，并非与年龄成正比，只是他们自己不知道如何处理事情。因此碰到该作决定的事时，就举棋不定，显出一副犹豫的样子，尤其在买东西时更是这样。你时常可以在商店或百货公司内，看到这种客户在跟朋友再三商量，或手里握着两三件东西，难下决心。其实这种客户最希望有人帮他作决定，这时你可以用充满自信的态度和言语，帮他做决定，同时也要给他坚信的证明和理由。

"这一件很适合您！因为您皮肤很白，穿这件最合适，和您一起来的朋友，也这么认为吧！""您带着其他牌子的录音机走，也许会因车子的震动发生故障。但是这种牌子我保证，绝不会震坏。因为这一件，是曾被空军运用在射击训练上，用来判断有没有击中的机件。"

"我们公司从 1955 年创立以来，一直做电器测量仪器，光是专利就有 122 件，新发明的则有 1001 件，可算是电器界的泰斗。从创立至今，我们一直秉承踏实负责的经营态度，所以有些客户评价我们的店员说：'你们店里的职员说难听点，像土包子，然而实际上却很淳朴。'也许是我们的员工都具有热诚服务的态度吧！现在×钢铁公司，所有的测量仪器，都是在我们这里订购的。"

对于那些犹豫不决的客户，千万不能再问他：

"你觉得哪种比较好？"

这样反而会增加他的反感，倒不如看着他的眼神、手势，想办法适时地给予诱导性的建议，导向肯定决定的那个方向。

"您家有四口人，买这种尺寸的洗衣机，我认为比较适合。"

"反正您总归是要买，还是买这种比较好。"

表面上要顺着客户的意思，用肯定的语句，一步一步地向购买的方向诱导。最要紧的是，如果在谈话中发觉客户显出犹豫不决的心理时，你绝不可再重复一遍说过的话，这一点是至关重要的。

对老客户销售的口才技巧

对老客户进行电话推销的好处是客户对推销员比较熟悉，容易建立起对新产品的信任。不利的一面是客户在购买推销员一次产品后，因为各种原因，会变得消极。此时，推销员不能听之任之，费了好大劲开发出来的客户，怎么能就此失去？

因此，推销员必须主动与客户联系，用手中的电话去激发他的购买欲，促使他积极购买你的产品。

一、确认

说明你的身份及公司的名称和目的。如果你还记得对方的名字，就应该直呼他的名字，这样将会给客户留下比较良好的印象，因为这表明你的心中一直还装着他，他也会感受到自己在你心目中的重视程度。例如：

"早安，刘先生，我是××公司的××，自从上次与您联络迄今，又过了很久了。"

在很多情况下，顾客都明白你打电话的用意。此时，你可以不说话，暂停片刻，听对方说话，看他的反应如何，他可能会给你讲他最近的工作状况或生活情况，或者讲有关你推销产品的情况。要是他是一个自愿向你提供信息的人，你必须仔细聆听，以捕捉住其中有用的方面。

二、仔细询问

要是有必要的话，在对方讲得差不多时，你可以试着询问一些关键性的问题。询问的目的是为了证实自己对对方的判断，以了解他不愿意买产品的原因。这里要记住一点，尽量避免有争议的话题，千万不要和对方做无谓的争辩。

你试着这样去询问对方：

"刘先生，上次本公司送来的产品和交易条件，是否有哪些地方令您感到不满意呢？"

三、承认并承诺改正既有的问题

如果上次推销的产品确实存在问题的话，这时应该态度诚恳地承认错误，表示愿意改正这些错误，并提出相应的补偿办法；如果完全良好的话，也应用明确的语言表示肯定，给对方树立更强的信心。

例如："刘先生，对上次交的货，本人感到很抱歉，我将立即处理。"

如果没有什么错误的话，那就这么说：

"我很高兴得知一切都很正常，并感谢您长期以来对本公司产品的支持，我保证将让您永远满意。"

之后，你便可以试着向对方说明一下你推销的新商品的信息，如：

"对了！刘先生，这个月本公司正举办整箱特价大优惠，如果您现在购买的话，将可以节省×××钱。"

要是上次产品有问题的顾客，你还必须在他的疑虑消除之后才可说出这样的试探性的话。假如客户已经同意购买或者露出积极的意图，你应该及时抓住这个机会向对方提出请求，引导对方购买，如："请问需要几箱？（稍停片刻）两天后即可送到您家中。"

四、感谢

对于客户答应购买的回答应该迅速表示真诚的感谢，这对于使他保持积极购买的想法是非常重要的。如：

"刘先生，谢谢您的惠顾，能再次和您谈话感到非常荣幸，希望今后能常听到您的声音。"

当然，你也有可能还是遭到拒绝。但是，作为一名推销员，必须有礼貌的习惯，哪怕对方的态度很糟糕，你在结束电话之前也应该说上一些感谢之类的话。

利用电话开拓新客户的口才技巧

推销最重要的一步就是准确找到需要产品或服务的人。然而，并不是每个企业都能清楚地告诉它的销售人员，怎么开发客户，如何找到需要自己产品和服务的人。

下列建议是进行成功推销和开发客户的法则：

一、每天安排一小时

往往销售总是可以被推迟的，也许下一个机会会更有利，但事实是，销售的时机永远不会有最为合适的时候。要想能更多地把握最佳的销售机遇，你需要每天都给自己找机会。

二、尽可能地多打电话

在寻找客户之前，永远不要忘记花时间去准确地定义你的目标市场。这么一来，在电话中交流的你认为那些不可能成为你客户的人，也许会是市场中最有可能成为你客户的人

如果你仅给最有可能成为客户的人打电话，那么你实际上已经联系到了最有可能大量购买你产品或服务的准客户。在一小时中尽可能地多打电话。因为每一个电话都是高质量的，多打总比少打好。

三、电话要简短

打电话做推销拜访的目标是获得一个能够约会的机会。你不可能在电话里销售一种复杂的产品或服务，你当然也不愿意在电话中讨价还价。

电话推销应该大约持续3分钟，而且这个过程中应该专注于介绍你自己，你的产品，大概了解一下对方的需求，给出一个很好的理由让对方愿意花费宝贵的时间和你交谈。最重要的别忘了约定与对方的实际见面。

四、在打电话前准备一个名单

要是没有事先准备名单的话，你的大部分销售时间将不得不用来寻找所需要的名字。

你会一直忙个不停，尽管感觉工作很努力，却没有打上几个电话。因此，应该在手头上随时准备一个能够供一个月使用的人员名单。

五、专注工作

在销售过程中不要接电话或接待客人，充分利用推销经验曲线。正如任何重复性工作一样，在相邻的时间片段里重复该项工作的次数越多，成功的机会就越多。

推销也不例外。你的第二个电话往往会比第一个好，第三个电话会比第二个好，逐渐进入"渐入最佳状态"。你将会发现，自己的销售技巧随着销售时间的增长而不断提升。

六、避开电话高峰时段

要是利用传统的销售时段并不奏效的话，就要避开电话的高峰时间进行推销通常来说，人们拨打销售电话的时间是在早上9点到下午5点之间。因此，你每天都可以在这个时段腾出一小时来进行推销。

如果这种传统销售的时段对你不奏效，就应将销售时间调整为非电话高峰时间，或在非高峰时间增加有效的销售时间。你最好安排在上午8：00~9：00，中午12：00~13：00和17：00~18：30之间销售。

七、变换致电时间

客户很可能在每周一的10点钟都要参加会议，如果你不能够在这个时间接通他们，就要从中汲取教训，改在其他的时间给他电话。你会得到意外的惊喜。

八、客户的资料必须井井有条

你所选择的客户管理系统，能够很好地记录所需要跟进的客户，无论是三年之后才跟进，还是明天就要跟进。

九、开始之前先要预见结果

你的真实目标是想获得会面的机会，因此你在电话中的措辞就应该围绕这个目标而进行设计。

十、不要停歇

实践证明大多数的销售都是在第5次电话中谈话之后才能够成交的。然而，大多数推销人员则在第一次电话后就搁浅了。

我：你好，陈龙，哇，我是阿波，第一次跟你通电话，你的声音真是富有磁性，我还是喜欢美女的声音，哈哈……

陈龙：哈哈，我可不是美女。哈哈

接着是愉快的交流……

我：你好，小姐请问你市场部的分机电话是多少？多谢

小姐：805

你好：市场部吗？

市场部：你好，请问你找谁？

我：找你们最高领导，开个玩笑，你这里谁负责市场销售的？

市场部：叶小姐。

我：谢谢，对了叶小姐是男的还是女的啊？呵呵，你帮我联系下好吗？别告诉他我是谁！谢谢了！

市场部：你真逗，叶小姐电话812

我：你好！美女叶小姐找你真不容易啊，你在忙吗？

叶小姐：不忙，你是？找我有什么事吗？

我：……

叶小姐：……

接着是貌似熟悉的交流……

我在他公司门口打电话：

我：小姐你好，让你们杨总接电话！

小姐：你好，你是哪位？

我：我是何其波，你杨总要不认识我，那他就别混了，你告诉他，是何其波找他，顺便告诉他，要是把我忘了，他就是猪！

小姐：呵呵。你是杨总的朋友啊，我可不敢转告，我只是个打工的呀。

我：有我在你怕啥？你告诉他我到你公司门口了，让他赶紧请我喝酒，我叫何其波。

小姐：好我记下了！

趁她找杨总时间，反客为主就直接进屋了……

你好我是何其波，哈哈，刚才跟小姐开个玩笑，说你是猪的，今年是金猪年，带猪就发，猪肉价格都飞涨了。彼此哈哈……

哈哈，互相递名片……开始了交流……

接听顾客电话的注意事项

有时一些顾客图省力、方便，电话直接与业务部门联系，其中有的定货，有的是了解公司或产品，或者是电话投诉，电话接听者在接听时必须要注意，绝对不能一问三不知，或敷衍了事推诿顾客，更不能用不耐烦的口气来对待每一位打过电话的顾客。

一、电话接通后

接电话者要自报家门如："您好这里是全程管理公司业务部"或"您好我很高兴为您服务"切不可抓起话就问"喂，喂你找谁呀；你是谁呀？"这样不仅浪费时间也很不礼貌，让公司的形象在顾客心中大打折扣甚至是接听电话前一般要让电话响一到二个长音，切忌不可让电话响很久而缓慢的接听。

二、记录电话内容

在电话机旁最好能够摆放一些纸和笔，这样可以一边听电话一边随手将重点记录下来，电话结束后，接听电话应该对记录下来的重点妥善处置。

三、重点重复

当顾客打来电话订货时，他一定会说明产品名称或编号、什么时间要或取。这时不仅要记录下来，还应该及时向对方复述一遍，以确定无误。

四、让顾客等候的处理方法

要是通话过程中，需要对方等待，接听者必须说："对不起，请您稍等一下"之后要说出让他等候的真实理由，以免因等候而焦急。再次接听电话时必须向对方首先道歉："对不起让您久等了。"如果让对方等待时间较长接听人应告诉对方不能马上接电话的真实理由，并请他先结束通话待处理完后再拨电话过去。

五、电话对方声音小时的处理方法

如果对方语音太小，接听者就可以直接说："对不起请您声音大一点好吗？"我听不太清楚您讲话。绝不能那么大声喊："喂喂大声点"。要大声的是对方，绝对不是你。

六、电话找人时的处理方法

要是遇找人的电话，应迅速把电话转给被找者，如果被找者不在应对对方说："对不起现在出去了，我是××，如果方便的话，可不可以让我帮你转达呢？"或者请对方留下电话号码，等被找人回来，立即通知他给对方回拨电话。

一个好的拨打电话、接听电话过程，传递给对方的是一个好的印象，所以在电话方面无论是拨打或接听，都应该格外注意你的言词与语气，一个电话完全能够改变你目前的境况甚至是一个人的一生。

攻破客户拒听电话

遇上顾客不愿意听电话时，该怎么做？如果您正在为这个问题烦恼，不妨试试以下这几种方式。

"哦！是关于哪方面的事呢？"（准客户的名字），这些构想有可能对您十分重要，我希望能够当面向您解说清楚，另外，我还有一些细节性的问题必须与您进行讨论，请问您什么时候（时间）有空，我能够去拜访您吗？

"把资料寄来就好。"

我很乐意这样做。（准客户的名字），要注意这些构想只有在符合您个人需求时才有用，有一些细节性的问题我一定要亲自和您讨论，请问您什么时候有空，我可以去拜访您吗？

"你把资料寄过来就可以了。"

当然可以，同时这些资料具有很高商业价值，事实上我今天下午正好在您公司附近，我可以把资料直接送给您。

"不，那时我有事要做。"

"不，那时我要去拜访朋友。"

（准客户的名字），很抱歉，我一定是选了一个不合适的时间，那么预约是否会更好？

"我有个朋友也在从事这种服务！"

如果您这位朋友就是您的服务代理人，我相信他一定给您提供了高品质的服务，不过，我并不是想重复您已拥有的东西，请问您什么时候方便，我可以去拜访您吗？

"我没钱！"

（准客户的名字），您的判断当然是对的。不过，我要提供给您的构想有可能是您从来没有听过的，现在最好先了解以备不时之需，请问您什么时候有空，我可以去拜访您吗？

"你说的产品我知道了，就算想买现在也没钱。"

陈先生，我相信只有您最了解公司的实际财务状况，是吧？而我们这套系统就是帮助您更好的节约成本、提高绩效。你想必不会反对吧？

"您只是在浪费您的时间！"

您这样说是不是因为您对我们的服务不感兴趣？

"我对你们服务没兴趣！"

（准客户的名字），我也觉得您不会对您从来未见过的东西产生什么兴趣，这也是我要去拜访您的真正原因。

我希望我所提供的资讯足够让您做出明智的决定，您会在办公室吗？

"信我看过了，你提的东西我们没有兴趣。"

没有见过的产品谁也不会轻易做决定，你说是吧？所以我在想今天下午或明天上午亲自去拜访您，我们曾经作过详尽的市场调查，这个产品对像您这样的企业有很大的帮助，您看我是今天下午还是明天上午亲自把资料带给您看方便呢，还是……？

"我很忙！"

这是为什么我先打电话来的主要原因，（准客户的名字），我希望我可以在一个您较方便的时间来拜访您，请问您什么时候方便，我可以去拜访您吗？

"这段时间我一直忙，下个季度吧。"

是啊，您经营这么大一个大公司，忙是一定的。所以我才会先给您打电话，以便确认一下您的时间，这样能够避免浪费您更多宝贵的时间。

"我真的没有时间。"

实际上您能把这个企业发展成这样的规模，就证明您是一位讲效率的人。我在想：您一定不会反对一个能够帮助贵公司更好的节约成本、节省时间、提高工作效率的系统被您所认知，是吧？

"你这是在浪费我的时间。"

如果您看到这个产品会给您的工作带来好处，您肯定就不会这么想了，很多顾客在使用了我们的产品后，在寄回的"顾客意见回执"中，对我们的产品都给予了比较高的评价，真正的帮助他们有效的节省了费用，进而提高了效率。

"你就在电话里说吧。"

我去拜访您，大约只需要5~10分钟，向您亲自做个演示，以便于您更好的了解我们的产品，您说是吧？

"我不需要。"

在您没有看到我们的详细资料之前，您的这些想法我都理解。这也是我想拜访您的原因之一。

"目前我们还无法确定业务发展会如何。"

"我们先不要担心这项业务日后的发展，您先参考一下，看看我们的供货方案优点在哪里？是不是可行。我星期一来拜访还是星期二比较好？"

"要做决定的话，我得先跟合伙人谈谈！"

我们就应该说："我完全理解，那么，我们什么时间可以跟你的合伙人一起谈？"

"说来说去，不就是推销东西吗！"

我们应该说："我当然是很想销售东西给您啦！不过，要是能带给您好处，让您觉得值得购买，才会卖给您。有关这一点，我们要不要一起讨论研究看看？下星期一我来看您？还是您觉得我星期五过来比较好？"

"我要先好好想想。"

我们应该说："其实相关的重点我们不是已经讨论过了吗？容我直率地问一句：您顾虑的是什么？"

"我再考虑考虑，下星期给你电话！"

我们应该说："欢迎您来电话，您看这样会不会更简单些？我星期三下午晚一点的时候给您打电话，还是您觉得星期四上午比较好？"

实际上避免被客户拒绝的方法很多，我们可以根据具体情况，灵活的应对，最重要的那就是要把拒绝转化为肯定，让客户拒绝的意愿逐渐动摇，电话业务员就能够乘机跟进，诱使客户接受自己的建议。

第十八章 讨价还价的艺术

漫天要价就地还钱

卖方报价的合理性、科学性、真实性都会直接影响到卖方与顾客交易的成功与否，报价有特殊的技巧。

报价时，从卖方来说，报价是最高的可行价。从顾客来说，报价是最低的可行价。

卖方的报价为什么一般是最高的？其原因是：

首先，报价给卖方的要价订了一个最高的限度。一经确定，一般来说，就不好再提出更高的要价了。顾客也不会接受比此更高的价格；

其次，报价又直接影响对方对卖主的产品的印象和直接评价，即这产品值不值这个价钱；

再次，报价若高一些，则为以后的商讨留有余地，手上有一个进行交易的"筹码"。

报价时，卖方认为要价越高，目标越高，顾客的还价就不可能太低，因此，这种报价法可能带来的好处就越多。报价报得高，一定是合乎情理的，是能够讲得通的。所以要注意报价不能漫天要价，信口开河，随心所欲。其中任何一个报价，如果讲不出更多的理由，则会有损于整个洽谈过程，反而使买主认为，这是缺乏诚意。如果对方据理质问，将无言可答。使自己陷于被动，有失面子，丧失信誉。而且，结果还是要被迫做出一定的让步。

这里的"最高可行价"不是一个绝对的概念，而是相对的，一定要随着市场的行情变化而变化。如果对方施加压力，那更要坚持自己的意见，不能为其声势吓倒，以保护自己的利益。如果你的对手很多，竞争相当激烈，就必须把价压到至少能受到注意而继续商谈的程度。如果你和对方已经建立了友好的诚挚的贸易关系，就要做出较为稳妥的报价。如果你的产品是初出茅庐，人们不太熟悉它，而且声誉不高，就可以酌情压低价，而对于市场的畅销产品，则可适当提价。

没有谈判经验的人常常不知道如何报价才能为自己带来更多的利益。他们往往把自己所追求的目标作为谈判的条件，向对方直接说明。

这样使他们在谈判一开始便处于十分被动的地位。因为在对方看来，你作为讨价还价的条件而提出来的要求，有很多的水分。这种实在的做法，显然会招致自己在谈判中吃亏。

认清对方的底线

有一个人讲了他一次讨价还价的亲身经历。

当我在印尼巴厘岛的时候，有一次逛街，看上了一个木雕。

"多少钱？"我问。

"两万卢比。"

"八千！"我说。

"天哪！"小贩用手拍着自己的前额，做出一副要晕倒的样子，然后看着我。

"一万五。"

"八千。"我没有任何表情。

"天哪！"他随即在原地打了一个转，又转向旁边的摊子，对着那摊子举起手里的木雕喊，"他出八千！天哪！"又对着我说，"最低了，我卖你一万三，结个缘，明天你带朋友来，好不好？"

我笑着耸耸肩，转身离去，因为我口袋里只有九千，就算我出到九千，距离一万三，还是差太远。

我才走出去四五步，他在后面大声叫我：

"一万二，一万二啦！"

我继续走，走到其他摊子上看东西。他还在招手：

"你来！你来！我们是朋友，对不对？我算你一万，半卖半送！"

我继续走，走出了那摊贩云集的地方。

突然一个小孩跑来，使劲拉着我，我好奇地跟他走，原来是那摊贩派来的，把我拉回那家店。

"好啦！好啦！我要休息了，就八千啦！"

后来每次我看到桌子上摆的这个木雕，就想起那个小贩。我常想，我为什么能那么便宜地买到？

因为我当时坚持了自己的底线。

我也想，他为什么会卖？

想到这个，我又不是多么得意了，因为八千卢比，当然也在他的底线之上，搞不好七千他也卖了。

还有一个更有趣的讨价还价的故事

顾客：老板，请问这条裤子怎么卖？

老板：180元，广州正宗货，要不要？

顾客：我先看看……

老板：别看了，东西是好东西，给你便宜点，170元。

顾客：这也叫优惠啊？

老板：呵呵，好吧，就140元，这总行了吧。

顾客：哈哈哈哈！

老板：你笑什么，还嫌贵？

顾客：不，何止是贵，简直就是贵的出奇！

老板：哪有那么夸张，看你是本地人就120元吧。

顾客：……

老板：你不会还嫌贵吧，我最多只挣你几块钱。

顾客：不，我没有说贵，这条裤子确实值这个价钱。

老板：你真识货，快买吧。

顾客：裤子是好裤子，只是我口袋里的钱有限啊。

老板：那你口袋里有多少钱啊？

顾客：90元。

老板：天啊，你开玩笑，那样可赔死我了，再添10元。

顾客：没得添，我很想给你120元，却做不到。

老板：好吧，交个朋友，你给90元拉倒。

顾客：我不会给你90元的，我还要留10元的作为自己的车费。

老板：车费？这和你买裤子有什么关系？

顾客：当然，我家离这远，我必须坐长途汽车回去，车费10元。

老板：你骗人！

顾客：我从18岁以后再也没有骗人，相信我。你看我的脸就能感受到我的真诚啊。

老板：虽然我看不出来你的真诚，但我认赔了，算你80元得了。

顾客：等等，我还要补充一点，我还没有吃早饭，我现在很饿。

老板：你！！天啊，你太过分了，你故意的吧。

顾客：相信我，我很真诚。如果再不吃饭的话，我马上就会昏倒在你面前。

老板：我真是倒霉，遇到你这样的滑头。可你真的过分，一会要坐车，一会又要吃早饭。是不是你一会还要说你口渴，其实想喝饮料呢？

顾客：你别看不起我。相信我，我没有要求了。

老板：相信你？最后一次？

顾客：是的，相信我。

老板：好吧，爽快些，70元。

顾客：我这就给你钱。

老板：快点。

顾客：等等，你瞧裤子上有这么大一个窟窿。

老板：天啊，这是专门设计的尿口，你该不会不知道这是尿口吧？

顾客：哦，对不起，眼睛看花了。不过这里的颜色似乎有点不对劲啊。

老板：不，不是，这是磨砂颜色，专门弄成这个样子的，这叫流行。

顾客：是吗，怎么看起来像旧裤子，样子怪怪的。

老板：什么？你侮辱我没有关系，请你不要侮辱我的裤子。这是好裤子。

顾客：……

老板：好吧，我给你看我的进货单……你瞧，进货日期是上周，进货单位是广州某某服装厂。这怎么可能是旧裤子呢？

顾客：哦，对不起我误会了，不过……天啊，进货价仅仅20元一件。

老板：哦，不对，不对。这是没有上税前的价钱，缴税后每条成本价已经是40元。

顾客：你在撒谎，你觉得我是傻瓜吗，这是增值税发票，是缴税后的价格。这条裤子只值20元，可你……

老板：嘿嘿……做生意吗，你要知道我每天的门面房租金就上百呢，不赚钱我吃什么！

顾客：光天化日，你这么坑我！

老板：嘿嘿，30元行不？我的好兄弟，让我赚点。

顾客：多少钱没关系。只是你的行为让我气愤，你深深伤害了一个消费者的心灵。

老板：有那么严重？

顾客：难道你认为欺骗行为不严重吗？再这样下去，可就是诈骗，就是犯罪！

老板：妈呀，好夸张啊。这样，你消消火，我25元卖给你。这样就赚5元。

顾客：什么？25就是二百五的意思，你以为我不知道啊？

老板：没有没有，就是24吧。

顾客：有一个4，就是"死"的意思，不吉利，我是很迷信的。

老板：天，23没有毛病吧。

顾客：好吧，成交。

谈判就是讨价还价。你不可能让他完全得逞，他也不可能对你完全让步。两方一定先在心里有个最低的底线，再在这个底线上进行必要的交涉。也只有这样经过反复磋商，双方都有"让步"，也都有"斩获"，才能称之为"双赢的谈判"。

每个谈判，对方都有他坚持的真实底线。

当我们作为卖方时，如何知道买主的底价是多少呢？

一、编造老板意见来抬高底价

顾客想花15元买一个电源插座，而你要的是20元。你可以说："我们都觉得这个产品的价格还可以。要是我能让老板降到17.5元，你能接受吗？"拿老板做挡箭牌，这并不意味着你要以17.5元卖给他们。然而，假如他觉得17.5元也可以，你就把他的商谈底价提高到17.5元，现在与你的要求只差2.5元，已经不是5元了。

二、通过提供一种质量较差的产品来判断他们的质量标准

"如果你只付15元，我给你看看不是铜接点的插座可不可以？"如果这样，那么能让他们承认价格不是他们唯一的考虑。他们确实关心质量。推荐品质上佳的产品，确定他们愿意给出的最高价格。

"我们还有更高性能的插座，但是每个25元。"要是顾客对这种性能的商品感兴趣，你知道他一定愿意花更多的钱。

三、不说你自己是货主

这样就可以解除买主的警惕，他会跟你说些真心话。要是他认为你在卖东西的话，他就不这么做了。你可以这么说："我喜欢跟你做买卖，但是这件不是我的，以后我们再合作吧。"你以这种方式解除了他既有的武装，稍后你说："我很遗憾不能卖给你这个插座，但就咱们俩说，到底多少钱你买？"他可能会说："我觉得15元是最低的价格，但我想18元也是可以的。"

慎重接受第一次出价

假如你为飞机引擎制造厂买部件，你要同推销引擎轴承的人进行谈判，轴承是你们厂需要的重要部件。你们原有的供应商没有给你们供货，你们急需从这家新公司购买。只有他们才能在30天内供货，才能防止你的流水线停工。如果无法准时提供引擎的话，你就无法履行与飞机制造商的合同，而你85%的订单都是这家制造商的。在这种情况下，轴承的价格上你肯定不占什么优势。然而你的秘书已经告诉你销售商已经来了。你心里想："我要做个谈判高手。看我怎么让他大打折扣吧。"

销售商做了发言，并保证按照你们的要求及时发货。他给你开的价格是每件轴承250元。

因为你之前给的价格是175元。然而你竭力掩饰自己的惊讶，回答到："我们只能出175元。"对此销售商就这样回答道："好吧。可以。"

这时，你心里自然会产生两种反应。

第一个反应："我还可以做得更好。"实际上这种反应与价格没有什么关系，只与对方对你给出的价格的反应方式有关。如果轴承销售商同意150元或125元呢？你同样觉得自己可以把价格压得更低。

第二个反应："一定是出了什么差错。"得知他们接受了你的价格之后，你的第二个反应是："一定是出了什么差错。我应该仔细看看他们的全部报告。如果他们愿意接受我的价格，那肯定是有什么我不知道的事情。"

不管你是否同意，卖主的第一次报价肯定不是真正的底限？确实如此。卖主的第一次

报价只是他的"期望值"。这是他期望买主接受的。要是买主表示同意，他或许在回办公室的一路上边跑边喊："简直无法相信我刚才做了什么，我刚同×××公司谈了笔生意，他们总裁的新办公室买家具。我一开价他们就说，你的最低价到底是多少？我说：'如果你们买不到一定量的话'我们从来都不打折扣，但今天想与你们长期合作。所以最低价是 22500 元。'总裁说：'价是高了点，但如果这是最后的价格，就这样，送货吧。'我简直不敢相信！咱们别上班了，去庆祝一下吧！"所以，第一次开价只能算是期望值。

还有一个拒绝价，在这个价格上卖家不可能卖出。顾客不知道这个价格是多少，所以他得做些试探，获得一些有用的信息。他得尝试运用一些策略弄清卖主的拒绝价。

当买方表现得十分不情愿的时候，卖方通常会让出很大的幅度。如果卖家具的知道自己开出的价格是 22500 元，而底价是 17500 元，比开出的价格低 5000 元，他一般这样回答那个顾客："好，我告诉你吧，我们这个销售季度就要结束了，而且竞争激烈，如果你们今天就签订单的话，我给你一个难以置信的低价——20000 元。"

其实这是很容易理解的原则，但当你置身于谈判中的时候就想不起来了。你可能对买主的反应有一种心理预期，实际上这是很危险的。拿破仑曾经说过："指挥官最不可饶恕的罪过就是凭空想象——假想在已知情况下敌人行动的方式。而敌人的反应则可能完全不同。"所以，你想象他们会以一种不近情理的低价回应你，实际上完全出乎你的意料，买家的报价比你期望的更合乎情理。

拒绝第一次出价可能不太容易，尤其是你几个月以来一直在给买家打电话。他们一出价，就诱惑你需要抓住机会。

故作惊讶

比如，你在旅游胜地看一个画家的画，他没有标注价格。于是你问他要多少钱，他说 15 元。如果看到你其实都不吃惊，接下来他就会说："外加 5 块钱颜料费。"如果还没看到你吃惊，他这样说："我们还有这些包装盒，你也得要一个。"

可能你知道有些人从来不会一惊一乍，因为这有失体统。

这种人问售货员："橱窗里的大衣多少钱？"

店员这么回答："2000 元。"

"还可以！"他说。而谈判高手一听这个价格就会假装着晕过去。

事实上当卖主出价的时候，他们在观察你的反应。他们不会考虑你是不是同意他们的报价，他们只是试探一下你的真实反应。

如果你不故作惊讶，卖主就会强硬起来。

就算你和卖主不是面对面谈判，你也应该停顿一下，表示震惊，因为电话中的惊讶也是很有作用的。

同理可证若当买主的第一次还价时，卖主不故作惊讶，买主就会随后提出许多附加要求。

"你得再加点"，然后沉默

谈判中还有一个策略是蚕食策略，"你得再加点。"谈判高手是这样做的：买家已经听了你的报价后。他坚持说他与现在的供应商合作很愉快。你保持沉默，因为你知道你已成功地激起了他对你的产品的兴趣。最后，顾客这样说："我们同目前的卖方合作很愉快，但是我想多一家供应商的支持跟他们竞争也没有什么坏处。要是你们把价格降到每斤1.22元，我们就装一车。"

你可用蚕食策略进行适当的回应。你平静地回答："对不起，你们还是出个更合适的价儿吧。"

老练的顾客自然会进行反驳："我到底得高多少呢?"这样他就迫使你说出具体的数字。

你说完"你得再加点"之后，下一步该干什么呢?

你开出自己的价格，然后沉默，顾客可能会表示同意，所以在你弄清他会不会接受你的建议之前就表态是很愚蠢的。

有这样两个保持沉默的销售人员。两个人坐在同一张圆形会议桌旁。坐在右边的销售商想从左边的销售商那里买一块地皮。他开出自己的价格之后就不再说话，左边的那位一定想："好小子! 我就不相信，你想跟我搞沉默交易? 看我怎么教训你一下，我也不说话。"

你看，面对两个意志坚强的人都威慑对方先开口的时候，屋子里鸦雀无声，除了那架老爷钟滴答作响。显然，他们都明白发生了什么情况，谁也不愿意向对方让步。

好像半个小时过去了，虽然可能只是5分钟，因为沉默让时间显得如此缓慢。最后，更老练的那位打破僵局，在便笺上潦草地写了"决宁"两个字递给对方。实际上他故意把"决定"误写成"决宁"，年轻一点的销售商看了看，说："你写错了一个字。"他一开口说话就收不住了。他继续说："如果你不愿意接受我的价格，我愿意再涨2000元。但一分也不能再多了。"他在没有明白对方是不是接受之前就先改了自己的价格!

运用蚕食技巧，高明的谈判对手对对方的意见或反应一般只回答说"对不起，你得再加点"，然后沉默。

以"后台老板"为武器

在讨价还价时，完全可以无中生有地为自己制造一个"后台老板"，说明自己在这次交易中不能完全做主，而以这"后台老板"的种种要求和压力作用于讨价还价的顾客，以此来强化自己的攻势，削弱对方的力量，增加对方的压力。

来自"后台老板"的压力实际上多种多样，可以是对价格的控制，也可以是对质量上的要求，还可以是对金额上的必要限制。

其实，"后台老板"压根不存在，这不过是一种讨价还价的策略。正因为是子虚乌有的，所以具有很大的灵活性。你施加于对方的压力完全可以自己掌控，从而可以使对方防范困难，无法周旋。

在谈判中运用这种策略时，顾客最好事先向对方提示一下，让对方确信，买方是替别人买东西的，自己手中的权力十分有限，有时甚至不能做主。

"后台老板"这种策略，在庄严的谈判桌前，照样能够采用。

顾客在做最后决定之前说要请示一下上级领导，对此你或许感到沮丧。其实这只是人家使用的一个简单的谈判策略，因为他对你这么说的时候，他其实永远都不会去跟那个所谓的"上级领导"去考虑的。

如果你有最后决定权，他们就不必太费其他的口舌，因为只要你同意，他们的买卖就成了。

要是你用请示领导的策略，领导一定要是一个模糊的实体，比如市场营销委员会或者你的上司的上司。如果你告诉买家你得征求销售经理的意见。买主的第一个想法会是什么呢？对了！"那我为什么浪费时间和你谈呢？如果你的销售经理是做最后决定的人，把你的销售经理请来就是了。"然而，当你的领导本来就是个模糊的实体的时候，那看起来就不好接触了。

黑脸白脸唱"双簧"

在实际的谈判过程中，当对方提出一些自己事先毫无准备且又是要害问题时，难免会使自己陷入困境。有时，在细节问题上，对方本应让步却又坚持不让步时，就可能使谈判难以进行下去。谈判人员就能够利用"黑白脸"策略。自己的主谈者或负责人找一个借口暂时回避，让"黑脸"挂帅出阵，旁边配上一个调和者，将对方的注意力引开。此时，黑脸即可采取强硬的立场，唇枪舌剑，寸步不让，软磨硬泡，从气势上压倒对方，给对方在心理上造成压力，迫使对方做出让步，或者索性将对方的主谈者激怒，使其怒中失态。

自己的主谈者可能已取得预期效果时即回到谈判桌旁，刚回来的主谈者一般不要马上发表意见，而是让其调和者以缓和的口气，诚恳的态度调和自己的"黑脸"与对方之间的既有矛盾，实际上也是间接地向自己的主谈者告知这段时间的战果，主谈者通过调和者的间接汇报和察言观色，判断对方确被激怒或确被自己的气势压倒而有让步的一定可能性时，就应抖擞精神，以诚恳的态度和言辞，提出"合情合理"的现实条件，使对方接受。

若有必要，还可以"训斥"自己的"黑脸"之粗暴行为去顾全对方的颜面。在这种情况下，对方很可能会有所让步，接受你的条件。

扮"黑脸"的人既要"凶"，态度强硬，能够寸步不让，但又应处处讲理，绝不可蛮横，而外表上也不是高门大嗓。"黑脸"也未必老是虎着脸，也可以有笑容，只是"立场"要硬，"条件"要狠。

扮"白脸"的应为主谈人或负责人，一般善于把握火候，让"黑脸"能够下台，及时逼迫对方就范。

假如一个人同时扮演"黑白脸"的角色时，一定要机动灵活，发动强攻，声色俱厉的时间不宜过长，同时说出的"硬话"要给自己留有一定的余地，不然反倒会把自己捆住。万一被动，此时最好的解决办法是"休会"。

若谈判者事先安排"硬"、"软"两班人马，在谈判过程中，就要把握时机和分寸，软硬兼施，配合默契，就有可能迫使对方做出一定的让步，解脱自己的困境。当买家用黑白脸的策略对付你时，经常是超乎你的想象的。你同两个人谈判要格外提防这一点。

考虑这个问题：你有没有在什么时候对一个卖汽车的说："你能不能说服总经理接受?"好像卖汽车的人站在你一边而不是跟他们的人站在一边？我们买房子的时候有没有对领我们看房子的房地产经纪人说："你觉得卖主能不能接受?"让我问你几个问题：你的代理人为谁效力？谁给他工资？不是你，对吗？他为卖主工作，事实上他成功地扮演了黑白脸的角色，所以你要当心，因为你可能会经常上当。

有趣的是，这种伎俩尽管从来逃不过精明人的眼光，但一样还是上当。理智告诉我们此人不过是在演戏，他的行为不见得对我方最有利，但是感情上仍然会把他看做是好人，这多半是幼年经验的后期反射作用。小时候如果父亲不肯答应某个要求，我们不由自主的就会去求母亲。孩子们并不知情，父母多半已有默契，在子女面前要立场一致。

怎么克服黑白脸攻势？很简单，别理会那唱白脸的，全力设法说服唱黑脸的那一位。如果说服不了起码也没有损失，因为他的同伴可能同样难缠。

当别人用黑白脸对付你的时候，可以试试下面的策略：

一、第一个策略是揭穿它

虽然有很多解决问题的方法，但这可能是你需要掌握的唯一策略。黑白脸的运用人所共知，这样被当场识破的人会感到尴尬。如果你看出对方运用此计，你可以微笑着说："喂。接下来你是不是要用黑白脸的策略？来来来，坐下来，咱们解决解决这个问题。"这时，他们通常会自动放弃。

二、你可以创造一个自己的黑脸来回击

你告诉他们你愿意按照他们的要求去做，但坐在领导办公室里的老板却坚持着原来的计划。你总是可以虚构一个比谈判桌前在场的黑脸更加强硬的后台来。

三、你可以向他们的上级核对此事

例如，如果你同零售商谈判，你完全可以给经销商货主打电话，说："你们的买主跟我扮演黑白脸策略，你不赞成这种事情，是不是？"

四、让黑脸充分表演。

有时就让黑脸直接表达他的意见，尤其是让他表演令人讨厌的场面。最终，他的人也会厌倦听他唠叨，直至放弃！

五、让白脸也变成黑脸

你可以这样对那个白脸说："我知道你们两个用的是什么计策。从现在起他说的任何话我都认为是你说的。"于是你现在有两个黑脸要对付，这样就化解了这个策略。有时你心里就把他们都当作黑脸也是能够解决问题的，不必要揭穿他们。

六、先发制人

如果对方带个律师或领导来，他显然就是来扮演黑脸的，他们一进门你就要先发制人。你对他们这么说："我敢保证你是扮演黑脸来的，但我们还是收起这一招吧。我和你一样急于解决问题，那我们为什么不采取双赢的办法呢？好不好？"

选择有利谈判场合

为了使对方明显感觉到有众人在场难以争执，可以运用当众讨价法，但要选择好谈判环境。

一、会议场合

当对方前来谈判时，在谈判室对面或隔壁专门安排一场会议。这样，你提出事先确定的要价，对方就算不满意，也不至于猛烈反驳，只好将就屈从。因为他们担心过于争执会波及会场人员，就会给人留下"不光彩"的印象。

二、娱乐场合

谈判地点确定以后，完全可以事先约请一些人在谈判地点打牌、下棋等，对方到达后，你便若无其事地带他到离娱乐场所较近的地方。当发生争执时，你就有意识地提高嗓门，让娱乐者听到，并使对方觉得再吵嚷会招致娱乐者的反感或诅咒，因而宽容地满足你的要求。

三、宴会场合

清楚对方来谈判，可以特意安排一席酒宴，邀请一些老练持重的合伙人来参加。席间，先谈些无关话题，待对方兴趣正浓时，就切入正题。这时，即使你要价要得较高，对方碍于人多，往往不愿多费口舌，进而同意你的要求。

事实上，男性往往比女性更不愿意被人认为他在经济上吝啬。许多男孩子喜欢在女孩子面前掏钱买东西，甚至宁可欠钱也不肯让女孩掏腰包。正因为如此，许多公司总是有意派女性代表与男性代表进行谈判。

只要你能够打破面子，不把讨价还价当作一件丢人现眼的不光彩的行为，不怕人讥嘲你是吝啬鬼，始终把对方精心设计的热闹场面当作谈判密室，对方也就无可奈何了。

以取得最大效益为原则

在谈判中能够先发制人，得寸进尺不失为一种策略。但是，这样很容易招致对方的抵触情绪，影响双方良好人际关系的建立和维持，使谈判无奈陷于僵局。

因此，有经验的谈判者常常采取以退为进的策略。

退是一种表面形式。因为在形式上采取了退让，使对方能从你的退让中得到心理满足。由此，不光是思想上会放松戒备，而且作为回报，或说合作，他也会满足你的某些要求。

谈判中，一定要留有自己让步的余地，以便在对方的讨价还价中有所退却，满足对方的要求。

但是，不要快速让步。因为轻而易举地就获得你的让步，不但不会使对方在心理上获得满足，反而会质疑你的让步有诈。而慢慢让步不但使对手心理上得到满足，而且还能更加珍惜它。

谈判中，让对手努力争取他所能得到的那些东西。对对方应该得到的东西不要彻底地拒绝他，而是要让他通过努力争取来实现。

这样做，看起来是你的一种让步，实际上是以对方应该得到的东西来换取他在其他方面的让步。这当然是一种有益而无害的必要让步。

谈判中，要让对方尽量多发言，充分发表他的观点，说明他的问题。而你却应该少说为宜。

这样，对方因为暴露过多，回旋余地就小。而你很少曝光，可塑性很大。两者的处境，就像一个站在灯光下，一个躲在暗处。他看你一团模糊，你看他一清二楚，其实你已经掌握了谈判的主动权。

除了让对方多说，还要设法让对方先说，先提出一些要求。

这样做，既表示出你对对方的尊重，又让你可以根据对方的要求确定你对付他的方法。

谈判中，不要忘记"这件事我会考虑的"之类的说法，其实这么说也是一种让步。但是，这种说法能给对方心理上以慰藉，因为至少你尊重他。尽管这种做法有点"口惠而实不至"的味道，但它却是一种很好的以退为进的招数。

优中选优

讨价还价时，对方的目标越高，实际上对你越不利。

对方的目标很高，对方的要价一般就会居高不下，成交价格也就很难降低。因此，要降低对方的要价，首先要尽量降低对方的目标。

给对方的商品挑毛病，实际上就等于贬低商品的价值。如果商品的价值被贬低，商品价格在人们心目中失去了原来的基础。

因此，谈判讨价还价时，如果能将对方的商品挑出很多不足，比如从商品的功能、质量到商品的款式、色泽等方面吹毛求疵，这样，就等于向对方说明："瞧你的商品多次，"对方的要价就会降低。

谈判者想讨价还价，必须了解一些有关商品的技术知识，了解商品的类型、型号、规格、功用及商品构造原理，清楚商品鉴别和选择的方法和技巧。

只有掌握了商品的有关技术信息，才有助于给商品进行正确的估价，避免在谈判中吃亏上当。而你对对方的商品挑毛病，才能挑到点子上，使对方服气。

有时谈判中为了故意虚张声势，也需要采取吹毛求疵的战术，使对方知道你是精明的，以防被人这样欺骗。

谈判中吹毛求疵，必须要击中对方的要害，要有突破的重点。抓住对方商品质量的某一方面，找出充分的语气，进行比较深刻的分析。

还有，谈判中不能对什么商品都采取吹毛求疵的方法。对一些优质产品、名牌商品，就不能一味贬低。对某些商品的贬低要是过火，可能会引起对方的反感，甚至会激怒对方。出现这种结果的话，很明显对谈判的顺利进行是非常不利的。

要想对商场陈列品的价格施加必要的影响，有一个行之有效的技巧。这种所谓的技巧包含两种方式。一种方式是，你走到冰箱旁边，急切地检查冰箱的每一个细节。销售人员也许会目不转睛地盯着你看，这时你会小声自言自语："我发现这里有点小问题!"

销售人员回答道："可是我什么也没有看到啊。"

你坚持这么说："这里看起来像是一块划痕……侧面有一个微小的瑕疵。事实上，我注意到当太阳的光线照到它上面时，冰箱的侧面有许多小的瑕疵。有问题的产品难道不该打折吗？"

第二个方式是在展品上下功夫，也就是说如果我要买展品的话。那么在价格上肯定要有优惠。这里所说的是购买商店内的展品，这些展品肯定存在这样或那样的不足。毕竟，人来人往地看冰箱，开关柜门，对着冷冻柜和冰盒指指点点也有一段时间了。商店里面的陈列品如同搬运工人长年累月的辛勤劳动一样，筋骨肌肉难免会有受损的情况。有鉴于此，你完全可以理直气壮地要求销售人员在价格上给予照顾。

以缓的态度办急事

美国的一家大航空公司要在纽约建立自己的航空站，想要求爱迪生电力公司以低价优惠供应电力，但遭到电力公司的拒绝，眼见商谈陷入僵局。

航空公司便灵机一动，干脆就不谈判了，声称自己建设一座发电厂划得来，他们不再需要依仗电力公司而决定自己建设发电厂。

电力公司一听到这一消息，当然不能就这样看着到嘴的肥肉被抢走了，于是立刻改变原来的谈判态度，主动请求政府有关部门从中协调，表示给予这类新用户优待价格，航空公司此时见水到渠成。最终同电力公司达成一份协议。

"以退为进"尽管起到不可言的妙用，但这个退是需要有一定的后盾的。心中没有十分的把握，而轻易采用此计，难免弄巧成拙。

要是航空公司不了解电力公司的底细，不能确定电力公司如何希望得到这笔生意，而索性不进行谈判了，那么受损失的就很有可能是那家航空公司了。因此，这个战略的后盾便是你所掌握的对方的情况，你所知晓的对方心理。你退'步，按照你所掌握的对方的心理，对方会采取令你满意的行动，你的"以退为进"，就已经成功了。退便是进，是这一招的关键所在。

另外一个行之有效的方式就是能够熟练使用"如果……怎么办？"这样的句式。"如果……怎么办？"这个句式在谈判中常常会发挥出非常大的作用。

比如，你完全可以这样说：如果我一次买4台冰箱，那么有没有优惠？如果我自己提货，不用你们送货上门，是不是也能优惠？假如我同时买双桶洗衣机和华夫电熨斗，会便宜点吗？假如在接下来的6个月里。我的那个邻居们每月买你一台冰箱，你能便宜多少呢？

你使用了"如果"的问句方式，销售人员可能并不会总会明确地满足你的要求，但在一般情况下，他大多会适当地让利给你。

不要忘记，这款冰箱尽管被商店不容分说地标上了489.95元的售价。但是这里面包括了安装调试费、送货费、售后服务费，其中的每一项都是希尔斯连锁店的经营成本。你要是可以让希尔斯在这些项目里节约成本，那么商店自然可以使你得到这一部分发的补偿。例如，要是你问推销员："标价里含有安装费吗？"他回答说："是的，有。"然后你再继续说："好……我家里有一些工具，我可以自己安装调试，这样是不是就可以减少这一部分费用？"

一向如此，你也不能例外

实际上在谈判中先例常常被作为处理问题的既成法则来运用。

当美国联合汽车工人协会在契约中达成了增加工资的要求时，继而加拿大的汽车工人也引用这种案例作为武器，马上与雇主谈判，并达到了同样的目的。

这里所运用的逻辑相当简单："这个模式，他们得到了，我们也应该得到。"

谈判中的任何一方要是碰到对方的某些要求与做法对自己不利，而且又不符合先例，就可以亮出先例来抑制对方。

援引其他谈判中的先例来为自己辩护，不可能像上述的先例那么强劲有力。但它仍可以成为谈判者一种站得住脚的确切理由。

例如：在商业谈判中要求优惠是双方的基本要求。对这种要求你就可以用这种先例去应付："不是我不想满足你的要求，就拿我们二十多年的老经销商汉达公司来说，我们给它们的折扣一直都是25％，因此超出25％的折扣，我们实在是难以做到，请多多谅解。"

面对上述先例，对方就很难再提进一步的要求了。

谈判中，还完全能够以外界通行的做法为先例。这种先例因为被广泛运用和普遍接受，因此，谈判者可以以此为借口，或提出要求，或抑制对方。

对于通行的先例，如果没有什么特殊的理由，大多都是无法拒绝的。

第十九章 巧妙应对客户拖延

应付顾客对价格的抱怨技巧

价钱是销售的最后一关，支付能力与支付意愿之间是有明显的差异性的，购买意愿没有形成之前，谈价格是没有意义的，没有购买欲望，就没有什么价格谈判的必要。当客户针对价格的时候，你要怎样去处理呢？

一、处理价格异议的常规方法

（1）迟缓价格的讨论。一般向客户介绍产品的时候，客户会问推销员多少钱，推销员总是用一句话，"价格是最精彩的一部分。"这个意思就是先暂且放慢价格的讨论。

（2）让客户感觉到付款之后就可以带来一种已知的好处。

（3）用合理的理由来辨别价格。

（4）隔难政策。就是当客户提到这个价格他不能接受或者他暂时不愿意支付的时候，你要学会价值比超越价格，让他明白价格与价值之间还有一定的差异性。

（5）"三明治"法。把原有的价值再添加附加价值，你住五星级饭店与你住三星级饭店，因所享受到的住店服务的舒适程度不同，所以这必然要影响到两种不同星级的饭店的价格是绝对不一样的，但是你到五星级饭店所能够接受的服务绝对是超越三星级饭店的。这也就是说价格和价值之间必然还存在着明显的差异性。

二、处理价格抗争的常规方法

（1）要用价格比较昂贵的产品来做比较。

（2）把产品的使用年限延长。这个产品的确不便宜，但它的使用期能够长到3、5年甚至更长，而一般的产品不长的一段时间就坏了，这是否也等于没有任何价值呢？

（3）把价格预算成最低的通用衡量指标。要是每天存5元钱，一年365天就等于存1825元钱，花一两千元就相当于每天才只用几元钱就能使用上眼前的这个东西，而且让你省下很多电。这些就是处理价格抗争的一般方法。

三、处理金钱与价格的异议

首先要确定这些反对意见并不是及时的状况，其实也就是除了金钱和价格异议，你还应考虑到，确认这些反对意见并不是很重要的一个关键环节，你要注意的是客户讲价格问题时会说"负担不起、现在手头上现款不足、没有这个预算、这个超出了预算"——其实这就是他们的价格形成的理由，这时你要会讲两个字：因为。这个东西的确很贵，因为它的材质、品质、使用年限、还有售后服务都很出色所以它价格很贵。当然具体价格的异议呢，客户会认为你的产品太贵了，所以你要努力学习，你要能让自己给出价格合理的理由。

参考价格比较法，这个方法威力确实很大——"不妨试一试"。"当然这个价格和你想象的还是比较贵的，但你不妨试一下"。"你为什么不用用看呢？"。

当然你还可以这样说，"你认为我们之间的差距是多少，是3%、5%还是10元钱还是20元钱？"直到他说你只要便宜多少钱我就最终确定买。你一定要等待顾客把此话讲出来。

不要让顾客陷入无谓的价格之争当中，"我相信通过我今天的解说，最终能使你拥有我们的产品，不但给我一个很好地为你服务的机会，同时我更希望你使用我们的产品以后对你或你的团队、企业带来更多更好的效益。"这也是一种面对拒绝的有效处理。

在直销商谈中，不管顾客提出哪种价格异议，推销员都应认真地加以分析，并探寻一下隐藏在顾客心底的真正的动机。只有真正摸清了顾客讨价背后的真正动机，推销员才能说服顾客，实现交易。有关的心理学家曾做过这样的调查，认为顾客讨价动机有以下几种情况。

顾客想买到更便宜的商品；

顾客知道别人曾以更低的价格购买了你正在直销的产品；

顾客想在商谈中击败推销员，以此来显示他自己出色的谈判能力；

顾客想利用讨价还价策略达到其他既有的目的；

顾客怕吃亏；

顾客想向周围的人证明他有过人的才能；

顾客把推销员的让步看作是提高自己的身价；

顾客不了解产品的真正价值，怀疑价格与价值完全不符；

根据以往的经验，知道从讨价还价中会得到好处，且清楚推销员能做出必要的让步；

顾客想通过讨价还价来了解产品真正的价格，看看直销员是否真的在说谎；

顾客想从另一家买到比这更便宜的产品，他设法让你削价是为了给第三者施加压力；

顾客还有其他同样重要的异议，这些异议与价格本身无关，他只是把价格作为一种掩饰。任何东西都有人嫌贵，嫌贵只是一个惯用的口头禅。这是推销员最常见的客户异议之一，遇到这种异议时，一定要切忌回答"你不识货"，或"一分钱，一分货"，在解决这个问题时，吉拉德要提醒众多直销员应遵循必要的原则。

以防为主，先发制人。根据事先掌握的顾客各种资料以及在接触、商谈过程中所获得的反馈信息，对顾客可能要提出的价格异议做出比较正确和全面的判断，然后先发制人，即不等顾客开口讲出来，就把一系列顾客要提出的异议给予有效的化解。

先价值，后价格。在业务磋商中，要遵循的首要原则是：避免过早地提出或者讨论价格问题。不论产品的价格多么公平合理，只要顾客真的购买这种产品，他就必须付出一定的经济牺牲。正是由于这种原因，起码应等顾客对产品的价值有一定的认知后，你才能与他讨论价格问题。产品价格本身是不能引起顾客什么购买欲望的，只有使顾客充分认识了产品的价值之后，才能激起他们固有的强烈的购买欲望。

实际上顾客的购买欲望越强烈，他们对价格问题的考虑就越少，推销员在商谈中尽量在时间顺序上，要先谈产品价值，之后再去谈价格。

多谈价值，少谈价格。这条原则与上条原则相比而言，上条强调的是时间顺序，这条强调的是谈话内容，要求多谈产品价值方面的话题，尽可能少提价格方面。这是因为，在交易中，价格是涉及双方利益的关键，是最为敏感的内容，容易导致僵局。化解这一僵局最好的办法是多强调产品对顾客的好处与实惠，真正能满足顾客的需求。直销理论研究表明，价格是具有相对性的，一般顾客越急需某种产品，他就越不计较价格；产品给顾客带来的利益越大，顾客考虑价格因素就相对的越少。因此，要多谈产品的价值，尽量少谈产品的价格。

用不同产品的价格作比较。把一顾客认为价格高的产品跟另外一种产品作同类的比较，它的价格就显得低些。推销员要经常收集同类产品的价格资料，以便于必要时进行二者比较，从而以事实来有力的说服顾客。

采用价格分解法。在一切可能的情况下，要尽量用较小的计价单位为顾客报价。即将报价的基本单位缩至最小，以隐藏价格的"昂贵"感。就像火柴一包售价 1 元，将报价单位缩小到每盒 0.10 元，这是缩小了"数量"单位；要是信息咨询费一年收费 300 元的话，将它缩小为日收费 0.82 元，这是缩小"时间"单位，等等。顾客听到这种形式的不同，而实质一样的报价，其心理感受是大不相同的，会感到价格便宜，吸引力就会大，最终促成交易。将交易总额细分为许多的小数额，以使你的顾客比较容易最终买下来。

引导顾客正确看待价格差别。当同类竞争产品之间存在明显的价格差别时，推销员就应从本产品的优势方面，如商品的质量、功能、声誉、服务等方面引导顾客尽量正确看待价格差别。强调产品的价格与产品所具有的优势，指明顾客购买产品后所得到的利益实际上已经远远大于支付货款的代价，顾客就不会再只是关注价格了。

适时刺激顾客的兴趣

针对顾客的某种购买心理，借用某种媒介或采取某种方式刺激对方的兴趣，或构成一种竞争的局面的方法，就是行之有效的方法。

第一，可以抓住对方对某人某物的珍爱心理，为此不惜一次又一次地使用破坏的手法，以刺激对方想要充当保护者的欲望，操纵和控制对方，使对方不得不答应你的要求。

例如，在比利时的一个著名画廊里，有一个印度人带来三幅画同画商进行交易。这明显地是印度人求画商买他的画。起初印度人对三幅画总共要价 2500 美元，画商不同意，双方经过一番激烈的讨价还价，还是无奈陷入僵局。印度人被惹火了，拿着画跑了出去，将其中的一幅画付之一炬。画商爱画心切，心中伤心不已。这时画商又问印度人现在的两幅画愿意出价多少，印度人仍然要价 2500 美元。当画商明确表示拒绝接受这个价格时，印度人竟然又烧掉了其中的一幅。最后，画商只好恳求对方不要再烧掉自己的最后一幅画。画商拿过剩下的最后一幅画问印度人愿意卖多少钱，印度人坚定地告诉画商，还是 2500 美元。谈判的最后结果是，印度人硬是从画商那里得到了他需要的 2500 美元。其实这就是"逼君上梁山"的绝好例证。

第二，刺而动之。不一定非要采用就像印度人那种破坏性的手法，其他诸如利用某个话题引起对方的兴趣，造成竞买竞卖的局面进而引诱对方下定决心，等等，都可以看作是刺而动之的方法。举个例子来说，有一个自称急等钱用而被迫变卖戒指的卖主，当时正在和一位对此交易流露出兴趣的买主讨价还价。卖主要价 6000 元，称这是最低价格，要不然就亏本太多。买主把戒指放在手上掂来掂去，始终拿不定主意。正在这时，有两个妇女正好从旁边经过，其中一个妇女对另一个妇女说："多好的戒指！成色好，式样又别致，它的真实价值要是在珠宝店里至少要 8000 元才能买到。如果我有钱的话，我就马上买下来，真遗憾。"等到听到这样的议论，这个买主有了信心，他拿定主意，终于以 6000 元买下这只戒指。实际上这枚戒指在珠宝店里远远不值 4000 元。

保健品的售后服务是活动营销的延伸，当然不能忽视。但是，更多的保健品厂家将服务定义为"品牌经营"范畴，他们认为服务是一项积累产品美誉度的工作。实际上很多厂家更热衷于促销，而不重视后期服务。

服务如果不能够产生销售或促销作用，不管什么行业的产品营销就不会有服务跟进政策。有促销作用的服务活动，才是良好的服务。它最根本的现实意义就在于让顾客的兴奋点更大化，同时有组织、有计划地引导顾客进行口碑扩散。不用质疑，消费者买你的产品，如果效果的确可以，他们会一直用你的产品；要是不好，他们会马上换产品。

比如，口服液上市时，就有很多人曾想到组建"养血国际连锁店"，对顾客进行更高级的服务及资源管理，并定期举行沙龙活动，为的就是使这些顾客具有更高的产品使用兴奋点，并有计划、有组织地引导顾客进行口碑宣传。考虑到样板市场产品的单一性，他们就先暂时将这类沙龙活动营销方略搁浅。

在服务活动中，他们集中力量地宣传"养血美颜"方案，因为顾客都是女性，所以他们搞服务活动时邀请了美容师、营养师、妇科医师、形体师等专业人士，为"服务中心"尽量增添更多的吸引力，也真正达到了为顾客服务的目的。

除了常规的会员服务之外，他们还定期地举办新老会员及潜在消费者大型联谊会，开展了一些围绕女性美丽方面的项目服务，注重老顾客与新顾客及潜在顾客的产品真实的使用体会、经验交流，让更多来自于促销点上的潜在顾客、对产品有疑虑的新顾客，切实体会到产品带给老顾客的诸多好处，从而完成老顾客、忠实顾客的口碑宣传，有力的促使有疑虑的潜在顾客购买，促进新顾客变成老顾客或忠实顾客，产生延续性的产品后续销量。

在终端活动营销中，终端渠道、终端促销、跟进服务活动三者互动，能够产生强大的"杀伤力"。特别是当顾客做选择的时候，口服液各种贴切到位的活动营销模式及采取相应的措施，成了顾客最终选择产品的关键竞争点。

适当使用激烈的行为

在推销活动中，顾客的拒绝是现存的最大的障碍，有时候，这种拒绝往往使你心情沮丧，甚至心灰意冷——因为与这位顾客成交的希望看起来好像十分渺茫。这种心情很正常，但你应该放弃。

那么在这种情况下该怎么做呢？这里建议你不要再小心谨慎、步步为营。在你意识到你已处在一个基本上不存在成交希望的处境中时，你完全可以让自己的行为过激一点。因为这时候的过激行为不存在损失。你大可放开自己的手脚，拿出自己十足的勇气，或许这会是另一项转机的开始——很多事情你难以预料。

几个月以来，乔治一直在拜访沃尔特·霍根。沃尔特需要乔治的产品，但他从来不会离开电话长时间地谈论正事，他实际就是个话务员。有一天乔治走进去，沃尔特问他想做什么。"只占用你几分钟的时间，"乔治这么说。"不行。"沃尔特说着伸手去拿电话。"我周围的事情已经忙不过来了。"沃尔特拨了一个电话，他的行动就足以表示拒绝。"就这样吧！"乔治说，"现在成交或永远不再见面。"

他等到沃尔特打完电话，然后抓起电话，拨到公司的总机，这么说："请挂断霍根先生的所有电话，直到下一次通知时。"沃尔特很惊讶，乔治完全控制了局面。

"沃尔特，3个月以来我们只进行这样的见面——我始终没有机会向你介绍这种产品。你买了另一种牌子的产品，可我碰巧知道它并不令人满意。那是你的一天，而今天是我的一天，你同意这样说吗？"

没有电话，沃尔特感觉无可奈何，就答应了——但他还是看了看表。然后乔治以简短的介绍概括了产品的优点。

"好吧！乔治，你赢了。"沃尔特这样说，"我们将要试试，现在我可以接我的电话了吗？"

乔治摇摇头。"直到你签了购买订单才可以，"他接着说，"我不敢再让你接触电话。"沃尔特签了订单。"这是一种很好的产品，"他又说，"我希望你以前听说过。"

那是一个评论，乔治决定不予回答。毕竟他已经拿到了订单，他已经挽救了一个失败的销售。"激烈的行动是正确的。"然后乔治说。

从上例中推销员能够获得一些启发。实际上，激烈的行动往往是制胜的杀手锏，在你毫无退路的情况下，这种激烈的行为已经完全表明了你坚决的、义无反顾的前进姿态，这种姿态对顾客有强大的感动。不过，这里非常需要注意的是，过激的行动有时也可能触犯顾客，这一点需要推销员在实际运用的过程中有效地掌控，将自己的行为控制在合理的范围内。

以退为进，敦促对方采取措施

"退一步，进两步"，以退为进是推销业界常用的一个制胜策略和技巧。

美国一家大型航空公司要在纽约城建立专用的航空站，想要求爱迪生电力公司以低价优惠供应电力，但遭到电力公司的拒绝，并推托说这是公共服务委员会不批准，因此洽谈陷入窘境。后来，航空公司干脆都不洽谈了，声称自己建厂划得来，这时，爱迪生电力公司立刻改变原先的强硬态度，主动请求公共服务委员会从中进行说情，表示给予这类新用户优惠价格。到这个时候，电力公司才和航空公司达成最终的协议。从此以后，这类大量用电的客户都享受了完全相同的优惠价格。

这场推销谈判在开始阶段，主动权往往掌握在电力公司一方，因为航空公司有求于电力公司。当自己的要求被拒绝后，航空公司实际上是耍了一个花招，给电力公司施加压力，因为若失去给这家大航空公司供应电力，就意味着电力公司因此损失一大笔钱，所以电力公司急忙改变原来的态度，表示愿意以优惠的价格供电。这时谈判的主动权又进而转移到航空公司一方了，从而迫使电力公司再降低供电价格。照这样，航空公司先退却一步，然后前进了两步，生意反而谈成了。怎么才能做到以退为进？应该注意下列几点：

一、转变思路天地宽

从业人员要想变"求"为"救"，首先就应该转变思路，要能抓住客户的内在需求，做出相应的策略，而作为"求"与"救"却是截然不同的两个概念，"求"是什么，是乞求，是"讨要"，在本质上是一种真实的"索取"。而"救"呢？却是"解救"，是"拯救"，在本质上是一种"奉献"。而以逐利为本性的经销商喜欢的却是推销员对他的"奉献"，而不是变相地向他"索取"。推销目的，就是帮助客户在政策许可范围内尽可能的多挣钱，就是帮助客户在旺季来临时不致断货，就是帮助客户利用旺季尽可能的扩大自己的网络与实力，提高自己的信誉度与知名度，就是帮助客户壮大自己的业务圈子。因此，它是一种正当而有利的帮助他人的行为，是一种操作上的"救助"，业务人员只有具备了这样的职业理念，在推销时，才会底气十足，才会运筹帷幄，从而实现共赢。

二、顾问式销售

实现顾问式销售有既定的方法，攻心有技巧。从"乞求"到"拯救"压货，需要实现真正意义上的顾问式销售，需要业务人员能够充分掌握营销4P，知道该给客户压什么样的货，产品价格如何制定，通路策略是什么，促销如何设定，等等。此外，还要深入探究营销4C，知道该向哪个客户进货，客户进货时存在什么心理，了解客户为了达到其内心需求愿意付出的相应成本，如何给客户提供更多的便利性，怎么根据客户的需要实现与客户的策略性的深度沟通，等等。实际上这就是说，要想实现从"求"到"救"的转变，你就要名副其实地成为客户的销售顾问，成为客户的经济或生意参谋，可以给客户出谋划策，能够给客户策划出一整套的操作方案让产品畅销，通过什么样的促销来提升产品回复力，通过怎么样的营销组合来让市场不断"激活"，从而让客户没有后顾之忧，没有任何思想压力，从而更好地配合业务代表，轻轻松松赚钱。

三、绝不要轻易低头

推销员从"求"到"救"，是"强势营销"的一种体现。然而这种操作方式最忌"虎头蛇尾"，最忌讳业务人员"外强中干"而成为"软骨头"，经不起经销商的"软硬兼施"，从而乖乖就范，最后无奈跳进自己亲手挖掘的"陷阱"里。因此，推销员要想做一个真正刚强的"压货高手"，就一定要从心理上实现真正的从"求"到"救"的转变，让自己真正强大起来，并且永远都不要轻易在经销商面前低头，就算在某些方面我们有所妥协，那也是一种策略，也是"以退为进"。业务人员只有"心理"真正的强壮了，厂家的权威形象才有可能树立，经销商才能在与有策略、有思路的厂家打交道的过程中，盈利上有根本的保障和提升。因此，业务人员挺直自己的腰杆，实现真正意义上的从"求"到"救"观念的实质性转变，是业务人员能否顺利转型的关键之所在。

从"乞求"到"拯救"，实际是一种"心"的改变，但更是一种质的飞跃。业务人员只有研究了客户的心理需求，与客户打一场实质性的真正的"心理战"，对客户实施"攻心"战术，推销员才能明晰自己的角色定位，才能在广泛的市场实践中，纵横捭阖，出奇制胜，从而让自己立于不败之地。只有如此，推销员才能真正改变自身的软弱形象，才能在经销商面前真正地站立起来，强大起来，让推销不再那么困难，从此不再那么低下，不再让人匪夷所思，从而更好地驾驭市场，不愧为推销员这个光荣的职业。

推销员如何克服推销战役中的低潮

人们经常会处于低潮，这是一个销售人员必须时时刻刻保持高度警惕。当自己处于低潮时，觉得自己说的话很奇怪，当低潮的时候会觉得障碍重重、会让我们深深的感觉到自尊心受委屈、会觉得工作乏味、发生什么事儿都提不起劲来，当低潮的时候会觉得活的没有意义……一种自我价值的否定，甚至都出现叹气"哎，真可怜，人家当领导、当主管，我呢只是个推销员。"还有一种莫名其妙的焦虑不安，都能够影响到我们的情绪，怀疑自己的价值观，"是不是我真的不行？"你的主管假如说了你两句，你就想"是不是我该换工作了？"有这么一句老话，"今天工作不努力，明天你将努力买报纸，找工作，你是在买报纸，看有没有更好的机会。"你是一个机会分子，你时刻都在找机会，而且你永远不知道把握机会、安身立业，你更不知道自己工作到底为什么？也就是怀疑你自己的能力，当对自己充满信心时你就不会丧失该有的自信。

一个出色的优秀的销售高手，他们不会很容易陷入低潮，他们把低潮看作是更上一层楼的考验。所以你要经得起考验，绝对不要自暴自弃。要学习的是客观地反省自己，"我真的很喜欢我的客户、公司及我销售的产品吗？"要是丧失自信，应该找出原因，为什么我的表现不好？为什么顾客总是与我说不要、不要、不要……其实原因完全在于自己，所以解决问题的人只有你。

有一个小孩抓到一只鸟，问旁边的一个老大爷，"大爷、大爷，你看这只鸟会死还是会活？"那个老大爷这么说"小朋友你把鸟给放了，这只鸟就活了，你把这只鸟捏在手里，这只鸟就会死去。"这也足以证明了一句话"命运掌握在你的手上。"当你很冷静地思考一下，不难发现有很多都是属于十分简单的事情，你应该好好地想想你的过去，去听听你的前辈、主管等人的一些经验。如何去克服低潮，你让自己心情轻松。如果你累了，听一段音乐或到郊外去散散心，跟你的家人去旅游，还能够听一段笑话，甚至你可以到一个理发店去剪个头，还可以改变一下你的服装，这些都不是非常简单的事情吗？不要钻牛角尖，换一个角度换一种方式去看的话，就会过得很愉快。同时你要随时防止出现低潮，当我们面临低潮的时候，不妨尽量地挖掘自己的聪明才智。

比如，一般不让自己陷入低潮，不要将事情想得太难，可以多看一些书，要培养广泛的兴趣，不要为销售而销售，你要适度的到郊外或室外做一些旅游或者做一些适合的运动，有时候你可以找一些问题，去和专家们讨论，你这么做才能够真正避免让自己陷入低潮。克服低潮需要很大的决心与勇气，命运完全就掌握在你的手上。

时间一分一秒的过去，你日常所做的每一件事情、一个决定，不是离你的目标越近，就是离你的目标越远，你要怎么做，因此成功来自于你的选择。要成为一个拔尖的销售人员，第一你一定要做好自我管理，第二你要完完全全为自己设定一个具体的、可计量的、合理的、可以达成的、有时间的、明确的、白纸黑字地写下来的明确的那个目标。因为你有了这些目标之后才会让你更积极、学会独立、有自信心、减少矛盾、增强你原有的自信心、学会更专注，最重要的是当你做每一样事情时，都能得到高价值的提升。要是你是一个销售人员，你的目标可能很好，但是永远不要忘记，确立目标最根本的目的就是要行动，你只有行动，你才能克服一切、掌握一切，从而得到你想要的一切。

面对顾客"改天再来"的处理技巧

"请你改天再来吧！我今天不买。""我现在不需要，也许改天吧！"

这样推辞的客户，通常情况下，属于下列两种类型的人：

感觉敏锐，可以照顾对方的立场，很讲究礼貌。

优柔寡断，无法给予对方明白的答复。

对付第一类型人的方法如下：

这种人看来沉静且比较易于接近，而事实上，要说服他们得花费相当的功夫。第一次访问的时候，吃客户的"闭门羹"是很正常的事，重要的是，还要再接再厉进行第二次访问，如果得到的答复仍同第一次一样，那么，这单生意成功的希望也就大大减少了。

应付第二类型人的方法如下：

当这一类型的人推辞的时候，你能够虚心地接受：

"哦，是这样的啊，也难怪，现在物价上涨，谁买东西都要计划一下的。"总而言之，访问客户全部都要按实际情况而定，或是"坚持到底"或是"适时辞退"。当然，最"保险"的方法莫过于先把商品的说明书交给客户，经过两天之后，再去进行常规的访问。

如何避免顾客的推托

推销时所处的环境氛围对推销工作是否能成功影响很大。一种有利于交易的氛围可以促成顾客果断地做出购买决定，相反则可能遭到顾客的拒绝。推销员最好能够创造这种有利的氛围，或者更直白地说，就是创造避免顾客推托的条件。一般来说，在你进行推销说服的时候，最好请所有的决策人都到场。在整个过程中，你要坦率地做简要的介绍，告诉你的顾客，你希望他们能够当场拍板。例如，当你与顾客简短地聊了一会儿后，你对他这么说："我很高兴能和您谈话，看到一位有权做主的客人坐在这里真是一件令人愉快的事。您可能不相信，有很多人走进来，却因为太听太太或别的什么人的话，而无法做出买车的决定。"

这样做的用意非常明显：你是在设法让他知道，你希望他能做决定、拿主意。一旦顾客点头同意你的话，你就已经将他自然的逼到决策人位置上了，因为在快要成交的时候，如果他主动承认自己是一个做不了主的无用的人，那将是一件对谁来说都难堪之极的事。这样做了以后，你实际上便创造了避免顾客推托的有利条件，最终的结局对你往往是有利的。

当然，上面这种方式只是其一，有很多方法能够达到这样的目的。比如在顾客犹豫不决、推托的情况下，你也可以强调时间的重要性——顾客的时间，还有你的时间，这种方式同样是非常有效的。例如：

一位保险经纪人拜访一位商人，在推销之初，他说："我很高兴见到一位像你这样的女士，我知道，作为几家快餐公司的老板，您一定非常忙，我很清楚您的时间十分宝贵，所以我会直截了当地与您谈生意，我相信您也会认为我的时间同样宝贵。好，我现在就详细、清楚地向您介绍这个项目所有的资料，如果您有什么问题，请提出来，我很愿意做出解答。要是您认为这个项目符合你的需要，我希望您告诉我；要是相反，也请您告诉我，我不会耽误您的时间。不过，我真心希望您今天能给我一个肯定的答复。"

在这样说了之后，顾客肯定不会有推托的借口，她实际上已被"逼"到一个必须做出决策的位置上。哪怕拒绝，起码也得说出拒绝的真正原因。这两种结果对推销员开展工作都是有利的。

实际上，很多推销员都有效利用了这一常规的技巧。比如一位挨家挨户推销吸尘器的推销员对他的顾客这么说："夫人，咱们签一项协议，我想你会喜欢的。我不是那种逼人买货的推销员，所以你不用担心。我今天想做的只是演示一下我的吸尘器，让你看看你的邻居和朋友是怎样从中受益的。要是你认为它确实能减轻你的生活负担，或者你认为价格还公道，我希望你买下来，做我的客户。如果你不这么想，我也不会强求你。这样做公平吗？"

人都有自尊心，尤其是在这样一个人人都讲究面子的社会里，很少有人会在推销之前承认自己不能果断做出最终的购买决定。推销员在这种"面试"中让顾客亲口说出来，那么在快要成交时，顾客推托的可能性就已经降到最低了。这实际上是预防顾客推托的绝好办法。

做为一名电话推销员，每天要打几十个电话，无法做到每个电话都是一帆风顺的，被客户或者准客户拒绝已是司空见惯的事，避免被客户拒绝的方法其实有很多，我们可以根据具体情况，灵活的应对，最重要的那就是要把拒绝转化为肯定，让客户拒绝的意愿产生动摇，电话推销员就能够乘机跟进，就这样诱使客户接受自己的建议。